2024 Bilingual Tax Preparation Course

Quick Start Guide

CONGRATULATIONS on choosing the most advanced tax preparation learning system anywhere, built on the powerful Prendo365 platform by the California tax experts, Latino Tax Professionals! Our system is user-friendly and easy to learn. And there's an optional textbook available to support the online content.

This instructor guide will help you get started quickly and ensure you make the most of Prendo365. Begin your journey by following the steps below to create and/or log in to your Prendo365 account.

First-Time User Purchased Online or Through Sales Rep

Step 1 As a registered purchaser, you'll receive an email from adressmailer@workato.com with the subject line **Welcome to Prendo365 – DO NOT REPLY** – the email contains a password and username to access your account. Check your spam/junk folder if you do not see it.

Step 2 Open the email and click on the Prendo365 link. This will direct your browser to the Prendo365 login page.

Step 3 To register and log in, you MUST complete and save the required fields marked with a red asterisk to continue.

Step 4 Scroll down to 'Courses' on the left side of your dashboard and click on your course icon to begin!

First-Time User Obtained Through an Instructor or Office Manager

Step 1 Type prendo365.com into the address bar of your browser then press the 'enter' key. (We recommend Google Chrome or Firefox for the best user experience.)

Step 2 Click on the 'Register' button on the top right.

Step 3 Your username is your email address*. (Remember which email address and password you use). Complete all required fields.

Step 4 If you have an instructor, click on the drop-down menu, '*do you have an instructor*' and select your instructor. Otherwise, click 'I Accept the terms of the privacy policy' and click 'Next.'

Step 5 Enter your PTIN and State information for Continuing Education Credits, if applicable. If you do not have a PTIN, type 'NA.' Complete all required fields.

Step 6 Open the email you received from adressmailer@workato.com — it contains your temporary password. Click the link to confirm your registration and use the temporary password provided to sign in.

Step 7 Enter the temporary password and then create a new password that you will remember. Click 'Save Changes.'

Step 8 Scroll down to 'Courses' on the list to the left side of your dashboard and click on your course icon to begin!

Guía de Inicio Rápido

¡FELICITACIONES por elegir el sistema de aprendizaje de preparación de impuestos más avanzado, construido sobre la poderosa plataforma Prendo365 por los expertos fiscales de California, Profesionales de Impuestos Latinos! Nuestro sistema es fácil de usar y aprender. Además, hay un libro de texto opcional disponible para apoyar el contenido en línea.

Esta guía del instructor le ayudará a comenzar rápidamente y asegurará que aproveche al máximo Prendo365. Inicie su viaje siguiendo los pasos a continuación para crear y/o iniciar sesión en su cuenta de Prendo365.

Usuario por Primera Vez Comprado en Línea o a través de un Representante de Ventas

Paso 1 Como comprador registrado, recibirá un correo electrónico de adressmailer@workato.com con el asunto **Bienvenido a Prendo365 – NO RESPONDA** – el correo electrónico contiene una contraseña y un nombre de usuario para acceder a su cuenta. Verifique su carpeta de spam/correo no deseado si no lo ve.

Paso 2 Abra el correo electrónico y haga clic en el enlace de Prendo365. Esto dirigirá su navegador a la página de inicio de sesión de Prendo365.

Paso 3 Para registrarse e iniciar sesión, DEBE completar y guardar los campos requeridos marcados con un asterisco rojo para continuar.

Paso 4 Desplácese hacia abajo hasta 'Cursos' en el lado izquierdo de su tablero y haga clic en el icono de su curso para comenzar.

Usuario por Primera Vez Obtenido a través de un Instructor o Gerente de Oficina

Paso 1 Escriba prendo365.com en la barra de direcciones de su navegador y presione la tecla 'enter'. (Recomendamos Google Chrome o Firefox para la mejor experiencia de usuario).

Paso 2 Haga clic en el botón 'Registrar' en la parte superior derecha.

Paso 3 Su nombre de usuario es su dirección de correo electrónico*. (Recuerde qué dirección de correo electrónico y contraseña utiliza). Complete todos los campos requeridos.

Paso 4 Si tiene un instructor, haga clic en el menú desplegable, '¿tiene un instructor?' y seleccione su instructor. De lo contrario, haga clic en 'Acepto los términos de la política de privacidad' y haga clic en 'Siguiente.'

Paso 5 Ingrese su PTIN e información del Estado para los Créditos de Educación Continua, si corresponde. Si no tiene un PTIN, escriba 'NA.' Complete todos los campos requeridos.

Paso 6 Abra el correo electrónico que recibió de adressmailer@workato.com — contiene su contraseña temporal. Haga clic en el enlace para confirmar su registro y utilice la contraseña temporal proporcionada para iniciar sesión.

Paso 7 Ingrese la contraseña temporal y luego cree una nueva contraseña que recordará. Haga clic en 'Guardar Cambios.'

Paso 8 Desplácese hacia abajo hasta 'Cursos' en la lista en el lado izquierdo de su tablero y haga clic en el icono de su curso para comenzar.

*If you receive a message that your email is already in the system, an account has been created by a staff member, instructor, or an online purchase. If you've forgotten your password, click on 'Forgot your password?' to reset it, or you can chat with support at prendo365.com.

Returning User

Step 1 Type prendo365.com into the address bar of your browser then press the 'enter' key. (We recommend Google Chrome or Firefox for the best user experience.)
Step 2 Click the 'Sign In' button.
Step 3 Enter your username and password. Forgot your password? Click 'Forgot your Password?' and follow the onscreen instructions.
Step 4 Haven't started your course yet? Find your course on the dashboard. On the left side under 'Courses' open your course by clicking the thumbnail. Then click 'Start Learning Now.'
Step 5 Started your course already? Find your course once again on the dashboard under 'Courses' and click the thumbnail to open it. Then choose 'Resume Where You Left Off' to go to the last section completed.

Still have questions? Chat at prendo365.com, email questions to edsupport@latinotaxpro.com or call 866.936.2587.

LTP Commitment

Every effort has been made to ensure this publication provides accurate, current, authoritative information to the aspiring tax professional. It is presented with the understanding that Latino Tax Professionals is not engaged in rendering legal or accounting services or other professional advice and assumes no liability in connection with its use. Consistent with the principles laid out in Circular 230, and in keeping with LTP's commitment to professionalism and ethical practices, this text has been prepared with thorough attention to due diligence. However, the possibility of mechanical or human error does exist. The text is not intended to address every situation that may arise. Consult additional sources of information, as needed, to determine the solution of tax questions.

Tax laws are constantly changing and are subject to differing interpretations. In addition, the facts and circumstances of a particular situation may not be the same as those presented here. Therefore, the student should do additional research to understand fully the information contained in this publication and the complexities and risks of providing professional advice to clients and applying this information in any specific situation.

LTP Mission

LTP promotes entrepreneurship, education, diversity, and knowledge among tax preparation businesses across the nation — a number that is growing every year. Not only do we provide education, we also support tax professionals who have decided to open their own tax preparation businesses or for current business owners who are committed to expanding their businesses and preparing for a successful future.

- Our **GOAL** is to help you grow your practice and increase your profits.
- Our **VISION** is to give you the best education, leadership, and business-skill training available.

*Si recibe un mensaje de que su correo electrónico ya está en el sistema, significa que un miembro del personal, un instructor o una compra en línea ha creado una cuenta. Si ha olvidado su contraseña, haga clic en '¿Olvidó su contraseña?' para restablecerla, o puede chatear con el soporte en prendo365.com.

Usuario Recurrente

Step 1 Escriba prendo365.com en la barra de direcciones de su navegador y presione la tecla 'enter'. (Recomendamos Google Chrome o Firefox para la mejor experiencia de usuario).

Step 2 Haga clic en el botón 'Iniciar Sesión'.

Step 3 Ingrese su nombre de usuario y contraseña. ¿Olvidó su contraseña? Haga clic en '¿Olvidó su Contraseña?' y siga las instrucciones

Step 4 ¿Aún no has comenzado tu curso? Encuentra tu curso en el panel. En el lado izquierdo, debajo de "Cursos", abra su curso haciendo clic en la miniatura. Luego haga clic en "Comenzar a aprender ahora".

Step 5 ¿Ya empezaste tu curso? Encuentre su curso una vez más en el panel debajo 'Cursos' y haga clic en la miniatura para abrirla. Luego elija 'Continuar donde lo dejó' para ir a la última sección completada.

¿Aún tienes preguntas? Chatea en prendo365.com, envía tus preguntas por correo electrónico a edsupport@latinotaxpro.com o llama al 866.936.2587.

Compromiso de LTP

Se han hecho todos los esfuerzos para asegurar que esta publicación proporcione información precisa, actual y autorizada al profesional de impuestos aspirante. Se presenta con el entendimiento de que los Profesionales de Impuestos Latinos no están comprometidos en la prestación de servicios legales o contables u otro tipo de asesoramiento profesional y no asumen ninguna responsabilidad en relación con su uso. De acuerdo con los principios establecidos en la Circular 230, y en consonancia con el compromiso de LTP con las prácticas profesionales y éticas, este texto ha sido preparado con una atención meticulosa a la debida diligencia. Sin embargo, existe la posibilidad de errores mecánicos o humanos. El texto no está destinado a abordar todas las situaciones que puedan surgir. Consulte fuentes adicionales de información, según sea necesario, para determinar la solución de cuestiones fiscales.

Las leyes fiscales están en constante cambio y están sujetas a diferentes interpretaciones. Además, los hechos y circunstancias de una situación particular pueden no ser los mismos que los presentados aquí. Por lo tanto, el estudiante debe realizar investigaciones adicionales para comprender plenamente la información contenida en esta publicación y las complejidades y riesgos de proporcionar asesoramiento profesional a los clientes y aplicar esta información en cualquier situación específica.

Misión de LTP

LTP promueve el espíritu emprendedor, la educación, la diversidad y el conocimiento entre los negocios de preparación de impuestos en todo el país, un número que crece cada año. No solo proporcionamos educación, sino que también apoyamos a los profesionales de impuestos que han decidido abrir sus propios negocios de preparación de impuestos o para los propietarios de negocios actuales que están comprometidos con la expansión de sus negocios y la preparación para un futuro exitoso.

- Nuestro **OBJETIVO** es ayudarle a crecer su práctica y aumentar sus ganancias.
- Nuestra **VISIÓN** es ofrecerle la mejor educación, liderazgo y capacitación en habilidades empresariales disponibles.

- Our **MISSION** is to give tax professionals a unified, powerful voice on a national level.

LTP believes the best way to begin tax preparation is by understanding Form 1040 and its role as the foundation for tax preparation. The chapters in this textbook are designed to give the student basic instructions on every aspect of Form 1040, and how they can guide taxpayers through the process of preparing their return efficiently, correctly, and in compliance with tax regulations. When the chapter is completed, the student will go online and complete multiple-choice review questions with feedback for review.

Our Editorial and Production Team

Authors Kristeena S. Lopez, MA Ed, EA
Carlos C. Lopez, MDE, EA

Editor Joel Postman, BA

Contributing Staff Andres Santos, EA
Josue Rojas, EA
Roberto Pons, EA
Ricardo Rivas, EA
Pascual Garcia, EA
Niki Young, BS, EA
Javier Aldama, BS
Roberto Cerda, BS

Graphic Designers Susan Espinoza, BS
Adrian Ortiz, BS
David Lopez

ISBN: 9798328770606 **Made in California, USA**

Published Date: May 9, 2024

Tax Preparation Prerequisite
s
This course is designed for individuals who have minimal or no prior experience in tax preparation. It is designed to equip aspiring tax preparers with the foundational knowledge required for this profession. The course will also emphasize compliance with IRS due diligence requirement. Mastering tax industry-specific terminology is essential.

A comprehensive understanding of the terminology used by the Internal Revenue Service (IRS) is critical for success as a professional tax preparer and will be a central focus of this course. By dedicating the necessary time and effort to this learning experience, you will gain the skills needed to embark on a career as a tax preparer. This course will provide you with the tools to prepare for a rewarding profession in the tax preparation industry, provided you approach it with diligence and a commitment to learning.

Course Description

We designed our **Tax Preparation** course for individuals who want to learn tax law in order to prepare taxes for others. This course provides the student with a basic, foundational understanding of federal tax law. Increasing one's knowledge of tax law and practice will help you grow your business, increase profits, comply with the latest tax laws, and provide excellent service to clients!

- Nuestra **MISIÓN** es dar a los profesionales de impuestos una voz unificada y poderosa a nivel nacional.

LTP cree que la mejor manera de comenzar la preparación de impuestos es comprendiendo el Formulario 1040 y su papel como base para la preparación de impuestos. Los capítulos de este libro de texto están diseñados para dar al estudiante instrucciones básicas sobre cada aspecto del Formulario 1040, y cómo pueden guiar a los contribuyentes a través del proceso de preparación de su declaración de manera eficiente, correcta y en cumplimiento con las regulaciones fiscales. Una vez que el capítulo se haya completado, el estudiante irá en línea y completará preguntas de revisión de opción múltiple con comentarios para su revisión.

Nuestro Equipo Editorial y de Producción

Autores	Kristeena S. Lopez, MA Ed, EA Carlos C. Lopez, MDE, EA	
Editor	Joel Postman, BA	
Personal Colaborador	Andres Santos, EA Josue Rojas, EA Roberto Pons, EA Ricardo Rivas, EA Pascual Garcia, EA	Niki Young, BS, EA Javier Aldama, BS Roberto Cerda, BS
Diseñadores Graficos	Susan Espinoza, BS Adrian Ortiz, BS David Lopez	

ISBN: 9798328770606 **Hecho en California, USA**

Fecha de Publicación: Mayo 9, 2024

Prerequisito para la Preparación de Impuestos

Este curso está diseñado para personas que tienen experiencia mínima o ninguna experiencia previa en la preparación de impuestos. Está diseñado para equipar a los aspirantes a preparadores de impuestos con los conocimientos fundamentales necesarios para esta profesión. El curso también enfatizará el cumplimiento con el requisito de diligencia debida del IRS. Dominar la terminología específica de la industria tributaria es esencial.

Comprender de manera integral la terminología utilizada por el Servicio de Impuestos Internos (IRS) es fundamental para tener éxito como preparador de impuestos profesional y será un foco central de este curso. Al dedicar el tiempo y esfuerzo necesarios a esta experiencia de aprendizaje, adquirirás las habilidades necesarias para embarcarte en una carrera como preparador de impuestos. Este curso te proporcionará las herramientas para prepararte para una profesión gratificante en la industria de la preparación de impuestos, siempre que lo enfoques con diligencia y compromiso con el aprendizaje.

Descripción del Curso

Diseñamos nuestro curso de **Preparación de Impuestos** para personas que desean aprender la legislación fiscal para poder preparar impuestos para otros. Este curso proporciona al estudiante una comprensión básica y fundamental de la legislación fiscal federal. Aumentar el conocimiento de la legislación fiscal y su aplicación te ayudará a hacer crecer tu negocio, aumentar tus ganancias, cumplir con las últimas leyes fiscales y brindar un excelente servicio a tus clientes.

In this beginner course, you will learn:

- How to prepare a federal individual tax return
- How to prepare Schedule A, Schedule C, Schedule E, and Schedule F
- The requirements for each filing status, dependents, and standard and itemized deductions
- Which forms to use and how its information flows to Form 1040
- Credits the taxpayer qualifies for and how to properly complete each form to claim them
- How and when to submit an amended return and an extension to file a tax return

Our proprietary Professional Training System, Prendo365.com, combines traditional textbook-based courses with online interactive media, such as chapter eBooks, chapter videos, chapter review questions and exam and chapter Practice Tax Return (PTR) exercises.

In our textbooks and chapter eBooks, you will find detailed explanations of each specific line or section of Form 1040, and review questions to test your knowledge of the material you have learned to that point. After finishing each chapter, you have the opportunity to take a chapter exam and complete a Practice Tax Return (PTR) exercise. Each chapter in the course is the foundation for the next.

Practice Tax Returns are in PDF format and include links to the necessary tax forms. LTP encourages the student to complete the PTR by hand. Each Practice Tax Return has its own set of review questions.

Review questions and PTRs may be taken as many times as necessary to achieve the required score. If you have obtained the required score of 70% or better, but choose to obtain a higher score, be aware that Prendo365 records the most recent score, even if it is less than your prior score.

Included in this course:

- **eBook** The online course includes an eBook for every chapter
- **Online Questions** "To Test Your Knowledge"
- **Online Practice Tax Returns** (PTR) There is a quiz at the end of each chapter
- **Online Finals** You will have one final exam at the end of the course
- **Printed Textbook** (Optional. Must be purchased separately)

This course has been copyrighted and published by Latino Tax Professionals Association, LLC.

Chapter Exams

To pass the course, students must take and pass the exams for each chapter. The chapter review questions, which are not scored, are designed to help the student recall subject matter from the chapter and prepare for the chapter exams.

En este curso para principiantes, aprenderás:

- Cómo preparar una declaración de impuestos federales para individuos
- Cómo preparar los Anexos A, C, E y F
- Los requisitos para cada estado civil de presentación, dependientes y deducciones estándar e detalladas
- Qué formularios utilizar y cómo fluye la información hacia el Formulario 1040
- Créditos para los cuales el contribuyente califica y cómo completar correctamente cada formulario para reclamarlos
- Cómo y cuándo presentar una declaración enmendada y una prórroga para presentar una declaración de impuestos

Nuestro exclusivo Sistema de Capacitación Profesional, Prendo365.com, combina cursos tradicionales basados en libros de texto con medios interactivos en línea, como eBooks por capítulo, videos por capítulo, preguntas de repaso por capítulo, y ejercicios de Práctica de Declaración de Impuestos (PTR) por capítulo.

En nuestros libros de texto y eBooks por capítulo, encontrarás explicaciones detalladas de cada línea o sección específica del Formulario 1040, y preguntas de repaso para evaluar tu conocimiento del material aprendido hasta ese punto. Después de terminar cada capítulo, tendrás la oportunidad de realizar un examen por capítulo y completar un ejercicio de Práctica de Declaración de Impuestos (PTR). Cada capítulo en el curso sienta las bases para el siguiente.

Las Declaraciones de Impuestos de Práctica están en formato PDF e incluyen enlaces a los formularios fiscales necesarios. LTP alienta al estudiante a completar la PTR manualmente. Cada Práctica de Declaración de Impuestos tiene su propio conjunto de preguntas de repaso.

Las preguntas de repaso y las PTR se pueden realizar tantas veces como sea necesario para alcanzar la puntuación requerida. Si has obtenido una puntuación del 70% o mejor, pero decides obtener una puntuación más alta, ten en cuenta que Prendo365 registra la puntuación más reciente, incluso si es inferior a tu puntuación anterior.

Incluido en este curso:

- **eBook**: El curso en línea incluye un eBook para cada capítulo.
- **Preguntas en línea** "Para poner a prueba tu conocimiento".
- **Declaraciones de impuestos de práctica en línea** (PTR): Hay una prueba al final de cada capítulo.
- **Exámenes finales en línea**: Tendrás un examen final al final del curso.
- **Libro de texto impreso** (Opcional. Debe comprarse por separado).

Este curso ha sido registrado con derechos de autor y publicado por Latino Tax Professionals Association, LLC.

Exámenes de Capítulo

Para aprobar el curso, los estudiantes deben tomar y aprobar los exámenes de cada capítulo. Las preguntas de repaso del capítulo, que no se califican, están diseñadas para ayudar al estudiante a recordar la materia del capítulo y prepararse para los exámenes de capítulo.

Final Exams

There are 2 required final exams that must be passed with a score of 70% or better. The first one is right after the Ethics and Preparer Penalties, this final exam consists of 10 questions. The federal law exam will be at the end of the textbook and will consist of 65 questions and must pass with a 70% or better. If you want to try and improve your score you must remember that if you scored 75% or better and your score will be erased to the most current

In compliance with IRS regulations, this course does include the final federal and state tax law exam. It does include chapter exams, chapter practice tax return quizzes and a Practice Tax Return Final Exam which **you must pass with a score of 70% or better to complete the course and receive your certificate**.

Practice Tax Returns

LTP has created practice tax returns (PTR) to assist the student in understanding tax preparation. Each PTR is based on a scenario encompassing the course content that has been included up to that point. For example, if a lesson covers income, the tax calculations will not reflect any credits that have not yet been discussed in the course, even if the taxpayer in the scenario would have qualified for them. Ideally, the student would prepare the PTR by hand and then answer the PTR review questions online. LTP does not discourage the use of software for tax preparation.

In the field, when preparing a Schedule A, the preparer and the taxpayer have two choices for reporting the taxes paid during the tax year: State Tax Withheld or Sales Tax. You can use Sales Tax with either one if you purchased a vehicle or your city, county sales tax is more than the State sales tax. The PTR instructions in the course will use a fixed Sales Tax when students prepare the practice tax return. Be aware that rates and the amount of tax withheld could vary by individual state, county and city.

Note: The IRS and the states update their tax forms and tax law at the end of the current year, so you will be using tax year 2023 forms and schedules to learn tax law and complete the course.

Textbook Updates

The digital version of the textbook is updated throughout the year to always contain the most recent information. When course content is updated, users of Prendo365 will receive a notification indicated by an icon of a bell in the upper right corner of the screen. The physical copy of the textbook is also updated periodically.

Exámenes Finales

Hay 2 exámenes finales obligatorios que deben aprobarse con una puntuación del 70% o mejor. El primero es justo después de Ética y sanciones preparatorias, este examen final consta de 10 preguntas. El examen de ley federal estará al final del libro de texto y constará de 65 preguntas que se debe pasar con un 70% o mejor. Si desea intentar mejorar su puntuación, debe recordar que si obtuvo una puntuación de 75% o mejor, su puntuación se borrará al más reciente.

En cumplimiento con las regulaciones del IRS, este curso incluye el examen final de la ley fiscal federal y estatal. Incluye exámenes de capítulo, cuestionarios de práctica de declaración de impuestos por capítulo y un Examen Final de Práctica de Declaración de Impuestos que **debe pasar con una puntuación del 70% o mejor para completar el curso y recibir su certificado.**

Declaraciones de Impuestos de Práctica

LTP ha creado declaraciones de impuestos de práctica (PTR) para ayudar al estudiante a entender la preparación de impuestos. Cada PTR se basa en un escenario que abarca el contenido del curso incluido hasta ese momento. Por ejemplo, si una lección cubre ingresos, los cálculos fiscales no reflejarán ningún crédito que aún no se haya discutido en el curso, incluso si el contribuyente en el escenario hubiera calificado para ellos. Idealmente, el estudiante prepararía la PTR a mano y luego respondería a las preguntas de revisión en línea de la PTR. LTP no desalienta el uso de software para la preparación de impuestos.

En el campo, al preparar un Anexo A, el preparador y el contribuyente tienen dos opciones para reportar los impuestos pagados durante el año fiscal: Retención de impuestos estatales o Impuesto sobre las ventas. Puedes utilizar el Impuesto sobre las ventas con cualquiera de los dos si compraste un vehículo o si el impuesto sobre las ventas de tu ciudad o condado es mayor que el impuesto sobre las ventas estatal. Las instrucciones del PTR en el curso utilizarán un Impuesto sobre las ventas fijo cuando los estudiantes preparen la declaración de impuestos de práctica. Ten en cuenta que las tasas y la cantidad de impuestos retenidos pueden variar según el estado, condado y ciudad individual.

Nota: El IRS y los estados actualizan sus formularios fiscales y la legislación fiscal a finales del año actual, por lo que utilizarás los formularios y horarios fiscales del año 2023 para aprender la legislación fiscal y completar el curso.

Actualizaciones del Libro de Texto

La versión digital del libro de texto se actualiza a lo largo del año para siempre contener la información más reciente. Cuando se actualice el contenido del curso, los usuarios de Prendo365 recibirán una notificación indicada por un ícono de campana en la esquina superior derecha de la pantalla. La copia física del libro de texto también se actualiza periódicamente.

Table of Contents

Tabla de Contenido

Continue to the next page
Continúe a la próxima página
1040

Continue to the next page
Continúe a la próxima página
1040
®©

Chapter 1 Ethics and Preparer Penalties

Introduction

The Internal Revenue Service has published guidelines, known as Circular 230, outlining requirements that ensure the tax preparer follows ethical practices and performs "due diligence" in the preparation of the taxpayer's return. This chapter will give a brief description of the rules and regulations outlined in Circular 230 that govern the responsibilities of the tax preparer.

The dictionary defines due diligence as "the care that a reasonable person exercises to avoid harm to other persons or to their property." In business, due diligence refers to practicing prudence by carefully assessing associated costs and risks prior to completing a transaction. In tax preparation, due diligence refers to actions that an individual will perform to satisfy a legal requirement. Due diligence should always be a part of our daily decision-making process.

Form 8867, the Paid Preparer's Due Diligence Checklist, was introduced in 2006. The form was originally created to allow the paid preparer to report Earned Income Credit (EIC). In 2006, the paid preparer penalty for failure to comply with the diligence requirements was $100. In 2011 the penalty was raised to $500. The penalty amount is for each failure to comply with the diligence requirements. For 2023, the penalty was $560 for each failure to comply. The 2024 Form 8867 penalty amount is $600 per failure report. A tax preparer could be fined a total of $2,400 per Form 8867 for not completing the required due diligence.

When the taxpayer wants to claim certain credits and filing statuses, the tax preparer needs to complete and attach an accurate Form 8867 to the taxpayer's return. The preparer must ask questions to determine if the taxpayer qualifies for the following credits and filing statuses:

1. Earned Income Credit (EIC).
2. Child Tax Credit (CTC).
3. Additional Child Tax Credit (ACTC).
4. Other Dependent Credit (ODC).
5. American Opportunity Tax Credit (AOTC).
6. Head of Household Status

Objectives

At the end of this lesson, the student will:

- Identify the due diligence requirements of the tax preparer when completing a tax return with refundable credits.
- Clarify what documentation the IRS requires to be maintained when preparing specific credits used on tax returns.
- Understand what documents the tax preparer should maintain for their records.
- Recognize what credits are on Form 8867.
- Know who is the paid preparer.

Resources

Form 886 Form 8867 Circular 230	Instructions Form 8867 Publication 596

Capítulo 1 Ética y multas para el preparador

Introducción

El Servicio de Rentas Internas ha publicado unas directrices, conocidas como Circular 230, en las que se esbozan los requisitos que garantizan que el preparador de impuestos siga prácticas éticas y practique la "debida diligencia" en la preparación de la declaración del contribuyente. Este capítulo brindará una breve descripción de las normas y reglamentos descritos en la Circular 230 y que rigen las responsabilidades del preparador de impuestos.

El diccionario define la debida diligencia como "el cuidado que ejerce una persona razonable para evitar dañar a otras personas o a su propiedad". En los negocios, la debida diligencia se refiere a practicar la prudencia al evaluar cuidadosamente los costos y riesgos asociados antes de completar una transacción. En la preparación de impuestos, la debida diligencia se refiere a las acciones que realizará una persona para satisfacer un requisito legal. La debida diligencia siempre debe ser parte de nuestro proceso diario de toma de decisiones.

El formulario 8867, Lista de verificación de debida diligencia del preparador pagado, se introdujo en 2006. El formulario se creó originalmente para permitir que el preparador pagado informe el Crédito por ingresos del trabajo (EIC). En 2006, la multa del preparador pagado por incumplimiento de los requisitos de diligencia fue de $100. En 2011, la multa se elevó a 500 dólares. El monto de la multa es por cada incumplimiento de los requisitos de diligencia. Para 2023, la multa fue de $560 por cada incumplimiento. El importe de la multa del Formulario 8867 para 2024 es de $600 por cada declaración no presentada. Un preparador de impuestos podría recibir una multa de un total de $ 2,400 por Formulario 8867 por no hacer la debida diligencia requerida.

Cuando el contribuyente desea reclamar ciertos créditos y estados civiles de declaración, el preparador de impuestos debe completar y adjuntar un Formulario 8867 preciso a la declaración del contribuyente. El preparador debe hacer preguntas para determinar si el contribuyente califica para los siguientes créditos y estados civiles de declaración:

1. Crédito por Ingresos del Trabajo (EIC).
2. Crédito Fiscal por Hijos (CTC).
3. Crédito Fiscal Adicional por Hijos (ACTC).
4. Crédito de Otro Dependiente (ODC).
5. Crédito Fiscal de Oportunidad Estadounidense (AOTC).
6. Estado civil de cabeza de familia

Objetivos

Al final de esta lección, el estudiante:

- Identificará los requisitos de debida diligencia del preparador de impuestos al completar una declaración de impuestos con créditos reembolsables.
- Aclarará qué documentación exige el IRS que se mantenga al preparar créditos específicos utilizados en las declaraciones de impuestos.
- Comprenderá qué documentos debe mantener el preparador de impuestos para sus registros.
- Reconocerá qué créditos se incluyen en el Formulario 8867.
- Sabrá quién es el preparador pagado.

Fuentes

Formulario 886 Formulario 8867 Circular 230	Instrucciones del Formulario 8867 Publicación 596

Part 1 Ethics and Office of Professional Responsibility (OPR)

"Ethics" is defined as the discipline of dealing with what is good and bad and acting with moral duty and obligation. It is a system of principles or moral values. It is also the rules and standards governing the conduct of a person or the members of a profession (e.g., tax practice ethics).

The rules and standards governing the ethical conduct of tax professionals are contained in Circular 230. These rules and standards are the ethics of tax practice. "Ethical behavior" is defined as "of ethics or relating to ethics." In addition, it is being in accordance with or conforming to the accepted principles of right and wrong that govern the conduct of a profession (i.e., professional standards of conduct).

Most people would define ethics as "doing the right thing," which leads one to believe that individuals will, as a matter of common sense and conscience, instinctively react in an ethical manner in all situations. As evidenced by financial scandals such as those involving Bernie Madoff and Lehman Brothers, this is not always true. "Doing the right thing" was not the basis for the decisions made by the leaders of the organizations involved in these stories. As a result, many have become generally disillusioned and untrusting of the business community.

The U.S. Treasury Department requires enrolled agents, and enrolled actuaries to have a certain amount of continuing tax education hours. Attorneys and certified public accounts are regulated by their individual state. California, Oregon, Maryland, New York, and Connecticut are the only states that require unenrolled tax preparers to have annually continuing tax education hours. The U.S. Treasury Department encourages registered tax return preparers to annually complete the Annual Filing Season Program (AFSP), which includes two hours of ethics.

OPRs Mission

The mission of the Office of Professional Responsibility (OPR) is to ensure that all tax practitioners, tax preparers, and third parties in the tax system adhere to professional standards and follow the law. OPR is the governing body responsible for interpreting and applying Circular 230 to all who prepare tax returns, whether they are signing or non-signing tax practitioners. OPR has exclusive responsibility for practitioner conduct and discipline.

OPR has oversight of practitioner conduct as well as exclusive responsibility with respect to practitioner discipline, including disciplinary proceedings and sanctions. If the OPR has received a report or has reason to believe that a practitioner may not have followed the procedures outlined in Circular 230, they may execute the following disciplinary proceedings:

- Disqualify a practitioner from further submissions in connection with tax matters.
- Propose a monetary penalty on any practitioner who engages in conduct subject to sanction. The monetary penalty may be proposed against the individual or a firm or both and can be done in addition to another form of discipline.
- Negotiate an appropriate level of discipline with a practitioner or initiate an administrative proceeding to Censure, Suspend, or Disbar the practitioner.

Parte 1 Ética y Oficina de Responsabilidad Profesional (OPR)

La "ética" se define como la disciplina de abordar lo que es bueno y malo y actuar con deber y obligación moral. Es un sistema de principios o valores morales. También son las reglas y normas que rigen la conducta de una persona o de los miembros de una profesión (por ejemplo, la ética en el ejercicio fiscal).

Las reglas y normas que rigen la conducta ética de los profesionales de impuestos están descritas en la Circular 230. Estas reglas y normas son la ética del ejercicio fiscal. El "comportamiento ético" se define como "de ética o relativo a la ética". Además, consiste en estar de acuerdo o ajustarse a los principios aceptados de lo correcto y lo incorrecto que rigen la conducta de una profesión (es decir, las normas profesionales de conducta).

La mayoría de las personas definiría la ética como "hacer lo correcto", lo que lleva a creer que las personas, como cuestión de sentido común y conciencia, reaccionarán instintivamente de manera ética en todas las situaciones. Como lo demuestran los escándalos financieros que involucran a Bernie Madoff y Lehman Brothers, esto no siempre es cierto. "Hacer lo correcto" no fue la base de las decisiones tomadas por los líderes de las organizaciones involucradas en estas historias. Como resultado, muchos se han desilusionado y desconfiado de la comunidad empresarial.

El Departamento del Tesoro de los EE. UU. exige que los agentes y actuarios inscritos tengan una cierta cantidad de horas de educación tributaria continua. Los abogados y las cuentas públicas certificadas están reguladas por su estado individual. California, Oregón, Maryland, Nueva York y Connecticut son los únicos estados que exigen que los preparadores de impuestos no inscritos tengan horas anuales de educación tributaria continua. El Departamento del Tesoro de los EE. UU. alienta a los preparadores de declaraciones de impuestos registrados a completar anualmente el Programa de temporada de presentación anual (AFSP), que incluye dos horas de ética

Misión de la OPR

La Oficina de Responsabilidad Profesional (OPR) tiene la misión de garantizar que todos los profesionales de impuestos, preparadores de impuestos y terceros en el sistema tributario se adhieran a la normativa profesional y cumplan la ley. La OPR es el organismo rector responsable de interpretar y aplicar la Circular 230 a todos los que preparan declaraciones de impuestos, ya sean profesionales de impuestos firmantes o no firmantes. La OPR tiene la responsabilidad exclusiva de la conducta y la disciplina de los profesionales.

La OPR tiene la supervisión de la conducta de los profesionales, así como la responsabilidad exclusiva con respecto a la disciplina de los profesionales, incluidos los procedimientos disciplinarios y las multas. Si la OPR ha recibido un informe o tiene motivos para creer que un profesional puede no haber seguido los procedimientos descritos en la Circular 230, puede ejecutar los siguientes procedimientos disciplinarios:

- Descalificar a un profesional para presentaciones posteriores en relación con asuntos tributarios.
- Proponer una multa monetaria a cualquier profesional de impuestos que se involucre en una conducta sujeta a multa. La multa monetaria puede proponerse contra la persona o una empresa o ambos y puede hacerse además de otra forma de disciplina.
- Negociar un nivel apropiado de disciplina con un profesional de impuestos o iniciar un procedimiento administrativo para censurar, suspender o inhabilitar al profesional de impuestos.

- Censure: A public reprimand in which an offender is included on a quarterly list issued by the IRS that states the offender's city and state, name, professional designation, and the effective date(s) of the censure. If censured, offenders can still prepare taxes, but they are more closely monitored, and their newly-sullied names and reputations can negatively impact their businesses. This is the lightest form of punishment.
- Suspend: If a tax preparer is suspended, it means they cannot prepare any returns for one to fifty-nine months; how long a tax preparer is suspended is determined by the OPR on a case-by-case basis.
- Disbar: If a tax preparer is disbarred, they cannot prepare any returns whatsoever for at least five years.

These penalties and punishments are connected to the activities that the tax preparer has been associated with on behalf of the employer, for it is the employer's legal responsibility to know what their employees are doing as the employer may be liable for the actions of their employee.

Example: Omar Tax Service (OTS), as an entity subject to the Circular 230 guidelines, needs to have a person in charge of ensuring all OTS and IRS procedures are followed and handled correctly. If employee Travis is caught preparing returns in some way that is non-compliant with these guidelines, there are two potential scenarios:

1. If Omar Tax Service did not have someone to ensure the procedures of both the IRS and OTS were being followed correctly, then OTS is liable for their employee's actions.
2. If OTS did have somebody in place to ensure all procedures were followed properly, and did so in full compliance with Circular 230, then Travis is considered a rogue employee, and OTS may not be liable for his actions because OTS correctly followed all the required procedures.

OPR's Authority

OPR oversees the conduct of tax practice. The oversight extends to all individuals who make a presentation to the IRS relating to a taxpayer's rights, privileges, or liabilities under the laws or regulations administered by the IRS. This authority generally extends to any individual who interacts with federal tax administration in person, orally, in writing, or by the preparation and submission of documents.

OPR oversees a practitioner's conduct and discipline, including disciplinary proceedings and sanctions. After serving a practitioner a notice and granting them an opportunity for a conference, OPR could negotiate an appropriate level of discipline with the practitioner or could, in fact, initiate an administrative proceeding to censure (a public reprimand), suspend (one to fifty-nine months), or disbar (five years) the practitioner.

Information Provided to the IRS and OPR

If an authorized officer or employee of the IRS or OPR requests information or records regarding or in reference to a taxpayer, the tax preparer is required by law to comply with the request promptly unless they believe in good faith or on reasonable grounds that such records or information is privileged or that the request for, or effort to obtain such record or information is of doubtful legality.

- Censura: Una reprimenda pública en la que se incluye a un infractor en una lista trimestral emitida por el IRS que indica la ciudad y el estado, el nombre, la designación profesional del infractor y la fecha de vigencia de la censura. Si son censurados, los infractores aún pueden preparar impuestos, pero son supervisados más de cerca, y sus nombres y reputaciones recientemente manchados pueden afectar negativamente sus negocios. Ésta es la forma más leve de castigo.
- Suspensión: Si un preparador de impuestos es suspendido, significa que no puede preparar ninguna declaración de uno a cincuenta y nueve meses. La OPR determina la duración de la suspensión de un contribuyente, caso por caso.
- Inhabilitación: Si un contribuyente es inhabilitado, no puede preparar ninguna declaración durante al menos cinco años.

Estas multas y castigos están relacionados con las actividades con las que el preparador de impuestos ha estado asociado en nombre del empleador, ya que es responsabilidad legal del empleador saber lo que sus empleados están haciendo, pues el empleador puede ser responsable de las acciones estos.

Ejemplo: Omar Tax Service (OTS), como entidad sujeta a las directrices de la Circular 230, necesita tener una persona a cargo de garantizar que todos los procedimientos de OTS y el IRS se sigan y manejen correctamente. Si el empleado Travis es sorprendido preparando declaraciones de alguna manera que no cumpla con estas directrices, hay dos escenarios posibles:

1. Si Omar Tax Service no tenía a alguien que se asegurara de que los procedimientos tanto del IRS como de OTS se siguieran correctamente, entonces OTS es responsable de las acciones de sus empleados.
2. Si OTS tenía a alguien para garantizar que todos los procedimientos se siguieran correctamente, y lo hizo en pleno cumplimiento de la Circular 230, entonces Travis se considera un empleado deshonesto y OTS puede no ser responsable de sus acciones porque OTS siguió correctamente todos los procedimientos requeridos.

Autoridad de la OPR

La OPR supervisa la conducta del ejercicio fiscal. La supervisión se extiende a todas las personas que hacen una presentación al IRS en relación con los derechos, privilegios o responsabilidades de un contribuyente en virtud de las leyes o regulaciones administradas por el IRS. Esta autoridad generalmente se extiende a cualquier persona que interactúe con la administración tributaria federal en persona, de manera oral, por escrito o mediante la preparación y presentación de documentos.

La OPR supervisa la conducta y la disciplina de un profesional, incluidos los procedimientos disciplinarios y las multas. Después de entregarle un aviso a un profesional y otorgarle la oportunidad de una conferencia, la OPR podría negociar un nivel apropiado de disciplina con el profesional; o podría de hecho iniciar un procedimiento administrativo para censurar (una amonestación pública), suspender (de uno a cincuenta y nueve meses) o inhabilitar (cinco años) al profesional.

Información proporcionada al IRS y OPR

Si un funcionario o empleado autorizado del IRS u la OPR solicita información o registros con respecto a un contribuyente o en referencia al mismo, la ley requiere que el preparador de impuestos cumpla con la solicitud de inmediato, a menos que considere de buena fe o por motivos razonables que tal registro o la información son privilegiados o que la solicitud o el esfuerzo por obtener dichos registros o información es de dudosa legalidad.

If the requested information is not in the possession of the tax professional or his or her client, the tax professional must promptly notify the requesting IRS or OPR personnel of that fact. In the case of requests from the IRS, the practitioner must make reasonable inquiries of the client regarding the identity of any person who has the records. The tax professional is not required to actually speak with anyone other than their client, but they must ask their client about the identity of any person who may have the records or information that was requested and then provide that information to the IRS.

A practitioner may not interfere, or attempt to interfere, with any proper and lawful effort by the IRS and its officers or employees or with the director of the Office of Professional Responsibility and his or her employees to obtain any record(s) or information unless the practitioner believes in good faith and on reasonable grounds that the record(s) or information is privileged.

As stated in §10.34(b) in regard to the submission of any documents that may be requested by the IRS or OPR, the tax professional cannot advise a client to submit any document to the IRS that falls under one or both of the following two categories:

- Frivolous.
- Contains or omits information in a manner demonstrating an intentional disregard of a rule or regulation unless the tax professional also advises the client to submit a document that evidences a good faith challenge to the rule or regulation.

Example: The IRS requests information about John Henry. Andres prepared Mr. Henry's return for the past two years; however, the year in question is prior to Mr. Henry becoming Andres' client. Andres has copies of Mr. Henry's tax return for the year in question, which contains the name, address, and identification number of the individual who prepared the return. Andres is required to provide the IRS with the information about the preparer listed on the return, but not the return itself. Andres needs to inform the client of the IRS request.
(Treasury Circular 230, §10.20, §10.34(b)).

Individual Representation Rights

The following is a summary of the individuals who can practice before the IRS and their representation rights.

a. ***Attorney***: Any attorney who is not currently under suspension or disbarment from practice before the Internal Revenue Service may do so by filing a written declaration stating that the individual is currently qualified as an attorney and is authorized to represent the party or parties.
b. ***Certified public accountant*** (CPA): Any certified public accountant who is not currently under suspension or disbarment from practice before the Internal Revenue Service may do so by filing a written declaration that the individual is qualified as a certified public accountant and is authorized to represent the party or parties.
c. ***Enrolled agents***: Any individual enrolled as an agent pursuant to this part who is not currently under suspension or disbarment from practice before the Internal Revenue Service may practice before the Internal Revenue Service. (Enrolled agents take a three-part test and must pass each part).

Si la información solicitada no está en posesión del profesional de impuestos o de su cliente, el profesional de impuestos debe notificar de inmediato al personal del IRS o de la OPR que lo solicitó. En el caso de solicitudes del IRS, el profesional de impuestos debe hacer averiguaciones razonables al cliente con respecto a la identidad de cualquier persona que tenga los registros. El profesional de impuestos no está obligado a hablar con nadie más que con su cliente, pero debe preguntarle a su cliente sobre la identidad de cualquier persona que pueda tener los registros o la información solicitada y luego proporcionar esa información al IRS.

Un profesional no puede interferir, ni intentar interferir, con ningún esfuerzo adecuado y legal del IRS y sus funcionarios o empleados o con el director de la Oficina de Responsabilidad Profesional y sus empleados para obtener cualquier registro o información a menos que el practicante cree de buena fe y con motivos razonables que los registros o la información son confidenciales.

Como se establece en §10.34(b) con respecto a la presentación de cualquier documento que pueda solicitar el IRS o la OPR, el profesional de impuestos no puede aconsejar a un cliente que presente ningún documento al IRS que se encuentre dentro de una o ambas de las siguientes dos categorías:

- Infundado.
- Contiene u omite información de una manera que demuestra un incumplimiento intencional de una regla o reglamento, a menos que el profesional de impuestos también le aconseje al contribuyente que presente un documento que muestre evidencia de una impugnación de buena fe a la regla o reglamento.

Ejemplo: El IRS solicita información sobre John Henry. Andrés preparó la declaración del Sr. Henry durante los últimos dos años; sin embargo, el año en cuestión es anterior a que el Sr. Henry se convirtiera en cliente de Andrés. Andrés tiene copias de la declaración de impuestos del Sr. Henry para el año en cuestión, que contiene el nombre, dirección y número de identificación de la persona que preparó la declaración. Andrés debe proporcionar al IRS la información sobre el preparador que figura en la declaración, pero no la declaración en sí. Andrés necesita informar al cliente de la solicitud del IRS. (Circular del Tesoro 230, §10.20, §10.34(b)).

Derechos de representación individual

El siguiente es un resumen de las personas que pueden ejercer ante el IRS y sus derechos de representación.

a. ***Abogado***: Cualquier abogado que no se encuentre actualmente bajo suspensión o inhabilitación del ejercicio ante el Servicio de Rentas Internas (IRS) puede ejercer ante el IRS presentando una declaración escrita ante el IRS de que el abogado actualmente está calificado como abogado y está autorizado para representar a la parte o las partes.
b. ***Contador público certificado (CPA):*** Cualquier contador público certificado que no esté actualmente suspendido o inhabilitado del ejercicio ante el Servicio de Rentas Internas (IRS) podrá hacerlo mediante la presentación de una declaración escrita de que la persona está calificada como contador público autorizado y está habilitado para representar a la parte o partes.
c. ***Agentes inscritos:*** Cualquier persona inscrita como agente de conformidad con esta parte que no esté actualmente suspendida o inhabilitada para ejercer ante el Servicio de Rentas Internas puede ejercer ante el Servicio de Rentas Internas. (Los agentes inscritos toman una prueba de tres partes y deben aprobar cada parte).

d. ***Enrolled actuaries***: Any individual who is enrolled as an actuary by the Joint Board for the Enrollment of Actuaries pursuant to 29 U.S.C. 1242 who is not currently under suspension or disbarment from practice may do so by filing a written declaration stating that the individual is currently qualified as an enrolled actuary and is authorized to represent the party or parties on their behalf.
e. ***Enrolled retirement plan agents***: An individual enrolled as a retirement plan agent pursuant to this part who is not currently under suspension or disbarment from practice before the Internal Revenue Service may practice before the IRS.
f. ***Annual Filing Season Program Participants (AFSP)***: This voluntary program recognizes the efforts of return preparers who are not attorneys, certified public accountants, or enrolled agents. The IRS issues an Annual Filing Season Program Record of Completion to return preparers who obtain a certain number of continuing education hours in preparation for a specific tax year. As an AFSP Record Holder, your representation is limited. The tax preparer can represent clients whose returns one prepared and signed, but only before examination with the customer service representatives, and the Taxpayer Advocate Service (TAS).

Practice Before the IRS

"Practice before the IRS" constitutes all matters connected with a presentation to the IRS, or any of its officers or employees, related to a taxpayer's rights, privileges, or liabilities under the laws or regulations administered by the IRS. Such presentations include, but are not limited to, preparing documents, filing documents, and corresponding and communicating with the IRS. It also includes rendering oral and written advice with respect to any entity, transaction, plan, arrangement, or any matter that has a potential for tax avoidance or evasion; and representing a client at conferences, hearings, and meetings.

Tax Professionals Standards of Competence

A practitioner must possess the appropriate level of knowledge, skill, thoroughness, and preparation necessary for competent engagement in practice before the Internal Revenue Service. A practitioner may become competent for the matter for which the practitioner has been engaged through various methods, such as consulting with experts in the relevant area or studying the relevant law.

If the tax professional is not competent in a subject matter, they may consult another individual who the tax professional knows or believes has established competence in the field of study. When the tax professional does consult with another individual, they must consider the requirements of Internal Revenue Code §7216.

Taxpayer Information Retention

The tax professional is required to furnish the taxpayer with a complete copy of the tax return. This copy can be provided in an acceptable standard, including electronic formats, as agreed upon by both parties. Importantly, the copy is not mandated to include the client's Social Security number.

A thorough copy of the taxpayer's return incorporates Form 8453 and other documents the tax professional cannot transmit electronically when applicable, in addition to the electronic segment of the return.s
The electronic portion can be presented on a replica of an official form or on an unofficial form. However, when using an unofficial form, the tax professional must cross-reference data entries to the numbers or descriptions on an official form.

d. ***Actuarios inscritos***: Cualquier persona que esté inscrita como actuario por la Junta Mixta para la Inscripción de Actuarios de conformidad con 29 U.S.C. 1242 que no se encuentra actualmente bajo suspensión o inhabilitación del ejercicio ante el Servicio de Rentas Internas (IRS) mediante la presentación ante el IRS de una declaración escrita que indique que actualmente está calificado como actuario inscrito y está autorizado para representar a la parte o partes en su nombre.
e. ***Agentes de planes de jubilación inscritos***: Una persona inscrita como agente de un plan de jubilación que no se encuentra actualmente bajo suspensión o inhabilitación del ejercicio ante el Servicio de Rentas Internas (IRS) puede ejercer ante el IRS.
f. ***Participantes del Programa Anual de la Temporada Tributaria (AFSP)***: Este programa voluntario reconoce los esfuerzos de los preparadores de declaraciones que no son abogados, contadores públicos autorizados o agentes registrados. El IRS emite un Registro de finalización del programa de temporada fiscal anual para los preparadores de declaraciones que obtienen una cierta cantidad de horas de educación continua en preparación para un año fiscal específico.

Ejercicio ante el IRS

"Ejercicio ante el IRS" constituye todos los asuntos relacionados con una declaración ante el IRS, o cualquiera de sus funcionarios o empleados, relacionados con los derechos, privilegios o responsabilidades de un contribuyente conforme a las leyes o reglamentos administrados por el IRS. Dichas presentaciones incluyen, pero no se limitan a, la preparación de documentos, la presentación de documentos y la correspondencia y la comunicación con el IRS. También incluye brindar asesoramiento oral y escrito con respecto a cualquier entidad, transacción, plan, arreglo o cualquier asunto que tenga el potencial de elusión o evasión fiscal; y representar a un cliente en conferencias, audiencias y reuniones.

Normas de competencia para profesionales de impuestos

Un profesional debe poseer el nivel apropiado de conocimiento, habilidad, minuciosidad y preparación necesarios para una participación competente en el ejercicio ante el Servicio de Rentas Internas. Un profesional puede llegar a ser competente para el asunto para el que ha sido contratado a través de varios métodos, como consultar con expertos en el área pertinente o estudiar la ley pertinente.

Si el profesional de impuestos no es competente en un tema, puede consultar a otra persona que el profesional de impuestos sepa o crea que tiene competencia establecida en el campo de estudio. Cuando el profesional de impuestos consulta con otra persona, debe considerar los requisitos del Código de Rentas Internas §7216.

Retención de información del contribuyente

El profesional de impuestos debe proporcionar al contribuyente una copia completa de la declaración de impuestos. Esta copia se puede proporcionar en una norma aceptable, incluidos formatos electrónicos, según lo acordado por ambas partes. Es importante destacar que no es obligatorio que la copia incluya el número de Seguro Social del cliente.

Una copia completa de la declaración del contribuyente incluye el Formulario 8453 y otros documentos que el profesional de impuestos no puede transmitir electrónicamente, cuando corresponda, así como la parte electrónica de la declaración.
La parte electrónica puede estar contenida en una réplica de un formulario oficial o en un formulario no oficial. Sin embargo, cuando se utiliza un formulario no oficial, el profesional de impuestos debe hacer referencias cruzadas de los registros de datos con los números o descripciones en un formulario oficial.

In cases where a taxpayer submits a completed paper return for electronic filing, and the electronic portion mirrors the provided information, the tax professional is exempt from supplying a printout of the electronic segment to the taxpayer.

It is advisable for the tax professional to counsel the taxpayer to retain a comprehensive copy of their return and any accompanying materials. Additionally, clients should be informed that, if necessary, they must submit an amended return as a paper return and mail it to the submission processing center handling paper returns for the taxpayer.

Compliance Proceduresss

Any practitioner who has or shares principal authority and responsibility for overseeing a firm's practice of providing advice concerning federal tax issues must take reasonable steps to ensure that the firm has adequate procedures to raise awareness and to promote compliance with Circular 230 by the firm's members, associates, and employees, and that all such employees are complying with the regulations governing practice before the IRS. These compliance procedures are stated in full in Circular 230 subparts A, B, and C, which can be found on the IRS website.

Any individual or individuals who share principal authority will be subject to discipline for failing in the following ways through willfulness, recklessness, or gross incompetence:

- The individual does not take reasonable steps to ensure the procedures of the firm are adequate.
- The individual does not take reasonable steps to ensure the firm's procedures are properly followed.
- The individual fails to take prompt action to correct any noncompliance despite knowing (or being in a situation where it was the individual's duty to know) that one or more individuals who are associated with or employed by the individual are engaged in a pattern or practice that does not comply with the firm's position.

Taxpayers should receive and be advised to keep copies of the following:

- Form 8879 (PIN program).
- Any Form W-2, Form 1099, etc., and any other backup material for their return.
- A copy of the return that was electronically filed, in a form they can understand.
- A copy of Form 9325, *General Information for Taxpayers Who File Electronically*, which tells taxpayers the procedure to follow if they do not receive their refund.
- For those who request a bank product, a copy of the signed bank application and the disclosure statement.

Part 1 Review

To obtain the maximum benefit from each part go online now and watch the video.

Part 2 Responsibilities of the Tax Preparer

The paid tax preparer must understand the ethical responsibility to prepare accurate tax returns based on tax law and the information provided by the taxpayer.

En los casos en que un contribuyente presenta una declaración impresa completa para su presentación electrónica y la parte electrónica refleja la información proporcionada, el profesional de impuestos está exento de proporcionar una copia impresa del segmento electrónico al contribuyente.

Se recomienda que el profesional de impuestos aconseje al contribuyente que conserve una copia completa de su declaración y cualquier material de apoyo. Además, los clientes deben ser informados de que, de ser necesario, deben presentar una declaración enmendada como una declaración impresa y enviarla por correo al centro de procesamiento de la presentación que manejará la declaración impresa del contribuyente.

Procedimientos de cumplimiento

Cualquier profesional que tenga o comparta la autoridad principal y la responsabilidad de supervisar el ejercicio de una empresa de brindar asesoramiento sobre asuntos de impuestos federales debe tomar medidas razonables a fin de garantizar que la empresa cuente con los procedimientos adecuados para crear conciencia y promover el cumplimiento de la Circular 230 por parte de los miembros y asociados y empleados de la empresa, y que todos esos empleados están cumpliendo con las regulaciones que rigen el ejercicio ante el IRS. Estos procedimientos de cumplimiento se establecen en su totalidad en las subpartes A, B y C de la Circular 230, que se pueden encontrar en el sitio web del IRS.

Aquella persona o personas que compartan la autoridad principal estarán sujetas a medidas disciplinarias por incumplir de las siguientes maneras por dolo, imprudencia o incompetencia grave:

- La persona no toma medidas razonables para garantizar que los procedimientos de la empresa sean adecuados.
- La persona no toma medidas razonables para garantizar que los procedimientos de la empresa se sigan correctamente.
- La persona no toma medidas inmediatas para corregir cualquier incumplimiento a pesar de saber (o estar en una situación en la que era su deber saber) que una o más personas que están asociadas o empleadas por la persona están involucradas en un patrón o práctica que incumple la postura de la empresa.

Los contribuyentes deben recibir, y se les debe recomendar que guarden, copias de lo siguiente:

- Formulario 8879 (programa PIN).
- Cualquier formulario W-2, formulario 1099, etc., y cualquier otro material de respaldo para su declaración.
- Una copia de la declaración que se presentó electrónicamente en una forma que puedan entender.
- Una copia del Formulario 9325, Información general para los contribuyentes que presentan su declaración electrónicamente, que les indica a los contribuyentes el procedimiento a seguir si no reciben su reembolso.
- Para quienes soliciten un producto bancario, copia de la solicitud bancaria firmada y la declaración de divulgación

Revision de la Parte 1

Para obtener el máximo beneficio de cada parte, entra ahora mismo en línea, y mira el video.

Parte 2 Responsabilidades del preparador de impuestos

El preparador de impuestos pagado debe comprender la responsabilidad ética de preparar declaraciones de impuestos precisas basadas en la ley tributaria y la información proporcionada por el contribuyente.

OPR will propose censure, suspension, or disbarment of any practitioner from practice before the IRS if the individual shows to be incompetent or disreputable and/or fails to comply with any regulations found in Circular 230. OPR may impose a monetary penalty for an individual or their employer subject to Circular 230. The monetary penalty relates to activities the tax preparer associates with on behalf of the employer. The employer should have known what the employee was doing.

You can find the following explanations of tax professionals' responsibilities under Treasury Circular 230. This summary does not address all provisions of the regulations. The tax professional should read Circular 230 for a complete understanding of the duties and obligations of someone practicing before the IRS. Preparing a tax return is also considered practicing before the IRS.

Tax Return Preparer

LTP believes that taxpayers should choose a tax return preparer who will be available for them in case the IRS examines their tax return. Most tax return preparers are professional, honest, and provide excellent customer service to their clients. However, dishonest, and unscrupulous tax return preparers do exist. The taxpayer should always check their return for errors to avoid penalties, along with financial and legal problems.

Taxpayers should be aware of the qualifications and responsibilities of the tax return preparer they intend to work with. First, anybody who is paid to prepare tax returns should have complete understanding of tax matters and is required to have a Preparer Tax Identification Number (PTIN).

A paid tax return preparer is primarily responsible for the overall accuracy of the taxpayer's return. By law, the paid tax preparer is required to sign the return and include their PTIN. Although the tax return preparer signs the return, the taxpayer is ultimately responsible for the accuracy of every item reported on the return. The paid tax preparer is subject to §6694 penalties if there are inaccuracy and if the tax preparer is responsible individual.

The Internal Revenue Service has also established ethical guidelines and practices for tax preparers. These guidelines, laws, and standards, in part, protect the *Taxpayer Bill of Rights* and are detailed in Circular 230, the consistent, definitive standard of tax professional responsibility that protects not only the taxpayer but the tax professional as well.

Everything the tax practitioner does, every choice they make as a tax professional, affects not only him or herself but the professional's clients, coworkers, and firm as well. Decisions and judgments made in tax preparation are not always black and white. The paid tax preparer's first responsibility is to his or her clients, but one must still make decisions within the boundaries of the law. Issues are often not clearly defined and leave room for interpretation, and when making decisions or judgments as a professional tax preparer in such situations, you should take the following steps:

- Determine the nature of the issue in question.
- Obtain as much information and documentation from the client as possible.
- Research the issue thoroughly, documenting all findings, facts, and positions.
- Consider relevant case studies.
- Examine all possible solutions to the questions.

La OPR puede proponer la censura, suspensión o inhabilitación de cualquier profesional del ejercicio ante el IRS si la persona demuestra ser incompetente o de mala reputación y/o no cumple con las normas que se encuentran en la Circular 230. La OPR puede imponer una multa monetaria a una persona o a su empleador sujeto a la Circular 230. La multa monetaria se relaciona con actividades con las que el preparador de impuestos se asocia en nombre del empleador. El empleador debería haber sabido lo que estaba haciendo el empleado.

Puede encontrar las siguientes explicaciones de las responsabilidades de los profesionales de impuestos en virtud de la Circular 230 del Tesoro. Este resumen no aborda todas las disposiciones de los reglamentos. El profesional de impuestos debe leer la Circular 230 para una comprensión completa de los deberes y obligaciones de alguien que ejerce ante el IRS. Preparar una declaración de impuestos también se considera ejercer ante el IRS.

Preparador de declaraciones de impuestos

LTP considera que los contribuyentes deben elegir un preparador de declaraciones de impuestos que esté disponible para ellos en caso de que el IRS examine su declaración de impuestos. La mayoría de los preparadores de declaraciones de impuestos son profesionales, honestos y brindan un excelente servicio a sus clientes. Sin embargo, existen preparadores de impuestos deshonestos y sin escrúpulos. El contribuyente siempre debe revisar su declaración en busca de errores para evitar multas, junto con problemas financieros y legales.

Los contribuyentes deben ser conscientes de las calificaciones y responsabilidades del preparador de la declaración de impuestos con las que pretenden trabajar. En primer lugar, cualquier persona a la que se le pague por preparar declaraciones de impuestos debe tener un conocimiento completo de los asuntos fiscales y debe tener un Número de identificación de preparador de impuestos (PTIN).

Un preparador de declaraciones de impuestos pagado es el principal responsable de la fiabilidad general de la declaración del contribuyente. De acuerdo a la Ley, el preparador de impuestos pagado debe firmar la declaración e incluir su PTIN. Aunque el preparador de la declaración de impuestos firme la declaración, el contribuyente es el responsable final de la fiabilidad de cada ítem informado en la declaración. El preparador de impuestos pagado está sujeto a sanciones según la sección 6694 si hay inexactitudes y si el preparador de impuestos es una persona responsable.

El Servicio de Rentas Internas también ha establecido directrices y prácticas éticas para los preparadores de impuestos. Estas directrices, leyes y estándares, en parte, protegen la Declaración de Derechos del Contribuyente y se detallan en la Circular 230, el estándar consistente y definitivo de responsabilidad fiscal profesional que protege no solo al contribuyente, sino también al profesional de impuestos.

Todo lo que hace el profesional de impuestos, cada elección que hace como profesional de impuestos, no solo le afecta a sí mismo, sino también a los clientes, compañeros de trabajo y la empresa para la que trabaja. Las decisiones y los juicios que se toman en la preparación de impuestos no siempre son en blanco y negro. La primera responsabilidad del preparador de impuestos pagado es con sus clientes, pero aún se deben tomar decisiones dentro de los límites de la ley. Los problemas a menudo no están claramente definidos y dejan espacio para la interpretación, y al tomar decisiones o juicios como preparador de impuestos profesional en tales situaciones, debe seguir los pasos a continuación:

- Determinar la naturaleza del problema en cuestión.
- Obtener tanta información y documentación del cliente como sea posible.
- Investigar el problema a fondo, documentando todas las conclusiones, hechos y posturas.
- Considerar estudios de casos relevantes.
- Examinar todas las posibles soluciones a las preguntas.

- Weigh the consequences of each solution and how each solution may affect all parties involved (the taxpayer, the preparer, and the firm).
- Inform the client of your position and explain the consequences of the available answers.
- Choose a solution that is legal, ethical, and actionable for all parties involved and comfortable for both you and your client.

Señor 1040 Says: Privilege does not apply in a criminal matter unless the practitioner is an attorney.

Best Practice Guidelines

In addition to careful compliance with IRS due diligence regulations, tax professionals should also follow professional best practices when providing advice and preparing tax returns for submission to the IRS to ensure they are providing their clients with the highest possible quality of representation in federal tax matters.

Tax professional best practices include the following:

- Communicate clearly with clients regarding the terms of the engagement. This means determining what the client is seeking and what they expect from the practitioner. In turn, make sure the client understands the scope and type of services that will be rendered.
- Establish the facts. Determine which facts are relevant to the matter at hand and evaluate the reasonableness of any assumptions or representations.
- Relate the applicable law to the relevant facts and arrive at a conclusion based on this support.
- Advise the client based on the meaning and implications of any findings. Inform him or her of any tax repercussions as a result of any actions or lack thereof (e.g., accuracy-related penalties, interest, etc.).
- Act fairly and with integrity in practice before the IRS.

A practitioner must inform a client of any penalties that are likely to apply to the client with respect to a position taken on a tax return in the following scenarios:

- If the practitioner advised the client with respect to the position.
- If the practitioner prepared or signed the tax return or any document, affidavit, or other paper submitted to the Internal Revenue Service.
- The practitioner must also inform the client, if relevant, of the requirements for adequate disclosure and of any opportunity to avoid any such penalties by disclosure.

A practitioner, when advising a client to take a position on a tax return, document, affidavit, or other paperwork submitted to the IRS or when preparing or signing a tax return as a preparer, may generally rely in good faith, without verification, upon information furnished by the client.

The practitioner may not, however, ignore the implications of information furnished to or actually known by the practitioner and must make reasonable inquiries if the information as furnished appears to be incorrect, incomplete, or inconsistent with an important fact or other factual assumption.

- Sopesar las consecuencias de cada solución y cómo cada solución puede afectar a todas las partes involucradas (el contribuyente, el preparador y la empresa).
- Informar al cliente de su postura y explicar las consecuencias de las respuestas disponibles.
- Elija una solución que sea legal, ética y procesable para todas las partes involucradas y cómoda tanto para usted como para su cliente.

El Señor 1040 dice: El privilegio no se aplica en un asunto penal a menos que el profesional sea un abogado.

Directrices de mejores prácticas

Además del cumplimiento cuidadoso de las regulaciones de debida diligencia del IRS, los profesionales de impuestos también deben seguir las mejores prácticas profesionales al brindar asesoramiento y preparar declaraciones de impuestos para la presentación al IRS a fin de garantizar que brinden a sus clientes la más alta calidad posible de representación en asuntos fiscales federales.

Las mejores prácticas profesionales de impuestos incluyen lo siguiente:

- Comunicarse claramente con los clientes con respecto a los términos del compromiso. Esto significa determinar qué busca el cliente y qué espera del profesional. A su vez, debe asegurarse de que el cliente comprenda el alcance y el tipo de servicio que se prestará
- Establecer los hechos. Determinar qué hechos son relevantes para el asunto en cuestión y evaluar la razonabilidad de cualquier suposición o declaración
- Relacionar la ley aplicable con los hechos relevantes y llegar a una conclusión basada en este apoyo.
- Asesorar al cliente en función del significado y las implicaciones de cualquier conclusión. Informar sobre cualquier repercusión fiscal como resultado de cualquier acción o falta de ella (por ejemplo, multas relacionadas con la fiabilidad, intereses, etc.).
- Actuar de manera justa y con integridad en el ejercicio ante el IRS

Un profesional debe informar al cliente de cualquier multa que sea razonablemente probable que se aplique al cliente con una postura que se adoptó en la declaración de impuestos en los siguientes escenarios:

- Si el profesional aconsejó al cliente con respecto a dicha postura.
- Si el profesional preparó o firmó la declaración de impuestos o cualquier documento, declaración jurada u otro escrito presentado al Servicio de Rentas Internas.
- El profesional también debe informar al cliente, si corresponde, de los requisitos para una divulgación adecuada y de cualquier oportunidad de evitar dichas multas por divulgación

Un profesional, cuando asesora a un cliente para tomar una postura en una declaración de impuestos, documento, declaración jurada u otro escrito presentado al IRS o cuando prepara o firma una declaración de impuestos como preparador, generalmente puede confiar de buena fe, sin verificación, en información proporcionada por el cliente.

Sin embargo, el profesional no puede ignorar las implicaciones de la información proporcionada o realmente conocida por el profesional y debe realizar investigaciones razonables si la información proporcionada parece ser incorrecta, incompleta o inconsistente con un hecho importante u otra suposición fáctica.

Tax advisors responsible for overseeing a firm's practice of providing advice on federal tax issues and preparing or assisting in the preparation of submissions to the IRS should take reasonable steps to ensure that the firm's procedures for all members, associates, and employees are consistent with these best practices.

Personal Tax Compliance Responsibilities

The tax professional is responsible for ensuring the timely filing and payment of personal income tax returns and the tax returns for any entity over which the tax professional has, or shares, control. Failing to file 4 of the last 5 years' income tax returns, or 5 of the previous 7 quarters of employment/excise tax returns, is per se disreputable and incompetent conduct that can lead to sudden, indefinite suspension of the practitioner. The willful evasion of the assessment or payment of tax also violates Circular 230 regulations (Treasury Circular 230, §10.51(a)(6)).

Conflict of Interest

A conflict of interest exists when representing a client who is directly averse to another client of the paid tax professional. A conflict of interest also exists if there is a significant risk that representing a client will be materially limited by the tax professional's responsibilities to another client, a former client, a third person, or their interests. When a conflict of interest exists, the tax professional may not represent a client in an IRS matter unless:

1. The tax professional reasonably believes that they can provide competent and diligent representation to all affected clients.
2. The law does not prohibit the tax professional's representation.
3. All affected clients give informed, written consent to the tax professional's representation. The tax professional must retain these consents for 36 months following the termination of the engagement and make them available to the IRS/OPR upon request (Treasury Circular 230, §10.29).

Documenting

Documents are files or notes that were created at the time of the interview with the taxpayer. Documentation is an important part of due diligence. The tax professional needs to be diligent in keeping records of how the tax return was prepared. Documents proving the taxpayer's income, expenses, credits claimed on the tax return and how the tax return was prepared should be kept. Documentation could save the preparer from incurring a due diligence penalty. Good intention in saving the taxpayer's documentation while failing to keep records of how the return was prepared is only good intention and will not save the tax preparer from a due diligence penalty. There are three words that could save a preparer from penalties: DOCUMENT, DOCUMENT, & DOCUMENT.

Documentation should be completed during the interview of the client no matter how the interview takes place, such as in person, via phone, or virtually. When determining HOH filing status, make sure that the individual has paid more than half of the cost of keeping up a home with a qualifying dependent. (Discussed in more detail in the Filing Status chapter).

Los asesores fiscales responsables de supervisar el ejercicio de una empresa de brindar asesoramiento sobre asuntos de impuestos federales y preparar o ayudar en la preparación de presentaciones al IRS deben tomar medidas razonables para garantizar que los procedimientos de la empresa para todos los miembros, asociados y empleados sean consistentes con estas mejores practicas.

Responsabilidades personales de cumplimiento tributario

El profesional de impuestos es responsable de garantizar la presentación y pago oportunos de las declaraciones de impuestos sobre la renta de personas naturales y las declaraciones de impuestos de cualquier entidad sobre la que el profesional de impuestos tenga o comparta el control. No presentar 4 de las declaraciones de impuestos sobre la renta de los últimos 5 años, o 5 de los 7 trimestres anteriores de declaraciones de impuestos sobre el empleo o el consumo, es en sí una conducta de mala reputación e incompetencia que puede conducir a la suspensión repentina e indefinida del profesional. La evasión deliberada de la evaluación o pago de impuestos también viola las regulaciones de la Circular 230 (Circular del Tesoro 230, §10.51(a)(6)).

Conflicto de intereses

Existe un conflicto de intereses cuando se representa a un cliente que es directamente contrario a otro cliente del profesional de impuestos pagado. También se presenta un conflicto de intereses si existe un riesgo significativo de que la representación de un cliente se vea materialmente limitada por las responsabilidades del profesional de impuestos hacia otro cliente, un antiguo cliente, una tercera persona o sus intereses. Cuando existe un conflicto de intereses, el profesional de impuestos no puede representar a un cliente en un asunto del IRS a menos que:

1. El profesional de impuestos cree razonablemente que puede brindar una representación competente y diligente a todos los clientes afectados.
2. La ley no prohíbe la representación del profesional de impuestos.
3. Todos los clientes afectados dan su consentimiento informado y por escrito a la representación del profesional de impuestos. El profesional de impuestos debe conservar estos consentimientos durante 36 meses después de la terminación del contrato y ponerlos a disposición del IRS/OPR cuando se solicite (Circular del Tesoro 230, §10.29).

Documentación

Los documentos son archivos o notas que se crearon en el momento de la entrevista con el contribuyente. La documentación es una parte importante de la debida diligencia. El profesional de impuestos debe ser diligente en el mantenimiento de registros de cómo se preparó la declaración de impuestos. Deben conservarse los documentos que acrediten los ingresos, gastos, créditos reclamados en la declaración jurada del contribuyente y la forma en que se preparó la declaración. La documentación podría evitar que el preparador incurra en una penalización por debida diligencia. La buena intención de guardar la documentación del contribuyente y no mantener registros de cómo se preparó la declaración, es solo una buena intención, y no salvará al preparador de impuestos de una multa por debida diligencia. Hay tres palabras que podrían salvar a un preparador de sanciones: DOCUMENTAR, DOCUMENTAR y DOCUMENTAR.

La documentación debe completarse durante la entrevista del cliente sin importar cómo se lleve a cabo la entrevista, ya sea en persona, por teléfono o virtualmente. Al determinar el estado civil de Cabeza de familia, asegúrese de que la persona haya pagado más de la mitad del costo de mantener una vivienda con un dependiente calificado. (Discutido en más detalle en el Capítulo de Estado civil de declaración).

Reasonable inquiries include asking pertinent questions, which should result in obtaining the information needed to complete Form 8867. Certain questions should determine age of taxpayer and/or dependents to help determine filing status and which credit(s) the taxpayer may qualify for.

The following questions are samples to determine taxpayer's filing status:

- Were you single on December 31?
- Were you married on December 31?
- Did you live apart from your spouse the entire year?
- Do you have qualifying children?
- Did the qualifying children live with you the entire year?
- How many months did the qualifying children live with you?
- Does anyone else live in your house?
- Do you live with another taxpayer? If so, what is that individual's relationship to you? Parent, in-laws, cousin, grandchild, etc.?

Document Guidelines and Procedures

A practitioner may not willfully, recklessly, or through gross incompetence sign a tax return or claim for refund that the tax practitioner knows or reasonably should know contains any of the following:

- An unreasonable basis.
- An unreasonable position as described in §6694(a)(2) of the IRC Code.
- A willful attempt by the practitioner to understate the tax liability or to intentionally disregard the rules and regulations as described in §6694(b)(2).

A paid tax preparer who guarantees a specific refund amount is an example of the kind of action that would trigger this penalty. Another example is if the preparer attempts to reduce the taxpayer's liability by intentionally disregarding information provided by the taxpayer; in this case, the preparer is guilty of a willful attempt to understate tax liability. This does not mean that the preparer may not rely in good faith on the information furnished by the taxpayer. However, the tax preparer must make reasonable inquiries if the information furnished by the taxpayer appears to be incorrect or incomplete.

If the tax professional receives a request for documents, records, or information concerning one of their clients from the IRS or the OPR, they must comply with the request unless the tax professional reasonably believes that the information is privileged. If the requested information is not in the tax professional or the tax professional client's possession, the tax professional must promptly inform the requesting IRS or OPR personnel of that fact.

A practitioner may not advise a client to take a position on a document, affidavit, or any other paper(s) submitted to the Internal Revenue Service unless the position is not frivolous. A position is frivolous if it purposefully contains or omits information that demonstrates an intentional disregard of a rule or regulation. If challenged, it is the taxpayer's responsibility to prove to the IRS that a position is not frivolous, and it is then up to the IRS to make the final decision thereof.

A practitioner may not advise a client to submit any document, affidavit, or other paper to the IRS under the following circumstances:

Las consultas razonables incluyen hacer preguntas pertinentes, que deberían resultar en la obtención de la información necesaria para completar el Formulario 8867. Ciertas preguntas deben determinar la edad del contribuyente y/o los dependientes para ayudar a determinar el estado civil de declaración y para qué crédito(s) puede calificar el contribuyente.

Las siguientes preguntas son ejemplos para determinar el estado civil del contribuyente:

- ¿Estaba soltero al 31 de diciembre?
- ¿Estaba casado al 31 de diciembre?
- ¿Vivió separado de su cónyuge todo el año?
- ¿Tiene hijos calificados?
- ¿Vivieron los hijos calificados con usted todo el año?
- ¿Cuántos meses vivieron con usted los hijos calificados?
- ¿Vive alguien más en su casa?
- ¿Vive con otro contribuyente? Si es así, ¿cuál es la relación de esa persona con usted? ¿Padre, familia política, primo, nieto, etc.?

Directrices y procedimientos del document

Un profesional no puede firmar de forma deliberada, imprudente o por incompetencia grave una declaración de impuestos o un reclamo de reembolso que el profesional de impuestos sepa o razonablemente debería saber que contiene cualquiera de los siguientes:

- Una base poco razonable.
- Una postura poco razonable como se describe en §6694(a)(2) del Código IRC.
- Un intento deliberado por parte del profesional de impuestos de subestimar la obligación tributaria o de ignorar intencionalmente las reglas y regulaciones como se describe en §6694(b)(2).

Un preparador de impuestos pagado que garantiza un monto específico de reembolso es un ejemplo del tipo de acción que desencadenaría esta multa. Otro ejemplo es si el preparador intenta reducir la responsabilidad del contribuyente ignorando intencionalmente la información proporcionada por el contribuyente; en este caso, el preparador es culpable de un intento deliberado de subestimar la obligación tributaria. Esto no significa que el preparador no pueda confiar de buena fe en la información proporcionada por el contribuyente. Sin embargo, el preparador de impuestos debe realizar investigaciones razonables si la información proporcionada por el contribuyente parece ser incorrecta o estar incompleta.

Si el profesional de impuestos recibe una solicitud de documentos, registros o información sobre uno de sus clientes del IRS o la OPR, debe cumplir con la solicitud a menos que el profesional de impuestos crea razonablemente que la información es privilegiada. Si la información solicitada no está en posesión del profesional de impuestos o del cliente, este debe informar de inmediato al personal del Servicio de Rentas Internas (IRS) o del OPR que lo solicitó.

Un profesional no puede aconsejar a un cliente que adopte una postura sobre un documento, declaración jurada o cualquier otro documento presentado al Servicio de Rentas Internas a menos que la postura no sea infundada. Una postura es infundada si contiene u omite intencionalmente información que demuestre un desprecio intencional de una regla o reglamento. Si se impugna, es responsabilidad del contribuyente demostrarle al IRS que una postura no es infundada, y luego le corresponde al IRS tomar la decisión final al respecto.

Un profesional no puede aconsejar a un cliente que presente cualquier documento, declaración jurada u otro documento al IRS en las siguientes circunstancias:

- If the purpose of the submission is to delay or impede the administration of the federal tax laws.
- The information is frivolous.
- The content omits information or demonstrates an intentional disregard of a rule or regulation unless the practitioner also advises the taxpayer to submit a document that shows evidence of a good faith challenge to the rule or regulations.

A practitioner must inform the client of any penalties that are reasonably likely to apply to the client with a position that was taken on the tax return. The tax preparer also needs to inform the client on how to avoid penalties.

The tax practitioner may generally rely in good faith upon any information provided by the taxpayer without having to verify the information the client has given. However, the tax practitioner cannot ignore any potential implications of the documentation that was given to him or any actual knowledge he may have of any errors thereof. A reasonable inquiry about the information furnished is necessary if the taxpayer's provided information seems to be inconsistent or incomplete.

Who Prepared the Return?

A tax return preparer is any person who prepares for compensation or employs one or more individuals to prepare all, or a substantial portion of the tax return or any claim for refund of tax. A signing tax return preparer is an individual tax return preparer responsible for the overall substantive accuracy of preparing such return or claim for refund.

A tax return preparer is any and all of the following:

- Any person who prepares all or a substantial portion of any tax return or claims for refund in exchange for compensation or employs one or more persons to prepare for payment.
- Any individual paid to prepare or assist with tax preparation of all or substantially all of a tax return or claim for refund must have a PTIN number and is subject to the duties and restrictions relating to practice in subpart B of Circular 230. Subpart B is §10.20 through §10.53. Anyone who prepares a return for compensation must have a PTIN.
- Any individual preparing or assisting others in preparing tax returns or claiming for refunds who may appear as a witness for the taxpayer before the IRS or furnish information at the request of the IRS or any of the IRS officers or employees.
- Any individual preparing or assisting others to prepare all or a substantial portion of a document about any taxpayer's tax liability for compensation is subject to the duties and restrictions relating to practice in §10.20 through §10.53 (subpart B as well as subpart C) and §10.60 through §10.82.

A signing tax return preparer is the individual tax return preparer primarily responsible for the overall substantive accuracy of the preparation of such return or claim for refund. Even if someone else provides all the information and materials needed for the tax return, effectively "preparing" most of the return's material, the individual that inputs and arranges the material for the actual submission of the return or claim for refund is the person who must sign the return and thus claim responsibility for its accuracy. The person who needs to sign the return and claim responsibility for its accuracy is whoever prepares the majority of the tax return.

- Si el propósito de la presentación es retrasar o impedir la administración de las leyes fiscales federales.
- La información carece de fundamento.
- El contenido omite información o demuestra un incumplimiento intencional de una regla o reglamento, a menos que el profesional de impuestos también le aconseje al contribuyente que presente un documento que muestre evidencia de una impugnación de buena fe a la regla o reglamento.

Un profesional debe informar al cliente cualquier multa que sea razonablemente probable que se aplique al cliente con una postura que se adoptó en la declaración de impuestos. El preparador de impuestos también debe informar al cliente sobre cómo evitar multas.

El profesional de impuestos generalmente puede confiar de buena fe en cualquier información proporcionada por el contribuyente sin tener que verificar la información que el cliente ha proporcionado. Sin embargo, el profesional de impuestos no puede ignorar las implicaciones potenciales de la documentación que se le entregó o cualquier conocimiento real que pueda tener de cualquier error en la misma. Es necesaria una consulta razonable sobre la información proporcionada si la información suministrada por el contribuyente parece ser inconsistente o incompleta.

¿Quién preparó la declaración?

Un preparador de declaraciones de impuestos es cualquier persona que prepara o emplea a una o más personas para preparar, a cambio de un honorario, la totalidad o una parte sustancial de la declaración de impuestos o cualquier reclamo de reembolso de impuestos. Un preparador de declaraciones de impuestos firmante es un preparador de declaraciones de impuestos individual responsable de la fiabilidad sustantiva general de la preparación de dicha declaración o reclamo de reembolso.

Un preparador de declaraciones de impuestos es cualquiera y todos los siguientes:

- Cualquier persona que prepare la totalidad o una parte sustancial de cualquier declaración de impuestos o cualquier solicitud de reintegro a cambio de una remuneración o que emplee a una o más personas para preparar la declaración a cambio de una remuneración.
- Cualquier persona a la que se le pague para preparar o ayudar con la preparación de impuestos de la totalidad o prácticamente la totalidad de una declaración de impuestos o reclamo de reembolso debe tener un número PTIN y estar sujeto a los deberes y restricciones relacionados con la práctica en la subparte B de la Circular 230. La Subparte B es del §10.20 hasta el §10.53. Cualquiera que prepare una declaración de remuneración debe tener un PTIN.
- Cualquier persona que prepare o ayude a preparar una declaración de impuestos o reclamo de un reembolso puede comparecer como testigo del contribuyente ante el IRS o proporcionar información a solicitud del IRS o de cualquiera de los funcionarios o empleados del IRS.
- Cualquier persona que prepare o ayude a otros a preparar todo o una parte sustancial de un documento relacionado con la obligación tributaria de cualquier contribuyente a cambio de un honorario está sujeto a los deberes y restricciones relacionadas con la práctica en §10.20 al §10.53 (subparte B así como subparte C) y desde el §10.60 al §10.82.

Un preparador de declaraciones de impuestos firmante es el preparador de declaraciones de impuestos de persona natural que tiene la responsabilidad principal de fiabilidad sustantiva general de la preparación de dicha declaración o reclamo de reembolso. Incluso si alguien más proporciona toda la información y los materiales necesarios para la declaración de impuestos, "preparando" efectivamente la mayor parte del material de la declaración, la persona que ingresa y organiza el material para la presentación real de la declaración o el reclamo de reembolso es la persona que debe firmar la planilla y así responsabilizarse de su fiabilidad. La persona que debe firmar la declaración y reclamar responsabilidad por su exactitud es quien prepara la mayor parte de la declaración de impuestos.

A non-signing tax return preparer is any person who prepares all or a substantial portion of a return or claims for a refund but does not possess the primary responsibility for its accuracy. The individual was not the individual who inputted the information into the tax return or chose the tax return positions.

Whether or not an individual should be considered a non-signing or signing tax return preparer also depends on how much time the preparer spends advising the taxpayer. To be eligible to be a non-signing preparer, events that have occurred should represent less than 5% of the accumulated time incurred by the non-signing tax return preparer. The preparer calculates the percentage of time spent on the advice they give, whether written or oral, when given to the taxpayer and the signing tax preparer. §301.7701-15

Example: Kristie is Maria's administrative assistant. Kristie collects information from Julie, Maria's client, to help Maria prepare the tax return. Maria signs the return. Kristie is not the paid preparer of Julie's tax return.

Factors to consider in determining what makes a substantial portion include:

1. The size and complexity of the item relative to the taxpayer's gross income
2. The size of the understatement attributable to the item compared to the taxpayer's reported tax liability

Example 1: Timothy prepares Form 8886, "*Reportable Transaction Disclosure Statement.*" He does not prepare the tax return or advise the taxpayer regarding the tax return position for the transaction to which Form 8886 relates. The preparation of Form 8886 is not directly relevant to the determination of the existence, characterization, or amount of an entry on a tax return or claim for a refund. Timothy is preparing Form 8886 to disclose a reportable transaction and not to prepare a substantial portion of the tax return and is not considered a tax return preparer under §6694.

Example 2: Vicente prepares a schedule for Jose's Form 1040, reporting $4,000 in dividend income, and gives Jose oral or written advice about his Schedule A, which results in a medical expense deduction totaling $5,000, but does not sign the return. Vicente is a non-signing tax return preparer because the aggregate total amount of the deduction is less than $10,000.

A tax refund claim includes a credit claim against any tax. A claim for refund also includes a claim for payment under §6420, 6421, or 6427.

Example 1: Jose received employment tax information from Maria, who prepares her recordkeeping. Jose did not render any tax advice to Maria or exercise any discretion or independent judgment on Maria's tax positions. Jose just processed the information that Maria gave to him. Jose signed the return as authorized by the client according to Form 8655, *Reporting Agent Authorization,* and filed Maria's return using the information supplied by Maria. Jose is a tax return preparer.

Example 2: Matthew rendered tax advice to Sharon on determining whether her workers are employees or independent contractors for federal tax purposes. Matthew received compensation for his advice and is the tax return preparer.

Un preparador de declaraciones de impuestos que no firma es cualquier persona que prepara la totalidad o una parte sustancial de una declaración o reclamo de reembolso, pero no posee la responsabilidad principal de su fiabilidad. La persona no fue quien ingresó la información en la declaración de impuestos o eligió las posturas de la declaración de impuestos.

El hecho de que una persona natural deba considerarse como preparador de declaraciones de impuestos firmante o no firmante también depende del tiempo que dedique a asesorar al contribuyente. A fin de ser elegible como preparador de declaraciones de impuestos no firmante, los eventos que hayan ocurrido deben representar menos del 5% del tiempo agregado incurrido por el preparador de declaraciones de impuestos no firmante. El preparador calcula el porcentaje de tiempo dedicado al asesoramiento que brinda, ya sea escrito u oral, cuando se lo brinda al contribuyente y al preparador de impuestos firmante. §301.7701-15

Ejemplo: Kristie es la asistente administrativa de María. Kristie recopila información de Julie, la clienta de María, para ayudarla a preparar la declaración de impuestos. María firma la declaración. Kristie no es la preparadora pagada de la declaración de impuestos de Julie.

Los factores a considerar para determinar qué constituye una parte sustancial incluyen:

1. El tamaño y la complejidad del ítem en relación con los ingresos brutos del contribuyente
2. El tamaño de la infravaloración atribuible al ítem en comparación con la obligación tributaria declarada del contribuyente

Ejemplo 1: Timothy prepara el Formulario 8886, "*Declaración de divulgación de transacciones declarables*". No prepara la planilla ni asesora al contribuyente sobre la postura de la planilla de la operación a que se refiere el Formulario 8886. La preparación del Formulario 8886 no es directamente relevante para la determinación de la existencia, caracterización o monto de una partida en una declaración de impuestos o reclamo de reembolso. Timothy está preparando el Formulario 8886 para divulgar una transacción declarable y no para preparar una parte sustancial de la declaración de impuestos y no se le considera preparador de declaraciones de impuestos según §6694.

Ejemplo 2: Vicente prepara un anexo para el Formulario 1040 de José, declarando $4,000 en ingresos por dividendos, y le da consejos orales o escritos a José sobre su Anexo A, lo que resulta en una deducción de gastos médicos por un total de $5,000, pero no firma la declaración. Vicente es un preparador de declaraciones de impuestos no firmante porque el monto total agregado de la deducción es menos de $10,000.

Un reclamo de reembolso de impuestos incluye un reclamo de crédito contra cualquier impuesto. Un reclamo de reembolso también incluye un reclamo de pago en virtud de las secciones 6420, 6421 o 6427.

Ejemplo 1: José recibió información de impuestos sobre la nómina de María, quien prepara su contabilidad. José no brindó ningún consejo fiscal a María ni ejerció ninguna discreción o juicio independiente sobre las posturas fiscales de María. José acaba de procesar la información que María le dio. José firmó la declaración según lo autorizado por el cliente de acuerdo con el Formulario 8655, Autorización de apoderado informante, y presentó la declaración de María usando la información provista por ella. José es preparador de declaraciones de impuestos.

Ejemplo 2: Matthew brindó asesoramiento fiscal a Sharon para determinar si sus trabajadores son empleados o contratistas independientes a los efectos de los impuestos federales. Matthew recibió una remuneración por su asesoramiento y es el preparador de declaraciones de impuestos.

The following individuals are not tax return preparers:

1. An official or employee of the Internal Revenue Service (IRS) performing official duties.
2. Any individual who provides tax assistance under the Volunteer Income Tax Assistance (VITA) program established by the IRS but the individual can only prepare returns for VITA.
3. Any organization sponsoring or administering a VITA program established by the IRS, but only concerning the sponsorship or administration.
4. An individual who provides tax counseling for the elderly under a program established under §163 of the Revenue Act of 1978, but only concerning those returns prepared as part of that program.
5. An organization sponsoring or administering a program to provide tax counseling for the elderly established under §163 of the Revenue Act of 1978, but only concerning that sponsorship or administration.
6. An individual who provides tax assistance as part of a qualified Low-Income Taxpayer Clinic (LITC) as defined by §7526, subject to the requirements, but only for the LITC tax returns.
7. Any organization that is a qualified LITC.
8. An individual providing just typing, reproduction, or other mechanical assistance in the preparation of a return or claim for a refund.
9. An individual preparing a return or claim for refund of a taxpayer, or an officer, a general partner, member, shareholder, or employee of a taxpayer, by whom the individual is regularly and continuously employed, compensated or in which the individual is a general partner.
10. An individual preparing a return or claim for a refund for a trust, estate, or other entity, of which the individual either is a fiduciary or is an officer, general partner, or employee of the fiduciary.
11. An individual preparing a claim for a refund for a taxpayer in response to:
    a. A notice of deficiency issued to the taxpayer.
    b. A waiver of restriction on assessment after initiating an audit of the taxpayer or another taxpayer if the audit determines the other taxpayer affects, directly or indirectly, the taxpayer's liability.
12. A person who prepares a return or claim for a refund for a taxpayer with no explicit or implicit agreement for compensation, even if the person receives an insubstantial gift, return service, or favor.

Written Tax Advice

In providing written advice concerning any federal tax matter, the tax professional must:

1. Base advice on reasonable assumptions.
2. Reasonably consider all relevant facts that a tax professional knows or should know.
3. Use reasonable efforts to identify and ascertain the relevant facts.

The tax professional cannot rely upon representations, statements, findings, or agreements that are unreasonable or known to be incorrect, inconsistent, or incomplete.

Las siguientes personas no son preparadores de declaraciones de impuestos:

1. Un funcionario o empleado del Servicio de Rentas Internas (IRS) que desempeña funciones oficiales.
2. Cualquier persona que brinde asistencia fiscal bajo el programa de Asistencia Voluntaria de Impuestos sobre la Renta (VITA) establecido por el IRS, pero la persona solo puede preparar declaraciones para VITA.
3. Cualquier organización que patrocine o administre un programa VITA establecido por el IRS, pero solo con respecto al patrocinio o la administración.
4. Una persona que brinda asesoramiento fiscal a personas de la tercera edad bajo un programa establecido en la sección 163 de la Ley de Ingresos de 1978, pero solo con respecto a las declaraciones preparadas como parte de ese programa.
5. Una organización que patrocina o administra un programa para brindar asesoramiento fiscal a personas de la tercera edad establecido en virtud de la sección 163 de la Ley de Ingresos de 1978, pero solo con respecto a ese patrocinio o administración.
6. Una persona que brinda asistencia tributaria como parte de una Clínica calificada para contribuyentes de bajos ingresos (LITC) según se define en §7526, sujeto a los requisitos, pero solo para las declaraciones de impuestos de LITC.
7. Cualquier organización que sea una LITC calificada.
8. Una persona que proporciona simplemente transcripción, reproducción u otra asistencia mecánica en la preparación de una declaración o reclamo de reembolso.
9. Una persona que prepara una declaración o reclamo de reembolso de un contribuyente, o un funcionario, socio general, miembro, accionista o empleado de un contribuyente, por quien la persona es empleada regular y continuamente, remunerada o en el que la persona es un socio general.
10. Una persona que prepara una declaración o reclamo de reembolso para un fideicomiso, sucesión u otra entidad, de la cual la persona es fiduciario o es un funcionario, socio general o empleado del fiduciario.
11. Una persona que prepara un reclamo de reembolso para un contribuyente en respuesta a:
    a. Un aviso de deficiencia emitido al contribuyente.
    b. Una renuncia a la restricción sobre la evaluación después de iniciar una auditoría del contribuyente o de otro contribuyente si la auditoría determina que el otro contribuyente afecta, directa o indirectamente, la responsabilidad del contribuyente.
12. La persona que prepara una declaración o reclamo de reembolso para un contribuyente sin acuerdo explícito o implícito de remuneración, aun cuando la persona reciba un obsequio, servicio de declaración o favor insustancial.

Asesoramiento fiscal por escrito

Al brindar asesoramiento por escrito sobre cualquier asunto de impuestos federales, el profesional de impuestos debe:

1. Basar el asesoramiento en supuestos razonables.
2. Considerar razonablemente todos los hechos relevantes que un profesional de impuestos sabe o debería saber.
3. Hacer esfuerzos razonables para identificar y determinar los hechos relevantes.

El profesional de impuestos no puede confiar en representaciones, declaraciones, hallazgos o acuerdos que no sean razonables o que se sepa que son incorrectos, inconsistentes o incompletos.

The tax professional must always consider the possibility of an IRS audit to a tax return or that a matter could raise an audit. When providing written advice, the tax professional may rely in good faith on the advice of another practitioner only if that advice is reasonable, considering all facts and circumstances. The tax professional cannot rely on the advice of a person they know, or should have known, is not competent to provide the advice, or has an unresolved conflict of interest as defined in §10.29 (Treasury Circular 230, §10.37).

Errors and Omissions

If the tax professional knows that a client has not complied with the U.S. revenue laws or has made an error in, or omission from, any return, affidavit, or other documents which the client submitted or executed under U.S. revenue laws, the tax professional must promptly inform the client of the noncompliance, error, or omission and advise the client regarding the consequences under the Code and regulations of the noncompliance, error, or omission. Depending on the facts and circumstances, the consequences of an error or omission could include (among other things) additional tax liability, civil penalties, interest, criminal penalties, and an extension of the statute of limitations (Treasury Circular 230, §10.21).

Due Diligence

Tax professionals must exercise due diligence in preparing and filing tax returns and the correctness of their representation to their clients or the IRS. The tax professional can rely on another person's work if they are carefully engaged, supervised, trained, and evaluated, considering the nature of the relationship between the tax professional and that person. The tax professional generally may rely in good faith and without verification on information furnished by the client, but the tax professional cannot ignore other information furnished to them or which they know. The tax professional must make reasonable inquiries if any information furnished to them appears to be incorrect, incomplete, or inconsistent with other facts or assumptions (Treasury Circular 230, §10.22, §10.34(d)).

The tax professional could rely on the work product of another person if the individual used reasonable care in engaging, supervising, training, and evaluating that person, taking proper account of the nature of the relationship between the tax professional and the taxpayer.

The tax professional may also generally rely in good faith and without verification upon information furnished by their client, but the tax professional cannot ignore other information furnished to them or known by them. The tax professional must make reasonable inquiries if any information furnished to them appears to be incorrect, incomplete, or inconsistent with other facts or assumptions.

Purpose of Form 8867

The paid preparer is required to perform due diligence when preparing tax returns with or without refundable credit. Treasury regulations §6695(g) requires the paid tax preparer to meet certain requirements when interviewing the client. Questions must be asked that will give the preparer enough information to complete Form 8867. IRS provides guidelines on how to interview.

El profesional de impuestos siempre debe considerar la posibilidad de una auditoría del IRS a una declaración de impuestos o que un asunto podría suscitar una auditoría. Al brindar asesoramiento por escrito, el profesional de impuestos puede basarse de buena fe en el asesoramiento de otro profesional solo si dicho asesoramiento es razonable, teniendo en cuenta todos los hechos y circunstancias. El profesional de impuestos no puede confiar en el consejo de una persona que sabe, o que debería haber sabido, que no es competente para brindar el asesoramiento o que tiene un conflicto de intereses sin resolver como se define en §10.29 (Circular del Tesoro 230, §10.37).

Errores y omisiones

Si el profesional de impuestos sabe que un cliente no ha cumplido con las leyes de ingresos de los EE. UU. o ha cometido un error u omisión en cualquier declaración, declaración jurada u otro documento que el cliente haya presentado o firmado de conformidad con las leyes de ingresos de los EE. UU., el profesional de impuestos debe informar inmediatamente al cliente del incumplimiento, error u omisión y asesorar al cliente sobre las consecuencias en virtud del Código y las regulaciones de ese incumplimiento, error u omisión. Dependiendo de los hechos y circunstancias, las consecuencias de un error u omisión podrían incluir (pero no se limitan a) obligaciones tributarias adicionales, multas civiles, intereses, multas penales y una extensión del estatuto de limitaciones (Circular del Tesoro 230, §10.21).

Debida diligencia

Los profesionales de impuestos deben ejercer la debida diligencia en la preparación y presentación de declaraciones de impuestos y la exactitud de su representación a sus clientes o al IRS. El profesional de impuestos puede confiar en el trabajo de otra persona si está cuidadosamente contratado, supervisado, capacitado y evaluado, considerando la naturaleza de la relación entre el profesional de impuestos y esa persona. El profesional de impuestos generalmente puede confiar de buena fe y sin verificación en la información proporcionada por el cliente, pero no puede ignorar otra información que se le proporcione o que conozca. El profesional de impuestos debe realizar consultas razonables si la información que se le proporciona parece ser incorrecta, incompleta o inconsistente con otros hechos o suposiciones (Circular del Tesoro 230, §10.22, §10.34(d)).

El profesional de impuestos podría confiar en el producto del trabajo de otra persona si la persona ejerció un cuidado razonable al contratar, supervisar, capacitar y evaluar a esa persona, teniendo debidamente en cuenta la naturaleza de la relación entre el profesional de impuestos y el contribuyente.

Además, el profesional de impuestos generalmente puede confiar de buena fe y sin verificación en la información proporcionada por su cliente, pero no puede ignorar otra información que se le haya proporcionado o que conozca. El profesional de impuestos debe realizar consultas razonables si la información que se le suministró parece ser incorrecta, incompleta o inconsistente con otros hechos o suposiciones.

Objetivo del Formulario 8867

El preparador pagado debe realizar la debida diligencia al preparar declaraciones de impuestos con o sin crédito reembolsable. La Sección 6695(g) de las regulaciones del Tesoro requiere que el preparador de impuestos pagado cumpla con ciertos requisitos al entrevistar al cliente. El preparador de impuestos debe hacer preguntas que le den suficiente información para completar el Formulario 8867. El IRS proporciona directrices sobre cómo entrevistar.

Under guidelines set forth by the IRS, the preparer is required to:

1. Meet the knowledge requirement by interviewing the taxpayer, asking adequate questions, contemporaneously documenting the questions and the taxpayer's responses on the return or in their notes, reviewing adequate information to determine if the taxpayer is eligible to claim the credits(s) and/or head of household (HOH) filing status, and to figure the amount(s) of the credit(s) claimed.
2. Complete Form 8867 truthfully and accurately and complete actions described on Form 8867 for any applicable credit(s) claimed and HOH filing status, if claimed.
3. Submit Form 8867 in the manner required.
4. Keep all five of the following records for 3 years from the latest date when the tax return was sent to the IRS.
    a. A copy of Form 8867.
    b. The applicable worksheet(s) or if tax preparer created their own for any credits claimed.
    c. Copies of any documents provided by the taxpayer on which the preparer relied to determine the taxpayer's eligibility for the credit(s) and/or HOH filing status and to figure amount(s) of the credits.
    d. A record of how, when, and from whom the information used was obtained to prepare Form 8867 and the applicable worksheet(s).
    e. A record of any additional information tax preparer relied upon, including questions asked and the taxpayer's responses, to determine taxpayer's eligibility for the credit(s) and/or HOH filing status and to figure the amount(s) of the credits(s).

Creating Form 8867 Truthfully and Accurately

When completing Form 8867, each year is considered individually. Questions that were asked in the past only relate to the past, and not to the current tax year. It may seem like the same questions are being asked over and over with the same results, but providing this information completely and accurately is essential. People's lives change, and the tax professional must ask the taxpayer about any changes. Asking the same questions multiple times to understand the taxpayer's situation is critical to preparing an accurate and truthful return. Records furnished by the taxpayer must also support the credits, income, and expenses claimed on the tax return.

Submitting Form 8867 Truthfully and Accurately

Tax preparer needs to complete Form 8867 by answering the questions that pertain to the taxpayer. Completing Form 8867 is not a cookie-cutter procedure. Every taxpayer is unique and so are the questions asked to determine due diligence that must be done by the taxpayer and the tax preparer.

Refundable Credits Due Diligence

Tax preparers must take additional steps to safeguard their compliance with the refundable credits due diligence. Ignoring or failing to follow tax law could result in penalties and other consequences for the paid tax preparer and their clients. A paid tax preparer who prepares returns with *Earned Income Tax Credit* (EITC), *Child Tax Credit* (CTC), *Other Dependent Credit* (ODC), or the *American opportunity tax credit* (AOTC) must meet due diligence requirements. These requirements focus on accurately determining the client's eligibility and the amount of each credit. The four requirements are:

Según las directrices establecidas por el IRS, el preparador debe:

1. Cumplir el requisito de conocimiento entrevistando al contribuyente, haciendo las preguntas adecuadas, documentando simultáneamente las preguntas y las respuestas del contribuyente en la declaración o en sus notas, revisando la información adecuada para determinar si el contribuyente es elegible para reclamar los créditos y/o el estado civil de cabeza de familia (HOH) y calcular la(s) cantidad(es) del (los) crédito(s) reclamado(s).
2. Completar el Formulario 8867 de manera veraz y precisa y completar las acciones descritas en el Formulario 8867 para cualquier crédito aplicable reclamado y el estado civil de cabeza de familia, si se reclama.
3. Enviar el Formulario 8867 de la forma requerida.
4. Conserve los cinco registros siguientes durante 3 años a partir de la última fecha en que se envió la declaración de impuestos al IRS.
    a. Una copia del Formulario 8867.
    b. Las hojas de trabajo correspondientes o si el preparador de impuestos creó las suyas propias para cualquier crédito reclamado.
    c. Copias de cualquier documento proporcionado por el contribuyente en los que se basó el preparador para determinar la elegibilidad del contribuyente para los créditos y/o el estado civil de Cabeza de familia y calcular los montos de los créditos.

    d. Un registro de cómo, cuándo y quién obtuvo la información utilizada para preparar el Formulario 8867 y las hojas de trabajo correspondientes.
    e. Un registro de cualquier información adicional en la que se basó el preparador de impuestos, incluidas las preguntas formuladas y las respuestas del contribuyente, a fin de determinar la elegibilidad del contribuyente para los créditos y/o el estado civil de Cabeza de familia y calcular la cantidad de los créditos.

Crear el formulario 8867 con veracidad y precisión

Al completar el Formulario 8867, cada año se considera individualmente. Las preguntas que se hicieron en el pasado solo se relacionan con el pasado y no con el año fiscal en curso. Puede parecer que se hacen las mismas preguntas una y otra vez con los mismos resultados, pero es esencial proporcionar esta información de forma completa y precisa. La vida de las personas cambia, y el profesional de impuestos debe preguntarle al contribuyente sobre cualquier cambio. Hacer las mismas preguntas varias veces para entender la situación del contribuyente es fundamental para preparar una declaración precisa y veraz. Los registros proporcionados por el contribuyente también deben respaldar los créditos, ingresos y gastos reclamados en la declaración de impuestos.

Presentación veraz y precisa del formulario 8867

El preparador de impuestos debe llenera el Formulario 8867 respondiendo las preguntas que pertenecen al contribuyente. Llenar el Formulario 8867 no es un procedimiento sencillo. Cada contribuyente es único y también lo son las preguntas que se hacen para determinar la debida diligencia para el contribuyente y el preparador de impuestos.

Debida diligencia de créditos reembolsables

Los preparadores de impuestos deben tomar medidas adicionales para salvaguardar su cumplimiento con la debida diligencia de los créditos reembolsables. Ignorar o no cumplir con la ley tributaria podría resultar en multas y otras consecuencias para el preparador de impuestos pagado y sus clientes. Un preparador de impuestos pagado que prepara declaraciones con Crédito Fiscal por Ingresos del Trabajo (EITC), Crédito Fiscal por Hijos (CTC), Crédito para Otros Dependientes (ODC) o el Crédito Fiscal de Oportunidad Estadounidense (AOTC) debe cumplir con los requisitos de debida diligencia. Estos requisitos se enfocan en determinar con precisión la elegibilidad del cliente y el monto de cada crédito. Los cuatro requisitos son:

1. Complete and submit Form 8867 (Treasury Reg. §1.6695-2(b)(1)).
2. Compute the credits (Treasury Reg. §1.6695-2(b)(2)).
3. Knowledge of who and what is required for credits (Treasury Reg. §1.6695-2(b)(3)).
4. Keep records for three years (Treasury Reg. §1.6695-2(b)(4)).

Most due diligence penalties are a result of failure to comply with the knowledge requirement. To meet the knowledge requirement, one should:

- Ask questions regarding the information provided by the client to determine if the client truly can claim the credits or filing status.
- Assess if the information given is complete. Collect additional information if facts seem to be missing.
- Determine if the information is consistent; recognize contradictory statements, and statements you know are true.

- Conduct a thorough, in-depth interview with each client, every year. Don't rely on the statement "everything is the same as last year".
- Ask enough questions to be sure the prepared tax return is correct and complete.
- Document, at the time of the interview, any questions asked and the clients' answers.

Documents must be kept for three years from the latest of:

- The due date of the return (not including extensions).
- The date the tax return was electronically filed.
- For a paper return, the date the return was presented to the client for signature.

Señor 1040 Says: The paid tax preparer cannot solely rely on software for their refundable credit due diligence. Professional software may not comply with Treasury Regulation 1.6695(b)(3). It is the paid tax preparer's due diligence responsibility to make sure that they have complied with Treasury Regulation 1.6695.

Most Common EIC Errors

1. Claiming EIC for a child who does not meet the qualifying child requirements.
2. Filing as single or head of household when married.
3. Incorrectly reporting income or expenses.

Consequences of Filing EIC Returns Incorrectly

Tax professionals should know that clients come to them to prepare an accurate tax return. The client trusts a tax professional to know and understand the guidelines for preparing correct tax returns. If a tax preparer incorrectly files EIC returns, it will affect their client, themselves, and, if an employee, their employer.

The following are some basic consequences that can occur when a paid tax preparer files an incorrect EIC tax return for his/her client.

- The client must pay back the amount in error as well as interest on the amount.
- The client may have to file Form 8862 for up to 10 years.

1. Completar y enviar el Formulario 8867 (Reg. del Tesoro §1.6695-2(b)(1))
2. Calcular los créditos (Reg. del Tesoro §1.6695-2(b)(2))
3. Conocimiento de quién y qué se requiere para los créditos (Reg. del Tesoro §1.6695- 2(b)(3))
4. Mantener registros durante tres años (Reg. del Tesoro §1.6695-2(b)(4))

La mayoría de las multas por debida diligencia son el resultado del incumplimiento del requisito de conocimiento. Para cumplir con el requisito de conocimiento, el preparador debe:

- Hacer preguntas sobre la información proporcionada por el cliente para determinar si realmente puede reclamar los créditos o el estado civil.
- Evaluar si la información facilitada está completa. Recopilar información adicional si parece que faltan datos.
- Determinar si la información es consistente; reconocer declaraciones contradictorias y declaraciones que sabe que son verdaderas.
- Realizar una entrevista exhaustiva y en profundidad con cada cliente, cada año. No confiar en la afirmación "todo es igual que el año pasado".
- Hacer suficientes preguntas para darse cuenta de que la declaración de impuestos preparada es correcta y completa.
- Documentar, en el momento de la entrevista, las preguntas realizadas y las respuestas de los clientes.

Los documentos deben conservarse durante tres años a partir del último de los siguientes:

- La fecha de vencimiento de la declaración (sin incluir prórrogas).
- La fecha en que se presentó electrónicamente la declaración de impuestos.
- Para una declaración impresa, la fecha en que se presentó la declaración al cliente para su firma.

El señor 1040 dice: El preparador de impuestos pagado no puede confiar únicamente en el software para su debida diligencia de crédito reembolsable. Los programas informáticos profesionales pueden no cumplir el Reglamento del Tesoro 1,6695(b)(3). Es responsabilidad de la debida diligencia del preparador de impuestos.

Errores de EIC más communes

1. Reclamar el EIC para un hijo que no cumple con los requisitos de hijo calificado.
2. Declarar como soltero o cabeza de familia cuando está Casado.
3. Informar incorrectamente los ingresos o gastos.

Consecuencias de presentar declaraciones de EIC incorrectamente

Los profesionales de impuestos deben saber que los clientes acuden a ellos para preparar una declaración de impuestos correcta. El cliente confía en que un profesional de impuestos conoce y comprende las directrices para preparar declaraciones de impuestos correctas. Si un preparador de impuestos presentó incorrectamente declaraciones de EITC, afectará a su cliente, a él mismo y, si es un empleado, a su empleador.

Las siguientes son algunas consecuencias básicas que pueden ocurrir cuando un preparador de impuestos pagado presenta una declaración de impuestos de EIC incorrecta para su cliente.

- El cliente deberá devolver la cantidad errónea así como los intereses sobre el monto.
- El cliente puede tener que presentar el Formulario 8862 hasta un máximo de 10 años.

- The client may be banned from claiming EIC for the next 2 years if the error is because of reckless or intentional disregard of the rules.
- The client may be banned from claiming EIC for the next 10 years if the error is because of fraud.

If the IRS examines a refundable tax credit return for a preparer, and the IRS finds that the preparer did not meet the four due diligence requirements (IRC §6694), they may be given a penalty:

- A $600 penalty for returns completed in 2024 for each failure to comply with due diligence requirements. For 2023 the penalty was $545.
- The penalty is $1,000 or 50% of the income derived by tax preparer with the respect to the return or claim for refund.

Remember the four due diligence requirements are:

1. Complete and submit Form 8867 (Treasury Reg. §1.6695-2(b)(1)).
2. Compute the credits (Treasury Reg. §1.6695-2(b)(2)).
3. Knowledge of who and what is required for credits (Treasury Reg. §1.6695-2(b)(3)).
4. Keep records for three years (Treasury Reg. §1.6695-2(b)(4)).

Example: Anet prepared a tax return for Lewis. Lewis qualified for refundable credits. Anet was audited and had no documentation and was assessed a penalty for not completing her due diligence on Form 8867. Her penalty for failure to meet the due diligence requirements containing EIC, CTC/ACTC/ODC, or AOTC filed in 2021 is $545 per credit per return. The amount Anet will be assessed for Lewis' return is $545.00 x 4 = $2,180.00.

If the tax preparer receives a return-related penalty, they can also face:

1. Loss of their tax preparer designation.
2. Suspension or expulsion from IRS e-file program.
3. Other disciplinary action by the IRS Office of Professional Responsibility (OPR).
4. Injunctions barring the preparer from preparing tax returns or imposing conditions on the tax returns they have prepared.

The IRS can also penalize the employer if an employee fails to comply with the EIC due diligence requirements.

Self-employed Taxpayer's Due Diligence

Refundable credits due diligence regarding Schedule C require the paid preparer to take additional steps to ensure that the taxpayer filing a Schedule C with refundable credits complies with tax law. Per Internal Revenue Code (IRC) §6695(g), paid tax preparers are required to make additional inquiries of taxpayers who appear to be making inconsistent, incorrect, or incomplete claims for the credit.

Paid tax return preparers can generally rely on the taxpayer's representations until EIC due diligence requirements are involved. The paid tax preparer must take additional steps to determine the net self-employment income used to calculate refundable credits eligibility is correct and complete. The additional inquiries made to comply with due diligence and the client's response must be documented. The statute requires the return preparer to be reasonable, well-informed, and knowledgeable in tax law.

- Se le puede prohibir al cliente reclamar el EIC durante los próximos 2 años si el error se debe a un incumplimiento imprudente o intencional de las reglas.
- Se le puede prohibir al cliente reclamar el EIC durante los próximos 10 años si el error se debe a un fraude.

Si el IRS examina una declaración de crédito fiscal reembolsable para un preparador y determina que el preparador no cumplió con los cuatro requisitos de debida diligencia (IRC §6694), se le puede imponer una multa:

- Una multa de $600 por declaraciones efectuadas en 2024 por cada incumplimiento de los requisitos de debida diligencia. Para 2023 la multa fue de $545.
- La multa es de $1,000 o el 50% del ingreso obtenido por el preparador de impuestos con respecto a la declaración o reclamo de reembolso.

Recuerde que los cuatro requisitos de debida diligencia son:

1. Completar y enviar el Formulario 8867 (Reg. del Tesoro §1.6695-2(b)(1))
2. Calcular los créditos (Reg. del Tesoro §1.6695-2(b)(2))
3. Conocimiento de quién y qué se requiere para los créditos (Reg. del Tesoro §1.6695- 2(b)(3))
4. Mantener registros durante tres años (Reg. del Tesoro §1.6695-2(b)(4))

Ejemplo: Anet preparó una declaración de impuestos para Lewis. Lewis calificó para créditos reembolsables. Anet fue auditada y no tenía documentación y se le impuso una multa por no completar su debida diligencia en el formulario 8867. Su multa por no cumplir con los requisitos de debida diligencia que contienen EIC, CTC/ACTC/ODC o AOTC presentados en 2021 es de $545 por crédito por declaración. El monto que se le evaluará a Anet por la declaración de Lewis es de $545.00 x 4 = $2,180.00.

Si el preparador de impuestos recibe una multa relacionada con la declaración, también puede enfrentar:

1. La pérdida de su designación de preparador de impuestos.
2. La suspensión o expulsión del programa de declaración electrónica del IRS.
3. Otras medidas disciplinarias de la Oficina de Responsabilidad Profesional (OPR) del IRS.
4. Medidas cautelares que prohíban al preparador preparar declaraciones de impuestos o imponer condiciones a las declaraciones de impuestos que ha preparado.

El IRS también puede multar al empleador si un empleado no cumple con los requisitos de debida diligencia de EIC.

Debida diligencia del contribuyente que es trabajador independiente

La debida diligencia de créditos reembolsables con respecto al Anexo C requiere que el preparador pagado tome medidas adicionales para garantizar que el contribuyente que presenta un Anexo C con créditos reembolsables cumpla con la ley tributaria. De acuerdo con la sección 6695(g) del Código de Rentas Internas (IRC), los preparadores de impuestos pagados deben realizar consultas adicionales de los contribuyentes que parecen estar haciendo reclamos inconsistentes, incorrectos o incompletos para el crédito.

Los preparadores de declaraciones de impuestos pagados generalmente pueden confiar en las declaraciones del contribuyente hasta que se trate de los requisitos de debida diligencia del EIC. El preparador de impuestos pagado debe tomar medidas adicionales para determinar que el ingreso neto del trabajo independiente utilizado para calcular la elegibilidad para los créditos reembolsables es correcto y completo. Se deben documentar las consultas adicionales realizadas para cumplir con la debida diligencia y la respuesta del cliente. El estatuto requiere que el preparador de la declaración sea razonable, esté bien informado y tenga conocimientos de la ley tributaria.

It is very important that the information is documented, and the paid tax preparer can prove that they have asked these questions or similar ones that will arrive at the same goal. The IRS is auditing these types of returns. A good tax professional does not want to receive paid preparer penalties or sanctions.

The paid tax preparer should ask sufficient questions to taxpayers claiming self-employment income. Some questions that need to be asked include:

1. Does the client have and conduct a business?
2. Does the client have records to support the records of the income and expenses claimed on the return?
3. Can the client reconstruct their income and expenses, if necessary?
4. Has the client included all income and related expenses reported on Schedule C?

Client Records

At the client's request, the tax professional must promptly return any client records necessary for the client to comply with their federal tax obligations, even if there is a dispute over fees. The tax professional may keep copies of these records. Suppose state law allows the tax professional to retain a client's records in the case of a fee dispute. In that case, the tax professional can only return the records attached to the client's return. Still, the tax professional must provide the client with reasonable access to review and copy any additional client records retained by the tax professional necessary for the client to comply with their federal tax obligations. The term "client records" includes all written or electronic materials provided by the client or a third party to the tax professional.

"Client records" also include any tax return or other document that the tax professional prepared and previously delivered to the client if that return or document is necessary for the client to comply with their current federal tax obligations. The tax professional is not required to provide a client with a copy of their work product. That is, any return, refund claim, or other documents that the tax professional prepared but has not yet delivered to the client if:

1. The tax professional is withholding the document pending the client's payment of fees related to the document.
2. The tax professional contract with the client requires the payment of those fees before delivery (Treasury Circular 230 §10.28).

Part 2 Review

To obtain the maximum benefit from each part go online now and watch the video.

Part 3 Preparer Conduct and Penalties

Preparer's Incompetence and Disreputable Conduct

The following is a summary of what is considered incompetence and disreputable conduct for which a practitioner may be sanctioned. The following was extracted from Circular 230 §10.51.

1. Conviction of any criminal offense under federal tax laws.
2. Conviction of any criminal offense involving dishonesty or breach of trust.
3. Conviction of any felony under federal or state law for which the conduct involved renders the practitioner unfit to practice before the IRS.

Es muy importante que la información esté documentada y que el preparador de impuestos pagado pueda probar que ha hecho estas preguntas u otras similares que llegarán al mismo objetivo. El IRS está auditando este tipo de declaraciones. Un buen profesional de impuestos no quiere recibir sanciones o multas de preparador pagado.

El preparador de impuestos pagado debe hacer suficientes preguntas a los contribuyentes que reclaman ingresos del trabajo independiente. Algunas preguntas que deben hacerse incluyen:

1. ¿Tiene y dirige el cliente un negocio?
2. ¿Cuenta el cliente con registros que sustenten la documentación de los ingresos y gastos reclamados en la declaración?
3. ¿Puede el cliente reconstruir la documentación, si es necesario?
4. ¿Ha incluido el cliente todos los ingresos y gastos relacionados informados en el Anexo C?

Registros de clientes

A pedido del cliente, el profesional de impuestos debe devolver de inmediato todos los registros del cliente necesarios para que el cliente cumpla con sus obligaciones fiscales federales, incluso si hay una disputa sobre las tarifas. El profesional de impuestos puede conservar copias de estos registros. Suponga que la ley estatal permite que el profesional de impuestos conserve los registros de un cliente en el caso de una disputa de honorarios. En ese caso, el profesional de impuestos solo puede devolver los registros adjuntos a la declaración del cliente. Aun así, el profesional de impuestos debe proporcionar al cliente un acceso razonable para revisar y copiar cualquier registro adicional del cliente retenido por el profesional de impuestos necesario para que el cliente cumpla con sus obligaciones fiscales federales. El término "registros de clientes" incluye todos los materiales escritos o electrónicos proporcionados por el cliente o un tercero al profesional de impuestos.

Los "registros del cliente" también incluyen cualquier declaración de impuestos u otro documento que el profesional de impuestos preparó y entregó previamente al cliente si esa declaración o documento es necesario para que el cliente cumpla con sus obligaciones tributarias federales actuales. El profesional de impuestos no está obligado a proporcionar a un cliente una copia de su producto de trabajo. Es decir, cualquier declaración, solicitud de reintegro u otros documentos que el profesional de impuestos preparó pero aún no ha entregado al cliente si:

1. El profesional de impuestos está reteniendo el documento en espera del pago por parte del cliente de los honorarios relacionados con el documento.
2. El contrato profesional de impuestos con el cliente requiere el pago de esos honorarios antes de la entrega (Circular del Tesoro 230 §10.28).

Revision de la Parte 2

Para obtener el máximo beneficio de cada parte, entra en línea y ve el video.

Parte 3: Conducta y multas al preparador

Incompetencia y conducta de mala reputación del preparador

El siguiente es un resumen de lo que es la incompetencia y la conducta de mala reputación por las cuales un profesional puede ser sancionado. Lo siguiente fue extraído de la Circular 230 §10.51.

1. Condena por cualquier delito penal en virtud de las leyes fiscales federales.
2. Condena por cualquier delito penal que implique deshonestidad o abuso de confianza.
3. Condena por cualquier delito grave en virtud de la ley federal o estatal por la cual la conducta involucrada hace que el profesional no sea apto para ejercer ante el IRS.

4. Giving false or misleading information or participating in any way in the giving of false or misleading information to the Department of the Treasury or any officer or employee.
5. Solicitation of employment as prohibited under §10.30, the use of false or misleading representations with intent to deceive a client or prospective client to gain employment or insinuate that the practitioner can obtain special consideration with the IRS, or any officer or employee.
6. Misappropriation of, or failure to remit properly or promptly, funds received from a client for the payment of taxes or other obligations due the United States.
7. Directly or indirectly attempting to influence or offer or agree to attempt to influence the official action of any officer or employee of the IRS using threats, false accusations, duress, or coercion, or any special inducement or promise of an advantage or by bestowing of any gift, favor, or item of value.
8. Knowingly aiding and abetting another person to practice before the IRS during a suspension, disbarment, or ineligibility of such other individual.
9. Contemptuous conduct in connection with practice before the IRS, including the use of abusive language, making false accusations or statements, knowing them to be false, or circulating or publishing malicious or libelous matter.
10. Willfully representing a taxpayer before an officer or employee of the IRS unless the practitioner is authorized to do so.

The penalty assessed depends on which of the above incompetence and disreputable conduct rules the preparer has violated. For example, if the preparer understated based on unreasonable position the penalty could be the greater of $250 or 50% of income obtained.

The IRS has the authority to penalize the tax preparer for not being compliant with their due diligence in preparing a tax return with the following:

1. Earned Income Credit (EIC).
2. Child Tax Credit (CTC).
3. Additional Child Tax Credit (ACTC).
4. Other Dependent Credit (ODC).
5. American Opportunity Tax Credit (AOTC).
6. Head of Household Status

Although the ODC, is not refundable it is still a credit for which the preparer needs to ask questions regarding the dependent.

When completing Form 8867 the preparer should not just mark the question "yes" or "no" without asking the taxpayer for this information. Don't assume that the answers to the questions are the same from year to year. Form 8867 is the form that determines if the tax preparer completed their due diligence in asking the appropriate questions. Compiling Taxpayers Information will guide you in identifying questions to help you determine if the taxpayer truly qualifies for the credits and filing status. As a beginner preparer, you will soon find out that some taxpayers have learned to "work the system." Your job is to ask and document the taxpayers' answers to your questions.

Failure to Furnish Tax Return Copy to Taxpayer

The penalty for the paid tax preparer is $60 for each failure to comply with IRC §6107 regarding furnishing a copy of a return or claim to a taxpayer. The maximum penalty imposed on any tax return preparer shall not exceed $30,000 in a calendar. See IRC, §6695(a).

4. Dar información falsa o engañosa o participar de cualquier manera en dar información falsa o engañosa al Departamento del Tesoro o a cualquier funcionario o empleado.
5. Captación de empleo según se prohíbe en la sección §10.30, el uso de declaraciones falsas o engañosas con la intención de engañar a un cliente o posible cliente para obtener un empleo o insinuar que el profesional puede obtener una consideración especial con el IRS o con cualquier funcionario o empleado.
6. Apropiarse indebidamente o no enviar de forma adecuada u oportuna los fondos recibidos de un cliente para el pago de impuestos u otras obligaciones adeudadas a los Estados Unidos.
7. Intentar influenciar directa o indirectamente u ofrecer o aceptar intentar influenciar la acción oficial de cualquier funcionario o empleado del IRS usando amenazas, acusaciones falsas, coacción o coerción, o cualquier incentivo especial o promesa de una ventaja u otorgar cualquier regalo, favor o artículo de valor.
8. Ayudar e incitar deliberadamente a otra persona a ejercer ante el IRS durante una suspensión o inhabilitación de esa otra persona.
9. Conducta despectiva en relación con el ejercicio ante el IRS, incluido el uso de lenguaje abusivo, hacer acusaciones o declaraciones falsas, sabiendo que son falsas, o circular o publicar material malicioso o difamatorio.
10. Representar deliberadamente a un contribuyente ante un funcionario o empleado del IRS, a menos que el profesional esté autorizado para hacerlo.

La multa impuesta depende de cuál de las reglas de incompetencia y conducta deshonesta mencionadas anteriormente haya violado el preparador. Por ejemplo, si el preparador subestimó con base en una postura poco razonable, la multa podría ser de $250 o el 50% de los ingresos obtenidos, lo que sea mayor.

El IRS tiene la autoridad de multar al preparador de impuestos por no cumplir con su debida diligencia al preparar una declaración de impuestos con lo siguiente:

1. Crédito por Ingresos del Trabajo (EIC).
2. Crédito Fiscal por Hijos (CTC).
3. Crédito Fiscal Adicional por Hijos (ACTC).
4. Crédito de Otro Dependiente (ODC).
5. Crédito Fiscal de Oportunidad Estadounidense (AOTC).
6. Estado civil de cabeza de familia

Aunque el ODC no es reembolsable, sigue siendo un crédito por el cual el preparador debe hacer preguntas sobre el dependiente.

Al completar el Formulario 8867, el preparador no debe simplemente marcar la pregunta "sí" o "no" sin pedirle esta información al contribuyente. No asuma que las respuestas a las preguntas son las mismas año tras año. El formulario 8867 es el formulario que determina si el preparador de impuestos completó su debida diligencia al hacer las preguntas apropiadas. La recopilación de información del contribuyente lo guiará en la identificación de preguntas que lo ayudarán a determinar si el contribuyente realmente califica para los créditos y el estado civil de declaración. Como preparador principiante, pronto descubrirá que algunos contribuyentes han aprendido a "hacer funcionar el sistema". Su trabajo es preguntar y documentar las respuestas de los contribuyentes a sus preguntas.

No entregar la copia de la declaración de impuestos al contribuyente

La multa para el preparador de impuestos pagado es de $60 por cada incumplimiento de la sección §6107 del IRC en relación con la entrega de una copia de una declaración o reclamación a un contribuyente. La multa máxima impuesta a cualquier preparador de declaraciones de impuestos no deberá exceder los $30,000 en un año calendario. Consulte la sección §6695(a) del IRC.

Failure to Sign Return

The penalty for each failure to sign a return or claim for refund as required by regulations is $55 for the paid tax preparer. The maximum penalty imposed on any tax return preparer shall not exceed $28,000 (tax year 2023) in a calendar year. For returns filed in 2024 the penalty is $60 for each failure and maximum penalty is $30,000. See IRC, §6695(b).

A tax return is not considered to be valid unless the return has been signed. If the filing status is MFJ, both the taxpayer and spouse must sign the return. If the taxpayer and spouse have a representative sign the return for them, Form 2848 must be attached. If the taxpayer is filing a joint return, and he/she is the surviving spouse, the taxpayer must sign the return stating he/she is filing as the surviving spouse. The taxpayer and spouse (if filing jointly) must make sure to date the return and enter their occupation(s) and a daytime phone number. See Publication 501 and IRC §6695(b).

If the taxpayer received an identity protection PIN (IP PIN), he/she is responsible for entering it in the boxes on the tax return. The tax professional does not enter it for the taxpayer. If the taxpayer has misplaced their IP PIN, the taxpayer should notify the IRS by telephone at 1-800-908-4490. The IP PIN is a 6-digit number.

When filing the return electronically, the return must still be signed using a personal identification number (PIN)—this is not the same number as the IP PIN. There are two ways to enter the PIN: self-select or practitioner PIN. The self-select PIN method allows the taxpayer and spouse (if filing jointly) to create their own PIN and enter it as their electronic signature. The practitioner PIN method allows the taxpayer to authorize the tax practitioner to generate or enter the PIN for the taxpayer(s). A PIN is a five-digit combination that can be any number except all zeros.

Señor 1040 Says: There is a difference between the electronically-filed PIN and the IP PIN. Do not mix up these numbers.

Failure to Furnish Identifying Number

The penalty for each failure to comply with IRC §6109(a)(4) regarding furnishing an identifying number on a return or claim is $55. The maximum penalty imposed on any tax return preparer shall not exceed $28,000 (tax year 2023) in a calendar year. For returns filed in 2024 the penalty is $60 for each failure and maximum penalty is $30,000. See IRC §6695(c).

Preparer's Failure to Retain a Copy or List of Tax Return

The penalty is $55 for each failure to comply with IRC §6107(b) regarding retaining a copy or list of a return or claim. The maximum penalty imposed on any tax return preparer shall not exceed $28,000 for tax year 2023. For returns filed in 2024 the penalty is $60 for each failure and maximum penalty is $30,000. See IRC §6695(d). This list is what tax returns you completed for the current tax year. The preparer must maintain records for 4 years.

No firmar la declaración

La multa por cada omisión de la firma de una declaración o reclamo de reembolso como lo requieren los reglamentos es de $55 para el preparador de impuestos pagado. La multa máxima impuesta a cualquier preparador de declaraciones de impuestos no deberá exceder los $28,000 (año fiscal 2023) en un año calendario. Para las declaraciones presentadas en 2024, la multa es de $60 por cada falla y la multa máxima es de $30,000. Consulte la sección §6695(b) del IRC.

Una declaración de impuestos no se considera válida a menos que haya sido firmada. Si el estado civil de declaración es MFJ, tanto el contribuyente como el cónyuge deben firmar la declaración. Si el contribuyente y su cónyuge tienen un representante que firma la planilla por ellos, deberán adjuntar el Formulario 2848. Si el contribuyente presenta la planilla conjunta y es el cónyuge sobreviviente, debe firmar la planilla indicando que declara como cónyuge sobreviviente. El contribuyente y el cónyuge (si presentan una declaración conjunta) deben asegurarse de colocar la fecha en la declaración e ingresar su(s) ocupación(es) y un número de teléfono durante el día. Consulte la Publicación 501 y la sección §6695(b) del IRC.

Si el contribuyente recibió un PIN de protección de identidad (PIN de IP), es responsable de ingresarlo en las casillas de la declaración de impuestos. El profesional de impuestos no lo ingresa por el contribuyente. Si el contribuyente extravió su PIN de IP, debe notificar al IRS por teléfono al 1-800-908-4490. El PIN de IP es un número de 6 dígitos.

Al presentar la declaración electrónicamente, esta aún debe estar firmada con un número de identificación personal (PIN), que no es el mismo número PIN de IP. Hay dos formas de anotar el PIN: PIN de selección automática o del profesional. El método de PIN de selección automática permite que el contribuyente y el cónyuge (si presentan una declaración conjunta) creen su propio PIN y lo ingresen como su firma electrónica. El método de PIN del profesional permite que el contribuyente autorice al profesional de impuestos a generar o ingresar el PIN para el(los) contribuyente(s). Un PIN es una combinación de cinco dígitos que puede incluir cualquier número excepto el cero.

El Señor 1040 dice: Existe una diferencia entre el PIN presentado electrónicamente y el PIN de IP. No mezcle estos números.

No suministrar el número de identificación

La multa por cada incumplimiento de la sección §6109(a)(4) del IRC en relación con el suministro de un número de identificación en una declaración o solicitud de reintegro es de $55. La multa máxima impuesta a cualquier preparador de declaraciones de impuestos no deberá exceder los $28,000 (año fiscal 2023) en un año calendario. Para las declaraciones presentadas en 2024, la multa es de $60 por cada falla y la multa máxima es de $30,000. Consulte la sección §6695(c) del IRC.

El preparador no conserva una copia o una lista de la declaración de impuestos

La multa es de $55 por cada incumplimiento de la sección §6107(b) del IRC con respecto a la retención de una copia o lista de una declaración o solicitud de reintegro. La multa máxima impuesta a cualquier preparador de declaraciones de impuestos no excederá los $28,000 para el año fiscal 2023. Para las declaraciones presentadas en 2024, la multa es de $60 por cada falla y la multa máxima es de $30,000. Consulte la sección §6695(d) del IRC. En esta lista figuran las declaraciones de impuestos que ha completado para el año fiscal en curso. El preparador debe mantener los registros durante 4 años.

Preparer's Filing Information Returns Incorrectly

If the tax professional is negligent or intentionally files incorrect information returns, the penalty is $55 per return or item on the return, with a maximum penalty of $28,000 (2023). For returns filed in 2024 the penalty is $60 for each failure and maximum penalty is $30,000. See IRC §6695(e).

Preparer's Fraud and False Statements

A tax preparer who has been convicted of a felony for fraud and making false statements could be assessed a fine of not more than $100,000 ($500,000 in the case of a corporation), subject to imprisonment of not more than three years, and required to pay for the cost of the IRS prosecution. See IRC §7206.

Preparer's Understatement Due to Unreasonable Positions

If the preparer takes an unreasonable position for the tax return or claim for a refund, the penalty is $1,000 or 50% (whichever is greater). See IRC §6694(a).

Preparer's Understatement Due to Willful or Reckless Conduct

The penalty is the greater of $5,000 or 75% of the income derived by the tax return preparer with respect to the return or claim for refund. See IRC §6694(b).

Action to Enjoin Tax Return Preparers

A federal district court may enjoin a tax return preparer from engaging in certain proscribed conduct, or in extreme cases, from continuing to act as a tax return preparer altogether. See IRC §7408.

Promoting Abusive Tax Shelters

This penalty applies to tax preparers who organize or sell abusive tax shelters. If the statements are false, the penalty is 50% of the gross income the individual made of the activity. The penalty is $1,000 or 100% whichever is the least amount of the gross income the individual made for the activity. See IRC §6700.

Part 3 Review

To obtain the maximum benefit from each part go online now and watch the video.

Takeaways

Tax preparers must understand the ethical guidelines and practices established by the Internal Revenue Service provided in Circular 230. The Office of Professional Responsibility oversees these ethical guidelines and practices, and it also regulates practitioners' conduct and discipline. Additionally, OPR oversees the correct level of discipline to practitioners or imposes administrative proceedings to censure, suspend, or disbar practitioners from practicing before the IRS.

Preparadores que presentan declaraciones informativas incorrectamente

Si el profesional de impuestos es negligente o intencionalmente presenta declaraciones con información incorrecta, la multa es de $55 por declaración o ítem en la declaración, con una multa máxima de $28,000 (2023). Para las declaraciones presentadas en 2024, la multa es de $60 por cada falla y la multa máxima es de $30,000. Consulte la sección §6695(e) del IRC.

Fraude y declaraciones falsas del preparador

A un preparador de impuestos que haya sido condenado por un delito grave por fraude y por hacer declaraciones falsas se le podría imponer una multa de no más de $100,000 ($500,000 en el caso de una sociedad anónima), sujeto a una pena de prisión de no más de tres años, y se le exigirá que pague por el costo del proceso del IRS. Consulte la sección §7206 del IRC.

Infravaloración de los preparadores debido a posturas poco razonables

Si el preparador toma una postura poco razonable para la declaración de impuestos o el reclamo de reembolso, la multa es de $1,000 o 50% de los ingresos derivados (lo que sea mayor). Consulte la sección §6694(a) del IRC.

Infravaloración del preparador debido a conducta intencional o imprudente

La multa es la mayor de $5,000 o el 75% del ingreso obtenido por el preparador de declaraciones de impuestos con respecto a la declaración o reclamo de reembolso. Consulte la sección §6694(b) del IRC.

Acción que deben prohibirse a los preparadores de declaraciones de impuestos

Un tribunal de distrito federal puede prohibir que un preparador de declaraciones de impuestos se involucre en ciertas conductas prohibidas o, en casos extremos, continúe actuando como preparador de declaraciones de impuestos por completo. Consulte la sección §7408 del IRC.

Promoción del refugio fiscal abusive

Esta sanción se aplica a los preparadores de impuestos que organizan o venden refugios fiscales abusivos. Si las declaraciones son falsas, la multa es del 50% de los ingresos brutos que el individuo haya obtenido de la actividad. La multa es de $1,000 o 100%, lo cantidad menor del ingreso bruto que la persona obtuvo por la actividad. Consulte la sección §6700 del IRC.

Revision de la Parte 3

Para obtener el maximo beneficio de cada parte, ven en línea y mira el video.

Conclusiones

Los preparadores de impuestos deben comprender las directrices y prácticas éticas establecidas por el Servicio de Rentas Internas en la Circular 230. La Oficina de Responsabilidad Profesional supervisa las directrices y prácticas éticas y también regula la conducta y la disciplina de los profesionales. Además, la OPR supervisa el nivel correcto de disciplina de los profesionales o impone procedimientos administrativos para censurar, suspender o inhabilitar a los profesionales para ejercer ante el IRS.

Tax preparers must recognize their rights, responsibilities, and representation limitations. We at LTP believe that everything a tax practitioner does—every choice one makes as a tax professional—affects not only themselves, but coworkers, the firm, and ultimately the taxpayer. We also believe that a paid tax preparer's first responsibility is to their client when making decisions and/or judgments about tax preparation. Preparer conduct also reflects on the profession and its reputation, which requires trust and confidence from taxpayers.

TEST YOUR KNOWLEDGE!
Go online to take a practice quiz.

Los preparadores de impuestos deben reconocer sus derechos, responsabilidades y limitaciones de representación. En LTP creemos que todo lo que hace un profesional de impuestos, cada elección que hace como profesional de impuestos, no solo les afecta a ellos mismos, sino también a sus compañeros de trabajo, la empresa y, principalmente, al contribuyente. También creemos que la primera responsabilidad de un preparador de impuestos pagado es con su cliente al tomar decisiones y/o juicios sobre la preparación de impuestos. La conducta del preparador también se refleja en la profesión y su reputación, lo que requiere confianza por parte de los contribuyentes.

¡PON A PRUEBA TUS CONOCIMIENTOS!
Ve en línea para tomar un examen final.

Chapter 2 Compiling Taxpayer's Information

Introduction

This chapter explains the importance of interviewing the taxpayer. Each chapter segment will cover a section of Form 1040 with sample interview questions needed for completing the section discussed. The tax professional must understand the importance of asking knowledgeable questions to establish the information necessary for completing the taxpayer's return, and to determine whether the taxpayer can claim certain credits. Interview questions and taxpayer responses should be documented. Tax preparation, knowledge, and understanding are essential to an accurate tax return.

The tax preparer cannot expect to generate an accurate return simply by entering information into tax software. The saying "garbage in, garbage out" applies here. The tax preparer could obtain a higher refund for the taxpayer by entering incorrect information, but this is the wrong approach for the tax practitioner and the client.

This chapter provides a brief overview of current year forms and sample questions to determine the best and most accurate tax position for the taxpayer. Asking the taxpayer knowledgeable questions from the beginning gives the tax preparer truthful answers to complete the tax return while avoiding issues with the Internal Revenue Service and the Franchise Tax Board.

This chapter will familiarize you with the most used forms. As you continue through the book, you'll find additional information on the topics introduced in this chapter. Our goal is to give you a solid foundation for how to prepare a tax return, and then build on that foundation as you progress through the course. At the end of this course, you should be able to prepare a tax return containing Schedule 1, 2, & 3, and Schedule A.

Objectives

By the end of this chapter, you will:

- Know the various parts of Form 1040.
- Recognize items from each section.
- Understand the importance of asking questions to determine the best tax situation for the client.
- Remember questions from each section to create his/her own interviewing approach.

Resources

Form 1040 Schedule 1 Schedule 2 Schedule 3	Publication 17 Tax Topic 301, 303, 352	Instructions Form 1040 Eight Facts about Filing Status

Part 1 Form 1040

Form 1040 changed in 2017 as a result of the Tax Cuts and Jobs Act. The form changed again in 2020. Most of the content on Form 1040 was divided into six (6) schedules for the 2018 tax year; for the 2023 tax year filing, there are three (3) schedules.

Capítulo 2 Recopilación de la información del contribuyente

Introducción

En este capítulo se explica la importancia de entrevistar al contribuyente. Cada segmento del capítulo cubrirá una sección del Formulario 1040 con ejemplos de preguntas de entrevista necesarias para la sección tratada. El profesional de impuestos debe comprender la importancia de las preguntas informadas a fin de determinar si el contribuyente puede reclamar ciertos créditos. Las preguntas de la entrevista deben documentarse junto con las respuestas proporcionadas por el contribuyente. La preparación, el conocimiento y la comprensión de impuestos son esenciales para una declaración de impuestos precisa.

La sola introducción de información en un programa informático no prepara la declaración de la renta con exactitud. El dicho es cierto: "entra basura, sale basura". Ingresar información incorrecta para que el contribuyente reciba un reembolso mayor no es la mejor situación para el profesional de impuestos ni para el cliente. Este capítulo proporciona una breve descripción general de los formularios del año en curso y ejemplos de preguntas para determinar la postura fiscal más precisa para el contribuyente. Hacer preguntas informadas al contribuyente desde el inicio le da al preparador de impuestos respuestas precisas veraces para completar la declaración de impuestos.

Este capítulo proporciona una breve descripción general de los formularios del año actual y ejemplos de preguntas para determinar la mejor y más precisa posición tributaria para el contribuyente. Hacer preguntas informadas al contribuyente desde el principio le brinda al preparador de impuestos respuestas veraces para completar la declaración de impuestos y, al mismo tiempo, evita problemas con el Servicio de Impuestos Internos y la Junta de Impuestos de Franquicias.

Este capítulo lo familiarizará con los formularios más utilizados. A medida que avance en el libro, se agregará más información a los temas de este capítulo. Nuestro objetivo es enseñarle un poco más de información a la vez, basándonos en el contenido. Al final de este curso, debería poder preparar una declaración de impuestos que contenga los Anexos 1, 2 y 3, y el Anexo A.

Objetivos

Al final de este capítulo, el estudiante:

- Identificará las distintas partes del Formulario 1040.
- Reconocerá los elementos de cada sección.
- Comprenderá la importancia de hacer preguntas para determinar la mejor situación fiscal para el cliente.
- Recordará las preguntas de cada sección para crear su propio enfoque de entrevista.

Fuentes

Formulario 1040 Anexo 1 Anexo 2 Anexo 3	Publicación 17 Tema fiscal 301, 303, 352	Instrucciones del Formulario 1040 Ocho datos sobre el estado civil de declaración

Parte 1 Formulario 1040

En 2017, la Ley de Reducción de Impuestos y Empleos modificó el Formulario 1040. Los formularios cambiaron nuevamente en 2020. La mayor parte del contenido del Formulario 1040se dividió en seis (6) anexos para la declaración del año fiscal 2018, y para la declaración del año fiscal 2023 hay tres anexos.

Form **1040** Department of the Treasury—Internal Revenue Service
U.S. Individual Income Tax Return **2023** OMB No. 1545-0074 IRS Use Only—Do not write or staple in this space.

For the year Jan. 1–Dec. 31, 2023, or other tax year beginning ________, 2023, ending ________, 20____ See separate instructions.

Your first name and middle initial	Last name		**Your social security number**
If joint return, spouse's first name and middle initial	Last name		**Spouse's social security number**
Home address (number and street). If you have a P.O. box, see instructions.		Apt. no.	**Presidential Election Campaign** Check here if you, or your spouse if filing jointly, want $3 to go to this fund. Checking a box below will not change your tax or refund. ☐ **You** ☐ **Spouse**
City, town, or post office. If you have a foreign address, also complete spaces below.	State	ZIP code	
Foreign country name	Foreign province/state/county	Foreign postal code	

Filing Status Check only one box.
☐ Single
☐ Married filing jointly (even if only one had income)
☐ Married filing separately (MFS)
☐ Head of household (HOH)
☐ Qualifying surviving spouse (QSS)
If you checked the MFS box, enter the name of your spouse. If you checked the HOH or QSS box, enter the child's name if the qualifying person is a child but not your dependent: ____________

Digital Assets At any time during 2023, did you: (a) receive (as a reward, award, or payment for property or services); or (b) sell, exchange, or otherwise dispose of a digital asset (or a financial interest in a digital asset)? (See instructions.) ☐ **Yes** ☐ **No**

Portion of Form 1040

The Following Sections are Found on the 2023 Form 1040:

- Filing Status
- General Information such as:
  - Name
  - Address
  - Taxpayer Identification Number
- Standard Deduction Dependents
- Income
- Refund
- Amount You Owe
- Third Party Designee
- Sign Here
- Paid Preparer Use Only

Filing Status

Filing Status Check only one box.
☐ Single
☐ Married filing jointly (even if only one had income)
☐ Married filing separately (MFS)
☐ Head of household (HOH)
☐ Qualifying surviving spouse (QSS)
If you checked the MFS box, enter the name of your spouse. If you checked the HOH or QSS box, enter the child's name if the qualifying person is a child but not your dependent: ____________

Portion of Form 1040

There are five filing status options for the federal return:

- Single (S)
- Married filing jointly (MFJ)
- Married filing separately (MFS)
- Head of household (HOH)
- Qualifying Surviving Spouse (QSS)

Filing status is determined on the last day of the tax year. A detailed explanation of filing status will be discussed in a later chapter. All individuals on the taxpayer's return must have a taxpayer identification number (TIN), typically a Social Security Number (SSN) or an Individual Taxpayer Identification Number (ITIN).

FORMULARIO 1040	Departamento del Tesoro — Servicio de Rentas Internas Declaración de impuestos sobre la renta para personas naturales de los EE. UU.	2023	OMB No. 1545-0074	Solo para uso del IRS: no escriba ni engrape en este espacio.

Para el año del 1 de enero al 31 de diciembre de 2023, u otro año fiscal que comienza el______ de 2023 y finaliza el ____________ de 20____			Ver instrucciones separadas
Su primer nombre e inicial del segundo	Apellido		Su número de Seguro Social
Si es declaración conjunta, nombre e inicial del segundo nombre del cónyuge	Apellido		Número de Seguro Social del cónyuge
Dirección de la casa (número y calle). Si tiene una dirección de Apartado Postal, consulte las instrucciones	No. de Apto.		Campaña de Elecciones Presidenciales Marque aquí si usted o su cónyuge, si presentan una declaración conjunta, desean destinar $3 a este fondo. Al marcar una casilla a continuación no cambiará su impuesto o reembolso. ☐ Usted ☐ Cónyuge
Ciudad, pueblo u oficina de correos. Si tiene una dirección en el extranjero, también complete los espacios a continuación.	Estado	Código postal	
Nombre del país extranjero	Provincia/estado/condado extranjero	Código postal extranjero	

Estado civil de declaración Marque solo una casilla.	☐ Soltero ☐ Cabeza de familia (HOH) ☐ Casado declarando conjuntamente ☐ Casado declarando por separado (MFS) ☐ Cónyuge superviviente calificado (QSS) Si marcó la casilla MFS, anote el nombre de su cónyuge. Si marcó la casilla HOH o QSS, anote el nombre del hijo si la persona calificada es un hijo pero no su dependiente. ______________________
Recursos digitales	En algún momento durante 2023, usted: (a) recibió (como recompensa, premio o pago por propiedad o servicios); o (b) vendió, Canjeó o dispuso de otro modo de un activo digital (o de un interés financiero en un activo digital)? (Consulte las instrucciones). ☐ Sí ☐ No

Parte del Formulario 1040

Las siguientes secciones se encuentran en el Formulario 1040 de 2023:

- Estado civil de declaración
- Información general como:
  - Nombre
  - Dirección
  - Número de Identificación del Contribuyente
- Dependientes con deducción estándar
- Ingreso
- Reembolso
- Cantidad que adeuda
- Tercero designado
- Firme aquí
- Solo para el uso del preparador pagado

Estado Civil de Declaracion

Filing Status Check only one box.	☐ Single ☐ Head of household (HOH) ☐ Married filing jointly (even if only one had income) ☐ Married filing separately (MFS) ☐ Qualifying surviving spouse (QSS) If you checked the MFS box, enter the name of your spouse. If you checked the HOH or QSS box, enter the child's name if the qualifying person is a child but not your dependent: ______________________

Parte del Formulario 1040

Hay cinco opciones de estado civil de declaración federal:

- Soltero (S)
- Casado declarando conjuntamente (MFJ)
- Casado declarando por separado (MFS)
- Cabeza de familia (HOH)
- Cónyuge sobreviviente calificado (QSS)

El estado civil se determina el último día del año fiscal. Una explicación detallada del estado civil se discutirá en un capítulo posterior. Todas las personas que figuren en la declaración del contribuyente deben tener un número de identificación fiscal (NIF), típicamente un numero de Seguro Social (SSN) o un Numero de Identificación Personal del contribuyente (ITIN).

Interview Pointers

Below are sample questions to determine a taxpayer's correct filing status:

- Are you single?
- Are you legally married?
- Do you have children?
- Did the children live with you the entire year? If not, how long did the children live with you?
- How many months did the children live with you?
- What documentation do you have to prove the children lived with you? (Tax preparer needs to see the documentation.)
- Does anyone else live in your house?
- Do you live with another taxpayer?

The tax professional must determine the correct filing status by asking pertinent questions such as these.

General Information: Name, Address, and Taxpayer Identification Number

Gathering information from the taxpayer is vital for the preparation of an accurate tax return. Information collected by the tax preparer verifies the identity of the taxpayer, and that of the taxpayer's spouse, if filing jointly. The taxpayer will be glad you asked relevant questions to complete the tax return correctly. By gathering the taxpayer's information through straight forward interview process, you'll make tax return preparation easier. A well-organized interview also prevents misunderstandings between the tax preparer and taxpayer.

The following personal information is needed from the client:

- A current government-issued photo identification for the taxpayer and his or her spouse, if filing jointly.
- The taxpayer or spouse's SSN, ITIN, ATIN, or TIN. You should review the physical card and add a copy to the taxpayer's electronic folder.
- The following information for everyone on the tax return:
  - SSN, ITIN, ATIN, or TIN.
  - Date of birth.
  - Date of death if the taxpayer or spouse died during the tax year
  - Current address.
  - Income.
- The taxpayer's current address.
- The amount of total income earned for the year.

El señor 1040 dice: Recuerde, siempre solicite un documento oficial para verificar la fecha de nacimiento o fecha de defunción de un cliente.

Consejos de entrevista

A continuación, se incluyen ejemplos de preguntas para determinar el estado civil correcto de declaración de impuestos de un contribuyente:

- ¿Está soltero?
- ¿Está legalmente casado?
- ¿Tiene hijos?
- ¿Vivieron sus hijos con usted todo el año? Si no, ¿cuánto tiempo vivieron los niños con usted?
- ¿Cuántos meses vivieron sus hijos con usted?
- ¿Qué documentación tiene para probar que los hijos vivieron con usted? (El preparador de impuestos necesita ver la documentación).
- ¿Vive alguien más en su casa?
- ¿Vive usted con otro contribuyente?

Es necesario que el profesional de impuestos determine el estado civil correcto de declaración haciendo preguntas pertinentes como las anteriores.

Información general: Nombre, dirección y número de identificación del contribuyente

La recopilación de información del contribuyente es vital para preparar una declaración de impuestos precisa. La información recopilada verifica la identidad del contribuyente y el cónyuge del contribuyente si presenta una declaración conjunta. El contribuyente se alegrará de que haya hecho preguntas relevantes para completar su declaración de impuestos correctamente. Un proceso de entrevista sencillo para recopilar la información de un contribuyente facilita la preparación de la declaración de impuestos. También evita malentendidos entre el preparador de impuestos y el contribuyente.

Necesitará la siguiente información personal del cliente:

- Una identificación actual con foto emitida por el gobierno para el contribuyente y su cónyuge, si presentan una declaración conjunta.
- El SSN, ITIN, ATIN o TIN del contribuyente o cónyuge. Consulte la identificación en físico y agréguela a la carpeta electrónica del contribuyente.
- La siguiente información para cada dependiente, si corresponde:
    - SSN, ITIN, ATIN o TIN
    - Fecha de nacimiento.
    - Fecha de Defunción si el contribuyente o esposo(a) fallecieron durante el año
    - Dirección actual.
    - Ingresos.
- La dirección actual del contribuyente.
- La cantidad de ingresos totales obtenidos durante el año

El señor 1040 dice: Recuerde, siempre solicite un documento oficial para verificar la fecha de nacimiento o fecha de defunción de un cliente.

The names of the taxpayer and spouse (if applicable) must match the names on their Social Security cards, Adoption Tax Identification Numbers (ATIN), or Individual Tax Identification Numbers (ITIN). If the couple has recently married and has not filed the name change with the Social Security Administration, the current name on the Social Security card must be used. If not, the return could be rejected when filing electronically. Taxpayers who do not have a Social Security Number (SSN) should apply for an SSN or an ITIN.

When filing a federal return, Social Security Administration records are used to match all names, Social Security numbers, and dates of birth, for everyone on the tax return. The exception to this is when a taxpayer is filing his or her tax return with an ITIN, in which case the SSN on the W-2 will not match. (ITINs will be covered in detail later.) The tax preparer should make sure the Social Security Numbers on all W-2 forms match the taxpayer and spouse's Social Security numbers as displayed on their Social Security cards. If not, the taxpayer must have their employer correct the tax document(s). Tax professionals need to ensure these documents are accurate before filing the return.

Interview Pointers

Here are questions to ask regarding the taxpayer's personal information, which will help determine changes from the prior year return and the current year filing status.

- Did you bring your Social Security card(s)?
- Did any personal changes occur (new dependents)?
- Did your name change?
- Did you get married?
- Did you get divorced?
- Was there a death in the family? (Tax return related.)
- Did you have a job change?
- Did you have any births during the year? (Tax return related.)
- Do you want to contribute $3 to the Presidential Election Campaign Fund?

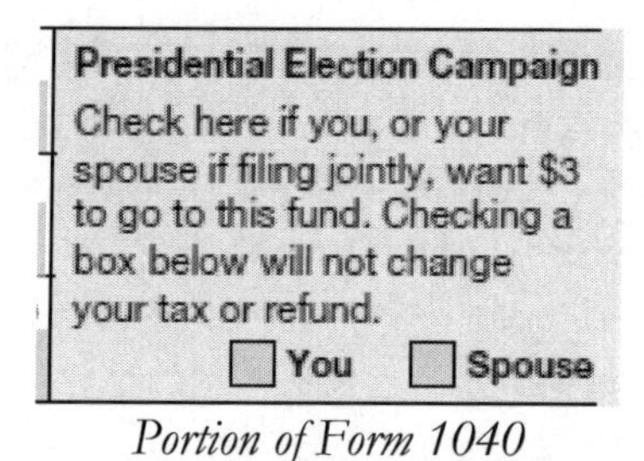
Presidential Election Campaign
Check here if you, or your spouse if filing jointly, want $3 to go to this fund. Checking a box below will not change your tax or refund.
☐ You ☐ Spouse

Portion of Form 1040

The Presidential Election Campaign Fund is intended to reduce a candidate's dependence on large contributions from individuals and groups. This aims to place candidates on an equal financial footing for the general election. The fund also helps pay for pediatric medical research. If the taxpayer wants $3 to go to the fund, check the box. If the taxpayer is filing a joint return, both taxpayers can have $3 each go to the fund. Checking the box does not affect the refund amount or the amount owed.

Los nombres del contribuyente y el cónyuge (si corresponde) deben coincidir con los nombres en sus tarjetas de Seguro Social, Números de identificación fiscal de adopción (ATIN) o Números de identificación fiscal individual (ITIN). Si la pareja se ha casado recientemente y no ha presentado el cambio de nombre ante la Administración del Seguro Social, se debe usar el nombre actual en la tarjeta del Seguro Social. De no ser así, la declaración podría ser rechazada al ser presentada electrónicamente. Los contribuyentes que no tienen un Número de Seguro Social (SSN) deben solicitar un SSN o un ITIN. Al presentar una declaración federal, se utilizan los registros de la Administración del Seguro Social para cotejar todos los nombres, números de Seguro Social y fechas de nacimiento de todas las personas que figuran en la declaración de impuestos.

Cuando se recopila la información, el preparador de impuestos debe asegurarse de que todos los formularios W-2 coincidan con los números de Seguro Social del contribuyente y del cónyuge que aparecen en sus tarjetas del Seguro Social. En caso contrario, el contribuyente debe pedirle al empleador corrija los documentos fiscales. Los profesionales de impuestos deben asegurarse de que los documentos sean correctos antes de presentar la declaración.

Consejos de entrevista

A continuación, se indican las preguntas que deben formularse en relación con la información personal de los contribuyentes, que ayudarán a determinar los cambios con respecto a la declaración del año anterior y el estado civil del año actual.

- ¿Trajo su(s) tarjeta(s) de Seguro Social?
- ¿Ocurrieron cambios personales (nuevos dependientes)?
- ¿Cambió su nombre?
- ¿Se casó?
- ¿Se divorció?
- ¿Hubo una muerte en la familia? (Relacionado con la declaración de impuestos).
- ¿Tuvo un cambio de trabajo?
- ¿Tuvo algún parto durante el año? (Relacionado con la declaración de impuestos).
- ¿Quiere contribuir con $3 al Fondo de la Campaña de la Elección Presidencial?

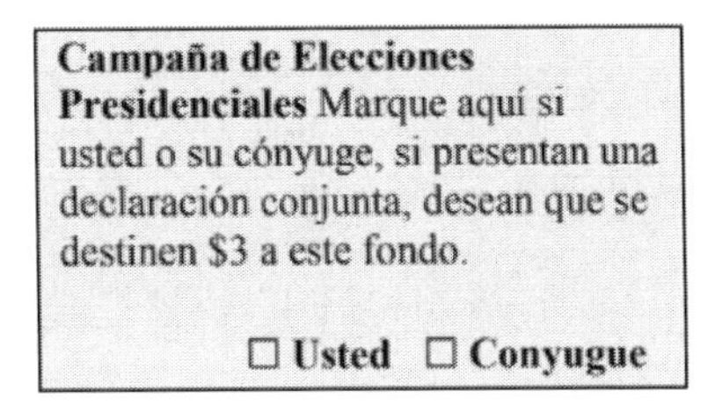
Campaña de Elecciones Presidenciales Marque aquí si usted o su cónyuge, si presentan una declaración conjunta, desean que se destinen $3 a este fondo.

☐ **Usted** ☐ **Conyugue**

Parte del Formulario 1040

El Fondo de la Campaña de la Elección Presidencial tiene por objeto reducir la dependencia de un candidato de las grandes aportaciones de personas naturales y grupos. Esto tiene como objetivo colocar a los candidatos en igualdad de condiciones financieras para las elecciones generales. El fondo también ayuda a pagar la investigación médica pediátrica. Si el contribuyente quiere destinar $3 al fondo, marque la casilla. Si el contribuyente presenta una declaración conjunta, ambos contribuyentes pueden destinar $3 cada uno para el fondo. Marcarla casilla no afecta el monto del reembolso ni el monto adeudado.

Standard Deduction

The standard deduction is based on the taxpayer's filing status. Each filing status matches a deduction of a predetermined amount. That amount is subtracted from the taxpayer's total income resulting in the taxpayer's adjusted gross income. Itemized Deductions are amounts reported on Schedule A, and will be described later in the course. The itemized deduction amount is generally used when the taxpayer's deduction exceeds their standard deduction.
The following factors determine an additional standard deduction allowable to certain taxpayers.

- Is the taxpayer age 65 or older?
- Is the taxpayer blind?
- Is the taxpayer claimed as a dependent on another individual's tax return?

Blind taxpayers and taxpayers age 65 or older each have an additional exemption that can be claimed when filing status is determined.

Standard deduction amounts apply to most people and are for the current year's filing status.*

Filing Status and Standard Deduction	Tax Year 2022	Tax Year 2023	Tax Year 2024
Single	$12,950	$13,850	$14,600
Married Filing Jointly and Qualifying Surviving Spouse	$25,900	$27,700	$29,200
Married Filing Separately	$12,950	$13,850	$14,600
Head of Household	$19,400	$20,800	$20,800

*Do not use this chart if:

- The taxpayer was born before January 2, 1959.
- The taxpayer is blind.
- Someone else can claim the taxpayer or taxpayer's spouse as a dependent if filing status is MFJ.

Dependents

Basic information to collect is:

- Dependent(s) name (as it appears on the SSN, ATIN, or ITIN).
- DOB of the dependent(s).
- Relationship to taxpayer.

Note: If you prepare the tax return by hand, there is no place to enter the DOB (just remember that the dependent's age is important to calculate certain credits).

On the paper Form 1040, you will see only four lines for dependents. To add additional dependents, mark the box on the left and follow the instructions. When the return is prepared using tax software, the worksheet should be automatically generated. When filing a paper form, make sure the worksheet is attached to the tax return.

Deducción estándar

La deducción estándar se basa en el estado civil del contribuyente. Cada estado civil coincide con una cantidad predeterminada. Ese monto se resta del ingreso total del contribuyente, lo queda como resultado el ingreso bruto ajustado del contribuyente. Esta línea también informa las Deducciones detalladas, que son cantidades informadas en el Anexo A y se describirán más adelante. El monto de la deducción detallada generalmente se usa cuando la deducción del contribuyente excede su deducción estándar. Los siguientes factores determinan una deducción estándar adicional permitida para ciertos contribuyentes.

- ¿Se considera que la edad del contribuyente es 65 años o más?
- ¿Es el contribuyente una persona ciega?
- ¿Se declara al contribuyente como dependiente en la declaración de impuestos de otra persona?

Los contribuyentes ciegos y los contribuyentes mayores de 65 años tienen una exención adicional que se puede reclamar cuando se determina el estado civil de declaración.

Los montos de deducción se aplican a la mayoría de las personas y son para el estado civil del año en curso.*

Estado civil de declaración y deducción estándar	Año fiscal 2022	Año Fiscal 2023	Año fiscal 2024
Soltero	$12,950	$13,850	$14,600
Casado declarando conjuntamente y cónyuge viudo calificado	$25,900	$27,700	$29,200
Casado declarando por separado	$12,950	$13,850	$14,600
Cabeza de familia	$19,400	$20,800	$20,800

*No use esta tabla si:

- El contribuyente nació antes del 2 de enero de 1959.
- El contribuyente es ciego.
- Alguien más puede reclamar al contribuyente o al cónyuge del contribuyente como dependiente si el estado civil de declaración es MFJ.

Dependientes

La información básica a recopilar es:

- Nombre del dependiente (como aparece en el SSN, ATIN o ITIN).
- Fecha de nacimiento del dependiente.
- Parentesco con el contribuyente.

Nota: Si prepara la declaración de impuestos a mano, no hay lugar para ingresar la Fecha de nacimiento DOB (solo recuerde que la edad del dependiente es importante para calcular ciertos créditos).

En el Formulario 1040 impreso, solo verá cuatro líneas para los dependientes. Marque la casilla de la izquierda y siga las instrucciones para agregar una hoja adicional para más dependientes. Cuando la declaración se prepara con software, la hoja de trabajo debe generarse automáticamente. Asegúrese de que la hoja de trabajo esté adjunta a la declaración de impuestos.

Dependents (see instructions): (1) First name	Last name	(2) Social security number	(3) Relationship to you	(4) Check the box if qualifies for (see instructions): Child tax credit	Credit for other dependents
If more than four dependents, see instructions and check here . . ☐				☐	☐
				☐	☐
				☐	☐
				☐	☐

Portion of Form 1040

Interview Pointers

Here are questions to ask to determine if the taxpayer has qualifying dependents:

- Do you have any dependents?
- Did the dependents live with you?
- Did the dependents live with you the entire year?
- What are the dependents' dates of birth?
- Do you have proof that the dependents live with you?
  - Lease agreement
  - School records
  - Medical records
- Do you have the dependents' SSN, ATIN, or ITIN documentation with you? If not, can you bring them in later so I can keep a copy for our records?
- Can somebody else claim them as dependents?

Dependents will be studied in detail in a later chapter.

Income Form 1040, Lines 1 – 15

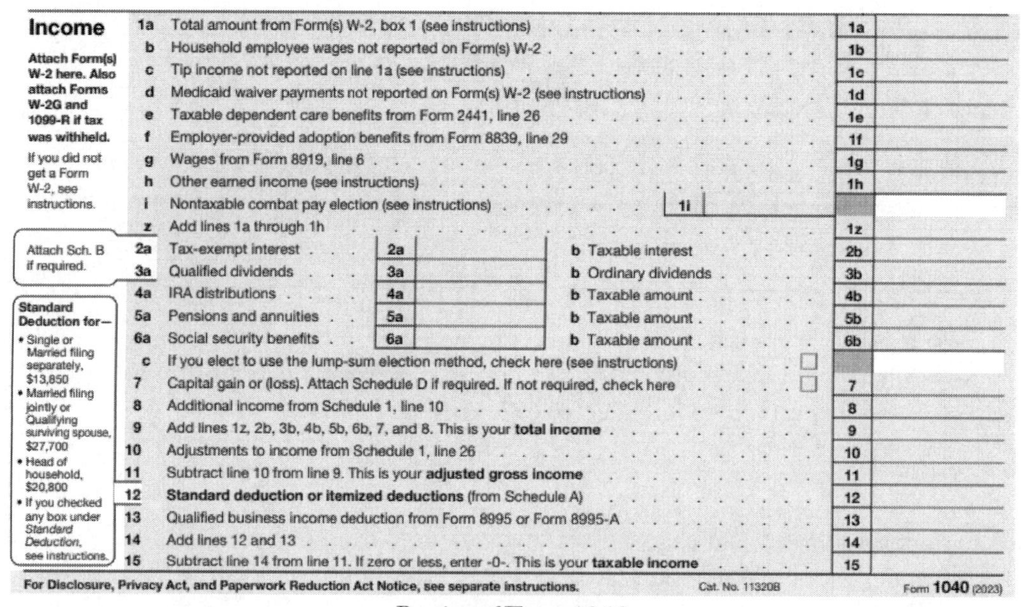

Income	Line	Description	Line
Attach Form(s) W-2 here. Also attach Forms W-2G and 1099-R if tax was withheld.	1a	Total amount from Form(s) W-2, box 1 (see instructions)	1a
If you did not get a Form W-2, see instructions.	b	Household employee wages not reported on Form(s) W-2	1b
	c	Tip income not reported on line 1a (see instructions)	1c
	d	Medicaid waiver payments not reported on Form(s) W-2 (see instructions)	1d
	e	Taxable dependent care benefits from Form 2441, line 26	1e
	f	Employer-provided adoption benefits from Form 8839, line 29	1f
	g	Wages from Form 8919, line 6	1g
	h	Other earned income (see instructions)	1h
	i	Nontaxable combat pay election (see instructions) 1i	
	z	Add lines 1a through 1h	1z
Attach Sch. B if required.	2a	Tax-exempt interest . . . 2a / b Taxable interest	2b
	3a	Qualified dividends . . . 3a / b Ordinary dividends	3b
Standard Deduction for—	4a	IRA distributions . . . 4a / b Taxable amount	4b
• Single or Married filing separately, $13,850	5a	Pensions and annuities . . 5a / b Taxable amount	5b
• Married filing jointly or Qualifying surviving spouse, $27,700	6a	Social security benefits . . 6a / b Taxable amount	6b
• Head of household, $20,800	c	If you elect to use the lump-sum election method, check here (see instructions) ☐	
• If you checked any box under *Standard Deduction,* see instructions.	7	Capital gain or (loss). Attach Schedule D if required. If not required, check here ☐	7
	8	Additional income from Schedule 1, line 10	8
	9	Add lines 1z, 2b, 3b, 4b, 5b, 6b, 7, and 8. This is your **total income**	9
	10	Adjustments to income from Schedule 1, line 26	10
	11	Subtract line 10 from line 9. This is your **adjusted gross income**	11
	12	**Standard deduction or itemized deductions** (from Schedule A)	12
	13	Qualified business income deduction from Form 8995 or Form 8995-A	13
	14	Add lines 12 and 13	14
	15	Subtract line 14 from line 11. If zero or less, enter -0-. This is your **taxable income**	15

For Disclosure, Privacy Act, and Paperwork Reduction Act Notice, see separate instructions. Cat. No. 11320B Form **1040** (2023)

Portion of Form 1040

The tax information needed to complete this section includes all income for both the taxpayer, and the spouse if Married Filing Jointly. Sources of income include:

- Form W-2 series
- Form 1099 series (G, DIV, INT, NEC, MISC., R, etc.)
- Social Security Benefits

Dependientes	(vea las instrucciones):		(2) Número de seguro social	(3) Parentesco con usted	(4) ✔ si califica para (ver instrucciones):	
Si hay más de cuatro dependientes, consulte las instrucciones y marque aquí ☐	(1) Nombre	Apellido			Crédito fiscal por hijos	Crédito para otros dependientes
					☐	☐
					☐	☐
					☐	☐
					☐	☐

Parte del Formulario 1040

Consejos de Entrevista

Aquí hay preguntas para determinar si el contribuyente tiene dependientes calificados:

- ¿Tiene algún dependiente?
- ¿Vivían los dependientes con usted?
- ¿Vivieron los dependientes con usted todo el año?
- ¿Cuáles son las fechas de nacimiento de los dependientes?
- ¿Tiene pruebas de que los dependientes viven con usted?
  - Contrato de arrendamiento
  - Expedientes escolares
  - Registros médicos
- ¿Tiene consigo la documentación del SSN, ATIN o ITIN de los dependientes? Si no, ¿puede traerlos más tarde para que pueda guardar una copia para nuestros registros?
- ¿Alguien más puede reclamarlos como dependientes?

Formulario de ingresos 1040, líneas 1 a 15

Ingresos					
Adjunte el(los) Formulario(s) W-2 aquí. Adjunte también los formularios W-2G y 1099-R si se retuvieron impuestos.	1a	Monto total del formulario(s) W-2, casilla 1 (ver instrucciones)		1a	
	b	Salarios de empleados domésticos no declarados en el(los) formulario(s) W-2		1b	
	c	Ingreso de propinas no declarado en la línea 1a (ver instrucciones)		1c	
	d	Pagos de exención de Medicaid no informados en los formularios W-2 (ver instrucciones)		1d	
	e	Beneficios tributables para el cuidado de dependientes del Formulario 2441, línea 26		1e	
	f	Beneficios de adopción provistos por el empleador del Formulario 8839, línea 29		1f	
	g	Salarios del Formulario 8919, línea 6		1g	
Si no recibió un Formulario W-2, vea las instrucciones	h	Otros ingresos del trabajo (ver instrucciones)		1h	
	i	Elección de pago de combate no tributable (ver instrucciones)	1i		
	z	Agregue las líneas 1a a 1h		1z	
Adjunte el Anexo B si es necesario.	2a	Intereses exentos de impuestos	2a / b Intereses imponibles	2b	
	3a	Dividendos calificados	3a / b Dividendos ordinarios	3b	
Deducción Estándar para	4a	Distribuciones de IRA	4a / b Base imponible	4b	
• Soltero o casado declarando por separado $13,850	5a	Pensiones y anualidades	5a / b Base imponible	5b	
• Persona casada declarando conjuntamente o viudo calificado $27,700	6a	Beneficios de Seguro Social	6a / b Base imponible	6b	
• Cabeza de Familia, $20,800	c	Si elige usar el método de elección de suma global, verifique aquí (vea las instrucciones) ☐			
• Si marcó cualquier casilla en *Deducción estándar*, consulte las instrucciones.	7	Ganancia o (pérdida) de capital. Adjunte el Anexo D si es necesario. Si no es necesario, marque aquí ☐		7	
	8	Otros ingresos del Anexo 1, Línea 10		8	
	9	Sume las líneas 1z, 2b, 3b, 4b, 5b, 6b, 7 y 8. Este es su **ingreso total**		9	
	10	Ajustes a ingresos del Anejo 1, línea 26		10	
	11	Reste la línea 10 de la línea 9. Este es su **ingreso bruto ajustado**		11	
	12	**Deducción estándar o deducciones detalladas** (del Anexo A)		12	
	13	Deducción de ingresos comerciales calificados. Adjunte el formulario 8995 o el formulario 8995-A		13	
	14	Sume las líneas 12 y 13		14	
	15	**Ingreso gravable** Reste la línea 14 de la línea 11. Si es cero o menos, ingrese -0-. Esta es su **base imponible**		15	

Para conocer el Aviso de divulgación, ley de privacidad y reducción de trámites burocráticos, consulte las instrucciones por separado. Cat. No. 11320B Formulario **1040** (2023)

Parte del Formulario 1040

La información fiscal necesaria para completar esta sección incluye todos los ingresos tanto del contribuyente como del cónyuge si es casado declarando conjuntamente. Las fuentes de ingresos incluyen:

- Formulario de la serie W-2
- Formulario serie 1099 (G, DIV, INT, NEC, MISC., R, etc.)
- Prestaciones del Seguro Social

Wage income is reported on Form 1040, line 1a. Other income is reported on Form 1040, lines 1b - h. Interest is reported on Form 1040, lines 2a and 2b. Qualified dividends are reported on Form 1040, lines 3a and 3b. IRAs, pensions, and annuities are reported on Form 1040, lines 4a - 5b. Social Security benefits are reported on Form 1040, line 6.

Income Recordkeeping

Both taxpayer and tax professional must keep with the client's tax return copies of all Forms W-2, 1099 series, and other income documents. If parents elect to claim their children's investment income, those forms should also be kept with the parents' tax return.

Interest earned as a beneficiary of an estate or trust is generally taxable income. Taxpayers should receive a Schedule K-1 for their portion of the interest. A copy of the Schedule K-1 should be kept with the tax return.

If the taxpayer is a U.S. citizen or resident alien, they must report income from sources outside the United States unless the income is exempt under U.S. law. All sources and amounts must be reported for all earned and unearned income. See Publication 54.

Interview Pointers

Here are questions to determine the type of income the taxpayer received, and which tax form or schedule will be used to report the income:

- Did you receive a W-2 or W-2G?
- How many jobs did you have last year?
- Did you receive any income not reported on a W-2?
- Did you earn any interest or dividends?
  - Checking account
  - Savings account
- Did you have an investment broker?
  - Savings bonds and CDs
- Did you receive Social Security benefits or railroad retirement benefits?
- Did you receive a pension or annuity?
- Did you take a distribution from an IRA?
  - Roth or Traditional?
- Did you receive alimony income or separate maintenance payments? (Reported on Schedule 1, line 2a)
- Did you receive disability income?
- Did you receive rental income? File Schedule E, and report net income on Schedule 1, line 5.
- Do you own a business? (When a taxpayer has a business, you must perform an extensive and thorough interview. This ensures the taxpayer reports all income, including cash payments received for work or services performed, as well as all expenses. As a preparer, you must make sure you have the necessary knowledge of Schedule C, and all the required information from the taxpayer, to prepare the tax return correctly. Do your due diligence!)
- Did you receive Form 1099-NEC or Form 1099-MISC?
- Did you receive Form 1099-K?
- Did you receive an education scholarship? (Reported on Schedule 1, line 8r)
- Did you receive a refund from state taxes last year? (Reported on Schedule 1, line 1)

Los ingresos salariales se declaran en la línea 1a. del Formulario 1040. Otros ingresos Formulario 1040, línea 1b-h. Los intereses se informan en el Formulario 1040, líneas 2a y 2b. Los dividendos calificados se informan en el Formulario 1040, líneas 3a y 3b. Las cuentas IRA, pensiones y rentas vitalicias se informan en el Formulario 1040, línea 4a-5b. Las Prestaciones del Seguro Social se informan en el Formulario 1040, línea 6.

Mantenimiento de registros de ingresos

Tanto el contribuyente como el profesional de impuestos deben conservar copias de todos los formularios W-2, serie 1099 y otros documentos de ingresos con la declaración de impuestos del cliente. Si los padres eligen reclamar los ingresos de inversión de sus hijos, esos formularios también deben guardarse con la declaración de impuestos de los padres.

Los intereses devengados como beneficiario de un patrimonio o fideicomiso generalmente se consideran como base imponible. Los contribuyentes deben recibir un Anexo K-1 por su parte del interés. También deben guardar una copia del Anexo K-1 con la declaración de impuestos.

Si el contribuyente es ciudadano estadounidense o extranjero residente, debe declarar ingresos de fuentes fuera de los Estados Unidos, a menos que los ingresos estén exentos de la ley Estados Unidos. Deben declararse todas las fuentes de ingresos, tanto los del trabajo como los no salariales. Consulte la publicación 54.

Consejos de entrevista

Aquí hay preguntas para determinar el tipo de ingreso que recibió el contribuyente y que formulario o anexo de impuestos se usará para declarar el ingreso:

- ¿Recibió un W-2 o W-2G?
- ¿Cuántos trabajos tuvo el año pasado?
- ¿Recibió algún ingreso no informado en un W-2?
- ¿Ganó intereses o dividendos?
  - Cuenta de cheques
  - Cuenta de ahorros
- ¿Tenía un corredor de inversiones?
  - Bonos de ahorro y CD
- ¿Recibió prestaciones del Seguro Social o prestaciones de jubilación ferroviaria?
- ¿Recibió una pensión o renta vitalicia?
- ¿Tomó una distribución de una cuenta IRA?
  - ¿Roth o tradicional?
- ¿Recibió ingresos por pensión alimenticia o pagos de manutención por separación? (Declarado en el Anexo 1, línea 2a)
- ¿Recibió ingresos por discapacidad?
- ¿Recibió ingresos por alquiler? Presente el Anexo E y el ingreso neto se informa en el Anexo 1, línea 5.
- ¿Tiene un negocio? (Cuando un contribuyente tiene un negocio, debe realizar una entrevista amplia y minuciosa. Esto asegura que el contribuyente informe todos los ingresos, incluidos los pagos en efectivo recibidos por trabajos o servicios realizados, así como todos los gastos. Como preparador, debe asegurarse de tener el conocimiento necesario del Anexo C para preparar la declaración de impuestos correctamente. ¡Haga su debida diligencia!
- ¿Recibió el Formulario 1099-NEC o el Formulario 1099-MISC?
- ¿Recibió el Formulario 1099-K?
- ¿Recibió una beca de educación? (Declarado en el Anexo 1, línea 8r)
- ¿Recibió un reembolso de los impuestos estatales el año pasado? (Declarado en el Anexo1, línea 1)

- Did you receive income from other sources such as prizes, jury duty pay, Schedule K-1, royalties, foreign income, etc.? (Reported on Schedule 1, line 8)
- Did you receive unemployment or paid family leave? (Reported on Schedule 1, line 7)
- Did you receive any other form of income whatsoever? (Reported on Schedule 1, line 8z)

More information on Schedule 1 will be found later in this chapter.

Form 1040, page 2, lines 16 - 33

This section is used to report information from other forms and schedules. Line 16 is the tax the individual will need to pay. This includes income tax and any additional tax owed. Line 33 reports the total payments made by the individual through withholding, estimated payments, and from credits.

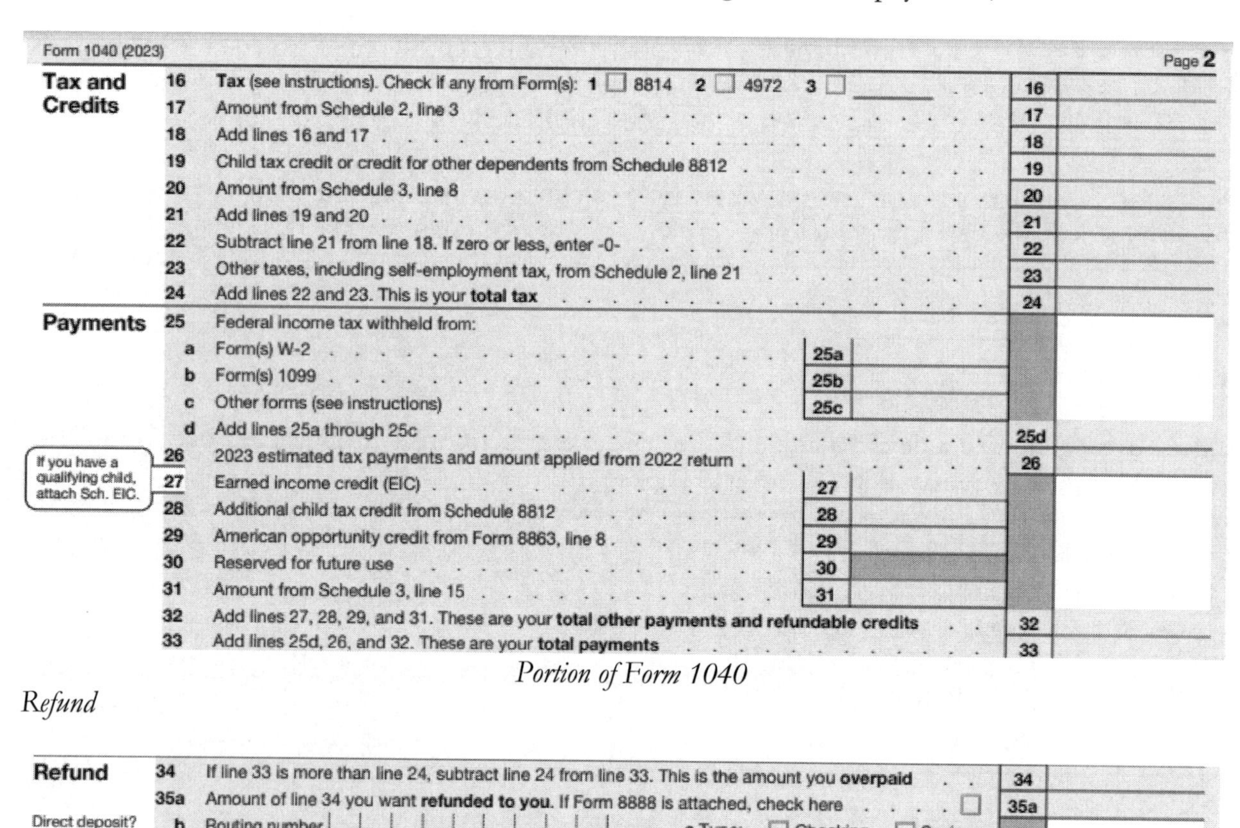

Form 1040 (2023) Page **2**

Section	Line	Description		
Tax and Credits	16	**Tax** (see instructions). Check if any from Form(s): **1** ☐ 8814 **2** ☐ 4972 **3** ☐		16
	17	Amount from Schedule 2, line 3		17
	18	Add lines 16 and 17		18
	19	Child tax credit or credit for other dependents from Schedule 8812		19
	20	Amount from Schedule 3, line 8		20
	21	Add lines 19 and 20		21
	22	Subtract line 21 from line 18. If zero or less, enter -0-		22
	23	Other taxes, including self-employment tax, from Schedule 2, line 21		23
	24	Add lines 22 and 23. This is your **total tax**		24
Payments	25	Federal income tax withheld from:		
	a	Form(s) W-2	25a	
	b	Form(s) 1099	25b	
	c	Other forms (see instructions)	25c	
	d	Add lines 25a through 25c		25d
If you have a qualifying child, attach Sch. EIC.	26	2023 estimated tax payments and amount applied from 2022 return		26
	27	Earned income credit (EIC)	27	
	28	Additional child tax credit from Schedule 8812	28	
	29	American opportunity credit from Form 8863, line 8	29	
	30	Reserved for future use	30	
	31	Amount from Schedule 3, line 15	31	
	32	Add lines 27, 28, 29, and 31. These are your **total other payments and refundable credits**		32
	33	Add lines 25d, 26, and 32. These are your **total payments**		33

Portion of Form 1040

Refund

Section	Line	Description		
Refund	34	If line 33 is more than line 24, subtract line 24 from line 33. This is the amount you **overpaid**		34
	35a	Amount of line 34 you want **refunded to you.** If Form 8888 is attached, check here ☐		35a
Direct deposit? See instructions.	b	Routing number	**c** Type: ☐ Checking ☐ Savings	
	d	Account number		
	36	Amount of line 34 you want **applied to your 2024 estimated tax**	36	

Portion of Form 1040

On Form 1040, page 2, if the amount on line 33 is more than the amount on line 24, the taxpayer may receive a refund, reported on line 34. If the taxpayer is receiving a refund and would like to have the refund deposited directly into a checking or savings account, enter the taxpayer's routing and account numbers on lines 35b and 35d. The account type (savings or checking) must be marked on line 35c.

A taxpayer must file Form 8888 if the refund check is to be a paper check or to have it deposited into up to three different accounts. Make sure to check the box at the end of line 35a to show that the form is attached. Not all software companies support this form; taxpayers wanting to file Form 8888 may need to file a paper return via mail.

Line 36 is used if the taxpayer wants the refund to be applied to their estimated payments for the following tax year.

- ¿Recibió ingresos de otras fuentes, como premios, pago de servicio de jurado, Anexo K-1, regalías, ingresos extranjeros, etc.? (Declarado en el Anexo 1, línea 8)
- ¿Recibió usted licencia por desempleo o licencia familiar remunerada? (Declarado en el Anexo 1, línea 7)
- ¿Recibió alguna otra forma de ingreso? (Declarado en el Anexo 1, línea 8z)

Se encontrará más información sobre el Anexo 1 más adelante en este capítulo

Formulario 1040, página 2, líneas 16-33

Esta sección declara información de otros formularios y anexos. La línea 16 es el impuesto quela persona deberá pagar. Esto incluye el impuesto adicional, así como el impuesto sobre la renta. La línea 33 informa el total de pagos realizados por la persona a través de retenciones, pagos estimados o créditos.

Formulario 1040 (2023) Página 2

impuestos y créditos	**16.**	impuesto 1 ☐ Formulario 8814 2 ☐ Formulario 4972 3 ☐		16
	17.	Desde Anexo 2, línea 3		17
	18.	Sume las líneas 16 y 17		18
	19.	Crédito fiscal por hijos o crédito para otros dependientes no reembolsable del anexo 8812 ☐		19
	20.	Desde Anexo 3, línea 8		20
	21.	Sume las líneas 19 y 20		21
	22.	Reste la línea 21 de la línea 18		22
	23.	Otros impuestos, incluyendo el impuesto sobre el trabajo por cuenta propia, desde Anexo 2, línea 21		23
	24.	**Impuesto Total.** Sume las líneas 22 y 23		24
Pagos	**25.**	impuesto federal sobre la renta retenido de:		24
		a. Formulario(s) W-2	25a	
		b. Formulario(s) 1099	25b	
		c. Otros formularios	25c	
		d. Sume las Líneas 25a hasta la 25c		25 d
Si tiene un hijo calificado, adjunte Anexo. CEI.	**26.**	Pagos de impuestos estimados de 2020 y cantidad aplicada desde declaraciones de 2019		26
	27.	Crédito por ingreso del trabajo (EIC)	27	
	28.	Crédito fiscal adicional por hijos (Anexo 8812)	28	
	29.	Crédito de oportunidad estadounidense desde formulario 8863, línea 8	29	
	30.	Crédito de reembolso de recuperación. Ver instrucciones	30	
	31.	Desde Anexo 3, línea 15	31	
	32.	**Total otros pagos y créditos reembolsables.** Sume las líneas 27 y 28 a la 31		32
	33.	**Total Pagos.** Sume las líneas 25d, 26 y 32		33

Parte del Formulario 1040

Reembolso

Reembolso	**34**	Si la línea 33 es mayor que la línea 24, reste la línea 24 de la línea 33. Esta es la cantidad que pagó en **exceso**		**34**
¿Depósito directo?	**35a**	Cantidad de la línea 34 que **desea que se le reembolse.** Si se adjunta el Formulario 8888, marque aquí ☐		**35a**
Consulte las instrucciones	**b**	Número de Ruta Bancaria: ▶ **c** Tipo: ☐ Corriente ☐ Ahorro		
	d	Número de cuenta		
	36	Cantidad de la línea 34 que desea que se **aplique a su contribución estimada de 2024.▶**	**36**	

Parte del formulario 1040

En el Formulario 1040, página 2, si la cantidad en la línea 33 es mayor que la cantidad en la línea 24, el contribuyente puede recibir un reembolso informado en la línea 34. Si el contribuyente está recibiendo un reembolso y desea que el reembolso se deposite directamente en una cuenta corriente o de ahorros, ingrese los números de cuenta y de ruta del contribuyente en las líneas 35b y 35d. El tipo de cuenta (ahorro o corriente) debe estar marcado en la línea 35c.

Un contribuyente debe presentar el Formulario 8888 si el cheque de reembolso será un cheque impreso o si se depositará en hasta tres cuentas diferentes. Asegúrese de marcar la casilla al final de la línea 35a para mostrar que el formulario está adjunto. No todas las empresas de software admiten este formulario; los contribuyentes que deseen presentar el Formulario 8888 deberán presentar una declaración impresa por correo postal.

La línea 36 se usa si el contribuyente desea que el reembolso se aplique a sus pagos estimados para el siguiente año fiscal.

Interview Pointers

These questions determine how the taxpayer will receive their refund:

- Do you want the refund to be directly deposited into your checking or savings account? (Make sure to see a physical check and not a deposit slip.)
- Do you want a paper check from the IRS?
  - If so, is the address on the tax return current?
- Would you like to have your refund applied to next year's estimated payments? (Normally, you would ask this question to self-employed taxpayers who are receiving a refund; this could lower the estimated payments.)

Amount Owed

Form 1040, page 2, line 37: Amount a taxpayer owes.

Amount You Owe	37	Subtract line 33 from line 24. This is the **amount you owe.** For details on how to pay, go to *www.irs.gov/Payments* or see instructions		37
	38	Estimated tax penalty (see instructions)	38	

Portion of Form 1040

Form 1040, page 2, line 38: The amount of the penalty, if any, for not paying enough tax during the year.

This is reported using Form 2210, which should be attached to the return after completion.

Interview Pointers

These questions determine how the taxpayer will pay their balance due.

- Do you want to mail your balance due to the IRS?
- Do you want to pay your balance due electronically?
- Do you want to pay your balance due with a credit card?

Third Party Designee

On Form 1040, page 2, the taxpayer would designate someone who could discuss the tax return with the IRS.

Third Party Designee	Do you want to allow another person to discuss this return with the IRS? See instructions	☐ **Yes.** Complete below.	☐ **No**
	Designee's name	Phone no.	Personal identification number (PIN)

Portion of Form 1040

Checking the Yes box allows a third-party to talk on behalf of the taxpayer to provide certain information to the IRS. The authorization will automatically end no later than the filing due date for the current-year tax return (without extensions). For example, if the paid preparer is filing the 2023 tax return, and the return is due on April 15, 2024, the authorization automatically expires on April 15, 2025.

A PIN (personal identification number) must be entered. PINs are not given or provided by any agency but are instead created by the third-party designee. However, whatever PIN is created must be kept and documented; this is what the IRS will ask for to verify they are talking to the authorized third-party designee.

Consejos de entrevista

Estas preguntas determinan la forma en que el contribuyente recibirá su reembolso:

- ¿Desea que el reembolso se deposite directamente en su cuenta corriente o de ahorros? (Asegúrese de ver el cheque físico y no un comprobante de depósito).
- ¿Quiere un cheque en papel del IRS?
    - Si es así, ¿está actualizada la dirección que figura en la declaración de impuestos?
- ¿Le gustaría que su reembolso se aplicara a los pagos estimados del próximo año? (Normalmente, le haría esta pregunta a los contribuyentes que trabajan de forma independiente y que están recibiendo un reembolso; esto podría reducir los pagos estimados).

Cantidad adeudada

Formulario 1040, página 2, línea 37: Cantidad que debe un contribuyente.

Cantidad que Adeuda	37	Reste la línea 33 de la línea 24. Esta es la **cantidad que adeuda.** Para obtener detalles sobre cómo pagar, visite *www.irs.gov/Payments* o vea las instrucciones		37	
	38	Multa de impuestos estimados (ver instrucciones)	38		

Parte del Formulario 1040

Formulario 1040, página 2, línea 38: El monto de la multa por no pagar suficientes impuestos durante el año.

Esto se informa utilizando el Formulario 2210, que debe adjuntarse a la declaración una vez completada.

Consejos de Entrevista

Estas preguntas determinan cómo el contribuyente pagará su saldo adeudado.

- ¿Quiere enviar su saldo adeudado al IRS por correo postal?
- ¿Quiere pagar su saldo adeudado electrónicamente?
- ¿Quiere pagar su saldo adeudado con una tarjeta de crédito?

Tercero Designado

En el Formulario 1040, página 2, el contribuyente designaría a alguien para discutir la declaración de impuestos.

Tercero designado	¿Quiere permitir que otra persona discuta esta declaración con el IRS? Ver las instrucciones			☐ Si. Completa a continuación.	☐ No
	Nombre del designado		**Teléfono no.**	Número de identificación personal (PIN)	☐☐☐☐☐

Parte del Formulario 1040

Marcar la casilla *Si* permite que un tercero hable en nombre del contribuyente para proporcionar cierta información al IRS. La autorización finalizará automáticamente a más tardar en el plazo de presentación de la declaración de impuestos del año en curso (sin prórrogas). Por ejemplo, si el preparador pagado presenta la declaración de impuestos para el año fiscal 2023 y la declaración vence el 16 de abril de 2024, la autorización vence automáticamente el 16 de abril de 2025.

Se debe ingresar un PIN (número de identificación personal). Los PIN no los proporciona ninguna agencia, sino que los crea el tercero designado. Sin embargo, cualquier PIN que se cree debe guardarse y documentarse; esto es lo que pedirá el IRS para verificar que están hablando con el tercero designado correcto.

If the taxpayer marks the box *No*, then no one will be the taxpayer's designee.

The IRS may call the designee to answer any questions that arise during the processing of the return. The designee may perform the following actions:

- Give information that is missing from the return to the IRS.
- Call the IRS for information that is missing from the tax return.
- Upon request, receive copies of notices or transcripts related to the return.
- Respond to certain IRS notices about math errors and the preparation of the return.

When checking the box, authorization is limited to matters concerning the processing of the tax return.

Interview Pointers

The following questions determine if the taxpayer wants to authorize a third-party designee. Make sure you thoroughly understand what a third-party designee's responsibilities are.

- Would you like the tax preparer to be able to talk to the IRS regarding this return?
- Would you like to have another individual talk to the IRS about your current year tax return?

Signing Form 1040

The taxpayer (and spouse if filing jointly) must sign the return in the section shown below, found on the second page of Form 1040.

Sign Here	Under penalties of perjury, I declare that I have examined this return and accompanying schedules and statements, and to the best of my knowledge and belief, they are true, correct, and complete. Declaration of preparer (other than taxpayer) is based on all information of which preparer has any knowledge.			
	Your signature	Date	Your occupation	If the IRS sent you an Identity Protection PIN, enter it here (see inst.)
Joint return? See instructions. Keep a copy for your records.	Spouse's signature. If a joint return, **both** must sign.	Date	Spouse's occupation	If the IRS sent your spouse an Identity Protection PIN, enter it here (see inst.)
	Phone no.	Email address		

Portion of Form 1040

If either the taxpayer or spouse received an Identity Protection (IP) PIN from the IRS due to identity theft, the taxpayer must enter the number in the box provided. If both the taxpayer and spouse suffered from identity theft, only the taxpayer would enter the IP PIN. Make sure to enter the IP PIN on the correct line if the spouse, taxpayer or both had identity theft.

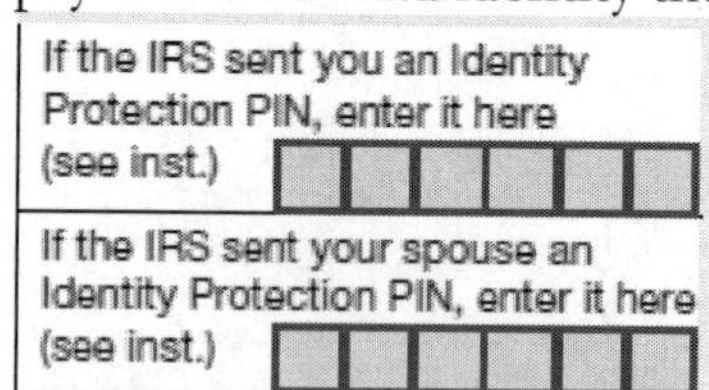

If the IRS sent you an Identity Protection PIN, enter it here (see inst.)

If the IRS sent your spouse an Identity Protection PIN, enter it here (see inst.)

Portion of Form 1040

Si el contribuyente marca la casilla *No*, entonces no habrá un designado del contribuyente.

El IRS puede llamar a la persona designada para responder cualquier pregunta que surja durante el procesamiento de la declaración. La persona designada puede realizar las siguientes acciones:

- Proporcionar la información que falta en la declaración al IRS.
- Llamar al IRS para obtener información que falta en la declaración de impuestos.
- Si lo solicita, puede recibir copias de avisos o transcripciones relacionadas con la declaración.
- Puede responder a ciertos avisos del IRS sobre errores matemáticos y la preparación de la declaración.

Al marcar la casilla, la autorización se limita a asuntos relacionados con la tramitación de la declaración de impuestos.

Consejos de entrevista

Las siguientes preguntas determinan si el contribuyente desea autorizar a un tercero designado. Asegúrese de entender completamente cuáles son las responsabilidades de un tercero designado.

- ¿Le gustaría que el preparador de impuestos pueda hablar con el IRS sobre esta declaración?
- ¿Le gustaría que otra persona hablara con el IRS sobre su declaración de impuestos del año en curso?

Firma del Formulario 1040

El contribuyente (y su cónyuge si presentan una declaración conjunta) deben firmar la declaración en la sección que se muestra a continuación de la segunda página del Formulario1040.

Firme aquí	Bajo pena de perjurio, declaro que he examinado esta declaración y los anexos y declaraciones que la acompañan y, según mi leal saber y entender, son verdaderas, correctas y completas. La declaración del preparador (que no sea el contribuyente) se basa en toda la información de la que el preparador tiene conocimiento.			
¿Declaración conjunta? Consulte las instrucciones. Guarde una copia para sus registros.	Su firma	Fecha	Su ocupación	Si el IRS le envió un PIN de protección de identidad, ingréselo aquí (consulte las instrucciones)
	Firma de cónyuges . Si es una declaración conjunta, **ambos** deben firmar	Fecha	Ocupación del cónyuge	Si el IRS le envió a su cónyuge un PIN de protección de identidad, ingréselo aquí (consulte las inst.)
	No de Teléfono	Dirección correo electrónico		

Parte del Formulario 1040

Si el contribuyente o su cónyuge recibió un PIN de protección de identidad (IP) del IRS debido al robo de identidad, el contribuyente debe ingresar el número en la casilla provista. Si tanto el contribuyente como el cónyuge sufrieron robo de identidad, solo el contribuyente ingresaría el PIN de IP. Asegúrese de anotar el PIN de IP en la línea correcta si el cónyuge o el contribuyente o ambos sufrieron robo de identidad.

Si el IRS le envió un PIN de protección de identidad, anótelo aquí (ver instrucciones)
Si el IRS le envió a su cónyuge un PIN de protección de identidad, anótelo aquí (ver instrucciones)

Parte del Formulario 1040

Paid Preparer Use Only

Paid preparers must enter their PTIN, business name, business address, employer identification number (EIN), and business phone number. If the paid preparer is self-employed, he or she must check the box. The paid preparer must sign the return in the appropriate box; otherwise, the paid preparer could be charged a $50 penalty per return. This is a paid preparer penalty not a company penalty.

Paid Preparer Use Only	Preparer's name	Preparer's signature	Date	PTIN	Check if: ☐ Self-employed
	Firm's name			Phone no.	
	Firm's address			Firm's EIN	

Go to *www.irs.gov/Form1040* for instructions and the latest information. Form **1040** (2023)

Portion of Form 1040

Form 1040-SR, for Seniors.

The added benefit of Form 1040-SR is that it automatically calculates the higher standard deduction for seniors. Form 1040-SR is four pages instead of two for the regular Form 1040. The additional pages are due to the font size on the form.

Señor 1040 Says: Remember, the additional exemption amount is only for taxpayer and spouse and is automatically added to the standard deduction when using Form 1040-SR.

When a taxpayer files Married filing separately and one spouse itemizes deductions, the other taxpayer must itemize their deductions even if the standard deduction gives the taxpayer a better tax break.

Form **1040-SR** Department of the Treasury—Internal Revenue Service **U.S. Tax Return for Seniors** **2023** OMB No. 1545-0074 IRS Use Only—Do not write or staple in this space.

For the year Jan. 1–Dec. 31, 2023, or other tax year beginning ______, 2023, ending ______, 20___ See separate instructions.

Your first name and middle initial	Last name			**Your social security number**
If joint return, spouse's first name and middle initial	Last name			**Spouse's social security number**
Home address (number and street). If you have a P.O. box, see instructions.			Apt. no.	**Presidential Election Campaign** Check here if you, or your spouse if filing jointly, want $3 to go to this fund. Checking a box below will not change your tax or refund. ☐ You ☐ Spouse
City, town, or post office. If you have a foreign address, also complete spaces below.	State		ZIP code	
Foreign country name	Foreign province/state/county		Foreign postal code	

Filing Status ☐ Single ☐ Married filing jointly (even if only one had income) ☐ Married filing separately (MFS) ☐ Head of household (HOH) ☐ Qualifying surviving spouse (QSS)
Check only one box. If you checked the MFS box, enter the name of your spouse. If you checked the HOH or QSS box, enter the child's name if the qualifying person is a child but not your dependent:

Digital Assets At any time during 2023, did you: (a) receive (as a reward, award, or payment for property or services); or (b) sell, exchange, or otherwise dispose of a digital asset (or a financial interest in a digital asset)? (See instructions.) . . . . ☐ Yes ☐ No

Standard Deduction **Someone can claim:** ☐ You as a dependent ☐ Your spouse as a dependent
☐ Spouse itemizes on a separate return or you were a dual-status alien

Age/Blindness { **You:** ☐ Were born before January 2, 1959 ☐ Are blind
Spouse: ☐ Was born before January 2, 1959 ☐ Is blind

Dependents (see instructions):	(1) First name	Last name	(2) Social security number	(3) Relationship to you	(4) Check the box if qualifies for (see instructions): Child tax credit	Credit for other dependents
If more than four dependents, see instructions and check here ☐					☐	☐
					☐	☐
					☐	☐
					☐	☐

Portion of Form 1040-SR

Solo para el uso del preparador pagado

Los preparadores pagados deben anotar su PTIN, nombre comercial, dirección comercial, número de identificación del empleador (EIN) y número de teléfono comercial. Si el preparador pagado es trabajador independiente, debe marcar la casilla. El preparador pagado debe firmar la declaración en la casilla correspondiente; de lo contrario, se le podría cobrar una multa de $50por declaración. Esta es una multa del preparador pagado, no una multa de la empresa.

Solo para uso pagado del preparador	nombre del preparador	Firma del preparador	Fecha	PTIN	Comprobar si: ☐ Autónomo
	Nombre de la empresa ▶			Teléfono no.	
	Dirección de la empresa ▶			EIN de la empresa ▶	
Vaya a www.irs.gov/Form1040 para obtener instrucciones y la información más reciente.					Formulario **1040** (2023)

Parte del Formulario 1040

Formulario1040-SR, para personas de la tercera edad.

El beneficio adicional del Formulario 1040-SR es que calcula automáticamente la deducción estándar más alta para personas de la tercera edad. El Formulario 1040-SR tiene 4 páginas en lugar de 2 para el Formulario1040 regular. Las páginas adicionales se deben al tamaño de fuente del formulario.

El señor 1040 dice: Recuerde, el monto de la exención adicional es solo para el contribuyente y su cónyuge y se agrega automáticamente a la deducción estándar al usar el Formulario 1040-SR.

Cuando un contribuyente presenta como Casado declarando por separado y uno de los cónyuges detalla las deducciones, el otro contribuyente debe detallar sus deducciones incluso si la deducción estándar le da al contribuyente una mejor ventaja fiscal.

FORMULARIO **1040-SR** Departamento del Tesoro — Servicio de Rentas Internas **Declaración de impuestos sobre la renta para adultos mayores de los EE. UU.** **2023** OMB No. 1545-0074 Solo para uso del IRS: no escriba ni engrape en este espacio.

Para el año del 1 de enero al 31 de diciembre de 2023, u otro año fiscal que comienza el ______ de 2023 y finaliza el ____________ de 20____ | Ver instrucciones separadas

Su primer nombre e inicial del segundo		Apellido	**Su número de Seguro Social**
Si es declaración conjunta, nombre e inicial del segundo nombre del cónyuge		Apellido	**Número de Seguro Social del cónyuge**
Dirección de la casa (número y calle). Si tiene una dirección de Apartado Postal, consulte las instrucciones		No. de Apto.	**Campaña de Elecciones Presidenciales** Marque aquí si usted o su cónyuge, si presentan una declaración conjunta, desean destinar $3 a este fondo. Al marcar una casilla a continuación no cambiará su impuesto o reembolso. ☐ **Usted** ☐ **Cónyuge**
Ciudad, pueblo u oficina de correos. Si tiene una dirección en el extranjero, también complete los espacios a continuación.	Estado	Código postal	
Nombre del país extranjero	Provincia/estado/condado extranjero	Código postal extranjero	

Estado civil de declaración Marque solo una casilla.
☐ Soltero ☐ Cabeza de familia (HOH)
☐ Casado declarando conjuntamente
☐ Casado declarando por separado (MFS) ☐ Cónyuge superviviente calificado (QSS)
Si marcó la casilla MFS, anote el nombre de su cónyuge. Si marcó la casilla HOH o QSS, anote el nombre del hijo si la persona calificada es un hijo pero no su dependiente. ____________________

Recursos digitales En algún momento durante 2023, usted: (a) recibió (como recompensa, premio o pago por propiedad o servicios); o (b) vendió, Canjeó o dispuso de otro modo de un activo digital (o de un interés financiero en un activo digital)? (Consulte las instrucciones). ☐ **Sí** ☐ **No**

Deducción estándar **Alguien puede reclamar:** ☐ A usted como dependiente ☐ A su cónyuge como dependiente
☐ El cónyuge detalla en una declaración separada o usted era un extranjero con doble estatus

Edad / Ceguera **Usted:** ☐ Nació antes del 2 de enero de 1959 ☐ Es ciego
Conyugue: ☐ Nació antes del 2 de enero de 1959 ☐Es ciego

Dependientes (ver instrucciones):	(1) Nombre	Apellido	(2) Número de seguro social	(3) Parentesco con usted	(4) Marque si califica para (ver instrucciones): Crédito fiscal por hijos	Crédito para otros dependientes
Si hay más de cuatro dependientes, consulte las instrucciones y marque aquí ☐					☐	☐
					☐	☐
					☐	☐
					☐	☐

Parte del formulario 1040-SR

Interview Pointers

These questions determine if the taxpayer should use the standard or itemized deduction. For questions relating to home ownership deductions, be aware that a taxpayer may have owned their home prior to the beginning of the current tax year, and it could be paid off. The other option is that the taxpayer purchased the home during the current tax year. (Itemized deductions will be covered in detail in a later chapter.)

- Do you pay rent or own a home?
  - If the taxpayer owns a home:
    - Did you pay mortgage interest?
    - Did you pay real estate taxes (property taxes)?
  - If the taxpayer purchased a home during the current tax year:
    - Ask for the buyer's final closing statement.
- Did you have medical expenses?
- Do you have medical insurance? (Out-of-pocket payments made by the taxpayer may be deductible on Schedule A.)
- Did you have debt from a mortgage or credit card canceled or forgiven by a commercial lender?
- Did you live in an area that was affected by a presidentially-declared natural disaster?
  - If yes, where and when?
- Did you receive the First-Time Homebuyer Credit in 2008?
- Did you make any charitable contributions last year?
  - Were they cash or noncash?
  - Do you have receipts? Can you bring them, so I can have a copy with your tax papers?
- Did you receive Form 1095-A? (If so, the taxpayers' insurance premiums cannot be deducted on Schedule A.)
- Do you have an exemption granted by the Marketplace? (If so, you need that number to complete the tax return.)
- Did you take any higher education classes?
- Did you pay someone to care for your children? (Only ask this if there are dependents on the return).

Part 1 Review

To obtain the maximum benefit from each part go online now and watch the video.

Part 2 Schedule 1, 2, & 3

Form 1040, Schedule 1, Part I

Schedule 1 reports additional income and adjustments to income. Each schedule's form, if used, is attached to Form 1040; however, a taxpayer might not use every schedule. A change to Schedule 1 for 2023 is that other income now includes line 1 a - u.

SCHEDULE 1 (Form 1040) Department of the Treasury Internal Revenue Service	Additional Income and Adjustments to Income Attach to Form 1040, 1040-SR, or 1040-NR. Go to *www.irs.gov/Form1040* for instructions and the latest information.	OMB No. 1545-0074 2023 Attachment Sequence No. 01
Name(s) shown on Form 1040, 1040-SR, or 1040-NR		**Your social security number**
Part I Additional Income		

Portion of Schedule 1

Consejos de entrevista

Estas preguntas determinan si el contribuyente debe utilizar la deducción estándar o detallada. Para preguntas relacionadas con la propiedad de la vivienda, tenga en cuenta que un contribuyente puede ser propietario de su vivienda y podría ser pagado. La otra opción es que el contribuyente haya comprado la casa a finales de año. (Las deducciones detalladas se describirán a profundidad en un capítulo posterior.)

- ¿Paga alquiler o es dueño de una casa?
  - Si una vivienda es propia:
    - ¿Pagó intereses hipotecarios?
    - ¿Pagó impuestos inmobiliarios (impuestos a la propiedad)?
  - Si se compró una casa en el año fiscal en curso:
    - Debe ver la declaración de cierre final del comprador
- ¿Tuvo gastos médicos?
- ¿Tiene seguro médico? (Lo que el contribuyente paga de su bolsillo puede ser una deducción en el Anexo A).
- ¿Tuvo una deuda de una hipoteca o tarjeta de crédito cancelada o condonada por un prestamista comercial?
- ¿Vivió en un área afectada por un desastre natural declarado por el presidente?
  - En caso afirmativo, ¿dónde y cuándo?
- ¿Recibió el crédito para compradores de vivienda por primera vez en 2008?
- ¿Hizo alguna aportación caritativa el año pasado?
  - ¿Fue en efectivo o no monetario?
  - ¿Tiene ingresos recibos? ¿Puede traerlos para hacer una copia con sus documentos fiscales?
- ¿Recibió el Formulario 1095-A? (Si es así, las primas de seguro de los contribuyentes no pueden deducirse en el Anexo A).
- ¿Tiene una exención otorgada por el Mercado? (Si es así, necesita ese número para completar la declaración de impuestos).
- ¿Tomó alguna clase de educación superior?
- ¿Le pagó a alguien para cuidar a sus hijos? (Solamente pregunte si hay dependientes en la declaración).

Revisión de la Parte 1

Para obtener el máximo beneficio de cada parte ve ahora mismo en línea y mira el video.

Parte 2 Anexo 1, 2, y 3

Formulario 1040, Anexo 1, Parte I

El Anexo 1 informa ingresos adicionales y ajustes a los ingresos. El formulario de cada anexo, si se utiliza, se adjunta al formulario 1040; sin embargo, no se utilizan todos los anexos para cada contribuyente. Un cambio al Anexo 1 para 2023 es que otros ingresos ahora incluyen la línea 1 a-u.

ANEXO 1 **(Formulario 1040)** Departamento del Tesoro Servicio de Rentas Internas	**Ingresos adicionales y ajustes a los ingresos** **Adjunte al Formulario 1040, 1040-SR o 1040-NR.** Visite *www.irs.gov/Form1040* para obtener instrucciones y la información más reciente.	OMB No. 1545-0074 **2023** Secuencia del Adjunto No. **01**
Nombre(s) que se muestra en el Formulario 1040, 1040-SR, o 1040-NR.		**Su número de seguro social**
Parte I	**Ingresos Adicionales**	

Parte del Anexo 1

Additional income consists of the following items:

- Taxable refunds.
- Alimony received.
- Schedule C income or loss.
- Form 4797 other gains or losses.
- Schedule E income.
- Schedule F income or loss.
- Unemployment and paid family leave.
- Sale of stocks or assets (if the taxpayer had a loss and not a gain on the sale report on line 4).
- Other income such as:
  - Net Operating loss
  - Gambling winnings
  - Cancelation of debt
  - Alaska Permanent Fund dividends
  - Jury duty pay
  - Hobby income
  - Wages earned while incarcerated
  - Etc.

Total income is the combination of all lines from Form 1040, Schedule 1, Part I. Some income reported on Schedule 1, lines 3, 4, 5, and 6 could result in a negative number that is subtracted from the total income.

Form 1040, Schedule 1, Part II

Schedule 1 (Form 1040) 2023 Page **2**

Part II Adjustments to Income

Portion of Schedule 1

Adjustments to income are not the same as itemized deductions filed on Schedule A; adjustments lower the taxpayer's gross income so they pay the least amount of tax. Adjustments to income are:

- Educator expense, line 11.
- Deductible part of self-employment tax, line 15.
- Alimony paid (if the agreement was signed prior to December 31, 2018), line 19a.
- Contributing to an IRA, SEP, SIMPLE, and other qualified plans, line 20.
- Student loan interest deduction, line 21.

Interview Pointers

To determine a taxpayer's adjusted gross income (AGI) on line 26, the tax preparer must ask the following questions:

- Did you pay alimony or separate maintenance payments? (Only applicable if the agreement was signed prior to December 31, 2018).
- Were there any changes in your tax status from last year to this year?
- Do you have an IRA?

Los ingresos adicionales se componen de los siguientes conceptos:

- Reembolsos sujetos a impuestos.
- Pensión alimenticia recibida.
- Anexo C-Ingresos o pérdidas.
- Formulario 4797 - Otras ganancias o pérdidas.
- Anexo E - ingresos.
- Anexo F - de Ingresos o pérdidas.
- Desempleo y licencia familiar remunerada.
- Venta de acciones o activos (si el contribuyente tuvo una pérdida y no una ganancia en el informe de venta en la línea 4).
- Otros ingresos como:
  - Pérdida operativa neta
  - Ganancias de apuestas
  - Cancelación de deuda
  - Dividendos del Fondo Permanente de Alaska
  - Servicio de jurado
  - Ingreso por pasatiempo
  - Salarios percibidos durante la reclusión
  - Etc.

El ingreso total es la combinación de todas las líneas del Formulario 1040, Anexo 1, Parte I. Algunos ingresos declarados en el Anexo 1, líneas 3, 4, 5 y 6 pueden resultar en un numero negativo que se resta del ingreso total.

Formulario 1040, Anexo 1, Parte II

Anexo 1 (Formulario 1040) 2023 Página **2**

Parte II **Ajustes a los Ingresos**

Parte del Anexo 1

Ajustar los ingresos no es lo mismo que presentar el Anexo A para detallar las deducciones; es reducir los ingresos brutos del contribuyente para pagar la menor cantidad de impuestos, que consiste en lo siguiente:

- Gastos de educador, línea 11.
- Parte deducible del impuesto sobre el trabajo independiente, línea 15.
- Pensión alimenticia pagada (si el convenio se firmó antes del 31 de diciembre de 2018), línea 19a.
- Contribuir a una IRA, SEP, SIMPLE y otros planes calificados, línea 20.
- Deducciones por intereses de préstamos estudiantiles, línea 21.

Consejos de entrevista

Para determinar el Ingreso bruto ajustado (AGI) de un contribuyente en la línea 26, debe preguntar lo siguiente:

- ¿Pagó pensión alimenticia o manutención por separado? (Solo aplica si el acuerdo fue firmado antes del 31 de diciembre de 2018).
- ¿Hubo algún cambio en su estado fiscal del año pasado a este año?
- ¿Tiene una cuenta IRA?

- What life changes did you have this year?
- If the W-2 is from a school district: "I see that you have a W-2 from a school district. What is your job title?"
  - The answer will determine if the taxpayer(s) qualify for the educator expense.
- If the individual has more than one W-2: "I see that you have two different W-2s. Did you change jobs this year? If so, did you move? If so, how far is it from your old workplace to your new workplace?" (Due to the Tax Cuts and Jobs Act, adjustments on this line are limited to certain taxpayers until 2026. This topic will be covered in more detail later). Not all states conform to this rule. You need to know if your state conforms or not.
- If the W-2 is from the armed forces: "I see that you have a W-2 from the armed forces. Are you full-time or in the reserves? Were you in a combat zone?"

Adjustments and Deductions

Adjustments and deductions are often confused as they appear to function very similarly. The differences between the two will be explained in full throughout the course; but for now, it's important to understand that adjustments are used to lower one's AGI *before* credit deductions are considered. This is important because credit deduction amounts will be calculated based on the taxpayer's AGI.

The taxpayer can choose to itemize deductions or use standard deductions to reduce their taxable income. Standard deductions are annually preset amounts based on the taxpayer's filing status. Itemized deductions are generally used when the taxpayer's deduction exceeds their standard deduction. Itemized deductions are reported on Schedule A, which will be covered in a later chapter. Taxpayers are typically free to either itemize their deductions or take the standard deduction amounts, and they are encouraged to calculate both and then choose which option is better for their situation. Subtracting applicable deductions from the taxpayer's total income becomes the taxpayer's adjusted gross income.

The government allows deductions for certain costs of everyday life when they determine how much tax the taxpayer owes. Instead of taxing all the money the taxpayer earned, they consider money spent on things like health care, education, and saving for retirement. This helps make sure taxes are based on what the taxpayer actually got to keep after covering living expenses, rather than the total amount they were paid.

Schedule 2 Additional Taxes

SCHEDULE 2 (Form 1040) Department of the Treasury Internal Revenue Service	**Additional Taxes** **Attach to Form 1040, 1040-SR, or 1040-NR.** **Go to *www.irs.gov/Form1040* for instructions and the latest information.**	OMB No. 1545-0074 **2023** Attachment Sequence No. **02**
Name(s) shown on Form 1040, 1040-SR, or 1040-NR		**Your social security number**

Part I	**Tax**		
1	Alternative minimum tax. Attach Form 6251	**1**	
2	Excess advance premium tax credit repayment. Attach Form 8962	**2**	
3	Add lines 1 and 2. Enter here and on Form 1040, 1040-SR, or 1040-NR, line 17 . .	**3**	

Portion of Schedule 2

- ¿Qué cambios de vida tuvo este año?
- Si el W-2 es de un distrito escolar: "Veo que tiene un W-2 de un distrito escolar. ¿Cuáles su profesión?"
    - La respuesta determinará si los contribuyentes califican para el gasto del educador.
- Si la persona tiene más de un W-2: "Veo que tiene dos formularios W-2 diferentes. ¿Cambió de trabajo este año? Si es así, ¿se mudó? Si es así, ¿a qué distancia está su antiguo lugar de trabajo de su nuevo lugar de trabajo?". (Debido a la TCJA esta línea está limitada a determinados contribuyentes hasta 2026, puede obtener información detallada más adelante). No todos los estados se ajustaron a esta norma. Necesita saber si su estado se ajustó a la ley o no.
- Si el W-2 es de las Fuerzas Armadas: "Veo que tiene un W-2 de las Fuerzas Armadas. ¿Está a tiempo completo o en las reservas? ¿Estaba en una zona de combate?

Ajustes y Deducciones

Los ajustes y las deducciones se confunden a menudo, ya que parecen funcionar de manera muy similar. Las diferencias entre las dos se explicarán en su totalidad a lo largo del curso; pero por ahora, la principal diferencia que debe saber es que los Ajustes se utilizan para reducir el AGI antes de considerar las deducciones de crédito. Esto es importante porque los montos de deducción de crédito se calcularán en función del AGI del contribuyente.

Hay dos formas de calcular las deducciones: "estándar" y "detallada". Las "deducciones estándar" son montos preestablecidos anualmente que el contribuyente usará para deducir de su base imponible según el estado civil de declaración. Sin embargo, el contribuyente también puede "detallar" sus deducciones usando el Anexo A, que se tratarán en un capítulo posterior. Los contribuyentes suelen tener libertad para detallar sus deducciones o acogerse a las cantidades de la deducción estándar, y se les anima a que calculen ambas y luego elijan qué opción se ajusta mejor a su situación.

El gobierno permite deducciones, por diversos tipos de gastos, para ayudar a tener en cuenta el costo de mantener su vida al determinar la cantidad de impuestos que adeuda. En otras palabras, las deducciones existen para asegurarse de que se le cobran impuestos sobre la cantidad de dinero que realmente lleva a casa y conserva después de pagar todos los gastos de vida, en lugar de la cantidad total que se le pagó.

Anexo 2 – Impuestos adicionales

ANEXO 2 (Formulario 1040) Departamento del Tesoro Servicio de Rentas Internas	**Impuestos adicionales** **Adjunte al Formulario 1040, 1040-SR o 1040-NR.** **Visite *www.irs.gov/Form1040* para obtener instrucciones y la información más reciente.**	OMB No. 1545-0074 **2023** Secuencia del Adjunto No. **02**
Nombre que se muestra en el Formulario 1040, 1040-SR, o 1040-NR.		**Su número de seguro social**

PARTE I	**Impuesto**		
1	Impuesto mínimo alternativo. Adjunte el formulario 6251	1	
2	Reembolso del exceso de pago del crédito tributario de prima anticipado Adjunte el Formulario 8962	2	
3	Sume las líneas 1 y 2. Anote aquí y en el Formulario 1040, 1040-SR o 1040-NR, línea 17	3	

Parte del Anexo 2

Schedule 2, Part 1 – Tax

The tax to be paid is determined by the taxpayer's taxable income. Tax tables are also based on taxable income. The current year's tax tables can be found in the Form 1040 Instruction on the IRS website. Schedule 2, page 1 is used to report any additional tax that must be declared. Other taxes are covered in detail in a later chapter. Additional taxes are reported as follows:

Line 1: Alternative minimum tax (AMT). Attach Form 6251.

Line 2: Excess advanced premium tax credit repayment. Attach Form 8962.

Line 3: Add lines 1 and 2.

Schedule 2 Part II – Other Taxes

Line 4: Self-employment tax. Schedule SE should be attached.

Line 5: Unreported tip income, attach Form 4137.

Line 6: Uncollected Social Security and Medicare tax on wages, attach Form 8919.

Line 7: Total additional Social Security and Medicare tax from lines 5 and 6.

Line 8: Additional tax on IRAs and other qualified retirement plans are reported attach Form 5329.

Line 9: Household employment tax is reported, attach Schedule H.

Part II Other Taxes

4	Self-employment tax. Attach Schedule SE			4	
5	Social security and Medicare tax on unreported tip income. Attach Form 4137	5			
6	Uncollected social security and Medicare tax on wages. Attach Form 8919	6			
7	Total additional social security and Medicare tax. Add lines 5 and 6			7	
8	Additional tax on IRAs or other tax-favored accounts. Attach Form 5329 if required. If not required, check here . . . . ☐			8	
9	Household employment taxes. Attach Schedule H			9	
10	Repayment of first-time homebuyer credit. Attach Form 5405 if required			10	
11	Additional Medicare Tax. Attach Form 8959			11	
12	Net investment income tax. Attach Form 8960			12	
13	Uncollected social security and Medicare or RRTA tax on tips or group-term life insurance from Form W-2, box 12			13	
14	Interest on tax due on installment income from the sale of certain residential lots and timeshares			14	
15	Interest on the deferred tax on gain from certain installment sales with a sales price over $150,000			15	
16	Recapture of low-income housing credit. Attach Form 8611			16	

(continued on page 2)

For Paperwork Reduction Act Notice, see your tax return instructions. Cat. No. 71478U **Schedule 2 (Form 1040) 2023**

Portion of Schedule 2

Anexo 2, Parte 1 – Impuestos

El impuesto a pagar está determinado por la base imponible del contribuyente. Las tablas de impuestos también se basan en la base imponible. Las tablas de impuestos del año actual se pueden encontrar en las Instrucciones del Formulario 1040 en el sitio web del IRS. El Anexo 2, página 1 se utiliza para informar cualquier impuesto adicional que deba declararse. Otros impuestos se tratan en detalle en un capítulo posterior. El tipo de impuesto adicional es:

Línea 1: Impuesto mínimo alternativo (AMT). Adjunte el Formulario 6251.

Línea 2: Reembolso del Exceso de crédito fiscal de prima avanzado Adjunte el formulario 8962.

Línea 3: Sume las líneas 1 y 2.

Anexo 2 Parte II-Otros Impuestos

Línea 4: Impuesto sobre el trabajo independiente De debe adjuntar el anexo SE.

Línea 5: Ingresos de propinas no declaradas, adjunte el Formulario4137.

Línea 6: Impuestos del Seguro social y Medicare sobre salarios no recaudados, adjunte el Formulario 8919.

Línea 7: Total de Impuestos adicionales de Seguro social y Medicare de las líneas 5 y 6.

Línea 8: Se declaran impuestos adicionales sobre las cuentas IRA y otros planes de jubilación calificados, adjunte el Formulario 5329.

Línea 9: Se declara el impuesto sobre el trabajo doméstico, adjunte el Anexo H

Parte II	**Otros impuestos**				
4	Impuesto sobre el trabajo independiente. Adjunte el anexo SE			4	
5	Impuesto al Seguro Social y Medicare sobre Ingresos de propinas no declaradas, adjunte el Formulario 4137.	5			
6	Impuestos al Seguro social y Medicare sobre salarios no recaudados, adjunte el Formulario 8919.	6			
7	Total de Impuestos adicionales sobre el Seguro social y Medicare de las líneas 5 y 6.			7	
8	Impuestos adicionales sobre las cuentas IRA u otras cuentas con ventajas fiscales. Adjunte el Formulario 5329 si se requiere. Si no se requiere, marque esta casilla ☐			8	
9	Impuesto sobre el trabajo doméstico. Adjunte el Anexo H.			9	
10	Reembolso del crédito para compradores de vivienda por primera vez. Adjunte el formulario 5405 si se requiere.			10	
11	Impuesto adicional de Medicare. Adjunte el Formulario 8959.			11	
12	Impuesto sobre la renta neta de inversiones. Adjunte el Formulario 8960.			12	
13	Impuestos al Seguro Social y Medicare o RRTA no recaudados sobre propinas o seguro de vida colectivo a término de la casilla 12, Formulario W-2.			13	
14	Intereses sobre el impuesto adeudado sobre los ingresos a plazos de la venta de ciertos lotes residenciales y multipropiedad.			14	
15	Intereses sobre el impuesto diferido a las ganancias de ciertas ventas a plazos con un precio de venta superior a $150,000.			15	
16	Recuperación del crédito para viviendas de bajos ingresos. Adjunte el Formulario 8611.			16	

(continúa en la página 2)

Para el Aviso de la Ley de Reducción de Trámites, consulte las instrucciones de su declaración de impuestos. Cat. No. 71478U Anexo 2 (Formulario 1040)

Parte del Anexo 2

Line 10: First-time homebuyer credit repayment; Form 5405 is used to report this and should be attached.

Line 11: Additional Medicare Tax, attach Form 8959.

Line 12: Net investment income tax (NIIT), attach Form 8960.

Line 13: Uncollected social security and Medicare or RRTA tax on tips or group-term life insurance from box 12, Form W-2.

Line 14: Interest on tax due on installment income from the sale of certain residential lots and timeshares.

Line 15: Interest on the deferred tax on gain from certain installment sales with a sales price over $150,000.

Line 16: Recapture of low-income housing credit, attach Form 8611.

Interview Pointers

Ask these questions to determine if the taxpayer will be paying other taxes:

- Did you have a childcare provider come to your home or did you go to their home? (If the provider came to the taxpayer's home, the taxpayer may need to file Schedule H.)
- Did you withdraw money from your IRA or 401(k)? (Depending upon the taxpayer's age and what the money was used for, it could result in an additional tax.)
  - How much did you withdraw?
  - What did you use it for?
- Did you have healthcare coverage for the entire year?
- Did you or your spouse receive Form 1095-A? (Did you purchase health insurance through an exchange?)
- Are you self-employed? (Ask this question if the taxpayer is filing a Schedule C.)
  - Did you receive Form 1099-MISC or NEC?
  - Did you receive Form 1099-K?
- Did you or your spouse receive a first-time home buyer loan and are paying it back?
- Did you report all your tips (direct and indirect) to your employer? (Ask this question if the taxpayer has income in box 7 of the W-2.)
- Do you have other additional taxes?
  - Tax on a Health Savings Account (HSA)?
  - Additional tax on HSA distributions?
  - Recapture of a charitable contribution?

Schedule 3 Additional Credits and Payments

Schedule 3 is used to report nonrefundable credits, other payments, and refundable credits. Refundable credits are payments toward the taxpayer's tax liability; if the result is more than the tax, the excess is a refund to the taxpayer.

Form 1040, line 25 reports the amount of federal withholding from all income sources, such as W-2, Form 1099-R, unemployment compensation, etc. Earned income tax credit (EITC), the additional child tax credit, and the refundable portion of the American opportunity credit are reported on Form 1040, lines 27-29.

Línea 10: Reembolso del crédito para compradores de vivienda por primera vez; El formulario5405 se utiliza para declarar esto y debe adjuntarse.

Línea 11: Impuesto adicional de Medicare, adjunte el Formulario 8959.

Línea 12: Impuesto sobre la renta neta de inversiones (NIIT), adjunte el Formulario 8960.

Línea 13: Impuestos del Seguro Social y Medicare o RRTA no recaudados sobre propinas o seguro de vida colectivo a término de la casilla 12, Formulario W-2.

Línea 14: Intereses sobre el impuesto adeudado sobre los ingresos a plazos de la venta de ciertos lotes residenciales y multipropiedad.

Línea 15: Intereses sobre el impuesto diferido a las ganancias de ciertas ventas a plazos con un precio de venta superior a $150,000.

Línea 16: Recuperación del crédito para viviendas de bajos ingresos, adjuntar el Formulario8611.

Consejos de entrevista

Estas preguntas determinan si el contribuyente pagará otros impuestos:

- ¿Vino a su casa un cuidador de niños o fue usted a su casa? (Si llegó al domicilio del contribuyente puede que tenga que presentar el Anexo H.)
- ¿Retiró dinero de su IRA o 401(k)? (Dependiendo de la edad y para qué se utilizó el dinero, podría resultar en un impuesto adicional).
  - ¿Cuánto retiró?
  - ¿Para qué lo usó?
- ¿Tuvo cobertura médica durante todo el año?
- ¿Recibieron usted o su cónyuge el Formulario 1095-A? (¿Compró un seguro de salud a través de un intercambio?)
- ¿Es trabajador independiente? (Haga esta pregunta si está presentando un Anexo C)
  - ¿Recibió el formulario 1099-MISC o NEC?
  - ¿Recibió el Formulario 1099-K?
- ¿Recibieron usted o su cónyuge un préstamo para compradores de vivienda por primera vez y lo están pagando?
- ¿Informó todas sus propinas a su empleador? (Haga esta pregunta si sabe que el contribuyente es un camarero y hay una cantidad en la casilla 7 del W-2).
- ¿Tiene otros impuestos adicionales?
  - ¿Impuesto sobre una cuenta de ahorros para la salud (HSA)?
  - ¿Impuesto adicional sobre las distribuciones de la HSA?
  - ¿Recuperación de una aportación caritativa?

Anexo 3 - Créditos y pagos adicionales

El Anexo 3 se utiliza para declarar los créditos no reembolsables, otros pagos y créditos reembolsables. Los créditos reembolsables son pagos para la obligación tributaria del contribuyente; si el resultado es mayor que el impuesto, el exceso es un reembolso al contribuyente.

El formulario 1040, línea 25, informa el monto de la retención federal de todas las fuentes de ingresos, como W-2, formulario 1099-R, indemnización por desempleo, etc. El crédito por ingresos del trabajo (EIC), el crédito fiscal adicional por hijos y una parte rembolsable del crédito de oportunidad estadounidense se informan en el Formulario 1040, líneas 27-29.

Schedule 3 Part I: Nonrefundable Credits

A nonrefundable credit is used to reduce the taxpayer's tax liability to zero. If the individual has more credits, they are not able to use them to lower the tax liability. The taxpayer forfeits the remaining credit. A nonrefundable credit can reduce the taxable income dollar for dollar. Nonrefundable credits will be covered in a later chapter. Some common nonrefundable credits are:

- Education credits.
- Foreign tax credit.
- Credit for child and dependent care expenses.
- Certain residential energy credits.
- Retirement savings contributions credit.

SCHEDULE 3 (Form 1040) Department of the Treasury Internal Revenue Service	Additional Credits and Payments Attach to Form 1040, 1040-SR, or 1040-NR. Go to *www.irs.gov/Form1040* for instructions and the latest information.	OMB No. 1545-0074 2023 Attachment Sequence No. 03
Name(s) shown on Form 1040, 1040-SR, or 1040-NR		Your social security number

Part I Nonrefundable Credits

Portion of Schedule 3

Schedule 3 Part II: Other Payments and Refundable Credits

A refundable credit can generate a larger refund than the amount of tax paid through withholdings or estimated tax payments throughout the year. This means the taxpayer could get a refund from refundable credits that he or she qualifies for. Refundable credits will be covered in a later chapter.

Schedule 3 (Form 1040) 2023 Page 2

Part II Other Payments and Refundable Credits

Portion of Schedule 3

Line 9: Net premium tax credit, attach Form 8962. The premium tax credit (PTC) is a tax credit for certain taxpayers who enroll in a qualified health plan. A qualified health plan is a health insurance plan or policy that is purchased through the Marketplace or a state program.

Line 10: Amount paid with extension request.

Line 11: Report excess social security and tier I railroad retirement benefits (SSA-1099).

Line 12: Used to report credit for federal tax on fuels used for a nontaxable purpose (for example, off-highway business use). Form 4136 is used to report nontaxable federal tax on fuels. The form must be attached to the tax return.

Line 14: Add lines 13a - z. Total amount of payments or refundable credits.

Line 15: Add lines 9 - 12 and 14.

Anexo 3 Parte I: Créditos no reembolsables

Un crédito no reembolsable se utiliza para reducir a cero la obligación tributaria del contribuyente. Si la persona tiene más créditos, no puede usarlos para reducir la obligación tributaria. El contribuyente pierde el crédito restante. Un crédito no reembolsable puede reducir el ingreso gravable dólar por dólar. Los créditos no reembolsables se tratarán en un capítulo posterior. Algunos créditos comunes no reembolsables son:

- Créditos educativos
- Crédito fiscal extranjero
- Crédito por gastos del cuidado de menores y dependientes.
- Créditos de determinada energía residencial
- Crédito por aportaciones al ahorro para la jubilación.

ANEXO 3 (Formulario 1040) Departamento del Tesoro Servicio de Rentas Internas	**Créditos y Pagos Adicionales** Adjunte al Formulario 1040, 1040-SR o 1040-NR. Visite *www.irs.gov/Form1040* por instrucciones y el más reciente información.	OMB No. 1545-0074 **2023** Secuencia del Adjunto No. **03**
Nombre que se muestra en el Formulario 1040, 1040-SR, o 1040-NR.		**Su número de seguro social**
Parte I	Créditos no reembolsables	

Parte del Anexo 3

Anexo 3 Parte II: Otros Pagos y Créditos Reembolsables

Un crédito reembolsable puede generar un reembolso mayor que el monto del impuesto pagado a través de retenciones o pagos de impuestos estimados durante todo el año. Lo que significa que el contribuyente podría obtener un reembolso de los créditos reembolsables para los que califica. Los créditos reembolsables se tratarán en un capítulo posterior.

Anexo 3 (Formulario 1040) 2023	Página **2**
Parte II Otros pagos y créditos reembolsables	

Parte del Anexo 3

Línea 9: Crédito fiscal de prima neta, adjunte el Formulario 8962. El crédito fiscal de prima neta (PTC) es un crédito para ciertos contribuyentes que tienen un seguro médico. Un seguro médico es una póliza o una aseguranza medica comprada o un programa estatal.

Línea 10: Monto pagado con la solicitud de prórroga.

Línea 11: Informe el exceso de beneficios de jubilación del seguro social y del ferrocarril de nivel I (SSA-1099).

Línea 12: Se utiliza para declarar crédito por impuestos federales sobre combustibles utilizados para fines no imponibles (por ejemplo, uso comercial fuera de carretera). El formulario 4136 se usa para informar esto y debe adjuntarse.

Línea 14: Sume las líneas 13a-z. Monto total de los pagos o créditos reembolsables.

Línea 15: Sume las líneas 9-12 y 14.

Other payments and refundable credits will be reviewed in a later chapter.

Interview Pointers

These questions will determine the taxpayer's total tax payments:

- Did you make estimated payments during the tax year?
- Did you have last year's refund applied to the current tax year estimated payments?
- Did you take any higher education classes?
- Did you pay any money along with the request to file an extension? (Only ask if the taxpayer filed an extension.)

Señor 1040 Says: Make sure to do your due diligence for **all** tax returns with refundable credits.

Part 2 Review

To obtain the maximum benefit from each part go online now and watch the video.

Part 3 Filing the Federal Tax Return

Once the tax professional has gathered the required information and ensured its accuracy, it is time to file the return.

If a United States taxpayer has worldwide income (income earned anywhere in the world), they need to file a tax return. Immigrants who are unauthorized to be or work in the United States need to file their taxes; the IRS makes it very clear that the information provided for returns and filing are used for tax purposes only. The IRS does not share taxpayer information with any government immigration agency.

The Filing Process

To begin, gather information and materials from the taxpayer to complete an accurate return. The tax professional will need the following:

- Income reported on forms such as Form W-2 or 1099 Series.
- Receipts, checks, or invoices for payments and expenses.
- Other statements that show other income received by the taxpayer (such as a statement reporting gambling winnings from a casino or interest from a bank).
- Current driver's license or other form of government-issued picture identification.
- Social Security card with SSN number or some other form of taxpayer ID.
- Full name, date of birth, and SSN or other equivalent, for spouse and any dependent(s.)

This is the bare minimum needed to begin the tax preparation process. There will most likely be additional documents and information needed to complete the return depending on the taxpayer's specific situation. Some of the concepts behind this have already been discussed, and others will be introduced throughout this course as you learn more about tax preparation and tax law.

Otros pagos y créditos reembolsables serán revisados en un capítulo posterior.

Consejos de Entrevista

These questions will determine the taxpayer's total tax payments:

- ¿Hizo algún pago estimado durante el año fiscal?
- ¿Se aplicó el reembolso del año pasado a los pagos estimados del año fiscal en curso?
- ¿Tomó alguna clase de educación superior?
- ¿Hizo algún pago junto con la solicitud para presentar una prórroga? (Solo pregunte si el contribuyente presentó una prórroga).

El señor 1040 *dice*: Asegúrese de hacer su debida diligencia para todas las declaraciones de impuestos con créditos reembolsables.

Revisión de la Parte 2

Para Obtener el máximo beneficio de cada capítulo ve en línea y mira el video.

Parte 3 Presentación de la declaración de impuestos federales

Una vez que el profesional de impuestos haya recopilado la información requerida y se haya asegurado de su fiabilidad, es el momento de presentar la declaración.

Si un contribuyente de los Estados Unidos tiene ingresos en todo el mundo, debe presentar una declaración de impuestos. Los inmigrantes que no están autorizados para trabajar en los Estados Unidos deben declarar sus impuestos; el IRS deja muy claro que la información proporcionada para las declaraciones y la presentación se utilizan solo para fines fiscales. El IRS no comparte la información de los contribuyentes con ninguna agencia gubernamental de inmigración.

Proceso de declaración

Para comenzar, reúna información y materiales del contribuyente para completar una declaración precisa. El profesional de impuestos necesitará lo siguiente:

- Fuentes de ingresos como el Formulario W-2 o la Serie 1099.
- Recibos, cheques o facturas de pagos y gastos.
- Otras declaraciones que muestren otros ingresos recibidos por el contribuyente (como una declaración que indique ganancias de apuestas de un casino o intereses de un banco).
- Una licencia de conducir vigente u otra forma de identificación con foto emitida por el gobierno.
- Tarjeta del Seguro Social con número de Seguro social o alguna otra forma de identificación de contribuyente.
- Nombre completo, SSN, fecha de nacimiento u otro equivalente de cualquier dependiente o cónyuge.

Este es el mínimo necesario para comenzar el proceso de preparación de impuestos. Hay muchos otros componentes necesarios para completar la declaración. Algunos conceptos ya han sido discutidos. A lo largo del curso se impartirán otros a medida que se vayan aprendiendo conceptos más profundos de la ley tributaria.

How to Assemble a Federal Tax Return

When assembling the return to be mailed to the IRS, make sure the attachment sequence order shown in the upper right-hand corner is in numerical order starting with Form 1040. If the taxpayer must attach supporting statements, the preparer must arrange them in the same order as the schedules and attach them at the end of the return. When mailing the return, attach a copy of all income forms such as Form(s) W-2, W-2G, and/or 1099-R to page 1 of Form 1040.

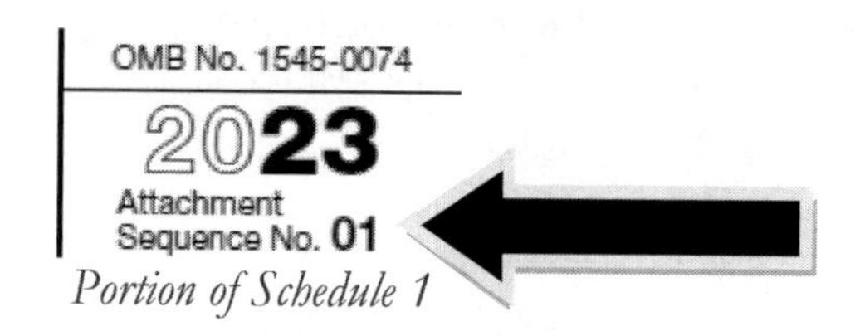

Portion of Schedule 1

Where to File a Paper Return

Based on where the taxpayer lives, the type of tax return and whether there is a refund or balance due determines where the taxpayer would send a paper return. Electronic filing has several advantages over filing a paper return. There are often separate mailing addresses for returns with enclosed payments and for returns without. Electronic filing eliminates the need to mail in a physical paper return. This option is discussed further in the e-filing chapter. Filing electronically is quicker and more secure than snail mail.

When to File a Return

The IRS states that, for tax returns and payments, the tax return must meet the "timely mailing/timely paying" rule. If the taxpayer owes taxes, they must be paid by April 15 or the next business day if April 15 falls on a weekend or legal holiday, even if the taxpayer has successfully filed for an extension of time.

How to File a Return

The following methods can be used to file a tax return:

- Electronic filing (e-file).
- Private delivery service: FedEx, UPS, etc.
- United States Postal Service.

If a tax professional prepares 11 or more returns, they must e-file all returns. Electronically filed returns are postmarked with the date and time of the return's electronic transmission.

Filing Deadlines

Individual Tax Returns: Forms 1040 and 1040NR (Non-Resident)

- The first deadline was April 15, 2024.
- The extended deadline is October 15, 2024.

Partnership Returns: Form 1065

- The first deadline was March 15, 2024.
- The extended deadline is September 16, 2024.

¿Cómo preparar una declaración de impuestos federales?

Cuando prepare la declaración para enviarla por correo al IRS, asegúrese de que el orden de la secuencia del adjunto que se muestra en la esquina superior derecha esté en orden numérico comenzando con el Formulario 1040. Si el contribuyente debe adjuntar declaraciones de respaldo, el preparador debe organizarlas en el mismo orden que los anexos y adjuntarlas al final de la declaración. Cuando envíe la declaración por correo, adjunte una copia de los ingresos, como los formularios W-2, W-2G y/o 1099-R, a la página 1 del formulario 1040.

Parte del Anexo 1

¿Dónde presentar una declaración impresa?

Según el lugar donde vive el contribuyente, el tipo de declaración de impuestos y si hay un reembolso o un saldo adeudado determina a dónde enviaría el contribuyente una declaración impresa. Es más ventajoso declarar electrónicamente. A menudo hay direcciones postales separadas para declaraciones con pagos adjuntos y para declaraciones sin pago. La presentación electrónica elimina la necesidad de enviar una declaración física impresa por correo postal. Esta opción se analiza con más detalle en el capítulo de declaración electrónica.

¿Cuándo presentar una declaración?

El IRS establece que la declaración de impuestos debe cumplir con la regla de "envío oportuno por correo/pago oportuno" para declaraciones y pagos de impuestos. Si el contribuyente adeuda impuestos y deben ser pagados antes del 15 de abril o el siguiente día hábil si el 15 cae un fin de semana o día festivo legal, incluso si el contribuyente ha presentado exitosamente una prórroga.

¿Cómo presentar una declaración?

Se pueden utilizar los siguientes métodos para presentar una declaración de impuestos:

- Presentación electrónica (declaración electrónica).
- Servicio de entrega privado: FedEx, UPS, etc.
- Servicio Postal de los Estados Unidos.

Si un profesional de impuestos prepara 11 o más declaraciones, debe presentar todas las declaraciones electrónicamente. Las declaraciones presentadas electrónicamente llevan un matasellos que incluye la fecha y hora de la transmisión electrónica de la declaración.

Plazos de declaración

Declaraciones de impuestos de personas naturales: Formularios 1040 y1040NR (no residente)

- El primer plazo era hasta el 15 de abril de 2024.
- El plazo extendido es hasta el 15 de octubre de 2024.

Declaraciones de sociedades: Formulario 1065

- El primer plazo era hasta el 15 de marzo de 2024.
- El plazo extendido es hasta el16 de septiembre de 2024

Trust and Estate Income Tax Returns: Form 1041

- The first deadline was April 15, 2024.
- The extended deadline is October 2, 2024.

Note the change: extensions for fiduciary returns now last five-and-a-half months instead of only five months.

C-corporation Returns: Form 1120

- The first deadline for corporations is the 15th day of the 4th month after the close of their tax year, and the extended deadline is 10th month after the close of the tax year.

EXCEPTION: for corporations with a fiscal year from July 1 to June 30, the first deadline will remain September 15 (which is the fifteenth day of the third month following the end of the fiscal year) and the extended deadline will remain February 15 (five months after the first deadline) through the fiscal year ending on June 30, 2026.

S-corporation Returns: Form 1120-S

- The first deadline is March 15, 2024, for corporations.
- The extended deadline is September 16, 2024.

Foreign Bank Account Reports: FinCEN Form 114

- The first deadline is April 15, 2024; note the change of deadline.
- The extended deadline is October 15, 2024.

See IRS section 6072.

Part 3 Review

To obtain the maximum benefit from each part go online now and watch the video.

Part 4 What is an ITIN (Individual Tax Identification Number)?

An ITIN is a tax processing number, issued by the IRS, for certain resident and nonresident aliens, their spouses, and their dependents. It is a nine-digit number beginning with the number 9. The IRS started issuing ITINs in 1996 and requires foreign individuals to use an ITIN as their unique identification number on federal tax returns. With ITINs, taxpayers can be effectively identified, and their tax returns processed efficiently.

Only individuals who have a valid filing requirement, a withholding requirement, or are filing a U.S. federal income tax return to claim a refund of over-withheld tax are eligible to receive an ITIN. The ITIN does not provide Social Security benefits, is not valid for identification outside of the tax system, and does not change immigration status. The ITIN holder enters their ITIN in the space provided for the SSN when completing and filing their federal income tax return.

Who needs an ITIN?

All tax returns (Form 1040), statements, and other related tax documents used to file a tax report require a taxpayer identification number (TIN). If an individual does not qualify for a Social Security number, then the individual must apply for an ITIN.

Declaraciones de impuestos sobre la renta de fideicomisos y patrimonios: Formulario 1041

- El primer plazo era hasta el 15 de abril de 2024.
- El plazo extendido es hasta el 2 de octubre de 2024.

Tenga en cuenta el cambio: las prórrogas para las declaraciones fiduciarias ahora duran cinco meses y medio en lugar de solo cinco meses.

Declaraciones de Sociedad anónima C: Formulario 1120

- El primer plazo es hasta el 15 de abril de 2024, para sociedades anónimas; tenga en cuenta el cambio de plazo.

EXCEPCIÓN: para las sociedades anónimas con un año tributario del 1 de julio al 30 de junio, el primer plazo seguirá siendo el 15 de septiembre (que es el día 15 del tercer mes siguiente al final del año fiscal) y el plazo ampliado seguirá siendo el 15 de febrero (cinco meses después del primer plazo) hasta el año fiscal que finaliza el 30 de junio de 2026.

Declaraciones de sociedad anónima S: Formulario 1120-S

- El primer plazo es hasta el 15 de marzo de 2024 para las sociedades anónimas.
- El plazo extendido es hasta el 16 de septiembre de 2024.

Informes de cuentas bancarias extranjeras: Formulario 114 de FinCEN

- El primer plazo es hasta el 15 de abril de 2024; tenga en cuenta el cambio de plazo.
- El plazo extendido es hasta el 15 de octubre de 2024.

Consulte la sección 6072 del IRS.

Revision de la Parte 3

Para obtener el máximo beneficio de cada parte, ve ahora mismo en línea y mira el video.

Parte 4 ¿Qué es un ITIN (Número de identificación fiscal individual)

Un ITIN es un número de procesamiento de impuestos, emitido por el IRS, para ciertos extranjeros residentes y no residentes, sus cónyuges y sus dependientes. Es un número de nueve dígitos que comienza con el número 9. El IRS comenzó a emitir los ITIN en 1996 y requirió que los extranjeros usen un ITIN como su número de identificación único en las declaraciones de impuestos federales. Con los ITIN, los contribuyentes pueden ser identificados efectivamente y sus declaraciones de impuestos procesadas de manera eficiente.

Solo las personas que tienen un requisito de presentación válido, un requisito de retención o que presentan una declaración de impuestos federal sobre los ingresos de los Estados Unidos para reclamar un reembolso de impuestos retenidos son elegibles para recibir un ITIN. El ITIN no proporciona prestaciones del Seguro Social, no es válido para la identificación fuera del sistema tributario y no cambia el estado de inmigración. El titular de ITIN ingresa su ITIN en el espacio provisto para el SSN al completar y presentar su declaración de impuestos federales.

¿Quién necesita un ITIN?

Todas las declaraciones de impuestos (Formulario 1040), declaraciones y otros documentos fiscales relacionados que se utilizan para presentar un informe fiscal requieren un número de identificación de contribuyente (TIN). Si una persona no califica para un número de Seguro Social, entonces la persona debe solicitar un ITIN.

Individuals who may need an ITIN include:

- A nonresident alien eligible to obtain the benefits of a reduced rate of withholding under an income tax treaty.
- A nonresident alien not eligible for an SSN required to file a U.S. tax return or filing a U.S. tax return only to claim a refund.
- A nonresident alien not eligible for an SSN electing to file a joint tax return with a spouse who is a U.S. citizen or resident alien.
- A U.S. resident alien who files a U.S. tax return but is not eligible for an SSN.
- An alien individual, claimed as a spouse for an exemption on a U.S. tax return, who is not eligible for an SSN.
- An alien individual, who is not eligible for an SSN, claimed as a dependent on another person's U.S. tax return.
- A nonresident alien student, professor, or researcher who is not eligible for an SSN and is filing a U.S. tax return or claiming an exception to the tax return filing requirement.

Reason to Apply for an ITIN

Form **W-7** (Rev. August 2019) Department of the Treasury Internal Revenue Service

Application for IRS Individual Taxpayer Identification Number

▶ For use by individuals who are not U.S. citizens or permanent residents.
▶ See separate instructions.

OMB No. 1545-0074

An IRS individual taxpayer identification number (ITIN) is for U.S. federal tax purposes only.
Before you begin:
• ***Don't submit*** *this form if you have, or are eligible to get, a U.S. social security number (SSN).*

Application type (check one box):
☐ Apply for a new ITIN
☐ Renew an existing ITIN

Reason you're submitting Form W-7. Read the instructions for the box you check. **Caution:** If you check box **b, c, d, e, f,** or **g, you must file a U.S. federal tax return with Form W-7 unless you meet one of the exceptions** (see instructions).

a ☐ Nonresident alien required to get an ITIN to claim tax treaty benefit
b ☐ Nonresident alien filing a U.S. federal tax return
c ☐ U.S. resident alien **(based on days present in the United States)** filing a U.S. federal tax return
d ☐ Dependent of U.S. citizen/resident alien — If **d**, enter relationship to U.S. citizen/resident alien (see instructions) ▶
e ☐ Spouse of U.S. citizen/resident alien — If **d** or **e**, enter name and SSN/ITIN of U.S. citizen/resident alien (see instructions) ▶
f ☐ Nonresident alien student, professor, or researcher filing a U.S. federal tax return or claiming an exception
g ☐ Dependent/spouse of a nonresident alien holding a U.S. visa
h ☐ Other (see instructions) ▶

Additional information for **a** and **f**: Enter treaty country ▶ and treaty article number ▶

Portion of W-7

A nonresident alien must apply for an ITIN to report earned income and claim the tax treaty benefits they qualify for:

Box a. Check this box for certain nonresident aliens who must get an ITIN to claim certain tax treaty benefits whether they file a tax return or not. If box a is checked, then check box h as well. Enter on the dotted line next to box h the exceptions that relate to the taxpayer's situation. See Publication 901.

Box b. Nonresident alien filing a U.S. tax return.

Las personas que pueden necesitar un ITIN incluyen:

- Una persona natural extranjera no residente elegible para obtener los beneficios de una taza de retención reducida en virtud de un tratado de impuestos sobre la renta.
- Un extranjero no residente que no es elegible para un SSN debe presentar una declaración de impuestos de los EE. UU. o presentar una declaración de impuestos de los EE. UU. solo para reclamar un reembolso.
- Un extranjero no residente que no es elegible para un SSN que elige presentar una declaración de impuestos conjunta con un cónyuge que es ciudadano estadounidense o extranjero residente.
- Un extranjero residente de los EE. UU. que presenta una declaración de impuestos de los EE. UU. pero no es elegible para un SSN.
- Una persona extranjera, reclamada como cónyuge para una exención en una declaración de impuestos de los EE. UU., que no es elegible para un SSN.
- Una persona extranjera, que no es elegible para un SSN, incluida como dependiente en la declaración de impuestos de otra persona en los EE. UU.
- Un estudiante, profesor o investigador extranjero no residente que presenta una declaración de impuestos de los EE. UU. o que reclama una excepción al requisito de presentación de la declaración de impuestos que no es elegible para un SSN.

Motivo para solicitar un ITIN

Formulario **W-7**
(Rev. de agosto de 2019)
Departamento del Tesoro Servicio de Rentas Internas

Solicitud de un Número de Identificación del Contribuyente como persona natural del IRS

▶ Para uso de personas naturales que no son ciudadanos o residentes permanentes de los EE. UU.

▶ Consulte las instrucciones por separado.

OMB No. 1545-0074

El número de identificación individual de contribuyente (ITIN) del IRS es solo para fines fiscales federales de los EE. UU.
Antes de que empiece:
- ***No envíe** este formulario si tiene o es elegible para obtener un número de seguro social (SSN) de los EE. UU.*

Tipo de aplicación (marque una casilla):
☐ Solicite un nuevo ITIN
☐ Renovar un ITIN existente

Razón por la que envía el formulario W-7. Lea las instrucciones de la casilla que marcó. **Precaución**: Si marca las casillas **b, c, d, e, f o g, debe presentar una declaración de impuestos federales de los EE. UU. con el Formulario W-7**, a menos que cumpla con una de las excepciones (vea las instrucciones).

a ☐ Extranjero no residente que debe obtener un ITIN para reclamar el beneficio del tratado tributario
b ☐ Extranjero no residente que presenta una declaración de impuestos federales de los EE. UU.
c ☐ Extranjero residente de los EE. UU. **(basado en días de presencia en los Estados Unidos)** que presenta una declaración de impuestos federales de los EE. UU.
d ☐ Dependiente de ciudadano estadounidense/extranjero residente — Si es d, ingrese la relación con un ciudadano estadounidense/extranjero residente (consulte las instrucciones) ▶
e ☐ Cónyuge de ciudadano estadounidense/extranjero residente — Si es d o e, ingrese el nombre y SSN/ITIN del ciudadano estadounidense/extranjero residente (consulte las instrucciones)
f ☐ Estudiantes, profesores o investigadores extranjeros no residentes que presentan una declaración de impuestos de los EE. UU. o reclaman una exención.
g ☐ Dependiente/cónyuge de un extranjero no residente que tenga una visa de los EE. UU.
h ☐ Otros (consulte instrucciones) ▶
Información adicional para a y f: Ingrese el país del tratado ▶ y número de artículo del tratado ▶

Parte de la W-7

Un extranjero no residente debe solicitar un ITIN para declarar los ingresos del trabajo y reclamar los beneficios del tratado fiscal para los que califica:

Casilla a. Esta casilla se marcaría para ciertos extranjeros no residentes que deben obtener un ITIN para reclamar ciertos beneficios de tratados fiscales ya sea que presenten o no una declaración de impuestos sobre la renta. Si la casilla a está marcada, entonces marque la casilla h también. Anote en la línea punteada al lado de la casilla h las excepciones que se relacionan con la situación del contribuyente. Consulte la Publicación 901.

Casilla b. Extranjero no residente que presenta una declaración de impuestos de los EE. UU.

This category includes:

1. A nonresident alien who must file a U.S. tax return to report income directly or indirectly engaged in a trade or business in the United States.
2. A nonresident alien who is filing a U.S. tax return only to get a refund.

See Publication 519.

Box c. U.S. resident alien (based on the number of days present in the United States) filing a U.S. tax return.

Check Box c for a foreign individual living in the United States who does not have permission to work from the USCIS and is ineligible for an SSN but may still have a filing requirement. See Publication 519.

Box d. Dependent of a U.S. citizen/resident alien.

Check box d for an individual who can be claimed as a dependent on a U.S. tax return and is not eligible to get an SSN. Dependents of U.S. military personnel are exempt from the requirements of submitting original documents or certified copies of identifying documents, but a standard copy is required. A copy of the U.S. military ID is required, or the applicant must be applying from an overseas APO/FPO address. See Publications 501 and 519.

Box e. Spouse of a U.S. citizen/resident alien.

This category includes:

1. A resident or nonresident alien spouse who is not filing a U.S. tax return (including a joint return) and who is not eligible to get an SSN, but who, as a spouse, is claimed as an exemption.
2. A resident or nonresident alien electing to file a U.S. tax return jointly with a spouse who is a U.S. citizen or resident alien.

A spouse or a person in the U.S. military is exempt from submitting original documents or certified copies of identifying documents, but a standard copy will be required. A copy of the U.S. military ID is required, or the applicant must be applying from an overseas APO/FPO address. See Publications 501 and 519.

Box f. Nonresident alien student, professor, or researcher filing a U.S. tax return or *claiming an exception.*

Check box f if the individual applicant has not abandoned his/her residence in a foreign country and who is a bona fide student, professor, or researcher coming temporarily to the United States solely to attend classes at a recognized institution of education, to teach, or to perform research.

Esta categoría incluye:

1. Un extranjero no residente que debe presentar una declaración de impuestos de los EE. UU. para informar los ingresos relacionados directa o indirectamente con la realización de una actividad comercial o empresarial en los Estados Unidos.
2. Un extranjero no residente que presenta una declaración de impuestos de los EE. UU. solo para obtener un reembolso.

Consulte la Publicación 519.

Casilla c. Extranjero residente de los EE. UU. (basado en el número de días en que ha estado en los Estados Unidos) que presenta una declaración de impuestos de los EE. UU.

La casilla c se marcaría para una persona extranjera que vive en los Estados Unidos, que no tiene permiso para trabajar del USCIS y no es elegible para un SSN, pero aún puede tener un requisito de declaración. Consulte la Publicación 519.

Casilla d. Dependiente de un ciudadano estadounidense/extranjero residente.

La casilla d se marcaría para una persona que puede ser reclamada como dependiente en una declaración de impuestos de los EE. UU. y no es elegible para obtener un SSN. Los dependientes del personal militar de los EE. UU. están exentos de los requisitos de presentar documentos originales o copias certificadas de los documentos de identificación, pero se requiere una copia estándar. Se requiere una copia de la identificación militar de los EE. UU., o el solicitante debe presentar la solicitud desde una dirección APO/FPO en el extranjero. Consulte las Publicaciones 501 y 519.

Casilla e. Cónyuge de un ciudadano estadounidense/extranjero residente.

1. Un cónyuge extranjero residente o no residente que no presenta una declaración de impuestos de los EE. UU. (incluida una declaración conjunta) y que no es elegible para obtener un SSN, pero que, como cónyuge, se reclama como una exención.
2. Un extranjero residente o no residente que elige presentar una declaración de impuestos de los EE. UU. conjuntamente con un cónyuge que es ciudadano de los EE. UU. O extranjero residente.

Un cónyuge o una persona en el ejército de los EE. UU. está exento de presentar documentos originales o copias certificadas de documentos de identificación, pero se requerirá una copia estándar. Se requerirá una copia de una identificación militar de los EE. UU., o el solicitante debe presentar la solicitud desde una dirección APO/FPO en el extranjero. Consulte las Publicaciones 501 y 519.

Casilla f. Estudiantes, profesores o investigadores extranjeros no residentes que presentan una declaración de impuestos de los EE. UU. o *reclaman una exención.*

La casilla f está marcada si el solicitante no ha abandonado su residencia en un país extranjero y es un estudiante, profesor o investigador de buena fe que viene temporalmente a los Estados Unidos únicamente para asistir a clases en una institución educativa reconocida, para enseñar, o para realizar investigaciones.

If this box is checked, complete lines 6c and 6g and provide an actual passport with a valid U.S. visa. If the applicant is present in the U.S. on a work-related visa (F-1, J-1, or M-1), but will not be employed (applicant's presence in the U.S. is study-related), attach a letter from the DSO (Designated School Official) or RO (Responsible Officer) instead of applying with the Social Security Administration (SSA) for an SSN. The letter must state clearly that the applicant will not be securing employment while in the U.S. and their presence here is solely study related. This letter can be submitted with the applicant's Form W-7 in lieu of the denial letter from the SSA. See Publications 519.

Box g. Dependent/spouse of a nonresident alien holding a U.S. visa.

Check box g when the individual can be claimed as a dependent or a spouse on a U.S. tax return, is unable or not eligible to get an SSN, and has entered the U.S. with a nonresident alien who holds a U.S. visa. If this box is checked, be sure to include a copy of the visa with the W-7 application.

Box h. Other.

If box h is checked, it is because boxes a-g do not apply to the applicant. Be sure to describe in detail the reason for requesting an ITIN and attach all supporting documents.

Common Errors on Form W-7

Always make sure that you input the correct information; double check each document and Form W-7 for errors.

Supporting Identification Documentation is Unacceptable

Identification documentation must be one of the 13 acceptable documents.

COA Form W-7 not Attached

A valid COA must be attached to the W-7

Supporting Identification Documentation is Not Original or Certified

All identification documentation sent to the IRS must be original documents unless the Certifying Acceptance Agent (CAA) is completing the W-7. CAAs are the only ones who are able to send certified copies. Make sure that the required original identification documents or certified copies (if applicable) are submitted with Form W-7. See Publication 519

Many ITIN holders use a different name with a Social Security number. When submitting a W-7 application with a tax return, the names on the W-2s should match the names on the application. The IRS must ensure that the W-2 income is associated with the correct individual. Remember, the purpose of the ITIN is to allow foreign individuals to report their income. Ensuring that the name on the W-2 matches the legal name can be tricky. Taxpayers who need an ITIN may not want to ask their employer to change their records for fear of being dismissed for submitting inaccurate information.

Not Submitting Required Documents

Make sure that the required original identification documents or certified copies (if applicable) are submitted with Form W-7.

Si esta casilla está marcada, complete las líneas 6c y 6g y proporcione un pasaporte con una visa estadounidense válida. Si el solicitante está presente en los EE. UU. con una visa relacionada con el trabajo (F-1, J-1 o M-1), pero no tendrá empleo (la presencia del solicitante en los EE.UU. está relacionada con el estudio), adjunte una carta del DSO (Funcionario Escolar Designado) o el RO (Funcionario Responsable) en lugar de solicitar un SSN a la Administración del Seguro Social (SSA). La carta debe indicar claramente que el solicitante no obtendrá empleo mientras esté en los EE. UU. y que su presencia aquí está únicamente relacionada con el estudio. Esta carta se puede enviar con el Formulario W-7 del solicitante en lugar de la carta de denegación de la SSA. Consulte la Publicación 519.

Casilla g. Dependiente/cónyuge de un extranjero no residente que tiene una visa estadounidense.

La casilla g está marcada cuando la persona puede ser reclamada como dependiente o cónyuge en una declaración de impuestos de los EE. UU. y no puede o no es elegible para obtener un SSN y ha ingresado a los EE. UU. con un extranjero no residente que tiene una visa de los EE.UU. Si esta casilla está marcada, asegúrese de incluir una copia de la visa con la solicitud del formulario W-7

Casilla h. Otro

Si la casilla h está marcada, es porque las casillas a-g no se aplican al solicitante. Asegúrese de describir en detalle el motivo por el que solicita un ITIN y adjunte todos los documentos de respaldo.

Errores comunes en el formulario W-7

Asegúrese siempre de anotar la información correcta; compruebe dos veces si hay errores encada documento y en el formulario W-7.

La documentación de respaldo de la identificación es inaceptable

La documentación de identificación debe ser uno de los 13 documentos aceptable

No se adjunta el formulario W-7 del COA

Debe adjuntarse un COA válido al W-7

La documentación de respaldo no es original ni está certificada

Toda la documentación de identificación deben ser documentos originales enviados al IRS a menos que el Agente de Aceptación Certificante (CAA) esté llenando el W-7. Los CAA son los únicos que pueden enviar copias certificadas. Asegúrese de que los documentos de identificación originales requeridos o las copias certificadas (si corresponde) se presenten con el Formulario W-7. Consulte la Publicación 519.

Muchos titulares de ITIN usan un nombre diferente con un número de Seguro Social. Cuando la solicitud W-7 se presenta con una declaración de impuestos, los nombres en los W-2 deben coincidir con la solicitud. El IRS quiere asegurarse de que los ingresos del formulario W-2informados sean los ingresos que la persona obtuvo. Recuerde que el propósito del ITIN es que las personas naturales extranjeras informen sus ingresos. El problema es hacer que el W-2 coincida con el nombre legal. Los contribuyentes que necesitan un ITIN no quieren pedir a su empleador que cambie sus registros por miedo a ser despedidos por presentar información inexacta.

No presentar los documentos requeridos

Asegúrese de que los documentos de identificación originales requeridos o las copias certificadas (si corresponde) se presenten con el Formulario W-7.

Name and/or Taxpayer Identification Number of the U.S. Person is Missing

If reason "d" or "e" is selected on Form W-7, then the full named and TIN (SSN or ITIN) of the U.S. citizen or resident alien must be entered in the space to the right. Do not abbreviate country names.

A previously issued ITIN and name must be entered in the spaces provided. If the applicant's legal name has changed since the TIN was issued, documents such as a marriage certificate or other documents must be attached to Form W-7 to support the name change.

Date of Entry

Another common mistake occurs when the date of entry line on the passport is empty. In this situation the IRS will no longer allow the passport to be a stand-alone identification document. Without this information, the IRS cannot match the taxpayer's date of entry with their beginning work history. In this situation, the applicant should submit documents that establish when they began working and the type of work they have been doing.

For certain dependents, a passport without a date of entry is not accepted as a stand-alone document. See Publication 1915.

Passport Rejection

The most common reason the IRS rejects passports is because they are not signed. The IRS will not accept an original passport that is not signed. Everyone entering the U.S. with a passport must sign it. Some countries, such as India, do not allow children to sign passports.

Expiration of ITINs

An expired ITIN only needs to be renewed if it is needed on a U.S. federal tax return. An ITIN is expired if it has not been used on a tax return for the past three consecutive years.

The IRS uniform policy applies to any ITIN, regardless of when it was issued. Only about a quarter of the 21 million ITINs issued since the program began in 1996 are being used on tax returns. The expiration policy ensures that anyone who legitimately uses an ITIN for tax purposes can continue to do so, while at the same time expiring millions of unused ITINs.

ITIN Tax Related Exceptions

There are certain exceptions under which taxpayers are not required to include a form W-7 with their tax return. These exceptions generally require submission of supporting documentation, sometimes referred to by the IRS as "information returns."

Exception 1: Third Party Withholding on Passive Income

This exception may apply if the taxpayer is the recipient of partnership income, interest income, annuity income, rental income, or other passive income that is subject to third party withholding or covered by tax treaty benefits.

Falta el nombre y/o el número de identificación fiscal de la persona estadounidense

Si se selecciona el motivo "d" o "e" en el formulario W-7, en el espacio situado a la derecha deberá indicarse el nombre completo y el número de identificación fiscal (SSN o ITIN) del ciudadano estadounidense o del extranjero residente. No abreviar los nombres de países.

El ITIN y el nombre expedido anteriormente deben introducirse en los espacios previstos a tal efecto. Si el nombre legal del solicitante ha cambiado desde que se expidió el TIN, por ejemplo, debe adjuntarse al formulario W-7, un certificado de matrimonio u otros documentos que justifiquen el cambio de nombre.

Fecha de Ingreso

Otro error común es que la línea de fecha de ingreso en el pasaporte está vacía. Esto no permite que el empleado del IRS compare la fecha de ingreso del contribuyente con el historial laboral inicial. Por ejemplo, presentar documentos que establezcan cuándo empezaron a trabajar y el tipo de trabajo que han estado haciendo; esto ayudará al revisor del ITIN a relacionar la fecha ingresada y cuándo empezó el trabajo. Para ciertos dependientes, un pasaporte sin fecha de ingreso no se acepta como documento independiente.

Falta la dirección en el extranjero. Si se selecciona el motivo "b" en el formulario W-7, se requiere una dirección completa en el extranjero. De lo contrario, los solicitantes deberán colocar su país extranjero de origen. Consulte la Publicación 1915.

Rechazo de pasaporte

La razón más común por la que el IRS rechaza los pasaportes es porque no están firmados. El IRS no aceptará un pasaporte original que no esté firmado. Todas las personas que ingresan a los EE. UU. con un pasaporte deben firmarlo. Algunos países no permiten que los niños firmen pasaportes, como India; el IRS todavía está trabajando en una solución al respecto.

Vencimiento de los ITIN

Un ITIN solo debe renovarse si ha vencido y se necesita en una declaración de impuestos federal de los EE. UU. Si no se ha utilizado un ITIN en una declaración de impuestos durante los últimos 3 años, entonces el ITIN está vencido.

La política de uniformes se aplica a cualquier ITIN, independientemente de cuándo se emitió. Solo alrededor de una cuarta parte de los 21 millones de ITIN emitidos desde que comenzó el programa en 1996 se utilizan en las declaraciones de impuestos. La nueva política garantizará que cualquier persona que use legítimamente un ITIN para fines tributarios pueda seguir haciéndolo y, mientras que al mismo tiempo caducan millones de ITIN no utilizados.

Excepciones fiscales relacionadas con el ITIN

Hay ciertas excepciones en la que el contribuyente no es requerido incluir el formulario W-7 con la declaración de impuestos.

Excepción 1: Retención de terceros sobre ingresos pasivos

Esta excepción puede aplicarse si el contribuyente es el receptor de ingresos de la sociedad, ingresos por intereses, ingresos por rentas vitalicias, ingresos por alquileres u otros ingresos pasivos que estén sujetos a la retención de terceros o cubiertos por los beneficios del tratado fiscal. Para obtener un ITIN, la persona debe incluir la documentación de respaldo con el Formulario W-7.

To claim this exception, the taxpayer must include additional supporting documentation with Form W-7, such as a letter or signed statement from the bank, financial institution, or withholding agent proving that the asset that generates income and belongs to the taxpayer is subject to IRS reporting requirements that take place in the current tax year.

Exception 2: Other Income

This exception may apply if:

1. The taxpayer is claiming the benefits of a U.S. income tax treaty with a foreign country and the taxpayer received any of the following:
    a. Wages, salary, compensation, and honoraria payments
    b. Scholarships, fellowships, and grants
    c. Gambling winnings
2. The taxpayer is receiving a taxable scholarship, fellowship, or grant income, but not claiming the benefits of an income tax treaty.

Exception 3: Third Party Reporting of Mortgage Interest

If the ITIN applicant has a home mortgage loan on real property that they own in the United States, that is subject to third party reporting of mortgage interest they may be eligible to claim this exception. Information returns are applicable to exception 3. may include Form 1098, *Mortgage Interest Statement.*

An information return is a form that is filed with the IRS or that the IRS uses that report information to the IRS. It differs from a tax return as it does not report a tax due. One that could be used regularly is Form 1099-NEC, distributed to independent contractors. The form does not compute the contractor's tax due, but provides the amount the payor is paying the payee.

If the applicant is eligible to claim exception 3, the applicant must submit documentation showing evidence of a home mortgage loan. Evidence would include a copy of the sales contract or similar documentation.

Exception 4: Third Party Withholding Dispositions by a Foreign Person of United States Real Property

This exception may apply if the individual is a party to a disposition of a U.S. real property interest by a foreign person, which is generally subject to withholding by the transferee or buyer (withholding agent). If the applicant uses this exception with their information return, one of the following may be included:

- Form 8288, *U.S. Withholding Tax Return Dispositions by Foreign Persons of U.S. Real Property Interests.*
- Form 8288-A, *Statement of Withholding on Dispositions by Foreign Persons of U.S. Real Property Interests.*
- Form 8288-B and a copy of the contract of the sale, *Application for Withholding Certificate for Dispositions by Foreign Persons of U.S. Real Property Interests.*

For the seller of the property, copies of Forms 8288 and 8288-A submitted by the buyer should be attached to Form W-7.

Exception 5: Reporting Obligations under Treasury Decision 9363(T. D. 9363)

This exception may apply if the taxpayer has an IRS reporting requirement under TD-9363 and is submitting Form W-7 with Form 13350.

La documentación de respaldo es una carta o declaración firmada del banco, institución financiera o agente de retención. Demuestra que el activo que genera ingresos y pertenece al contribuyente está sujeto a los requisitos de información del IRS que tienen lugar en el año fiscal en curso.

Excepción 2: Otros Ingresos

Esta excepción puede aplicarse si:

1. El contribuyente reclama los beneficios de un tratado de impuestos sobre la renta de los EE. UU. con un país extranjero y el contribuyente recibió cualquiera de los siguientes:
   a. Pagos de sueldos, salarios, remuneraciones y honorarios
   b. Becas, subsidios y subvenciones
   c. Ganancias de apuestas
2. El contribuyente recibe una beca, un subsidio o una subvención tributaria, pero no reclama los beneficios de un tratado de impuesto sobre la renta.

Excepción 3: Informes de terceros sobre intereses hipotecarios

Si el solicitante de ITIN tiene un préstamo hipotecario sobre bienes inmuebles que posee en los Estados Unidos, eso está sujeto a informes de terceros sobre los intereses hipotecarios. Las declaraciones de información aplicables a la excepción 3 pueden incluir el Formulario 1098, *Declaración de intereses hipotecarios.*

Una declaración de información es un formulario que se presenta ante el IRS o que el IRS utiliza para reportar información al IRS. Se diferencia de una declaración de impuestos en que no informa el impuesto adeudado. Uno que podría usarse regularmente es el Formulario 1099-NEC, distribuido a contratistas independientes. El formulario no calcula el impuesto adeudado por el contratista, pero proporciona la cantidad que el pagador le paga al beneficiario.

Si el solicitante es elegible para reclamar la excepción 3, debe presentar documentación que muestre evidencia de un préstamo hipotecario para vivienda. La evidencia incluiría una copia del contrato o venta o documentación similar.

Excepción 4: Disposiciones de retención de terceros por una persona extranjera de bienes inmuebles de los Estados Unidos.

Esta excepción puede aplicarse si la persona es parte de una disposición de un interés de bienes inmuebles de los EE. UU. por parte de una persona extranjera, que generalmente está sujeta a retención por parte del cesionario o comprador (agente de retención). Si el solicitante utiliza esta excepción con su declaración de información, se puede incluir uno de los siguientes:

- Formulario 8288*, Declaración de retenciones fiscales de los EE.UU. Disposiciones por Personas extranjeras de intereses en bienes inmuebles de los EE. UU.*
- Formulario 8288-A, *Declaración de retenciones sobre Disposiciones por personas extranjeras de intereses en bienes inmuebles de los EE. UU.*
- Formulario 8288-B y copia del contrato de compraventa*, Solicitud de certificado de retención para Disposiciones por personas extranjeras de intereses en bienes inmuebles de los EE. UU.*

En el caso del vendedor del inmueble, deben adjuntarse al formulario W-7 copias de los formularios 8288 y 8288-A presentados por el comprador.

Excepción 5: Obligaciones de información en virtud de la Decisión del Tesoro 9363(D. T. 9363)

Esta excepción puede aplicarse si el contribuyente tiene un requisito de declaración del IRS según el D T-9363 y presenta el Formulario W-7 con el Formulario 13350.

If the applicant is eligible for this exception, Form 13350 should be submitted with the W-7 application, along with a letter from their employer on corporate letterhead stating they have been designated as the person responsible for ensuring compliance with IRS information reporting requirements.

Aliens

Determining if a taxpayer is a resident, nonresident, or dual-status alien dictates whether and how the taxpayer must file a return.

Resident Alien

The taxpayer is a resident alien of the United States for tax purposes if he/she meets either the "green card test" or the "substantial presence test" for the current calendar tax year. If the taxpayer has been a resident for the entire year, they must file a tax return following the same rules that apply to a U.S. citizen. See Publication 519.

Nonresident Alien

A nonresident alien is a person who has not passed the green card test or the substantial presence test. Tax forms are different for the nonresident alien. For example, there are only three options for filing status on Form 1040NR: Single, Married Filing Separately, and Surviving spouse.

Dual-status Alien

An alien who makes a change from nonresident alien to resident alien or from resident alien to nonresident alien is considered a dual-status alien. Different rules apply for each part of the year the taxpayer is a nonresident or a resident alien.

Publication 519 will help in determining the taxpayer's alien status. This topic is not covered in depth in this textbook.

Tax Return Compliance

The IRS is enhancing compliance activities relating to certain credits, including the child tax credit. The changes will improve the ability of the IRS to review returns claiming this credit, including those returns utilizing ITINs for dependents. For example, additional residency information will be required on Schedule 8812, Child Tax Credit, to ensure eligibility criteria for the credit is met.

Information derived from the ITIN process will be better utilized in the refund verification process. New pre-refund screening filters were put in place to flag returns for audits that claim questionable refundable credits. Increased compliance resources will also be deployed to address questionable returns in this area. As part of these overall efforts, ITIN holders may be asked to revalidate their ITIN status as part of certain audits to help ensure the numbers are used appropriately.

Si el solicitante es elegible para esta excepción, el Formulario 13350 debe presentarse con la solicitud W-7 junto con una carta impresa de su empleador con membrete corporativo que indique que ha sido designado como la persona responsable de garantizar el cumplimiento de los requisitos de informes de información del IRS.

Extranjeros

Conocer si un contribuyente es residente, no residente o extranjero con doble estatus determina si el contribuyente debe presentar una declaración y cómo debe hacerlo.

Extranjero residente

El contribuyente es un extranjero residente de los Estados Unidos a efectos fiscales si cumple con la "prueba de la tarjeta de residencia" o la "prueba de presencia sustancial" para el año fiscal actual. Si el contribuyente ha sido residente durante todo el año, debe presentar una declaración de impuestos siguiendo las mismas reglas que se aplican a un ciudadano estadounidense. Consulte la Publicación519.

Extranjero no residente

Un extranjero no residente es aquel que no ha pasado la prueba de la tarjeta de residencia o la prueba de presencia sustancial. Los formularios de impuestos son diferentes para el extranjero no residente. Por ejemplo, solo hay 3 opciones para el estado civil en el Formulario 1040NR: Soltero, Casado declarando por separado y Cónyuge sobreviviente.

Extranjero de doble estatus

Los extranjeros que cambian su condición de extranjero no residente a extranjero residente o de extranjero residente a extranjero no residente se consideran extranjeros de doble estatus. Se aplican reglas diferentes para cada parte del año en que el contribuyente es un extranjero residente o no residente.

La publicación 519 ayudará a determinar la condición de extranjero del contribuyente. Este tema no se trata en profundidad en este libro de texto.

Cumplimiento de la declaración de impuestos

El IRS está mejorando las actividades de cumplimiento relacionadas con ciertos créditos, incluido el crédito fiscal por hijos. Los cambios mejorarán la capacidad del IRS para revisar las declaraciones que reclaman este crédito, incluidas las declaraciones que utilizan ITIN para dependientes. Por ejemplo, se requerirá información de residencia adicional en el Anexo 8812, Crédito fiscal por Hijos, para garantizar que se cumplan los criterios de elegibilidad para el crédito.

La información derivada del proceso ITIN se utilizará mejor en el proceso de verificación de reembolso. Se implementaron nuevos filtros de detección previa al reembolso para marcar las declaraciones de las auditorías que reclamaban créditos reembolsables cuestionables. También se implementarán mayores recursos de cumplimiento para abordar declaraciones cuestionables en esta área. Como parte de estos esfuerzos generales, se les puede pedir a los titulares de ITIN que vuelvan a validar su estado de ITIN como parte de ciertas auditorías para ayudar a garantizar que los números se usen de manera adecuada.

Part 4 Review

To obtain the maximum benefit from each part go online now and watch the video.

Takeaways

Knowing tax law and gathering the necessary information to satisfy the due diligence knowledge requirement is just the beginning of becoming a great tax preparer. What truly marks a successful career in tax preparation is applying this knowledge correctly to a tax return; this is the paramount responsibility of a tax professional.

Knowing the tax law and how to apply each law to each individual situation is the puzzle that the tax professional must solve throughout their career. Every situation is different, and the tax professional must learn how to put the pieces of the puzzle together to prepare an accurate tax return.

TEST YOUR KNOWLEDGE!
Go online to take a practice quiz.

Revision de la Parte 4

Para obtener el máximo beneficio de cada parte, ve ahora mismo en línea y mira el video.

Conclusiones

Conocer la Ley Tributaria y recopilar la información necesaria para satisfacer el requisito de conocimientos de debida diligencia es solo el comienzo para convertirse en un gran preparador de impuestos. Lo que verdaderamente marca una carrera exitosa es aplicar este conocimiento correctamente a una declaración de impuestos; esta es la responsabilidad primordial de un profesional de impuestos.

Conocer la ley tributaria y cómo aplicar cada ley a cada situación individual es el rompecabezas que el profesional de impuestos debe resolver durante el resto de su carrera. Cada situación es diferente, y un profesional de impuestos debe aprender a juntar las piezas del rompecabezas para preparar una declaración de impuestos precisa.

¡PON A PRUEBA TUS CONOCIMIENTOS!
Ve en línea para tomar un examen final.

Chapter 3 Filing Status, Dependents, and Deductions

Introduction

In the realm of tax law understanding the difficulties of filing status, dependents, and deductions is vital. These fundamental elements not only shape an individual's tax liability but also influence various financial decisions throughout the year. Filing status determines how an individual or household reports their income to the Internal Revenue Service (IRS), while dependents and deductions play crucial roles in reducing taxable income and maximizing potential refunds.

The significance of these aspects cannot be overstated, as they directly impact taxpayers' financial well-being and compliance with tax regulations. However, navigating the maze of tax laws and regulations surrounding filing status, dependents, and deductions can be daunting, even for the most seasoned individuals.

This chapter examines the complexities of filing status, dependents, and deductions, providing a comprehensive analysis of their roles, regulations, and implications. By studying relevant tax laws, IRS guidelines, and case studies, we aim to shed light on the complexities of these crucial components of the tax system.

Objectives

At the end of this chapter, the student will be able to:

- Recognize how to determine the standard deduction.
- Understand who qualifies for the higher standard deduction.
- Explain the qualifying child test requirements.
- Identify the difference between a qualifying child and a qualifying relative.
- Describe the difference between custodial and noncustodial parents.
- List the five filing statuses.
- Clarify the requirements for each filing status.
- Identify types of income to determine support.
- Recognize the requirements to claim a qualifying dependent.

Resources

Form 1040 Form 2120 Form 8332	Publication 17 Publication 501 Publication 555 Tax Topic 352, 851, 857, 858	Instructions Form 1040 Instructions Form 2120 Instructions Form 8332

Part 1 Filing Status

At first glance filing status appears to be simple to determine; however, tax professionals must know, understand, and apply the requirements for each filing status. Choosing the correct filing status determines the filing requirements, deductions, correct tax, and taxpayer eligibility for certain credits and deductions. See Publication 17 and Publication 501.

Capítulo 3 Estado civil de declaración, dependientes y deducciones

Introducción

En el ámbito del derecho tributario, es vital comprender las dificultades del estado civil de declaración, los dependientes y las deducciones. Estos elementos fundamentales no solo dan forma a la obligación tributaria de una persona, sino que también influyen en diversas decisiones financieras a lo largo del año. El estado civil determina cómo una persona o un hogar informa sus ingresos al Servicio de Rentas Internas (IRS), mientras que los dependientes y las deducciones desempeñan un papel crucial en la reducción de la base imponible y la maximización de posibles reembolsos.

No se puede subestimar la importancia de estos aspectos, ya que impactan directamente el bienestar financiero de los contribuyentes y el cumplimiento de las regulaciones tributarias. Sin embargo, navegar por el laberinto de leyes y regulaciones tributarias relacionadas con el estado civil de declaración, los dependientes y las deducciones puede resultar desalentador, incluso para las personas más experimentadas.

Este capítulo examina las complejidades del estado civil de declaración, los dependientes y las deducciones, proporcionando un análisis integral de sus funciones, regulaciones e implicaciones. Mediante el estudio de las leyes tributarias relevantes, las directrices del IRS y los estudios de casos, nuestro objetivo es arrojar luz sobre las complejidades de estos componentes cruciales del sistema tributario.

Objetivos

- Reconocer cómo determinar la deducción estándar.
- Comprender quién califica para la deducción estándar más alta.
- Explicar los requisitos de la prueba de hijo calificado.
- Identificar la diferencia entre un hijo calificado y un pariente calificado.
- Conocer la diferencia entre el padre con custodia y el padre sin custodia.
- Identificar los cinco estados civiles de declaración.
- Aclarar los requisitos para cada estado civil.
- Identificar los tipos de ingresos para determinar la manutención.
- Conocer los requisitos para reclamar a un dependiente calificado.

Fuentes

Formulario 1040 Formulario 2120 Formulario 8332	Publicación 17 Publicación 501 Publicación 555 Tema fiscal 352, 851, 857, 858	Formulario de Instrucciones 1040 Formulario de instrucciones 2120 Formulario de instrucciones 8332

Parte 1 Estado civil de declaración

A primera vista, el estado civil de declaración parece ser fácil de determinar; sin embargo, los profesionales de impuestos deben conocer, comprender y aplicar los requisitos para cada estado civil. Elegir el estado civil de declaración correcto puede determinar los requisitos de declaración, las deducciones, los impuestos correctos y la elegibilidad del contribuyente para ciertos créditos y deducciones. Consulte la Publicación 17 y la Publicación 501.

The five federal filing statuses are:

1. Single (S)
2. Married filing jointly (MFJ)
3. Married Filing Separately (MFS)
4. Head of household (HOH)
5. Qualifying surviving spouse (QSS) with a dependent child.

State law governs whether a taxpayer is married or legally separated under a divorce or separate maintenance decree and how this affects the taxpayer's filing status. A taxpayer is generally considered unmarried for the whole year if, on the last day of the current tax year, the taxpayer is unmarried or legally separated from his/her spouse under a divorce or separate maintenance decree.

Under the Revenue Ruling 2013-17, same-sex couples will be treated as married for all federal tax purposes, including income, gifts, and estate taxes. The ruling applies to all federal tax provisions where marriage is a factor, including filing status, claiming a person and dependency exemptions, taking the standard deduction, employee benefits, contributing to an IRA, and claiming the earned income tax credit or child tax credit.

Single (S)

A taxpayer is classified as filing as Single if, as of the last day of the current tax year, they are either unmarried or legally separated from their spouse through a divorce or separate maintenance decree. In cases of divorce, taxpayers are considered unmarried for the entire tax year if the divorce is finalized on, by, or before the last day of the filing year. If a divorce is solely for tax purposes and the taxpayers remarry the subsequent year, they must file a joint return for both tax years. The determination of marital status, including legal separation, is governed by state law, and tax professionals need to be aware of the specific laws in the state where they operate.

In instances when a marriage is annulled, the parties are considered unmarried, regardless of whether they filed a joint tax return. If the IRS notifies the couple that their filing status is incorrect, they will need to amend their returns to reflect Single or Head of Household status for all incorrectly filed years. An annulment legally invalidates the marriage, rendering it as if it never existed in the eyes of the law.

A widow(er) may file as Single if they were widowed before January 1 of the current tax year and did not remarry before the end of the same tax year. However, it's important to note that the taxpayer might qualify for a different filing status that could potentially further reduce their tax liability.

Married Filing Jointly (MFJ)

The taxpayer must file Married Filing Jointly (MFJ) if they meet any of the following criteria on December 31 of the current tax year being filed:

- ➢ Taxpayers are married and filing a joint return even if one had no income or deductions.
- ➢ Taxpayers are living together in a common-law marriage that is recognized in the state where the taxpayers now live, or in the state where the common-law marriage began.
- ➢ Taxpayers are married and living apart but are not legally separated under a decree of divorce or separate maintenance.
- ➢ A spouse died during the tax year, and the taxpayer did not remarry before the end of the tax year.

Los cinco estados civiles de declaración de impuestos federales son:

1. Soltero (S)
2. Casado declarando conjuntamente (MFJ)
3. Casado declarando por separado (MFS)
4. Cabeza de familia (HOH)
5. Cónyuge sobreviviente calificado (QSS) con un hijo dependiente.

La legislación estatal regula si un contribuyente está casado o separado legalmente en virtud de una sentencia de divorcio o de pensión alimenticia separada y cómo afecta esto a la situación fiscal del contribuyente. Un contribuyente generalmente se considera soltero durante todo el año si, en el último día del año fiscal en curso, el contribuyente no está casado o está legalmente separado de su cónyuge en virtud de una sentencia de divorcio o manutención separada.

Según la Resolución de Rentas 2013-17, las parejas del mismo sexo serán tratadas como casadas para todos los efectos fiscales federales, incluidos los impuestos sobre la renta, las donaciones y el patrimonio. La resolución se aplica a todas las disposiciones fiscales federales en las que el matrimonio es un factor, incluido el estado civil de declaración, reclamar una persona y exenciones de dependencia, tomar la deducción estándar, beneficios para empleados, aportar a una IRA y reclamar el crédito tributario por ingreso del trabajo o el crédito fiscal por hijos.

Soltero (S)

Un contribuyente se clasifica como una persona que declara como Soltero si, al último día del año fiscal en curso, el contribuyente no está casado o está legalmente separado de su cónyuge en virtud de una sentencia de divorcio o acuerdo de manutención separado. Un contribuyente divorciado se considera soltero durante todo el año fiscal si el divorcio se finalizó el último día del año de la declaración o antes del mismo. Si el divorcio fue solo para fines fiscales y si los contribuyentes se vuelven a casar el próximo año, deberán presentar una declaración conjunta para ambos años fiscales. La determinación del estado civil, incluida la separación legal, se rige por la ley estatal, y los profesionales de impuestos deben conocer las leyes específicas del estado donde operan.

En los casos en que se anula un matrimonio, las partes se consideran solteras, independientemente de si presentaron una declaración de impuestos conjunta. Si el IRS notifica a la pareja que su estado civil de declaración es incorrecto, deberán modificar sus declaraciones para reflejar el estado de soltero o Cabeza de familia para todos los años declarados incorrectamente. Una anulación invalida legalmente el matrimonio, haciéndolo como si nunca hubiera existido a los ojos de la ley.

Un(a) viudo(a) puede declarar como Soltero(a) si enviudó antes del 1 de enero del año fiscal en curso y no se volvió a casar antes del final del mismo año fiscal. Sin embargo, es importante tener en cuenta que el contribuyente podría calificar para un estado civil diferente que potencialmente podría reducir aún más su obligación tributaria.

Casado declarando conjuntamente (MFJ)

El contribuyente debe presentar su declaración como casado declarando conjuntamente (MFJ) si cumple alguno de los siguientes criterios al 31 de diciembre del año fiscal en curso en que se declara:

- Los contribuyentes están casados y presentan una declaración conjunta, incluso si uno no tuvo ingresos ni deducciones.
- Los contribuyentes viven juntos en un matrimonio de hecho que es reconocido en el estado donde viven ahora, o en el estado donde comenzó el matrimonio de hecho.
- Los contribuyentes están casados y viven separados, pero no están legalmente separados por sentencia de divorcio o manutención separada.
- Un cónyuge falleció durante el año fiscal y el contribuyente no se volvió a casar antes del final del año fiscal.

- If a spouse died during the current tax year, and the taxpayer remarried before the end of the tax year, the taxpayer and his or her new spouse may file MFJ. A tax return must still be filed for the deceased spouse, and, in this instance, the decedents' filing status would be MFS for the tax year.

See Revenue Ruling 2013-17 regarding the content above.

Community Property and Income

Community property states operate under the principle that property acquired by a husband and wife after marriage is jointly owned by them "in community." This means that if a wife purchases property under her name before marriage, it is considered her sole property. However, if she acquires property after marriage, it is deemed as belonging to both spouses, even if only her name is on the title.

Community property states, including Arizona, California, Idaho, Louisiana, Nevada, New Mexico, Texas, Washington, and Wisconsin, do not handle community property tax liability in the same way. Tax professionals preparing state taxes for individuals in these states must conduct thorough research to understand the nuances for each state before filing tax returns.

Alaska, while not a community property state, provides couples with the option to choose community property rules through a community property agreement or community trust, even though it is considered an equitable property state. On the other hand, Wisconsin's divorce laws presume an equal division of all marital property between spouses.

Exceptions to community property rules exist, and tax preparers must be aware of them. For instance, property acquired before marriage or inherited during the marriage is typically considered separate property of the spouse who owns it. In Arizona, California, Nevada, New Mexico, Washington, and Wisconsin, income generated from separate properties is also regarded as separate income for the owning spouse. Consequently, if spouses file separately, this income is reported solely on the owner's return, a principle known as the "California Rule."

Conversely, in Idaho, Louisiana, and Texas, income from separate properties is treated as community income. Therefore, if spouses file separately, this income is shared on their individual tax returns, following the "Texas Rule." Understanding these exceptions is essential for accurate tax preparation in community property states.

According to §66 of the Internal Revenue Code (IRC), when spouses are living apart, the spouse who earned the income will retain it separately. Living apart entails the following:

- They are married to each other.
- They lived apart for an entire tax year.
- They did not file a joint return.
- One or both have earned income, none of which is transferred between them.

Individuals who meet all the above requirements must follow the rules below to cover the reporting of income on their separate returns:

- Si un cónyuge falleció durante el año fiscal en curso y el contribuyente se volvió a casar antes del final del año fiscal, el contribuyente y su nuevo cónyuge pueden declarar como MFJ. Aún se debe presentar una declaración de impuestos para el cónyuge fallecido y, en este caso, el estado civil de los finados sería MFS para el año fiscal.

Consulte la Resolución de Ingresos 2013-17 con respecto al contenido anterior.

Bienes gananciales e ingresos

Los estados de bienes gananciales operan bajo el principio de que los bienes adquiridos por un marido y una mujer después del matrimonio son propiedad conjunta de ellos "en la sociedad conyugal". Esto significa que, si una esposa compra una propiedad a su nombre antes del matrimonio, se considera su propiedad exclusiva. Sin embargo, si adquiere bienes después del matrimonio, se considerarán pertenecientes a ambos cónyuges, incluso si en el título solo figura su nombre.

Los estados de bienes gananciales, incluidos Arizona, California, Idaho, Luisiana, Nevada, Nuevo México, Texas, Washington y Wisconsin, no manejan la obligación tributaria sobre los bienes gananciales de la misma manera. Los profesionales de impuestos que preparan impuestos estatales para personas en estos estados deben realizar una investigación exhaustiva para comprender los matices de cada estado antes de presentar declaraciones de impuestos.

Alaska, aunque no es un estado de bienes gananciales, ofrece a las parejas la opción de elegir reglas de bienes gananciales a través de un acuerdo de bienes gananciales o un fideicomiso comunitario, aunque se considera un estado de bienes gananciales equitativo. Por otro lado, las leyes de divorcio de Wisconsin suponen una división equitativa de todos los bienes gananciales entre los cónyuges.

Existen excepciones a las reglas de bienes gananciales y los preparadores de impuestos deben conocerlas. Por ejemplo, los bienes adquiridos antes del matrimonio o heredados durante el matrimonio generalmente se consideran bienes propios del cónyuge que los posee. En Arizona, California, Nevada, Nuevo México, Washington y Wisconsin, los ingresos generados por bienes propios también se consideran ingresos separados para el cónyuge propietario. En consecuencia, si los cónyuges presentan una declaración por separado, estos ingresos se declaran únicamente en la declaración del propietario, un principio conocido como la "Regla de California".

Por el contrario, en Idaho, Luisiana y Texas, los ingresos de bienes propios se tratan como ingresos de la sociedad conyugal. Por lo tanto, si los cónyuges presentan una declaración por separado, estos ingresos se comparten en sus declaraciones de impuestos individuales, siguiendo la "Regla de Texas". Comprender estas excepciones es esencial para una preparación de impuestos precisa en los estados de bienes gananciales.

De acuerdo con la sección §66 del Código de Rentas Internas (IRC), cuando los cónyuges viven separados, el cónyuge que obtuvo los ingresos los conservará de forma separada. Vivir separados implica lo siguiente:

- Los contribuyentes están casados.
- Los contribuyentes vivieron separados durante todo un año fiscal.
- Los contribuyentes no presentaron una declaración conjunta.
- Uno o ambos contribuyentes tienen ingresos del trabajo, ninguno de los cuales se transfiere entre ellos.

Las personas que cumplan con todos los requisitos anteriores deben seguir las reglas a continuación para cubrir la declaración de ingresos en sus declaraciones separadas:

- Earned income (other than trade, business, or partnership income) is treated as income of the spouse who rendered the personal services.
- Trade or business income is treated as the taxpayer's income unless the spouse substantially exercises control and management of the entire business.
- Community income derived from the separate property owned by one spouse is treated as the income of the owner.

All other community income is taxed in accordance with the applicable community property laws. See Code §897(a).

Innocent Spouse

Married taxpayers often choose to file a joint tax return due to the benefits of the filing status. However, both taxpayers are jointly and individually responsible for any tax, interest, or penalty due on a joint tax return. Even after a couple is separated or divorced, a former spouse could be held responsible for amounts due on previously filed joint returns.

In this instance, the taxpayer might be able to claim they are an "innocent spouse," an individual who was not aware of a position claimed by the other person on a joint tax return that resulted in liability for understatement of income. In this situation, the innocent spouse can file for relief using Form 8857 to try to prove that they were not aware of the position on the return. The IRS will review the request for relief, come to a decision, and respond with their ruling. The taxpayer may appeal the decision if they find the ruling unacceptable.

To be eligible for the relief, the taxpayer must meet the following criteria:

- Must have filed a joint return with an erroneous understatement of tax responsibility relating directly to their spouse.
- Must have no knowledge of the error.
- The IRS identified the error and must agree that it is fair to relieve the taxpayer of the tax penalties.
- The taxpayer must apply for relief within two years of the IRS initial collections notice.

Example: Lincoln and Amelia were married and filed joint tax returns for 2022 and 2023. Amelia always let her husband handle the finances and tax preparation. She simply signed the tax return when Lincoln told her to, never questioning the man she thought she could implicitly trust.

However, after finalizing their divorce on May 15, 2023, Amelia received a letter demanding penalties and interest from the IRS.

Alarmed, Amelia found a tax preparer who helped her discover that her ex-husband Lincoln had illegally claimed business expenses on their personal 2022 and 2023 tax returns, causing significant penalties and interest to accrue for filing a fraudulent return. Based on her lack of knowledge, the tax preparer correctly advised her to file Form 8857 to apply for relief on the 2022 and 2023 tax returns.

- Los ingresos del trabajo (que no sean ingresos de actividades, negocios o de sociedades) se tratan como ingresos del cónyuge que prestó los servicios personales.
- Los ingresos de actividades o negocios se tratan como ingresos del contribuyente a menos que el cónyuge ejerza sustancialmente el control y la administración de todo el negocio.
- Los ingresos de la sociedad conyugal derivados de los bienes propios de uno de los cónyuges se tratan como ingresos del propietario.

Todos los demás ingresos de la sociedad conyugal se gravan de acuerdo con las leyes de bienes gananciales aplicables. Consulte el Código §897(a).

Cónyuge inocente

Los contribuyentes casados a menudo optan por presentar una declaración de impuestos conjunta debido a los beneficios que les permite el estado civil de declaración. Sin embargo, ambos contribuyentes son responsables conjunta e individualmente de cualquier impuesto, interés o multa adeudado en una declaración de impuestos conjunta. Incluso después de que una pareja se separa o se divorcia, un excónyuge podría ser considerado responsable de los montos adeudados en declaraciones conjuntas presentadas anteriormente.

En este caso, el contribuyente podría afirmar que es un "cónyuge inocente", una persona que no estaba al tanto de una postura reclamada por la otra persona en una declaración de impuestos conjunta que resultó en responsabilidad por subestimación de ingresos. En esta situación, el cónyuge inocente puede solicitar una reparación mediante el Formulario 8857 para tratar de demostrar que no estaba al tanto de la postura en la declaración. El IRS revisará la solicitud de reparación, tomará una decisión y responderá con su decisión. El contribuyente puede apelar la decisión si la considera inaceptable.

A fin de ser elegible para la reparación, el contribuyente debe cumplir con los siguientes criterios:

- Debe haber presentado una declaración conjunta con una subestimación errónea de la responsabilidad fiscal relacionada directamente con su cónyuge.
- No debe tener conocimiento del error.
- El IRS identificó el error y debe estar de acuerdo en que es justo eximir al contribuyente de las sanciones fiscales.
- El contribuyente debe solicitar la reparación dentro de los dos años posteriores al aviso de recaudación inicial del IRS.

Ejemplo: Lincoln y Amelia estaban casados y presentaron declaraciones de impuestos conjuntas para 2022 y 2023. Amelia siempre dejaba que su esposo manejara las finanzas y preparara los impuestos. Ella simplemente firmó la declaración de impuestos cuando Lincoln se lo indicó, sin cuestionar nunca al hombre en el que pensó que podía confiar implícitamente.

Sin embargo, después de finalizar su divorcio el 15 de mayo de 2023, Amelia recibió una carta exigiendo multas e intereses del IRS.

Alarmada, Amelia encontró a un preparador de impuestos que la ayudó a descubrir que su exesposo, Lincoln, había reclamado ilegalmente gastos comerciales en sus declaraciones de impuestos personales de 2022 y 2023, lo que generó multas significativas e intereses acumulados por presentar una declaración fraudulenta. Basado en su falta de conocimiento, el preparador de impuestos le aconsejó correctamente que presentara el Formulario 8857 para solicitar la reparación en las declaraciones de impuestos de 2022 y 2023.

Spousal Abandonment

Spousal abandonment occurs when the abandoning spouse has left their family with no intention of returning or having responsibility for their family. In a legal context, failing to provide for a dependent, ailing spouse, or a minor child could be considered criminal spousal abandonment. Separation with no intent of reconciling is not spousal abandonment. Spousal abandonment often requires the abandoned spouse to file a separate return and receive all the unfavorable tax consequences that come with it. For example, the taxpayer must use the Tax Rate Schedule for married taxpayers filing separately. To mitigate such harsh treatment, Congress enacted provisions commonly referred to as the "abandoned spouse rules" which allow married taxpayers to file as Head of Household to bypass the tax consequences of married filing separately.

Married Filing Separately (MFS)

Married taxpayers, whether living together or apart, may choose to file Married Filing Separately (MFS) in the following circumstances:

- They want to be responsible for their own tax liability.
- If the MFS filing status results in the taxpayers paying less tax than filing jointly.

Taxpayers need to be advised that MFS filing status has limitations in deductions, adjustments, and credits.

Taxpayers who elect to file MFS must enter their spouse's full name and Social Security number or ITIN in the spaces provided. They are also generally subject to the following special rules:

- They are generally subject to higher tax rates.
- They must live apart for the entire year to claim the credit for the elderly or disabled.
- They are unable to claim certain credits.
- Their capital loss deduction is limited to $1,500.
- They must itemize deductions if their spouse does so.
- Their Individual Retirement Account (IRA) contributions are limited by their income amount.
- They cannot exclude interest from qualified U.S. savings bonds used for higher education expenses.
- Their alternative minimum tax is half of that allowed for MFJ.

See Publication 501.

If the taxpayers live in a community property state and file a separate return, the laws of the state in which the taxpayers reside govern whether they have community property income or separate property income for federal tax purposes. See Publication 555.

Head of Household (HOH)

The taxpayer must file Head of Household (HOH) if they meet any of the following criteria on December 31 of the tax year being filed:

- The taxpayer would be considered unmarried on the last day of the year.

Abandono conyugal

El abandono conyugal ocurre cuando el cónyuge que abandona ha dejado a su familia sin intención de regresar o ser responsable de su familia. En un contexto legal, no proporcionar la manutención al dependiente, un cónyuge enfermo o un hijo menor de edad podría considerarse un abandono conyugal criminal. La separación sin intención de reconciliación no es abandono conyugal. El abandono conyugal a menudo requiere que el cónyuge abandonado presente una declaración por separado y reciba todas las consecuencias fiscales desfavorables que esto conlleva. Por ejemplo, el contribuyente debe usar la Lista de Tasas de Impuestos para los contribuyentes casados que declaran por separado. Para mitigar ese trato severo, el Congreso promulgó disposiciones comúnmente conocidas como las "reglas del cónyuge abandonado" que permiten a los contribuyentes casados declarar como Cabeza de familia para evitar las consecuencias fiscales de que los casados presenten una declaración por separado.

Casado declarando por separado (MFS)

Los contribuyentes casados, ya sea que vivan con su cónyuge o separados, puede optar por usar la modalidad Casados declarando por separado (MFS) si se aplica alguno de los siguientes casos:

- Quieren ser responsables de su propia obligación tributaria.
- Si el estado civil de declaración MFS da como resultado que los contribuyentes paguen menos impuestos que los que presentan la declaración conjunta.

Se debe informar a los contribuyentes que el estado civil de declaración MFS tiene limitaciones en deducciones, ajustes y créditos.

Los contribuyentes que opten por declarar como MFS deben ingresar el nombre completo y el número de seguro social o ITIN de su cónyuge en los espacios provistos. También están generalmente sujetos a las siguientes reglas especiales:

- Generalmente están sujetos a tasas impositivas más altas.
- Deben vivir separados durante todo el año para reclamar el crédito para personas mayores o discapacitadas.
- No pueden reclamar ciertos créditos.
- Su deducción por pérdida de capital está limitada a $1,500.
- Deben detallar las deducciones si lo hace su cónyuge.
- Sus aportaciones a la Cuenta de Jubilación Individual (IRA) están limitadas por el monto de sus ingresos.
- No pueden excluir los intereses de los bonos de ahorro estadounidenses calificados utilizados para gastos de educación superior.
- Su impuesto mínimo alternativo es la mitad del permitido para MFJ.

Consulte la Publicación 501.

Si los contribuyentes viven en un estado de bienes gananciales y presentan declaraciones por separado, las leyes del estado en el que residen rigen si tienen ingresos de bienes gananciales o ingresos de bienes propios para propósitos de los impuestos federales. Consulte la Publicación 555.

Cabeza de familia (HOH)

El contribuyente debe declarar como Cabeza de Familia (HOH) si cumple con alguno de los siguientes criterios al 31 de diciembre del año fiscal en que declara:

- El contribuyente debe ser considerado soltero el último día del año.

- A qualifying child or relative lived in the home for more than half the year (there are exceptions for temporary absences). Children of divorced or separated parents, or parents who lived apart, can be claimed based on the residency test in most cases.
- The taxpayer paid for more than half the cost of keeping up the home for the tax year.

A married taxpayer could be considered as head of household if they maintain separate homes for more than the last six months of the year and a qualifying child lived with them. The filing status to choose on the tax return is Head of Household.

Keeping Up a Home

To qualify for the HOH filing status, a taxpayer must pay more than half of the cost for maintaining a household. Expenses can include rent, mortgage interest payments, repairs, real estate taxes, insurance, utilities, and food eaten in the house. Costs do not include clothing, education, medical treatment, vacations, life insurance, and the rental value of the home the taxpayer owns. Keeping up a house and monetary support will be discussed later in this chapter.
Suppose the taxpayer receives payments from Temporary Assistance for Needy Families (TANF) or other public assistance programs to pay rent or upkeep on the home. In that case, those payments cannot be included as money the taxpayer paid. However, they must be included in the total cost of keeping up the home to figure whether the taxpayer paid over half of the cost.

Señor 1040 Says: Remember, assistance given by TANF to pay for rent must be included in the total cost of keeping up a home.

Differences Between Filing Head of Household and Single

The distinction between filing as Single (S) and filing as Head of Household (HOH) hinges on whether the unmarried taxpayer maintains a home for a Qualifying Person. In order to qualify for the Head of Household status, there must first exist a household of individuals who live together and have qualifying relationships to form a family unit. If the taxpayer's living situation doesn't meet these criteria, they must file as Single.

A taxpayer would file as Single instead of Head of Household in the following scenarios:

- If the taxpayer resides alone, they are technically the only person in their home, and as there is no household to lead, they must file as Single.
- If the taxpayer lives within a household but doesn't meet the qualifications to be its head, whether due to inadequate support contribution or other reasons, despite being a member of the household, they aren't its head and thus would file as Single.
- In cases where a taxpayer has a qualifying dependent but doesn't meet the requirements to qualify as the Head of Household, they would file as Single with a Dependent instead of Head of Household.

- Un hijo calificado o pariente vivió en el hogar durante más de la mitad del año (hay excepciones para ausencias temporales). En la mayoría de los casos, los hijos de padres divorciados o separados, o de padres que vivían separados, se pueden reclamar basándose en la prueba de residencia.
- El contribuyente pagó más de la mitad del costo de mantenimiento del hogar durante el año fiscal.

Un contribuyente casado podría ser considerado cabeza de familia si mantiene hogares separados durante más de los últimos seis meses del año y un hijo calificado vivió con ellos. El estado civil a elegir en la declaración de impuestos es Cabeza de familia.

Mantenimiento de un hogar

A fin de calificar para el estado civil de Cabeza de familia, el contribuyente debe pagar más de la mitad del costo de mantenimiento del hogar. Los gastos pueden incluir alquiler, pagos de intereses hipotecarios, reparaciones, impuestos sobre bienes raíces, seguro del hogar, servicios públicos y alimentos consumidos en el hogar. Los costos no incluyen ropa, educación, tratamiento médico, vacaciones, seguro de vida y el valor del alquiler de la vivienda que posee el contribuyente. El mantenimiento de una casa y el apoyo monetario se discutirán más adelante en este capítulo. Suponga que el contribuyente recibe pagos de Asistencia Temporal para Familias Necesitadas (TANF) u otros programas de asistencia pública para pagar el alquiler o el mantenimiento de la vivienda. En ese caso, esos pagos no se pueden incluir como dinero que pagó el contribuyente. Sin embargo, deben incluirse en el costo total de mantenimiento del hogar para determinar si el contribuyente pagó más de la mitad del costo.

El señor 1040 dice: Recuerde, la ayuda brindada por TANF para pagar el alquiler debe incluirse en el costo total de mantenimiento del hogar.

Diferencias entre declarar como Cabeza de familia y Soltero

La distinción entre declarar como Soltero (S) y declarar como Cabeza de familia (HOH) depende de si el contribuyente soltero mantiene una casa para una Persona Calificada. A fin de calificar para el estado de Cabeza de familia, primero debe existir un hogar de personas que vivan juntas y tengan relaciones calificadas para formar una unidad familiar. Si la situación de vida del contribuyente no cumple con estos criterios, debe declararse como Soltero.

Un contribuyente presentaría su declaración como Soltero en lugar de Cabeza de familia en los siguientes escenarios:

- Si el contribuyente reside solo, técnicamente es la única persona en su hogar y, como no hay un hogar que dirigir, debe declarar como Soltero.
- Si el contribuyente vive dentro de un hogar, pero no cumple con los requisitos para ser la cabeza del mismo, ya sea por una contribución de manutención inadecuada u otras razones, a pesar de ser miembro del hogar, no es su cabeza y por lo tanto declararía como Soltero.
- En los casos en que un contribuyente tenga un dependiente calificado, pero no cumpla con los requisitos para calificar como Cabeza de familia, presentaría su declaración como Soltero con un Dependiente en lugar de Cabeza de familia.

Example 1: Tyler lives alone in a suburban house, and no one else lives with him. He files Single because even though he is the "head" of his house, there is not a household or group of individuals of qualifying relationships living together to be considered a family unit.

Example 2: Joseph and four of his friends live in a house they rent together and split all the living costs evenly amongst themselves. Assuming none of them are married or in a registered domestic partnership, they will all file Single since none provide more than 50% of support for the house to qualify as a Head of Household. The group does not possess sufficient qualifying relationships to be considered a family unit and cannot be considered a household; therefore, there is neither a head of household nor a household.

Example 3: Barry resides with his parents, Henry and Nora, and his son Don. Henry and Nora collectively earn $350,000 annually. Barry's income as a part-time educational aide amounts to $27,840 per year. While Barry does not contribute more than 50% towards the household expenses, he does provide over 50% of the support for his son, Don. Consequently, Barry is required to file taxes as "Single with a Dependent" due to several factors. First, he cannot file as Head of Household since he does not contribute the majority of the household's financial support. Second, Barry is unmarried and not engaged in a registered domestic partnership, making the "Single" filing status appropriate. Third, Don qualifies as Barry's dependent as he is Barry's child and receives over half of his support from Barry. Therefore, the most suitable tax filing status for Barry is "Single with a Dependent."

Qualifying Surviving Spouse with Dependent Child

The taxpayer can file as a Qualifying Surviving Spouse (QSS) with dependent child if they meet all of the following criteria on December 31 of the tax year being filed:

- The taxpayer was entitled to file a joint return with their spouse for the tax year in which the spouse died (whether the taxpayer filed a joint return or not).
- The taxpayer did not remarry before the end of the tax year.
- The taxpayer has a dependent child who qualifies as their dependent for the tax year.
- The taxpayer paid more than half the cost of keeping up a home that was the main home for the taxpayer and the dependent child for the entire year.

For the tax year in which the spouse died, the taxpayer can file MFJ or QSS. If the taxpayer continues to meet the requirements, the taxpayer will file as QSS with a dependent child for the next two years. If the taxpayer has not remarried and still has a qualifying dependent child living with them after the two years, the taxpayer's filing status would change to HOH.

Example: John's wife died in 2022, and John has not remarried and has continued to keep up a home with his qualifying children, Riley and Galvan. For tax year 2022, John filed MFJ. In 2023 and 2024, he would qualify to file as Qualifying Surviving Spouse if Riley and Galvan are still qualifying dependents. Starting in tax year 2025, however, if John still has qualifying children and has not remarried, he would not be able to file as a QSS with dependent children and would instead qualify to file as HOH.

Exemptions and Suspensions

Exemptions are dollar amounts that can be deducted from an individual's total income, thereby reducing their taxable income. A suspension is the temporary removal or reduction of exemptions, deductions and certain other tax provisions that may affect a taxpayer's tax liability.

Ejemplo 1: Tyler vive solo en una casa suburbana y nadie más vive con él. Declara como Soltero porque, aunque es el "cabeza" de su familia, no hay una familia o grupo de personas con relaciones calificadas que vivan juntos para ser considerados una unidad familiar.

Ejemplo 2: Joseph y cuatro de sus amigos viven en una casa que alquilan juntos y se reparten el costo de vida en partes iguales entre ellos. Suponiendo que ninguno de ellos esté casado o en una pareja de hecho, todos declararán como Solteros, ya que ninguno proporciona más del 50% de la manutención de la casa para calificar como Cabeza de familia. El grupo no posee suficientes relaciones calificadas para ser considerado una unidad familiar y no puede ser considerada una familia; por lo tanto, no hay Cabeza de familia ni familia.

Ejemplo 3: Barry reside con sus padres, Henry y Nora, y su hijo Don. Henry y Nora ganan colectivamente $350,000 al año. Los ingresos de Barry como asistente educativo a medio tiempo ascienden a $27,840 al año. Si bien Barry no contribuye más del 50% a los gastos del hogar, sí proporciona más del 50% de la manutención de su hijo, Don. En consecuencia, Barry debe declarar impuestos como "soltero con un dependiente" debido a varios factores. Primero, no puede declararse como Cabeza de familia ya que no aporta la mayor parte del sustento financiero del hogar. En segundo lugar, Barry no está casado y no forma parte de una pareja de hecho, lo que hace que el estado civil "Soltero" sea apropiado. En tercer lugar, Don califica como dependiente de Barry, ya que es hijo de Barry y recibe más de la mitad de su manutención de parte de Barry. Por lo tanto, el estado civil de declaración de impuestos más adecuado para Barry es "Soltero con un dependiente".

Cónyuge sobreviviente calificado con hijo dependiente

El contribuyente puede presentar su declaración como cónyuge sobreviviente calificado (QSS) con un hijo dependiente si cumple con todos los siguientes criterios al 31 de diciembre del año fiscal que se declara:

- El contribuyente tenía derecho a presentar una declaración conjunta con su cónyuge para el año fiscal en el que falleció el cónyuge (ya sea que el contribuyente haya presentado una declaración conjunta o no).
- El contribuyente no se volvió a casar antes del final del año fiscal.
- El contribuyente tiene un hijo dependiente que califica como su dependiente para el año fiscal.
- El contribuyente pagó más de la mitad del costo de mantenimiento del hogar que era el hogar principal del contribuyente y del hijo dependiente durante todo el año.

Para el año fiscal en el que falleció el cónyuge, el contribuyente puede declarar como MFJ o QSS. Si el contribuyente continúa cumpliendo con los requisitos, declarará como QSS con un hijo dependiente durante los próximos dos años. Si el contribuyente no se ha vuelto a casar y todavía tiene un hijo dependiente calificado que vive con él después de dos años, el estado civil del contribuyente cambiaría a Cabeza de familia.

Ejemplo: La esposa de John murió en 2022 y John no se ha vuelto a casar y ha seguido manteniendo un hogar con sus hijos calificados, Riley y Galván. Para el año fiscal 2022, John presentó su declaración como MFJ. En 2023 y 2024, calificaría para presentar una declaración como Cónyuge sobreviviente calificado si Riley y Galván siguen siendo dependientes calificados. Sin embargo, a partir del año fiscal 2025, si John todavía tiene hijos calificados y no se ha vuelto a casar, no podrá presentar una declaración como QSS con hijos dependientes y, en cambio, calificará para presentar una declaración como HOH.

Exenciones y suspensiones

Las exenciones son cantidades en dólares que se pueden deducir del ingreso total de una persona, reduciendo así su base imponible. Una suspensión es la eliminación o reducción temporal de exenciones, deducciones y ciertas otras disposiciones tributarias que pueden afectar la obligación tributaria de un contribuyente.

Similar to a deduction, a personal exemption reduces the amount of income used to compute tax liability. Unlike tax deductions, an exemption is simply a set amount of reduction given on the return.

The Tax Cuts and Jobs Act in 2017 suspended the personal exemption for tax years **2018 to 2025**. Though there may not be a filing requirement for the federal portion of a return currently, a taxpayer might still have a filing requirement for the state and, in the future, potentially for the federal return as well.

The taxpayer can generally claim an exemption for himself, his or her spouse, and any qualifying dependents. The total amount of reduction provided from any personal exemptions before the tax year 2017 goes on Form 1040, line 42, and Form 1040A, line 26. Form 1040EZ, line 5, is the sum of the total standard deduction amount added to the personal exemption amount.

Rules for Dependent Exemptions

- The taxpayer cannot claim any dependents if they file a joint return or if they could be claimed as a dependent by another taxpayer.
- The taxpayer cannot claim a married person who files a joint return as a dependent unless the joint return is only a claim for a refund.
- The taxpayer cannot claim a person as a dependent unless the individual is a U.S. citizen, a U.S. resident, a U.S. national, or a resident of Canada or Mexico for some part of the year; there are exceptions to this rule, but they are beyond the scope of this course.
- A taxpayer cannot claim a person as a dependent unless that person is their qualifying child or qualifying relative.

The taxpayer is allowed one exemption for each person claimed on the tax return. The taxpayer can claim an exemption for a dependent even if they file a tax return.

Part 1 Review

To obtain the maximum benefit from each part go online now and watch the video.

Part 2 Dependent Filing Requirements

Dependent Exemptions

A taxpayer can claim a qualifying child or a qualifying relative as a dependent if the following three tests are met:

- Dependent taxpayer test.
- Joint return test.
- Citizen or resident test.

Dependent Taxpayer Test

If a taxpayer is claimed as a dependent by another person, that individual cannot claim any dependents on their return. If the taxpayer is filing a joint return and the spouse was a dependent for someone else, they cannot claim any dependents on their joint return. They can only file to receive their refund.

Similar a una deducción, una exención personal reduce la cantidad de ingresos utilizados para calcular la obligación tributaria. A diferencia de las deducciones de impuestos, una exención es simplemente una cantidad fija de reducción otorgada en la declaración.

La Ley de Reducción de Impuestos y Empleos de 2017 suspendió la exención personal para los años fiscales **2018 a 2025.** Aunque es posible que actualmente no haya un requisito de declaración para la parte federal, un contribuyente aún podría tener un requisito de declaración para la declaración estatal y, en el futuro, posiblemente también para la federal.

El contribuyente generalmente puede reclamar una exención para sí mismo, su cónyuge y cualquier dependiente calificado. La cantidad total de reducción provista de cualquier exención personal antes del año fiscal 2017 se incluye en la línea 42 del Formulario 1040 y en la línea 26 del Formulario 1040A. La línea 5 del Formulario 1040EZ es la suma del monto total de la deducción estándar más el monto de la exención personal.

Reglas para Exenciones de dependientes

- El contribuyente no puede reclamar ningún dependiente si presenta una declaración conjunta o si pudiera ser reclamado como dependiente por otro contribuyente.
- El contribuyente no puede reclamar como dependiente a una persona casada que presenta una declaración conjunta, a menos que la declaración conjunta sea solo un reclamo de reembolso.
- El contribuyente no puede reclamar a una persona como dependiente a menos que la persona sea ciudadano estadounidense, residente de los EE. UU., nacional de los EE. UU. o residente de Canadá o México durante una parte del año; hay excepciones a esta regla, pero están fuera del alcance de este curso.
- Un contribuyente no puede reclamar a una persona como dependiente a menos que esa persona sea su hijo calificado o pariente calificado.

Al contribuyente se le permite una exención por cada persona reclamada en la declaración de impuestos. El contribuyente puede reclamar una exención por un dependiente incluso si presenta una declaración de impuestos.

Revisión de la Parte 1

Para obtener el máximo beneficio de cada parte, conéctese ahora y mire el video.

Parte 2 Requisitos de declaración de dependientes

Exenciones para dependientes

Un contribuyente puede reclamar a un hijo calificado o un pariente calificado como dependiente si se cumplen las siguientes tres pruebas:

- Prueba de contribuyente dependiente.
- Prueba de declaración conjunta.
- Prueba de ciudadano o residente.

Prueba de contribuyente dependiente

Si otra persona reclama a un contribuyente como dependiente, esa persona no puede reclamar ningún dependiente en su declaración. Si el contribuyente presenta una declaración conjunta y el cónyuge era dependiente de otra persona, no puede reclamar ningún dependiente en su declaración conjunta. Solo pueden presentar la solicitud para recibir su reembolso.

If gross income is $4,700 (for tax year 2023) and for 2024 the amount is $5,050. Generally, the taxpayer cannot be claimed as a dependent unless the taxpayer is under age 19 or a full-time student under the age of 24.

Qualifying Child

To be considered the qualifying dependent of the taxpayer, a child must meet all five tests:

1. **Relationship**: The child must be the taxpayer's child, stepchild, foster child, sibling, stepsibling, or a descendant of any of these individuals (e.g., grandchild).
2. **Age**: The child must be under a certain age or meet other criteria (such as being a full-time student) to qualify as a dependent. Generally, the child must be under 19 years old at the end of the tax year, or under 24 years old if they are a full-time student.
3. **Residency**: The child must have lived with the taxpayer for more than half of the tax year. Temporary absences for purposes such as school, vacation, medical care, military service, or detention in a juvenile facility are generally not considered interruptions in residency.
4. **Support**: The child must not have provided more than half of their own support during the tax year. Support includes food, shelter, clothing, education, medical and dental care, recreation, and transportation.
5. **Joint Return**: If the child is married, they must not have filed a joint return with their spouse unless it was only to claim a refund and there would be no tax liability for either spouse if they had filed separately.

These tests determine whether a child qualifies as a dependent for the taxpayer, separate from the qualifications for claiming dependent exemptions.

Children of Parents Who Live Apart, Divorce, or Separate

In most cases, a child will be treated as the dependent of the custodial parent. A child will be treated as the qualifying child of their noncustodial parent if all the following apply:

1. The parents were any of the following:
    a. Divorced or legally separated under a decree of divorce or separate maintenance,
    b. Separated under a written separation agreement,
    c. Living apart for the last six months of the year, whether married or not;
2. The child received over half of their support for the year from the parents;
3. The child is in the custody of one or both parents for more than half of the year;
4. If either of the following is true:
    a. The custodial parent signed a written declaration stating that the custodial parent will not claim the child as a dependent for the current year, and the noncustodial parent attaches the written declaration to his or her return.
    b. A pre-1985 decree of divorce, separate maintenance, or written separation agreement, which applies to 2023, states that the noncustodial parent can claim the child as a dependent and will provide at least $600 for the support of the child during the year.

If all four of the above statements are true, the noncustodial parent can only do the following:

- Claim the child as a dependent.

Si el ingreso bruto es de $4,700 (para el año fiscal 2023) y para 2024 el monto es de $5,050. Generalmente, el contribuyente no puede ser reclamado como dependiente a menos que sea menor de 19 años o sea un estudiante de tiempo completo menor de 24 años.

Hijo calificado

Para ser considerado dependiente calificado del contribuyente, un hijo debe cumplir con las cinco pruebas:

1. **Parentesco:** El hijo debe ser hijo, hijastro, hijo adoptivo, hermano, hermanastro o descendiente del contribuyente de cualquiera de estas personas (por ejemplo, nieto).
2. **Edad**: El hijo debe tener menos de cierta edad o cumplir con otros criterios (como ser estudiante a tiempo completo) para calificar como dependiente. Generalmente, el hijo debe tener menos de 19 años al final del año fiscal, o menos de 24 años si es estudiante a tiempo completo.
3. **Residencia:** El hijo debe haber vivido con el contribuyente durante más de la mitad del año fiscal. Las ausencias temporales con fines tales como escuela, vacaciones, atención médica, servicio militar o detención en un centro juvenil generalmente no se consideran interrupciones en la residencia.
4. **Manutención:** El hijo no debe haber aportado más de la mitad de su propia manutención durante el año fiscal. La manutención incluye alimentos, alojamiento, ropa, educación, atención médica y dental, recreación y transporte.
5. **Declaración conjunta**: Si el hijo está casado, no debe haber presentado una declaración conjunta con su cónyuge a menos que fuera solo para reclamar un reembolso y no habría obligación tributaria para ninguno de los cónyuges si hubieran presentado la declaración por separado.

Estas pruebas determinan si un hijo califica como dependiente para el contribuyente, aparte de las calificaciones para reclamar exenciones de dependientes.

Hijos de padres que viven separados, divorciados o aparte

En la mayoría de los casos, un hijo será tratado como dependiente del padre con custodia. Un hijo será tratado como hijo calificado de su padre sin custodia si se cumple todo lo siguiente:

1. Los padres fueron cualquiera de los siguientes:
    a. Divorciados o separados legalmente por sentencia de divorcio o manutención separada,
    b. Separados en virtud de un acuerdo de separación por escrito,
    c. Vivieron separados durante los últimos seis meses del año, ya sea casados o no;
2. El hijo recibió más de la mitad de la manutención del año de los padres;
3. El hijo está bajo la custodia de uno o ambos padres durante más de la mitad del año;
4. Si se cumple alguna de las siguientes condiciones:
    a. El padre con custodia firmó una declaración escrita que indica que el padre con custodia no reclamará al hijo como dependiente durante el año en curso, y el padre sin custodia adjunta la declaración por escrito a su declaración.
    b. Una sentencia de divorcio, manutención separada o acuerdo de separación por escrito anterior a 1985, que se aplica a 2023, establece que el padre sin custodia puede reclamar al hijo como dependiente y proporcionará al menos $600 para la manutención del hijo durante el año.

Si las cuatro declaraciones anteriores son verdaderas, el padre sin custodia solo puede hacer lo siguiente:

- Reclamar al hijo como dependiente.

- Claim the child as a qualifying child for the child tax credit or the credit for other dependents.

See Sec 152(e).

Custodial vs. Noncustodial Parent

If the parents divorced or separated during the year and if the child lived with both parents before the separation, the "custodial parent" is the parent with whom the child lived for the greater part of the year.

A child is treated as living with a parent for a night if the child sleeps as follows:

- At the parent's home, whether the parent is present or not.
- In the company of the parent when the child does not sleep at a parent's house (for example, going on vacation).

The rule for divorced or separated parents also applies to parents who never married and lived apart for the last six months of the year.

If the child lived with each parent for an equal number of nights, the parent with the higher adjusted gross income (AGI) is the custodial parent. If the child is emancipated under state law, the child is treated as having not lived with either parent.

Tie-Breaker Rules

The following rules apply to determine which parent will claim the qualifying child:

- If both claimants are the parents and file a joint return, they can claim the child as a qualifying child. Even if there are other qualified claimants, the child cannot be the qualifying child of another person.
- If only one claimant is the child's parent, the child will be the parent's qualifying child.
- If both claimants are parents and do not file a joint return, the IRS will treat the child as a qualifying child of the parent with whom the child lived the longest during the year.
- If one of the above does not resolve the dispute, then the IRS will treat the child as the qualifying child of the claimant with the highest AGI for the year. Also, use this rule as a tiebreaker in the following instances:
    - If the child lived with each of his two parents for the same amount of time.
    - If no parent can claim the child as a qualifying child.
    - If a parent can claim the child as a qualifying child, but no parent claims the child.

Child in Canada or Mexico

A child living in a foreign country cannot be claimed as a dependent unless the child is a U.S. citizen, U.S. resident alien, or U.S. national. However, a taxpayer may claim their child as a dependent if the child lives in Canada or Mexico, even if the child is not a U.S. citizen, resident alien, or national.

Written Declaration Form 8332

The custodial parent can use Form 8332 to make a written declaration to release the exemption to the noncustodial parent. If the custodial parent has multiple dependents, a separate form should be used for each child. The release of the exemption can have various conditions:

- Reclamar al hijo como hijo calificado para el crédito fiscal por hijos o el crédito por otros dependientes.

Consulte la sección 152(e).

Padre con custodia frente a padre sin custodia

Si los padres se divorciaron o separaron durante el año y si el hijo vivía con ambos padres antes de la separación, el "padre con custodia" es aquel con quien el hijo vivió la mayor parte del año.

Se considera que un hijo vive con uno de sus padres por una noche si duerme de la siguiente manera:

- En la casa de los padres, estén presentes o no.
- En compañía de los padres cuando el hijo no duerme en casa de los padres (por ejemplo, se va de vacaciones).

Esta regla especial para padres divorciados o separados también se aplica a los padres que nunca se casaron y vivieron separados durante los últimos seis meses del año.

Si el hijo vivió con cada padre por la misma cantidad de noches, el padre con el ingreso bruto ajustado (AGI) más alto es el padre con custodia. Si el hijo está emancipado en virtud de la ley estatal, se considera que el hijo no ha vivido con ninguno de los padres.

Reglas de desempate

Las siguientes reglas se aplican para determinar qué padre reclamará al hijo calificado:

- Si ambos reclamantes son los padres y presentan una declaración conjunta, pueden reclamar al hijo como hijo calificado. Incluso si hay otros reclamantes calificados, el hijo no puede ser el hijo calificado de otra persona.
- Si solo un reclamante es el padre del hijo, el hijo será el hijo calificado del padre.
- Si ambos reclamantes son padres y no presentan una declaración conjunta, el IRS tratará al hijo como hijo calificado del padre con quien vivió por más tiempo durante el año.
- Si uno de los anteriores no resuelve la disputa, entonces el IRS tratará al hijo como el hijo calificado del reclamante con el ingreso bruto ajustado más alto del año. Además, utilice esta regla como desempate en los siguientes casos:
    - Si el hijo vivió con cada uno de sus dos padres durante la misma cantidad de tiempo.
    - Si ningún padre puede reclamar al hijo como hijo calificado.
    - Si un padre puede reclamar al hijo como hijo calificado, pero ningún padre reclama al hijo.

Hijo en Canadá o México

No se puede reclamar como dependiente a un hijo que vive en un país extranjero a menos que sea ciudadano estadounidense, extranjero residente de los EE. UU. o nacional de los EE. UU. Sin embargo, un contribuyente puede reclamar a su hijo como dependiente si el hijo vive en Canadá o México, incluso si el hijo no es ciudadano estadounidense, extranjero residente o nacional de los EE. UU.

Formulario 8332 - Declaración escrita

El padre con custodia puede utilizar el Formulario 8332 para hacer una declaración por escrito a fin de liberar la exención al padre sin custodia. Si el padre con custodia tiene más de un dependiente, se debe usar un formulario por separado para cada hijo. La liberación de la exención puede tener varias condiciones:

- It can be released for one year.
- It can be designated for specified years (e.g., alternate years).
- It can be designated for all future years, as specified in the declaration.
- The custodial parent can revoke the release from the noncustodial parent.

If the custodial parent releases their claim to the exemption for the child for any future year, Form 8332 must be attached to each year that the taxpayer can claim the exemption. If the return is filed electronically, Form 8332 should be filed with the tax return. Tax professionals should retain copies of Form 8332 for their records.

Señor 1040 Says: The household of the divorced or separated parent, whom a court order has given legal and physical custody, is the child's principal place of residency. Ask the taxpayer questions about adding a qualifying dependent who is not a newborn baby.

Qualifying relative

There are four tests that must be met for a person to be a qualifying relative:

1. Not a qualifying child test.
2. Member of household or relationship test.
3. Gross income test.
4. Support test.

Unlike a qualifying child, a qualifying relative can be any age, and there is no age test for a qualifying relative. A child is not the taxpayer's qualifying relative if the child is the taxpayer's qualifying child or the qualifying child of anyone else.

Not a Qualifying Child Test

A child who is not the qualifying child of another taxpayer could qualify as the taxpayer's qualifying relative if:

1. The child's parent is not required to file an income tax return, or
2. The child's parent only files a return to get a refund.

Relationship Test

The relationship of the child to the taxpayer must be one of the following:

- Son or daughter
- Stepchild
- Eligible foster child
- Brother or sister
- Half-brother or half-sister
- Stepbrother or stepsister
- A descendant of any of these (for example, the taxpayer's grandchild)

- Se puede liberar por un año.
- Puede designarse para años específicos (por ejemplo, años alternos).
- Puede designarse para todos los años futuros, según se especifica en la declaración.
- El padre con custodia puede revocar la liberación del padre sin custodia.

Si el padre con custodia renuncia a su reclamo de exención para el hijo para cualquier año futuro, se debe adjuntar el Formulario 8332 a cada año en el que el contribuyente pueda reclamar la exención. Si la declaración se presenta electrónicamente, el Formulario 8332 debe presentarse con la declaración de impuestos. Los profesionales de impuestos deben guardar copias del Formulario 8332 para sus registros.

El señor 1040 dice: El hogar del padre divorciado o separado, a quien una orden judicial le ha otorgado la custodia legal y física, es el lugar principal de residencia del hijo. Hágale preguntas al contribuyente sobre cómo agregar un dependiente calificado que no sea un bebé recién nacido.

Pariente calificado

Hay cuatro pruebas que deben cumplirse para que una persona sea un pariente calificado:

1. Prueba de hijo no calificado.
2. Prueba de miembro del hogar o parentesco.
3. Prueba de ingresos brutos.
4. Prueba de manutención.

A diferencia de un hijo calificado, un pariente calificado puede tener cualquier edad y no existe una prueba de edad para un pariente calificado. Un hijo no es el pariente calificado del contribuyente si el hijo es el hijo calificado del contribuyente o el hijo calificado de cualquier otra persona.

No es una prueba para hijo calificado

Un hijo que no es el hijo calificado de otro contribuyente podría calificar como pariente calificado del contribuyente si:

1. El padre del hijo no está obligado a presentar una declaración de impuestos sobre la renta o
2. El padre del hijo solo presenta una declaración para obtener un reembolso.

Prueba de parentesco

El parentesco del hijo con el contribuyente debe ser uno de los siguientes:

- Hijo o hija
- Hijastro
- Hijo adoptivo elegible
- Hermano o hermana
- Medio hermano o media hermana del contribuyente
- Hermanastro o hermanastra
- O un descendiente de cualquiera de estos (por ejemplo, el nieto del contribuyente).

An adopted child is always the taxpayer's child. The term "adopted child" includes one lawfully placed with the taxpayer for legal adoption.

A foster child is an individual who is placed with the taxpayer by an authorized placement agency or by judgment, decree, or other order of any court of competent jurisdiction.

The Adopted Child Exception

The Adopted Child Exception applies when the taxpayer is a U.S. citizen who has legally adopted a child who is not a U.S. citizen or U.S. national.

The child will meet the citizen test if they lived with the taxpayer, as a member of the household, all year. Children lawfully placed with the taxpayer for legal adoption also meet the requirement.

Exceptions for Stillborn Children and Children Born Alive

A child who was born or who died during the year is considered to have lived with the taxpayer the entire year if they were alive for any part of the year. Similarly, if the child lived with the taxpayer all year except for any required hospital stay following birth, they are considered to have lived with the taxpayer the entire year.

However, the taxpayer cannot claim a stillborn child as a dependent. Nevertheless, they may claim an exemption for a child born alive during the year but died shortly after, even if the child only lived for a moment. This is contingent upon state or local law treating the child as having been born alive.

Proof of a live birth must be provided through an official document such as a birth certificate. Additionally, to be claimed as a dependent, the child must qualify as a qualifying child or relative and meet all other applicable tests.

Kidnapped Children

A kidnapped child can meet the residency test if the following statements are factual:

- Law enforcement authorities presumed someone who is not a member of the taxpayer's family or the child's family kidnapped the child.
- The child lived with the taxpayer more than half of the time before the date of the kidnapping.
- On the child's return, the child lived with the taxpayer more than half of the portion of the year following the date of the child's return home.

This treatment applies until the child returns; however, the last year you can treat the child as such is the earlier of:

- The year there is a determination that the child is dead.
- The year the child would have reached age 18.

Age Test

To meet this test, a child must be one of the following:

Un hijo adoptivo es siempre el hijo del contribuyente. El término "hijo adoptivo" incluye a un hijo que fue colocado legalmente con el contribuyente para su adopción legal.

Un hijo de crianza es una persona que es colocada con el contribuyente por una agencia de colocación autorizada o por sentencia, decreto u otra orden de cualquier tribunal de jurisdicción competente.

La excepción del hijo adoptivo

La Excepción de hijo adoptivo se aplica cuando el contribuyente es un ciudadano estadounidense que ha adoptado legalmente a un niño que no es ciudadano o nacional estadounidense.

El hijo cumplirá el requisito de ciudadano si vivió con el contribuyente, como miembro del hogar, durante todo el año. Los hijos colocados legalmente con el contribuyente para adopción legal también cumplen con el requisito.

Excepciones para hijos nacidos muertos e hijos nacidos vivos

Se considera que un hijo nacido o fallecido durante el año ha vivido con el contribuyente todo el año si ha estado vivo durante cualquier parte del año. De manera similar, si el hijo vivió con el contribuyente todo el año, excepto por cualquier estadía hospitalaria requerida después del nacimiento, se considera que vivió con el contribuyente durante todo el año.

Sin embargo, el contribuyente no puede reclamar a un hijo nacido muerto como dependiente. Sin embargo, puede reclamar una exención para un hijo nacido vivo durante el año, pero muerto poco después, incluso si el hijo solo vivió un momento. Esto depende de que la ley estatal o local trate al hijo como si hubiera nacido vivo.

La prueba de un nacimiento vivo debe acreditarse mediante un documento oficial como un certificado de nacimiento. Además, para ser reclamado como dependiente, el hijo debe calificar como hijo o pariente calificado y cumplir con todas las demás pruebas aplicables.

Hijos secuestrados

Un hijo secuestrado puede cumplir con la prueba de residencia si las siguientes afirmaciones son verdaderas:

- Las autoridades policiales presumen que alguien que no es pariente del contribuyente ni de la familia del hijo secuestró al hijo.
- El hijo vivió con el contribuyente durante más de la mitad del año de la fecha anterior al secuestro.
- En la declaración del hijo, el hijo vivió con el contribuyente más de la mitad de la parte del año siguiente a la fecha del regreso del hijo al hogar.

Este tratamiento se aplica hasta que el hijo regrese; sin embargo, el último año en que puede tratar al hijo como tal es la primera de las dos situaciones a continuación:

- El año en que se determina que el hijo está muerto.
- El año en que el hijo habría alcanzado los 18 años.

Prueba de edad

Para cumplir con esta prueba, un hijo debe ser uno de los siguientes:

- Under the age of 19 at the end of the year.
- A student under the age of 24 at the end of the year.
- Younger than the taxpayer or spouse if filing a joint return.
- Permanently and totally disabled at any time during the year, regardless of age.

Example 1: Mr. and Mrs. Swift have Jonathon, Mr. Swift's brother, living with them. Jonathon, age 23, is a full-time student. Mr. and Mrs. Swift are both 21-years-old. Even though he is a student, Jonathon cannot be their dependent since he is older than both.

Example 2: Mr. and Mrs. Swift have Jonathon, Mr. Swift's brother, living with them. Jonathon, age 23, is a full-time student. Mr. and Mrs. Swift are both 25-years-old. If Jonathon meets all the other tests, he can be their dependent since he is younger than both.

Additional Qualifying Child Rules

A dependent must also meet the following conditions to qualify as a child of a taxpayer:

- The child must have lived with the taxpayer for more than half of the year, though some exceptions may apply.
- The child must not have provided more than half of their support for the year.
- If the child meets the rules to be a qualifying child of more than one person, the taxpayer must be the person most entitled to claim the child as a qualifying child. See "Special Rules for a Qualifying Child of More Than One Person" below.

Special Rules for a Qualifying Child of More Than One Person

Sometimes, a child meets the relationship, age, residency, and support tests to be a qualifying child for more than one person. Even if an individual is a qualifying child of several people, only one claimant (a person attempting to claim something) can claim the child as their qualifying child.

If a taxpayer and one or more others have the same qualifying child, it is up to everyone involved to decide who will claim the child as a qualifying child. That individual can claim the following tax benefits based on the qualifying child (provided the taxpayer is eligible for each one):

- Child tax credit
- HOH filing status (if applicable)
- Child and dependent care expenses
- Earned income credit

When one parent claims the child, other taxpayers cannot share the tax benefits. If two or more taxpayers attempt to claim the child, the IRS will determine who will be able to claim the child based on the Tie-breaker Rules. (Tie-breaker Rules are discussed later in this chapter).

Qualifying Relative

Meet the following conditions to be considered a qualifying relative:

- Menor de 19 años al final del año.
- Un estudiante menor de 24 años al final del año.
- Más joven que el contribuyente o cónyuge si presenta una declaración conjunta
- Discapacidad total y permanente en cualquier momento del año, independientemente de la edad.

Ejemplo 1: El Sr. y la Sra. Swift tienen a Jonathon, el hermano del Sr. Swift, viviendo con ellos. Jonathon, de 23 años, es un estudiante de tiempo completo. El Sr. y la Sra. Swift tienen 21 años. A pesar de que es un estudiante, Jonathon no puede ser su dependiente ya que es mayor que ambos.

Ejemplo 2: El Sr. y la Sra. Swift tienen a Jonathon, el hermano del Sr. Swift, viviendo con ellos. Jonathon, de 23 años, es un estudiante de tiempo completo. El Sr. y la Sra. Swift tienen 25 años. Si Jonathon cumple todas las demás pruebas, puede ser su dependiente ya que es más joven que ambos.

Reglas adicionales para hijos calificados

Los dependientes también deben cumplir las siguientes condiciones para calificar como hijo de un contribuyente:

- El hijo debe haber vivido con el contribuyente durante más de la mitad del año, aunque pueden aplicarse algunas excepciones.
- El hijo no debe haber proporcionado más de la mitad de su propia manutención durante el año.
- Si el hijo cumple con las reglas para ser hijo calificado de más de una persona, el contribuyente debe ser la persona con más derecho a reclamar al hijo como hijo calificado. Consulte la "Regla especial para un hijo calificado de más de una persona" a continuación.

Regla especial para un hijo calificado de más de una persona

A veces, un hijo cumple con las pruebas de parentesco, edad, residencia y manutención para ser un hijo calificado para más de una persona. Incluso si una persona es un hijo calificado de varias personas, solo un reclamante (una persona que intenta reclamar algo) puede reclamar al hijo como su hijo calificado.

Si un contribuyente y uno o más tienen el mismo hijo calificado, depende de ellos decidir quién podrá tratar al hijo como un hijo calificado. La persona puede reclamar los siguientes beneficios fiscales en función del hijo calificado (siempre y cuando el contribuyente sea elegible para cada uno):

- Crédito fiscal por hijos
- Estado civil Cabeza de familia (si corresponde).
- Gastos de cuidado de hijos y dependientes.
- Crédito por ingresos del trabajo

Cuando uno de los padres reclama al hijo, los demás contribuyentes no comparten los beneficios fiscales. Si dos o más contribuyentes intentan reclamar al hijo, el IRS determinará quién podrá reclamar al hijo según las Reglas de desempate. (Las reglas de desempate se tratan más adelante en este capítulo).

Pariente calificado

Para ser considerado un pariente calificado, se deben cumplir las siguientes condiciones:

- The person cannot be the taxpayer's qualifying child or anyone else's qualifying child.
- The person must be only one of these things:
  - Be related to the taxpayer in one of the ways listed under "Relatives Who Do Not Need to live with the taxpayer."
  - Live with the taxpayer all year as a member of their household. This relationship must not violate local law.
- The person's gross income for the year must be less than $4,700. Exceptions apply.
- The taxpayer must provide more than half of the person's total support for the year. Exceptions apply.

Citizen and Residency Tests

The taxpayer's child must have lived with the taxpayer for more than half of the year to meet these tests. Additionally, the taxpayer cannot claim a person as a dependent unless the person is a U.S. citizen, U.S. resident, U.S. national, or a resident of Canada or Mexico. However, there are exceptions to these requirements for a group of adopted children, temporary absences, children born or died during the year, kidnapped children, and children of divorced or separated parents.

A Child's Citizenship and Place of Residence

In determining a child's citizenship and residency, you generally look to the citizenship and residence of their parents. If the taxpayer was a U.S. citizen when their child was born, the child might also be a U.S. citizen, even if the other parent was a nonresident alien and the child was born in a foreign country. In such cases, the child meets the citizen test.

A U.S. national is an individual who owes their allegiance to the United States. This category includes American Samoans and Northern Mariana Islanders who became U.S. nationals instead of U.S. citizens.

However, students brought to the United States under a qualified international education exchange program and placed in American homes temporarily are typically not considered U.S. residents and will not meet the residency test. As a result, the taxpayer cannot claim them as dependents. More information on this topic can be found in Publication 526.

For the residency test, the taxpayer's home can be any location where they regularly live, and a traditional home is not necessary. For instance, if a child lived with the taxpayer for more than half of the year in one or more homeless shelters, the child still meets the residency test.

Full-Time Student

Taxpayers may be eligible for additional deductions for qualifying costs related to dependents who are full-time students. A full-time student is defined as a student who enrolls for the number of hours or courses considered full-time attendance by the school.

To qualify as a student for tax purposes, the taxpayer's dependent must meet one of the following criteria during some part of each of any five calendar months of the year (the months do not need to be consecutive):

- Enrolled as a full-time student at a school with regular teaching staff, a prescribed course of study, and a regularly enrolled student body.

- La persona no puede ser el hijo calificado del contribuyente ni el hijo calificado de otra persona.
- La persona debe ser solo una de las siguientes:
    - Estar relacionado con el contribuyente de una de las formas descritas en "Parientes que no tienen que vivir con el contribuyente".
    - Vivir con el contribuyente todo el año como miembro de su hogar. Este parentesco no debe violar la ley local.
- El ingreso bruto de la persona para el año debe ser inferior a $4,700. Se aplican excepciones.
- El contribuyente debe proporcionar más de la mitad de la manutención total de la persona durante el año. Se aplican excepciones.

Pruebas de ciudadanía y residencia

El hijo del contribuyente debe haber vivido con el contribuyente durante más de la mitad del año para cumplir con estas pruebas. Además, el contribuyente no puede reclamar a una persona como dependiente a menos que esa persona sea ciudadano estadounidense, residente de los EE. UU., nacional de los EE. UU. o residente de Canadá o México. Sin embargo, existen excepciones a estos requisitos para un grupo de hijos adoptivos, ausencias temporales, hijos que nacieron o murieron durante el año, hijos secuestrados e hijos de padres divorciados o separados.

Ciudadanía y lugar de residencia de un hijo

Para determinar la ciudadanía y residencia de un hijo, generalmente se tiene en cuenta la ciudadanía y residencia de sus padres. Si el contribuyente era ciudadano de los EE. UU. cuando nació su hijo, el hijo podría ser ciudadano de los EE. UU. incluso si el otro padre era un extranjero no residente y el hijo nació en un país extranjero. En tales casos, el hijo cumple la prueba de ciudadano.

Un ciudadano estadounidense es una persona que debe su lealtad a los Estados Unidos. Esta categoría incluye a los samoanos americanos y a los isleños de las Marianas del Norte que se convirtieron en nacionales de los EE.UU. en lugar de ciudadanos estadounidenses.

Sin embargo, los estudiantes traídos a los Estados Unidos bajo un programa calificado de intercambio educativo internacional y colocados temporalmente en hogares estadounidenses generalmente no se consideran residentes de los EE. UU. y no cumplirán con el examen de residencia. Como resultado, el contribuyente no puede reclamarlos como dependientes. Puede encontrar más información sobre este tema en la Publicación 526.

Para la prueba de residencia, el domicilio del contribuyente puede ser cualquier lugar en el que viva habitualmente, y no es necesaria una vivienda tradicional. Por ejemplo, si un hijo vivió con el contribuyente durante más de la mitad del año en uno o más refugios para personas sin hogar, el hijo cumple con la prueba de residencia.

Estudiante de tiempo completo

Los contribuyentes pueden ser elegibles para deducciones adicionales por costos calificados relacionados con dependientes que sean estudiantes de tiempo completo. Un estudiante de tiempo completo se define como un estudiante que se inscribe en la cantidad de horas o cursos que la escuela considera asistencia de tiempo completo.

Para calificar como estudiante a efectos fiscales, el dependiente del contribuyente debe cumplir con uno de los siguientes criterios durante alguna parte de cada uno de los cinco meses calendario del año (no es necesario que los meses sean consecutivos):

- Matriculado como estudiante de tiempo completo en una escuela con personal docente regular, un curso de estudio prescrito y un cuerpo estudiantil matriculado regularmente

- Engaged in full-time, on-farm training courses provided by a qualifying school or by a state, county, or local government agency.

A qualifying "school" can include elementary schools, junior or senior high schools, colleges, universities, or technical, trade, or mechanical schools for the purpose of the full-time student deduction. However, on-the-job training courses, correspondence schools, or online schools do not qualify.

Additionally, vocational high school students who participate in "co-op" jobs in private industry as part of their classroom study course and practical training are considered full-time students for the deduction.

Temporary Absence Exceptions

The taxpayer's child lived with them during periods of time when one or both are temporarily absent due to any of the following:

- Business
- Detention in a juvenile facility
- Education
- Illness
- Vacation
- Military service

One must assume that the child will return home after the temporary absence.

Joint Return Test to be a Qualifying Child

The child cannot file a joint return for the year to meet this test. The exception to this rule is if the taxpayer's child and the spouse are not required to file a tax return but decide to file a joint return solely to claim a refund.

For example:

1. April, aged 17, is married to Joe, aged 18, and they reside with April's parents. Although both April and Joe have some earned income, they are not required to file a return. They file a joint return solely to receive a refund on the taxes withheld. If they meet all other dependency tests, April's parents may be eligible to claim them as dependents.
2. Aaron, aged 18, lived with his parents while his wife, Mackenzie, served in the military. Aaron's parents supported him financially. Mackenzie earned $25,000 during the year, and she and Aaron will file a joint return. Despite being supported by his parents, Aaron cannot be claimed as a dependent on their return because he and Mackenzie filed jointly, and Mackenzie's income exceeds the threshold for dependent eligibility.

Permanently and Totally Disabled

The taxpayer's child is permanently and totally disabled if both apply:

- Participar en cursos de capacitación en granjas a tiempo completo proporcionados por una escuela calificada o por una agencia gubernamental estatal, del condado o local.

Una "escuela" calificada puede incluir escuelas primarias, escuelas secundarias, colegios, universidades o escuelas técnicas, comerciales o mecánicas a los efectos de la deducción de estudiantes de tiempo completo. Sin embargo, los cursos de capacitación en el trabajo, las escuelas por correspondencia o las escuelas en línea no califican.

Además, los estudiantes de secundaria vocacional que participan en trabajos "cooperativos" en la industria privada como parte de su curso de estudio en el aula y capacitación práctica se consideran estudiantes de tiempo completo para la deducción.

Excepciones de ausencia temporal

El hijo del contribuyente vivió con él/ella durante períodos de tiempo en los que uno o ambos estaban temporalmente ausentes debido a cualquiera de las siguientes opciones:

- Negocios
- Detención en un centro de menores
- Educación
- Enfermedad
- Vacaciones
- Servicio militar

Se debe suponer que el hijo regresará a casa después de la ausencia temporal.

Prueba de declaración conjunta para ser un hijo calificado

Para cumplir con esta prueba, el hijo no puede presentar una declaración conjunta para el año. La excepción a esta regla es si el hijo del contribuyente y el cónyuge no están obligados a presentar declaración de la renta, pero deciden presentar una declaración conjunta únicamente para solicitar un reembolso.

Por ejemplo:

1. April, de 17 años, está casada con Joe, de 18 años, y residen con los padres de April. Aunque tanto April como Joe tienen algunos ingresos del trabajo, no están obligados a presentar una declaración. Presentan una declaración conjunta únicamente para recibir un reembolso de los impuestos retenidos. Si cumplen con todas las demás pruebas de dependencia, los padres de April pueden ser elegibles para reclamarlos como dependientes.
2. Aaron, de 18 años, vivía con sus padres mientras su esposa, Mackenzie, servía en el ejército. Los padres de Aaron lo apoyaron económicamente. Mackenzie ganó $25,000 durante el año y ella y Aaron presentarán una declaración conjunta. A pesar de contar con la manutención de parte de sus padres, no se puede reclamar a Aaron como dependiente en su declaración porque él y Mackenzie presentaron una declaración conjunta y los ingresos de Mackenzie exceden el umbral de elegibilidad para dependientes.

Permanente y totalmente discapacitado

El hijo del contribuyente está discapacitado permanente y totalmente si aplican ambas opciones a continuación:

- ➢ The child cannot engage in any substantial gainful activity due to a physical or mental condition.
- ➢ The condition is determined by a physician that the child's disability will last or can be expected to last continuously for at least a year or could lead to death.

Support Tests to be a Qualifying Child

Determine the total amount of support that a taxpayer provides for a proposed dependent before the taxpayer can claim a qualifying child or qualifying relative. Full support includes amounts spent to provide food, lodging, clothing, education, medical and dental care, recreation, transportation, and similar necessities. Generally, the amount of an item of support is the amount of the expense incurred by providing the item.

To meet the support test successfully, the child cannot have provided more than half of his or her support for the year. This test is different from the support test to be a qualifying relative. "Keeping Up a Home" will be discussed in the next section. If a child receives a scholarship, and the student is full-time, the scholarship does not count toward determining the child's support.

Foster Care Payments and Expenses

Payments received from a placement agency for the child's support are considered support provided by the agency. If the agency is state- or county-based, provided payments are considered support from the state or county for the child.

Part 2 Review

To obtain the maximum benefit from each part go online now and watch the video.

Part 3 Member of Household or Relationship Test

To meet this test, either of the following must be true:

1. The person lived with the taxpayer all year as a member of the taxpayer's household.
2. If the person did not live with the taxpayer all year, then they must be related to the taxpayer in one of the ways listed in the next section of the chapter.

If the person was the taxpayer's spouse at any time during the year, that person cannot be the taxpayer's qualifying relative.

Relatives Who Do Not Need to Live with the Taxpayer to be Considered a Member of Their Household or Meet the Relationship Test

A person related to the taxpayer in any of the following ways does not have to live with the taxpayer all year as a member of the taxpayer's household to meet this test:

- ➢ The taxpayer's child, stepchild, eligible foster child, or any descendant thereof (e.g., a grandchild).
- ➢ The taxpayer's brother, sister, half-brother, half-sister, stepbrother, or stepsister.

- El hijo no puede participar en ninguna actividad sustancial y lucrativa debido a una condición física o mental.
- Un médico determina que la discapacidad del hijo durará o se puede esperar que dure continuamente durante al menos un año o podría provocar la muerte.

Pruebas de manutención para ser un hijo calificado

Determine la cantidad total de manutención que un contribuyente proporciona para un dependiente propuesto antes de que el contribuyente pueda reclamar un hijo calificado o un pariente calificado. La manutención total incluye los montos gastados para proporcionar alimentos, alojamiento, ropa, educación, atención médica y dental, recreación, transporte y necesidades similares. Generalmente, el monto de un artículo de manutención es el monto del gasto incurrido al proporcionar el artículo.

Para cumplir con éxito la prueba de manutención, el hijo no puede haber proporcionado más de la mitad de su propia manutención durante el año. Esta prueba es diferente de la prueba de manutención para ser un pariente calificado. "Mantenimiento de un hogar" se analizará en la siguiente sección. Si un hijo recibe una beca y el estudiante es de tiempo completo, la beca no cuenta para determinar la manutención del hijo.

Pagos y gastos del cuidado de crianza

Los pagos recibidos como una agencia de colocación para la manutención del hijo se consideran manutención proporcionada por la agencia. Si la agencia está basada en el estado o el condado, los pagos proporcionados se consideran manutención del hijo del estado o del condado.

Revisión de la Parte 2

Para obtener el máximo beneficio de cada parte, conéctese ahora y mire el video.

Parte 3 Prueba de miembro del hogar o parentesco

Para cumplir con esta prueba, debe cumplirse alguna de las siguientes condiciones:

1. La persona vivió con el contribuyente todo el año como miembro del hogar del contribuyente.
2. Si la persona no vivió con el contribuyente durante todo el año, debe estar relacionado con el contribuyente de una de las formas que se describen en la siguiente sección del capítulo.

Si en cualquier momento durante el año la persona era el cónyuge del contribuyente, esa persona no puede ser el pariente calificado del contribuyente.

Parientes que no necesitan vivir con el contribuyente para ser considerados miembros de su hogar o cumplir con la prueba de parentesco

Una persona emparentada con el contribuyente de cualquiera de las siguientes formas no tiene que vivir con el contribuyente todo el año como miembro del hogar del contribuyente para cumplir con esta prueba:

- Hijo, hijastro, hijo adoptivo elegible del contribuyente o cualquier descendiente del mismo (por ejemplo, un nieto).
- Hermano, hermana, medio hermano, media hermana, hermanastro o hermanastra del contribuyente.

- The taxpayer's father, mother, grandparent, any other direct ancestor, or stepfather or stepmother, but **not** a foster parent.
- A son or daughter of the taxpayer's brother, sister, half-brother, or half-sister.
- A brother or sister of the taxpayer's father or mother.
- The taxpayer's son-in-law, daughter-in-law, father-in-law, mother-in-law, brother-in-law, or sister-in-law.

Relationships that are established by marriage do not end by death or divorce.

Adopted Child

An adopted child is always treated as the taxpayer's own child. The term "adopted child" includes a child who was lawfully placed with the taxpayer for legal adoption.

Joint Return

If the taxpayer files a joint return, the qualifying relative does not have to be related to the spouse who provides support. For example, Sal and Julie are married, and Julie's uncle received more than half of his support from Sal. Julie's uncle could be Sal's qualifying relative, even though he does not live with Sal. However, if Sal and Julie file separate tax returns, Julie's uncle is a qualifying relative only if he lives with Sal all year as a member of Sal and Julie's household.

Temporary Absence

A qualifying relative is considered to have lived with the taxpayer as a member of the taxpayer's household during periods of time when either the taxpayer or spouse is absent due to specific circumstances such as:

- Business
- Education
- Illness
- Military service
- Vacation

Even if the person has been placed in a nursing home to receive medical care for an indefinite period, the absence can be considered temporary.

Death or Birth

A person who died during the year would meet the test if they lived with the taxpayer as a household member until their death. The same is true if a child was born and lived with the taxpayer during the year.

Local Law Violated

A person does not meet the member of the household test if the relationship between the taxpayer and that person violates local law at any time during the year.

Example: Noah's girlfriend Mia lived with him as a member of his household all year. However, Noah's relationship with Mia violates the state's laws where he lives. Therefore, Mia does not meet the household member or the relationship test, and Noah cannot claim her as a dependent.

- Padre, madre, abuelo, cualquier otro antepasado directo, padrastro o madrastra del contribuyente, pero **no** un padre de acogida.
- Hijo o hija del hermano, hermana, medio hermano o media hermana del contribuyente.
- Hermano o hermana del padre o la madre del contribuyente.
- Yerno, nuera, suegro, suegra, cuñado o cuñada del contribuyente.

Parentescos que se establecieron por matrimonio no terminan con la muerte o el divorcio.

Hijo adoptivo

Un hijo adoptivo siempre se trata como el propio hijo del contribuyente. El término "hijo adoptivo" incluye a un hijo que fue colocado legalmente con el contribuyente para su adopción legal.

Declaración conjunta

Si el contribuyente presenta una declaración conjunta, el pariente calificado no tiene que estar relacionado con el cónyuge que proporciona la manutención. Por ejemplo, Sal y Julie están casados y el tío de Julie recibió más de la mitad de su manutención de parte de Sal. El tío de Julie podría ser el pariente calificado de Sal, aunque no vive con Sal. Sin embargo, si Sal y Julie presentan declaraciones de impuestos por separado, el tío de Julie es un pariente calificado solo si vive con Sal todo el año como miembro del hogar de Sal y Julie.

Ausencia temporal

Se considera que un pariente calificado ha vivido con el contribuyente como miembro del hogar del contribuyente durante períodos de tiempo en los que el contribuyente o su cónyuge están ausentes debido a circunstancias específicas, tales como:

- Negocios
- Educación
- Enfermedad
- Servicio militar
- Vacaciones

Incluso si la persona ha sido internada en un hogar de ancianos para recibir atención médica por un período indefinido, la ausencia puede considerarse temporal.

Muerte o nacimiento

Una persona que murió durante el año cumpliría con la prueba si viviera con el contribuyente como miembro del hogar hasta su muerte. Lo mismo ocurre si nació un hijo y vivió con el contribuyente durante el año.

Violación a la Ley local

Una persona no cumple con la prueba de miembro del hogar si la relación entre el contribuyente y esa persona viola la ley local en cualquier momento durante el año.

Ejemplo: Mia, la novia de Noah, vivió con él como miembro de su familia durante todo el año. Sin embargo, la relación de Noah con Mia viola las leyes del estado donde vive. Por lo tanto, Mia no cumple con la prueba de miembro del hogar o de parentesco, y Noah no puede reclamarla como dependiente.

Cousin

A cousin is a descendant of a brother or a sister of the taxpayer's mother or father. If the cousin lives with the taxpayer all year as a member of the taxpayer's household, the cousin could qualify as a qualifying relative.

Gross Income Test

To meet this test, a person's gross income must be less than $4,700 for 2023 and $5,050 for 2024. "Gross income" is any and all non-tax-exempt revenue that comes in the form of money, property, or services, including gross receipts (sales) from rental property, specific scholarships and fellowship grants, all taxable unemployment compensation, and a partner's share of the gross (not net) income from a partnership. Certain Social Security benefits that are tax-exempt income are not considered gross income. See Publication 501.

Qualifying Relative Support Test

The taxpayer determines whether they have provided more than half of a relative's total support by comparing the taxpayer's contribution to the relative's support with the entire amount of support the relative received from all sources. These amounts include any support the relative provided from their own funds. Additionally, a taxpayer's funds are not considered a means of support unless used exclusively for this purpose. See Worksheet 1 in Publication 501.

Example: Robin is retired and lives with her adult son, Ryan. Ryan provides 100 percent of the food consumed at home. Robin received $2,400 in Social Security benefits and $300 in interest. Robin paid Ryan $2,000 for lodging and $400 for recreation and has $3,000 in her savings account. Even though Robin received a total of $2,700, she only spent $2,400 for her support. Ryan spent more than $2,400 for his mother's support and received no other help, so Ryan has provided more than half of Robin's support.

The individual total support includes tax-exempt income, savings, and borrowed amounts. These are examples of tax-exempt income: certain Social Security benefits, welfare benefits, nontaxable life insurance proceeds, armed forces family allotments, nontaxable pensions, and tax-exempt interest.

Calculated yearly support when paid.

The taxpayer cannot use support paid in 2022 for 2023, and a taxpayer's support is still calculated on a calendar year even if they use a fiscal-year accounting method.

Disabled Dependent Working at a Sheltered Workshop

For the gross income test, income received for services provided at a sheltered workshop by an individual who is permanently and totally disabled at any time during the year is not considered part of gross income. However, certain conditions must be met: the individual's presence at the workshop must primarily be for the availability of medical care, and the income must solely come from activities at the workshop that are incidental to medical care. A "sheltered workshop" refers to a facility that meets specific criteria:

it provides special instruction or training aimed at alleviating the individual's disability, and it is operated by specific tax-exempt organizations or by a governmental entity such as a state, U.S. possession, political subdivision, or the District of Columbia.

Primo

Un primo es descendiente de un hermano o hermana de la madre o el padre del contribuyente. Si el primo vive con el contribuyente todo el año como miembro del hogar del contribuyente, el primo podría calificar como pariente calificado.

Prueba de ingresos brutos

Para cumplir con esta prueba, el ingreso bruto de una persona debe ser inferior a $4,700 para 2023 y $5,050 para 2024. "Ingresos brutos" son todos y cada uno de los ingresos no exentos de impuestos que provienen en forma de dinero, bienes o servicios, incluidos los ingresos brutos (ventas) de la propiedad de alquiler, ciertas becas y subvenciones de becas, todas las indemnizaciones por desempleo imponibles y los gastos de la participación de un socio en los ingresos brutos (no netos) de una sociedad. Ciertas prestaciones del Seguro Social que son ingresos exentos de impuestos no se consideran ingresos brutos. Consulte la Publicación 501.

Prueba de manutención para pariente calificado

El contribuyente determina si ha proporcionado más de la mitad de la manutención total de un pariente comparando la aportación del contribuyente a la manutención del pariente con la cantidad total de manutención que el pariente recibió de todas las fuentes. Estos montos incluyen cualquier manutención que el pariente haya brindado de sus fondos. Además, los fondos de un contribuyente no se consideran un medio de manutención a menos que se utilicen exclusivamente para este fin. Consulte la Hoja de trabajo 1 en la Publicación 501.

Ejemplo: Robin está jubilada y vive con su hijo adulto, Ryan. Ryan proporciona el 100 por ciento de los alimentos que se consumen en casa. Robin recibió $2,400 en prestaciones del Seguro Social y $300 en intereses. Robin pagó a Ryan $2,000 por hospedaje y $400 por recreación, y tiene $3,000 en su cuenta de ahorros. Aunque Robin recibió un total de $2,700, solo gastó $2,400 en su manutención. Ryan gastó más de $2,400 para mantener a su madre y no recibió ninguna otra ayuda, por lo que Ryan ha proporcionado más de la mitad de la manutención de Robin.

La manutención total individual incluye ingresos exentos de impuestos, ahorros y montos prestados. Estos son ejemplos de ingresos exentos de impuestos: Ciertos prestaciones del Seguro Social, beneficios de asistencia social, ingresos de seguros de vida no tributables, asignaciones familiares de las fuerzas armadas, pensiones no tributables e intereses exentos de impuestos.

Manutención anual calculada cuando se paga

El contribuyente no puede usar la manutención pagada en 2022 para 2023, y la manutención de un contribuyente aún se calcula en un año calendario, incluso si usa un método contable de año fiscal.

Dependiente discapacitado trabajando en un taller protegido

Para la prueba de ingresos brutos, los ingresos recibidos por servicios prestados en un taller protegido por una persona que está permanente y totalmente discapacitada en cualquier momento durante el año no se consideran parte de los ingresos brutos. Sin embargo, se deben cumplir ciertas condiciones: la presencia de la persona en el taller debe ser principalmente para la disponibilidad de atención médica, y los ingresos deben provenir únicamente de actividades en el taller que sean incidentales a la atención médica. Un "taller protegido" se refiere a una instalación que cumple con criterios específicos:

proporciona instrucción o capacitación especial destinada a aliviar la discapacidad de la persona y es operado por organizaciones específicas exentas de impuestos o por una entidad gubernamental como un estado, posesión de los EE. UU., subdivisión política, o el Distrito de Columbia.

Armed Forces Dependency Allotments

If government agencies contributed support to the taxpayer, and the taxpayer has a portion of their income taken out of their wages to support their dependent, they could qualify as a dependent for the taxpayer, as long as they provide more than half of that person's support.

If the taxpayer uses part of the income to support individuals the taxpayer has not previously claimed, those individuals may qualify as dependents. See Publication 501.

Example: Doug is in the Armed Forces. He authorizes an allotment to his widowed mother, Sophia, and she uses it to support herself and her brother, Doug's uncle. If the portion that Doug gives her is more than half of their support, Doug can claim Sophia and his uncle as dependents.

Military housing allowances that are tax-exempt are treated as dependency allotments when figuring the support test.

Tax-Exempt Income

Calculating a person's total support includes tax-exempt income, savings, and borrowed amounts used to support the qualifying relative. Though tax-exempt income consists of all the following, we are only emphasizing the first two, which are the most common:

- Certain Social Security benefits
- Welfare benefits
- Nontaxable life insurance proceeds
- Armed forces family allotments
- Nontaxable pensions
- Tax-exempt interest

Example: Olivia is Jose's niece, and she lives with Jose. Olivia has taken out a student loan of $2,500 to pay her college tuition, and Jose has provided $2,000 for Olivia's support. Jose cannot claim an exemption for Olivia because, due to her student loan, he has not provided more than half of her support.

Social Security Benefits for Determining Support

If a husband and wife collectively receive benefits via a single check issued to both spouses, the total amount is typically divided equally between them unless they can demonstrate an alternative arrangement. In such cases, each spouse is considered to have provided support for themselves with an equal share of the benefit. Additionally, if a child receives Social Security benefits and utilizes them for their own support, the support is considered to have been provided by the child.

Support Provided by the State (Welfare, Food Stamps, Housing, and others)

There are numerous benefits provided by the government and certain agencies to individuals that are not considered support provided by the taxpayer. Benefits provided by the state to a disadvantaged person are considered amounts provided by the state, and not as amounts provided by the taxpayer.

Asignaciones de Dependencia de las Fuerzas Armadas

Si las agencias gubernamentales contribuyeron con la manutención del contribuyente, y al contribuyente se le deduce una parte de sus ingresos de su salario para mantener a su dependiente, podrían calificar como dependientes para el contribuyente, siempre y cuando proporcionen más de la mitad de la manutención de esa persona.

Si el contribuyente utiliza parte de los ingresos para mantener a personas que el contribuyente no ha reclamado anteriormente, esas personas pueden calificar como dependientes. Consulte la Publicación 501.

Ejemplo: Doug está en las Fuerzas Armadas. Él concede una parcela a su madre viuda, Sophia, y ella la utiliza para mantenerse a sí misma y a su hermano, el tío de Doug. Si la porción que Doug le da es más de la mitad de su manutención, Doug puede reclamar a Sophia y su tío como dependientes.

Las asignaciones de vivienda militar que están exentas de impuestos se tratan como asignaciones de dependencia al calcular la prueba de manutención.

Ingresos exentos de impuestos

Al determinar la manutención total de una persona, incluya los ingresos exentos de impuestos, los ahorros y los montos prestados utilizados para mantener a esa persona. Aunque los ingresos están exentos de impuestos, estos constan de todos los siguientes, solo estamos destacando los dos primeros, que son los más comunes:

- Ciertas prestaciones del Seguro Social.
- Prestaciones sociales
- Ingresos de seguros de vida no imponibles.
- Asignaciones familiares de las Fuerzas Armadas.
- Pensiones no tributables
- Intereses no gravables

Ejemplo: Olivia es la sobrina de José y vive con José. Olivia obtuvo un préstamo estudiantil de $2,500 para pagar su matrícula universitaria y José proporcionó $2,000 para la manutención de Olivia. José no puede reclamar una exención para Olivia porque, debido a su préstamo, no ha proporcionado más de la mitad de su manutención.

Prestaciones del Seguro Social para determinar la manutención

Si un esposo y una esposa reciben prestaciones colectivamente a través de un único cheque emitido a ambos cónyuges, el monto total generalmente se divide en partes iguales entre ellos, a menos que puedan demostrar un acuerdo alternativo. En tales casos, se considera que cada cónyuge se ha mantenido a sí mismo con una parte igual de la prestación. Además, si un niño recibe prestaciones del Seguro Social y los utiliza para su propia manutención, se considera que la manutención ha sido proporcionada por el hijo.

Manutención que brinda el Estado (bienestar, cupones para alimentos, vivienda y otros)

Existen numerosas prestaciones proporcionadas por el gobierno y ciertas agencias a personas que no se consideran manutención brindada por el contribuyente. Las prestaciones proporcionadas por el Estado a una persona desfavorecida se consideran cantidades proporcionadas por el Estado y no cantidades proporcionadas por el contribuyente.

Payments received for the support of a foster child from a child placement agency are considered support provided by the agency, not the foster parents. In the same way, payments received for the support of a foster child from a state or county agency are considered support provided by the state or county, not the foster parents.

The taxpayer must pay more than half of the cost of an individual's support to claim them as a qualifying relative. Expenses can include rent, mortgage interest payments, repairs, real estate taxes, utilities, insurance, and food eaten in the home. Costs do not include clothing, education, medical treatment, vacations, life insurance, or the rental value of the house the taxpayer owns.

Suppose the taxpayer receives payments from Temporary Assistance for Needy Families (TANF) or any other public assistance programs to help them pay rent or pay for upkeep on their home. In that case, those payments are money the taxpayer paid. However, the taxpayer must include the payments in the total cost of keeping up the home when determining who paid over half of the cost-of-living expenses.

Example: Tammy spent $700 of her own money and $300 of her TANF support to pay for the upkeep of the home she and her dependents live in for the entire year. The $300 she received from TANF counts as support from Tammy to any of her dependents, and counts toward the total upkeep amount ($1,000) used to determine the head of household filing status and claimant strength.

Use the blank worksheet below to determine if the dependent is a qualifying relative of the taxpayer's household for the following two examples. When interviewing clients and asking support questions, LTP has found that most clients give a monthly amount, so when preparing a return, the tax preparer would need to confirm whether the numbers given were monthly or annually. In the scenarios below, the calculated numbers are annual amounts.

Example 1: Scenario

Mary Vega (age 37) and her daughter, Sierra (age 9), lived with Mary's aunt all year. Using the following information, determine if Mary paid more than half of their support. If the total amount paid by Mary is less than the amount paid by her aunt, Mary and her daughter could be qualifying relatives of her aunt.

Los pagos recibidos por la manutención de un hijo de crianza de una agencia de colocación de hijos se consideran manutención proporcionada por la agencia, no por los padres de acogida. De la misma manera, los pagos recibidos por la manutención de un hijo de crianza temporal de una agencia estatal o del condado se consideran manutención proporcionada por el estado o el condado, no por los padres de acogida.

El contribuyente debe pagar más de la mitad del costo de la manutención de una persona para reclamarlo como pariente calificado. Los gastos pueden incluir el alquiler, los pagos de intereses de la hipoteca, las reparaciones, los impuestos inmobiliarios, los servicios públicos, los seguros y los alimentos que se consumen en el hogar. Los costos no incluyen ropa, educación, tratamiento médico, vacaciones, seguro de vida o el valor de alquiler de la casa que posee el contribuyente.

Suponga que el contribuyente recibe pagos de Asistencia Temporal para Familias Necesitadas (TANF) o cualquier otro programa de asistencia pública para ayudarlo a pagar el alquiler o el mantenimiento de la casa. En ese caso, esos pagos no son dinero que pagó el contribuyente. Sin embargo, el contribuyente debe incluir los pagos en el costo total de mantenimiento del hogar al determinar quién pagó más de la mitad de los gastos del costo de vida.

Ejemplo: Tammy gastó $700 de su propio dinero y $300 de su manutención TANF para pagar el mantenimiento de la casa en la que ella y sus dependientes viven todo el año. Los $300 que recibió de TANF no cuentan como manutención de Tammy para ninguno de sus dependientes, pero sí cuentan para el monto total de mantenimiento ($1,000) que se usa para determinar el estado civil de Cabeza de familia y la capacidad del reclamante.

Utilice la hoja de trabajo en blanco a continuación para determinar si el dependiente es un pariente calificado del hogar del contribuyente para los siguientes dos ejemplos. Al entrevistar a los clientes y hacer preguntas de apoyo, LTP descubrió que la mayoría de los clientes dan un monto mensual, por lo que, al preparar una declaración, el preparador de impuestos tendría que confirmar si las cifras proporcionadas eran mensuales o anuales. En los escenarios a continuación, los números calculados son cantidades anuales.

Ejemplo 1: Escenario

Mary Vega (37 años) y su hija, Sierra (9 años), vivieron con la tía de Mary todo el año. Usando la siguiente información, determine si Mary pagó más de la mitad de su manutención. Si el monto total pagado por Mary es menor que el monto pagado por su tía, Mary y su hija podrían ser parientes calificados de su tía.

Expenses paid by Mary:	
Electric	$2,149
Water	$480
Repairs	$1,500
Food eaten in the house	$2,600
Telephone	$576

Expenses paid by Mary's aunt:	
Mortgage interest	$3,202
Property taxes	$798
Food eaten in the house	$600
Property insurance	$280

Cost of Keeping a Household

	Amount Paid by Taxpayer	Total Costs
Property taxes	$	$
Mortgage interest expense	$	$
Rent	$	$
Utility charges	$	$
Repairs/maintenance	$	$
Property insurance	$	$
Food consumed on the premises	$	$
Other household expenses	$	$
TOTALS	**$**	**$**
Subtract total amount taxpayer paid		( )
Amount others paid		$

Example 1: Answers

Cost of Keeping a Household

	Amount Paid by Taxpayer (Mary)	Total Costs
Property taxes	$	$798
Mortgage interest expense	$	$3,202
Rent	$	$
Utility charges	$3,205	$3,205
Repairs/maintenance	$1,500	$1,500
Property insurance	$	$280
Food consumed on the premises	$2,600	$3,200
Other household expenses	$	$
TOTALS	**$7,305**	**$12,185**
Minus total amount taxpayer paid		**($7,305)**
Amount others paid		**$4,880**

If the total amount paid by Mary is more than the amount paid by her aunt, Mary meets the requirement of paying more than half the cost of keeping up the home.

Mary paid more than 50% of her support; therefore, she would not be claimed as a qualifying relative on her aunt's tax return.

Gastos pagados por Mary:		Gastos pagados por la tía de Mary:	
Electricidad	$2,149	Intereses hipotecarios	$3,202
Agua	$480	Impuestos a la propiedad	$798
Reparaciones	$1,500	Alimentos que se comen en la casa	$600
Alimentos que se comen en la casa	$2,600	Seguro de propiedad	$280
Teléfono	$576		

Costo de mantener un hogar

	Monto pagado por el contribuyente	Total de costos
Impuestos a la propiedad	$________	$______
Gastos de intereses hipotecarios	$________	$______
Renta	$________	$______
Cargos por servicios públicos	$________	$______
Reparaciones/mantenimiento	$________	$______
Seguro de propiedad	$________	$______
Alimentos consumidos en el inmueble	$________	$______
Otros gastos del hogar	$________	$______
TOTALS	**$________**	**$______**
Reste la cantidad total pagada por el contribuyente		(______)
Cantidad que otros pagaron		**$______**

Ejemplo 1: Respuestas

Costo de mantener un hogar

	Monto pagado por el contribuyente (Mary)	Total de costos
Impuestos a la propiedad	$______	$798
Gastos de intereses hipotecarios	$______	$3,202
Renta	$______	$______
Cargos por servicios públicos	$3,205	$3,205
Reparaciones/mantenimiento	$1,500	$1,500
Seguro de propiedad	$______	$280
Alimentos consumidos en el inmueble	$2,600	$3,200
Otros gastos del hogar	$______	$______
TOTALS	**$7,305**	**$12,185**
Menos la cantidad total pagada por el contribuyente		**($7,305)**
Cantidad que otros pagaron		**$4,880**

Si el monto total pagado por Mary es mayor que el monto pagado por su tía, Mary cumple el requisito de pagar más de la mitad del costo de mantenimiento del hogar.

Mary pagó más del 50% de su manutención; por lo tanto, ella no sería reclamada como pariente calificada en la declaración de impuestos de su tía.

Example 2: Scenario

Steven Renwick (age 27) and his cousin, Sasha Sweet (age 21), lived together all year. Use the following information to determine if Steven can claim Sasha as a dependent. Sasha receives $550 per month from TANF to pay rent.

Expenses paid by Steven (taxpayer)	
Electric	$1,200
Food eaten in the home	$6,100
Telephone	$800
Water	$325
Renters insurance	$1,200

Expenses paid by Sasha	
Rent	$6,600
Repairs	$661
Food eaten in the home	$965

Cost of Keeping a Household

	Amount Paid by Taxpayer	Total Costs
Property taxes	$______	$______
Mortgage interest expense	$______	$______
Rent	$______	$______
Utility charges	$______	$______
Repairs/maintenance	$______	$______
Property insurance	$______	$______
Food consumed on the premises	$______	$______
Other household expenses	$______	$______
TOTALS	**$______**	**$______**
Minus total amount taxpayer paid		**(______)**
Amount others paid		**$______**

Example 2: Answers

Cost of Keeping a Household

	Amount Paid by Taxpayer (Steven)		Total Costs
Property taxes	$______		$______
Mortgage interest expense	$______		$______
Rent	$______		$6,600
Utility charges	$2,325		$2,325
Repairs/maintenance	$______		$661
Property insurance	$______		$______
Food consumed on the premises	$6,100	$7,065	
Other household expenses	$1,200		$______
TOTALS	**$9,625**		**$10,551**
Minus total amount taxpayer paid			**($9,625)**
Amount others paid			**$926**

Steven did not pay more than 50% of Sasha's support; he cannot claim Sasha as a qualifying relative.

Ejemplo 2: Escenario

Steven Renwick (27 años) y su prima, Sasha Sweet (21 años), vivieron juntos todo el año. Utilice la siguiente información para determinar si Steven puede reclamar a Sasha como dependiente. Sasha recibe $550 por mes de TANF para pagar el alquiler.

Gastos pagados por Steven (contribuyente)		Gastos pagados por Sasha	
Electricidad	$1,200	Renta	$6,600
Alimentos consumidos en el hogar	$6,100	Reparaciones	$661
Teléfono	$800	Alimentos consumidos en el hogar	$965
Agua	$325		
El seguro para inquilinos	$1,200		

Costo de mantener un hogar

	Monto pagado por el contribuyente	Total de costos
Impuestos a la propiedad	$________	$________
Gastos de intereses hipotecarios	$________	$________
Renta	$________	$________
Cargos por servicios públicos	$________	$________
Reparaciones/mantenimiento	$________	$________
Seguro de propiedad	$________	$________
Alimentos consumidos en el inmueble	$________	$________
Otros gastos del hogar	$________	$________
TOTALS	**$________**	**$________**
Menos la cantidad total pagada por el contribuyente		(________)
Cantidad que otros pagaron		**$________**

Ejemplo 2: Respuestas

Costo de mantener un hogar

	Monto pagado por el contribuyente (Steven)	Total de costos
Impuestos a la propiedad	$________	$________
Gastos de intereses hipotecarios	$________	$________
Renta	$________	$6,600
Cargos por servicios públicos	$2,325	$2,325
Reparaciones/mantenimiento	$________	$661
Seguro de propiedad	$________	$________
Alimentos consumidos en el inmueble	$6,100	$7,065
Otros gastos del hogar	$1,200	$________
TOTALS	**$9,625**	**$10,551**
Menos la cantidad total pagada por el contribuyente		**($9,625)**
Cantidad que otros pagaron		**$926**

Steven no pagó más del 50% de la manutención de Sasha; no puede reclamar a Sasha como pariente calificado.

Total Support

When determining the total support for a qualifying relative, certain items are excluded from the calculation. These exclusions include federal, state, and local income taxes paid by the individual from their personal income, Social Security and Medicare taxes paid individually, life insurance premiums, funeral expenses, scholarships received by the student's relative or child, and Survivors' and Dependents' Educational Assistance payments used for the support of the child.

However, total support does encompass essential expenses such as food, lodging, clothing, education, medical and dental care, recreation, transportation, and other daily provisions.

Deceased Taxpayers

The general filing requirements that apply to other taxpayers also apply when preparing a tax return for a decedent. The word "Deceased," followed by the decedent's name and the date of death, should be written at the top of the return. Only income that the decedent actually or constructively received before their death should be reported, along with expenses paid by the decedent before their death. If the decedent was the taxpayer's dependent prior to death, the total exemption amount should be claimed.

If a personal representative (such as an executor, administrator, or other individual overseeing the decedent's property) is appointed, that person should sign the return. If the surviving spouse acts as the personal representative, "filed as surviving spouse" should be written in the signature location. If someone other than the spouse claims a refund for the decedent, the representative should file Form 1310, Statement of Person Claiming Refund Due to a Deceased Taxpayer, along with the return. In any case, a final return for the decedent must be filed. Sec. 7703(b)(1) & (b)(2)

Allowances for a Surviving Spouse

If the taxpayer's spouse died during the current tax year and the taxpayer does not remarry in the year of death, the surviving spouse may file a joint return.

Inherited Property

Property the taxpayer received as a gift, bequest, or inheritance is not included as income and is not taxable. However, if the inherited property produces income such as interest or rent, that income is taxable. Sec 1014.

Income in Respect of the Decedent

Income in respect of the decedent includes all gross income that the decedent had a right to receive and was not includable in the decedent's final return. If the estate acquires the right to receive revenue from the decedent, the income is reported in the decedent's estate's return (Form 1041) by tax year received rather than in the decedent's final return. If payment is not reported on Form 1041, this becomes the responsibility of the person to whom the estate properly distributes the income. However, if someone acquires the direct right to the income without going through the estate, then that person will be required to report the income.

Manutención total

Al determinar la manutención total para un pariente calificado, ciertos elementos se excluyen del cálculo. Estas exclusiones incluyen impuestos sobre la renta federales, estatales y locales pagados por la persona a partir de su ingreso personal, impuestos de Seguro Social y Medicare pagados individualmente, primas de seguro de vida, gastos funerarios, becas recibidas por un pariente o hijo del estudiante, y pagos de Asistencia Educativa para Supervivientes y Dependientes utilizados para la manutención del hijo.

Sin embargo, la manutención total sí abarca gastos esenciales como alimentación, alojamiento, vestimenta, educación, atención médica y dental, recreación, transporte y otras provisiones diarias.

Contribuyentes finados

Los requisitos generales de declaración que se aplican a otros contribuyentes también se aplican al preparar una declaración de impuestos para un finado. La palabra "Finado", seguida del nombre del finado y la fecha de fallecimiento, debe escribirse en la parte superior de la declaración. Solo se deben declarar los ingresos que el finado recibió real o implícitamente antes de su muerte, junto con los gastos pagados por el finado antes de su muerte. Si el finado era dependiente del contribuyente antes de su muerte, se debe reclamar el monto total de la exención.

Si se nombra un representante personal (como un albacea, administrador u otra persona que supervise los bienes del finado), esa persona debe firmar la declaración. Si el cónyuge superviviente actúa como representante personal, en el lugar de la firma debe escribirse "presentado como cónyuge superviviente". Si alguien que no sea el cónyuge reclama un reembolso para el finado, el representante debe presentar el Formulario 1310, Declaración de persona que reclama el reembolso adeudado a un contribuyente fallecido, junto con la declaración. En cualquier caso, deberá presentarse una declaración final por el finado. Sec. 7703(b)(1) & (b)(2)

Subvenciones para un cónyuge sobreviviente

Si el cónyuge del contribuyente falleció durante el año fiscal en curso y el contribuyente no se vuelve a casar en el año del fallecimiento, el cónyuge sobreviviente puede presentar una declaración conjunta.

Bienes heredados

Los bienes que el contribuyente recibió como donación, legado o herencia no se incluyen como ingresos y no están sujetos a impuestos. Sin embargo, si los bienes heredados produces ingresos como intereses o rentas, esos ingresos están sujetos a impuestos. Sec. 1014.

Ingresos con respecto al finado

Los ingresos con respecto al finado incluyen todos los ingresos brutos que el finado tenía derecho a recibir y no se podían incluir en la declaración final del finado. Si la sucesión adquiere el derecho a recibir ingresos del finado, el ingreso se informa en la declaración de la sucesión del finado (Formulario 1041) por año fiscal recibido en lugar de en la declaración final del finado. Si el pago no se informa en el Formulario 1041, esto pasa a ser responsabilidad de la persona a quien el patrimonio distribuye adecuadamente los ingresos. Sin embargo, si alguien adquiere el derecho directo a los ingresos sin pasar por la sucesión, entonces esa persona tendrá que declarar los ingresos.

Deductions in Respect of the Decedent

Decedent deductions can include items such as business expenses, interest, taxes, or income-producing expenses for which the decedent was liable but that were not deductible on the decedent's final tax return. The decedent's estate can pay and deduct these items in the same year. If the estate is not liable for the expenses, the individual who acquired the decedent's property due to death is subject to tax liability. Life insurance received is generally not a taxable event.

Part 3 Review

To obtain the maximum benefit from each part go online now and watch the video.

Part 4 Deductions

There are two types of deductions available to taxpayers: standard deductions and itemized deductions. These deductions are subtracted from the taxpayer's adjusted gross income to reduce their tax liability. Taxpayers must choose the deduction method that results in the lowest taxable liability for them.

Itemized deductions encompass a variety of personal expenses clearly designated as deductions to help taxpayers lower their tax liability. These may include expenses such as medical bills, charitable contributions, and certain deductible taxes. Itemizing deductions requires taxpayers to keep records of their actual personal expenses throughout the tax year.

On the other hand, the standard deduction is a predetermined dollar amount based on the taxpayer's filing status. Unlike itemized deductions, the standard deduction does not require taxpayers to retain receipts for actual personal expenses.

However, the standard deduction may not be an option for every taxpayer. In cases where the standard deduction amount is zero or if specific circumstances apply, taxpayers may be required to itemize deductions. Such circumstances include:

- Being married and filing a separate return while the spouse itemizes deductions.
- Filing a tax return for a short tax year due to a change in the annual accounting period.
- Being a nonresident or dual-status alien during the tax year. A dual-status alien is both a nonresident and a resident alien during the year, and if the nonresident alien is married to a U.S. citizen or resident alien at the end of the year, they can choose to be treated as a U.S. resident.

Further details on itemized deductions are available in Publication 519.

Standard Deductions

The Standard deduction amount varies depending on the taxpayer's filing status. The Standard deduction is a set dollar amount that reduces taxable income. Other factors used to determine the amount of the allowable standard deduction are:

- Taxpayer is age 65 or older
- Taxpayer is blind

Deducciones con respecto al finado

Las deducciones del finado pueden incluir partidas tales como gastos comerciales, intereses, impuestos o gastos de generación de ingresos por los cuales el finado era responsable pero que no eran deducibles en la declaración de impuestos final del finado. La sucesión del finado puede pagar y deducir estas partidas en el mismo año. Si la sucesión no es responsable de los gastos, la persona que adquirió los bienes del finado debido a la muerte está sujeta a obligación tributaria. El seguro de vida recibido generalmente no es un evento imponible.

Revisión de la Parte 3

Para obtener el máximo beneficio de cada parte, conéctese ahora y mire el video.

Parte 4 Deducciones

Hay dos tipos de deducciones disponibles para los contribuyentes: deducciones estándar y deducciones detalladas. Estas deducciones se restan del ingreso bruto ajustado del contribuyente para reducir su obligación tributaria. Los contribuyentes deben elegir el método de deducción que les resulte en una obligación tributaria más baja.

Las deducciones detalladas abarcan una variedad de gastos personales claramente designados como deducciones para ayudar a los contribuyentes a reducir su obligación tributaria. Estos pueden incluir gastos como facturas médicas, aportaciones caritativas y ciertos impuestos deducibles. Detallar las deducciones requiere que los contribuyentes mantengan registros de sus gastos personales reales durante todo el año fiscal.

Por otro lado, la deducción estándar es una cantidad predeterminada en dólares basada en el estado civil de declaración del contribuyente. A diferencia de las deducciones detalladas, la deducción estándar no requiere que los contribuyentes conserven recibos de gastos personales reales.

Sin embargo, la deducción estándar puede no ser una opción para todos los contribuyentes. En los casos en que el monto de la deducción estándar sea cero o si se aplican circunstancias específicas, se puede exigir a los contribuyentes que detallen las deducciones. Tales circunstancias incluyen:

- Estar casado y presentar declaración por separado mientras el cónyuge detalla las deducciones.
- Presentar una declaración de impuestos para un año fiscal corto debido a un cambio en el período contable anual.
- Ser extranjero no residente o con doble estatus durante el año fiscal. Un extranjero con doble estatus es tanto un extranjero no residente como un residente durante el año, y si el extranjero no residente está casado con un ciudadano estadounidense o un extranjero residente al final del año, puede optar por ser tratado como residente de los EE. UU.

En la Publicación 519 se proporcionan más detalles sobre las deducciones detalladas.

Deducciones estándar

El monto de la deducción estándar varía según el estado civil del contribuyente. La deducción estándar es una cantidad fija en dólares que reduce la base imponible. Otros factores utilizados para determinar el monto de la deducción estándar permitida son las siguientes:

- El contribuyente tiene 65 años o más.
- El contribuyente es ciego

Standard Deduction for Most People

These deduction amounts apply to most people and are for the current year's filing status.*

Filing Status and Standard Deduction	Tax Year 2022	Tax Year 2023	Tax Year 2024
Single	$12,950	$13,850	$14,600
Married Filing Jointly and Qualifying Surviving Spouse	$25,900	$27,700	$29,200
Married Filing Separately	$12,950	$13,850	$14,600
Head of Household	$19,400	$20,800	$21,900

*Do not use this chart if:

- The taxpayer was born before January 2, 1959
- The taxpayer is blind
- Someone else can claim the taxpayer or taxpayer's spouse as a dependent if filing status is MFJ

Example 1: Lilly is filing for tax year 2023. She is 26 years old, never married, and does not have children or other dependents. Lilly's filing status will be Single. As shown in the above chart, her standard deduction will be $13,850.

Example 2: Using example 1 with these changes: Lilly is married and filing a joint return. Lilly and her spouse will use the standard deduction of $27,700.

Example 3: Using example 2 with these changes: Lilly and her husband had a son born during the tax year. Lilly and her husband have decided to file separate tax returns. Since they are still married and living together, they must use the MFS filing status. As per the chart, Lilly's standard deduction will be $13,850.

Example 4: Using example 2 with these changes: Lilly and her husband divorced during the tax year. Lilly has sole custody of her son and will file using the Head of Household filing status. Her standard deduction is $20,800.

Standard Deduction for Age 65 and Older or Blind

A higher standard deduction is allowed for taxpayers aged 65 or older by the end of the tax year. A taxpayer is age 65 on their 65th birthday and the date immediately beforehand.

Example: Frank turned 65 on January 1, 2024, so he is considered 65 December 31, 2023, the day before his birthday. Frank is considered 65 for the entire tax year. Frank qualifies for the standard deduction amount for the 65 or older taxpayer.

A higher standard deduction is also allowed for taxpayers who are considered blind on the last day of the year. If the taxpayer is partially blind, they must get an official statement from a licensed eye physician (either an optometrist or an ophthalmologist). The note should state that the taxpayer's field of vision is not more than twenty degrees or that the taxpayer cannot see better than 20/200 in their best eye, even with glasses or contact lenses.

Deducción estándar para la mayoría de las personas

Estos montos de deducción se aplican a la mayoría de las personas y corresponden al estado civil del año en curso.

Estado civil de declaración y deducción estándar	Año fiscal 2022	Año Fiscal 2023	Año fiscal 2024
Soltero	$12,950	$13,850	$14,600
Casado declarando conjuntamente y cónyuge viudo calificado	$25,900	$27,700	$29,200
Casado declarando por separado	$12,950	$13,850	$14,600
Cabeza de familia	$19,400	$20,800	$21,900

*No use esta tabla si:

- El contribuyente nació antes del 2 de enero de 1959.
- El contribuyente es ciego.
- Alguien más puede reclamar al contribuyente o al cónyuge del contribuyente como dependiente si el estado civil de declaración es MFJ.

Ejemplo 1: Lilly presenta la declaración para el año fiscal 2023. Tiene 26 años, nunca está casada y no tiene hijos ni otras personas a su cargo. El estado civil de Lilly será Soltera. Como se muestra en el cuadro anterior, su deducción estándar será de $13,850.

Ejemplo 2: Usando el ejemplo 1 con estos cambios: Lilly está casado y presenta una declaración conjunta. Lilly y su cónyuge utilizarán la deducción estándar de $27,700.

Ejemplo 3: Usando el ejemplo 2 con estos cambios: Lilly y su esposo tienen un hijo nacido durante el año fiscal. Lilly y su esposo han decidido presentar declaraciones de impuestos por separado. Como todavía están casados y viven juntos, deben usar el estado civil de declaración MFS. Según la tabla, la deducción estándar de Lilly será $13,850.

Ejemplo 4: Usando el ejemplo 2 con estos cambios: Lilly y su esposo se divorciaron durante el año fiscal. Lilly tiene la custodia exclusiva de su hijo y presentará la declaración utilizando el estado civil de Cabeza de familia. Su deducción estándar es de $20,800.

Deducción estándar para personas de 65 años o más o personas ciegas

Se permite una deducción estándar más alta para los contribuyentes de 65 años o más al final del año fiscal. Un contribuyente tiene 65 años en su cumpleaños número 65 y la fecha inmediatamente anterior.

Ejemplo: Frank cumplió 65 años el 1 de enero de 2024, por lo que se considera que tiene 65 años el 31 de diciembre de 2023, el día antes de su cumpleaños. Se considera que Frank tiene 65 años durante todo el año fiscal. Frank califica para el monto de deducción estándar para el contribuyente de 65 años o más.

También se permite una deducción estándar más alta para los contribuyentes que se consideran ciegos el último día del año. Si el contribuyente es parcialmente ciego, debe obtener una declaración oficial de un oftalmólogo con licencia (ya sea un optometrista u oftalmólogo). La nota debe indicar que el campo de visión del contribuyente no es mayor de veinte grados o que el contribuyente no puede ver mejor que 20/200 en su mejor ojo, incluso con anteojos o lentes de contacto.

If the examining physician determines that the eye condition will never improve beyond its limits, the physician must include this fact in their statement. This would apply if the taxpayer could correct their vision beyond these limits solely using contact lenses that can only be worn briefly, due to pain, infection, or ulcers. In that case, the taxpayer can still take the higher standard deduction for which they otherwise qualify. Keep the doctor's statement with the rest of the taxpayer's records.

The higher standard deduction is also allowed for the spouse of a taxpayer who is age 65 or older or blind under the following circumstances:

- The taxpayer and their spouse file a joint tax return.
- The taxpayer filed a separate return, the spouse had no gross income, and another taxpayer could not claim an exemption for the spouse.

If the taxpayer is a dependent on another tax return and was born before January 2, 1958, or is blind, multiply the amount of the additional standard deduction by $1,700 if that taxpayer is Single. If taxpayers are married, multiply the amount of the other standard deduction by $1,350.

2023 Standard Deduction Worksheet for People Born Before January 2, 1959, or Blind

Check the correct number of boxes below, then proceed to the chart.

1. Taxpayer — Born before January 2, 1959 ☐ Blind ☐
2. Spouse, if claiming exemption — Born before January 2, 1959 ☐ Blind ☐

Total number of boxes checked _____

If filing status is:	And at the end of 2023 you were....	Standard Deduction is:
Single	1 2	$15,700 $17,550
Married Filing Jointly	1 2 3 4	$29,200 $30,700 $32,200 $33,700
Married Filing Separately	1 2 3 4	$14,350 $15,750 $17,150 $18,550
Qualifying Surviving Spouse	1 2	$29,200 $30,700
Head of Household	1 2	$22,650 $24,500

A higher standard deduction is also allowed for taxpayers who are considered blind on the last day of the year. If the taxpayer is partially blind, they must get an official statement from a licensed eye physician (either an optometrist or an ophthalmologist). The note should state that the taxpayer's field of vision is not more than twenty degrees or that the taxpayer cannot see better than 20/200 in their best eye, even with glasses or contact lenses.

Si el médico examinador determina que la afección ocular nunca mejorará más allá de sus límites, el médico debe incluir este hecho en su declaración. Esto se aplicaría si el contribuyente pudiera corregir su visión más allá de estos límites utilizando únicamente lentes de contacto que solo pueden usarse brevemente, debido a dolor, infección o úlceras. En ese caso, el contribuyente aún puede tomar la deducción estándar más alta para la que calificaría de otro modo. Conserve la declaración del médico con el resto de los registros del contribuyente.

La deducción estándar más alta también se permite para el cónyuge de un contribuyente que tiene 65 años o más o es ciego en las siguientes circunstancias:

- El contribuyente y su cónyuge presentan una declaración conjunta.
- El contribuyente presentó una declaración por separado, el cónyuge no tenía ingresos brutos y otro contribuyente no podía reclamar una exención para el cónyuge.

Si el contribuyente es dependiente en otra declaración de impuestos y nació antes del 2 de enero de 1958, o es ciego, multiplique el monto de la deducción estándar adicional por $1,700 si ese contribuyente es soltero. Si los contribuyentes están casados, multiplique el monto de la otra deducción estándar por $1,350.

Hoja de trabajo de deducción estándar de 2023 para personas nacidas antes del 2 de enero de 1959 o ciegas

Marque el número correcto de casillas a continuación, luego continúe con la tabla.

1. Contribuyente — Nacido antes del 2 de enero de 1959 ☐ Ciego ☐
2. Cónyuge, si reclama exención — Nacido antes del 2 de enero de 1959 ☐ Ciego ☐

Número total de casillas marcadas ______

Si el estado civil de declaración es:	Y a finales de 2023 era....	La deducción estándar es:
Soltero	1 2	$15,700 $17,550
Casado declarando conjuntamente	1 2 3 4	$29,200 $30,700 $32,200 $33,700
Casado declarando por separado	1 2 3 4	$14,350 $15,750 $17,150 $18,550
Cónyuge sobreviviente calificado	1 2	$29,200 $30,700
Cabeza de familia	1 2	$22,650 $24,500

A higher standard deduction is also allowed for taxpayers who are considered blind on the last day of the year. If the taxpayer is partially blind, they must get an official statement from a licensed eye physician (either an optometrist or an ophthalmologist). The note should state that the taxpayer's field of vision is not more than twenty degrees or that the taxpayer cannot see better than 20/200 in their best eye, even with glasses or contact lenses.

Standard Deduction for Dependents

The standard deduction amount is limited if the taxpayer is a dependent on another return. The dependent's standard deduction amount will either be a) $1,250; or b) the taxpayer's earned income amount for the year, plus $400 if it does not exceed the regular standard deduction, whichever is greater. If the taxpayer is 65 or older or blind, they may still be eligible for a higher standard deduction even if claimed as a dependent.

Earned income consists of salaries, wages, tips, professional fees, and all other monetary amounts received for any work the taxpayer performed. Include scholarships or fellowship grants in the gross income to calculate the standard deduction correctly. For more information on what qualifies as a scholarship or fellowship grant. See Publication 970.

2023 Standard Deduction Worksheet for Dependents

This worksheet is used only if someone else can claim the taxpayer or spouse as a dependent if filing MFJ.

1. Enter the taxpayer's earned income (defined below). If none, enter a zero.	1. $
2. Additional amount	2. $400
3. Add lines 1 and 2	3. $
4. Minimum standard deduction	4. $1,250
5. Enter the larger of line 3 or line 4	5. $
6. Enter the amount shown below for taxpayer's filing status. Single or MFS: $12,950 MFJ: $25,900 Head of Household: $19,400	6. $
7. Standard deduction a. Enter the smaller of line 5 or line 6. If born after January 1, 1959, and not blind, stop here. This is the standard deduction. Otherwise, go to line 7b.	7a. $
b. If born before January 2, 1958, or blind, multiply $1,750 ($1,400 if married) by the number in.	7b. $
c. Add lines 7a and 7b. Enter the total here and on Form 1040 or Form 1040-SR, line 12a.	7c. $

Part 4 Review

To obtain the maximum benefit from each part go online now and watch the video.

Deducción estándar para dependientes

El monto de la deducción estándar está limitado si el contribuyente es dependiente en otra declaración. El monto de deducción estándar del dependiente será a) $1,250; o b) el monto del ingreso del trabajo del contribuyente para el año, más $400 si no excede la deducción estándar regular, lo que sea mayor. Si el contribuyente tiene 65 años o más o es ciego, aún puede ser elegible para una deducción estándar más alta incluso si es reclamado como dependiente.

Los ingresos del trabajo consisten en sueldos, salarios, propinas, honorarios profesionales y todas las demás cantidades monetarias recibidas por cualquier trabajo realizado por el contribuyente. Incluya becas o subvenciones en el ingreso bruto para calcular correctamente la deducción estándar. Para obtener más información sobre lo que califica como beca o subvención de investigación Consulte la Publicación 970.

Hoja de trabajo de deducción estándar para dependientes en 2023

Esta hoja de trabajo se utiliza solo si otra persona puede reclamar al contribuyente o su cónyuge como dependiente si declara como MFJ.

1. Anote el ingreso del trabajo del contribuyente (que se define a continuación). Si no tiene, anote cero.	1. $
2. Monto adicional	2. $400
3. Sume las líneas 1 y 2	3. $
4. Deducción estándar mínima	4. $1,250
5. Anote el mayor de la línea 3 o línea 4.	5. $
6. Anote la cantidad que se muestra a continuación para el estado civil del contribuyente. Soltero o MFS: $12,950 MFJ: $25,900 Cabeza de familia: $19,400	6. $
7. Deducción estándar a. Anote el menor de la línea 5 o la línea 6. Si nació después del 1 de enero de 1959 y no es ciego, deténgase aquí. Esta es la deducción estándar. De lo contrario, vaya a la línea 7b.	7a. $
b. Si nació antes del 2 de enero de 1958 o es ciego, multiplique $1,750 ($1,400 si está casado) por el número en	7b. $
c. Sume las líneas 7a y 7b. Anote el total aquí y en el Formulario 1040 o el Formulario 1040-SR, línea 12a.	7c. $

Revisión de la Parte 4

Para obtener el máximo beneficio de cada parte, conéctese ahora y mire el video.

Takeaways

The tax professional must understand the available filing statuses and ask the taxpayer questions to determine the correct filing status for their situation. Some clients might have preconceived ideas about the status they should use, or they might tell the tax professional their filing status is Head of Household because a friend told them so. However, the tax preparer's responsibility is to perform a thorough interview and complete the paid tax preparer's Due Diligence Form 8867. A taxpayer's filing status determines the taxpayer's tax liability and many tax credits, so make sure to claim the correct filing status.

Tax Topic 303 has a checklist of the most common errors on a tax return. "What is My Filing Status?" is on the list. The IRS has created an interactive tax assistant (ITA) to help answer questions that will help identify the appropriate filing status for the taxpayer. For example, "What was your marital status on the last day of the year?" is the first question in the ITA. The paid preparer is obligated to be aware of the consequences of preparing tax returns incorrectly. Make sure you do your due diligence and get it right.

It is important to understand how to determine a qualifying child or a qualifying relative to prepare an accurate tax return. Knowledge of tax law is imperative; the tax professional cannot rely on software alone to prepare an accurate tax return. Ensure the individual the taxpayer wants to claim qualifies as the taxpayer's dependent by understanding the rules for a qualifying child and a qualifying relative. Knowledge of the taxpayer's situation is crucial in preparing correct tax returns. If the IRS audits a tax preparer, your excuse better not be that you did not ask the taxpayer enough questions.

TEST YOUR KNOWLEDGE!
Go online to take a practice quiz.

Conclusiones

El profesional de impuestos debe comprender los estados civiles disponibles y hacer preguntas al contribuyente para determinar el estado civil correcto para su situación. Algunos clientes pueden tener ideas preconcebidas sobre el estado que deben utilizar, o pueden decirle al profesional de impuestos que su estado civil es Cabeza de familia porque un amigo se lo dijo. Sin embargo, la responsabilidad del preparador de impuestos es realizar una entrevista exhaustiva y completar el Formulario de debida diligencia del preparador de impuestos pagado 8867. El estado civil de un contribuyente determina la obligación tributaria del contribuyente y muchos créditos fiscales, así que asegúrese de reclamar el estado civil correcto.

El tema tributario 303 tiene una lista de verificación de los errores más comunes en una declaración de impuestos. "¿Cuál es mi estado civil de declaración?" está en la lista. El IRS ha creado un Asistente Tributario Interactivo (ATI) para ayudar a responder preguntas que permitirán identificar el estado civil de declaración adecuado del contribuyente. Por ejemplo, "¿Cuál era su estado civil el último día del año?" es la primera pregunta del ATI. El preparador remunerado está obligado a ser consciente de las consecuencias de preparar incorrectamente las declaraciones de impuestos. Asegúrese de hacer su debida diligencia y hacerlo bien.

Es importante entender cómo determinar un hijo calificado o un pariente calificado para preparar una declaración de impuestos precisa. El conocimiento de la ley tributaria es imperativo; el profesional de impuestos no puede confiar únicamente en el software para preparar una declaración de impuestos precisa. Asegúrese de que la persona que el contribuyente desea reclamar califique como dependiente del contribuyente comprendiendo las reglas para un hijo calificado y un pariente calificado. El conocimiento de la situación del contribuyente es crucial para preparar declaraciones de impuestos correctas. Si el IRS audita a un preparador de impuestos, es mejor que su excusa no sea que no le hizo suficientes preguntas al contribuyente.

¡PON A PRUEBA TUS CONOCIMIENTOS!
Ve en línea para tomar un examen final.

Chapter 4 Income

Introduction

In this chapter, you'll learn about income and how it's reported on Form 1040, focusing on lines 1 through 7, along with Part I of Schedule 1, which covers Additional Income and Adjustments to Income. It also sheds light on various types of taxable and nontaxable income. A tax professional must discern between the many categories of taxable income, tax-exempt income, and other earnings listed on Schedule 1, line 10, and understand how to calculate the taxable income percentage for Social Security benefits.

The IRS has the authority to tax all income from any source, encompassing compensation for services, profits from property sales, interest and dividends, rental and royalty income, pensions and annuities, gambling winnings, and even income from illegal activities. Collectively, an individual's earnings are termed "worldwide income." However, not all monetary gains or property acquisitions are subject to taxation.

Typically, interest and dividends become taxable income when the interest is credited to the taxpayer's account, and they have the ability to withdraw the funds. This chapter also studies exceptions to the taxation of interest and dividends, including instances where they are not considered taxable income.

Objectives

At the end of this chapter, the student will know how to:

- Explain "worldwide income"
- Understand how and where to report wages and other compensation
- Differentiate earned vs. unearned income
- Identify where income is reported
- Identify the different types of interest income
- Recognize which tax forms report interest income
- Understand the different types of savings bonds
- Explain where to report dividend income
- Understand when Schedule B is required to be filed with the tax return
- Indicate how to report interest and dividend income on the tax return

Ingresos

Form W-2 and Instructions	Schedule B and Instructions
Form W-4 and Instructions	Schedule D and Instructions
Form 1040 and Instructions	Publication 550
Form 1099-B and Instructions	Publication 554
Form 1099-DIV and Instructions	Publication 575
Form 1099-INT and Instructions	Publication 590 A & B
Form 1099-G and Instructions	Publication 915
Form 1099-OID and Instructions	Tax Topics 401, 403, 404, 410, 417, 418, 420, 423, 553, 557, 558, 856, 903
Form 1099-R and Instructions	
Form RRB-1099 and Instructions	
Form SSA-1099 and Instructions	

Capitulo 4 Ingresos

Introducción

En este capítulo, aprenderá sobre los ingresos y cómo se declaran en el Formulario 1040, centrándose en las líneas 1 a 7, junto con la Parte I del Anexo 1, que cubre Ingresos adicionales y Ajustes a los ingresos. También explica diversos tipos de ingresos gravables y no gravables. Un profesional de impuestos debe discernir entre las muchas categorías de ingresos gravables, ingresos exentos de impuestos y otras ganancias descritas en el Anexo 1, línea 10, y comprender cómo calcular el porcentaje de ingresos gravables para las prestaciones del Seguro Social.

El IRS tiene la autoridad para gravar todos los ingresos de cualquier fuente, lo que incluye remuneración por servicios, ganancias por ventas de propiedades, intereses y dividendos, ingresos por alquileres y regalías, pensiones y rentas vitalicias, ganancias de juegos de azar e incluso ingresos por actividades ilegales. En conjunto, los ingresos de una persona se denominan "ingresos globales". Sin embargo, no todas las ganancias monetarias o adquisiciones de propiedades están sujetas a impuestos.

Por lo general, los intereses y dividendos se convierten en ingresos gravables cuando el interés se acredita en la cuenta del contribuyente y este tiene la capacidad de retirar los fondos. Este capítulo también estudia las excepciones a la tributación de intereses y dividendos, incluidos los casos en los que no se consideran ingresos gravables.

Objetivos

Al final de este capítulo, el estudiante podrá:

- Explicar los "ingresos globales".
- Comprender cómo y dónde declarar los salarios y otras remuneraciones.
- Diferenciar los ingresos del trabajo y no salariales.
- Identificar dónde se declaran los ingresos.
- Identificar los diferentes tipos de ingresos por intereses.
- Reconocer qué formularios de impuestos declaran ingresos por intereses.
- Comprender los diferentes tipos de bonos de ahorro.
- Explicar dónde declarar los ingresos por dividendos.
- Comprender cuándo se requiere presentar el Anexo B con la declaración de impuestos.
- Indicar cómo declarar los ingresos por intereses y dividendos en la declaración de impuestos.

Fuentes

Formulario W-2 e instrucciones Formulario W-4 e instrucciones Formulario 1040 e instrucciones Formulario 1099-B e instrucciones Formulario 1099-DIV e instrucciones Formulario 1099-INT e instrucciones Formulario 1099-G e instrucciones Formulario 1099-OID e instrucciones Formulario 1099-R e instrucciones Formulario RRB-1099 e instrucciones Formulario SSA-1099 e Instrucciones	Anexo B e Instrucciones Anexo D e Instrucciones Publicación 550 Publicación 554 Publicación 575 Publicación 590 A y B Publicación 915 Temas tributarios 401, 403, 404, 410, 417, 418, 420, 423, 553, 557, 558, 856, 903

Part 1 Form W-4 and Form W-2

The tax professional needs to understand the importance of Form W-4, *Employee's Withholding Certificate*. Form W-4 is the IRS document that an employee completes for their employer to determine how much should be withheld from the employee's paycheck for federal income taxes and sent to the IRS. Accurately completing the W-4 will avoid overpaying taxes or having a balance due come tax time. Many taxpayers do not understand the form and want to have as much income as possible on their paycheck. Improperly calculating the information on the W-4 can result in problems for the taxpayer.

The IRS has an online tax withholding estimator to help taxpayers determine whether they are having enough income withheld. The IRS wants the taxpayer to "pay as you go," paying tax over time rather than paying a large amount at the end of the year. This is to ensure the taxpayer pays enough withholding and is not left with a large liability when they file their taxes. To prepare to use the estimator online, gather the following documents.

1. Most recent paycheck(s), from both the taxpayer and spouse if filing jointly.
2. Income from other sources, if applicable.
3. The taxpayer's most recent tax return.

The estimator is only as accurate as the information that is entered. Below is the link to the estimator. https://www.irs.gov/individuals/tax-withholding-estimator.

Tax Withholding

When an employee starts a new job, they typically fill out a Form W-4. This form provides information to the employer about the employee's tax filing status, number of dependents, and any additional withholding allowances they may be eligible for. Based on this information, the employer calculates the amount of federal, state, and local income tax to withhold from the employee's paycheck.

The withheld taxes are then sent by the employer to the appropriate tax authorities on a regular basis, typically either monthly or quarterly.

Tax withholding helps ensure that individuals pay their taxes in a timely manner and reduces the risk of underpayment penalties. It also simplifies the tax filing process for employees, as they may only need to reconcile any differences between the taxes withheld and their actual tax liability when they file their tax returns at the end of the year.

Withholding Exemption

Exemption from withholding refers to the situation where a taxpayer is not subject to having income tax deducted from their paycheck by their employer. This can occur if the taxpayer had no tax liability in the previous year and expects to have none in the current year. To claim exemption from withholding, the taxpayer can write "Exempt" on Form W-4 in the space provided below Step 4(c), then complete Steps 1(a), 1(b), and 5. No other steps need to be taken.

However, it's important to note that exemption from withholding only applies to income tax and not to Social Security or Medicare tax. If a taxpayer meets certain criteria, they may be eligible to claim exemption for the current tax year:

Parte 1 Formulario W-4 y Formulario W-2

El profesional de impuestos debe comprender la importancia del Formulario W-4, *Certificado de retención del empleado.* El Formulario W-4 es el documento del IRS que un empleado completa para que su empleador determine cuánto debe retenerse del cheque de pago del empleado para los impuestos federales sobre la renta y enviarse al IRS. Completar con precisión el formulario W-4 evitará pagar impuestos en exceso o tener un saldo adeudado cuando llegue el momento de declarar los impuestos. Muchos contribuyentes no entienden el formulario y desean tener la mayor cantidad de ingresos en su cheque de pago. Calcular incorrectamente la información del formulario W-4 puede generar problemas al contribuyente.

El IRS tiene un estimador de retenciones de impuestos en línea para ayudar a los contribuyentes a determinar si se les retienen suficientes ingresos. El IRS quiere que el contribuyente "pague sobre la marcha", pagando impuestos a lo largo del tiempo en lugar de pagar una gran cantidad al final del año. Esto es para garantizar que el contribuyente pague suficientes retenciones y no tenga una gran responsabilidad cuando presente sus impuestos. Para prepararse para utilizar el estimador en línea, reúna los siguientes documentos.

1. Cheque(s) de pago más reciente(s), tanto del contribuyente como del cónyuge si presentan una declaración conjunta.
2. Ingresos de otras fuentes, si corresponde.
3. La declaración de impuestos más reciente del contribuyente.

El estimador solo será preciso, si la información que se ingresa lo es. A continuación, se muestra el enlace del estimador. https://www.irs.gov/individuals/tax-withholding-estimator.

Retención de impuestos

Cuando un empleado comienza un nuevo trabajo, normalmente completa un formulario W-4. Este formulario proporciona información al empleador sobre el estado civil de declaración de impuestos del empleado, el número de dependientes y cualquier subvención de retención adicional para la que pueda ser elegible. Con base en esta información, el empleador calcula el monto del impuesto federal, estatal y local sobre la renta que se retendrá del cheque de pago del empleado.

Luego, el empleador envía los impuestos retenidos a las autoridades tributarias correspondientes de forma regular, generalmente mensual o trimestralmente.

La retención de impuestos ayuda a garantizar que las personas paguen sus impuestos de manera oportuna y reduce el riesgo de multas por pagos insuficientes. También simplifica el proceso de declaración de impuestos para los empleados, ya que es posible que solo necesiten conciliar las diferencias entre los impuestos retenidos y su obligación tributaria real cuando presenten sus declaraciones de impuestos al final del año.

Exención de Retención

La exención de retención se refiere a la situación en la que un contribuyente no está sujeto a que su empleador le deduzca el impuesto sobre la renta de su sueldo. Esto puede ocurrir si el contribuyente no tenía obligaciones tributarias en el año anterior y espera no tener ninguna en el año actual. Para reclamar la exención de retención, el contribuyente puede escribir "Exento" en el Formulario W-4 en el espacio provisto debajo del Paso 4(c), luego completar los Pasos 1(a), 1(b) y 5. No es necesario tomar otras medidas.

Sin embargo, es importante tener en cuenta que la exención de retención solo se aplica al impuesto sobre la renta y no al impuesto de Seguro Social o Medicare. Si un contribuyente cumple con ciertos criterios, puede ser elegible para reclamar la exención para el año fiscal en curso:

- The taxpayer had the right to a refund of all federal income tax withheld because they had no tax liability the previous year.
- The taxpayer expects a refund of all federal income tax withheld because they expect to have no tax liability for the current year.

The employee needs to inform their employer of changes in circumstances that may affect withholding status. If a taxpayer initially claims exemption but later finds they must pay income tax, they must file a new Form W-4. If the taxpayer claims exemption in one year but expects to owe income tax the following year, they should file a new Form W-4 as soon as possible.

If a taxpayer wishes to change their W-4 during the year, the employer must put the new Form W-4 into effect no later than the start of the first payroll period ending on or after the 30th day after the taxpayer submits the new form. However, if the change is for the next year, it will not take effect until then.

Señor 1040 Says: Students are not automatically exempt from tax withholding.

Household Workers Withholding

If a taxpayer paid an employee $2,700 or more in cash wages for 2024, the taxpayer must report and pay Social Security and Medicare taxes on all the wages. A household worker is an employee who performs household work in a private home, local college club, or local fraternity or sorority chapter. Tax is withheld only if the taxpayer has asked the employer to do so. If the taxpayer does not have enough tax withheld, the individual must make estimated payments. To be able to file the appropriate forms to have the taxes withheld, the employer of the household worker must obtain an employer identification number by submitting an SS-4 EIN Application to the IRS. The taxpayer must employ an individual that can legally work in the United States. The employee needs to complete Form I-9, and the employer needs to verify the information and give the employee a W-2.

A taxpayer who is an employee should receive a Form W-2 from their employer(s) that shows the wages the taxpayer earned in exchange for services performed. A W-2 is the tax form generated by employers that details the employees' earnings and government withholdings for a given tax year. A tax year's W-2 should be distributed to the employees by the end of the first month after the tax year ends; for example, W-2s for tax year 2023 should have been delivered by January 31, 2024. A taxpayer will receive a W-2 from each employer they are employed by and should give each W-2 they have received to the individual preparing the tax return. Most taxpayers will only receive one W-2, although it is possible to receive more than one if a taxpayer has worked multiple jobs during a given tax year. If employees notice an error on their Form W-2, they should notify their employer and request a corrected Form W-2 before filing their taxes.

Tax professionals use the information provided on a W-2 to determine the client's earned income for the year. The total amount of wages is reported on Form 1040, line 1. Wages include salaries, vacation allowances, bonuses, commissions, and fringe benefits. Compensation includes everything received in payment for personal services.

- El contribuyente tenía derecho a un reembolso de todo el impuesto federal sobre la renta retenido porque no tenía obligación tributaria el año anterior.
- El contribuyente espera un reembolso de todos los impuestos federales sobre la renta retenidos porque no espera tener ninguna obligación tributaria para el año en curso.

El empleado debe informar a su empleador sobre los cambios en las circunstancias que puedan afectar el estado de retención. Si un contribuyente inicialmente reclama la exención, pero luego descubre que debe pagar impuestos sobre la renta, debe presentar un nuevo Formulario W-4. Si el contribuyente reclama la exención en un año, pero espera adeudar impuestos sobre la renta el año siguiente, debe presentar un nuevo Formulario W-4 lo antes posible.

Si el contribuyente desea cambiar su W-4 durante el año, el empleador debe poner en vigencia el nuevo Formulario W-4 a más tardar al comienzo del primer período de nómina que finaliza en o después del 30° día posterior a la fecha en que el contribuyente entregó el nuevo formulario. Sin embargo, si el cambio es para el próximo año, no entrará en vigor hasta entonces.

El señor 1040 dice: Los estudiantes no están automáticamente exentos de la retención de impuestos.

Retención de trabajadores domésticos

Si un contribuyente pagó a un empleado $2,700 o más en salarios en efectivo para el 2024, el contribuyente debe declarar y pagar los impuestos del Seguro Social y Medicare sobre todos los salarios. Un trabajador doméstico es un empleado que realiza tareas domésticas en una casa privada, un club universitario local o una fraternidad local o una hermandad capítulos de mujeres. El impuesto se retiene solo si el contribuyente le ha pedido al empleador que lo haga. Si el contribuyente no tiene suficientes impuestos retenidos, debe realizar pagos estimados. A fin de poder presentar los formularios apropiados para que se retengan los impuestos, el empleador del trabajador doméstico debe obtener un número de identificación de empleador mediante la presentación de una Solicitud SS-4 EIN al IRS. El contribuyente debe emplear a una persona natural que pueda trabajar legalmente en los Estados Unidos. El empleado debe completar el Formulario I-9 y el empleador debe verificar la información y entregarle un formulario W-2.

Un contribuyente, quien es un empleado, debe recibir un Formulario W-2 de su(s) empleador(es) que muestre los salarios que ganó a cambio de los servicios prestados. Un W-2 es el formulario de impuestos generado por los empleadores que detalla las ganancias de los empleados y las retenciones gubernamentales para un año fiscal determinado. El formulario W-2 de un año fiscal debe distribuirse a los empleados al final del primer mes después de que finalice el año fiscal; por ejemplo, los formularios W-2 para el año fiscal 2023 deberían haberse entregado antes del 31 de enero de 2024. Un contribuyente recibirá un W-2 de cada empleador para el que está empleado y deberá entregar cada W-2 que haya recibido a la persona que prepara la declaración de impuestos. La mayoría de los contribuyentes solo recibirán un formulario W-2; aunque es posible que reciban más de uno si un contribuyente ha trabajado en varios trabajos durante un año fiscal determinado. Si los empleados notan un error en su Formulario W-2, deben notificar a su empleador y solicitar un Formulario W-2 corregido antes de presentar sus impuestos.

Los profesionales de impuestos utilizarán la información proporcionada en un W-2 para determinar los ingresos del trabajo del cliente durante el año. La cantidad total de salarios se notifica en la línea 1 del Formulario 1040. Los salarios incluyen sueldos, pago de vacaciones, subvenciones, bonificaciones, comisiones y beneficios complementarios. La remuneración incluye todo lo recibido en pago por servicios personales.

How to Read the W-2

Below is the W-2 that an employee receives from their employer. It is important for the tax professional to know what is reported on each line of the W-2 so that they will know how to use the information provided in the form when preparing the employee's tax return.

22222
a Employee's social security number
OMB No. 1545-0008
b Employer identification number (EIN)
1 Wages, tips, other compensation
2 Federal income tax withheld
c Employer's name, address, and ZIP code
3 Social security wages
4 Social security tax withheld
5 Medicare wages and tips
6 Medicare tax withheld
7 Social security tips
8 Allocated tips
d Control number
9
10 Dependent care benefits
e Employee's first name and initial Last name Suff.
11 Nonqualified plans
12a Code
13 Statutory employee Retirement plan Third-party sick pay
12b Code
14 Other
12c Code
12d Code
f Employee's address and ZIP code
15 State Employer's state ID number
16 State wages, tips, etc.
17 State income tax
18 Local wages, tips, etc.
19 Local income tax
20 Locality name

Form **W-2** Wage and Tax Statement 2023
Department of the Treasury—Internal Revenue Service
Copy 1—For State, City, or Local Tax Department

Copy of Form W-2

The Lettered Boxes of Form W-2

Box a: Employee's Social Security Number

The Social Security number on the W-2 should match the number shown on the employee's Social Security card. If the Social Security number is incorrect, the employee should notify the employer and request a corrected Form W-2.

> Note: ITINs are not replacements for Social Security numbers. ITINs are only available to resident and nonresident aliens ineligible for U.S. employment that need identification for tax purposes. Under normal circumstances, ITIN holders cannot receive a W-2 because they lack an SSN, but it is possible for an ITIN holder to receive a W-2 using an unlawful SSN. When entering the W-2 information into software for these clients, make sure that the SSN does not auto-populate into box a, because this is where the ITIN number needs to go.

Box b: Employer Identification Number (EIN)

This box shows the employer identification number (EIN) assigned to the employer by the IRS. EINs consist of two digits and a dash followed by seven more digits, as seen in this example: 00-0000000.

¿Cómo leer el W-2?

A continuación, se muestra el W-2 que un empleado recibe de su empleador. Es importante que el profesional de impuestos sepa lo que se informa en cada línea del W-2 para que conozca cómo utilizar la información proporcionada en el formulario al preparar la declaración de impuestos del empleado.

22222	**a** Número de Seguro Social del Empleado	OMB No. 1545-0008	
b Número de Identificación del Empleador (EIN)		**1** Salarios, propinas y otras remuneraciones	**2** Impuesto federal sobre la renta retenido
c Nombre, dirección y código postal del empleador		**3** Salarios del Seguro Social	**4** Impuesto al Seguro Social retenido
		5 Salarios de Medicare y propinas	**6** Impuesto de Medicare retenido.
		7 Propinas del Seguro Social	**8** Propinas asignadas
d Número de control		**9**	**10** Beneficios de cuidado de dependientes
e Primer nombre del empleado Apellido Suf.		**11** Planes no calificados	**12a**
		13 Empleado estatutario ☐ Plan de Jubilación ☐ Subsidio por enfermedad para terceros ☐	**12b**
		14 Otro	**12c**
			12d
F Dirección del Empleador y Código Postal			

15 Identificación estatal del empleador estatal	**16** Salarios, propinas estatales, etc.	**17** Impuesto sobre la renta estatal	**18** Salarios, propinas locales, etc.	**19** Impuesto sobre la renta local	**20** Nombre de la localidad

Formulario **W-2** **Declaración de Salarios e Impuestos** **2023** Departamento del Tesoro - Servicio de Rentas Internas

Copia 1—Para el Departamento de Impuestos del Estado, Ciudad, o Local

Copia del formulario W-2

Las casillas con letras del formulario W-2

Casilla a: Número de Seguro Social del empleado

El número de Seguro Social en el W-2 debe coincidir con el número que aparece en la tarjeta de Seguro Social del empleado. Si el número de Seguro Social es incorrecto, el empleado debe notificar al empleador y solicitar un Formulario W-2 corregido.

> Nota: Los ITIN no reemplazan los números de Seguro Social. Los ITIN solo están disponibles para los extranjeros residentes y no residentes que no son aptos para trabajar en los EE. UU. y que necesitan una identificación a efectos fiscales. En circunstancias normales, los titulares de ITIN no pueden recibir un W-2 porque no tienen un SSN, pero es posible que un titular de ITIN reciba un W-2 usando un SSN ilegal. Al ingresar la información W-2 en el software para estos clientes, asegúrese de que el SSN no se complete automáticamente en la casilla a, porque aquí es donde debe ir el número ITIN.

Casilla b: Número de identificación del empleador (EIN)

Esta casilla muestra el número de identificación del empleador (EIN) asignado por el IRS. Los EIN constan de dos dígitos y un guion seguidos de siete dígitos más, como se ve en este ejemplo: 00-0000000.

Box c: Employer's Name, Address, and ZIP Code

This entry should be the same as the information shown on the employer's Form 941, 941-SS, 943, 944, CT-1 or Form 1040, Schedule H.

Box d: Control Number

Though it is often left blank, this box can be used by employers to distinguish between individual W-2s whenever needed. For example, if an employer has multiple employees with the same first and last names, they can distinguish between them using control numbers.

Boxes e and f: Employee's Name and Address

The taxpayer's name should match the name shown on the Social Security card (first, middle, and last). The taxpayer's name may be different if the taxpayer has recently married, divorced, or had a name change of any kind. The taxpayer's address should include the number, street, apartment and suite number, or a P.O. Box number if mail is not delivered to a physical address.

The Numbered Boxes of Form W-2

Box 1: Wages, Tips, and Other Compensation

Shows the total taxable wages, tips, and other compensation paid to the employee during the year before any payroll deductions or tax withholdings were subtracted.
The following items are included in the total amount provided in box 1:

- Total wages and bonuses (including signing bonuses, prizes, and awards) paid to employees during the year
- Total noncash payments, including certain fringe benefits
- Total tips reported by the employee to the employer; allocated tips are not reported in this box
- Certain employee business expense reimbursements
- An S corporation's cost of accident and health insurance premiums for a shareholder with 2% or more of the company
- Certain taxable benefits from a section 125 cafeteria plan, if the employee chooses cash
- Employee contributions to an Archer MSA
- Contributions to an Archer MSA from an employer if included in the employee's income
- Employer contributions for qualified long-term care services to the extent that such coverage is provided through flexible spending plans or similar arrangements
- The taxable portion of the cost of group-term insurance of more than $50,000
- Unless excludable under an education assistance program, payments for non-job-related education expenses or for payments under a nonaccountable plan
- The amount included as wages because the employer paid the employee's share of Social Security and Medicare taxes
- Designated Roth contributions made under a section 401(k) plan, a section 403(b) salary reduction agreement, or a governmental section 457(b) plan
- Distributions to an employee or former employee from a nonqualified deferred compensation plan (NQDC) or a nongovernmental section 457(b) plan
- Amounts included as income under an NQDC (nonqualified deferred compensation) plan because of section 409A

Casilla c: Nombre, dirección y código postal del empleador

Este registro debe ser el mismo que la información que se muestra en el Formulario 941, 941-SS, 943, 944, CT-1 o el Formulario 1040, Anexo H del empleador.

Casilla d: Número de control

Aunque a menudo se deja en blanco, los empleadores pueden usar esta casilla para distinguir entre formularios W-2 individuales cuando sea necesario. Por ejemplo, si un empleador tiene varios empleados con el mismo nombre y apellido, pueden distinguirlos mediante el uso de números de control.

Casillas e y f: Nombre y dirección del empleador

El nombre del contribuyente debe coincidir con el nombre que aparece en la tarjeta del Seguro Social (nombre, segundo nombre y apellido). El nombre del contribuyente puede ser diferente si el contribuyente se ha casado recientemente, se ha divorciado o ha tenido un cambio de nombre de cualquier tipo. La dirección del contribuyente debe incluir el número, calle, apartamento y número de suite, o un número de casilla postal si el correo no se entrega a una dirección postal.

Las casillas enumeradas del formulario W-2

Casilla 1: Salarios, propinas y otras remuneraciones

Muestra el total de salarios sujetos a impuestos, propinas y otras remuneraciones pagadas al empleado durante el año antes de que se hayan restado las deducciones de nómina o retenciones de impuestos. Los siguientes elementos están incluidos en el monto total provisto en la casilla 1:

- Salarios y bonificaciones totales (incluidas bonificaciones por firmar, premios y reconocimientos) pagados a los empleados durante el año
- Pagos totales no monetarios, incluidos ciertos beneficios complementarios.
- Propinas totales informadas por el empleado al empleador; las propinas asignadas no se informan en esta casilla.
- Ciertos reembolsos de gastos comerciales de empleados.
- El costo de las primas de seguro médico y de accidentes de una sociedad anónima S para un accionista con el 2% o más de la compañía.
- Ciertos beneficios sujetos a impuestos de un plan de cafetería de la sección 125, si el empleado elige efectivo
- Aportaciones de los empleados a una MSA Archer.
- Aportaciones a una MSA Archer de un empleador si se incluyen en los ingresos del empleado
- Aportaciones del empleador para servicios calificados de atención a largo plazo en la medida en que dicha cobertura se proporcione a través de planes de gastos flexibles o acuerdos similares.
- La parte imponible del costo del seguro colectivo a término de más de $50,000
- A menos que sean excluibles en virtud de un programa de asistencia educativa, pagos por gastos de educación no relacionados con el trabajo o pagos en virtud de un plan no responsable.
- La cantidad incluida como salario porque el empleador pagó la parte del empleado de los impuestos del Seguro Social y Medicare.
- Aportaciones designadas de Roth realizadas bajo un plan de la sección 401(k), un acuerdo de reducción de salario de la sección 403(b) o un plan gubernamental de la sección 457(b).
- Distribuciones a un empleado o exempleado de un Plan de remuneración diferida no calificado (NQDC) o un plan de la sección 457(b) no gubernamental.
- Montos incluidos como ingresos bajo un plan NQDC (remuneración diferida no calificado) debido a la sección 409A

- Amounts includable in income under section 457(f) because the amounts are no longer subject to a substantial risk of forfeiture
- Payments to statutory employees who are subject to Social Security and Medicare taxes
- Cost of current insurance protection under a compensatory split-dollar life insurance arrangement
- Employee contributions to a health savings account (HSA)
- Employer's contributions to an HSA if included in the employee's income
- Nonqualified moving expenses and expense reimbursement
- Payments made to former employees while on active duty in the armed forces or other uniformed services
- All other compensation, including certain scholarships and fellowship grants; other compensation includes taxable amounts paid to the employee from which federal income tax was not withheld

An employer may use an additional Form W-2 to show an employee's compensation apart from their earned wages based on their bookkeeping practices.

Box 2 through Box 11

Box 2: Federal Income Tax Withheld

Shows the total federal income tax withheld from the employee's wages for the year. Parachute payments include compensation for certain covered employees, and are taxed at 20%, including the 20% excise tax withheld on excess parachute payments.

If the taxpayer claims itemized deductions, and/or extra withholding deducted from each pay period, this could influence the withholding amount.

Box 3: Social Security Wages

Shows the total amount of non-tip wages used to figure out the taxpayer's Social Security pay-in and pay-out amounts. The total of boxes 3 and 7 cannot exceed the Social Security yearly pay-in limit of $168,600.00.

Box 4: Social Security Tax Withheld

Shows the total employee Social Security tax withholding, which is 6.2% of total compensation to the Social Security wage limit of $160,200.00 for 2023. The Social Security Administration sets the Social Security wage limit every year and can also change the taxed percentage, though they rarely do. For 2024, the Social Security wage limit of $167,700.00.

Box 5: Medicare Wages and Tips

The wages and tips subject to Medicare tax are determined using the same method as the Social Security tax in boxes 3 and 7 except that there is no wage base limit for Medicare tax.

Box 6: Medicare Tax Withheld

This box shows the total employee Medicare tax withheld. The tax withholding percentage is 1.45%. Medicare tax withholdings are determined from the employee's total income amount in box 1.

- Montos incluidos en los ingresos según la sección 457(f) porque los montos ya no están sujetos a un riesgo sustancial de decomiso.
- Pagos a empleados estatutarios que están sujetos a impuestos de Seguro Social y Medicare
- El costo de la protección de seguro actual bajo un acuerdo de seguro de vida compensatorio dividido en dólares.
- Aportaciones de los empleados a una Cuenta de ahorro para la salud (HSA).
- Las aportaciones del empleador a una HSA si están incluidas en los ingresos del empleado.
- Gastos de mudanza no calificados y reembolso de gastos.
- Pagos realizados a exempleados mientras estaban en servicio activo en las fuerzas armadas u otros servicios uniformados.
- Todas las demás remuneraciones, incluidas ciertas becas y subvenciones para becas; otra remuneración incluye montos imponibles pagados al empleado de los cuales no se retuvo el impuesto federal sobre la renta.

Un empleador puede usar otro Formulario W-2 para mostrar la remuneración de un empleado además de sus salarios devengados en función de sus prácticas de teneduría de libros.

Casilla 2 a la 11

Casilla 2: Impuesto federal sobre la renta retenido

Muestra el impuesto sobre la renta federal total retenido de los salarios del empleado durante el año. Los pagos indemnizatorios incluyen remuneración para ciertos empleados cubiertos y están gravados al 20%, incluido el 20% de impuestos especiales retenidos sobre los pagos indemnizatorios en exceso.

Si el contribuyente solicita deducciones detalladas y/o retenciones adicionales deducidas de cada período de pago, esta acción podría influir en el monto de la retención.

Casilla 3: Salarios del Seguro Social

Es el monto total de los salarios sin propinas que se utilizan para calcular los montos de entrada y salida del Seguro Social del contribuyente. El monto total de las casillas 3 y 7 no puede exceder el límite de pago anual del Seguro Social de $168,600.00.

Casilla 4: Impuesto de Seguro Social retenido

Muestra la retención total de impuestos del Seguro Social del empleado, que es el 6.2% de la remuneración total hasta el límite salarial del Seguro Social de $160,200.00 para 2023. La Administración del Seguro Social establece el límite salarial del Seguro Social cada año y también puede cambiar el porcentaje gravado, aunque rara vez lo hacen. Para 2024, el límite salarial del Seguro Social es de $167,700.00.

Casilla 5: Salarios y propinas de Medicare

Los salarios y las propinas sujetas al impuesto de Medicare se determinan utilizando el mismo método que el impuesto al Seguro Social en las casillas 3 y 7, excepto que no hay límite de base salarial para el impuesto de Medicare.

Casilla 6: Impuesto de Medicare retenido

Esta casilla muestra el total de impuestos de Medicare retenidos para los empleados. El porcentaje de retención fiscal es del 1.45%. Las retenciones de impuestos de Medicare se determinan a partir del monto total de ingresos del empleado en la casilla 1.

Box 7: Social Security Tips

This box shows the tips the employee reported to the employer, which are not included in box 3. The combined amount of boxes 3 and 7 is used to figure Social Security tax and should not exceed the maximum yearly Social Security wage base limit.

Box 8: Allocated Tips

Shows allocated tips paid to the employee. Allocated tips will be discussed later in this chapter. The amount in box 8 is not included in the amounts in boxes 1, 3, 5, or 7.

Box 10: Dependent Care Benefits

Shows the total amount of dependent-care benefits paid by the employer to the employee under a dependent-care assistance program (Section 129). This amount could also include the fair market value (FMV) of employer-provided or employer-sponsored day-care facilities and the amounts paid or incurred in a section 125 cafeteria plan. All dependent care benefit amounts paid or earned are reported in this box, regardless of employee forfeitures, including those exceeding the $5,000 exclusion.

Box 11: Nonqualified Plans

The purpose of box 11 is for the SSA to determine if any part of the amount reported in boxes 1, 3, or 5 was earned in a prior year. The SSA uses this information to verify that it has properly applied the Social Security earnings test and paid the correct amount of benefits. Box 11 shows a distribution to an employee from a nonqualified plan or a nongovernmental section 457 plan, and this amount is also reported in box 1.

Box 12: Codes

Box 12 consists of "sub-boxes" 12a, 12b, 12c, and 12d

Though sometimes left completely blank, these boxes are used as needed when certain, infrequent items are reported to the taxpayer by their employer for tax purposes. Each "sub-box" consists of a small space followed by a line and a larger space. If used, the employer will place a letter in the small place that designates one of the codes explained below, with the code's corresponding amount placed in the larger space.

The selection of which "sub-box" a code is placed in and what order the codes are shown are arbitrary. No more than four codes can be entered in box 12. Box 12 has 4 sub-boxes that are used to report the income listed below. If the employer only needs to report one item, enter it in box a. Only four items are reported on one W-2; if more than four items are reported, then an additional W-2 must be used. The following are the codes that must be reported in box 12.

> ***Code A:*** Uncollected Social Security or RRTA tax on tips. The employee's Social Security or Railroad Retirement Tax Act (RRTA) tax on all the employee's tips that the employer could not collect because the employee did not have enough funds to deduct the tax. This amount is not included in box 4.

Casilla 7: Propina del Seguro Social

Esta casilla muestra las propinas que el empleado reportó al empleador, que no se incluyen en la casilla 3. La cantidad combinada de las casillas 3 y 7 se usa para calcular los impuestos del seguro social y debe exceder el límite base salarial anual máximo del Seguro Social.

Casilla 8: Propinas asignadas

Muestra las propinas asignadas pagadas al empleado. Las propinas asignadas serán analizadas más adelante en este capítulo. La cantidad de la casilla 8 no está incluida en las cantidades de las casillas 1, 3, 5 o 7.

Casilla 10: Beneficios de cuidado de dependientes

Muestra el monto total de los beneficios por cuidado de dependientes pagados por el empleador al empleado bajo un programa de asistencia para el cuidado de dependientes (Sección 129). Esta cantidad también incluirá el valor justo de mercado (FMV) de los centros de cuidado diurno proporcionado o auspiciado por el empleador y las cantidades pagadas o incurridas en un plan de cafetería de la sección 125. Todos los montos de beneficios de cuidado de dependientes pagados o ganados se informan en esta casilla, independientemente de las pérdidas de los empleados, incluidas aquellas que excedan la exclusión de $5,000.

Casilla 11: Planes no calificados

El propósito de la casilla 11 es que la SSA determine si alguna parte de la cantidad informada en las casillas 1, 3 o 5 se ganó en un año anterior. La SSA utiliza esta información para verificar que se haya aplicado correctamente la prueba de ingresos del Seguro Social y se haya pagado la cantidad correcta de beneficios. La casilla 11 muestra una distribución a un empleado de un plan no calificado o un plan no gubernamental de la sección 457, y esta cantidad también se informa en la casilla 1.

Casilla 12: Códigos

La casilla 12 consta de "subcasillas" 12a, 12b, 12c y 12d

Aunque a veces se dejan completamente en blanco, estas casillas se utilizan según sea necesario cuando el empleador debe informar al contribuyente sobre elementos específicos y poco comunes a efectos fiscales. Cada "subcasilla" consta de un pequeño espacio seguido de una línea y un espacio más grande. Si se usa, el empleador colocará una letra en el lugar pequeño que designa uno de los códigos que se explican a continuación, con la cantidad correspondiente del código en el espacio más grande.

La selección de en qué "subcasilla" se coloca un código y en qué orden se muestran los códigos es arbitraria. No se pueden ingresar más de cuatro códigos en la casilla 12. La casilla 12 tiene 4 subcasillas que se utilizan para declarar los ingresos que se describen a continuación. Si el empleador solo necesita notificar un elemento, introdúzcalo en la casilla a. Solo se notifican cuatro partidas en un W-2; si se informan más de cuatro partidas, se debe usar un formulario W-2 adicional. Los siguientes son los códigos que se deben declarar en la casilla 12.

> ***Código A:*** Impuesto sobre el Seguro Social o RRTA sobre propinas no recaudado. El impuesto del Seguro Social o de la Ley Tributaria para la Jubilación Ferroviaria (RRTA) del empleado sobre todas las propinas del empleado que el empleador no pudo cobrar porque el empleado no tenía fondos suficientes para deducir el impuesto. Esta cantidad no está incluida en la casilla 4.

Code B: Uncollected Medicare tax on tips (but not Additional Medicare Tax). Shows the employee's Medicare tax or RRTA Medicare tax on tips that the employer could not collect because the employee did not have enough funds from which to deduct the tax. This amount is not included in the total shown in box 6.

Code C: Taxable cost of group-term life insurance over $50,000. Shows the taxable cost of group-term life insurance coverage over $50,000 provided to the employee (including a former employee). This amount is included in boxes 1 and 3 up to the Social Security wage limit.

Code D: Elective deferrals to a section 401(k) cash or deferred arrangement. Shows deferrals under a SIMPLE retirement account part of section 401(k) arrangement.

Code E: Elective deferrals under section 403(b) salary reduction agreement.

Code F: Elective deferrals under section 408(k)(6) salary reduction SEP.

Code G: Elective deferrals and employer contributions (including non-elective deferrals) to any governmental or nongovernmental section 457(b) deferred compensation plan.

Code H: Elective deferrals to a section 501(c)(18)(D) tax-exempt organization plan.

Code J: Nontaxable sick pay (information only, not included in boxes 1, 3, or 5).

Code K: 20% excise tax on excess golden parachute payments.

Code L: Business expense reimbursements under an accountable plan that are excluded from the employee's gross income.

Code M: Uncollected Social Security or RRTA tax on the cost of group-term life insurance over $50,000 (former employees only).

Code N: Uncollected Medicare tax on the taxable cost of group-term life insurance over $50,000 (former employees only).

Code P: Excludable moving expense reimbursements paid directly to a member of the U.S. Armed Forces employee. The amount for moving expense reimbursement is not included in boxes 1, 3, or 5. For tax years 2018 through 2025, these reimbursements have been suspended for all other moving taxpayers.

Code Q: Nontaxable combat pay.

Code R: Employer contributions to an Archer MSA. The tax professional must use Form 8853 to report the amount and attach the form to the return.

Código B: Impuesto de Medicare no recaudado sobre las propinas (pero no el Impuesto Adicional de Medicare). Muestra el impuesto de Medicare o el impuesto RRTA de Medicare del empleado sobre las propinas que el empleador no pudo cobrar porque el empleado no tenía fondos suficientes para deducir el impuesto. Esta cantidad no está incluida en el total indicado en la casilla 6.

Código C: Costo imponible del seguro de vida a término colectivo superior a $50,000. Muestra el costo gravable de la cobertura de seguro de vida a término colectivo de más de $50,000 proporcionada al empleado (incluido un exempleado). Esta cantidad está incluida en las casillas 1 y 3 hasta el límite salarial del Seguro Social.

Código D: Aplazamientos electivos a una sección 401(k) en efectivo o arreglo diferido. Muestra los aplazamientos bajo una cuenta de jubilación SIMPLE que forma parte del acuerdo de la sección 401(k).

Código E: Aplazamientos electivos bajo un acuerdo de reducción de salario de la sección 403(b).

Código F: Aplazamientos electivos bajo un SEP de reducción de salario de la sección 408(k)(6).

Código G: Aplazamientos electivos y aportaciones del empleador (incluidos los aplazamientos no electivos) a cualquier plan de remuneración diferida de la sección 457(b) gubernamental o no gubernamental.

Código H: Aplazamientos electivos a un plan de organización exento de impuestos de la sección 501(c)(18)(D).

Código J: Pago por enfermedad no sujeto a impuestos (solo información, no incluido en las casillas 1, 3 o 5).

Código K: Impuestos especiales del 20% sobre los pagos indemnizatorios en caso de despido.

Código L: Reembolsos de gastos comerciales bajo un plan contable que están excluidos del ingreso bruto del empleado.

Código M: Impuesto del Seguro Social o RRTA no cobrado sobre el costo del seguro de vida a término colectivo de más de $50,000 (solo exempleados).

Código N: Impuesto de Medicare no cobrado sobre el costo imponible del seguro de vida a término colectivo de más de $50,000 (solo exempleados).

Código P: Reembolsos de gastos de mudanza excluibles pagados directamente a un miembro de las Fuerzas Armadas de los EE. UU. El total de reembolso de gastos de mudanza no está incluido en las casillas 1, 3 o 5. Para los años fiscales 2018 a 2025, estos reembolsos se han suspendido para todos los demás contribuyentes que se mudan.

Código Q: Pago por combate no gravable.

Código R: Aportaciones de los empleados a una MSA Archer. El profesional de impuestos debe usar el Formulario 8853 para informar el monto y adjuntar el formulario a la declaración.

Code S: Employee salary reduction contributions under section 408(p) SIMPLE (not included in box 1).

Code T: Adoption benefits (not included in box 1). If Code T is used, complete Form 8839 to determine which benefits are taxable and nontaxable.

Code V: Income from the exercise of nonstatutory stock options(s) are included in boxes 1 and 3 (up to the Social Security wage base).

Code W: Employer contributions to a health savings account (HSA) including amounts contributed using section 125 cafeteria plan. Form 8889 reports the amount and is attached to the client's return.

Code Y: Deferrals under section 409A nonqualified deferred compensation plan.

Code Z: Income under section 409A on a nonqualified deferred compensation plan that fails to satisfy section 409A is shown here. This amount is included in box 1.

Code AA: Designated Roth contributions under a section 401(k) plan.

Code BB: Designated Roth contributions under a section 403(b) plan.

Code DD: Cost of employer-sponsored health coverage. The amount reported with this code is nontaxable.

Code EE: Designated Roth contribution under a governmental section 457(b) plan. This amount does not apply to contributions under a tax-exempt organization 457(b) plan.

Code FF: Permitted benefits under a Qualified Small Employer Health Reimbursement Arrangement (QSEHRA).

Code GG: Income from qualified equity grants under section 83(i).

Code HH: Aggregate deferrals under section 83(i) elections as of the close of the calendar year.

Box 13: Statutory Employee, Retirement Plan, and Third-Party Sick Pay

If the retirement plan box is checked, special limits may apply to the amount of traditional IRA contributions that can be deducted. See Publication 590.

Statutory Employee

This checkbox is intended for statutory employees whose earnings are subject to Social Security and Medicare taxes but are not subject to federal income tax withholding. It should not be checked for common-law employees. Some workers, despite being classified as independent contractors under common-law rules, are treated as employees by statute. The following categories are considered statutory employees:

Código S: Aportaciones de reducción de salario de empleados bajo una sección 408(p) SIMPLE (no incluido en la casilla 1).

Código T: Prestaciones de adopción (no incluidas en la casilla 1). Si se utiliza el Código T, complete el Formulario 8839 para determinar cuáles prestaciones están sujetas a impuestos y cuáles no.

Código V: Los ingresos por ejercicio de opciones sobre acciones no estatutarias se incluyen en las casillas 1 y 3 (hasta la base salarial del Seguro Social).

Código W: Aportaciones del empleador a una Cuenta de ahorro para la salud (HSA), incluidas las cantidades aportadas mediante el plan de cafetería de la sección 125. El formulario 8889 informa el monto y se adjunta a la declaración del cliente.

Código Y: Diferimientos bajo un plan de remuneración diferida no calificado de la sección 409A.

Código Z: Los ingresos bajo la sección 409A en un plan de remuneración diferida no calificado que no cumple con la sección 409A se muestran aquí. Este importe está incluido en la casilla 1.

Código AA: Aportaciones Roth designadas bajo un plan de la sección 401(k).

Código BB: Aportaciones Roth designadas bajo un plan de la sección 403(b).

Código DD: Costo de la cobertura de salud patrocinada por el empleador. El monto informado con este código no está sujeto a impuestos.

Código EE: Aportación Roth designada según un plan gubernamental de la sección 457(b). Este monto no se aplica a las aportaciones bajo un plan 457(b) de organización exenta de impuestos.

Código FF: Beneficios permitidos bajo un Acuerdo de Reembolso de Salud para Pequeños Empleadores Calificados (QSEHRA).
Código GG: Ingresos de subvenciones de capital calificadas bajo la sección 83(i).

Código HH: Aplazamientos agregados bajo la sección 83(i) elecciones al cierre del año calendario.

Casilla 13: Empleado estatutario, plan de jubilación, y pago por enfermedad de terceros

Si la casilla Plan de jubilación está marcada, es posible que se apliquen límites especiales a la cantidad de aportaciones de IRA tradicionales que se pueden deducir. Consulte la Publicación 590.

Empleados estatutarios

Esta casilla de verificación está destinada a empleados estatutarios cuyos ingresos están sujetos a impuestos del Seguro Social y Medicare, pero no están sujetos a la retención de impuestos federales sobre la renta. No debe comprobarse en el caso de empleados de derecho consuetudinario. Algunos trabajadores, a pesar de estar clasificados como contratistas independientes según las normas de derecho consuetudinario, son tratados como empleados por ley. Se consideran empleados estatutarios las siguientes categorías:

- Drivers who operate as agents or are compensated on commission and engage in the distribution of beverages (excluding milk), meat, vegetables, fruit, bakery products, or provide pickup and delivery services for laundry or dry cleaning.
- Full-time life insurance sales agents whose primary business activity involves selling life insurance, annuity contracts, or both, primarily for one life insurance company.
- Individuals who work from home on materials or goods provided by their employer which must be returned to the employer or to an employer's representative if specific instructions on how to complete the work are provided by the employer.
- Full-time traveling or city salespersons who represent their employer and submit orders to the employer from wholesalers, retailers, contractors, and operators of hotels, restaurants, or similar establishments. The goods sold must be merchandise for resale or supplies for use in the buyers' business operations. Sales must be the primary business activity for the employer.

See Publication 15-A, section 1.

Retirement Plan

This box is checked if the employee was an "active participant" (for any part of the year) in any of the following:

- A qualified pension, profit-sharing, or stock bonus plan described in section 401(a), including a 401(k) plan.
- An annuity plan described in section 403(a).
- An annuity contract or custodial account described in section 403(b).
- A simplified employee pension (SEP) plan described in section 408(k).
- A SIMPLE retirement account described in section 408(p).
- A trust described in section 501(c)(18).
- A plan for federal, state, or local government employees or by an agency or instrumentality thereof, other than a section 457(b) plan.

An employee is an active participant if covered by:

- A defined benefit plan for any tax year in which one is eligible to participate.
- A defined contribution plan for any tax year that employer or employee contributions (or forfeitures) are added to their individual account.

Third-Party Sick Pay

This box will be checked only if a third-party sick-pay provider's program covers the individual. Sick pay can include short- and long-term benefits. See Publication 15-A.

Box 14: Other.

Employers use this box to report other information such as state disability insurance taxes withheld, union dues, uniform payments, health insurance, retirement plan and other additional items that may need to be reported.

Box 15 through Box 20

State and local income tax information. You will need to research the exact nature of these taxes, which vary by state. (if applicable).

- Conductores que operan como agentes o reciben una remuneración a comisión y se dedican a la distribución de bebidas (excluyendo leche), carne, verduras, frutas, productos de panadería, o brindan servicios de recogida y entrega para lavandería o tintorería.
- Agentes de ventas de seguros de vida a tiempo completo cuya actividad comercial principal implica la venta de seguros de vida, contratos de rentas vitalicias o ambos, principalmente para una compañía de seguros de vida.
- Personas naturales que trabajan desde su hogar con materiales o bienes que su empleador suministró y deben devolverse al empleador o a un representante del empleador si el empleador proporcionó instrucciones específicas sobre cómo hacer el trabajo.
- Vendedores ambulante o municipal a tiempo completo que representan a su empleador y presentan pedidos al empleador de mayoristas, minoristas, contratistas y operadores de hoteles, restaurantes o establecimientos similares. Los bienes vendidos deben ser mercancías para reventa o suministros para uso en las operaciones comerciales de los compradores. Las ventas deben ser la principal actividad comercial del empleador.

Consulte la Publicación 15-A, sección 1.

Plan de retiro

Esta casilla está marcada si el empleado fue un "participante activo" (durante cualquier parte del año) en cualquiera de los siguientes:

- Una pensión calificada, una participación en los beneficios o un plan de bonificación de acciones descritos en la sección 401(a), incluyendo el plan 401(k).
- Un plan de renta vitalicia descrito en la sección 403(a).
- Un contrato de renta vitalicia o cuenta de custodia descrito en la sección 403(b).
- Un plan de pensiones para empleados simplificado (SEP) descrito en la sección 408(k).
- Un contrato de renta vitalicia o cuenta de custodia descrito en la sección 408(p).
- Un fideicomiso descrito en la sección 501(c)(18).
- Un plan para empleados del gobierno federal, estatal o local o por una agencia o instrumento de la misma, que no sea un plan de la sección 457(b).

Un empleado es un participante activo si está cubierto por:

- Un plan de beneficios definidos para cualquier año fiscal en el que sea elegible para participar.
- Un plan de aportaciones definidas para cualquier año fiscal en el que las aportaciones (o pérdidas) del empleador o del empleado se agreguen a su cuenta.

Pago por enfermedad de terceros

Esta casilla se marcará solo si el programa de un proveedor externo de licencia por enfermedad cubre a la persona. La licencia por enfermedad puede incluir beneficios a corto y largo plazo. Consulte la Publicación 15-A.

Casilla 14: Otro.

Los empleadores utilizan esta casilla para declarar otra información, como impuestos retenidos del seguro estatal por discapacidad, cuotas sindicales, pagos uniformes, seguro médico, plan de jubilación y otros elementos adicionales que puedan necesitar ser declarados.

Casilla 15 a la 20

Información del impuesto sobre la renta estatal y local. Deberá investigar la naturaleza exacta de estos impuestos, que varían según el estado (si corresponde).

If the employee has an error on their Form W-2, they should notify the employer and request a corrected Form W-2. As a tax professional you should not prepare the return until the Form W-2 is corrected.

Part 1 Review

To obtain the maximum benefit from each part go online now and watch the video.

Part 2 Income

There are two major types of income: *earned* and *unearned income.* Earned income is revenue the taxpayer received for working and includes the following types of income:

- Wages, salaries, tips, and other types of taxable employee pay
- Net earnings from self-employment
- Gross income received as a statutory employee
- Union strike benefits
- Long-term disability benefits received prior to reaching the minimum retirement age

Unearned income is any amount received indirectly and not as a direct repayment of any services rendered or work provided. Unearned income includes:

- Interest and dividends
- Pensions and annuities
- Social Security and railroad retirement benefits (including disability benefits)
- Alimony and child support
- Welfare benefits
- Workers' compensation benefits
- Unemployment compensation
- Income while an inmate
- Workfare payments (review Publication 596 for a definition)

Form 1040, lines 1a - z

The following picture shows which form is used to report income. All income is reported based on the tax form the taxpayer receives and the form used to report it.

Si el empleado tiene un error en su Formulario W-2, debe notificar al empleador y solicitar un Formulario W-2 corregido. Como profesional de impuestos no debe preparar la declaración hasta que se corrija el Formulario W-2.

Revisión de la Parte 1

Para obtener el máximo beneficio de cada parte, conéctese ahora y mire el video.

Parte 2 - Ingresos

Existen dos tipos principales de ingresos: *ingresos del trabajo e ingresos no salariales.* Los ingresos del trabajo son los ingresos que el contribuyente recibió por trabajar e incluye los siguientes tipos de ingresos:

- Sueldos, salarios, propinas y otros tipos de pago de empleados sujetos a impuestos
- Ingresos netos del trabajo independiente
- Ingresos brutos recibidos como empleado estatutario.
- Beneficios de huelga sindical.
- Beneficios por discapacidad a largo plazo recibidos antes de alcanzar la edad mínima de jubilación.

Los ingresos no salariales es cualquier cantidad recibida indirectamente y no como un reembolso directo de cualquier servicio prestado o trabajo proporcionado. Los ingresos no salariales incluyen lo siguiente:

- Intereses y dividendos
- Pensiones y rentas vitalicias
- Prestaciones del Seguro Social y de jubilación ferroviaria (incluidos los beneficios por discapacidad)
- Pensión alimenticia y manutención de los hijos
- Prestaciones sociales
- Prestaciones de indemnización por accidente laboral
- Indemnización por desempleo
- Ingresos mientras que se encuentra recluido.
- Pagos del programa de trabajo fomentado por el gobierno (para una definición, consulte la publicación 596).

Formulario 1040, línea 1a - z

La siguiente imagen muestra qué formulario se utiliza para declarar los ingresos. Todos los ingresos se informan según el formulario de impuestos que recibe el contribuyente y el formulario utilizado para declararlo.

Income				
Attach Form(s) W-2 here. Also attach Forms W-2G and 1099-R if tax was withheld.	1a	Total amount from Form(s) W-2, box 1 (see instructions)	1a	W-2
	b	Household employee wages not reported on Form(s) W-2	1b	Not on W-2
If you did not get a Form W-2, see instructions.	c	Tip income not reported on line 1a (see instructions)	1c	Not on line 1a
	d	Medicaid waiver payments not reported on Form(s) W-2 (see instructions)	1d	Not on W-2
	e	Taxable dependent care benefits from Form 2441, line 26	1e	Form 2441, line 26
	f	Employer-provided adoption benefits from Form 8839, line 29	1f	Form 8839, line 29
	g	Wages from Form 8919, line 6	1g	Form 8919, line 6
	h	Other earned income (see instructions)	1h	Excessive deferrals
	i	Nontaxable combat pay election (see instructions) 1i		
	z	Add lines 1a through 1h	1z	

Portion of Form 1040

Line 1a: Total Amount from Form(s) W-2, box 1.

If the taxpayer is an employee, the taxpayer would receive Form W-2 showing wages earned in exchange for services performed. A W-2 is a tax form created by employers to detail earnings and government withholdings for a given tax year. The W-2 should be distributed to employees by January 31, 2024, for the 2023 tax year. The tax professional uses the W-2 to determine the client's earned income for the year. A taxpayer may receive multiple W-2s if they worked more than one job during the year.

Line 1a of Form 1040 reports the total amount of wages earned. Wages include salaries, vacation allowances, bonuses, commissions, and fringe benefits. Compensation includes everything received in payment for personal services.

Line 1b: Household employee wages not reported on Form(s) W-2.

Reports wages that are not reported on Form W-2 for household employees. See Tax Topics 756.

Line 1c: Tip Income not reported on line 1a.

Reports allocated tip income that was not included on Form 1040, line 1a.

Line 1d: Medicaid Waiver Payments not reported on Form(s) W-2.

Reports Medicaid waiver payments that were received and were included in earned income to claim refundable credits.

Line 1e: Taxable Dependent Care Benefits from Form 2441, line 26.

Reports the taxable dependent care benefits reported on Form 2441, line 26. Make sure to complete Form 2441 first.

Line 1f: Employer-provided adoption benefits from Form 8839, line 26.

Reports the total amount of adoption benefits that were paid by the employer. Employer-provided benefits should be in box 12 on the W-2, with code T.

Line 1g: Wages from Form 8919, line 6.

Reports wages that are reported on Form 8919, line 6.

Ingresos				
Adjunte el(los) Formulario(s) W-2 aquí. Adjunte también los formularios W-2G y 1099-R si se retuvieron impuestos.	1a	Monto total del formulario(s) W-2, casilla 1 (ver instrucciones)	1a	**W-2**
	b	Salarios de empleados domésticos no declarados en el(los) formulario(s) W-2	1b	**No en W-2**
	c	Ingreso de propinas no declarado en la línea 1a (ver instrucciones)	1c	**No en línea 1ª**
	d	Pagos de exención de Medicaid no declarados en los formularios W-2 (consulte las instrucciones)	1d	**No en W-2**
	e	Beneficios tributables para el cuidado de dependientes del Formulario 2441, línea 26	1e	**Forma 2441, línea 26**
	f	Beneficios de adopción provistos por el empleador del Formulario 8839, línea 29	1f	**Forma 8839, línea 29**
Si no recibió un Formulario W-2, vea las instrucciones	g	Salarios del Formulario 8919, línea 6	1g	**Forma 8819, Linea 6**
	h	Otros ingresos del trabajo (ver instrucciones)	1h	**Aplazamiento excesivos**
	i	Elección de pago de combate no tributable (ver instrucciones) 1i		

Parte del Formulario 1040

Línea 1a Monto total del formulario W-2, casilla 1.

Si el contribuyente es un empleado, recibirá el Formulario W-2 que muestra los salarios ganados a cambio de los servicios realizados. Un W-2 es un formulario de impuestos creado por los empleadores para detallar las ganancias y las retenciones del gobierno para un año fiscal determinado. El W-2 debe distribuirse a los empleados antes del 31 de enero de 2024, para el año fiscal 2023. El profesional de impuestos utiliza el W-2 para determinar los ingresos del trabajo del cliente para el año. Un contribuyente puede recibir varios W-2 si trabajó en más de un empleo durante el año.

La línea 1a del Formulario 1040 informa la cantidad total de salarios ganados. Los salarios incluyen sueldos, pago de vacaciones, subvenciones, bonificaciones, comisiones y beneficios complementarios. La remuneración incluye todo lo recibido en pago por servicios personales.

Línea 1b: Salarios de empleados domésticos no declarados en los formularios W-2.

Informa los salarios que no se declaran en el Formulario W-2 para empleados domésticos. Ver Tema Tributario 756.

Línea 1c: Ingresos por propinas no declarados en la línea 1a.

Declara ingresos por propinas asignados que no se incluyeron en el Formulario 1040, línea 1a.

Línea 1d: Pagos de exención de Medicaid no declarados en los formularios W-2.

Informa los pagos de exención de Medicaid que se recibieron y se incluyeron en los ingresos del trabajo para reclamar créditos reembolsables.

Línea 1e: Beneficios de cuidado de dependientes sujetos a impuestos del Formulario 2441, línea 26.

Informa los beneficios de cuidado de dependientes sujetos a impuestos informados en el Formulario 2441, línea 26. Asegúrese de completar el Formulario 2441 primero.

Línea 1f: Beneficios de adopción proporcionados por el empleador del Formulario 8839, línea 26.

Informa el monto total de beneficios de adopción que pagó el empleador. Los beneficios proporcionados por el empleador deben estar en la casilla 12 del W-2, con el código T.

Línea 1g: Salarios del Formulario 8919, línea 6.

Informa los salarios que se declaran en el Formulario 8919, línea 6.

Line 1h: Other Earned Income.

Reports the following income types:

1. Excess elective deferrals over $22,500, excluding catch-up amounts. The SIMPLE plan limit is $15,500. If the plan is a 403(b) the maximum is $25,500. See Publication 571.
2. Disability pensions shown on Form 1099-R.
3. Corrective distributions from a retirement plan shown on Form 1099-R of excess elective deferrals and contributions, plus earnings.

Line 1i: Nontaxable Combat Pay election.

Reports the nontaxable combat pay that was used to calculate the Earned Income Tax Credit (EITC).

Line 1z: Add lines 1a through 1h.

Add all the lines together.

Line 2a – 6b

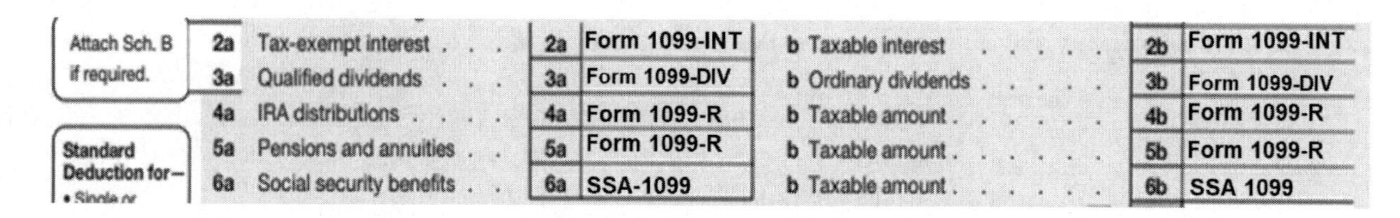

Attach Sch. B if required.	2a	Tax-exempt interest . . .	2a	Form 1099-INT	b Taxable interest	2b	Form 1099-INT
	3a	Qualified dividends . . .	3a	Form 1099-DIV	b Ordinary dividends	3b	Form 1099-DIV
	4a	IRA distributions	4a	Form 1099-R	b Taxable amount	4b	Form 1099-R
Standard Deduction for—	5a	Pensions and annuities . .	5a	Form 1099-R	b Taxable amount	5b	Form 1099-R
• Single or	6a	Social security benefits . .	6a	SSA-1099	b Taxable amount	6b	SSA 1099

Portion of Form 1040

Form 1099-INT

Banks and investment companies use Form 1099-INT to inform taxpayers of interest they've earned. Interest is generally reported on Form 1099-INT or a substitute statement. Form 1099-INT shows the interest earned for the year. It is not attached to the tax return when filing. Certain interest is not reported on Form 1099-INT, but must still be reported on the tax return. For example, Samantha received a Schedule K-1 reporting interest from a partnership of which she is a member. A substitute statement can come from an individual payer and not a large institution and must contain all the information found on Form 1099-INT.

Línea 1h: Otros ingresos del trabajo.

Declara los siguientes tipos de ingresos:

1. Exceso de aplazamientos electivos superiores a $22,500, excluyendo los montos de recuperación. El límite del plan SIMPLE es de $15,500. Si el plan es 403(b), el máximo es $25,500. Consulte la Publicación 571.
2. Pensiones por discapacidad que se muestran en el Formulario 1099-R.
3. Distribuciones correctivas de un plan de jubilación que se muestran en el Formulario 1099-R del exceso de aplazamientos y aportaciones electivas, más ganancias.

Línea 1i: Elección de pago por combate no gravable

Informa el pago de combate no sujeto a impuestos que se utilizó para calcular el Crédito Tributario por Ingresos del Trabajo (EITC).

Línea 1z: Sume las líneas 1a a 1h.

Sume todas las líneas.

Línea 2a – 6b

Adjunte el Anexo B si es necesario.	**2a**	Intereses exentos de impuestos	2a	**Formulario 1099-INT**	**b**	Intereses imponibles	**2b**	**Formulario 1099-INT**
	3a	Dividendos calificados	3a	**Formulario 1099-DIV**	**b**	Dividendos ordinarios	**3b**	**Formulario 1099-DIV**
Deducción Estándar para	**4a**	Distribuciones de IRA	4a	**Formulario 1099-R**	**b**	Base imponible	**4b**	**Formulario 1099-R**
	5a	Pensiones y rentas vitalicias	5a	**Formulario 1099-R**	**b**	Base imponible	**5b**	**Formulario 1099-R**
	6a	Prestaciones del Seguro Social	6a	**SSA-1099**	**b**	Base imponible	**6b**	**Formulario 1099-R**

Parte del Formulario 1040

Formulario 1099-INT

Los bancos y las empresas de inversión utilizan el Formulario 1099-INT para informar a los contribuyentes sobre los intereses que han ganado. Los intereses generalmente se informan en el Formulario 1099-INT o en una declaración sustituta. El formulario 1099-INT muestra los intereses devengados durante el año. No se adjunta a la declaración de impuestos al presentarla. Algunos intereses no se informan en el Formulario 1099-INT, sin embargo, aún se deben informar en la declaración de impuestos. Por ejemplo, Samantha recibió un interés de declaración del Anexo K-1 de una sociedad de la que es miembro. Un estado de cuenta sustituto puede provenir de una persona natural y no de una institución grande y debe contener toda la información que se encuentra en el Formulario 1099-INT.

VOID CORRECTED

PAYER'S name, street address, city or town, state or province, country, ZIP or foreign postal code, and telephone no.

Payer's RTN (optional)

OMB No. 1545-0112

Form **1099-INT**

(Rev. January 2022)

For calendar year 20___

Interest Income

1 Interest income $

2 Early withdrawal penalty $

Copy 1

For State Tax Department

PAYER'S TIN | RECIPIENT'S TIN

3 Interest on U.S. Savings Bonds and Treasury obligations $

RECIPIENT'S name

4 Federal income tax withheld $ | 5 Investment expenses $

6 Foreign tax paid $ | 7 Foreign country or U.S. possession

Street address (including apt. no.)

8 Tax-exempt interest $ | 9 Specified private activity bond interest $

City or town, state or province, country, and ZIP or foreign postal code

10 Market discount $ | 11 Bond premium $

FATCA filing requirement

12 Bond premium on Treasury obligations $ | 13 Bond premium on tax-exempt bond $

Account number (see instructions)

14 Tax-exempt and tax credit bond CUSIP no. | 15 State | 16 State identification no. | 17 State tax withheld $ $

Form **1099-INT** (Rev. 1-2022) www.irs.gov/Form1099INT Department of the Treasury - Internal Revenue Service

Form 1099-INT

As with any form including the taxpayer's name, address, and taxpayer identification number (TIN), make sure the information is correct.

Box 1: Reports interest income paid to the recipient not included in box 3. Form 1099-INT is issued for interest earned of $10 or more.

Box 2: Reports interest or principal that was forfeited because of an early withdrawal penalty. Do not reduce the amount in box 1 by the forfeited amount. Form 1040, Schedule 1, line 18 reports Box 2 will adjust the taxpayer's tax liability.

Box 3: Reports interest from U.S. Savings Bonds and Treasury obligations (another word used for bonds). For taxable covered securities and acquired at a premium, see Box 12. The amount in this box may or may not be taxable. Review Publication 550.

Box 4: Reports federal income tax withheld. If the taxpayer does not receive a TIN (taxpayer identification number), the payer is required to withhold tax at a 24% rate on the amount in box 1.

Box 5: Investment expenses for a single-class real estate mortgage investment conduit (REMIC) only. Also, include the amount in box 1.

Box 6: Reports foreign taxes paid.

Box 7: Shows foreign country or U.S. possession taxes paid.

Box 8: Shows tax-exempt interest paid to the person's account during the calendar year. This amount may be subject to backup withholding.

Nombre, dirección de calle, ciudad o población, estado o provincia, país y código postal o código postal extranjero y número de teléfono del PAGADOR.	RTN del pagador (opcional) **1** Ingresos por intereses $	OMB No. 1545-0112 Formulario **1099-INT** (Rev. enero 2022) por año calendario 20___	**Ingresos por intereses**
TIN DEL PAGADOR / TIN DEL BENEFICIARIO	**2** Multa por retiro anticipado $		**Copia 1** para el departamento de impuestos del estado
	3 Intereses en bonos de ahorro de los EE. UU. y obligaciones del Tesoro $		
Nombre del BENEFICIARIO Dirección de calle (incluyendo apto. no.) Ciudad o población, estado o provincia, país y código postal o código postal extranjero	**4** Impuesto federal sobre la renta retenido $	**5** Gastos de inversión $	
	6 Impuesto extranjero pagado $	**7** País extranjero o posesión en los EE. UU.	
	8 Intereses exentos de impuestos $	**9** Intereses de bonos de actividad privada especificados $	
Requisitos de declaración de FATCA ☐	**10** Descuento de mercado $	**11** Prima de bono $	
	12 Prima de bonos sobre obligaciones del Tesoro $	**13** Primas de bonos sobre bonos exentos de impuestos $	
Número de cuenta (consulte instrucciones)	**14** Número CUSIP del bono de crédito fiscal y exento de impuestos	**15** Estado / **16** Número de identificación del estado	**17** Impuesto estatal retenido $ $

Formulario 1099-INT

Al igual que con cualquier formulario informado con el nombre, la dirección y el número de identificación del contribuyente (TIN), asegúrese de que la información sea correcta.

Casilla 1: Informa ingresos por intereses pagados al beneficiario no incluidos en la casilla 3. El formulario 1099-INT se emite para intereses devengados de $10 o más.

Casilla 2: Declara el interés o el principal que se perdió debido a una multa por retiro anticipado. No reduzca el monto de la casilla 1 por el monto perdido. El Formulario 1040, Anexo 1, línea 18 informa que la Casilla 2 ajustará la obligación tributaria del contribuyente.

Casilla 3: Informa el interés de los Bonos de Ahorro de EE. UU. y las obligaciones del Tesoro (otra palabra que se usa para bonos). Para títulos cubiertos sujetos a impuestos y adquiridos con una prima, consulte la casilla 12. La cantidad en esta casilla puede o no estar sujeta a impuestos. Revise la Publicación 550.

Casilla 4: Declara el impuesto federal sobre la renta retenido. Si el contribuyente no recibe un TIN (número de identificación del contribuyente), el pagador está obligado a retener impuestos a una tasa del 24% sobre el monto de la casilla 1.

Casilla 5: Gastos de inversión para un conducto de inversión hipotecario inmobiliario de clase única (REMIC) solamente. Además, incluya la cantidad en la casilla 1.

Casilla 6: Declara los impuestos extranjeros pagados.

Casilla 7: Muestra los impuestos pagados en un país extranjero o posesión de los EE. UU.

Casilla 8: Muestra los intereses exentos de impuestos pagados a la cuenta de la persona durante el año calendario. Este monto puede estar sujeto a retención adicional.

Box 9: This box shows Specified Private Activity bond interest. Specified Private Activity Bonds are defined in section 141 and were issued after Aug 7, 1986.

Box 10: This box shows the value of a taxable or tax-exempt covered security acquired with a market discount, but only if the taxpayer made an election under section 1278(b) to include the market discount in income as it accrues. The taxpayer must notify the payer of the election in writing [certain restrictions apply, see Regulations section 1.6045-1(n)(5)].

Box 11: Bond premium. A taxable covered security other than a U.S. Treasury obligation acquired at a premium.

Box 12: For a U.S. Treasury obligation that is a covered security. This box shows the amount of premium amortization allocable to the interest payment(s).

Box 13: Bond Premiums on Tax-Exempt Bonds. If you report a tax-exempt covered security acquired at a premium, the amount entered is the bond premium amortization that is allocable to the interest paid during the year.

Box 14: Tax-Exempt and Tax Credit Bond CUSIP Number. The CUSIP is entered for single bonds or accounts containing a single bond.

Box 15-17: State information. These boxes indicate where the taxpayer lives as well as any state in which the taxpayer may have earned their income.

Señor 1040 Says: Make sure Form 1099-INT is the year that you are preparing the tax return for. It is important to verify the year on all income reporting documents the taxpayer received.

When to Report Interest Income

Interest income is reported based on the accounting method the taxpayer is using to report their income. The two most common accounting methods are cash and accrual. With the accrual method, the taxpayer reports income in the tax year during which they earned it, regardless of when they received the payment.

If taxpayers use the cash method, they generally report their interest income in the year in which it was actually or constructively received. Use the special rules to report the discount on certain debt instruments such as U.S. savings bonds and original issue discount (OID).

The taxpayer does not need IRS approval to use any permitted accounting method and chooses their preferred method when they file their first tax return. If they change their mind and wish to change their accounting method on a later return, they must file Form 3115 to obtain IRS approval.

Casilla 9: Esta casilla muestra los intereses del bono de Actividad Privada Específica. Los Bonos de actividad privada específica están definidos en la sección 141 y fueron expedidos el después 7 de agosto de 1986.

Casilla 10: Esta casilla muestra el valor de una garantía cubierta sujeta a impuestos o exenta de impuestos adquirida con un descuento de mercado, pero solo si el contribuyente optó, conforme a la sección 1278(b), por incluir el descuento de mercado en los ingresos a medida que se devenga. El contribuyente debe notificar al pagador de la elección por escrito [se aplican ciertas restricciones, consulte la sección 1.6045-1(n)(5) de las Regulaciones].

Casilla 11: Prima por bono. Un valor cubierto imponible que no sea una obligación del Tesoro de los EE. UU. adquirida con una prima.

Casilla 12: Para una obligación del Tesoro de los EE. UU. que es un valor cubierto. Esta casilla muestra el monto de la amortización de la prima asignable a los pagos de intereses.

Casilla 13: Prima de bono sobre bonos exentos de impuestos. Si declara un valor cubierto exento de impuestos adquirido con una prima, el monto ingresado es la amortización de la prima del bono que se asigna a los intereses pagados durante el año.

Casilla 14: Número de CUSIP Bono de exención de impuestos y de crédito fiscal. El CUSIP se ingresa para bonos simples o cuentas que contienen un bono simple.

Casilla 15-17: Información estatal. Estas casillas indican dónde vive el contribuyente, así como cualquier estado en el que el contribuyente haya obtenido sus ingresos.

El señor 1040 dice: Asegúrese de que el año en el Formulario 1099-INT sea el año para el que está preparando la declaración de impuestos. Es importante verificar el año en todos los documentos de declaración de ingresos que recibió el contribuyente.

¿Cuándo informar los ingresos por intereses?

Los ingresos por intereses se informan con base en el método contable que el contribuyente utiliza para declarar sus ingresos. Los dos métodos contables más comunes son el efectivo y el devengo. Con el método de devengo, el contribuyente declara ingresos en el año fiscal durante el cual los obtuvo, independientemente de cuándo recibió el pago.

Si los contribuyentes utilizan el método de efectivo, generalmente declaran sus ingresos por intereses en el año en que se recibieron de manera real o implícita. Use las reglas especiales para informar el descuento en ciertos instrumentos de deuda, como los bonos de ahorro de los EE. UU. y el descuento de emisión original (OID).

El contribuyente no necesita la aprobación del IRS para utilizar un método contable permitido y elige su método preferido cuando presenta su primera declaración de impuestos. Si cambian de opinión y desean modificar su método contable en una declaración posterior, deben presentar el Formulario 3115 para obtener la aprobación del IRS.

Income

Taxpayers should always keep a list showing their sources of income. For example, all Forms 1099-INT and Forms 1099-DIV should be kept with the taxpayer's yearly tax return. If parents choose to claim their child's investment income, the related forms should also be kept with their tax returns. Interest earned as a beneficiary of an estate or trust is generally taxable income. In this situation, taxpayers should receive a Schedule K-1 for their portion of the interest. A copy of the Schedule K-1 should be kept with the tax return as well.

When is Payment Received?

Interest is received when it is credited to the taxpayer's account or made available to the taxpayer; the taxpayer does not need to have physical possession of the money. The taxpayer is considered to have received interest, dividends, or other earnings from any deposit, bank accounts, savings, loans, similar financial institution, or life insurance policy when the income has been credited to the taxpayer's account and is able to be withdrawn.

The accrual method reports income earned, whether it was received or not. Interest is earned over the life term of the debt instrument. With coupon bonds, interest is taxable the year the coupon becomes due and payable; it does not matter when the coupon payment is mailed. See Publication 550.

Backup Withholding

Interest income is generally not subject to regular withholding, but it may be subject to the backup withholding rate of 24% in the following situations:

- The taxpayer fails to provide the TIN (taxpayer identification number) in the required manner
- The IRS notifies the income provider that the TIN is incorrect
- The taxpayer is required to certify that the TIN provided is correct
- The IRS notifies the income provider to start withholding because the taxpayer is subject to backup withholding

There are civil and criminal penalties for giving false information to avoid backup withholding. If the taxpayer willfully falsified information, they may be subject to criminal penalties including fines and/or imprisonment. If backup withholding is deducted from interest income, the income provider, (or payer), must give the taxpayer Form 1099-INT to indicate the amount that was withheld.

Accounts and Payee-Identifying Numbers

Banks and other financial institutions pay interest and other income on accounts and other investments. When opening an account, an individual is required by federal law to provide their SSN to any financial institution or individual who needs the information to make a return, statement, or any other form of document. The primary SSN must be provided, for instance, when opening a joint account.

Example: Gina and her son, Trenton, opened a joint account with Trenton's birthday money. Gina and Trenton must provide Trenton's SSN to the bank, and his name would appear on the account first. If they do not provide the primary SSN to the payer, the account holder (Trenton) would have to pay a penalty.

Los contribuyentes siempre deben mantener una lista que muestre sus fuentes de ingresos. Por ejemplo, todos los formularios 1099-INT y 1099-DIV deben conservarse con la declaración de impuestos anual del contribuyente. Si los padres optan por reclamar los ingresos por inversiones de sus hijos, los formularios relacionados también deben conservarse con sus declaraciones de impuestos. Los intereses devengados como beneficiario de una sucesión o fideicomiso generalmente representan su ingreso gravable. En esta situación, los contribuyentes deberían recibir un Anexo K-1 por su parte del interés. También deben guardar una copia del Anexo K-1 con la declaración de impuestos.

¿Cuándo se recibe el pago??

Los intereses se reciben cuando se acreditan en la cuenta del contribuyente o se ponen a disposición del contribuyente; el contribuyente no necesita tener posesión física del dinero. Se considera que el contribuyente ha recibido intereses, dividendos u otras ganancias de cualquier depósito, cuentas bancarias, ahorros, préstamos, institución financiera similar o póliza de seguro de vida cuando los ingresos se hayan acreditado en la cuenta del contribuyente y estén sujetos a retiro.

El método de devengo informa los ingresos obtenidos, ya sea que se hayan recibido o no. Los intereses se ganan durante la vida útil del instrumento de deuda. Con los bonos de cupón, los intereses están sujetos a impuestos el año en que el cupón vence y es pagadero; no importa cuándo se envía el pago del cupón. Consulte la Publicación 550.

Retención de respaldo

Los ingresos por intereses generalmente no están sujetos a retenciones periódicas, pero pueden estar sujetos a la tasa de retención adicional del 24% en las siguientes situaciones:

- El contribuyente no proporciona el TIN (número de identificación del contribuyente) en la forma requerida
- El IRS notifica al proveedor de ingresos que el TIN es incorrecto.
- El contribuyente está obligado a certificar que el TIN aportado es correcto
- El IRS notifica al proveedor de ingresos que comience a retener porque el contribuyente está sujeto a una retención de respaldo.

Existen sanciones civiles y penales por proporcionar información falsa para evitar la retención adicional. Si el contribuyente falsificó intencionalmente información, puede estar sujeto a sanciones penales que incluyen multas y/o prisión. Si la retención adicional se deduce de los ingresos por intereses, el proveedor de ingresos (o pagador) debe proporcionar al contribuyente el Formulario 1099-INT para indicar la cantidad que se retuvo.

Cuentas y números de identificación del beneficiario

Los bancos y otras instituciones financieras pagan intereses y otros ingresos sobre cuentas y otras inversiones. Al abrir una cuenta, la ley federal requiere que la persona proporcione su SSN a cualquier institución financiera o persona que necesite la información para hacer una declaración, estado de cuenta o cualquier otra forma de documento. Por ejemplo, al abrir una cuenta conjunta, se debe proporcionar el SSN principal.

Ejemplo: Gina y su hijo, Trenton, abrieron una cuenta conjunta con el dinero del cumpleaños de Trenton. Gina y Trenton deben proporcionar el número de Seguro Social de Trenton al banco, y su nombre aparecerá primero en la cuenta. Si no proporcionan el SSN principal al pagador, el titular de la cuenta (Trenton) tendría que pagar una multa.

Truncating

A payer identification number is any government issued number used by the IRS for the purpose of identification, including Social Security numbers (SSN), individual tax identification numbers (ITIN), employer identification numbers (EIN), taxpayer identification numbers (TIN), and adoption identification numbers (ATIN). Anyone issuing documents containing taxpayer identification information may truncate payee-identifying numbers by replacing the first 5 numbers of payer identification numbers with an X or * (XXX-XX-0000 or ***-**-1111, for example). This can be done on payee statements such as Forms 1097, 1098, 1099, 3921, 9322, and 5498, but it may not be done on Form W-2G.

Number and Certification

For new accounts paying interest or dividends, the payer will give the taxpayer Form W-9: Request for Taxpayer Identification. The taxpayer must certify under penalty of perjury that the TIN is correct, and they are not subject to backup withholding.

If the taxpayer neglects to make this certification, backup withholding will begin on the taxpayer's new account or investment. If the taxpayer has been notified that backup withholding will be deducted from their income due to not providing a TIN, the taxpayer can stop the withholding by providing the information to the payer. A payer is the one who administers the account, such as the bank.

Line 2a Tax-Exempt Interest

Certain types of interest income are tax-exempt and are reported on Form 1040, line 2a. Interest paid by state and local governments is exempt from federal taxation but may be taxable at the state level. The fact that this interest is tax-exempt does not mean that it is not reported; tax-exempt interest must be reported. Tax-exempt interest is included when determining how much Social Security could be taxable to the taxpayer and spouse.

Taxpayers are required to use Schedule B if any of the following are true:

- The taxpayer received over $1,500 of taxable interest or ordinary dividends
- The taxpayer received interest from a seller-financed mortgage and the buyer used the property as a personal residence
- The taxpayer received interest or ordinary dividends
- The taxpayer had a financial interest in, or signature authority over, a financial account in a foreign trust
- The taxpayer accrued interest from a bond
- The taxpayer is reducing the interest income on a bond by the amortizable bond premium
- The taxpayer is reporting original issue discount (OID) in an amount less than the amount on Form 1099-OID
- The taxpayer is claiming the exclusion of interest from U.S. savings bonds series EE, or I issued after 1989

Truncando

Un número de identificación de pagador es cualquier número emitido por el gobierno utilizado por el IRS con fines de identificación, incluidos los números de Seguro Social (SSN), números de identificación fiscal individual (ITIN), números de identificación de empleador (EIN), números de identificación de contribuyente (TIN) y números de identificación de adopción (ATIN). Cualquier persona que emita documentos que contengan información de identificación del contribuyente puede truncar los números de identificación del beneficiario reemplazando los primeros 5 números de identificación del pagador con una X o * (XXX-XX-0000 o ***-**-1111, por ejemplo). Esto se puede hacer en las declaraciones del beneficiario, como los formularios 1097, 1098, 1099, 3921, 9322 y 5498, pero no se puede hacer en el formulario W-2G.

Número y certificación

Para cuentas nuevas que pagan intereses o dividendos, el pagador le entregará al contribuyente el Formulario W-9: Solicitud de identificación del contribuyente. El contribuyente debe certificar bajo pena de perjurio que el TIN es correcto y no está sujeto a retención adicional.

Si el contribuyente no realiza esta certificación, la retención de respaldo comenzará en la nueva cuenta o inversión del contribuyente. Si al contribuyente se le ha notificado que se le deducirá una retención adicional de sus ingresos por no proporcionar un TIN, el contribuyente puede detener la retención proporcionando la información al pagador. Un pagador es quien administra la cuenta, como el banco.

Línea 2a - Intereses exentos de impuestos

Ciertos tipos de ingresos por intereses están exentos de impuestos y se declaran en la línea 2a del Formulario 1040. Los intereses pagados por los gobiernos estatales y locales están exentos de impuestos federales, pero pueden estar sujetos a impuestos a nivel estatal. El hecho de que este interés esté exento de impuestos no significa que no se declare; se deben declarar los intereses exentos de impuestos. Los intereses exentos de impuestos se incluyen al determinar cuánto podría estar sujeto a impuestos del Seguro Social para el contribuyente y el cónyuge.

Los contribuyentes deben utilizar el Anexo B si se cumple alguna de las siguientes condiciones:

- El contribuyente recibió más de $1,500 de intereses gravables o dividendos ordinarios.
- El contribuyente recibió intereses de una hipoteca financiada por el vendedor y el comprador utilizó la propiedad como residencia personal.
- El contribuyente recibió intereses o dividendos ordinarios.
- El contribuyente tenía un interés financiero o autoridad para firmar una cuenta financiera en un fideicomiso extranjero.
- El contribuyente acumuló intereses de un bono.
- El contribuyente está reduciendo los ingresos por intereses de un bono mediante la prima amortizable del bono.
- El contribuyente informa el descuento de emisión original (OID) en una cantidad menor que la cantidad en el Formulario 1099-OID.
- El contribuyente reclama la exclusión de intereses de los bonos de ahorro estadounidenses de la serie EE o I emitidos después de 1989.

Government Bonds

A government bond is a debt security issued by the government to support government spending. This section will give an overview of the most common federal government bonds. If the taxpayer purchases a government bond for a discount when interest has been defaulted or when interest has accrued and has not been paid, the transaction is considered as "trading a bond flat." The defaulted or unpaid interest is not income and is not taxable to the taxpayer. When an interest payment is received, it reduces the capital of the remaining cost of the bond. Interest that accrues after the date of purchase is taxable interest for the year received or accrued.

Interest for a bond can be reported in one of two ways. First, the taxpayer can elect to pay the interest as it is accrued. In this case, the taxpayer would pay taxes on the interest each year. Taxpayers who use the accrual basis must report interest as it accrues. They cannot postpone reporting interest until they receive it or until the bonds mature. The second option is the cash method in which taxes on the savings bonds are paid when they are redeemed or when the bond has matured. If this option is selected, the taxpayer would report all the interest in the year the bond is redeemed.

Series EE and Series E Bonds

Series EE and series E bonds are issued at a discount and sold for less than the face value of the bond. The buyer makes money by holding them until the bond's maturity date, at which point the face value is paid to the taxpayer. Series EE bonds were first offered in January 1980 and have a 30-year maturity period. Before July 1980, series E bonds were issued. The original 10-year maturity period of series E has been extended to 40 years for bonds issued before December 1965 and to 30 years for bonds issued after November 1965. Both paper series EE and E bonds were issued at a discount. Electronic bonds are issued at face value. Paper savings bonds are no longer sold at financial institutions. Owners of paper series EE bonds can convert them to electronic bonds. These converted electronic bonds do not retain the denomination listed on the paper certificate but are posted at their purchase price with accrued interest.

Series H and HH Bonds

Series H and HH bonds are issued at face value. Interest is paid twice a year and must be reported when received. Series H bonds have a maturity period of 30 years. Series HH bonds were first offered in 1980 and were last offered in August 2004. Series H bonds are treated the same way as series HH. Series HH bonds mature at 20 years. The last series H bonds matured in 2009, and the last series HH bonds will mature in 2024.

Series I Bonds

Series I bonds were first offered in 1998. These are inflation-indexed bonds issued at face value with a maturity period of 30 years. The face value plus all accrued interest is payable at maturity.

If the taxpayer uses the cash method of reporting income, they can report the interest on their series EE, series E, and series I bonds using one of the following two methods:

- Method 1: Postpone reporting the interest earned until either the year in which the bonds were cashed or disposed of, or the year the bonds mature, whichever is earliest.
- Method 2: Choose to report the increase in redemption value as interest earned each year.

Bonos del gobierno

Un bono del gobierno es un título de deuda emitido por el gobierno para respaldar el gasto público. Esta sección le dará una descripción general de los bonos del gobierno federal más comunes. Si el contribuyente compra un bono del gobierno con un descuento cuando los intereses se han incumplido o cuando los intereses se han acumulado y no se han pagado, la transacción se considera como "negociación de un bono fijo". Los intereses en mora o impagos no son ingresos y no están sujetos a impuestos para el contribuyente. Cuando se recibe un pago de intereses, se reduce el capital del costo restante del bono. Los intereses que se devengan después de la fecha de compra son intereses gravables para el año recibido o devengado.

El interés por un bono se puede informar de dos maneras. Primero, el contribuyente puede optar por pagar los intereses a medida que se devengan. En este caso, el contribuyente pagaría impuestos sobre los intereses cada año. Los contribuyentes que utilicen la base devengada deben informar los intereses a medida que se devengan. No pueden posponer la declaración de intereses hasta que los reciban o hasta que venzan los bonos. La segunda opción es el método al contado en el que los impuestos sobre los bonos de ahorro se pagan cuando se rescatan o cuando el bono ha vencido. Si se selecciona esta opción, el contribuyente declararía todos los intereses en el año en que se canjea el bono.

Bonos Serie EE y Serie E

Los bonos de la serie EE y E se emiten con descuento y se venden por menos del valor nominal del bono. El comprador gana dinero manteniéndolos hasta la fecha de vencimiento del bono, momento en el que se paga el valor nominal al contribuyente. Los bonos de la serie EE se ofrecieron por primera vez en enero de 1980 y tienen un plazo de vencimiento de 30 años. Antes de julio de 1980, se emitieron bonos de la serie E. El período de vencimiento original de 10 años de la serie E se ha ampliado a 40 años para los bonos emitidos antes de diciembre de 1965 y a 30 años para los bonos emitidos después de noviembre de 1965. Tanto los bonos en papel de las series EE como E se emitieron con descuento. Los bonos electrónicos se emiten a su valor nominal. Los bonos de ahorro impresos ya no se venden en instituciones financieras. Los propietarios de bonos de la serie EE impresos pueden convertirlos en bonos electrónicos. Estos bonos electrónicos convertidos no retienen la denominación que figura en el certificado impreso, pero se registran a su precio de compra con intereses devengados.

Bonos Serie H y HH

Los bonos de las series H y HH se emiten a su valor nominal. Los intereses se pagan dos veces al año y se deben informar cuando se reciben. Los bonos de la serie H tienen un plazo de vencimiento de 30 años. Los bonos de la serie HH se ofrecieron por primera vez en 1980 y por última vez en agosto de 2004. Los bonos de la serie H se tratan de la misma manera que los de la serie HH. Los bonos de la serie HH tienen vencimiento a 20 años. Los últimos bonos de la serie H vencieron en 2009 y los últimos bonos de la serie HH vencerán en 2024.

Bonos Serie I

Los bonos de la Serie I se ofrecieron por primera vez en 1998. Se trata de bonos indexados a la inflación emitidos a su valor nominal con un plazo de vencimiento de 30 años. El valor nominal más todos los intereses devengados se paga al vencimiento.

Si el contribuyente utiliza el método en efectivo para declarar ingresos, puede declarar los intereses de sus bonos de la serie EE, serie E y serie I utilizando uno de los dos métodos siguientes:

- Método 1: Posponga la notificación de los intereses devengados hasta el año en que se cobraron o enajenaron los bonos o el año en que vencen los bonos, lo que ocurra primero.
- Método 2: Elija informar el aumento en el valor de rescate como intereses devengados cada año.

The taxpayer must use the same method for all Series EE, Series E, and Series I bonds they own. If method 2 is not used, method 1 must be used. If the taxpayer wants to change from method 1 to method 2, the taxpayer does not need permission from the IRS. However, if the taxpayer wants to change from method 2 to method 1, permission must be requested by attaching a statement with the following information to the tax return for the year of the change:

- "131" printed or typed at the top of the statement
- The taxpayer's name and Social Security number written beneath "131"
- The year the change was requested (beginning and ending dates)
- Identification and information from the savings bonds for which the change is being requested
- The statement must include:
  - All interest received on any bonds acquired during or after the year of change when it is realized upon disposition, redemption, or final maturity, whichever is earliest.
  - All interest on the bonds acquired before the year of the change when the interest is realized upon disposition, redemption, or final maturity; whichever is earliest, with the exception of interest already reported in prior years.

Taxpayers may file an automatic extension on their tax returns to give them more time to file the statement. On the statement, the following should be typed: "Filed pursuant to section 301.9100-2." To qualify for the extension, the original tax return should have been filed by the required due date (normally April 15) based on the type of tax return being filed. See Publication 550.

El contribuyente deberá utilizar el mismo método para todos los bonos de las series EE, E e I que posea. Si no se usa el método 2, se debe usar el método 1. Si el contribuyente quiere cambiar del método 1 al método 2, no necesita el permiso del IRS. Sin embargo, si el contribuyente desea cambiar del método 2 al método 1, deberá solicitar el permiso adjuntando a la declaración jurada del año del cambio una declaración con la siguiente información:

- "131" impreso o escrito a máquina en la parte superior de la declaración.
- El nombre del contribuyente y el número de Seguro Social escrito debajo de "131".
- El año en que se solicitó el cambio (fechas de inicio y fin).
- Identificación e información de los bonos de ahorro para los que se solicita el cambio.
- La declaración debe incluir:
    - Todos los intereses recibidos sobre los bonos adquiridos durante o después del año del cambio cuando se realiza en el momento de la disposición, redención o vencimiento final, lo que ocurra primero.
    - Todos los intereses sobre los bonos adquiridos antes del año del cambio cuando el interés se realiza en el momento de la disposición, redención o vencimiento final; lo que ocurra primero, con excepción de los intereses ya informados en años anteriores.

Los contribuyentes pueden presentar una prórroga automática en sus declaraciones de impuestos para darles más tiempo para presentar la declaración. En la declaración se debe escribir lo siguiente: "Presentado de conformidad con la sección 301.9100-2". A fin de calificar para la prórroga, la declaración de impuestos original debe haberse presentado antes de la fecha de vencimiento requerida (normalmente el 15 de abril) según el tipo de declaración de impuestos que se presente. Consulte la Publicación 550.

Señor 1040 Says: Interest on U.S. savings bonds is exempt from state and local taxes. Form 1099-INT will indicate the amount of interest that is earned for U.S. savings bonds in box 3.

Municipal Bonds

State and local governments issue municipal bonds to provide funding for capital improvement projects. Municipal bonds are not taxable by the federal government. Not all states or localities tax municipal bond interest income. Some states and localities tax all municipal bond interest, while others tax municipal bond interest income from other states or localities only.

A mortgage revenue bond (MRB) is issued by a local housing authority to finance mortgages for qualifying taxpayers. Those who qualify are normally low-income first-time homebuyers. Investors often prefer these bonds since they are tax-free and are secured by monthly mortgage payments. Every state has MRBs, and they are limited by the minimum state issuance. The purchase price of the home cannot exceed a certain percentage of the area's average purchase price.

State or Local Government Obligations

Interest received on a state or local government obligation is generally not taxable. The issuer should tell the receiver whether the interest is taxable, and then give the receiver a periodic statement showing the tax treatment of the obligation. If the obligation was invested through a trust, a fund, or other organization, that issuer should provide that information.

Even if the interest may not be subject to income tax, the receiver may have to report capital gains or losses when the obligation is sold.

A mortgage revenue bond (MRB) is issued by a local housing authority to finance mortgages for qualifying taxpayers. Those who qualify are normally low-income first-time homebuyers. Investors often prefer these bonds since they are tax-free and are secured by monthly mortgage payments. Every state has MRBs, and they are limited by the minimum state issuance. The purchase price of the home cannot exceed a certain percentage of the area's average purchase price.

State or Local Government Obligations

Interest received on a state or local government obligation is generally not taxable. The issuer should tell the receiver whether the interest is taxable, and then give the receiver a periodic statement showing the tax treatment of the obligation. If the obligation was invested through a trust, a fund, or other organization, that issuer should provide that information.

El señor 1040 dice: Los intereses de los bonos de ahorro de los EE. UU. están exentos de impuestos estatales y locales. El formulario 1099-INT indicará la cantidad de interés que se gana por los bonos de ahorro de los EE. UU. en la casilla 3.

Bonos municipales

Los gobiernos estatales y locales emiten bonos municipales para proporcionar fondos para proyectos de mejora de capital. Los bonos municipales no están sujetos a impuestos por el gobierno federal. No todos los estados o localidades gravan los ingresos por intereses de bonos municipales. Algunos estados y localidades gravan todos los intereses de los bonos municipales, mientras que otros gravan los ingresos por intereses de los bonos municipales de otros estados o localidades únicamente.

Una autoridad de vivienda local emite un bono de ingresos hipotecarios (MRB) para financiar hipotecas para contribuyentes calificados. Aquellos que califican son normalmente compradores de vivienda por primera vez con bajos ingresos. Los inversores suelen preferir estos bonos, ya que están libres de impuestos y están garantizados por los pagos mensuales de la hipoteca. Cada estado tiene MRB y están limitados por la emisión estatal mínima. El precio de compra de la vivienda no puede exceder un cierto porcentaje del precio de compra promedio del área.

Obligaciones del gobierno estatal o local

Los intereses recibidos por una obligación del gobierno local o estatal generalmente no están sujetos a impuestos. El emisor debe informar al receptor si el interés está sujeto a impuestos o no y luego entregar al receptor una declaración periódica que muestre el tratamiento fiscal de la obligación. Si la obligación se invirtió a través de un fideicomiso, fondo u otra organización, ese emisor debe proporcionar esa información.

Incluso si el interés puede no estar sujeto al impuesto sobre la renta, el receptor puede tener que informar las ganancias o pérdidas de capital cuando se vende la obligación.

Una autoridad de vivienda local emite un bono de ingresos hipotecarios (MRB) para financiar hipotecas para contribuyentes calificados. Aquellos que califican son normalmente compradores de vivienda por primera vez con bajos ingresos. Los inversores suelen preferir estos bonos, ya que están libres de impuestos y están garantizados por los pagos mensuales de la hipoteca. Cada estado tiene MRB y están limitados por la emisión estatal mínima. El precio de compra de la vivienda no puede exceder un cierto porcentaje del precio de compra promedio del área.

Obligaciones del gobierno estatal o local

Los intereses recibidos por una obligación del gobierno local o estatal generalmente no están sujetos a impuestos. El emisor debe informar al receptor si el interés está sujeto a impuestos o no y luego entregar al receptor una declaración periódica que muestre el tratamiento fiscal de la obligación. Si la obligación se invirtió a través de un fideicomiso, fondo u otra organización, ese emisor debe proporcionar esa información.

Even if the interest may not be subject to income tax, the receiver may have to report capital gains or losses when the obligation is sold.

Line 2b Taxable Interest

Interest is a cost created by those who lend money (lenders) that is charged to the people they lend money to (borrowers). A taxpayer will pay interest whenever they borrow money and will earn money whenever they lend or deposit money, such as into an interest-earning bank account.

Certain interest is taxable income if it is credited to the taxpayer's account and can be withdrawn. Interest is typically not calculated based on the original amount of borrowed money (called the principal) but is instead usually determined by multiplying a predetermined percentage point by the total amount of money currently owed to the lender by the borrower. For example, John borrowed $5,000 at a 5% interest rate. Although his principal was $5,000, after making several payments, he now owes $4,365, making his interest payment for the month 5% of $4,365, or $218.25.

Taxable Interest

Taxable interest is reported using Schedule B and includes interest received from bank accounts, loans made to others, and interest from other sources. The taxpayer could be the payer or the recipient of the interest. Examples of sources of interest are:

- Banks
- Credit unions
- Government entities (federal and state)
- Certificates of deposit (CDs)
- Life insurance
- Installment sales

U.S. Obligations

Interest on U.S. obligations (U.S. Treasury bills, notes, or bonds) is taxable at the federal level, but exempt from taxation in most states. Make sure to verify whether your state taxes this interest.

Interest and Community Property States

If a taxpayer lives in a community property state and receives an interest or dividend distribution, one-half of the distribution is considered to be received by each spouse. If the taxpayer and spouse file MFS, each must report one-half of the distribution on their separate returns. If the distribution is not considered community property under state law, each taxpayer must report their separate distributions.

Example: Johanna and Jacob are filing MFS, and they have a joint money market account. Under certain state's laws, half the income belongs to Johanna and the other half belongs to Jacob. Each would report half of the income.

Incluso si el interés puede no estar sujeto al impuesto sobre la renta, el receptor puede tener que informar las ganancias o pérdidas de capital cuando se vende la obligación.

Línea 2b - Intereses gravables

El interés es un costo creado por quienes prestan dinero (prestamistas) que se cobra a las personas a quienes se les presta dinero (prestatarios). Un contribuyente pagará intereses cada vez que pida dinero prestado y ganará dinero cada vez que preste o deposite dinero, como en una cuenta bancaria que devenga intereses.

Ciertos intereses son ingresos gravables si se acreditan en la cuenta del contribuyente y pueden retirarse. Por lo general, el interés no se calcula en función de la cantidad original de dinero prestado (llamado capital), sino que se determina generalmente multiplicando un punto porcentual predeterminado por la cantidad total de dinero que el prestatario debe actualmente al prestamista. Por ejemplo, John pidió prestados $5,000 a una tasa de interés del 5%. A pesar de que su capital era de $5,000, después de realizar varios pagos, ahora debe $4,365, pagando el interés del 5% del mes de $4,365, o $ 218.25.

Intereses gravables

Los intereses gravables se informan utilizando el Anexo B e incluyen los intereses recibidos de cuentas bancarias, préstamos hechos a terceros e intereses de otras fuentes. El contribuyente puede ser el pagador o el beneficiario de los intereses. Algunos ejemplos de fuentes de interés son los siguientes:

- Bancos
- Cooperativas de crédito
- Entidades gubernamentales (federales y estatales)
- Certificados de depósitos (CD)
- Seguro de vida
- Ventas a plazos

Obligaciones de los EE. UU.

Los intereses sobre las obligaciones estadounidenses (letras, pagarés o bonos del Tesoro de los EE. UU.) están sujetos a impuestos a nivel federal, pero están exentos de impuestos en la mayoría de los estados. Asegúrese de verificar si su estado grava este interés.

Intereses y Estados de bienes gananciales

Si un contribuyente vive en un estado de bienes gananciales y recibe una distribución de intereses o dividendos, se considera que cada cónyuge recibe la mitad de la distribución. Si el contribuyente y el cónyuge declaran como MFS, cada uno debe informar la mitad de la distribución en sus declaraciones separadas. Si la distribución no se considera bienes gananciales según la ley estatal, cada contribuyente debe informar sus distribuciones por separado.

Ejemplo: Johanna y Jacob declaran como MFS y tienen una cuenta de mercado monetario conjunta. Según las leyes de ciertos estados, la mitad de los ingresos pertenece a Johanna y la otra mitad a Jacob. Cada uno reportaría la mitad de los ingresos.

Foreign Accounts and Trust Requirements

In a global economy, many people in the United States have foreign financial accounts. The law requires owners of foreign financial accounts to report their accounts to the U.S. Treasury Department, even if the accounts don't generate any taxable income. Account owners need to report accounts by the April due date following the calendar year that they own a foreign financial account.

The U.S. government requires individuals to report foreign financial accounts because foreign financial institutions may not be subject to the same reporting requirements as domestic ones.

Reporting Requirements

The Bank Secrecy Act requires a U.S. person who owns a foreign bank account, brokerage account, mutual fund, unit trust, or other financial account to file a *Report of Foreign Bank and Financial Accounts (FBAR)* if the taxpayer has any of the following:

1. Financial interest in, signature authority, or other authority over one or more accounts in a foreign country, and
2. The aggregate value of all foreign financial accounts exceeds $10,000 at any time during the calendar year.

A U.S. person is a citizen or resident of the United States or any domestic legal entity such as a partnership, corporation, limited liability company, estate, or trust. A foreign country includes any area outside the United States or outside the following U.S. territories and possessions:

- Northern Mariana Islands
- District of Columbia
- American Samoa
- Guam
- Puerto Rico
- United States Virgin Islands
- Trust Territories of the Pacific Islands
- Indian lands, as defined in the Indian Gaming Regulatory Act

Cuentas extranjeras y requisitos de fideicomisos

En una economía global, muchas personas en Estados Unidos tienen cuentas financieras en el extranjero. La ley exige que los propietarios de cuentas financieras en el extranjero informen sus cuentas al Departamento del Tesoro de Estados Unidos, incluso si las cuentas no generan ningún ingreso gravable. Los titulares de cuentas deben informar las cuentas antes de la fecha de vencimiento de abril siguiente al año calendario en el que poseen una cuenta financiera en el extranjero.

El gobierno de los EE. UU. exige que las personas informen sobre las cuentas financieras extranjeras porque es posible que las instituciones financieras extranjeras no estén sujetas a los mismos requisitos de declaración que las nacionales.

Requisitos de declaración

La Ley de Secreto Bancario requiere que un contribuyente de los EE. UU. que posee una cuenta bancaria extranjera, una cuenta de corretaje, un fondo mutuo, un fondo de inversión u otra cuenta financiera presente un *Declaración de Cuentas Bancarias y Financieras Extranjeras (FBAR)* si el contribuyente tiene cualquiera de los siguientes:

1. Interés financiero, autoridad de firma u otra autoridad sobre una o más cuentas en un país extranjero, y
2. El valor agregado de todas las cuentas financieras extranjeras supera los $10,000 en cualquier momento durante el año calendario.

Una persona estadounidense es un ciudadano o residente de los Estados Unidos o cualquier entidad jurídica nacional, como una sociedad, una sociedad anónima, una sociedad de responsabilidad limitada, una sucesión o un fideicomiso. Un país extranjero incluye cualquier área fuera de los Estados Unidos o fuera de los siguientes territorios y posesiones de los EE. UU.:

- Islas Marianas del Norte
- Distrito de Columbia
- Samoa Americana
- Guam
- Puerto Rico
- Islas Vírgenes de los Estados Unidos
- Territorios en fideicomiso de las islas del Pacífico
- Tierras indias, según se definen en la Ley Reguladora del Juego de la India

How to Report

Taxpayers required to report their foreign accounts should file the FBAR electronically using the BSA E-Filing System. The FBAR is due April 15. If April 15 falls on a Saturday, Sunday, or legal holiday, the FBAR is due the next business day. Taxpayers don't file the FBAR with individual, business, trust, or estate tax returns.

If two people jointly own a foreign financial account or if several people each own a partial interest in an account, then each person has a financial interest in that account. Each person must report the entire value of the account on FBAR.

Spouses do not need to file a separate FBAR if they complete and sign Form 114, Record of Authorization to Electronically File FBARs, and:

- All reportable financial accounts are jointly owned with the filing spouse, and
- All the accounts are jointly owned.
    - The taxpayer must complete and sign FinCen Form 114a authorizing the spouse to file for themselves and timely file the FBAR reporting all the joint accounts.

Part 2 Review

To obtain the maximum benefit from each part go online now and watch the video.

Part 3 Dividends

Dividends are a share of the profits generated by a company that can be paid in money, stock, stock rights, other property, or services; they can also be paid by a corporation, mutual fund, partnership, estate, trust, or association that is taxed as a corporation. Distributions are benefits from a closely held entity such as an S-corporation, partnership, Limited Liability Company, and trusts.

Dividends can be paid in the form of additional stock, which is sometimes referred to as a reinvested dividend. These are fully taxable to the recipient and must be reported, although some amounts reported as dividends may be taxed at different rates.

¿Cómo declarar?

Los contribuyentes obligados a declarar sus cuentas en el extranjero deben presentar el FBAR electrónicamente utilizando el sistema de presentación electrónica BSA. El FBAR vence el 15 de abril. Si el 15 de abril cae un día sábado, domingo o día festivo legal, el FBAR deberá presentarse el siguiente día hábil. Los contribuyentes no presentan el FBAR con declaraciones de impuestos individuales, comerciales, fiduciarios o patrimoniales.

Si dos personas poseen conjuntamente una cuenta financiera en el extranjero o si varias personas poseen cada una un interés parcial en una cuenta, entonces cada persona tiene un interés financiero en esa cuenta. Cada persona debe informar el valor total de la cuenta en FBAR.

Los cónyuges no necesitan presentar un FBAR por separado si completan y firman el Formulario 114, Registro de autorización para presentar FBAR electrónicamente, y:

- Todas las cuentas financieras declarables son de propiedad conjunta del cónyuge declarante, y
- Todas las cuentas son de propiedad conjunta.
    - El contribuyente debe completar y firmar el Formulario 114a de FinCen autorizando al cónyuge a presentar por sí mismo y presentar oportunamente el FBAR informando todas las cuentas conjuntas.

Revisión de la Parte 2

Para obtener el máximo beneficio de cada parte, conéctese ahora y mire el video.

Parte 3 Dividendos

Los dividendos son una participación de las ganancias generadas por una compañía que se pueden pagar en dinero, acciones, derechos de acciones, otros bienes o servicios; también pueden ser pagados por una sociedad anónima, fondo mutuo, sociedad, sucesión, fideicomiso o asociación que está gravada como una sociedad anónima. Las distribuciones son beneficios de una entidad estrechamente sostenida, como una sociedad anónima S, una sociedad, una compañía de responsabilidad limitada y un fideicomiso.

Los dividendos se pueden pagar en forma de acciones adicionales, lo que a veces se denomina dividendo reinvertido. Estos son totalmente gravables para el beneficiario y deben declararse, aunque algunas cantidades declaradas como dividendos pueden ser gravadas a tasas diferentes.

Form 1099-DIV: Reporting Dividend Income

☐ VOID ☐ CORRECTED

PAYER'S name, street address, city or town, state or province, country, ZIP or foreign postal code, and telephone no.	1a Total ordinary dividends $	OMB No. 1545-0110 Form **1099-DIV** (Rev. January 2022)	**Dividends and Distributions**
	1b Qualified dividends $	For calendar year 20__	
	2a Total capital gain distr. $	2b Unrecap. Sec. 1250 gain $	**Copy 1 For State Tax Department**
PAYER'S TIN / RECIPIENT'S TIN	2c Section 1202 gain $	2d Collectibles (28%) gain $	
	2e Section 897 ordinary dividends $	2f Section 897 capital gain $	
RECIPIENT'S name	3 Nondividend distributions $	4 Federal income tax withheld $	
Street address (including apt. no.)	5 Section 199A dividends $	6 Investment expenses $	
	7 Foreign tax paid $	8 Foreign country or U.S. possession	
City or town, state or province, country, and ZIP or foreign postal code	9 Cash liquidation distributions $	10 Noncash liquidation distributions $	
11 FATCA filing requirement ☐	12 Exempt-interest dividends $	13 Specified private activity bond interest dividends $	
Account number (see instructions)	14 State / 15 State identification no.	16 State tax withheld $ $	

Form **1099-DIV** (Rev. 1-2022) www.irs.gov/Form1099DIV Department of the Treasury - Internal Revenue Service

Form 1099-DIV

As with all forms, make sure the taxpayer's name, address, and TIN are correct. The following is provided for informational purposes and describes what is reported in each box of Form 1099-DIV. The most common entries on Form 1099-DIV are: Box 1a, 1b, 2a, 3, 5, 7, and 11.

Box 1a, Total ordinary dividends: Included are money market funds, net short-term capital gains from mutual funds, and other distributions of stock. Reinvested dividends and section 404(k) dividends paid directly from the corporation are taxable. Report this amount on Form 1040, page 1, line 3b.

Box 1b, Qualified dividends: The portion that meets the IRS criteria for a lower capital gains tax rate is shown in box 1a. Report this amount on Form 1040, page 1, line 3a.

Box 2a, Total (long-term) capital gain distributions: Shows total capital gain distributions from a regulated investment company or real estate investment trust. Amount shown in box 2a is reported on Schedule D, line 13.

Box 2b, Unrecaptured Section 1250 gain: From certain depreciable real property. This box shows the amount in box 2a that is unrecaptured Section 1250 gain from depreciable property.

Box 2c, Section 1202 gain: Shows any amount in box 2a that is a Section 1202 gain from certain small business stocks.

Formulario 1099-DIV: Declaración de ingresos por dividendos

☐ CORREGIDO (si está marcado)

Nombre, dirección postal, ciudad o pueblo, estado o provincia, país, código postal o código postal extranjero y número de teléfono del PAGADOR.		1a Total de dividendos ordinarios $ 1b Dividendos calificados $	OMB No. 1545-0110 Formulario **1099-DIV** **(Rev. Enero 2022)**	**Dividendos y distribuciones**
		2a Total de distribución de plusvalía $	2b Sec. No recap. ganancia de 1250 $	**Copia 1**
TIN del PAGADOR	TIN del BENEFICIARIO	2c Sección de ganancia 1202 $	2d Ganancias por cobrar (28%) $	**Para la Declaración de impuestos estatales**
		2e Sección 897: Dividendos ordinarios $	2f Sección 897: Ganancia de capital $	
Nombre del BENEFICIARIO		3 Distribuciones de no dividendos $	**4 Impuesto federal sobre la renta retenido** $	
		5 Dividendos de la Sección 199A $	6 Gastos de inversión $	
Dirección postal (incluido el número de apto.)		7 Impuesto extranjero pagado $	8 País extranjero o posesión de los EE. UU.	
Ciudad o población, estado o provincia, país y código postal o código ZIP extranjero		9 Distribuciones de liquidación de efectivo $	10 Distribuciones de liquidación no monetarias $	
	Requisito de presentación de FATCA ☐	11 Dividendos de intereses exentos $	12 Dividendos de intereses de bonos de actividad privada específicos $	
Número de cuenta (ver instrucciones)		13 Estado / 14 Número de identificación estatal	15 Impuesto estatal retenido $ $	

Formulario **1099-DIV** www.irs.gov/Form1099DIV Departamento del Tesoro - Servicio de Rentas Internas

Formulario 1099-DIV

Al igual que con todos los formularios, asegúrese de que el nombre, la dirección y el TIN del contribuyente sean correctos. Lo siguiente se proporciona con fines informativos y describe lo que se informa en cada casilla del Formulario 1099-DIV. Los registros más comunes en el Formulario 1099-DIV son: Casillas 1a, 1b, 2a, 3, 5, 7 y 11.

Casilla 1a, Total de dividendos ordinarios: Se incluyen los fondos del mercado monetario, las ganancias netas de capital a corto plazo de fondos mutuos y otras distribuciones de acciones. Los dividendos reinvertidos y los dividendos de la sección 404(k) pagados directamente de la sociedad anónima están sujetos a impuestos. Declare esta cantidad en el Formulario 1040, página 1, línea 3b.

Casilla 1b, Dividendos calificados: La parte que cumple con los criterios del IRS para una tasa impositiva más baja sobre las ganancias de capital se muestra en la casilla 1a. Declare esta cantidad en el Formulario 1040, página 1, línea 3a.

Casilla 2a, Distribuciones totales de ganancias de capital (a largo plazo): Muestra las distribuciones totales de ganancias de capital de una compañía de inversión regulada o un fideicomiso de inversión en bienes raíces. La cantidad que se muestra en la casilla 2a se informa en el Anexo D, línea 13.

Casilla 2b, ganancia de la sección de 1250 no recuperada: De ciertos bienes inmuebles depreciables. Esta casilla muestra la cantidad en la casilla 2a que es ganancia de la sección 1250 no recuperada de bienes depreciables.

Casilla 2c, Ganancias de la Sección 1202: Muestra cualquier cantidad en la casilla 2a que sea una ganancia de la sección 1202 de ciertas acciones de pequeñas empresas.

Box 2d, Collectibles (28%) gain: Shows any amount included in box 2a that has a 28% rate gain from sales or exchanges of collectibles. Apart from this fact, this concept is beyond the scope of this course.

Box 3, Nondividend distributions: Nondividend distributions are shown here, if determinable.

Box 4, Federal income tax withheld: This box shows the amount of federal income tax withheld. Federal taxes are usually withheld when backup withholding is required.

Box 5, Section 199A Dividends: Shows Section 199A dividends paid to the taxpayer. This amount is included in box 1a.

Box 6, Investment Expenses: Shows the taxpayer's reported pro rata share of certain amounts deductible by a non-public offering from a regulated investment company (RIC) in computing the taxable income. Do not include any investment expense in box 1b.

Box 7, Foreign tax paid: Shows foreign tax paid on dividends and other distributions on stock. Report this amount in U.S. dollars.

Box 8, Foreign country or U.S. Possession: Enter the name of the foreign country or U.S. Possession to which the foreign taxes were reported and paid in box 7.

Box 9, Cash Liquidation Distributions: Shows cash distributed as part of a liquidation.

Box 10, Noncash Liquidation Distributions: Shows noncash distributions made as part of a liquidation. Place the fair market value as of the date of distribution.

Box 11, Foreign Account Tax Compliance Act (FATCA) Filing Requirement: Taxpayer is reporting distributions in boxes 1 through 3 and 9, 10, 12, and 13 on Form 1099-DIV.

Box 12, Exempt-Interest Dividends: This box shows exempt-interest dividends paid by a RIC or from a mutual fund. Include also specified private activity bond interest dividends.

Box 13, Specified Private Activity Bond Interest Dividends: This box reports exempt-interest dividends paid by a RIC minus an allocable share of the expenses.

Box 14-16, State Boxes: Shows state information depending upon the state the taxpayer lives in.

Dividends and other distributions that earn $10 or more are reported to the taxpayer on Form 1099-DIV by the payee. If the taxpayer's ordinary dividends are more than $1,500, the taxpayer would complete Schedule B, Part III, in addition to receiving Form 1099-DIV.

Form 1040, line 3a, Qualified Dividends

Qualified dividends are taxed at the taxpayer's capital gains rate. Qualified dividends are included with ordinary dividends on Form 1040, page 1, line 3a. Qualified dividends are shown in box 1b of Form 1099-DIV.

Casilla 2d, Ganancias por cobrar (28%): Muestra cualquier monto incluido en la casilla 2a que tenga una tasa de ganancia del 28% por ventas o intercambios de artículos de colección. Aparte de este hecho, este concepto está fuera del alcance de este curso.

Casilla 3, Distribuciones sin dividendos: Las distribuciones que no son dividendos se muestran aquí, si son determinables.

Casilla 4, Impuesto federal sobre la renta retenido: Esta casilla muestra la cantidad de impuestos federales sobre la renta retenidos. Los impuestos federales generalmente se retienen cuando se requiere una retención adicional.

Casilla 5, Dividendos de la Sección 199A: Muestra los dividendos de la Sección 199A pagados al contribuyente. Este monto se incluye en la casilla 1a.

Casilla 6, Gastos de Inversión: Muestra la participación prorrateada informada por el contribuyente de ciertos montos deducibles por una oferta no pública de una compañía de inversión regulada (RIC) en el cómputo de los ingresos gravables. No incluya ningún gasto de inversión en la casilla 1b.

Casilla 7, Impuesto extranjero pagado: Muestra el impuesto extranjero pagado sobre dividendos y otras distribuciones sobre acciones. Declare esta cantidad en dólares estadounidenses.

Casilla 8, País extranjero o posesión de los EE. UU.: Anote el país extranjero o la posesión de los EE. UU. a la que se declararon y pagaron los impuestos extranjeros en la casilla 7.

Casilla 9, Distribuciones de liquidación de efectivo: Muestra el efectivo distribuido como parte de una liquidación.

Casilla 10, Distribuciones de liquidación no monetarias: Muestra las distribuciones no monetarias realizadas como parte de una liquidación. Coloque el valor justo de mercado a la fecha de distribución.

Casilla 11, Requisito de declaración de la Ley de Cumplimiento Fiscal de Cuentas Extranjeras (FATCA): El contribuyente declara las distribuciones en las casillas 1 a 3 y 9, 10, 12 y 13 del Formulario 1099-DIV.

Casilla 12, Dividendos con intereses exentos: Esta casilla muestra los dividendos sin intereses pagados por un RIC o por un fondo mutuo. Incluya también los dividendos de intereses de bonos de actividades privadas especificados.

Casilla 13, Dividendos de intereses de Bono de actividad privada específica: Esta casilla informa los dividendos con intereses exentos pagados por un RIC menos una parte asignable de los gastos.

Casillas 14-16, Casillas de estado: Muestra información estatal según el estado en el que vive el contribuyente.

Los dividendos y otras distribuciones que devengan $10 o más son informados al contribuyente en el Formulario 1099-DIV por el beneficiario. Si los dividendos ordinarios del contribuyente superan los $1,500, el contribuyente completará la Parte III del Anexo B, además de recibir el Formulario 1099-DIV.

Formulario 1040, línea 3a, Dividendos Calificados

Los dividendos calificados se gravan a la tasa de ganancias de capital del contribuyente. Los dividendos calificados se incluyen con los dividendos ordinarios en el Formulario 1040, página 1, línea 3a. Los dividendos calificados se muestran en la casilla 1b del Formulario 1099-DIV.

Form 1040, line 3b, Ordinary Dividends

Ordinary dividends are the most common type of dividend distributions and are taxed as ordinary income (as are mutual fund dividends) at the same tax rate as wages and other ordinary income of the taxpayer. All dividends are considered ordinary unless they are specifically classified as qualified dividends. Dividends received from common or preferred stock are considered ordinary dividends and are reported in box 1a of Form 1099-DIV. Ordinary dividends received on common or preferred stock can be reinvested and taxed as ordinary income.

Dividends That Are Really Interest

Certain distributions that are often reported as "dividends" are actually interest income. The taxpayer will report as interest any received dividends from deposits, or shared accounts, from the following sources:

- Credit unions
- Cooperative banks
- Domestic building and loan associations
- Federal savings and loan associations
- Mutual savings banks

These dividends will be reported as interest in box 1 of Form 1099-INT. Generally, amounts received from money market funds are dividends and should not be reported as interest.

Capital Gains Distributions

Capital gains distributions are paid to the taxpayer by brokerage firms, mutual funds, and investment trusts. The capital gains distributions from mutual funds are long-term capital gains regardless of how long the taxpayer owned the stock. Distributions of net-realized short-term capital gains are reported on Form 1099-DIV as ordinary dividends.

Nontaxable Dividends

Nontaxable dividends are a return of a shareholder's original investment. These distributions are not treated the same as ordinary dividends or capital gain distributions. Nondividend distributions reduce the taxpayer's basis in the stock. Return of capital distributions are not taxable until the taxpayer's remaining basis (investment) is reduced to zero. The basis of the stock has been reduced to zero when the taxpayer receives a distribution, and then it is reported as a capital gain. The holding period determines the reporting of short-term or long-term capital gain.

Form 1040, line 4: IRA Distributions

Any money received from a traditional IRA is a distribution and must be reported as income in the year it was received. Report the nontaxable distribution on Form 1040, line 4 and report the taxable distributions on line 4b. Distributions from a traditional IRA are taxed as ordinary income. Not all distributions will be taxable if the taxpayer made nondeductible contributions. Complete Form 8606 to report the taxable and nontaxable portions of the IRA distribution.

Formulario 1040, línea 3b, Dividendos Ordinarios

Los dividendos ordinarios son el tipo más común de distribución de dividendos y se gravan como ingresos ordinarios (al igual que los dividendos de fondos mutuos) a la misma tasa impositiva que los salarios y otros ingresos ordinarios del contribuyente. Todos los dividendos se consideran ordinarios, a menos que se clasifiquen específicamente como dividendos calificados. Los dividendos recibidos de acciones comunes o preferidas se consideran dividendos ordinarios y se declaran en la casilla 1a del Formulario 1099-DIV. Los dividendos ordinarios recibidos en acciones comunes o preferidas pueden ser reinvertidos y gravados como ingresos ordinarios.

Dividendos que son realmente intereses

Ciertas distribuciones que a menudo se informan como "dividendos" son en realidad ingresos por intereses. El contribuyente declarará como intereses cualquier dividendo recibido de depósitos o cuentas compartidas, de las siguientes fuentes:

- Cooperativas de crédito
- Bancos cooperativos
- Asociaciones nacionales de construcción y préstamo.
- Asociaciones federales de ahorro y préstamo.
- Cajas de ahorro mutuas.

Estos dividendos se informarán como intereses en la casilla 1 del Formulario 1099-INT. Generalmente, los montos recibidos de los fondos del mercado monetario son dividendos y no deben declararse como intereses.

Distribuciones de ganancias de capital

Las distribuciones de ganancias de capital se pagan al contribuyente por medio de firmas de corretaje, fondos mutuos y fideicomisos de inversión. Las distribuciones de ganancias de capital de los fondos mutuos son ganancias de capital a largo plazo, independientemente del tiempo que el contribuyente haya poseído las acciones. Las distribuciones de las ganancias de capital a corto plazo realizadas netas se declaran en el Formulario 1099-DIV como dividendos ordinarios.

Ingresos no gravables

Los dividendos no sujetos a impuestos son un retorno de la inversión original de un accionista. Estas distribuciones no se tratan igual que los dividendos ordinarios o las distribuciones de ganancias de capital. Las distribuciones que no son dividendos reducen la base del contribuyente en las acciones. El retorno de las distribuciones de capital no está gravado hasta que la base restante (la inversión) del contribuyente se reduzca a cero. La base de las acciones se ha reducido a cero cuando el contribuyente recibe una distribución, y luego se informa como una ganancia de capital. El período de tenencia determina la declaración de ganancias de capital a corto o largo plazo.

Formulario 1040, línea 4: Distribuciones IRA

Cualquier dinero recibido de una cuenta IRA tradicional es una distribución y debe declararse como ingreso en el año en que se recibió. Declare la distribución no gravable en el Formulario 1040, línea 4 y declare las distribuciones gravables en la línea 4b. Las distribuciones de una IRA tradicional se gravan como ingresos ordinarios. No todas las distribuciones estarán sujetas a impuestos si el contribuyente realizó aportaciones no deducibles. Complete el Formulario 8606 para informar las partes gravables y no gravables de la distribución IRA.

The following distributions are not subject to the early withdrawal penalty:

- A rollover from one IRA to another
- Tax-free withdrawals of contributions
- The return of nondeductible contributions

These funds will be reported as received, but the taxable portion will be reduced or eliminated.

Normal IRA distributions are usually fully taxable because contributions to the IRA account were fully tax-deferred when they were originally made. Form 5329, *Additional Taxes on Qualified Plans*, is not required if the early withdrawal penalty is the only reason for using the form. This penalty is in addition to any tax due on the distributions, though some exceptions to it exist.

Form 1040, line 5a and line 5b, Pensions and Annuities

A distribution is a payment received by taxpayers from their pension or annuity. If taxpayers contributed "after-tax" dollars to their pension or annuity plan, they could exclude part of each annuity payment from income as a recovery of their cost. The tax-free part of the payment is figured when the annuity starts and remains the same each year, even if the amount of the payment changes. A pension is a contract for a fixed sum to be paid regularly following retirement from service. If the taxpayer wants to have taxes withheld from their pensions or annuities, they will use W-4P. The tax-free portion of the payment is calculated using one of the following methods:

General Rule

When receiving annuity payments from a nonqualified retirement plan, the general rule applies. According to this rule, taxable and tax-free portions of annuity payments are determined by life expectancy tables provided by the IRS.

Simplified Method

The Simplified Method for annuities is a method used to determine the taxable portion of annuity payments received from a nonqualified retirement plan. It simplifies the calculation by spreading the tax liability evenly over the expected duration of the annuity payments. Here's how it works:

1. Determine the Total Expected Return: Start by calculating the total amount you expect to receive in annuity payments over your lifetime. This is often referred to as the "total expected return."
2. Determine the Exclusion Ratio: Next, calculate the exclusion ratio, which is the ratio of your investment in the contract (usually the amount you paid into the annuity) to the total expected return. This ratio represents the portion of each annuity payment that is considered a return of your original investment and therefore not subject to taxation.
3. Apply the Exclusion Ratio: Multiply each annuity payment by the exclusion ratio to determine the taxable portion of the payment. The remaining portion is considered tax-free return of your investment.
4. Report Taxable Portion: Report the taxable portion of the annuity payments as income on your tax return.

See Sec 72(d)(1)Tax Topic 411

Las siguientes distribuciones no están sujetas a multa por retiro anticipado:

- Una transferencia de una IRA a otra
- Retiros de aportaciones libres de impuestos.
- El retorno de aportaciones no deducibles

Estos fondos se informarán como recibidos, pero la parte gravable se reducirá o eliminará.

Las distribuciones normales de IRA por lo general son completamente gravables porque las aportaciones a la cuenta IRA tenían impuestos diferidos en su totalidad cuando se contribuyeron originalmente. No se requiere el Formulario 5329, *Impuestos adicionales sobre planes calificados,* si la multa por retiro anticipado es la única razón para usar el formulario. Esta multa es adicional a cualquier impuesto sobre las distribuciones, aunque existen algunas excepciones.

Formulario 1040, línea 5a y línea 5b, Pensiones y rentas vitalicias

Una distribución es un pago que reciben los contribuyentes de su pensión o renta vitalicia. Si los contribuyentes aportaron dólares "después de impuestos" a su plan de pensión o renta vitalicia, pueden excluir parte de cada pago de renta vitalicia de los ingresos como una recuperación de su costo. La parte libre de impuestos del pago se calcula cuando comienza la renta vitalicia y permanece igual cada año, incluso si el monto del pago cambia. Una pensión es un contrato por una suma fija que se paga periódicamente tras la jubilación del servicio. Si el contribuyente quiere que se le retengan impuestos de sus pensiones o rentas vitalicias, utilizará el W-4P. La parte libre de impuestos del pago se calcula usando uno de los siguientes métodos:

Regla general

Al recibir pagos de rentas vitalicias de un plan de jubilación no calificado, se aplica la regla general. De acuerdo con esta regla, las porciones imponibles y libres de impuestos de los pagos de rentas vitalicias se determinan según las tablas de esperanza de vida proporcionadas por el IRS.

Método simplificado

El Método Simplificado para rentas vitalicias es un método utilizado para determinar la parte imponible de los pagos de rentas vitalicias recibidos de un plan de jubilación no calificado. Simplifica el cálculo al distribuir la obligación tributaria uniformemente durante la duración esperada de los pagos de rentas vitalicias. Así es como funciona:

1. Determine el rendimiento total esperado: Comience calculando el monto total que espera recibir en pagos de rentas vitalicias a lo largo de su vida. A esto se le suele denominar "rendimiento total esperado".
2. Determine el índice de exclusión: Posteriormente, calcule el índice de exclusión, que es el índice de su inversión en el contrato (generalmente el monto que pagó a la renta vitalicia) con respecto al rendimiento total esperado. Este índice representa la parte de cada renta vitalicia que se considera rendimiento de su inversión original y, por tanto, no está sujeta a tributación.
3. Aplique el índice de exclusión: Multiplique cada pago de renta vitalicia por el índice de exclusión para determinar la parte imponible del pago. La parte restante se considera rendimiento libre de impuestos de su inversión.
4. Declare la parte imponible: Declare la parte imponible de los pagos de rentas vitalicias como ingreso en su declaración de impuestos.

Consulte la sección 72(d)(1) Tema Fiscal 411

Guaranteed Payments

The annuity contract provides guaranteed payments based on the investment amount and may be payable even if the taxpayer and the survivor annuitants do not live to receive the minimum payment.

Form 1040, line 6a: Social Security Benefits

The Social Security system was designed to provide supplemental monthly benefits to taxpayers who contributed to the system. It is indexed for inflation, provides Medicare benefits, disability, and certain death insurance, and is reported on Form SSA-1099 based on the amount listed in Box 5 of the W-2. Taxpayers also have the option to have federal taxes withheld from Social Security. See IRC Sec 86 and Publication 915.

When a taxpayer has Social Security or its equivalent from other countries, such as Canada, that income could be taxable in the United States. Remember the IRS rule "gross income means all income from whatever source derived". However, if this income was not taxed in Canada, it may not be taxable in the United States. See IRC Sec 61(a).

Social Security benefits are not taxable if income does not exceed these base amounts:

- $25,000: If Single, Head of Household, Qualifying Surviving Spouse.
- $25,000: If Married Filing Separately and lived apart from spouse the entire year.
- $32,000: If Married Filing Jointly.
- $0: If Married Filing Separately and lived with spouse at some time during the year.

Form 1040, line 6b: Taxable Amount

50% taxable: If the income plus half of the Social Security benefits exceeds the above base amounts, up to half of the benefits must be included as taxable income. The following are base amounts for the applicable filing statuses:

- $34,000: Single, Head of Household, Qualifying Surviving Spouse and Married Filing Separately and lived apart from spouse
- $44,000: Married Filing Jointly

85% taxable: For taxpayers who file MFS and lived with their spouse, they would skip lines 8 -15 on the Social Security benefit worksheet. Most taxpayers assume they will not be taxed if their income falls below the base amount, but they fail to include tax-exempt interest or half of their Social Security income when determining the amount.

Example: Napoleon and Ilene file a joint return. Both are over the age of 65 and have received Social Security benefits during the current tax year. In January, Napoleon's Form SSA-1099 showed benefits of $7,500 in box 5. Ilene's Form SSA-1099 showed a net benefit of $3,500 in box 5. Napoleon received a taxable pension of $20,800 and interest income of $500, which was tax exempt. Their benefits are not taxable for the current year because their income is not more than the base amount of $32,000.

Pagos garantizados

El contrato de renta vitalicia proporciona pagos garantizados basados en el monto de la inversión y puede ser pagadero incluso si el contribuyente y los beneficiarios sobrevivientes no viven para recibir el pago mínimo.

Formulario 1040, línea 6a: Prestaciones del Seguro Social

El sistema de Seguro Social fue diseñado para proporcionar beneficios mensuales complementarios a los contribuyentes que contribuyeron al sistema. Está indexado por inflación, proporciona beneficios de Medicare, seguro de discapacidad y seguro por muerte, y se declara en el Formulario SSA-1099 según la cantidad que se indica en la casilla 5 del W-2. Los contribuyentes también tienen la opción de que se retengan los impuestos federales del Seguro Social. Consulte la Sec. 86 del IRC y Publicación 915.

Cuando un contribuyente tiene Seguro Social o su equivalente de otros países, como Canadá, esos ingresos podrían estar sujetos a impuestos en los Estados Unidos. Recuerde la regla del IRS "ingreso bruto significa todos los ingresos de cualquier fuente derivada". Sin embargo, si estos ingresos no estuvieron sujetos a impuestos en Canadá, es posible que no estén sujetos a impuestos en los Estados Unidos. Consulte la sección 61(a) del IRC.

Las prestaciones del Seguro Social no están sujetos a impuestos si el ingreso no excede estos montos de base:

- $25,000: Si es soltero, cabeza de familia, Cónyuge sobreviviente calificado.
- $25,000: Si es Casando declarando por separado y vivió separado de su cónyuge durante todo el año.
- $32,000: Si es casado declarando conjuntamente.
- $0: Si es casado declarando por separado y vive con su cónyuge en algún momento del año.

Formulario 1040, línea 6b: Base imponible

50% gravable: Si el ingreso más la mitad de las prestaciones del Seguro Social es mayor que los montos de base mencionados anteriormente, hasta la mitad de los beneficios deben incluirse como ingresos gravables. A continuación, se indican algunos montos de base para los estados civiles de declaración aplicables:

- $34,000: Soltero, Cabeza de familia, Cónyuge sobreviviente calificado y Casado declarando por separado y vivió aparte de su cónyuge
- $44,000: Casado declarando conjuntamente

Gravable al 85%: Los contribuyentes que declaran como MFS y viven con su cónyuge omitirían las líneas 8 a 15 en la hoja de cálculo de prestaciones del Seguro Social. La mayoría de los contribuyentes asumen que no pagarán impuestos si sus ingresos caen por debajo del monto base, pero no incluyen los intereses no gravables o la mitad de sus ingresos del Seguro Social al determinar el monto.

Ejemplo: Napoleón e Ilene presentan una declaración conjunta. Ambos tienen más de 65 años y han recibido prestaciones del Seguro Social durante el año fiscal en curso. En enero, el Formulario SSA-1099 de Napoleón mostró beneficios de $7,500 en la casilla 5. El Formulario SSA-1099 de Ilene mostró un beneficio neto de $3,500 en la casilla 5. Napoleón recibió una pensión tributable de $20,800 y un ingreso por intereses de $500, que estaba exento de impuestos. Sus beneficios no son gravables para el año en curso porque sus ingresos no superan el monto base de $32,000.

Any benefit repayments made during the current year would be subtracted from the gross benefits received. It does not matter whether the repayment was for a benefit received in the current year or in an earlier year; it only matters what year the repayment was received.

Social Security and Equivalent Railroad Retirement Benefits (Tier 1)

The taxpayer should receive Form SSA-1099 from the SSA, which reports the total amount of Social Security benefits paid in box 3. Box 4 of the form shows the amount of any benefits that were repaid from a prior year. Railroad retirement benefits that should be treated as Social Security benefits are reported on Form RRB-1099.

Railroad Retirement Benefits

Railroad Retirement Benefits (RRB) is a benefits program that began before Social Security; its recipients are not covered under Social Security because they receive more money than they would have under the SSA. Tier 1 benefits are reported to the taxpayer on Form RRB 1099, are equivalent to Social Security benefits, and are treated as such. Tier 1 benefits are reported to the IRS on Form 1040, Line 6b.

Tier 2 benefits are above the Social Security equivalent and are treated like pensions, allowing retirees to receive both tier 1 and tier 2 benefits. As with other pensions, the "cost" they invested is recovered tax-free. It is usually necessary to use the simplified method to figure the taxable portion of tier 2 benefits. To use the *Simplified Method Worksheet,* the tax preparer must know the age of the taxpayer, how many payments were received in the tax year, and how much has been recovered tax-free since 1986. When the taxpayer has recovered their cost, the entire tier 2 benefit becomes taxable.

The difference between Form RRB 1099 for tier 1 and tier 2 is that the form for tier 1 is known simply as Form RRB 1099. Tier 2 is a retirement; therefore, it has the letter "R" following the 1099 (Form RRB 1099-R).

Part 3 Review

To obtain the maximum benefit from each part go online now and watch the video.

Part 4 Schedule 1: Additional Income

Schedule 1, Part 1 of **Form 1040** ensures taxpayers report additional income beyond their primary sources such as wages and salaries. This section is intended to provide tax authorities with the income information they need to ensure accurate assessment and compliance with tax laws. Additional income can come from diverse sources including rental income, interest earned, dividends received, capital gains from investments, royalties, and various forms of self-employment income. Understanding Schedule 1 Part 1 is crucial for taxpayers to fulfill their reporting obligations accurately and avoid potential penalties or scrutiny from tax authorities. It serves as a comprehensive framework for capturing the full spectrum of income, contributing to the fairness and integrity of the tax system.

Cualquier reembolso de beneficios realizado durante el año en curso se restaría de los beneficios brutos recibidos. No importa si el reembolso fue por un beneficio recibido en el año en curso o en un año anterior; solo importa en qué año se recibió el reembolso.

Prestaciones del Seguro Social y de jubilación ferroviaria equivalentes (Nivel 1)

El contribuyente debe recibir el Formulario SSA-1099 de la SSA, que informa el monto total de las prestaciones del Seguro Social pagados en la casilla 3. La casilla 4 del formulario muestra el monto de los beneficios que se reembolsaron de un año anterior. Los beneficios de jubilación ferroviaria que deben tratarse como prestaciones del Seguro Social se informan en el Formulario RRB-1099.

Beneficios de jubilación ferroviaria

Beneficios de la jubilación ferroviaria (RRB) es un programa de beneficios que comenzó antes del Seguro Social; sus beneficiarios no están cubiertos por el Seguro Social porque reciben más dinero del que recibirían en virtud de la SSA. Los beneficios del Nivel 1 se informan al contribuyente en el formulario RRB 1099, son equivalentes a las prestaciones del Seguro Social y se tratan como tales. Los beneficios del Nivel 1 se informan al IRS en el Formulario 1040, Línea 6b.

Los beneficios del nivel 2 están por encima del equivalente del Seguro Social y se tratan como pensiones, lo que permite a los jubilados recibir beneficios del nivel 1 y del nivel 2. Al igual que con otras pensiones, el "costo" que invirtieron se recupera libre de impuestos. Por lo general, es necesario utilizar el método simplificado para calcular la parte imponible de los beneficios del nivel 2. Para usar la hoja de trabajo del método simplificado, el preparador de impuestos debe saber la edad del contribuyente, cuántos pagos se recibieron en el año fiscal y cuánto se recuperó libre de impuestos desde 1986. Cuando el contribuyente ha recuperado su costo, todo el beneficio del nivel 2 pasa a estar sujeto a impuestos.

La diferencia entre el Formulario RRB 1099 para el nivel 1 y el nivel 2 es que el formulario para el nivel 1 se conoce simplemente como Formulario RRB 1099. El Nivel 2 es una jubilación; por lo tanto, tiene la letra "R" después del 1099 (Formulario RRB 1099-R).

Revisión de la Parte 3

Para obtener el máximo beneficio de cada parte, conéctese ahora y mire el video.

Parte 4 - Anexo 1: Ingresos adicionales

El **Anexo 1, Parte 1** del **Formulario 1040** garantiza que los contribuyentes declaren ingresos adicionales más allá de sus fuentes primarias, como sueldos y salarios. Esta sección tiene como objetivo proporcionar a las autoridades tributarias la información sobre ingresos que necesitan para garantizar una evaluación precisa y el cumplimiento de las leyes tributarias. Los ingresos adicionales pueden provenir de diversas fuentes, incluyendo, pero no limitado a, ingresos por alquileres, intereses devengados, dividendos recibidos, ganancias de capital de inversiones, regalías y diversas formas de ingresos por trabajo independiente. Comprender el Anexo 1 Parte 1 es crucial para que los contribuyentes cumplan con sus obligaciones de declaración con precisión y eviten posibles multas o escrutinio por parte de las autoridades tributarias. Sirve como un marco integral para capturar todo el espectro de ingresos, contribuyendo a la equidad e integridad del sistema tributario.

SCHEDULE 1 (Form 1040) Department of the Treasury Internal Revenue Service	**Additional Income and Adjustments to Income** Attach to Form 1040, 1040-SR, or 1040-NR. Go to *www.irs.gov/Form1040* for instructions and the latest information.	OMB No. 1545-0074 **2023** Attachment Sequence No. **01**
Name(s) shown on Form 1040, 1040-SR, or 1040-NR		**Your social security number**

Part I Additional Income

1	Taxable refunds, credits, or offsets of state and local income taxes	1	
2a	Alimony received	2a	
b	Date of original divorce or separation agreement (see instructions):		
3	Business income or (loss). Attach Schedule C	3	

Portion of Schedule 1

Schedule 1, line 1: Taxable Refunds

If a taxpayer claims state income taxes were paid as an itemized deduction in the prior tax year, one would report the state income tax refund (part of the state taxes claimed in the previous year) as income in the year it was received. If the state income tax refund is taxable, report it on Form 1040, Schedule 1, line 1. Tax refunds are reported to the taxpayer on Form 1099-G, not to be confused with unemployment, which is also reported on the same form number. The state sends Form 1099-G to all refund recipients by January 31 of the current year.

To understand how a state income tax refund may be taxable, the tax professional must understand the "tax benefit rule," which states:

> If a taxpayer recovers an amount that was deducted or credited against tax in a previous year, the recovery must be included in income to the extent that the deduction or credit reduced the tax liability in the earlier year. However, if no tax benefit was derived from a prior year deduction or credit, the recovery does not have to be included as income.

Recovery of Items Previously Deducted

A recovery is a return of an amount the taxpayer deducted or took a credit for in a prior year. The most common recoveries are state tax refunds, reimbursements, and rebates of deductions itemized on Form 1040, Schedule A.

The taxpayer may also have recoveries of nonitemized deductions (such as payments on previously deducted bad debts) and recoveries of items for which the taxpayer previously claimed a tax credit. Taxpayers who used a deduction or credit to reduce their tax liability in the previous year must include those reductions as income on their current tax return.

ANEXO 1 (Formulario 1040) Departamento del Tesoro - Servicio de Rentas Internas	**Ingresos adicionales y ajustes a los ingresos** ► Adjuntar al formulario 1040, 1040-SR o 1040-NR. ► Visite www.irs.gov/Form1040 para obtener instrucciones y la información más reciente.		OMB No. 1545-0074 **2023** Secuencia del Anexo No. 01
Nombre(s) mostrado(s) en el Formulario 1040, 1040-SR o 1040-NR			Su número de Seguro Social
Parte I	**Ingresos adicionales**		
1	Reembolsos sujetos a impuestos, créditos o compensaciones de impuestos sobre la renta estatales y locales	1	
2a	Pensión alimenticia recibida	2a	
b	Fecha del acuerdo original de divorcio o separación (ver instrucciones) ►		

Parte del Anexo 1

Anexo 1, línea 1: Reembolsos sujetos a impuestos

Si un contribuyente reclama que se pagaron impuestos estatales sobre la renta como una deducción detallada en el año fiscal anterior, debe declarar el reembolso del impuesto estatal sobre la renta (parte de los impuestos estatales reclamados en el año anterior) como ingreso en el año en que se recibió. Si el reembolso del impuesto sobre la renta estatal está sujeto a impuestos, infórmelo en el Formulario 1040, Anexo 1, línea 1. Los reembolsos de impuestos se informan al contribuyente en el Formulario 1099-G, que no debe confundirse con el desempleo, que también se informa en el mismo número de formulario. El estado envía el Formulario 1099-G a todos los beneficiarios de reembolsos antes del 31 de enero del año en curso.

Para comprender cómo un reembolso estatal de impuestos sobre la renta puede estar sujeto a impuestos, el profesional de impuestos debe comprender la "regla de beneficio fiscal", que establece lo siguiente:

> Si un contribuyente recupera una cantidad que fue deducida o acreditada contra impuestos en un año anterior, la recuperación debe incluirse en los ingresos en la medida en que la deducción o crédito redujo la obligación tributaria en el año anterior. Sin embargo, si no se obtuvo ningún beneficio fiscal de una deducción o crédito de un año anterior, la recuperación no tiene que incluirse como ingreso.

Recuperación de artículos previamente deducidos

Una recuperación es un retorno de una cantidad que el contribuyente dedujo o tomó un crédito en un año anterior. Las recuperaciones más comunes son reembolsos de impuestos estatales, reembolsos y descuentos de deducciones detalladas en el Formulario 1040, Anexo A.

El contribuyente también puede tener recuperaciones de deducciones no detalladas (como pagos de deudas incobrables previamente deducidas) y recuperaciones de artículos por los cuales el contribuyente previamente reclamó un crédito fiscal. Los contribuyentes que utilizaron una deducción o crédito para reducir su obligación tributaria en el año anterior deben incluir esas reducciones como ingresos en su declaración de impuestos actual.

Schedule 1, line 2: Alimony Received

Alimony is a payment or series of payments to a spouse or former spouse required under a divorce or separation instrument that must meet certain requirements. Alimony payments are deductible by the payer and are includable as income by the recipient. Alimony received should be reported on Form 1040, Schedule 1, line 2. Alimony paid should be deducted as an adjustment on Form 1040, Schedule 1, line 19. The Tax Cuts and Jobs Act changed the alimony rule; alimony will no longer be an adjustment to income or a source of income if the divorce or separation agreement was completed after December 31, 2018.

Payments are alimony or separate maintenance if *all* the following are true:

- Payments are required by a divorce or separation agreement
- The taxpayer and the recipient spouse do not file a joint return
- Payments are in cash (including checks or money orders)
- Payments are not designated in the instrument as "not alimony"
- Spouses are legally separated under a decree of divorce or separate maintenance agreement and are not members of the same household
- Payments are not required after the death of the recipient spouse
- Payments are not designated as child support

The following are not considered alimony or separate maintenance payments.

- Payments designated as child support
- A noncash property settlement, such as giving the spouse the house
- Payments that are the spouse's part of community property income
- Payments used for property upkeep of the alimony payer's house
- Use of property and voluntary payments not required by the written decree

These payments are neither deductible by the payer nor includable in income by the recipient. There are different rules for payments under a pre-1985 instrument. See Publication 504

Divorced or Separated Individuals.

Payments made by cash, check, or money order for the taxpayer's spouse's medical expenses, rent, utilities, mortgage, taxes, tuition, etc., are considered third-party payments. If the payments are made on behalf of the taxpayer's spouse under the terms of the divorce or separation agreement, they may be considered alimony.

If the payer must pay all mortgage payments (both principal and interest) on a jointly owned home and if the payments otherwise qualify, they may deduct one-half of the payments as alimony payments.

The spouse will report one-half as alimony received.

The deductibility of real estate taxes and insurance depends on how the title is held. Additional research may be needed to determine how to handle the taxpayer's situation.

Anexo 1, línea 2: Pensión alimenticia recibida

La pensión alimenticia es un pago o una serie de pagos a un cónyuge o excónyuge requerido en virtud de un divorcio o instrumento de separación que debe cumplir con ciertos requisitos. Los pagos de pensión alimenticia son deducibles por el pagador y se incluyen como ingresos por el beneficiario. La pensión alimenticia recibida debe informarse en el Formulario 1040, Anexo 1, línea 2. La pensión alimenticia pagada debe deducirse como un ajuste en el Formulario 1040, Anexo 1, línea 19. La Ley de Reducción de Impuestos y Empleos modificó la regla de pensión alimenticia; la pensión alimenticia ya no será un ajuste a los ingresos o una fuente de ingresos si el acuerdo de divorcio o separación se completa después del 31 de diciembre de 2018.

Los pagos son pensión alimenticia o manutención separada si se cumple todo lo siguiente:

- Los pagos son requeridos por un acuerdo de divorcio o separación.
- El contribuyente y el cónyuge beneficiario no rinden declaración conjunta.
- Los pagos son en efectivo (incluyendo cheques o giros postales).
- Los pagos no están designados en el instrumento como "no pensión alimenticia".
- Los cónyuges están separados legalmente en virtud de una sentencia de divorcio o un acuerdo de manutención por separado y no son miembros del mismo hogar.
- No se requieren pagos después de la muerte del cónyuge beneficiario.
- Los pagos no se designan como manutención de los hijos.

Lo siguiente no se considera pensión alimenticia ni pagos de manutención separados.

- Pagos designados como manutención de los hijos.
- Un acuerdo de propiedad no monetario, como darle la casa al cónyuge.
- Pagos que son parte del cónyuge de ingresos de bienes gananciales.
- Pagos utilizados para el mantenimiento de la propiedad de la casa del pagador de la pensión alimenticia
- Uso de bienes y pagos voluntarios no requeridos por la sentencia escrita

Estos pagos no son deducibles por el pagador ni incluyen en los ingresos por el beneficiario. Existen diferentes reglas para los pagos conforme a un instrumento anterior a 1985. Ver Publicación 504

Personas divorciadas o separadas.

Los pagos realizados en efectivo, cheque o giro postal por gastos médicos, alquiler, servicios públicos, hipoteca, impuestos, matrícula, etc., del cónyuge del contribuyente, se consideran pagos de terceros. Si los pagos se efectúan a nombre del cónyuge del contribuyente en los términos del acuerdo de divorcio o separación, podrán ser considerados pensión alimenticia.

Si el pagador debe abonar todos los pagos de la hipoteca (tanto el capital como los intereses) de una vivienda de propiedad conjunta y si los pagos califican de otro modo, puede deducir la mitad de los pagos como pagos de pensión alimenticia.

El cónyuge declarará la mitad como pensión alimenticia recibida.

La deducibilidad de los impuestos y seguros inmobiliarios depende de cómo se posea el título. Es posible que se necesite investigación adicional para determinar cómo manejar la situación del contribuyente.

Example: In November 1984, Kael and Braxton executed a written separation agreement. In February 1985, a decree of divorce was substituted for the written separation agreement. The decree of divorce did not change the terms for the alimony that Kael had to pay Braxton because it is treated as having been executed before 1985 since the terms of the alimony are still the same as the original agreement made in 1984.

Schedule 1, line 3: Business Income or Loss

Use Schedule C for business income if an individual operated a business as a sole proprietor. An activity will qualify as a business if the primary purpose for engaging in such activity is for income or profit and if the proprietor is continually and regularly involved in such activity. Schedule C will be discussed in a later chapter.

Schedule 1, line 4: Other Gains or Losses

Use Schedule D to report capital gains and losses. Use Form 4797 to report other capital gains and losses not reported on Schedule D, line 13. Use Schedule D to figure out the overall gain and loss from transactions reported on Form 8949 and to report gain from Form 2439 or 622 or Part I of Form 4797. Capital gains and losses will be discussed in a later chapter.

Schedule 1, line 5: Rental Income Form 1040

To report income or loss from rental real estate, royalties, partnerships, S corporations, estates, trusts, and residual interests in Real Estate Mortgage Investment Conduits (REMICs), use Schedule E. Rental income is any payment received for the use or occupation of real estate or personal property. Payment received by the taxpayer is reportable. Schedule E will be discussed in a later chapter.

Schedule 1, line 6: Farm Income or Loss

Schedule F would be used to report farm income or loss. *Schedule F will be discussed in a later chapter.*

Schedule 1, line 7: Unemployment Compensation

Unemployment compensation is taxable, and the taxpayer may elect to have taxes withheld for income tax purposes. To make this choice, the taxpayer must complete Form W-4V, *Voluntary Withholding Request.* The recipient of unemployment compensation will receive Form 1099-G, which reports the income.

If the taxpayer had to repay unemployment compensation for a prior year because they received unemployment while employed, they would subtract the total amount repaid for the year from the total amount received and enter the difference on Form 1040, Schedule 1, line 7. On the dotted line, next to the entry on the tax return, write "Repaid" and enter the amount repaid.

Paid Medical Family Leave

Paid family leave is an element of a state disability insurance program, and workers covered by State Disability Insurance (SDI) could be covered for this benefit. The maximum claim is six weeks; this is reported as unemployment on the individual's tax return. In some states, paid family leave and unemployment could be reported on separate forms. Be aware of how the taxpayer's state reports the two programs. Both are considered a form of unemployment compensation that must be reported on Form 1040, Schedule 1, line 7.

Ejemplo: En noviembre de 1984, Kael y Braxton firmaron un acuerdo de separación por escrito. En febrero de 1985, se sustituyó el acuerdo de separación por escrito por una sentencia de divorcio. La sentencia de divorcio no cambió los términos de la pensión alimenticia que Kael tuvo que pagar a Braxton porque se considera ejecutada antes de 1985, ya que los términos de la pensión alimenticia siguen siendo los mismos que los del acuerdo original celebrado en 1984.

Anexo 1, línea 3: Ingresos o pérdidas comerciales

Utilice el Anexo C para ingresos comerciales si una persona operaba un negocio como empresa individual. Una actividad calificará como un negocio si el propósito principal para participar en dicha actividad es obtener ingresos o ganancias y si el propietario participa continua y regularmente en dicha actividad. El Anexo C se analizará en un capítulo posterior.

Anexo 1, línea 4: Otras ganancias o pérdidas

Use el Anexo D para declarar las ganancias y pérdidas de capital. Use el Formulario 4797 para declarar otras ganancias y pérdidas de capital no informadas en el Anexo D, línea 13. Use el Anexo D para calcular la ganancia y pérdida total de las transacciones declaradas en el Formulario 8949 y para informar las ganancias del Formulario 2439 o 622 o la Parte I del Formulario 4797. Las ganancias y pérdidas de capital se analizarán en un capítulo posterior.

Anexo 1, línea 5: Formulario 1040 Ingresos de alquiler

Para declarar ingresos o pérdidas de bienes inmuebles de alquiler, regalías, sociedades, sociedades anónimas S, sucesiones, fideicomisos e intereses residuales en los Conductos de Inversión Hipotecaria en Bienes Raíces (REMIC), use el Anexo E. El ingreso de alquiler es cualquier pago recibido por el uso u ocupación de bienes muebles o inmuebles. El pago recibido por el contribuyente es declarable. El Anexo E se analizará en un capítulo posterior.

Anexo 1, línea 6: Ingresos o pérdidas agrícolas

El Anexo F se usaría para informar los ingresos o pérdidas agrícolas. *El Anexo F se analizará en un capítulo posterior.*

Anexo 1, línea 7: Indemnización por desempleo

La indemnización por desempleo está sujeta a impuestos y el contribuyente puede decidir que se retengan esos impuestos para fines del impuesto sobre la renta. Para tomar esta decisión, el contribuyente debe completar el Formulario W-4V, *Solicitud de retención voluntaria.* El beneficiario de la indemnización por desempleo recibirá el Formulario 1099-G para informar los ingresos.

Si el contribuyente tuvo que pagar la indemnización por desempleo de un año anterior porque recibió desempleo mientras estaba empleado, restaría la cantidad total pagada por el año de la cantidad total recibida e ingresaría la diferencia en el Formulario 1040, Anexo 1, línea 7. En la línea de puntos, junto al registro de la declaración de impuestos, escriba "Reembolsado" e ingrese el monto reembolsado.

Licencia médica familiar remunerada

La licencia familiar remunerada es un elemento de un programa estatal de seguro por discapacidad, y los trabajadores cubiertos por el Seguro de Discapacidad del Estado (SDI) también están cubiertos por este beneficio. El reclamo máximo es de seis semanas; esto se informa como desempleo en la declaración de impuestos de la persona. En algunos estados, la licencia familiar remunerada y el desempleo se pueden informar en formularios separados. Tenga en cuenta cómo el estado del contribuyente informa los dos programas. Ambos se consideran una forma de indemnización por desempleo que se debe informar en el Formulario 1040, Anexo 1, línea 7.

Señor 1040 Says: A good tax professional may have to add the totals of paid family leave with unemployment to report the correct amount of unemployment.

Schedule 1, line 8a – 8z: Other Income

Use Form 1040, Schedule 1, line 8, to report any income not reported on the previous lines of the tax return or schedules. If necessary, attach a statement to give the required details concerning the income. The type of income should be identified on the dotted line.

Income that is not reported on line 8:

1. Self-employment
2. Notary public income
3. Income reported on Form 1099-MISC
4. Income reported on Form 1099-NEC, unless it is NOT self-employment income, such as a hobby
5. Form 1099-K

Examples of Other Income reported on line 8 are:

- Net operating loss (8a)
- Gambling winnings, including the lottery and raffles (8b)
- Form 1099-C, *Cancellation of Debt* (8c)
- Foreign income exclusion from Form 2555 (8d)
- Archer MSAs and Long-term Care Insurance Contracts Form 8853 (8e)
- Health Savings Account distributions, Form 8889 (8f)
- Alaska Permanent Fund dividend (8g)
- Jury duty pay (8h)
- Prizes and awards (8i)
- Activity not for profit income (8j)
- Stock options (8k)
- Income from the rental of personal property if taxpayer engaged in the rental for profit but was not in the business of renting such property (8l)
- Olympic and Paralympic medal and USOC prize money (8m)
- Section 951(a) inclusion (8n)
- Section 951A(a) inclusion (8o). Attach Form 8992
- Section 461(l) excess business loss adjustments (8p)
- Taxable distributions from an ABLE account (8q)
- Scholarships and fellowship grants not reported on W-2 (8r)
- Nontaxable amount of Medicaid waiver payments included on Form 1040, line 1a or 1d (8s)
- Pension or annuity from a nonqualified deferred compensation plan or a nongovernmental section 457 plan (8t)
- Wages earned while incarcerated (8u)
- Other income, such as bartering (8z)

See Publication 525 *Taxable and Nontaxable Income*.

El señor 1040 dice: Un buen profesional de impuestos puede tener que sumar los totales de la licencia familiar remunerada con desempleo para informar la cantidad correcta de desempleo.

Anexo 1, línea 8a – 8z: Otros Ingresos

Utilice el Formulario 1040, Anexo 1, línea 8, para declarar cualquier ingreso no declarado en las líneas anteriores de la declaración de impuestos o anexos. Si es necesario, adjunte una declaración para proporcionar los detalles requeridos sobre los ingresos. El tipo de ingreso debe identificarse en la línea punteada.

Ingresos que no se declaran en la línea 8:

1. Trabajo independiente
2. Ingresos de notario público
3. Ingresos declarados en el Formulario 1099-MISC
4. Ingresos declarados en el Formulario 1099-NEC, a menos que NO sean ingresos de trabajo independiente, como un pasatiempo
5. Formulario 1099-K

Ejemplos de Otros Ingresos declarados en la línea 8 son:

- Pérdida operativa neta (8a).
- Ganancias de juegos de azar, incluidas la lotería y las rifas (8b).
- Formulario 1099-C, *Cancelación de deuda* (8c).
- Exclusión de ingresos extranjeros desde el Formulario 2555 (8d).
- Formulario 8853 (8e) - MSA de Archer y Contratos de seguro de cuidado a largo plazo
- Formulario 8889 (8f) - Distribuciones de Cuenta de ahorro para la salud
- Dividendo del Fondo Permanente de Alaska (8g)
- Pago por servicio de jurado (8h)
- Premios y reconocimientos (8i)
- Ingresos por actividad sin fines de lucro (8j)
- Opciones sobre acciones (8k)
- Ingresos por el alquiler de bienes personales si el contribuyente participó en el alquiler con fines de lucro, pero no estaba en el negocio de alquilar dichos bienes (8l).
- Medallas olímpicas y paralímpicas y premios en metálico de la USOC (8m).
- Inclusión de la Sección 951(a) (8n).
- Inclusión de la Sección 951A(a) (8o). Adjunte el formulario 8992
- Sección 461(l) ajustes por exceso de pérdidas comerciales (8p)
- Distribuciones imponibles de una cuenta ABLE (8q).
- Becas y subsidios de compañerismo no declarados en W-2 (8r)
- Monto no sujeto a impuestos de los pagos de exención de Medicaid incluidos en el Formulario 1040, línea 1a o 1d (8s)
- Pensión o renta vitalicia de un plan de remuneración diferida no calificado o de un plan no gubernamental de la sección 457 (8t)
- Salarios ganados mientras está encarcelado (8u)
- Otros ingresos, como el trueque (8z)

Consulte la Publicación 525, *Ingresos gravables y no gravables.*

Señor 1040 Says: Form 1099-NEC, *Nonemployee Compensation,* is reported on line 8 unless it is not self-employment income.

Line 8a, Net Operating Loss

When a taxpayer is taking a net operating loss (NOL) from an earlier year, it would be reported on Schedule 1, line 8(a). An NOL is a loss, so enter the amount in parentheses as a negative number. See Publication 536, *Net Operating Losses (NOLs) for Individuals, Estates, and Trusts.*

Line 8b, Gambling Winnings

Gambling winnings from lotteries, lump-sum payment from the sale of a right to receive future lottery payments, bingo, slot machines, keno, poker, etc. are reported on Form W-2G. Form W-2G is now an evergreen form, with the taxpayer or preparer adding the last two digits of the filing year in the box marked "For calendar year."

Form W-2G would be given to a taxpayer when winnings are $1,200 or more from a bingo game or slot machine. Keno winnings of more than $1,500 and poker tournament winnings of $5,000 or more are reported. Winnings from all other gambling wagers or buy-in would be reduced at the option of the payer, if the wager is $600 or more, and at least 300 times the amount of the wager and if the winnings are subject to federal income tax withholding. Winnings are subject to federal income tax. Gambling losses are no more than the taxpayers' winnings and are reported on Schedule A, line 16.

Gambling winnings are reported to the taxpayer by the gambling organization (such as a casino) on Form W-2G, which shows both the amount won and withheld. The tax withheld (box 4) is reported with all other federal income tax withholding on Form 1040, page 2, line 25. "Backup" withholding on gambling winnings occurs when the payee does not give the payer their Social Security number. The withholding rate will be 24% and applies to winnings of more than $600.

If the winner is not a U.S. citizen, their withholding could be 30%, and they would receive Form 1042-S, *Foreign Person's U.S. Source Income Subject to Withholding.*

Line 8c, Cancellation of Debt

A debt is any amount owed to the lender; this includes, but is not limited to, stated principal, stated interest, fees, penalties, administrative costs, and fines. If a taxpayer's debt is canceled or forgiven, the canceled amount would generally be included as income. The amount of canceled debt can be all, or part, of the total amount owed. For a lending transaction, the taxpayer is required to report only the stated principal. If the cancellation of a debt is a gift, it would not be included as income. If a federal government agency, financial institution, or credit union forgives or cancels a debt of $600 or more, the taxpayer should receive a Form 1099-C

Cancellation of Debt. The amount to be included as income is listed in box 2 of Form 1099-C.

El señor 1040 dice: El formulario 1099-NEC, *Remuneración de no empleado*, se declara en la línea 8 a menos que no sea un ingreso de trabajo independiente.

Línea 8a - Pérdida Operativa Neta

Cuando un contribuyente toma una pérdida operativa neta (NOL) de un año anterior, se declarará en el Anexo 1, línea 8(a). Un NOL es una pérdida, así que anote el monto entre paréntesis como un número negativo. Consulte la Publicación 536, *Pérdidas operativas netas (NOL) para personas, sucesiones y fideicomisos.*

Línea 8b - Ganancias de juego

Las ganancias de juegos de lotería, el pago de una suma global por la venta de un derecho a recibir pagos futuros de lotería, bingo, máquinas tragamonedas, keno, póquer, etc. se declaran en el formulario W-2G. El formulario W-2G es ahora un formulario imperecedero, en el que el contribuyente o preparador agrega los dos últimos dígitos del año de declaración en la casilla marcado "Para el año calendario".

El formulario W-2G se entregaría a un contribuyente cuando las ganancias sean de $1,200 o más en un juego de bingo o en una máquina tragamonedas. Se declaran ganancias de Keno de más de $1,500 y ganancias de torneos de póquer de $5,000 o más. Las ganancias de todas las demás apuestas o entradas de juegos de azar se reducirían a opción del pagador, si la apuesta es de $600 o más, y al menos 300 veces el monto de la apuesta y si las ganancias están sujetas a retención de impuestos federales sobre la renta. Las ganancias están sujetas al impuesto federal sobre la renta. Las pérdidas en juegos de azar no son más que las ganancias de los contribuyentes y se declaran en el Anexo A, línea 16.

Las ganancias de los juegos se declaran al contribuyente por la organización de juego (como un casino) en el Formulario W-2G, que muestra tanto el monto ganado como el retenido. El impuesto retenido (casilla 4) se declara con otras retenciones del impuesto federal sobre la renta en el Formulario 1040, página 2, línea 25. La retención de "respaldo" sobre las ganancias de los juegos de azar ocurre cuando el beneficiario no le da al pagador su número de Seguro Social. La tasa de retención será del 24% y se aplica a ganancias superiores a $600.

Si el ganador no es ciudadano estadounidense, su retención podría ser del 30% y recibiría el Formulario 1042-S, *Ingreso de fuente estadounidense de persona extranjera sujeto a retención.*

Línea 8c, Cancelación de deuda

Una deuda es cualquier monto adeudado al prestamista; esto incluye, pero no se limita a, el capital declarado, el interés declarado, las tarifas, multas, costos administrativos y multas. Si la deuda de un contribuyente se cancela o condona, el monto cancelado generalmente se incluiría como ingreso. El monto de la deuda cancelada puede ser todo o parte del monto total adeudado. Para una transacción de préstamo, el contribuyente debe informar solo el principal declarado. Si la cancelación de una deuda es un regalo, no se incluiría como ingreso. Si una agencia del gobierno federal, institución financiera o cooperativa de crédito condona o cancela una deuda de $600 o más, el contribuyente debe recibir un Formulario 1099-C.

Cancelación de deuda. La cantidad que se incluirá como ingreso se indica en la casilla 2 del Formulario 1099-C.

If the forgiven or canceled debt includes interest, the amount considered interest would be listed in box 3 and can only be included as income if it would have been deductible on the taxpayer's tax return.

Health Savings Accounts (HSAs) Form 8889 (8f).

Generally, medical expenses that have been paid during the year are not reimbursed by the plan until the taxpayer has met the deductible. The taxpayer may receive a tax-free distribution from the HSA to pay for or reimburse qualified medical expenses after the taxpayer has established an HSA. Distributions received for any other reason are subject to an additional 20% tax.

Alaska Permanent Fund Dividends line 8g

The Alaska Permanent Fund is a dividend that is paid to all qualifying residents of Alaska. The dividend is based upon a five-year average of the Permanent Fund's performance, which depends on the stock market and other factors. The dividend is taxable on the recipients' federal tax returns.

Activity Not Engaged in for Profit line 8j

Income received through activities from which the taxpayer does not expect to make a profit (such as money made from a hobby) must be reported on Form 1040, Schedule 1, line 8. Deductions for the business or investment activity cannot offset other income. To determine if the taxpayer is carrying on an activity for profit, you must consider the following factors:

- The taxpayer carries on the activity in a businesslike manner.
- The time and effort put into the activity indicate the taxpayer intended to make a profit.
- Losses are due to circumstances beyond the taxpayer's control.
- Methods of operation were changed to improve profitability.
- The taxpayer or the taxpayer's advisor(s) have the knowledge needed to carry on the activity as a successful business.
- The taxpayer was successful in making a profit in similar activities in the past.
- The activity makes a profit in some years.
- The taxpayer can expect to make a future profit from the appreciation of the assets used in the activity.
- The taxpayer depends on the income for their livelihood.

An activity is presumed to be carried on for profit if it produced a profit in at least three of the last five years, including the current year. Activities that consist of breeding, training, showing, or racing horses are presumed to be carried on for profit if they produced a profit in at least two of the last seven years. The activity must be substantially the same for each year within the period, and the taxpayer has a profit when the gross income from the activity exceeds the deductions.

Line 8k, Stock Options

There are three kinds of stock options:

- Incentive stock options
- Employee stock purchase plan options
- Non-statutory (non-qualified) stock options

Si la deuda condonada o cancelada incluye intereses, la cantidad considerada como interés se enumeraría en la casilla 3 y solo se puede incluir como ingreso si hubiera sido deducible en la declaración de impuestos del contribuyente.

Formulario 8889 (8f) de Cuenta de ahorro para la salud (HSA).

Generalmente, los gastos médicos que se han pagado durante el año no son reembolsados por el plan hasta que el contribuyente haya alcanzado el deducible. El contribuyente puede recibir una distribución libre de impuestos de la HSA para pagar o reembolsar los gastos médicos calificados después de que haya establecido una HSA. Las distribuciones recibidas por cualquier otro motivo están sujetas a un impuesto adicional del 20%.

Dividendos del Fondo Permanente de Alaska línea 8g

El Fondo Permanente de Alaska es un dividendo que se paga a todos los residentes de Alaska calificados. El dividendo se basa en un promedio de cinco años del rendimiento del Fondo Permanente, que depende del mercado accionario y otros factores. El dividendo está sujeto a impuestos en las declaraciones de impuestos federales de los beneficiarios.

Actividad no realizada con fines de lucro línea 8j

Los ingresos recibidos a través de actividades de las cuales el contribuyente no espera obtener ganancias (como el dinero obtenido de un pasatiempo) deben declararse en el Formulario 1040, Anexo 1, línea 8. Las deducciones por la actividad comercial o de inversión no pueden compensar otros ingresos. Para determinar si el contribuyente realiza una actividad con fines de lucro, debe considerar los siguientes factores:

- El contribuyente desarrolla la actividad de manera empresarial.
- El tiempo y el esfuerzo dedicados a la actividad indican que el contribuyente tenía la intención de obtener ganancias.
- Las pérdidas se deben a circunstancias que escapan al control del contribuyente.
- Se cambiaron los métodos de operación para mejorar la rentabilidad.
- El contribuyente o el(los) asesor(es) del contribuyente tienen los conocimientos necesarios para llevar a cabo la actividad como un negocio exitoso.
- El contribuyente logró obtener ganancias en actividades similares en el pasado.
- La actividad obtiene beneficios en algunos años.
- El contribuyente puede esperar obtener un beneficio futuro de la apreciación de los activos utilizados en la actividad.
- El contribuyente depende de los ingresos para su sustento.

Se presume que una actividad se lleva a cabo con fines de lucro si produjo un beneficio en al menos tres de los últimos cinco años, incluido el año en curso. Se presume que las actividades que consisten en la cría, entrenamiento, exhibición o carreras de caballos se llevan a cabo con fines de lucro si produjeron ganancias en al menos dos de los últimos siete años. La actividad debe ser sustancialmente la misma para cada año dentro del período, y el contribuyente tiene una ganancia cuando el ingreso bruto de la actividad excede las deducciones.

Línea 8k, Opciones sobre acciones

Hay tres tipos de opciones sobre acciones:

- Opciones sobre acciones de incentivo.
- Opciones del plan de compra de acciones para empleados.
- Opciones sobre acciones no estatutarias (no calificadas).

The employer must report any excess of the fair market value (FMV) of the stock received, and will be reported in box 12 with the code *V*. For more information about employee stock options, see Internal Revenue Code (IRC) section 1.83-7, §421, §422, and §423 and related regulations.

Part 4 Review

To obtain the maximum benefit from each part go online now and watch the video.

Part 5 Other Taxable Income

Taxable income is more than just earned wages; it can include sources that are often overlooked. Some of these taxable income types will be reported on a W-2, but others may be reported to the taxpayer on a 1099-MISC or 1099-NEC. This section covers the most common type of other taxable income.

Advance Commission and Other Earnings

If the cash method is used and the taxpayer received an advance commission, that amount is included as income in the year received. If the taxpayer repays unearned commission in the same year it was received, then reduce the amount included by the repayment. If the repayment is in a later year, then the taxpayer would deduct the repayment on Schedule A as an itemized deduction.

Prepaid income, in most cases, is included as compensation in the year the taxpayer received the income. If the taxpayer is on the accrual method of accounting, the income is reported when it is earned in the performance of the services. See Publication 525.

Back Pay

If a taxpayer receives a settlement or judgment for back pay, it is included in their income. Back pay is treated as wages in the year paid, not the year it was supposed to have been paid. If a settlement was reached in 2022 for pay that should have been given in 2018, and the back pay is received in 2023, the back pay is reported as income for tax year 2023, not 2022 or 2018.

Taxpayer could receive one of the following:

- Form W-2
- Form 1099-INT
- Form 1099-MISC or 1099-NEC

Payments made to the taxpayer for damages, unpaid life insurance premiums, and unpaid health insurance premiums are reported to the taxpayer on Form W-2. There are special rules on how to report these wages to the Social Security Administration, and those guidelines are not covered in this course. See https://www.dol.gov/general/topic/wages/backpay.

Bartering

Bartering is an exchange of property or services. Goods and services acquired through bartering must be included as income at the value they held when they were received. The taxpayer should use Form 1099-B to report the exchange of services or property received. See Publication 525.

El empleador debe declarar cualquier exceso del valor justo de mercado (FMV) de las acciones recibidas, y se declarará en la casilla 12 con el código V. Para obtener más información sobre las opciones de compra de acciones de los empleados, consulte la sección 1.83-7, §421, §422 y §423 del Código de Rentas Internas (IRC) y reglamentos relacionados.

Revisión de la Parte 4

Para obtener el máximo beneficio de cada parte, conéctese ahora y mire el video.

Parte 5 Otros ingresos gravables

Los ingresos gravables son más que salarios ganados; puede incluir varias fuentes que pueden pasarse por alto. Algunos de estos tipos de ingresos gravables se declararán en un W-2, pero otros pueden declararse al contribuyente en un 1099-MISC o 1099-NEC. Esta sección cubre el tipo más común de otros ingresos gravables.

Comisión anticipada y otras ganancias

Si se utiliza el método de efectivo y el contribuyente recibió una comisión anticipada, ese monto se incluye como ingreso en el año recibido. Si el contribuyente reembolsa la comisión no devengada en el mismo año en que la recibió, entonces reduzca el monto incluido en el reembolso. Si el pago se realiza en un año posterior, entonces el contribuyente deduciría el reembolso en el Anexo A como una deducción detallada.

Los ingresos pagados por adelantado, en la mayoría de los casos, se incluyen como remuneración en el año en que el contribuyente recibió los ingresos. Si el contribuyente utiliza el método contable de devengo, los ingresos se informan cuando se obtienen en la prestación de los servicios. Consulte la publicación 525.

Pago retroactivo

Si un contribuyente recibe un acuerdo o sentencia por pago retroactivo, se incluye en sus ingresos. Los pagos retroactivos se tratan como salarios en el año en que se pagaron, no en el año en que se suponía que se pagaban. Si se llegó a un acuerdo en 2022 por el pago que debería haberse dado en 2018, y el pago retroactivo se otorga en 2023, entonces el pago retroactivo se informa como ingreso para el año fiscal 2023, no 2022 o 2018.

El contribuyente podría recibir uno de los siguientes:

- Formulario W-2
- Formulario 1099-INT
- Formulario 1099-MISC o 1099-NEC

Los pagos hechos al contribuyente por daños, primas de seguro de vida no pagadas y primas de seguro médico no pagadas se informan al contribuyente en el Formulario W-2. Existen reglas especiales sobre cómo informar estos salarios a la Administración del Seguro Social, y esas directrices no se tratan en este curso. Visite https://www.dol.gov/general/topic/wages/backpay.

Trueque

El trueque es un intercambio de bienes o servicios. Los bienes y servicios adquiridos mediante trueque deben incluirse como ingresos por el valor que tenían cuando se recibieron. El contribuyente debe utilizar el Formulario 1099-B para informar el intercambio de servicios o bienes recibidos. Consulte la publicación 525.

Severance Pay

When an employee receives a severance package, any payment for the cancellation of the employment contract is included in the employee's income. A severance package is considered wages and is subject to Social Security and Medicare taxes. See Publication 525.

Sick Pay

Pay received from an employer while the employee is sick or injured is part of the employee's salary or wages. Taxpayers must include sick pay benefits in their income that are received from any of the following sources:

- A welfare fund
- A state sickness or disability fund
- An association of employers or employees
- An insurance company if the employer paid for the plan
- Railroad sick pay

If the employee paid the premiums on an accident or health insurance policy, the benefits received under the policy are not taxable.

Sick pay is intended to replace regular wages while an employee is unable to work due to injury or illness. Payments received from the employer or an agent of the employer that qualify as sick pay must have federal withholding, just as any other wage compensation. Payments under a plan in which the employer does not participate (i.e., the taxpayer paid all the premiums) are not considered sick pay and are not taxable.

Sick pay does not include any of the following payments:

- Disability retirement payments
- Workers' compensation
- Payments to public employees as workers' compensation
- Medical expense payments
- Payments unrelated to absences from work
- Black lung benefit payments

Señor 1040 Says: Do not report any amounts as income that were reimbursed for medical expenses that were incurred after the plan was established.

See Publication 525 and IRC Sec 61(a)(1).

Indemnización por despido

Cuando un empleado recibe una indemnización por despido, todo pago por la cancelación de su contrato de trabajo se incluye en los ingresos del empleado. Un paquete de indemnización por despido se considera salario y está sujeto a impuestos de Seguro Social y Medicare. Consulte la publicación 525.

Licencia por enfermedad

El pago recibido de un empleador mientras el empleado está enfermo o lesionado es parte del salario o sueldo del empleado. Los contribuyentes deben incluir los beneficios de pago por enfermedad en sus ingresos que reciben de cualquiera de las siguientes fuentes:

- Un fondo de bienestar.
- Un fondo estatal de enfermedad o discapacidad
- Una asociación de empleadores o empleados.
- Una compañía de seguros si el empleador pagó por el plan.
- Indemnización por enfermedad ferroviaria

Si el empleado pagó las primas de una póliza de seguro médico o de accidentes, los beneficios recibidos en virtud de la póliza no están sujetos a impuestos.

El pago por enfermedad está destinado a reemplazar los salarios regulares mientras un empleado no puede trabajar debido a una lesión o enfermedad. Los pagos recibidos del empleador o de un agente del empleador que califican como pago por enfermedad deben tener una retención federal, al igual que cualquier otra remuneración salarial. Los pagos bajo un plan en el que el empleador no participa (es decir, el contribuyente pagó todas las primas) no se consideran pagos por enfermedad y no están sujetos a impuestos.

La licencia por enfermedad no incluye ninguno de los siguientes pagos:

- Pagos de jubilación por discapacidad.
- Indemnización por accidente laboral.
- Pagos a empleados públicos como indemnización por accidente laboral.
- Pagos de gastos médicos.
- Pagos no relacionados con ausencias laborales.
- Pagos de beneficios por pulmón negro.

El señor 1040 dice: No declare ningún monto como ingreso que haya sido reembolsado por gastos médicos incurridos después de que se estableció el plan.

Consulte la Publicación 525 y la Sección 61(a)(1) del IRC.

Tips

All tips received by the taxpayer are income, subject to federal income tax, and must be reported to employers regardless of whether they were received directly or indirectly. There are several ways an individual could receive tips such as tip-splitting, a tip-pooling arrangement, or some other method. The IRS states that all tips received from customers must be included as income regardless of what an employer considers to be a tip; an employer's characterization of a payment as a "tip" is not determinative for withholding purposes. Noncash tips, such as tickets, passes, or other items of value, are not reported to the employer.

Employees who receive tips should keep daily records of the tips received. A daily report will help the employee when it comes to filing their tax return. Employees should do the following:

- Report tips accurately to their employer
- Report all tips accurately on their tax return
- Keep a daily report of tips received and those paid out
- Provide their tip income report if their tax return is ever audited

If the server paid out tips, that amount should be documented on Publication 1244. The amount paid out is not reported on the payer's tax return and then subtracted out. There are two ways to keep a daily tip log. Employees should:

- Write information about their tips in a tip diary
- Keep copies of documents that show tips

> *Señor 1040 Says:* The taxpayer can use Publication 1244 to track their daily tips totals and amount reported to their employer. Taxpayer can download the publication @ https://www.irs.gov/forms-pubs/about-publication-1244

This daily record should be kept with tax and other personal records. The daily tip report should include:

- The date and time of work
- Cash tips received directly from customers or other employees
- Credit and debit card charges that customers paid directly to the employer
- Total tips paid out to other employees through tip pools or tip splitting
- The value of noncash tips received, such as tickets, passes, etc.

If more than $20 worth of tips are received per month from one employer, they must be reported to the taxpayer's employer on Form 4070: *Employee's Report of Tips to Employer.* The employer will withhold Social Security, Medicare, federal taxes, and state taxes from the employee's reported tips based on the total amount of the employee's regular wages and reported tips. Form 4070 should be filed with the employer no later than the 10th of each month. If the 10th of the month falls on a Saturday, Sunday, or legal holiday, the due date to report tips becomes the next business day.

Propinas

Todas las propinas recibidas por el contribuyente son ingresos, están sujetas al impuesto federal sobre la renta y deben declararse a los empleadores independientemente de si se recibieron directa o indirectamente. Existen varias formas de recibir propinas, como el reparto de propinas, un acuerdo para compartir propinas o cualquier otro método. El IRS establece que todas las propinas recibidas de los clientes deben incluirse como ingresos, independientemente de lo que un empleador considere una propina; la caracterización de un pago de un empleador como una "propina" no es determinante para fines de retención. Las propinas no monetarias, como boletos, pases u otros artículos de valor, no se informan al empleador.

Los empleados que reciben propinas deben mantener registros diarios de las propinas recibidas. Una declaración diaria ayudará al empleado a la hora de presentar su declaración de impuestos. Los empleados deben hacer lo siguiente:

- Declarar propinas a su empleador con precisión.
- Declarar todas las propinas con precisión en su declaración de impuestos.
- Mantenga una declaración diaria de las propinas recibidas y pagadas.
- Proporcionar su declaración de ingreso de propinas si alguna vez se audita su declaración de impuestos.

Si el servidor pagó propinas, esa cantidad debe documentarse en la Publicación 1244. El monto pagado no se declara en la declaración de impuestos del pagador y luego se resta. Existen dos formas de mantener un registro diario de propinas. Los empleados deben:

- Escribir información sobre sus propinas en un diario de propinas.
- Conservar copias de los documentos que muestren sus propinas.

El señor 1040 dice: El contribuyente puede usar la Publicación 1244 para hacer un seguimiento del total de sus propinas diarias y la cantidad declarada a su empleador. El contribuyente puede descargar la publicación en https://www.irs.gov/forms-pubs/about-publication-1244

Este registro diario debe mantenerse con impuestos y otros registros personales. El registro de propina diario debe incluir lo siguiente:

- La fecha y hora de trabajo.
- Las propinas en efectivo recibidas directamente de los clientes u otros empleados.
- Cargos por tarjeta de crédito y débito que los clientes pagan directamente al empleador.
- Total de propinas pagadas a otros empleados a través de fondos de propinas o distribución de propinas.
- El valor de las propinas no monetarias recibidas, como boletos, pases, etc.

Si se reciben $20 en propinas o más por mes de un empleador, se deben declarar al empleador del contribuyente en el Formulario 4070. *Declaración de propinas del empleado al empleador*. El empleador retendrá los impuestos de Seguro Social, Medicare, federales y estatales de las propinas declaradas por el empleado en función del monto total del salario regular del empleado y las propinas declaradas. El formulario 4070 debe presentarse ante el empleador a más tardar el décimo día de cada mes. Si el décimo día del mes cae sábado, domingo o día festivo legal, la fecha de vencimiento para declarar las propinas se convertirá en el siguiente día hábil.

Tips not reported to the employer are still required to be reported as income on Form 1040. If the taxpayer fails to report tips, the taxpayer may be subject to a penalty equal to 50% of the Social Security and Medicare taxes or railroad retirement tax owed on unreported tips. This penalty amount is an additional tax owed, although the taxpayer could try to avoid the penalty by attaching a statement to the return showing the reasonable cause for not reporting the tips. Taxpayer would use Form 4137: *Social Security Tax on Unreported Tip Income*, to report unreported tips to the IRS.

Do not include service charges in the tip diary. Service charges that are added to the customer's bill and paid to the employee are treated as wages, not tips. The absence of any of the following factors creates doubt as to whether a payment is a tip and indicates that the payment may be a service charge:

- The payment must be made free from obligation
- The customer must have an unrestricted right to determine the amount
- The payment should not be subject to discussion or defined by employer policy
- The customer has the right to determine who receives the payment

Example: Fish 'n' Chips for You specifies that an 18% service charge will be added to bills for parties of six or more. Julio's bill included the service charge for food and beverages for the party of eight he served. Under these circumstances, Julio did not have the unrestricted right to determine the amount of payment because it was dictated by Fish 'n' Chips for You. The 18% charge is not a tip; it is distributed to the employees as wages. Julio would not include that amount in his tip diary.

Employees who work in an establishment that must allocate tips to its employees or who fail to earn or report an amount of tips that is equal to at least 8% of the total amount of their gross receipts are subject to "allocated tips." In this case, the employer will assign them (or "allocate") additional tips to ensure they reach the 8% minimum. Allocated tips are calculated by adding the tips reported by all employees from food and drink sales (this does not include carryout sales or sales with a service charge of 10% or more). The employee's share is then determined using the sales based on hours worked.

Allocated tips are shown separately in box 8 of Form W-2 and are reported as wages on Form 1040, line 1c. Social Security and Medicare taxes have not been taken out of allocated tips, but are still subject to them, and must be reported on Form 4137: *Social Security Tax on Unreported Tip Income.* Employers must also report them by filing Form 8027: *Employer's Annual Information Return of Tip Income and Allocated Tips.* The purpose of Form 4137 is to calculate the Social Security and Medicare tax on tips that were not reported to the taxpayer's employer. Once calculated, report the amount of unreported Social Security and Medicare tax on Form 1040, Schedule 2, line 5. See Publication 525.

Disability Income

Disability income is the amount paid to an employee under the employee or employer's insurance or pension plan (under some plans, employees can also contribute) while the employee is absent from work due to a disability. Disability income reported as wages on Form W-2 is taxable, but income attributable to employee contributions would not be taxable. If the employee pays for the entire cost of the accident or health plan, they should not include any amount received as income. If the premiums of a health or accident plan were paid through a cafeteria plan, and the amount of the premium was not included as taxable income, then it is assumed that the employer paid the premiums, and the disability benefits are taxable.

Las propinas no declaradas al empleador aún deben ser declaradas como ingresos en el Formulario 1040. Si el contribuyente no declara las propinas, puede estar sujeto a una multa equivalente al 50% de los impuestos de Seguro Social y Medicare, o impuestos de jubilación ferroviaria adeudados en las propinas no declaradas. El monto de esta multa es un impuesto adicional adeudado, aunque el contribuyente podría intentar evitar la multa adjuntando una declaración a la declaración que muestre la causa razonable para no declarar las propinas. El contribuyente usaría el Formulario 4137: *Impuesto de Seguro Social sobre el ingreso de propinas no declarados*, para declarar propinas no informadas al IRS.

No incluya cargos por servicio en el diario de propinas. Los cargos por servicio que se agregan a la factura del cliente y se pagan al empleado se tratan como salarios, no como propinas. La ausencia de cualquiera de los siguientes factores crea dudas sobre si un pago es una propina e indica que el pago puede ser un cargo por servicio:

- El pago debe hacerse libre de obligación.
- El cliente debe tener un derecho sin restricciones para determinar la cantidad.
- El pago no debe estar sujeto a discusión ni definido por la política del empleador.
- El cliente tiene el derecho de determinar quién recibe el pago.

Ejemplo: Fish 'n' Chips for You especifica que se agregará un cargo por servicio del 18% a las facturas para grupos de seis o más. La factura de Julio incluía el cargo por servicio de alimentos y bebidas para la fiesta de ocho personas a quienes servía. Bajo estas circunstancias, Julio no tenía el derecho ilimitado para determinar el monto del pago porque fue dictado por Fish 'n' Chips for You. El cobro del 18% no es una propina; se distribuye a los empleados como salario. Julio no incluiría esa cantidad en su registro de propinas.

Los empleados que trabajan en un establecimiento que debe asignar propinas a sus empleados o que no ganan o reportan una cantidad de propinas que es igual a por lo menos el 8% del monto total de sus ingresos brutos están sujetos a "propinas asignadas". En este caso, el empleado les "asignará" propuestas adicionales para asegurar que alcancen el 8% mínimo. Las propinas asignadas se calculan agregando las propinas declaradas de todos los empleados sobre las ventas de alimentos y bebidas (esto no incluye ventas de transferencias o ventas con un cargo por servicio del 10% o más). Luego, la participación del empleado se determina utilizando las ventas basadas en las horas trabajadas.

Las propinas asignadas se muestran en la casilla 8 del Formulario W-2 y deben declararse como salarios en el Formulario 1040, línea 1c. Los impuestos del Seguro Social y Medicare no se han eliminado de las propinas asignadas, pero debido a que siguen estando sujetos a los mismos, deben declararse en el Formulario 4137: *Impuestos de Seguro Social y Medicare sobre ingresos de propinas no declaradas* Los empleadores también deben declararlos presentando el Formulario 8027: *Declaración de la información anual del empleador sobre los ingresos de las propinas y las propinas asignadas.* El propósito del Formulario 4137 es calcular el impuesto de Seguro Social y Medicare sobre las propinas que no se declaran al empleador del contribuyente. Una vez calculada, declare la cantidad de impuestos de Seguro Social y Medicare no declarados en el Formulario 1040, Anexo 2, línea 5. Consulte la publicación 525.

Ingresos por discapacidad

El ingreso por discapacidad es la cantidad que se paga a un empleado en virtud del seguro o plan de pensiones del empleado o del empleador (en algunos planes, los empleados también pueden contribuir) mientras el empleado está ausente del trabajo debido a una discapacidad. Los ingresos por discapacidad declarados como salarios en el Formulario W-2 son gravables, pero los ingresos atribuibles a las aportaciones de los empleados no serían gravables. Si el empleado paga el costo total del plan de accidentes o de salud, no debe incluir ninguna cantidad recibida como ingreso. Si las primas de un plan de salud o de accidentes se pagaron a través de un plan de cafetería y el monto de la prima no se incluyó como ingreso gravable, se supone que el empleador pagó las primas y los beneficios por discapacidad están sujetos a impuestos.

If a taxpayer retires using disability payments before reaching the minimum retirement age of 59½, the payments will be treated as wages until the taxpayer reaches the minimum retirement age. Once a taxpayer is over the age of 59½, their disability payments will be taxed as a pension and not as regular income. Tax professionals should not confuse disability income (which may be taxable) with workers' compensation (which may not be taxable) for those who are injured at work.

> *Señor 1040 Says*: The minimum retirement age is 59½ or the age at which the taxpayer could first receive an annuity or pension if he or she was not disabled. The taxpayer must report all their taxable disability payments until the taxpayer reaches the minimum retirement age.

Part 5 Review

To obtain the maximum benefit from each part go online now and watch the video.

Part 6 Fringe Benefits

A fringe benefit is any benefit provided by an employer to individuals in addition to their normal compensation. A person who performs services for the employer does not have to be an employee; they can be an independent contractor, partner, or director. The employer is the provider of the fringe benefit if it is provided for services performed for the employer, and the person who performs services for the employer is the recipient of the fringe benefit.

Fringe benefits received from an employer are considered compensation. They are taxable and must be included in income unless tax law specifically excludes the benefits, or the taxpayer paid fair market value for the benefit (in which it would no longer be a provision from the employer or a fringe benefit). The employer usually determines the amount of the fringe benefits and includes this amount on the employee's W-2. The total value of the fringe benefits should be shown in box 12. The employer is the provider of the benefit even if a customer of the employer provided the services. The employee who profits from the fringe benefit reports the provision as income.

Dependent Care Assistance

If the employer provides dependent care assistance under a qualified plan, the taxpayer may be able to exclude the amount from income. Dependent care benefits include the following:

- Amounts the employer paid directly to the care provider
- The fair market value of the care in a day-care facility provided or sponsored by the employer

The amounts paid are reported on Form W-2, box 10. To claim the exclusion, the taxpayer would complete Part III of Form 2441: *Child and Dependent Care Expenses*. The maximum the employer can pay per taxpayer (and spouse if filing jointly) is $5,000. See Publication 503.

Si un contribuyente se jubila utilizando pagos por discapacidad antes de alcanzar la edad mínima de jubilación de 59½, los pagos se tratarán como salario hasta que el contribuyente alcance la edad mínima de jubilación. Una vez que un contribuyente tiene más de 59½ años, sus pagos por discapacidad serán gravados como pensión y no como ingreso regular. Los profesionales de impuestos no deben confundir los ingresos por discapacidad (que pueden estar sujetos a impuestos) con la indemnización por accidente laboral (que puede que no estén sujetos a impuestos) para aquellos que se lesionan en el trabajo.

El señor 1040 dice: La edad mínima de jubilación es 59½ o la edad a la que el contribuyente podría recibir por primera vez una renta vitalicia o pensión si no estuviera incapacitado. El contribuyente debe declarar todos sus pagos por incapacidad sujetos a impuestos hasta que alcance la edad mínima de jubilación.

Revisión de la Parte 5

Para obtener el máximo beneficio de cada parte, conéctese ahora y mire el video.

Parte 6 Beneficios complementarios

Un beneficio complementario es cualquier beneficio proporcionado por un empleador a las personas además de su remuneración normal. Una persona que presta servicios para el empleador no tiene que ser un empleado, puede ser un contratista independiente, socio o director. El empleador es el proveedor del beneficio complementario si se proporciona por servicios prestados para el empleador, y la persona que realiza los servicios para el empleador es el beneficiario del beneficio complementario.

Los beneficios complementarios recibidos de un empleador se consideran remuneración. Están sujetos a impuestos y deben incluirse en los ingresos a menos que la ley tributaria excluya específicamente los beneficios, o que el contribuyente haya pagado el valor justo de mercado por el beneficio (en el cual ya no sería una provisión del empleador o un beneficio adicional). El empleador generalmente determina el monto de los beneficios complementarios e incluye este monto en el formulario W-2 del empleado. El valor total de los beneficios complementarios debe mostrarse en la casilla 12. El empleador es el proveedor del beneficio incluso si un cliente del empleador proporcionó los servicios. El empleado que recibe el beneficio complementario declara la provisión como ingreso.

Asistencia para el cuidado de dependientes

Si el empleador brinda asistencia para el cuidado de dependientes bajo un plan calificado, el contribuyente puede excluir la cantidad de los ingresos: Los beneficios de cuidado de dependientes incluyen lo siguiente:

- Cantidades que el empleador pagó directamente al proveedor de cuidados
- El valor justo de mercado de la atención en una guardería proporcionada o auspiciada por el empleador.

Las cantidades pagadas se informan en la casilla 10 del formulario W-2. Para reclamar la exclusión, el contribuyente debe completar la Parte III del Formulario 2441: *Gastos de cuidado de hijos y dependientes.* El máximo que el empleador puede pagar por contribuyente (y cónyuge si presentan una declaración conjunta) es $5,000. Consulte la Publicación 503.

> *Señor 1040 Says*: Individuals who provide childcare in their own home are considered self-employed and should report their income on Schedule C. If the childcare is provided in the child's home, the providers are considered employees and should receive a W-2 from the child's parent or guardian, who should report the caretaker's income on Schedule H.

Group-Term Life Insurance

Generally, group-term life insurance coverage provided by an employer (current or former) to employees is not included as income up to the cost for coverage of $50,000 after being reduced by any amount the employee paid toward the purchase of the insurance.

If the coverage is worth more than $50,000, the employee must include the amount of money that the employer-provided insurance costs the employer as the employee's personal income. If the employer provided more than $50,000 of coverage, the includable amount is reported as part of the employee's wages in boxes 1, 3, and 5 of Form W-2. It is also shown separately in box 12 with code C on the W-2. Life insurance coverage should meet the following conditions:

- The employer provided a general death benefit that is not included in income.
- The employer provided it to a group of employees (usually 10 or more).
- The employer provided an amount of insurance to each employee based on a formula that prevents individual selection.
- The employer provided the insurance under a policy that was directly or indirectly carried. Even if the employer did not pay any of the cost, the employer is considered to carry it since the employer arranged for payment of its cost by the employees and charged at least one employee less than, and one employee more than, the cost of their insurance.

Group term life insurance that is payable on the death of the employee, employee's spouse, or dependent, and with a payment amount of less than $2,000, is considered a *de minimis* benefit.

The following types of insurance plans are not group term insurance:

- Insurance that does not provide general death benefits such as travel insurance or only provides accidental death benefits
- Life insurance on the life of the employee's spouse or dependent
- Insurance provided under a policy that provides a permanent benefit (an economic value that extends more than one year unless certain requirements are met) See Internal Revenue Code (IRC) section 1.79-1 for more information.

Health Savings Accounts (HSAs)

A Health Savings Account (HSA) is a form of pretax savings account set up to help set aside money to pay for future medical costs. If the taxpayer is an eligible individual, HSA contributions can be made by the employer, the taxpayer, or any of the taxpayer's family members. Medical expenses must not be reimbursable by the insurance or other sources, Taxpayer must be covered by a High Deductible Health Plan (HDHP) and not covered by another health plan.

El señor 1040 dice: Las Personas naturales que brindan cuidado infantil en su propio hogar se consideran trabajadores independientes y deben informar sus ingresos en el Anexo C. Si el cuidado infantil se brinda en el hogar del niño, se consideran empleados y deben recibir un W-2 del padre o tutor del niño que debe declarar los ingresos del cuidador en el Anexo H.

Seguro de vida a término colectivo

Por lo general, la cobertura de seguro de vida a término colectivo proporcionada por un empleador (actual o anterior) a sus empleados no se incluye como ingreso hasta el costo de $50,000 después de haber sido reducido por cualquier monto que el empleado haya pagado por la compra del seguro.

Si el valor de la cobertura es superior a $50,000, el trabajador debe incluir la cantidad de dinero que el seguro proporcionado por el empleador le cuesta a éste como ingresos personales del empleado. Si el empleador proporcionó más de $50,000 de cobertura, la cantidad que se incluirá como ingreso se informa como parte del salario del empleado en las casillas 1, 3 y 5 del Formulario W-2. También se muestra por separado en la casilla 12 con el código C en el W-2. La cobertura del seguro de vida debe cumplir las siguientes condiciones:

- El empleador proporcionó un beneficio general por fallecimiento que no se incluye en los ingresos.
- El empleador se lo proporcionó a un grupo de empleados (generalmente 10 o más empleados).
- El empleador proporcionó una cantidad de seguro a cada empleado según una fórmula que evita la selección individual.
- El empleador proporcionó el seguro en virtud de una póliza que se contrató directa o indirectamente. Incluso si el empleador no pagó parte del costo, se considera que el empleador lo asume, ya que el empleador dispuso el pago de su costo por los empleados y cobró al menos a un empleado menos, y un empleado más, que el costo de su seguro.

El seguro de vida colectivo a término que se paga en caso de fallecimiento del empleado, del cónyuge del empleado o de su dependiente, y con un monto de pago inferior a $2,000, se considera un beneficio de minimis.

Los siguientes tipos de planes de seguro no son seguros colectivos a término:

- Seguro que no brinda beneficios generales por muerte, como un seguro de viaje, o que solo brinda beneficios por muerte accidental.
- Seguro de vida sobre la vida del cónyuge o dependiente del empleado.
- Seguro proporcionado en virtud de una póliza que proporciona un beneficio permanente (un valor económico que se extiende más de un año a menos que se cumplan ciertos requisitos). Consulte la sección 1.79-1 del Código de Rentas Internas (IRC) para obtener más información.

Cuenta de ahorro para la salud (HSA)

Una Cuenta de ahorro para la salud (HSA) es una forma de cuenta de ahorro antes de impuestos creada para ayudar a reservar dinero para pagar costos médicos futuros. Si el contribuyente es una persona elegible, el empleador, el contribuyente o cualquiera de los parientes del contribuyente pueden hacer aportaciones a la HSA. Los gastos médicos no deben ser reembolsables por el seguro u otras fuentes. El contribuyente debe estar cubierto por un Plan de salud con deducible alto (HDHP) y no estar cubierto por otro plan de salud.

Contributions made by the employer are not included in income. Distributions from the HSA that are used to pay for qualified medical expenses are included in income. Contributions to the account are used to pay current or future medical expenses of the account owner, spouse, and any qualified dependent.

Contributions by a partnership to a bona fide partner's HSA are not considered to be contributions by an employer. The contributions are treated as a distribution and are not included in the partner's gross income.

If the contributions by the partnership are for the partner's services rendered, they are treated as guaranteed payments that are included in the partner's gross income.

Contributions by an S corporation to a 2% shareholder-employee's HSA for services rendered are treated as guaranteed payments and are included in the shareholder-employee's gross income. The shareholder-employee may deduct the contribution made to the shareholder-employee's HSA. See Publication 969.

Transportation

If an employer provides a qualified transportation fringe benefit, a certain amount may be excluded from income. Providing any of the below can be a qualified transportation fringe benefit:

- A transit pass
- Qualified parking
- Transportation in a commuter highway vehicle (must seat at least 6 adults) between the taxpayer's home and workplace

Cash reimbursements by an employer for these expenses under a bona fide reimbursement arrangement are also excludable. However, cash reimbursement for a transit pass is excludable only if a voucher or similar item that can be exchanged only for a transit pass is not readily available for direct distribution to the taxpayer.

The exclusion for commuter highway vehicle transportation and transit passes fringe benefits cannot be more than a total of $280 a month, regardless of the total value of both benefits.

The exclusion for the qualified parking fringe benefit cannot be more than $280 a month, regardless of its value. For benefits with a value higher than the limit, the excess must be included as income. If the benefits have a value that is more than these limits, the excess is included as income. See IRC Sec 132(f).

Deductions for employee transportation fringe benefits such as parking and mass transit are denied, and no deduction is allowed for transportation expenses that are equivalent of commuting for employees. If the benefits have a value that is more than these limits, the excess is included as income. See IRC Sec 132(f).

Las aportaciones realizadas por el empleador no se incluyen en los ingresos. Las distribuciones de la HSA que se utilizan para pagar los gastos médicos calificados se incluyen en los ingresos. Las aportaciones a la cuenta se utilizan para pagar los gastos médicos actuales o futuros del titular de la cuenta, el cónyuge y cualquier dependiente calificado.

Las aportaciones de una sociedad a la HSA de un socio de buena fe no se consideran aportaciones de un empleador. Las aportaciones se tratan como una distribución y no se incluyen en los ingresos brutos del socio.

Si las aportaciones de la sociedad son por servicios prestados por el socio, se tratan como pagos garantizados que se incluyen en el ingreso bruto del socio.

Las aportaciones de una sociedad anónima S a la HSA de un accionista-empleado del 2% por los servicios prestados se tratan como pagos garantizados y se incluyen en los ingresos brutos del accionista-empleado. El accionista-empleado podrá deducir la aportación realizada a la HSA del accionista-empleado. Consulte la Publicación 969.

Transporte

Si un empleador proporciona un beneficio complementario de transporte calificado, una cierta cantidad puede excluirse de los ingresos. Proporcionar cualquiera de los siguientes puede ser un beneficio adicional de transporte calificado:

- Un pase de tránsito
- Estacionamiento calificado
- Transporte en un vehículo de carretera de cercanías (debe tener capacidad para al menos 6 adultos) entre el hogar y el lugar de trabajo del contribuyente

Los reembolsos en efectivo por parte de un empleador por estos gastos en virtud de un acuerdo de reembolso de buena fe también son excluibles. Sin embargo, el reembolso en efectivo por un pase de tránsito es excluible solo si un comprobante o artículo similar que se puede canjear solo por un pase de tránsito no está disponible para su distribución directa al contribuyente.

La exclusión para el transporte de vehículos de carretera de cercanías y los beneficios complementarios del pase de tránsito no puede superar un total de $280 por mes, independientemente del valor total de ambos beneficios.

La exclusión del beneficio complementario de estacionamiento calificado no puede ser superior a $280 por mes, independientemente de su valor. Para prestaciones con un valor superior al límite, el exceso debe incluirse como ingreso. Si los beneficios tienen un valor superior a estos límites, el exceso se incluye como ingreso. Consulte la sección 132(f) del IRC.

Se niegan las deducciones por beneficios complementarios de transporte de los empleados, como estacionamiento y transporte público, y se permiten deducciones por gastos de transporte que sean equivalentes a los desplazamientos de los empleados. Si los beneficios tienen un valor superior a estos límites, el exceso se incluye como ingreso. Consulte la sección 132(f) del IRC.

Educational Assistance

If the taxpayer received educational assistance benefits from their employer under a qualified educational assistance program, up to $5,250 of eligible assistance can be excluded yearly, in which case it would not be included on the W-2 or be a part of a return. However, if the education was not work-related or if the taxpayer is a highly compensated employee, the assistance from the employer may be taxable. See Publication 970. See Sec. 127.

An employee who meets either of the following tests is a highly compensated employee:

- The employee was a 5% owner at any time during the year or the preceding year
- The employee received more than $130,000 in pay for the preceding year

The second test listed above can be ignored if the employee was not in the top 20% of the employees' pay ranking for the preceding year. All payments or reimbursements made under the adoption assistance program must be excluded from wages subject to federal income tax withholding.

A student in a degree program can exclude amounts received from a qualified scholarship or fellowship. Excludable income from a qualified scholarship or fellowship is any amount received that is used for the following:

- Tuition and fees to enroll at or attend an eligible educational institution
- Fees, books, and equipment required for courses at the eligible educational institution

Payments received for services required as a condition of receiving a scholarship or fellowship grant must be included in the taxpayer's income, even if the services are required of all students for the degree. Amounts used for room and board do not qualify for the exclusion. This includes amounts received for teaching and research. Include these payments on Form 1040, line 1. See Sec 127 and Pub 970.

Nontaxable Income

Although it may seem like taxes are collected on all income, there are several types of income that are exempt from taxation because of the nature of the reason behind the payment.

Child Support

Taxpayers who receive child support payments do not report the payments as income. Payments designed to be child support should be defined in legal documents such as divorce or separation agreements or any child custody documents.

Workers' Compensation

Amounts received as workers' compensation for an occupational sickness or injury are fully exempt from tax if they are paid under a workers' compensation act or some similar statute. The exemption also applies to the taxpayer's survivors. This exception does not apply to retirement plan benefits received based on age, length of service, or prior contributions to the plan, even if the taxpayer retired because of an occupational sickness or injury.

If the taxpayer returns to work after qualifying for workers' compensation, payments received while assigned to light duties are taxable. Report these payments as wages on line 1 of Form 1040.

Asistencia educativa

Si el contribuyente recibió beneficios de asistencia educativa de su empleador bajo un programa de asistencia educativa calificado, se pueden excluir hasta $5,250 de asistencia elegible anualmente, en cuyo caso no se incluiría en el W-2 ni formaría parte de una declaración. Sin embargo, si la educación no estaba relacionada con el trabajo o si el contribuyente es un empleado altamente remunerado, la asistencia del empleador puede estar sujeta a impuestos. Consulte la Publicación 970. Consulte la sección 127.

Un empleado que cumple cualquiera de las siguientes pruebas es un empleado altamente remunerado:

- El empleado fue propietario del 5% en cualquier momento durante el año o el año anterior.
- El empleado recibió más de $130,000 en pago durante el año anterior.

La segunda prueba descrita anteriormente se puede ignorar si el empleado no estuvo en el 20% superior de la clasificación salarial de los empleados durante el año anterior. Todos los pagos o reembolsos realizados en virtud del programa de asistencia para la adopción deben excluirse de los salarios sujetos a retención de impuestos federales sobre la renta.

Un estudiante en un programa de grado puede excluir las cantidades recibidas de una beca o beca calificada. Los ingresos excluibles de una beca o beca calificada son cualquier cantidad recibida que se utiliza para lo siguiente:

- Matrícula y tarifas para inscribirse o asistir a una institución educativa elegible.
- Cuotas, libros y equipo requerido para cursos en la institución educativa elegible.

Los pagos recibidos por los servicios requeridos como condición para recibir una subvención o beca de estudios deben incluirse en los ingresos del contribuyente, incluso si los servicios se requieren de todos los estudiantes para obtener el título. Las cantidades utilizadas para alojamiento y comida no califican para la exclusión. Incluye las cantidades percibidas por docencia e investigación. Incluya estos pagos en el Formulario 1040, línea 1. Consulte la sección 127 y Pub 970.

Ingresos no gravables

Aunque parezca que los impuestos se recaudan sobre todos los ingresos, existen varios tipos de ingresos que no son gravables debido a la naturaleza del motivo del pago.

Manutención de los hijos

Los contribuyentes que reciben pagos de manutención de los hijos no declaran los pagos como ingresos. Los pagos diseñados para ser manutención de los hijos deben definirse en documentos legales como los acuerdos de divorcio o separación o la documentación de custodia de los hijos.

Indemnización por accidente laboral

Los montos recibidos como indemnización por accidente laboral por una enfermedad o lesión ocupacional están totalmente exentos de impuestos, si se les paga en virtud de una ley de indemnización por accidente laboral o algún estatuto similar. La exención también se aplica a los sobrevivientes del contribuyente. Esta excepción no se aplica a los beneficios del plan de jubilación recibidos en base a la edad, la duración del servicio o las aportaciones anteriores al plan, incluso si el contribuyente se jubiló debido a una enfermedad o lesión ocupacional.

Si el contribuyente regresa a trabajar después de calificar para la indemnización por accidente laboral, los pagos recibidos mientras estaba asignado a tareas ligeras están sujetos a impuestos. Declare estos pagos como salarios en la línea 1 del Formulario 1040.

Income paid under a statute that provides benefits only to employees with service-connected disabilities could be considered workers' compensation or disability for pension. The rest is taxable as annuity or pension income. If a taxpayer dies and their survivor benefits from the pension, the workers' compensation remains exempt from tax.

Welfare and Other Public Assistance Benefits

Benefit payments made by a public welfare fund to individuals with disabilities (such as blindness) should not be included as income. Welfare or public assistance payments from a state fund for the victims of a crime should not be included in the victims' income. Do not deduct medical expenses that are reimbursed by such a fund. Any welfare payments obtained fraudulently are not tax-exempt and must be included as income.

Veterans' Benefits

Veterans' benefits paid under any law, regulation, or administrative practice administered by the Department of Veterans Affairs (VA) should not be included as income.

For veterans and their families, the following benefits are not taxable:

- Education, training, and subsistence allowances
- Disability compensation and pension payments for disabilities paid either to veterans or their families
- Grants for homes designed for wheelchair living
- Grants for motor vehicles for veterans who lost their sight or the use of their limbs
- Veterans' insurance proceeds and dividends paid either to veterans or to their beneficiaries, including the proceeds of a veteran's endowment policy paid before death
- Interest on insurance dividends left on deposit with Veterans Affairs
- Benefits under a dependent-care assistance program
- The death gratuity paid to a survivor of a member of the armed forces who died after September 10, 2001
- Payments made under the compensated work therapy program
- Any bonus payment by a state or political subdivision because of services in a combat zone

How to Read the Tax Tables

Tax tables are charts that show how much tax is charged per income amount for each of the federal filing statuses. Tax tables apply to income that is less than $100,000 and each filing status has a separate table. If the taxpayer's income is over $100,000, the tax is calculated differently.

To read the tax table, you must find the income range in which your client's income falls and then look at the column that matches your client's filing status. If a client's income is the exact amount of one of the ranges, always round up and use the higher tax amount. Tax tables are found in the Form 1040 Instructions. Tax tables can also be accessed through the IRS website.

Los ingresos pagados en virtud de un estatuto que proporciona beneficios solo a los empleados con discapacidades relacionadas con el servicio podrían considerarse indemnización por accidente laboral o discapacidad para la pensión. El resto está sujeto a impuestos como renta de rentas vitalicias o pensiones. Si un contribuyente muere y su sobreviviente se beneficia de la pensión, la indemnización por accidente laboral permanece exenta de impuestos.

Bienestar y otros beneficios de asistencia pública

Los pagos de beneficios realizados por un fondo de bienestar público a personas con discapacidades (como ceguera) no deben incluirse como ingresos. Los pagos de asistencia social o asistencia pública de un fondo estatal para las víctimas de un delito no deben incluirse en los ingresos de las víctimas. No deduzca los gastos médicos reembolsados por dicho fondo. Cualquier pago de asistencia social obtenido de manera fraudulenta no está exento de impuestos y debe incluirse como ingreso.

Beneficios para veteranos

Los beneficios para veteranos pagados bajo cualquier ley, reglamento o práctica administrativa administrada por el Departamento de Asuntos de Veteranos (VA) no deben incluirse como ingresos.

Para los veteranos y sus familias, los siguientes beneficios no están sujetos a impuestos:

- Educación, formación y subvenciones de alimentación.
- Indemnización por discapacidad y pagos de pensión por discapacidad pagados a los veteranos o sus familias.
- Subvenciones para viviendas diseñadas para sillas de ruedas.
- Subvenciones para vehículos de motor para veteranos que perdieron la vista o el uso de sus extremidades.
- Los ingresos del seguro de veteranos y los dividendos pagados a los veteranos o sus beneficiarios, incluidos los ingresos de la póliza de dotación de veteranos pagados antes de la muerte.
- Intereses sobre los dividendos del seguro que se depositan con los Asuntos de Veteranos.
- Beneficios bajo un programa de asistencia para el cuidado de dependientes.
- El beneficio por fallecimiento pagado a un sobreviviente de un miembro de las fuerzas armadas que falleció después del 10 de septiembre de 2001.
- Pagos realizados en el marco del programa de terapia laboral remunerada.
- Cualquier pago de bonificación por parte de un estado o subdivisión política debido a servicios en una zona de combate.

¿Cómo leer las tablas de impuestos?

Las tablas de impuestos son gráficos que muestran cuánto impuesto se cobra por monto de ingresos para cada uno de los estados civiles de declaración federal. Las tablas de impuestos se aplican a los ingresos inferiores a $100,000 y cada estado civil de declaración tiene una tabla separada. Si los ingresos del contribuyente superan los $100,000, el impuesto se calcula de manera diferente.

Para leer la tabla de impuestos, debe encontrar el rango de ingresos en el que se encuentran los ingresos de su cliente y luego mirar la columna que coincide con el estado civil de declaración de su cliente. Si los ingresos de un cliente es el monto exacto de uno de los rangos, siempre redondee y use el monto de impuestos más alto. Las tablas de impuestos se encuentran en las Instrucciones del Formulario 1040. También puede acceder a las tablas de impuestos a través del sitio web del IRS.

2023 Tax Table — *Continued*

If line 15 (taxable income) is—		And you are—			
At least	But less than	Single	Married filing jointly *	Married filing sepa-rately	Head of a house-hold
		Your tax is—			
72,000					
72,000	72,050	11,153	8,203	11,153	9,547
72,050	72,100	11,164	8,209	[illegible]	9,558
72,100	72,150	11,175	8,215	[illegible]	9,569
72,150	72,200	11,186	8,221	[illegible]	9,580
72,200	72,250	11,197	8,227	[illegible]	9,591
72,250	72,300	11,208	8,233	[illegible]	9,602
72,300	72,350	11,219	8,239	[illegible]	9,613
72,350	72,400	11,230	8,245	[illegible]	9,624
72,400	72,450	11,241	8,251	[illegible]	9,635
72,450	72,500	11,252	8,257	[illegible]	9,646
72,500	72,550	11,263	8,263	[illegible]	9,657
72,550	72,600	11,274	8,269	[illegible]	9,668
72,600	72,650	11,285	8,275	11,285	9,679
72,650	72,700	11,296	8,281	11,296	9,690
72,700	72,750	11,307	8,287	11,307	9,701
72,750	72,800	11,318	8,293	11,318	9,712
72,800	72,850	11,329	8,299	11,329	9,723
72,850	72,900	11,340	8,305	11,340	9,734
72,900	72,950	11,351	8,311	11,351	9,745
72,950	73,000	11,362	8,317	11,362	9,756

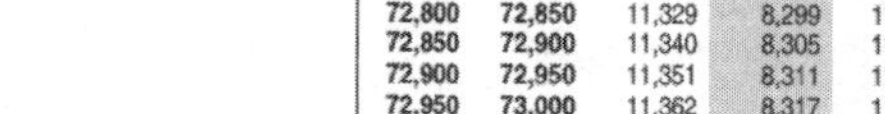

Portion of Tax Table

The tax tables are not used by the following:

- Estates or trusts
- Individuals claiming the exclusion for foreign tax credits
- Taxpayers who file a short-period return
- Taxpayers whose income exceeds $100,000

Part 6 Review

To obtain the maximum benefit from each part go online now and watch the video.

Takeaways

Gross income, or "worldwide income," includes all income received from any source, anywhere in the world. This chapter covered the most common types of earned and unearned income. Later chapters will go into depth regarding the most common income reported on Schedule A, B, C, D, E, and F.

If the taxpayer repays an amount that was included in an earlier year as income, the taxpayer may be able to deduct the amount repaid from income for the year in which it was repaid. If the amount repaid is more than $3,000, the taxpayer may be able to take a credit against the tax for the year in which it was repaid. This credit is taken on Schedule A. Schedule A will be discussed in a later chapter. Generally, the taxpayer can claim a deduction or credit only if the repayment qualifies as an expense or loss incurred in the taxpayer's business or in a for-profit transaction.

Any individual with taxable compensation may be eligible to contribute to a traditional IRA. The individual may be able to contribute to a Roth IRA, establish a new traditional IRA, or fund the new IRA with funds transferred from either another traditional IRA or an employer-sponsored qualified retirement plan. In the taxable year in which an individual turns 72, the taxpayer cannot make future contributions to a traditional IRA.

La tabla de impuestos de 2023 - continúa

Si la línea 15 (ingreso gravable) es -		Y usted es			
Como mínimo	Pero menos que	Soltero	Casado declarando conjuntament e	Casado declarando por separado	Cabeza de familia
		Su impuesto es-			
72,000					
72,000	72,050	11,153	8,203	11,153	9,547
72,050	72,100	11,164	8,209	11,164	9,558
72,100	72,150	11,175	8,215	11,175	9,569
72,150	72,200	11,18	,221	11,186	9,580
72,200		11,197	,227	11,197	9,591
	72,250				
72,250	72,300	11,208	8,223	11,208	9,602
72,300	72,350	11,219	8,239	11,219	9,613
72,350	72,400	11,230	8,245	11,230	9,624
72,400	72,450	11,241	8,251	11,241	9,635
72,450		11,252	8,257	11,252	9,646
	72,500				
72,500	72,550	11,263	8,263	11,263	9,657
72,550	72,600	11,274	8,269	11,274	9,668
72,600	72,650	11,285	8,275	11,285	9,679
72,650	72,700	11,296	8,281	11,296	9,690
72,700		11,307	8,287	11,307	9,701
	72,750				
72,750	72,800	11,318	8,293	11,318	9,712
72,800	72,850	11,329	8,299	11,329	9,723
72,850	72,900	11,340	8,305	11,340	9,734
72,900	72,950	11,351	8,311	11,351	9,745
72,950	73,000	11,362	8,317	11,362	9,756

Las tablas de impuestos no son utilizadas por los siguientes:

- Sucesiones o fideicomisos
- Personas naturales que reclamen la exclusión de créditos fiscales extranjeros.
- Contribuyentes que presenten declaraciones a corto plazo.
- Contribuyentes cuyos ingresos excedan los $100,000

Revisión de la Parte 6

Para obtener el máximo beneficio de cada parte, conéctese ahora y mire el video.

Conclusiones

El ingreso bruto, o "ingresos globales", incluye todos los ingresos recibidos de cualquier fuente, en cualquier parte del mundo. Este capítulo cubrió los tipos más comunes de ingresos del trabajo y no salariales. Los capítulos posteriores profundizarán en los ingresos más comunes declarados en los Anexos A, B, C, D, E y F.

Si el contribuyente devuelve un monto que se incluyó en un año anterior como ingreso, el contribuyente puede deducir el monto devuelto de los ingresos del año en que se devolvió. Si el monto reembolsado es superior a $3,000, el contribuyente puede solicitar un crédito contra el impuesto correspondiente al año en que se reembolsó. Este crédito se toma en el Anexo A. El Anexo A se analizará en un capítulo posterior. Generalmente, el contribuyente puede reclamar una deducción o crédito solo si el reembolso califica como un gasto o pérdida incurrido en el negocio del contribuyente o en una transacción con fines de lucro.

Cualquier persona natural con remuneración imponible puede ser elegible para contribuir a una cuenta IRA tradicional. La persona puede contribuir a una IRA Roth, establecer una nueva IRA tradicional o financiar la nueva IRA con fondos transferidos de otra IRA tradicional o un plan de jubilación calificado auspiciado por el empleador. En el año fiscal en el que una persona cumple 72 años, el contribuyente no puede realizar aportaciones futuras a una IRA tradicional.

TEST YOUR KNOWLEDGE!
Go online to take a practice quiz.

¡PRUEBE SUS CONOCIMIENTOS!
Conéctese en línea para realizar la prueba de práctica.

Chapter 5 Adjustments to Income

Introduction

In this chapter, students will learn how various expenses affect the taxpayer's income, and how to use this information to calculate the taxpayer's adjusted gross income (AGI). The Tax Cuts and Jobs Act (TCJA) has changed how adjustments are made at the federal level, while some states did not conform to the TCJA. Nonconforming states will have differences on the state return if applicable. For returns prior to TCJA, the tax professional may need to do additional research to file a correct return. TCJA mandates affect Schedule A, which will be discussed in a later chapter.

Objectives

At the end of this lesson, the student will:

- Understand how an adjustment to income can decrease the taxpayer's AGI
- Explain the differences between the education credits
- Define who qualifies to use Form 2106
- Know the different types of Health Savings Account

Resources

Form 1040	Publication 17	Instructions Form 1040
Form 1098-E	Publication 504	Instructions Form 1098-E
Form 2106	Publication 521	Instructions Form 2106
Form 3903	Publication 560	Instructions Form 3903
Form 8889	Publication 969	Instructions Form 8889
Form 8917	Publication 4334	Instructions Form 8917
Schedule SE	Tax Topics 451, 452, 455, 456, 458	Instructions Schedule SE
Schedule 1		

Part 1 Adjustments to Income

Adjustments are certain expenses that directly reduce the taxpayer's total income and are known in the industry as "above the line" tax deductions in the industry. Adjustments reduce total income to arrive at adjusted gross income (AGI), the total income from all sources minus any adjustments. Adjustments are calculated and reported using Form 1040, Schedule 1, lines 11 – 24z.

Schedule 1 (Form 1040) 2023 Page 2

Part II Adjustments to Income

11	Educator expenses	11	
12	Certain business expenses of reservists, performing artists, and fee-basis government officials. Attach Form 2106	12	
13	Health savings account deduction. Attach Form 8889	13	
14	Moving expenses for members of the Armed Forces. Attach Form 3903	14	
15	Deductible part of self-employment tax. Attach Schedule SE	15	
16	Self-employed SEP, SIMPLE, and qualified plans	16	
17	Self-employed health insurance deduction	17	
18	Penalty on early withdrawal of savings	18	
19a	Alimony paid	19a	
b	Recipient's SSN		
c	Date of original divorce or separation agreement (see instructions):		

Portion of Schedule 1

Capítulo 5 Ajustes a los ingresos

Introducción

En este capítulo, los estudiantes aprenderán cómo diversos gastos afectan los ingresos del contribuyente y cómo utilizar esta información para calcular el ingreso bruto ajustado (AGI) del contribuyente. La Ley de Empleos y Reducción de Impuestos (TCJA) ha cambiado la forma en que se realizan las modificaciones a nivel federal, mientras que algunos estados no se ajustaron a la TCJA. Los estados no se ajustaron a esta ley tendrán diferencias en la declaración estatal, si corresponde. En el caso de las declaraciones anteriores a la TCJA, es posible que el profesional de impuestos tenga que investigar más para presentar una declaración correcta. Los mandatos de la TCJA afectan el Anexo A, que se analizará en un capítulo posterior.

Objetivos

Al final de esta lección, el estudiante:

- Entenderá cómo un ajuste a los ingresos puede disminuir el AGI del contribuyente.
- Explicará las diferencias entre los créditos educativos.
- Definirá quién califica para usar el Formulario 2106.
- Conocerá los diferentes tipos de Cuenta de Ahorro para la Salud.

Fuentes

Formulario 1040	Publicación 17	Instrucciones del Formulario 1040
Formulario 1098-E	Publicación 504	Instrucciones del Formulario 1098-E
Formulario 2106	Publicación 521	Instrucciones del Formulario 2106
Formulario 3903	Publicación 560	Instrucciones del Formulario 3903
Formulario 8889	Publicación 969	Instrucciones del Formulario 8889
Formulario 8917	Publicación 4334	Instrucciones del Formulario 8917
Anexo SE	Temas Tributarios 451, 452, 455, 456, 458	Instrucciones del Anexo SE
Anexo 1		

Parte 1 Ajustes a los ingresos

Los ajustes son ciertos gastos que reducen directamente el ingreso total del contribuyente y se conocen en la industria como deducciones de impuestos "por encima de la línea". Los ajustes reducen el ingreso total para llegar al ingreso bruto ajustado (AGI), el ingreso total de todas las fuentes menos cualquier ajuste. Los ajustes se calculan y declaran utilizando el Formulario 1040, Anexo 1, líneas 11 a 24z.

Parte II	Ajustes a los ingresos		
11	Gastos del educador	11	
12	Ciertos gastos comerciales de reservistas, artistas escénicos o ejecutantes y funcionarios públicos que cobran en base a honorarios. Adjunte el Formulario 2016	12	
13	Deducción de la Cuenta de ahorros para la salud. Adjunte el Formulario 8889	13	
14	Gastos de mudanza para miembros de las Fuerzas Armadas. Adjunte el Formulario 3903	14	
15	Parte deducible del trabajo independiente. Adjunte el Anexo SE	15	
16	Trabajador independiente SEP, SIMPLE, y planes calificados	16	
17	Deducción del seguro de salud de trabajadores independientes	17	
18	Multa por retiro anticipado de ahorros	18	
19a	Pensión alimenticia pagada	19a	
b	SSN del beneficiario ▶	b	
c	Fecha del acuerdo de divorcio o separación de bienes original (vea las instrucciones)	c	

Parte del Anexo 1

Changes Made by the Tax Cuts and Jobs Act

Due to the Tax Cuts and Jobs Act (TCJA), federal adjustments have been suspended from December 31, 2017, to December 31, 2025. Not all states conformed to the TCJA.

The TCJA eliminated Form 1040A and 1040EZ from 2018 to 2025. Here are some adjustments that will be discussed:

- Educator expenses
- IRA deductions
- Student loan interest deductions
- Tuition and fees

Educator Expenses

If the taxpayer was an eligible educator, they can deduct up to $300 of qualified expenses paid in 2023. An eligible educator is a teacher for kindergarten through twelfth –grade, or an instructor, counselor, principal, or aide who works in a school for at least 900 hours during a school year. If the taxpayer and spouse are filing jointly and are both eligible educators, the maximum deduction is $600. Neither spouse may deduct more than $300 of qualified expenses on line 11 of Form 1040, Schedule 1. The PATH act made this adjustment permanent.

Qualified expenses include ordinary and necessary expenses paid in connection with books, supplies, equipment (including computer equipment, software, and services), and other materials used in the educator's classroom. An ordinary expense is one that is common and accepted in the taxpayer's education field, and a necessary expense is one that is helpful and appropriate for the taxpayer's profession as an educator. An expense does not have to be required to be considered necessary.

Qualified expenses do not include homeschooling expenses or nonathletic supplies for health or physical education courses. The income adjustment amount must be reduced if the educator has any of the following:

- Excludable interest on qualified U.S. savings bonds series EE and I are reported on Form 8815
- Any distribution from a qualified tuition program that was excluded from income
- Any tax-free withdrawals from Coverdell education savings account(s)
- Any reimbursements received for expenses not reported in box 1 of the W-2

Form 2106: Unreimbursed Employee Business Expense

Due to the suspension of Form 2106 for tax years 2018 through 2025, most employees cannot use the form. Individuals who can still file Form 2106 include armed forces reservists, qualified performing artists, fee-basis state or local government officials, or individuals with a disability claiming impairment-related work expenses. These individuals may qualify to deduct unreimbursed employee business expenses as an adjustment to gross income. This is done by calculating the adjustment using Form 2106 and then reporting the calculated amount on Form 1040, Schedule 1, line 12.

Cambios realizados por la Ley de Reducción de Impuestos y de Empleos

Debido a la Ley de Empleos y Reducción de Impuestos (TCJA), los ajustes se suspendieron desde el 31 de diciembre de 2017 hasta el 31 de diciembre de 2025. No todos los estados se ajustaron a la TCJA.

La TCJA eliminó los formularios 1040A y 1040EZ de 2018 a 2025. Aquí hay algunos ajustes que serán discutidos:

- Gastos del educador
- Deducciones de IRA.
- Deducciones de intereses de préstamos estudiantiles
- Matrícula y cuotas

Gastos del educador

Si el contribuyente era un educador elegible, puede deducir hasta $300 de los gastos calificados pagados en 2023. Un educador elegible se define como un maestro para jardín de infancia hasta el 12º grado o un instructor, consejero, director o ayudante que trabaja en una escuela por al menos 900 horas durante el año escolar. Si el contribuyente y su cónyuge presentan una declaración conjunta y ambos son educadores elegibles, la deducción máxima es de $600. Ninguno de los cónyuges puede deducir más de $300 de gastos calificados en la línea 11 del Formulario 1040, Anexo 1. La ley PATH hizo este ajuste permanente.

Los gastos calificados incluyen los gastos ordinarios y necesarios pagados en relación con libros, suministros, equipos (incluyendo los equipos de computación, software y servicios) y otros materiales utilizados en su salón de clases. Un gasto ordinario es un gasto común y aceptado en el campo de la educación del contribuyente; mientras que un gasto necesario es un gasto útil y apropiado para la profesión del contribuyente como educador. Un gasto no tiene por qué ser obligatorio para considerarse necesario.

Los gastos calificados no incluyen los gastos de educación en el hogar o de suministros no deportivos para cursos de salud o educación física. El monto del ajuste de ingresos debe reducirse si el educador tiene alguno de los siguientes:

- Los intereses excluibles en bonos de ahorro calificados de los EE. UU., de las series EE e I se informan en el formulario 8815.
- Cualquier distribución de un programa de matrícula calificado que fue excluido de los ingresos.
- Cualquier retiro libre de impuestos de la(s) Cuenta(s) de ahorro para la educación de Coverdell.
- Cualquier reembolso recibido por gastos que no se declararon la casilla 1 del formulario W-2.

Formulario 2106: Gastos comerciales no reembolsados del empleado

Debido a la suspensión del Formulario 2106 para los años fiscales 2018 a 2025, la mayoría de los empleados no pueden usar el formulario. Las personas que aún pueden presentar el Formulario 2106 incluyen reservistas de las Fuerzas Armadas, artistas calificados, funcionarios estatales o locales de gobierno con cargo a honorarios o personas con discapacidades que reclaman gastos de trabajo relacionados con discapacidades. Estas personas pueden calificar para deducir gastos comerciales reembolsados de los empleados como un ajuste a los ingresos brutos. Esto sucede al calcular el ajuste utilizando el Formulario 2106 y luego declarar la cantidad calculada en el Formulario 1040, Anexo 1, línea 12.

To qualify, the taxpayer must meet all of the following requirements:

1. The taxpayer must be a performing artist who performed for at least two employers during the tax year
2. The taxpayer received at least $200 from each of at least two of these employers
3. The taxpayer's related performing arts business expenses are more than 10% of the gross income from the performance of those services
4. The taxpayer's adjusted gross income is not more than $16,000 before deducting these business expenses

If the taxpayer meets all the above requirements, they should complete Form 2106. If the taxpayer is married, they must file a joint return to claim the adjustment unless they lived apart during the tax year. When filing jointly, the couple must figure out requirements 1, 2, and 3 separately for each of them. However, requirement 4 applies to their combined AGI. If all the requirements are met, the amount on Form 2106, line 10, is entered on Form 1040, Schedule 1, line 12.

Schedule 1 Line 12

Included on line 12 are certain business expenses for reservists, performing artists and fee-basis government officials.

Reservists Expenses

If the taxpayer is a member of the U.S. military reserves, National Guard, or a member of the Public Health Service Reserve Corps, the expense for traveling more than 100 miles from their main home is deductible. To report these travel expenses, use Form 2106, Employee Business Expenses. Information from this form is then entered on Schedule 1, line 12. The deductible expenses are limited to the federal per diem rates for the city the taxpayer is traveling to.

Armed forces reservists are members of a reserve component of the following organizations:

- The United States Army, Navy, Marine Corps, Air Force or Coast Guard
- The Army National Guard of the United States
- The Air National Guard of the United States
- The Ready Reserve Corps of the Public Health Service

Sec IRC Sec 162(p) and IRS Pub 3.

Fee-Basis State or Local Government Official

Fee-basis state or local government officials qualify if they are employed by a state or a political subdivision of a state and are compensated in whole or in part on a fee basis. Under the Fair Labor Standards Act (FLSA), a "fee-basis" is defined as follows:

Administrative and professional employees may be paid on a fee basis. An employee will be considered to be paid on a "fee basis" within the meaning of these regulations if the employee is paid an agreed upon sum for a single job regardless of the time required for its completion.

Para calificar, el contribuyente debe cumplir con los siguientes requisitos:

1. El contribuyente debe ser un artista escénico que haya actuado para al menos dos empleadores durante el año fiscal.
2. El contribuyente recibió al menos $200 de cada uno de al menos dos de estos empleadores.
3. Los gastos comerciales relacionados con las artes escénicas del contribuyente son más del 10% del ingreso bruto del desempeño de esos servicios.
4. El ingreso bruto ajustado del contribuyente no es más de $16,000 antes de deducir estos gastos comerciales.

Si el contribuyente cumple con todos los requisitos anteriores, debe completar el Formulario 2106. Si el contribuyente está casado, debe presentar una declaración conjunta para reclamar el ajuste a menos que hayan vivido separados durante el año fiscal. Al presentar una declaración conjunta, la pareja debe calcular los requisitos 1, 2 y 3 por separado para cada uno de ellos. Sin embargo, el requisito 4 se aplica a su AGI combinado. Si se cumplen todos los requisitos, la cantidad en el Formulario 2106, línea 10, se coloca en el Formulario 1040, Anexo 1, línea 12.

Anexo 1 Línea 12

En la línea 12 se incluyen ciertos gastos comerciales para reservistas, artistas escénicos y funcionarios gubernamentales remunerados.

Gastos de reservistas

Si el contribuyente es miembro de la reserva militar, Guardia Nacional o miembro del Cuerpo de Reserva del Servicio de Salud Pública de los EE. UU., el gasto por viajar a más de 100 millas de su hogar principal es deducible. Para declarar estos gastos de viaje, utilice el Formulario 2106, Gastos comerciales de los empleados. La información de este formulario luego se transfiere al Anexo 1, línea 12. Los gastos deducibles están limitados a las tarifas de viáticos federales para la ciudad a la que viaja el contribuyente.

Los reservistas de las Fuerzas Armadas son miembros de un componente de reserva de las siguientes organizaciones:

- El Ejército, la Armada, la Infantería de Marina, la Fuerza Aérea o la Guardia Costera de los Estados Unidos
- La Guardia Nacional del Ejército de los Estados Unidos.
- La Guardia Nacional Aérea de los Estados Unidos.
- El Cuerpo de Reserva Listo del Servicio de Salud Pública

Consulte la sección 162(p) del IRC y Pub 3 del IRS.

Funcionarios públicos estatales o locales a base de honorarios

Los funcionarios públicos estatales o locales a base de honorarios califican si están empleados por un estado o una subdivisión política de un estado y son remunerados en su totalidad o en parte por honorarios. Según la Ley de Normas Laborales Justas (FLSA), una "base de honorarios" se define de la siguiente manera:

Los empleados administrativos y profesionales pueden recibir pagos a base de honorarios. Se considerará que un empleado recibe un pago a base de "honorarios" en el sentido de estas regulaciones si al empleado se le paga una suma acordada por un solo trabajo, independientemente del tiempo requerido para su finalización.

These payments resemble piecework payments with the important distinction that generally a "fee" is paid for the kind of job that is unique rather than for a series of jobs repeated an indefinite number of times and for which payment on an identical basis is made over and over again. Payments based on the number of hours or days worked and not on the accomplishment of a given task are not considered payments on a fee basis (Section 541.605).

If the fee-basis government official has qualifying expenses, use Form 2106. The expenses will be included on Schedule 1, line 12.

Health Savings Accounts

Health savings accounts contributions from both the employer and the employee are reported on Form 8889 and can be claimed as an adjustment to income on Form 1040, Schedule 1, line 13. Distributions made from the HSA that were paid for qualifying medical expenses are excludable from income. If the maximum possible amount of the HSA were contributed, then that amount would become taxable on the tax return.

A health savings account (HSA) is a tax-exempt trust or custodial account that is set up with a qualified HSA trustee to pay or reimburse certain medical expenses incurred by the employee. While this account is always paired with a medical insurance plan, an HSA is not health insurance. The HSA has tax advantages over a regular savings account. The taxpayer will receive a tax form stating the exact amount deposited into the account at the end of the year, and that amount is tax-deductible.

To qualify to contribute to an HSA as an eligible individual, the taxpayer must meet the following requirements:

- Have no other health coverage except permitted coverage
- Not enrolled in Medicare
- Not claimed as a dependent on another return
- Have a high deductible health plan (HDHP) on the first day of the month

Anyone can contribute to the plan for the taxpayer, and no permission or authorization from the IRS is necessary to establish an HSA. When an HSA is set up, the taxpayer will have to work with a qualified HSA trustee, which can be a bank, an insurance company, or anyone previously approved by the IRS to be a trustee of individual retirement accounts (IRAs) or Archer medical savings accounts (MSA). The HSA can be established through a trustee that is not a health plan provider.

2023 HSA Contribution Limits with an HDHP:

Type of Coverage	Contribution Limit
Self-only	$3,850
Family	$7,750

2024 HSA Contribution Limits with an HDHP:

Type of Coverage	Contribution Limit
Self-only	$4,150
Family	$8,300

Estos pagos se asemejan a los pagos por trabajo a destajo con la importante distinción de que generalmente se paga una "tarifa" por el tipo de trabajo que es único en lugar de por una serie de trabajos repetidos un número indefinido de veces y por los cuales se paga sobre una base idéntica una y otra vez. Los pagos basados en la cantidad de horas de días trabajados y no en el cumplimiento de una tarea determinada no se consideran pagos a comisión (Sección 541.605).

Si el funcionario gubernamental que cobra honorarios tiene gastos calificados, utilice el Formulario 2106. Los gastos se incluirán en el Anexo 1, línea 12.

Cuenta de ahorro para la salud

Las aportaciones de las cuentas de ahorro para la salud tanto del empleador como del empleado se declaran en el Formulario 8889 y pueden reclamarse como un ajuste a los ingresos en el Formulario 1040, Anexo 1, Línea 13. Las distribuciones hechas desde la HSA que se pagaron por gastos médicos que califican se pueden excluir de los ingresos. Si se aportó el monto máximo posible de la HSA, entonces ese monto pasará a estar sujeto a impuestos en la declaración de impuestos.

Una Cuenta de ahorro para la salud (HSA) es un fideicomiso o cuenta de custodia exenta de impuestos que se establece con un fideicomisario calificado de la HSA para pagar o reembolsar ciertos gastos médicos incurridos por el empleado. Si bien esta cuenta siempre está asociada a un plan de seguro médico, una HSA no es un seguro médico. La HSA tiene ventajas fiscales sobre una cuenta de ahorros normal. El contribuyente recibirá un formulario de impuestos indicando la cantidad exacta depositada en la cuenta al final del año, y esa cantidad es deducible de impuestos.

A fin de calificar para aportar a una HSA como persona elegible, el contribuyente debe cumplir los siguientes requisitos:

- No tener otra cobertura de salud excepto la cobertura permitida
- No estar inscrito en Medicare.
- No ser reclamado como dependiente en otra declaración
- Tener un plan de salud con deducible alto (HDHP) el primer día del mes

Cualquier persona puede aportar al plan para el contribuyente, y no se necesita un permiso o autorización del IRS para establecer una HSA. Cuando se establece una HSA, el contribuyente tendrá que trabajar con un fideicomisario HSA calificado, que puede ser un banco, una compañía de seguros o cualquier persona que ya haya sido previamente aprobada por el IRS como fiduciaria de cuentas de jubilación individuales (IRA) o Cuentas de Ahorros Médicos (MSA) Archer. La HSA se puede establecer a través de un fiduciario que no es un proveedor del plan de salud.

Límites de aportación de la HSA de 2023 con un HDHP:

Tipo de cobertura	Límite de aportación
Individual solamente	$3,850
Familiar	$7,750

Límites de aportación a la HSA para 2024 con un HDHP:

Tipo de cobertura	Límite de aportación
Individual solamente	$4,150
Familiar	$8,300

The maximum annual out-of-pocket limit does not apply to deductibles and expenses for out-of-network services if the plan uses a network of providers. Only deductibles and out-of-pocket expenses for services within the network should be used to figure out whether the limit is reached.

Contributions to an HSA

Contributions made by the employer to the HSA on behalf of the employee are not included in the taxpayer's income. An employer's contributions to an employee's account using a salary deduction through a cafeteria plan are treated as an employer contribution. All contributions are reported on Form 8889 and must be filed with Form 1040.

Distributions from an HSA

Generally, medical expenses that have been paid for during the year are not reimbursed by the plan until the taxpayer has met the deductible. The taxpayer may receive a tax-free distribution from the HSA to pay for or reimburse qualified medical expenses after the taxpayer has established an HSA. Distributions received for any other reason are subject to an additional tax.

The Three Primary Types of HSAs

1. High-Deductible Health Plan (HDHP)

An HDHP has:

- A higher annual deductible than typical health plans
- A maximum limit on the total yearly deductible amount and out-of-pocket medical expenses

An HDHP can provide preventive care and other benefits with no deductible or deductible below the annual minimum. Preventive care can include:

- Routine exams and periodic health evaluations
- Routine prenatal and well-childcare
- Child and adult immunizations
- Stop-smoking programs
- Weight-loss programs

2. Archer Medical Savings Accounts (MSAs)

Archer MSAs are IRA-type savings accounts that taxpayers can use for medical expenses. They were created to help self-employed individuals and employees of certain small employers meet the medical costs of the account holder, the account holder's spouse, or the account holder's dependent(s). MSAs can be used when taxpayers have low-cost health insurance with a high-deductible health plan (HDHP). MSA contributions are tax-deductible.

The taxpayer can withdraw tax-free funds from the MSA to pay the portion of medical expenses not covered by insurance. The participants cannot pay their insurance premiums using funds in the MSA. Taxpayers who use Medicare, which counts as health insurance, can only use a Medicare MSA. If the taxpayer has no medical expenses in a tax year, the contributions remain in the account for future use. The maximum the taxpayer can contribute is 65% of the health-plan deductible for individuals (self-only plan) and 75% for families.

El límite máximo anual de desembolso no se aplica a los deducibles ni a los gastos por servicios que no pertenecen a la red, si el plan utiliza una red de proveedores. Solo se deben usar los deducibles y los gastos de desembolso de los servicios dentro de la red para determinar si se alcanza el límite.

Aportaciones a una HSA

Las aportaciones hechas por el empleador a la HSA en nombre del empleado no se incluyen en los ingresos del contribuyente. Las aportaciones a la cuenta de un empleado por parte de un empleador que utiliza una reducción de salario a través de un plan de cafetería se consideran una aportación del empleador. Todas las aportaciones se declaran en el Formulario 8889 y deben presentarse con el Formulario 1040.

Distribuciones de una HSA

Generalmente, los gastos médicos que se han pagado durante el año no son reembolsados por el plan hasta que el contribuyente haya alcanzado el deducible. El contribuyente puede recibir una distribución libre de impuestos de la HSA para pagar o reembolsar los gastos médicos calificados después de que haya establecido una HSA. Las distribuciones recibidas por cualquier otro motivo están sujetas a un impuesto adicional.

Los tres tipos principales de HSA

1. Plan de salud de deducible alto (HDHP)

Un HDHP tiene:

- Un deducible anual más alto que los planes de salud típicos
- Un límite máximo en el monto total del deducible anual y los gastos médicos de desembolso

Un HDHP puede proporcionar atención preventiva y otros beneficios sin deducible o con un deducible por debajo del mínimo anual. La atención preventiva puede incluir lo siguiente:

- Exámenes de rutina y evaluaciones periódicas de salud
- Atención prenatal de rutina y bienestar infantil
- Vacunas de niños y adultos
- Programas para dejar de fumar
- Programas de pérdida de peso

2. Cuentas de Ahorros Médicos (MSA) Archer

Las MSA Archer son cuentas de ahorro tipo IRA que los contribuyentes pueden utilizar para gastos médicos. Fueron creados para ayudar a los trabajadores independientes y a los empleados de ciertos pequeños empleadores a cubrir los costos médicos del titular de la cuenta, el cónyuge del titular de la cuenta o los dependientes del titular de la cuenta. Las MSA se pueden usar cuando el contribuyente tiene un seguro médico de bajo costo con un plan de salud de deducible alto (HDHP). Las aportaciones a la MSA son deducibles de impuestos.

El contribuyente puede retirar fondos libres de impuestos de la MSA para pagar la parte de los gastos médicos no cubiertos por el seguro. El participante no puede pagar sus primas de seguro utilizando fondos en la MSA. Los contribuyentes que usan Medicare, que cuenta como seguro médico, solo pueden usar una MSA de Medicare. Si el contribuyente no tiene gastos médicos en un año fiscal, las aportaciones permanecen en la cuenta para uso futuro. Lo máximo que el contribuyente puede aportar es el 65% del deducible del plan de salud para personas individuales (plan individual) y el 75% para familias.

3. Health Flexible Spending Arrangements (FSAs)

A health FSA is usually funded through voluntary salary reduction and reimbursement for the employee's medical expenses. An FSA is not reported on the tax return, and the salary-reduction contribution limit is $3,050 for 2023, and $3,200 for 2024. Regardless of the amount contributed, the taxpayer can receive a tax-free distribution to pay for qualified medical expenses. Self-employed individuals do not qualify for this reduction.

Part 1 Review

To obtain the maximum benefit from each part go online now and watch the video.

Part 2 Other Adjustments to Income

This part covers other adjustments that have been changed due to the Tax Cuts and Jobs Act. The two adjustments that have changed the most are moving expenses and alimony.

Form 3903: Moving Expenses

Under some circumstances, moving expenses can be claimed as adjustments to income. Moving expenses are reported on Form 1040, Schedule 1, line 14. Complete and attach Form 3903, *Moving Expenses*, to the tax return to claim this adjustment. The taxpayer does not have to itemize deductions to claim the adjustment. Although the Tax Cuts and Jobs Act made several changes to moving expenses, it is important for the tax professional to know how moving expense adjustments worked before and after the TCJA.

Moving Expenses Before the TCJA

To claim moving expenses as adjustments to income, the taxpayer must meet the following requirements:

- The move is closely related to the start of work
- The taxpayer meets the distance test
- The taxpayer meets the time test

Señor 1040 Says: Recordkeeping is vital to maintaining an accurate record of expenses for a move. The taxpayer should save receipts, bills, canceled checks, credit card statements, and mileage logs to correctly report the amount of moving expense.

Before the Tax Cuts and Jobs Act was enacted, moving expenses were claimed based on whether the move was made in conjunction with the taxpayer's job or business. The distance between the previous home and the new workplace must be at least 50 miles more than the distance between the previous home and the previous workplace. Also, if the taxpayer did not have any reimbursed moving expenses, they could report the expenses in the year they were incurred or when they were paid in full. The following moving expenses could be claimed as adjustments to income before the TCJA:

3. Arreglos de gastos flexibles de salud (FSA)

Un FSA de salud generalmente se financia a través de una reducción salarial voluntaria y el reembolso de los gastos médicos a los empleados. Un FSA no se informa en la declaración de impuestos y el límite de aportación de reducción salarial es de $3,050 para 2023 y de $3,200 para 2024. Independientemente de la cantidad aportada, el contribuyente puede recibir una distribución libre de impuestos para pagar los gastos médicos calificados. Los trabajadores independientes no califican para esta reducción.

Revisión de la Parte 1

Para obtener el máximo beneficio de cada parte, conéctese ahora y mire el video.

Parte 2 Otros ajustes a los ingresos

Esta parte cubre otros ajustes que han sido modificados debido a la Ley de Reducción de Impuestos y Empleos. Los dos ajustes que más han cambiado son los gastos de mudanza y la pensión alimenticia.

Formulario 3903: Gastos de mudanza

Bajo ciertas circunstancias, los gastos de mudanza pueden reclamarse como ajustes a los ingresos. Los gastos de mudanza se declaran en el Formulario 1040, Anexo 1, línea 14. Complete y adjunte el Formulario 3903, *Gastos de mudanza*, a la declaración de impuestos para reclamar este ajuste. El contribuyente no tiene que detallar las deducciones para reclamar el ajuste. Si bien la Ley de Empleos y Reducción de Impuestos ha hecho varios cambios a los gastos de mudanza, todavía es importante que el profesional de impuestos sepa cómo funcionaron los ajustes de gastos de mudanza antes y después de la TCJA.

Gastos de mudanza antes de la TCJA

Para reclamar gastos de mudanza como ajustes a los ingresos, el contribuyente debe cumplir con los siguientes requisitos:

- La mudanza está estrechamente relacionada con el inicio del trabajo.
- El contribuyente cumple la prueba de distancia.
- El contribuyente cumple la prueba de tiempo.

El señor 1040 dice: El mantenimiento de registros es vital para mantener un registro preciso de los gastos de una mudanza. El contribuyente debe guardar recibos, facturas, cheques cancelados, estados de cuenta de tarjetas de crédito y registros de distancia en millas para poder declarar correctamente el monto de los gastos de mudanza.

Antes de que se promulgara la Ley de Empleos y Reducción de Impuestos, los gastos de mudanza se reclamaban en función de si la mudanza se realizó junto con el trabajo o negocio del contribuyente. La distancia entre la antigua residencia y el nuevo lugar de trabajo debe ser por lo menos 50 millas más que la distancia entre la antigua residencia y el antiguo lugar de trabajo. Además, si al contribuyente no se le reembolsó ningún gasto de mudanza, podría declarar los gastos en el año en que fueron incurridos o cuando fueron pagados en su totalidad. Los siguientes gastos de mudanza podrían reclamarse como ajustes a los ingresos antes de la TCJA:

- The cost of packing and moving household goods and personal effects
- The cost of storing and insuring household goods once 30 days have passed
- The cost of connecting and disconnecting utilities
- The cost of one trip, including lodging but not meals, to the new home
- The cost of tolls and parking fees

The taxpayer would first report the moving expenses on Form 3903 and then on line 14 of Form 1040, Schedule 1. If the taxpayer had reimbursed moving expenses under an *accountable plan*, the expenses would be reported on the taxpayer's Form W-2 in box 12 and designated with code *P*. Reimbursed expenses reported with code *P* do not have to be reported on the tax return. If taxpayers were reimbursed for the moving expenses, they cannot claim the same moving expenses as adjustments to income on their tax return.

To be considered an accountable plan, the employer's reimbursement or allowance arrangement must meet the following requirements:

- The expenses must have a business connection, which means the taxpayer must have paid or incurred deductible expenses while performing services as an employee
- The taxpayer must adequately account to the employer for these expenses within a reasonable time
- The taxpayer must return any excess reimbursement or allowance within a reasonable time

Example: Donald lives in Seattle, WA, and accepted a job in Portland, ME. Donald's new employer reimbursed him using their accountable plan for his travel expenses from Seattle to Portland. Donald's employer would report the reimbursement with code *P* on his W-2, box 12.

Distance Test

The distance between a job's location and the taxpayer's main home is the shortest of the most traveled routes between them. The distance test considers only the location of the former home, and it does not account for the location of any new home.

If the taxpayer had more than one job during the year, only use the "main job" location to calculate the distance for this test. To determine which job was the "main job," examine the following factors:

- The total time spent at each job
- The amount of work completed at each job
- The amount of money earned at each job

Whichever job had the highest or the majority of the above is the main job.

Time Test

The taxpayer must also meet a time test to qualify for moving expenses. According to the time test, if a taxpayer moves to another location and claims it was job-related, they must work in the new location for at least 39 weeks during the first 12 months of their stay to claim the moving expenses as adjustments to income.

- El costo de embalaje y mudanza de artículos del hogar y efectos personales.
- El costo de almacenar y asegurar los artículos del hogar una vez transcurridos 30 días.
- El costo de conectar y desconectar los servicios públicos.
- El costo de un viaje, incluyendo el alojamiento, pero no las comidas, a la nueva residencia.
- El costo de los peajes y las tarifas de estacionamiento.

El contribuyente primero declararía los gastos de mudanza en el Formulario 3903 y luego en la línea 14 del Formulario 1040, Anexo 1. Si el contribuyente hubiera reembolsado los gastos de mudanza conforme a un *plan de expendios*, los gastos se declararían en el Formulario W-2 del contribuyente en la casilla 12 y se designarían con el código *P*. Los gastos reembolsados declarados con el código *P* no tienen que informarse en la declaración de impuestos. Si los contribuyentes recibieron un reembolso por los gastos de mudanza, no pueden duplicar ni reclamar los gastos de mudanza como ajustes a los ingresos en su declaración de impuestos.

Para que sea considerado un plan responsable, el acuerdo de reembolso o asignación del empleador debe incluir los siguientes requerimientos:

- Los gastos deben tener una conexión comercial, lo que significa que el contribuyente debe haber pagado o incurrido en gastos deducibles mientras realiza servicios como empleado.
- El contribuyente debe contabilizar adecuadamente al empleador por estos gastos dentro de un período de tiempo razonable.
- El contribuyente debe devolver cualquier exceso de reembolso o asignación dentro de un período de tiempo razonable.

Ejemplo: Donald vive en Seattle, WA y aceptó un trabajo en Portland, ME. El nuevo empleador de Donald le reembolsó los gastos de viaje de Seattle a Portland utilizando su plan responsable. El empleador de Donald informaría el reembolso con el código *P* en su Formulario W-2, casilla 12.

Prueba de distancia

La distancia entre la ubicación de un trabajo y la residencia principal del contribuyente es la más corta de las rutas más comúnmente recorridas entre ellos. La prueba de distancia considera solo la ubicación de la residencia anterior, y no tiene en cuenta la ubicación de ninguna residencia nueva.

Si el contribuyente tuvo más de un trabajo durante el año, solo use la ubicación del "trabajo principal" para calcular la distancia para esta prueba. Para determinar qué trabajo fue el "trabajo principal, evalúe los siguientes factores:

- El tiempo total empleado en cada trabajo.
- La cantidad de trabajo completado en cada trabajo.
- La cantidad de dinero ganado en cada trabajo.

Cualquiera que sea el trabajo que haya tenido el más alto o la mayoría de las opciones anteriores, es el trabajo principal.

Prueba de tiempo

El contribuyente también debe cumplir con una prueba de tiempo para calificar para los gastos de mudanza. De acuerdo con la prueba de tiempo, si un contribuyente se muda a otra ubicación y asegura que estaba relacionado con su trabajo, debe trabajar en la nueva ubicación durante al menos 39 semanas por los primeros 12 meses de su estadía a fin de reclamar los gastos de mudanza como ajustes a los ingresos.

Moving Expenses During the TCJA

One of the many changes made by the TCJA was to suspend adjustments for moving expenses with one exception:

Active armed forces who have a military order to move or permanently change their station can claim moving expenses if they meet the normal qualifications. The moving mileage rate is 22 cents per mile. If the taxpayer has made multiple moves in one tax year, then a different Form 3903 will be used for each move.

A permanent station change can be any of the following:

- A move from the taxpayer's current home to their first post of duty
- A move from one permanent post to another
- A move from the taxpayer's last permanent post to a new home in the United States. The move must occur within one year of the end of active duty or within the allowable period designated by the Joint Travel Regulations, which is beyond the scope of this course.

Alimony Paid Beginning 2019

Alimony is a payment or a series of payments to a spouse or former spouse required under a divorce decree or a separation agreement that meets certain requirements. Any alimony a taxpayer receives should be reported on Form 1040, Schedule 1, line 2a. The amount of alimony paid should be reported on Form 1040, Schedule 1, line 19a, as an adjustment to income. The paying spouse must report the recipient's Social Security number on line 19b. Not all payments received from a spouse are considered alimony. For a description of what is considered alimony, see Publication 504.

The term "divorce or separation instrument" refers to the following:

- A decree of divorce or separate maintenance or a "written instrument incident" (see IRS Publication 504) to that decree
- A written separation agreement
- A decree or a type of court order requiring a spouse to make payments for the support or maintenance of the other spouse

Payments that are not alimony include:

- Child support
- Noncash property settlements
- Payments that are the taxpayer's spouse's part of community income
- Payments to keep up the payer's property
- Use of the payer's property
- Noncash property settlements, whether in lump sum or installments
- Voluntary payments

Divorce Agreement Post 2018

Alimony will no longer be an adjustment to income or a source of income if the divorce or separation agreement is completed after December 31, 2018. The new law applies if an agreement was executed on or before December 31, 2018, and then modified after that date. The new law applies if the modification does these two things:

Gastos de mudanza durante la TCJA

Uno de los muchos cambios realizados por la TCJA fue suspender los ajustes por gastos de mudanza con una excepción:

Los miembros activos de las Fuerzas Armadas que tengan una orden militar para mudarse o cambiar permanentemente su estación podrán reclamar gastos de mudanza si cumplen con los requisitos regulares. La tarifa de distancia en millas es de 22 céntimos por milla. Si el contribuyente ha realizado varias mudanzas en un año fiscal, entonces se utilizará un Formulario 3903 diferente para cada mudanza.

Un cambio de estación permanente puede ser cualquiera de las siguientes opciones:

- Un cambio de la residencia actual del contribuyente a su primer puesto de servicio.
- Una transferencia de un puesto permanente a otro.
- Un cambio de la última publicación permanente del contribuyente a un nuevo hogar en los Estados Unidos. La mudanza debe ocurrir dentro de un año a partir del final del servicio activo o dentro del período permitido designado por el Reglamento de Viaje Conjunto, que está fuera del alcance de este curso.

Pensión alimenticia pagada a partir de 2019

La pensión alimenticia es un pago o una serie de pagos a un cónyuge o excónyuge requerido en virtud de un divorcio o en virtud de un acuerdo de separación que cumpla con ciertos requisitos. Cualquier pensión alimenticia que reciba un contribuyente debe ser declarada en el Formulario 1040, Anexo 1, Línea 2a. El monto de la pensión alimenticia que se pagó debe declararse en el Formulario 1040, Anexo 1, Línea 19a como un ajuste a los ingresos. El cónyuge que paga debe declarar el número de Seguro Social del destinatario en la Línea 19b. No todos los pagos recibidos de un cónyuge se consideran pensión alimenticia. Para obtener una descripción de lo que se considera pensión alimenticia, consulte la Publicación 504.

El término "instrumento de divorcio o separación" se refiere a lo siguiente:

- Una sentencia de divorcio o mantenimiento separado o un "incidente de instrumento escrito" (consulte la Publicación 504 del IRS) de ese decreto.
- Un acuerdo de separación por escrito.
- Un decreto o un tipo de orden judicial que requiera que un cónyuge realice pagos por la manutención o el mantenimiento del otro cónyuge.

Los pagos que no son pensión alimenticia son los siguientes:

- Manutención de los hijos
- Asentamiento de bienes no en efectivo.
- Pagos que son parte del ingreso de la sociedad conyugal del cónyuge del contribuyente.
- Pagos para mantener la propiedad del pagador.
- Uso de los bienes del pagador.
- Liquidaciones de propiedades que no sean en efectivo, ya sea en un pago único o en cuotas.
- Pagos voluntarios

Acuerdo de divorcio posterior a 2018

La pensión alimenticia ya no será un ajuste a los ingresos o una fuente de ingresos si el acuerdo de divorcio o separación se completa después del 31 de diciembre de 2018. La nueva ley se aplica si un acuerdo se firmó el 31 de diciembre de 2018 o antes y luego se modificó después de esa fecha. La nueva ley se aplica si la modificación hace estas dos cosas:

- It changes the terms of the alimony or separate maintenance payments
- It says explicitly that alimony or separate maintenance payments are not deductible by the paying spouse or includable in the income of the receiving spouse

Agreements executed on or before December 31, 2018, follow the previous rules. If an agreement was modified after January 1, 2019, the new agreement should state that they are following the 2018 laws if the modifications did not change what is described above.

Community property laws may not apply to an item of community property income, and special rules may apply to community property states.

Example: Kathy and Lloyd live in Arizona and are a married couple. Kathy's father passed away in 2010. Her mother sold her country residence and moved into town to be closer to friends and church. Her mother had a trust and passed away in 2023. Kathy was a beneficiary of the trust and received $75,000 as an inheritance. Since Kathy and Lloyd live in a community property state, she would need to put her inherited money in a separate bank account to preserve her inheritance. If Kathy deposited the money into a joint account, the inheritance would become community property belonging to both Kathy and Lloyd. See Publication 504.

Individual Retirement Account (IRA) Deduction

Some individuals may participate in an Individual Retirement Account (IRA), a personal savings plan designed to provide tax advantages for saving toward retirement or education expenses. There are various types of IRAs available, including traditional, Roth, SIMPLE, and education IRAs.
It's crucial to differentiate between IRA contributions and deductions. Contributions are deposits into a taxpayer's IRA, while deductions are the portion of these contributions that can be subtracted from taxable income.

Taxpayers under the age of 72 with taxable compensation are eligible to contribute to an IRA, subject to certain conditions. For IRA purposes, compensation encompasses wages, salaries, commissions, tips, professional fees, bonuses, and other income received for personal services, including taxable alimony and separate maintenance payments.

The deductible amount of IRA contributions may be subject to limitations based on two primary factors:

- Whether the taxpayer or their spouse is covered by an employer-provided pension plan
- The modified adjusted gross income (MAGI) of the taxpayer

The maximum contribution to an IRA for a single taxpayer is either $6,500 or the amount of their taxable compensation, whichever is lower. For married couples where only one spouse has taxable compensation, the maximum joint contribution is $13,000. However, individual contributions cannot exceed $6,500 per account. If both spouses have compensation exceeding $7,500 each, they may each contribute up to $7,500.

Individuals 50 or older may make a "catch-up" contribution of $1,000 to their IRA. However, the total contribution for the tax year cannot exceed $7,500. Contributions must be made in cash, as property cannot be contributed to an IRA.

Exceeding the contribution limits ($6,500 or $7,500 for those 50 and older) incurs penalties. The taxpayer faces a tax on the excess contribution and its earnings each year until the excess is withdrawn. This penalty is not limited to the year the excess contribution was made and must be reported on Form 5329.

- Cambia los términos de la pensión alimenticia o los pagos de mantenimiento separados.
- Dice explícitamente que los pagos de pensión alimenticia o manutención separada no son deducibles por el cónyuge pagador ni se pueden incluir en los ingresos del cónyuge receptor.

Los acuerdos celebrados el 31 de diciembre de 2018 o antes, siguen las reglas anteriores. Si un acuerdo se modificó después del 1 de enero de 2019, el nuevo acuerdo debe indicar que están siguiendo las leyes de 2018, si las modificaciones no cambiaron lo que se describe anteriormente.

Las leyes de bienes gananciales pueden no aplicarse a una partida de ingresos de bienes gananciales, y pueden aplicarse normas especiales a los estados de bienes gananciales.

Ejemplo: Kathy y Lloyd viven en Arizona y son una pareja casada. El padre de Kathy falleció en 2010. Su madre vendió su residencia en el campo y se mudó a la ciudad para estar más cerca de sus amigos y de la iglesia. Su madre tenía un fideicomiso y falleció en 2023. Kathy fue beneficiaria del fideicomiso y recibió $75,000 como herencia. Dado que Kathy y Lloyd viven en un estado de bienes gananciales, tendría que depositar el dinero heredado en una cuenta bancaria separada para preservar su herencia. Si Kathy depositara el dinero en una cuenta conjunta, la herencia se convertiría en bienes gananciales pertenecientes tanto a Kathy como a Lloyd. Consulte la publicación 504.

Deducción de Cuenta de jubilación individual (IRA)

Algunas personas pueden participar en una Cuenta de jubilación individual (IRA), un plan de ahorro personal diseñado para brindar ventajas fiscales al ahorrar para gastos de jubilación o educación. Hay varios tipos de IRA disponibles, incluidas las IRA tradicionales, Roth, SIMPLE y educativa.
Es crucial diferenciar entre aportaciones y deducciones de IRA. Las aportaciones son depósitos en la cuenta IRA de un contribuyente, mientras que las deducciones son la parte de estas aportaciones que se puede restar de la renta imponible.

Los contribuyentes menores de 72 años con remuneración imponible son elegibles para aportar a una IRA, sujeto a ciertas condiciones. Para propósitos de IRA, la remuneración abarca sueldos, salarios, comisiones, propinas, honorarios profesionales, bonificaciones y otros ingresos recibidos por servicios personales, incluida la pensión alimenticia sujeta a impuestos y los pagos de manutención por separado.

El monto deducible de las aportaciones a la IRA puede estar sujeto a limitaciones basadas en dos factores principales:

- Si el contribuyente o su cónyuge están cubiertos por un plan de pensiones proporcionado por el empleador
- El ingreso bruto ajustado modificado (MAGI) del contribuyente

La aportación máxima a una IRA para un solo contribuyente es $6,500 o el monto de su remuneración imponible, lo que sea menor. Para los matrimonios en los que solo uno de los cónyuges tiene una remuneración imponible, la aportación conjunta máxima es de $13,000. Sin embargo, las aportaciones individuales no pueden exceder los $6,500 por cuenta. Si ambos cónyuges tienen una remuneración individual superior a $7,500, cada uno puede aportar hasta $7,500.

Las personas de 50 años o más pueden hacer unas aportaciones de "puesta al día" de $1,000 a su IRA. Sin embargo, la aportación total para el año fiscal no puede exceder los $7,500. Las aportaciones deben hacerse en efectivo, ya que no se pueden aportar propiedades a una IRA.

Superar los límites de aportación ($6,500 o $7,500 para los mayores de 50 años) conlleva multas. El contribuyente enfrenta un impuesto sobre el exceso de aportación y sus ganancias cada año hasta que se retira el exceso. Esta multa no se limita al año en que se realizó el exceso de aportación y debe declararse en el Formulario 5329.

For the tax year 2024, the contribution limit is $7,000 ($8,000 for individuals aged 50 and over).

In addition to adjusting the taxpayer's gross income, interest earned on a traditional IRA account is accumulated tax-deferred until it is withdrawn, thus benefiting the taxpayer.

Suppose a taxpayer contributes more than $6,500 ($7,500 if age 50 or older) in one year to an IRA. In that case, the taxpayer will be penalized with a tax on the excess contribution and earnings each year until the taxpayer withdraws the excess contribution. This penalty is not limited to the year the excess contribution is made. The excess contributions must be reported on Form 5329, *Additional Taxes Attributable to IRAs, Other Qualified Retirement Plans, Annuities, Modified Endowment Contracts, and MSAs,* Part II.

Spousal IRA

A nonworking spouse can contribute to a traditional IRA the same amounts as a working individual: $6,500 or $7,500 if 50 or older. The traditional IRA would be reduced by the amount of contributions that are completely funded by employee contributions.

Form 1098-E: Qualified Student Loans

Student loan providers will send Form 1098-E to borrowers who have paid $600 or more in interest. For the taxpayer to report their student loan interest, one of the following must apply:

- The loan has been subsidized, guaranteed, financed, or otherwise treated as a student loan under a federal, state, or local government program or a postsecondary education institution
- The loan is certified by the borrower as a student loan incurred solely to pay qualified higher education expenses

Reading Form 1098-E

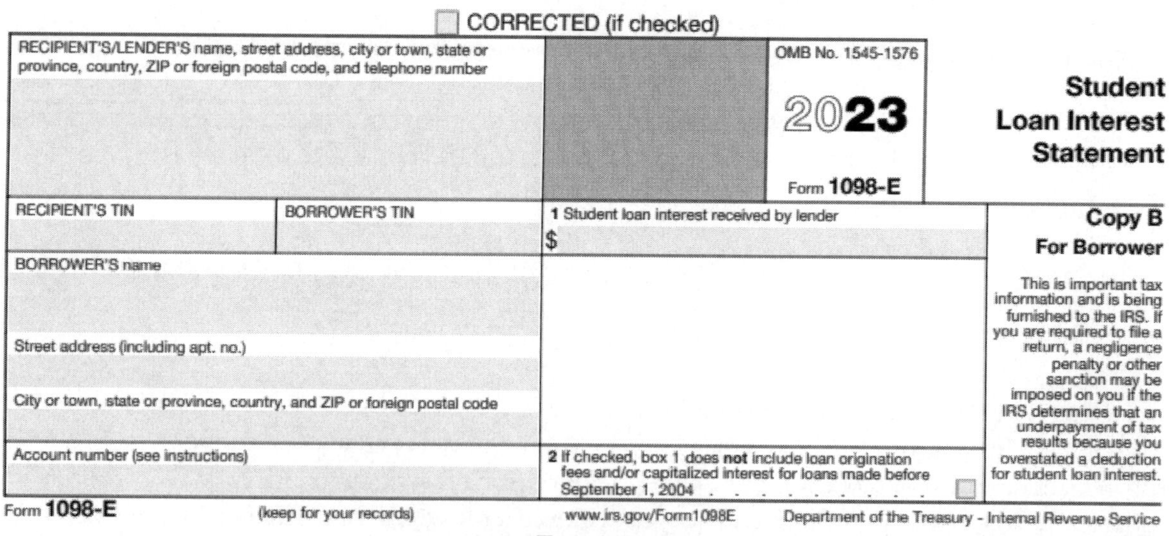

CORRECTED (if checked)

RECIPIENT'S/LENDER'S name, street address, city or town, state or province, country, ZIP or foreign postal code, and telephone number

OMB No. 1545-1576

2023

Form 1098-E

Student Loan Interest Statement

RECIPIENT'S TIN

BORROWER'S TIN

1 Student loan interest received by lender
$

Copy B
For Borrower

BORROWER'S name

Street address (including apt. no.)

City or town, state or province, country, and ZIP or foreign postal code

Account number (see instructions)

2 If checked, box 1 does **not** include loan origination fees and/or capitalized interest for loans made before September 1, 2004

This is important tax information and is being furnished to the IRS. If you are required to file a return, a negligence penalty or other sanction may be imposed on you if the IRS determines that an underpayment of tax results because you overstated a deduction for student loan interest.

Form 1098-E (keep for your records) www.irs.gov/Form1098E Department of the Treasury - Internal Revenue Service

2023 Form 1098-E

Box 1: Box 1 reports the total interest paid on the student loan for the current tax year, including any capitalized interest and loan origination fees.

Para el año fiscal 2024, el límite de aportación es de $7,000 ($8,000 para las personas de 50 años o más).

Además del ajuste al ingreso bruto del contribuyente, el interés ganado en una cuenta IRA tradicional se acumula con impuestos diferidos hasta que se retira, lo que beneficia al contribuyente.

Supongamos que un contribuyente aporta más de $ 6,500 ($7,500 si tiene 50 años o más) en un año a un IRA. En ese caso, el contribuyente será multado con un impuesto sobre el exceso de aportación y utilidades cada año hasta que retire el exceso de aportación. Esta multa no se limita al año en que se realiza la aportación en exceso. El exceso de aportaciones debe declararse en el Formulario 5329, *Impuestos adicionales atribuibles a las IRA, otros planes de jubilación calificados, rentas vitalicias, contratos de dotación modificados y MSA,* Parte II.

IRA conyugal

Un cónyuge que no trabaja puede aportar a una cuenta IRA tradicional con las mismas cantidades que una persona que trabaja: $6,500 o $7,500 si tiene 50 años o más. La IRA tradicional se reduciría por la cantidad de aportaciones que se financian completamente con las aportaciones de los empleados.

Formulario 1098-E: Préstamos para estudiantes calificados

Los proveedores de préstamos para estudiantes enviarán el Formulario 1098-E a los prestatarios que hayan pagado $600 o más en intereses. Para que el contribuyente declare los intereses de su préstamo estudiantil, debe darse una de las siguientes circunstancias:

- El préstamo ha sido subsidiado, garantizado, financiado o tratado como un préstamo estudiantil bajo un programa del gobierno federal, estatal o local o una institución de educación postsecundaria.
- El préstamo está certificado por el prestatario como un préstamo estudiantil incurrido únicamente para pagar gastos de educación superior calificados.

Formulario de lectura 1098-E

☐ CORREGIDO (si está marcado)

Nombre, dirección postal, ciudad o población, estado o provincia, país, código postal o código postal extranjero y número de teléfono del BENEFICIARIO/PRESTAMISTA.			OMB No. 1545-1576 **2023** Formulario **1098-E**	**Declaración de intereses del préstamo estudiantil**
TIN del BENEFICIARIO	TIN DEL PAGADOR/PRESTATARIO	**1** intereses de préstamos estudiantiles recibidos por el prestamista $		**Copia B** **Para el prestatario**
Nombre del PRESTATARIO Dirección postal (incluido el número de apto.) Ciudad o población, estado o provincia, país y código postal o código ZIP extranjero				Esta es información importante sobre impuestos y se le está proporcionando al IRS. Si debe presentar una declaración, se le puede imponer una multa por negligencia u otra sanción en caso de que el IRS determine que se produce un pago insuficiente de impuestos porque exageró una deducción por este interés de préstamo estudiantil.
Número de cuenta (ver instrucciones)		**2** Si se marca, la casilla 1 no incluye las tarifas de creación de préstamos y/o los intereses capitalizados para préstamos hechos antes del 1 de septiembre de 2004 ☐		

Formulario **1098-E** (Guárdelo para sus registros) www.irs.gov/Form1098E Departamento del Tesoro - Servicio de Rentas Internas

Formulario 1098-E de 2023

Casilla 1: La casilla 1 informa el interés total pagado sobre el préstamo estudiantil para el año fiscal en curso, incluidos los intereses capitalizados y las tarifas de creación del préstamo.

Box 2: This box is checked if box 1 has loan origination fees and/or capitalized interest that, for some reason, were not included in box 1.

Academic Period

An academic period includes a semester, trimester, quarter, or other study period (such as a summer school session) as reasonably determined by an educational institution. In the case of an educational institution that uses credit hours or clock hours and does not have academic terms, each payment period can be treated as an academic period.

Student Loan Interest Deduction

Taxpayers with education loans can claim up to $2,500 of education loan interest paid in 2023 as adjustments to income. Student loan interest is reported on Form 1040, Schedule 1. The adjustment is allowed on qualifying loans for the taxpayer's benefit or the taxpayer's spouse or dependent when the debt was incurred. The adjustment phases out at income of $75,000 ($155,000 for MFJ). MFS individuals are unable to adjust student loan interest. If more than $600 were paid in interest on the student loan, Form 1098-E would be received.

The person for whom the expenses were paid must have been an eligible student; however, a loan is not a qualified student loan if both of the following are true:

- Any of the proceeds were used for other purposes
- The loan was from either a related person, a person who borrowed the proceeds under a qualified employer plan, or a contract purchased under such a plan

An eligible student is a person who meets the following conditions:

- Enrolling in a degree, certificate, or another program (including a studying abroad program approved for credit by the institution the student is registered with), leading to a recognized education credential at an eligible education institution
- Carried at least half of the normal full-time workload for the course of study the student is pursuing

See Publication 970, *Tax Benefits for Education.*

Part 2 Review

To obtain the maximum benefit from each part go online now and watch the video.

Part 3 Self-Employment Adjustments

Self-employed taxpayers must pay both the employer and employee portions of the Medicare and Social Security taxes. Since the self-employed person pays the entire amount, the taxpayer will make an adjustment to income equal to one-half of the total self-employment tax.

This tax is figured on Schedule SE, and the adjustment is then carried to Form 1040, Schedule 1, line 15. If the taxpayer has W-2 wages, the taxpayer's net self-employment earnings are combined with their wages when determining the earning limit for the self-employment tax.

Casilla 2: Esta casilla está marcada si la casilla 1 tiene comisiones de creación de préstamos o intereses capitalizados que, por alguna razón, no se incluyeron en la casilla 1.

Período académico

Un período académico incluye un semestre, trimestre u otro período de estudio (como una sesión de escuela de verano) según lo determine razonablemente una institución educativa. En el caso de una institución educativa que utiliza horas de crédito u horas de reloj y no tiene términos académicos, cada período de pago puede tratarse como un período académico.

Deducción de intereses de préstamos estudiantiles

Los contribuyentes con préstamos educativos pueden reclamar hasta $2,500 de intereses de préstamos educativos pagados en 2023 como ajustes a los ingresos. Los intereses de los préstamos estudiantiles se informan en el Formulario 1040, Anexo 1. El ajuste se permite en préstamos que califiquen para el beneficio del contribuyente o del cónyuge o dependiente del contribuyente cuando se incurrió en la deuda. El ajuste comienza a disminuir gradualmente a ingresos de $75,000 ($155,000 para MFJ). Las personas que declaren como MFS no pueden ajustar los intereses de los préstamos estudiantiles. Si se pagaron más de $600 en intereses sobre el préstamo estudiantil, se recibiría el Formulario 1098-E.

La persona por quien se pagaron los gastos debe haber sido un estudiante elegible; sin embargo, un préstamo no es un préstamo estudiantil calificado si se cumplen las dos condiciones siguientes:

- Cualquiera de los ingresos fue utilizado para otros fines.
- El préstamo fue otorgado por una persona relacionada, una persona que tomó prestado el producto de un plan de empleador calificado o un contrato adquirido bajo dicho plan.

Un estudiante elegible es una persona que cumple con las siguientes condiciones:

- Estaba matriculado en un título, certificado u otro programa (incluido un programa de estudios en el extranjero aprobado para crédito por la institución en la que está registrado el estudiante), que conduce a una credencial educativa reconocida en una institución educativa elegible.
- Llevó al menos la mitad de la carga de trabajo normal a tiempo completo para el curso de estudio que el estudiante está realizando.

Consulte la Publicación 970, *Beneficios fiscales para la educación.*

Revisión de la Parte 2

Para obtener el máximo beneficio de cada parte, conéctese ahora y mire el video.

Parte 3 Ajustes del trabajo independiente

Los contribuyentes que trabajan de forma independiente deben pagar las porciones de los impuestos de Medicare y del Seguro Social tanto al empleador como al empleado. Debido a que el trabajador independiente paga la cantidad total, puede reclamar un ajuste a los ingresos equivalente a la mitad del impuesto sobre el trabajo independiente.

Este impuesto se calcula en el Anexo SE, y luego el ajuste se lleva al Formulario 1040, Anexo 1, Línea 15. Si el contribuyente tiene salarios W-2, las ganancias netas de trabajo independiente del contribuyente se combinan con su salario al determinar el límite de ingresos para el impuesto sobre el trabajo independiente.

Self-Employment Tax

Self-employment tax does not apply to income earned as a shareholder of an S corporation or as a limited partner of a partnership (except for guaranteed payments). Self-employment tax is calculated on Schedule SE and must be paid if the following apply:

- Net earnings for the year from self-employment (excluding income as a church employee) were $400 or more
- Church-employee income for the year is more than $108.28

The self-employment tax rules apply even if the taxpayer receives Social Security and Medicare benefits. Special rules apply to workers who perform in-home services for elderly or disabled individuals. Caregivers are typically classified as employees of the individuals they provide care for. Self-employed individuals may have to make estimated quarterly payments to the IRS. See IRC Section 6017 and Schedule SE Instructions.

Self-Employment Retirement Plans

This adjustment pertains to self-employed individuals who offer retirement plans not only for themselves but also for their employees. The plans that can be deducted on this line are as follows:

- Simplified Employee Pension (SEP) plans
- Savings Incentive Match Plan for Employees (SIMPLE)
- Qualified plans, including HR (10) or Keogh plans, which are beyond this course's scope

SEP (Simplified Employee Pension)

A business of any size may establish a specific type of traditional IRA for their employees called a Simplified Employee Pension (SEP), also referred to as a SEP-IRA. A self-employed individual is also eligible to participate in this plan. There are three basic steps in starting a SEP:

- Must have a formal written agreement to provide benefits to all eligible employees
- Must give each eligible employee certain information
- A SEP-IRA must be set up for each employee

The formal written agreement must state that the employer will benefit all eligible employees under the SEP. The employer may adopt an IRS-provided model by filing Form 5305-SEP. Professional advice should be sought when setting up the SEP. Form 5305-SEP cannot be filed if any of the following apply:

- The company already has a qualified retirement plan other than a SEP
- The company has eligible employees whose IRAs have not been set up
- The company uses the service of leased employees who are not common-law employees
- The company is a member of one of the following trades or businesses:
  - An affiliated service group as described in section 414(m)
  - A controlled group of corporations as described in section 414(b)
  - A trade or business under common control as described in section 414(c)
- The company does not pay the cost of the SEP contributions

Impuesto sobre el trabajo independiente

El impuesto sobre el trabajo independiente no se aplica a los ingresos obtenidos como accionista de una sociedad anónima S o como socio limitado de una sociedad (excepto para pagos garantizados). El impuesto sobre el trabajo independiente se calcula en el Anexo SE y debe pagarse si se aplica lo siguiente:

- Las ganancias netas del año por trabajo independiente (excluyendo los ingresos como empleado de la iglesia) fueron de $400 o más.
- Los ingresos anuales de los empleados de la Iglesia superan los 108.28 dólares.

Las reglas del impuesto sobre el trabajo independiente se aplican incluso si el contribuyente recibe prestaciones del Seguro Social y Medicare. Se aplican reglas especiales a los trabajadores que realizan servicios en el hogar para personas mayores o discapacitadas. Los cuidadores generalmente se clasifican como empleados de las personas a las que cuidan. Los trabajadores independientes pueden tener que hacer pagos trimestrales estimados al IRS. Consulte la Sección 6017 del IRC y las Instrucciones del Anexo SE.

Planes de jubilación para trabajo independiente

Este ajuste se aplica a los trabajadores independientes que ofrecen planes de jubilación no solo para ellos sino también para sus empleados. Los planes que se pueden deducir en esta línea son los siguientes:

- Planes de Pensiones para Empleados Simplificado (SEP).
- Plan de contrapartida de incentivos de ahorros para empleados (SIMPLE).
- Planes calificados, incluidos los planes de recursos humanos (10) o Keogh, que están fuera del alcance de este curso.

SEP (Pensión de empleado simplificada)

Una empresa de cualquier tamaño puede establecer un tipo específico de IRA tradicional para sus empleados llamada Pensión de empleado simplificada (SEP), también conocida como SEP-IRA. Un trabajador independiente también es elegible para participar en este plan. Hay tres pasos básicos para comenzar una SEP:

- Debe tener un acuerdo formal por escrito para proporcionar beneficios a todos los empleados elegibles.
- Debe proporcionar cierta información a cada empleado elegible.
- Se debe establecer una SEP-IRA para cada empleado.

El acuerdo formal por escrito debe indicar que el empleador proporcionará beneficios a todos los empleados elegibles bajo la SEP. El empleador puede adoptar un modelo provisto por el IRS al presentar el Formulario 5305-SEP. Se debe buscar asesoramiento profesional al establecer la SEP. El formulario 5305-SEP no se puede presentar si se cumple alguna de las siguientes condiciones:

- La compañía ya tiene un plan de jubilación calificado que no sea una SEP.
- La compañía tiene empleados elegibles cuyas IRA no se han establecido.
- La compañía utiliza el servicio de empleados arrendados que no son empleados de hecho.
- La compañía es miembro de uno de los siguientes actividades o negocios:
  - Un grupo de servicio afiliado descrito en la sección 414(m).
  - Un grupo controlado de sociedades anónimas descrito en la sección 414(b).
  - Una actividad o negocio bajo control común como se describe en la sección 414(c).
- La compañía no paga el costo de las aportaciones de la SEP.

The contributions are made to IRAs (SEP-IRAs) of the eligible participants in that plan. Interest accumulates tax-free until the participant begins to make withdrawals. Contribution limits are based on net profits.

A taxpayer is eligible for a SEP if they meet the following requirements:

- Has reached age 21
- Has worked for the employer for at least 3 of the past five years
- Has received at least $600 in compensation from the employer during each of the last three tax years

The least of the following amounts is the maximum amount that an employer may annually contribute to an employee's IRA:

- $66,000 (for 2023)
- $69,000 (for 2024)
- 25% of the employee's compensation, or 20% for the self-employed taxpayer

Contributions made by the employer are not reported as income by the employee, nor can they be deducted as an IRA contribution. Excess contributions are included in the employee's income for the year and are treated as contributions. Do not include SEP contributions on the employee's Form W-2 unless the contributions are pre-tax contributions.

Example: Susan Plant earned $21,000 in 2023. Because the maximum employer contribution for 2023 is 25% of the employee's compensation, the employer can contribute $5,250 to her SEP-IRA (25% x $21,000).

SIMPLE Retirement Plan

A SIMPLE retirement plan is a tax-favored retirement plan that certain small employers (including self-employed individuals) can set up to benefit their employees.

A SIMPLE plan can be established for any employee who received at least $5,000 in compensation during the two years before the current calendar year and is reasonably expected to receive at least $5,000 during the current calendar year. Self-employed individuals are also eligible. The plan may also use less restrictive guidelines, but it may not use more stringent ones.

The employee's elective deferrals from salary reduction are limited to $15,500; or $18,500 (an additional $3,000) if age 50 or older (for 2023). For 2024 the limit is $16,000. Salary-reduction contributions are not treated as catch-up contributions. The employer can match employee deferrals dollar-for-dollar up to 3% of the employee's compensation.

SIMPLE IRA

A SIMPLE IRA is a plan that uses separate IRA accounts for each eligible employee. A SIMPLE plan is a written agreement (salary-reduction agreement) between the taxpayer and their employer that allows the taxpayer to choose to do either of the following:

Las aportaciones se hacen a las IRA (SEP-IRA) de los participantes elegibles en ese plan. El interés se acumula libre de impuestos hasta que el participante comienza a hacer retiros. Los límites de aportación se basan en las ganancias netas.

Un contribuyente es elegible para una SEP si cumple con los siguientes requisitos:

- Ha cumplido 21 años.
- Ha trabajado para el empleador durante al menos 3 de los últimos cinco años.
- Ha recibido al menos $600 en remuneración del empleador durante cada uno de los últimos tres años fiscales.

El menor de los siguientes montos es el monto máximo que un empleador puede contribuir anualmente a la IRA de un empleado:

- $66,000 (para 2023).
- $69,000 (para 2024).
- 25% de la remuneración del empleado, o 20% para el contribuyente que trabaja de forma independiente.

Las aportaciones hechas por el empleador no son declaradas como ingresos por el empleado, ni pueden ser deducidas como una aportación a la IRA. El exceso de aportaciones se incluye en los ingresos del empleado para el año y se tratan como aportaciones. No incluya las aportaciones de la SEP en el Formulario W-2 del empleado a menos que las aportaciones sean antes de impuestos.

Ejemplo: Susan Plant ganó 21,000 dólares en 2023. Debido a que la aportación máxima del empleador para 2023 es el 25% de la remuneración del empleado, el empleador puede aportar solo $5,250 a su SEP-IRA (25% x $21,000).

Plan de jubilación SIMPLE

Un plan de jubilación SIMPLE es un plan de jubilación con ventajas impositivas que ciertos pequeños empleadores (incluidos los trabajadores independientes) pueden establecer para beneficiar a sus empleados.

Se puede establecer un plan SIMPLE para cualquier empleado que recibió al menos $5,000 en remuneración durante los dos años anteriores al año calendario actual y se espera razonablemente que reciba al menos $5,000 durante el año calendario actual. Los trabajadores independientes también son elegibles. El plan también puede usar directrices menos restrictivas, pero puede que no sean más estrictas.

Los aplazamientos electivos del empleado de la reducción del salario se limitan a $15,500 o $18,500 ($3,000 adicionales) si tienen 50 años o más (para 2023). Para 2024 el límite es de $16,000. Las aportaciones para la reducción del salario no se tratan como aportaciones de actualización. El empleador puede igualar los diferimientos del empleado por dólar hasta el 3% de la remuneración del empleado.

IRA SIMPLE

Una IRA SIMPLE es un plan que usa cuentas IRA separadas para cada empleado elegible. Un plan SIMPLE es un acuerdo escrito (acuerdo de reducción de salario) entre el contribuyente y su empleador que le permite al contribuyente optar por realizar una de las siguientes acciones:

- Reduce the taxpayer's compensation by a certain percentage each pay period
- Have the employer contribute the salary reductions to a SIMPLE IRA on the taxpayer's behalf. These contributions are called "salary-reduction contributions."

All contributions under a SIMPLE IRA plan must be made to SIMPLE IRAs and not to any other type of IRA. The SIMPLE IRA can be an individual retirement account or an individual retirement annuity. In addition to salary reduction contributions, the employer must make either matching contributions or non-elective contributions. The taxpayer is eligible to participate in their employer's SIMPLE plan if the taxpayer meets the following requirements:

- They received compensation from their employer two years before the current year
- They are reasonably expected to receive at least $5,000 in compensation during the calendar year in which contributions were made

The difference between the SIMPLE retirement plan and the SIMPLE IRA is that the retirement plan is part of a 401(k) plan, and the IRA plan uses individual IRAs for each employee. See Publication 560.

Self-Employed Health Insurance Deductions

Self-employed taxpayers can claim (as adjustments to income on Form 1040, Schedule 1, line 17) of the amount paid in 2023 for medical insurance and qualified long-term care insurance for the taxpayer and the taxpayer's family if any of the following apply:

- The taxpayer is a self-employed individual and makes a net profit
- The taxpayer is a partner who receives net earnings from self-employment on Schedule SE
- The shareholder owns more than 2% in an S corporation and have wages on Form W-2

Premiums are not deductible any month that the taxpayer or spouse was eligible to participate in an employer-subsidized health plan. The taxpayer's earned income could also limit the deduction. Schedule C would be the net profit minus the SE tax deduction (Schedule 2, line 4) and SEP deductions (Schedule 1, line 16). Self-employed individuals must have a net profit for the year to deduct their paid premiums as adjustments to income.

The self-employed health insurance deduction should be calculated using the *Worksheet for the Health Insurance Deduction* found in Publication 974.

If any of the following exceptions apply, the worksheet cannot be used:

- The taxpayer had more than one source of income subject to self-employment.
- The taxpayer filed Form 2555
- The taxpayer included their qualified long-term care insurance to calculate the deduction
- How to deduct health insurance premiums for the self-employed

- Reducir la remuneración del contribuyente en un cierto porcentaje en cada período de pago.
- Hacer que el empleador aporte las reducciones de salario a una IRA SIMPLE en nombre del contribuyente. Estas aportaciones se llaman "aportaciones de reducción de salario".

Todas las aportaciones bajo un plan IRA SIMPLE deben hacerse a las IRA SIMPLE, no a otro tipo de IRA. La IRA SIMPLE puede ser una cuenta de jubilación individual o una renta vitalicias de jubilación individual. Además de las aportaciones de reducción de salario, el empleador debe hacer aportaciones equivalentes o aportaciones no electivas. El contribuyente es elegible para participar en el plan SIMPLE de su empleador si cumple con los siguientes requisitos:

- Recibieron una remuneración de su empleador dos años antes del año en curso.
- Se espera razonablemente que reciban al menos $5,000 en remuneración durante el año calendario en el que se realizaron las aportaciones.

La diferencia entre el plan de jubilación SIMPLE y la IRA SIMPLE es que el plan de jubilación es parte de un plan 401(k), y el plan IRA utiliza IRA individuales para cada empleado. Consulte la Publicación 560.

Deducción del seguro médico de trabajadores independientes

Los contribuyentes que trabajan de forma independiente pueden reclamar (como ajustes a los ingresos en el Formulario 1040, Anexo 1, línea 17) del importe pagado en 2023 por el seguro médico y el seguro calificado de cuidados a largo plazo para el contribuyente y la familia del contribuyente si se da alguna de las siguientes circunstancias:

- El contribuyente es un trabajador independiente y obtiene un beneficio neto.
- El contribuyente es un socio que recibe ganancias netas del trabajo independiente en el Anexo SE.
- El accionista posee más del 2% de una sociedad anónima S y recibe salarios en el Formulario W-2.

Las primas no son deducibles en ningún mes en que el contribuyente o cónyuge fuera elegible para participar en un plan de salud subsidiado por el empleador. Los ingresos del trabajo del contribuyente también podrían limitar la deducción. El Anexo C sería la utilidad neta menos la deducción contributiva SE (Anexo 2, línea 4) y las deducciones SEP (Anexo 1, línea 16). Los trabajadores independientes deben tener una utilidad neta del año para deducir sus primas pagadas como ajustes a los ingresos.

La deducción del seguro médico de trabajador independiente debe calcularse usando la *Hoja de trabajo* para la *deducción del seguro médico* que se encuentra en la Publicación 974.

Si se aplica alguna de las siguientes excepciones, la hoja de cálculo anterior no se puede usar:

- El contribuyente tenía más de una fuente de ingresos sujeta al trabajo independiente.
- El contribuyente presentó el Formulario 2555.
- El contribuyente incluyó su seguro calificado de cuidado a largo plazo para calcular la deducción.
- La deducción del seguro médico para trabajador independiente

Part 3 Review

To obtain the maximum benefit from each part go online now and watch the video.

Takeaways

Taxpayers have the option to claim various "deductions" directly on their tax return. These deductions, however, differ from itemized or standardized deductions, as they are referred to as adjustments to income. These adjustments modify the taxpayer's gross income and are commonly known as "above the line" deductions, appearing above the adjusted gross income section on the tax form.

An example of such an adjustment is an HSA (Health Savings Account), which is a specialized account reserved for covering qualified medical expenses of the account holder, their spouse, or dependents. Other adjustments to income that taxpayers may claim include deductible portions of self-employment tax, IRA deductions, self-employed health insurance expenses, and student loan interest from $600 to $2,500.

TEST YOUR KNOWLEDGE!
Go online to take a practice quiz.

Revisión de la Parte 3

Para obtener el máximo beneficio de cada parte, conéctese ahora y mire el video.

Conclusiones

Los contribuyentes tienen la opción de reclamar varias "deducciones" directamente en su declaración de impuestos. Estas deducciones, sin embargo, difieren de las deducciones detalladas o estandarizadas, ya que se denominan ajustes a los ingresos. Estos ajustes modifican el ingreso bruto del contribuyente y se conocen comúnmente como deducciones "por encima de la línea" y aparecen encima de la sección de ingreso bruto ajustado en el formulario de impuestos.

Un ejemplo de dicho ajuste es una HSA (Cuenta de ahorro para la salud), que es una cuenta especializada reservada para cubrir gastos médicos calificados del titular de la cuenta, su cónyuge o dependientes. Otros ajustes a los ingresos que los contribuyentes pueden reclamar incluyen partes deducibles del impuesto sobre el trabajo independiente, deducciones de la cuenta IRA, gastos de seguro médico de los trabajadores independientes e intereses de préstamos estudiantiles de $600 a $2,500.

¡PON A PRUEBA TUS CONOCIMIENTOS!
Ve en línea para tomar un examen final.

Chapter 6 Other Taxes and Taxpayer Penalties

Introduction

This chapter provides an overview of taxes reported on Schedule 2. Some common taxes that a tax preparer will see are:

- Alternative Minimum Tax (AMT)
- Additional Medicare Tax
- Additional tax on IRAs
- Excess Social Security tax
- Household employment taxes
- Net investment income tax (NIIT)
- Self-employment tax (will be covered in a later chapter)
- Unreported tip income

Objectives

At the end of this chapter, the student will:

- Complete Form 1040, Schedule 2
- Explain when a taxpayer must repay the Premium Tax Credit
- Understand the taxability of excess Social Security
- Identify when a taxpayer must pay an additional tax on IRAs
- Clarify when to use Schedule H

Resources

Form 1040	Publication 17	Instructions Form 1040
Form 4137	Publication 334	Instructions Form 4137
Form 5329	Publication 560	Instructions Form 5329
Form 5405	Publication 575	Instructions Form 5405
Form 6251	Publication 590-B	Instructions Form 6251
Form 8919	Publication 594	Instructions Form 8919
Form 8959	Publication 721	Instructions Form 8959
Form 8962	Publication 939	Instructions Form 8962
Form 8965	Publication 974	Instructions Form 8965
Schedule 2	Tax Topic 556, 557, 558,	Instructions Schedule 2
Schedule H	560, 611, 653	Instructions for Schedule H

Part 1 Additional Taxes from Schedule 2

Schedule 2 (Form 1040), Part I, is used to report Additional Taxes. This section captures supplemental tax provisions that modify or expand upon the income tax liability determined on Form 1040. Schedule 2, Part 1 accounts for additional and specialized taxes, certain tax credits, and other adjustments to ensure taxpayers are compliant with all applicable tax laws and regulations.

Capítulo 6 Otros impuestos y multas al Contribuyente

Introducción

Este capítulo brinda una descripción general de los impuestos declarados en el Anexo 2. Algunos impuestos comunes que verá un preparador de impuestos son:

- Impuesto mínimo alternativo (AMT)
- Impuesto adicional de Medicare
- Impuesto adicional sobre cuentas IRA
- Exceso de impuestos del Seguro Social
- Impuestos sobre el empleo doméstico
- Impuesto Sobre la Renta Por Inversiones Netas (NIIT)
- Impuesto sobre el trabajo independiente (se tratará en un capítulo posterior)
- Ingresos por propinas no declaradas

Objetivos

Al final de este capítulo, el estudiante podrá:

- Completar el Formulario 1040, Anexo 2.
- Explicar cuándo un contribuyente debe reembolsar el Crédito fiscal de prima.
- Comprender la tributación del exceso del Seguro Social.
- Identificar cuándo un contribuyente debe pagar un impuesto adicional sobre las cuentas IRA.
- Aclarar cuándo usar el Anexo H.

Fuentes

Formulario 1040	Publicación 17	Instrucciones del Formulario 1040
Formulario 4137	Publicación 334	Instrucciones del Formulario 4137
Formulario 5329	Publicación 560	Instrucciones del Formulario 5329
Formulario 5405	Publicación 575	Instrucciones del Formulario 5405
Formulario 6251	Publicación 590-B	Instrucciones del Formulario 6251
Formulario 8919	Publicación 594	Instrucciones del Formulario 8919
Formulario 8959	Publicación 721	Instrucciones del Formulario 8959
Formulario 8962	Publicación 939	Instrucciones del Formulario 8962
Formulario 8965	Publicación 974	Instrucciones del Formulario 8965
Anexo 2	Tema Tributario 556, 557,	Instrucciones del Anexo 2
Anexo H	558, 560, 611, 653	Instrucciones para el Anexo H

Parte 1 Impuestos adicionales del Anexo 2

El Anexo 2 (Formulario 1040), Parte I, se utiliza para declarar Impuestos adicionales. Esta sección captura disposiciones tributaries complementarias que modifican o amplían la obligación tributaria sobre la renta determinada en el formulario 1040. El Anexo 2, Parte 1 representa impuestos adicionales y especializados, ciertos créditos tributarios y otros ajustes para garantizar que los contribuyentes cumplan con todas las leyes tributarias aplicables y regulaciones.

This portion of Schedule 2 is critical for accurately calculating total tax liabilities, as it incorporates specific taxes like the Additional Medicare Tax on earned income, and tax recapture provisions aimed at upholding the integrity of the tax system. Tax professionals must thoroughly understand Part I to ensure their clients are fully compliant while taking advantage of all available tax planning opportunities.

SCHEDULE 2 (Form 1040) Department of the Treasury Internal Revenue Service	**Additional Taxes** Attach to Form 1040, 1040-SR, or 1040-NR. Go to *www.irs.gov/Form1040* for instructions and the latest information.	OMB No. 1545-0074 **2023** Attachment Sequence No. 02
Name(s) shown on Form 1040, 1040-SR, or 1040-NR		Your social security number

Part I Tax

1	Alternative minimum tax. Attach Form 6251	1	
2	Excess advance premium tax credit repayment. Attach Form 8962	2	
3	Add lines 1 and 2. Enter here and on Form 1040, 1040-SR, or 1040-NR, line 17	3	

Portion of Schedule 2

Line 1 Alternative Minimum Tax (Form 6251) See IRC Sec 55 -59

The alternative minimum tax (AMT) applies to taxpayers who qualify for certain deductions. The additional tax is on preference items, which is normally tax-free income, or when a large amount of itemized deductions is taken. If the taxpayer has deducted preference items and their income exceeds a certain amount, the AMT recalculates income tax after adding tax preference items back into adjusted gross income. As the name suggests, the AMT is the minimum tax possible, designed to ensure fairness in the tax system and prevent excessive tax avoidance by high-income individuals, despite whatever exclusions, credits, or deductions may have been taken. If an adequate amount of a taxpayer's income is from the preference items, and that income exceeds the preset amounts discussed below, they will have to pay AMT even if they had otherwise lowered their tax liability below zero. Form 6251 calculates the AMT and is reported on Schedule 2, line 1. AMT could offset personal and business taxes.

AMT is determined based on taxpayer's income. If a taxpayer with an excess amount of deductions received an amount of income that exceeds $81,300 (2023) (Individuals), $126,500 (2023) (Qualifying Surviving Spouse or Married Filing Jointly), or $63,250 (for taxpayers filing separately), then the AMT will be triggered and applied.

The 2023 AMT rate was 26% on the first $220,700 worth of income for non-corporate taxpayers. If the taxpayer is above $220,700 then they are taxed at 28%. The AMT exemption begins to phase out for married filing couples at $1,156,300 and for all other filers the phaseout is $578,150. For Married Filing Separate taxpayers, the AMT threshold is $103,050.

For 2024, the AMT amount is $85,700 for individuals, $133,300 for married couples, and $66,650 for married filing separately. 2024 AMT begins to phase out for single filers at $609,350 and for married jointly filers at $1,218,700. The 28% rate applies to the excess Alternative Minimum Tax Income (AMTI) for all taxpayers with income of $232,600; for taxpayers filing separately the rate is $116,300.

Esta parte del Anexo 2 es fundamental para calcular con precisión las obligaciones tributarias totales, ya que incorpora impuestos específicos como el impuesto adicional al medicare sobre los ingresos del trabajo y disposiciones de recuperación de impuestos destinados a mantener la integridad del sistema tributario. Los profesionales de impuestos deben comprender a fondo la Parte I para garantizar que sus clientes cumplan plenamente y al mismo tiempo aprovechen todas las oportunidades de planificación fiscal disponibles.

ANEXO 2 **(Formulario 1040)** Departamento del Tesoro - Servicio de Rentas Internas	**Impuestos adicionales** ▸ **Adjunte al Formulario 1040, 1040-SR o 1040-NR.** ▸ **Visite** ***www.irs.gov/Form1040*** **para obtener instrucciones y la información más reciente.**	OMB No. 1545-0074 **2023** Secuencia del Anexo No. **02**
Nombre que se muestra en el Formulario 1040, 1040-SR, o 1040-NR.		**Su número de Seguro Social**

PARTE I	**Impuesto**		
1	Impuesto mínimo alternativo. Adjunte el formulario 6251	1	
2	Reembolso del exceso de pago del Crédito fiscal de prima anticipado Adjunte el Formulario 8962	2	
3	Sume las líneas 1 y 2. Anote aquí y en el Formulario 1040, 1040-SR o 1040-NR, línea 17	3	

Parte del Anexo 2

Línea 1: Impuesto mínimo alternativo (Formulario 1040) Consulte IRC Sec. 55 -59

El impuesto mínimo alternativo (AMT) se aplica a los contribuyentes que califican para ciertas deducciones. El impuesto adicional se aplica a las partidas preferenciales, que normalmente son ingresos libres de impuestos, o cuando se toma una gran cantidad de deducciones detalladas. Si el contribuyente ha deducido partidas preferenciales y sus ingresos exceden una cierta cantidad, el impuesto mínimo alternativo recalcula el impuesto sobre la renta después de volver a agregar las partidas preferenciales de impuestos al ingreso bruto ajustado. Como sugiere el nombre, el AMT es el impuesto mínimo posible, diseñado para garantizar la equidad en el sistema tributario y evitar la elusión fiscal excesiva por parte de personas de altos ingresos, a pesar de las exclusiones, créditos o deducciones que se hayan tomado. Si una cantidad adecuada de los ingresos de un contribuyente proviene de las partidas preferenciales, y esos ingresos exceden los montos preestablecidos que se analizan a continuación, tendrán que pagar AMT incluso si de otro modo hubieran reducido su obligación tributaria por debajo de cero. El Formulario 6251 calcula el AMT y se declara en el Anexo 2, línea 1. El AMT podría compensar los impuestos personales y comerciales.

El AMT se determina en función de los ingresos del contribuyente. Si un contribuyente con un monto en exceso de deducciones recibió una cantidad de ingresos que excede $81,300 (2023) (personas naturales), $126,500 (2023) (Cónyuge sobreviviente calificado o Casado declarando conjuntamente), o $63,250 (para contribuyentes que declaran por separado), entonces se activará y aplicará el AMT.

La tasa del AMT de 2023 fue del 26% sobre los primeros $220,700 de ingresos para contribuyentes no corporativos. Si el contribuyente tiene más de $220,700, entonces se le aplica un impuesto del 28%. La exención del AMT comienza a eliminarse gradualmente para las parejas casadas que presentan una declaración en $1,156,300 y para todos los demás contribuyentes la eliminación gradual es de $578,150. Para los contribuyentes Casado declarando por separado, el umbral del AMT es de $103,050.

Para 2024, el monto del AMT es de $85,700 para las personas naturales, $133,300 para parejas casadas y $66,650 para los casados que declaran por separado. El AMT de 2024 comienza a eliminarse gradualmente para los contribuyentes solteros en $609,350 y para los contribuyentes casados declarando conjuntamente en $1,218,700. La tasa del 28% se aplica al exceso del Ingreso del impuesto mínimo alternativo (AMTI) para todos los contribuyentes con ingresos de $232,600; para los contribuyentes que declaran por separado la tasa es de $116,300.

The following taxpayers must file Form 6251:

1. If line 7 on Form 6251 is greater than line 10.
2. The taxpayer claimed a general business credit, and either line 6 in Part I of line 25 Form 3800 is more than zero.
3. The taxpayer claimed the qualified electric vehicle credit on Form 8834, using the personal part of the alternative fuel vehicle refueling property credit on Form 8911 or the prior year minimum tax on Form 8801.
4. The total of lines 2c through 3 on Form 6251 is negative and line 7 is greater than line 10, if lines 2c through 3 were not taken into account.

Taxpayers who need to file Form 8801, *Credit for Prior Year Minimum Tax*, could be an individual, estates or a trust. This form is used when the taxpayer has a credit carryforward to the next year, or if the taxpayer had claimed a qualified vehicle credit that was unallowed. Another cause could be the AMT liability, and adjustments or preferences that were not exclusion items. See IRC Code Section 53.

Line 2 Advanced Premium Tax Credit (Form 8962) Sec 36B

Although there is no penalty for not having health insurance, if the taxpayer purchased health care through the Marketplace, the individual must complete Form 8962 to calculate if they need to repay the premium tax credit repayment. Taxpayers who have purchased a federal or state government health care plan would use this form to calculate if they are responsible for repaying excess advanced payments from the premium tax credit (APTC).

Form **8962** | **Premium Tax Credit (PTC)** | OMB No. 1545-0074

Department of the Treasury
Internal Revenue Service

Attach to Form 1040, 1040-SR, or 1040-NR.
Go to *www.irs.gov/Form8962* for instructions and the latest information.

2023
Attachment Sequence No. **73**

Name shown on your return | Your social security number

A. You cannot take the PTC if your filing status is married filing separately unless you qualify for an exception. See instructions. If you qualify, check the box ☐

Part I Annual and Monthly Contribution Amount

1	Tax family size. Enter your tax family size. See instructions		1
2a	Modified AGI. Enter your modified AGI. See instructions	2a	
b	Enter the total of your dependents' modified AGI. See instructions	2b	
3	Household income. Add the amounts on lines 2a and 2b. See instructions		3

Portion of Form 8962

Qualified individuals and families can claim the Premium Tax Credit (PTC) on Form 8962. This credit helps pay for qualifying health insurance if the taxpayer and their family (as defined below) are enrolled through the Health Insurance Marketplace, an exchange offering qualifying health plans. For more information, see Publication 974 and Instructions Form 8962. The Premium Tax Credit is reported on both Form 1040 and Form 1040NR.

Terms to know for PTC purposes:

- ***Tax Family***: Tax family comprises the taxpayer and/or spouse and qualifying individual(s). The family's size is the number of qualifying individuals claimed on the tax return unless either the taxpayer or spouse is claimed as a dependent on another tax return.

Los siguientes contribuyentes deben presentar el Formulario 6251:

1. Si la línea 7 del Formulario 6251 es mayor que la línea 10.
2. El contribuyente reclamó un crédito comercial general, y cuando la línea 6 en la Parte I o la línea 25 del Formulario 3800 es mayor que cero.
3. El contribuyente reclamó el crédito por vehículo eléctrico calificado en el Formulario 8834, utilizando la parte personal del crédito de propiedad por repostaje de vehículos de combustible alternativo en el Formulario 8911 o el impuesto mínimo del año anterior en el Formulario 8801.
4. El total de las líneas 2c a 3 del Formulario 6251 es negativo y la línea 7 es mayor que la línea 10, si no se tomaron en cuenta las líneas 2c a 3.

Los contribuyentes que deben presentar el Formulario 8801, *Crédito por impuesto mínimo del año anterior*, pueden ser personas naturales, una sucesión o un fideicomiso. Este formulario se utiliza cuando el contribuyente tiene un crédito transferido al año siguiente, o si el contribuyente había reclamado un crédito de vehículo calificado que no estaba permitido. Otra causa podría ser la responsabilidad del AMT y ajustes o preferencias que no fueran elementos de exclusión. Consulte la Sección 53 del Código IRC.

Línea 2 - Crédito fiscal de prima anticipado (Formulario 8962) Sec. 36B

Si bien no existe una multa por no tener seguro médico, si el contribuyente compró atención médica a través del Mercado, la persona necesitaría completar el Formulario 8962 para calcular si necesita reembolsar el Crédito fiscal de prima. Los contribuyentes que hayan comprado un plan de atención médica del gobierno federal o estatal usarían este formulario para calcular si son responsables de reembolsar los pagos anticipados en exceso del Crédito fiscal de prima (APTC).

Formulario **8962** Departamento del Tesoro - Servicio de Rentas Internas	**Crédito fiscal de prima (PTC)** ▸ **Adjunte al Formulario 1040, 1040-SR o 1040-NR.** ▸ **Visite *www.irs.gov/Form1040* para obtener instrucciones y la información más reciente.**			OMB No. 1545-0074 **2023** Secuencia del Anexo No. **73**
Nombre que se muestra en el Formulario 1040, 1040-SR, o 1040-NR.				**Su número de Seguro Social**
No puede tomar el PTC si su estado civil es Casado declarando por separado, a menos que califique para una excepción. Consulte las instrucciones. Si califica, marque la casilla				
PARTE I	**Monto de aportación anual y mensual**			
1	Tamaño de la familia tributaria. Anote el tamaño de su familia tributaria. Consulte las instrucciones		1	
2a	AGI modificado. Anote su AGI modificado. Consulte las instrucciones	2a		
b	Anote el total del AGI modificado de sus dependientes. Consulte las instrucciones	2b		
3	Ingresos familiares. Sume las cantidades en las líneas 2a y 2b. Consulte las instrucciones		3	

Parte del formulario 8962

Las personas naturales y familias calificadas pueden reclamar el Crédito fiscal de prima (PTC) en el Formulario 8962. Este crédito ayuda a pagar el seguro médico calificado si el contribuyente y su familia (como se define a continuación) están inscritos a través del Mercado de Seguros Médicos, un intercambio que ofrece planes médicos calificados. Para más información, consulte la Publicación 974 y las Instrucciones del Formulario 8962. El Crédito fiscal de primas se declara tanto en el Formulario 1040 como en el Formulario 1040NR.

Términos que debe conocer para fines del PTC:

- ***Familia tributaria:*** La familia tributaria comprende al contribuyente y/o cónyuge y a la(s) persona(s) calificada(s). El tamaño de la familia es el número de personas calificadas reclamadas en la declaración de impuestos, a menos que el contribuyente o su cónyuge sean reclamados como dependientes en otra declaración de impuestos.

- ***Household Income***: Household income is the modified gross income of the taxpayer and spouse if filing jointly. Add the modified AGI of everyone claimed as a dependent and required to file a tax return due to the filing threshold. Household income does not include the modified AGI of dependents who file return just to receive their refund.
- ***Modified AGI***: Modified AGI is the AGI plus specific income not subject to tax. That income is foreign earned income, tax-exempt interest, and the portion of Social Security benefits that are not taxable.
- ***Coverage Family: The coverage family includes all individuals in the tax family enrolled in a qualified health plan and not eligible for minimum essential coverage (MEC) beyond the coverage in the individual market.*** Individuals included in the coverage family may change from month to month. If an individual in the tax family is not enrolled in a qualified health plan or is enrolled in a qualified health plan but is eligible for minimum essential coverage, they are not included in the coverage family. The Premium Tax Credit is available to pay for the coverage of those included in the coverage family.
- ***Monthly Credit Amount***: The amount of tax credit for a month. The PTC for the year is the sum of all monthly credit amounts. The monthly credit amount is the least of the following:
  - The enrollment premiums for the month for one or more qualified health plans in which any individual in the tax family was enrolled.
  - The applicable monthly amount of the Second Lowest Cost Silver Plan (SLCSP) premium after the monthly contribution amount has been subtracted.

  To qualify for the monthly credit amount, at least one tax family member must be enrolled in a qualified health plan on the first day of the month. The monthly credit will not apply if the tax family was not enrolled in a qualified health plan on the 1st of the month. See Instructions Form 8962.
- ***Enrollment Premiums***: Total monthly premiums for one or more qualified health plans that any tax family member is enrolled in. Form 1095-A Part III, column A reports the enrollment premiums. The tax professional should ask to see all forms related to health coverage.
- ***Applicable Second Lowest Cost Silver Plan (SLCSP)***: The Second Lowest Cost Silver Plan is, as the name suggests, the plan in the silver category (discussed further in the "Marketplace Plan Levels" Section) that costs the second least. It is not the least costly plan but the second-least costly plan. It is important to know the premium of the SLCSP offered in the taxpayer's area, because that premium is one of the things used to calculate the PTC. The SLCSP premium is a different premium than the enrollment premium described above.
- ***Monthly Contribution Amount***: The monthly contribution is also used to calculate the Premium Tax Credit amount. The monthly contribution is the amount of income that taxpayers are responsible for paying as their monthly premiums.
- ***Qualified Health Plan***: A qualified health insurance plan purchased through the Marketplace. Catastrophic health plans and stand-alone dental plans purchased through the Marketplace, as well as all plans purchased through Small Business Health Options Programs, are not qualified health plans.

Minimum Essential Coverage (MEC)

Minimum essential coverage includes government-sponsored programs, eligible employer-sponsored plans, individual market plans, and any other coverage that the Department of Health and Human Services designates as minimum essential coverage:

- ***Ingresos familiares:*** Los ingresos familiares son los ingresos brutos modificados del contribuyente y su cónyuge si presentan una declaración conjunta. Sume el AGI modificado de todas las personas reclamadas como dependientes y obligadas a presentar una declaración de impuestos debido al límite de declaración. Los ingresos familiares no incluyen el AGI modificado de los dependientes que presentan una declaración solo para recibir su reembolso.
- ***AGI modificado:*** El AGI modificado es el AGI más el ingreso específico no sujeto a impuestos. Ese ingreso es el ingreso obtenido en el extranjero, los intereses exentos de impuestos y la parte de las prestaciones del Seguro Social que no están sujetos a impuestos.
- ***Familia de cobertura: La familia de cobertura incluye a todas las personas de la familia tributaria inscritas en un plan de salud calificado y que no son elegibles para la cobertura esencial mínima (MEC) más allá de la cobertura en el mercado individual.*** Las personas incluidas en la familia de cobertura pueden cambiar de mes a mes. Si una persona en la familia tributaria no está inscrita en un plan de salud calificado o está inscrita en un plan de salud calificado, pero es elegible para una cobertura esencial mínima, no está incluida en la familia de cobertura. El Crédito fiscal de prima está disponible para pagar la cobertura de aquellos incluidos en la familia de cobertura.
- ***Monto de crédito mensual:*** La cantidad de crédito fiscal por un mes. El PTC para el año es la suma de todos los montos de crédito mensual. El monto del crédito mensual es el menor de los siguientes:
    - Las primas de inscripción por el mes para uno o más planes de salud calificados en los cuales se inscribió cualquier persona en la familia tributaria.
    - El monto mensual aplicable de la prima del Segundo Plan de Plata de Menor Costo (SLCSP) después de que se haya restado el monto de la aportación mensual.

  A fin de calificar para el monto del crédito mensual, al menos un miembro de la familia tributaria debe estar inscrito en un plan de salud calificado el primer día del mes. El crédito mensual no se aplicará si la familia tributaria no estaba inscrita en un plan de salud calificado el día 1 del mes. Consulte las Instrucciones del Formulario 8962.
- ***Primas de inscripción:*** Total de primas mensuales para uno o más planes de salud calificados en los que se inscribió a cualquier miembro de la familia tributaria. El formulario 1095-A Parte III, columna A declara las primas de inscripción. El profesional de impuestos debe solicitar ver todos los formularios relacionados con la cobertura de salud.
- ***Segundo Plan de Plata de Menor Costo Aplicable (SLCSP):*** El Segundo Plan de Plata de Menor Costo es, como su nombre lo indica, el plan en la categoría de plata (que se analiza en la sección "Niveles del Plan del mercado más adelante) que está en el segundo lugar en costos más baratos. No es el plan menos costoso sino el segundo plan menos costoso. Es importante conocer la prima del SLCSP que se ofrece en el área del contribuyente, porque esa prima es una de las cosas que se utilizan para calcular el PTC. La prima de SLCSP es una prima diferente a la prima de inscripción descrita anteriormente.
- ***Monto de la aportación mensual:*** La aportación mensual también se utiliza para calcular el monto del Crédito fiscal de prima. La aportación mensual es la cantidad de ingresos que los contribuyentes son responsables de pagar como primas mensuales.
- ***Plan de salud calificado:*** Un plan de seguro médico calificado adquirido a través del Mercado. Los planes de salud catastróficos y los planes odontológicos independientes comprados a través del Mercado, así como todos los planes comprados a través de los Programas de Opciones de Salud para Pequeñas Empresas, no son planes de salud calificados.

Cobertura esencial mínima (MEC)

La cobertura esencial mínima incluye programas auspiciados por el gobierno, planes elegibles auspiciados por el empleador, planes de mercado individuales y cualquier otra cobertura que el Departamento de Salud y Servicios Humanos designe como cobertura esencial mínima:

- Health plans offered in the individual market
- Government-sponsored programs
- Employer-sponsored plans
- Other health coverage plans designated as minimum essential coverage by the Department of Health and Human Services

Señor 1040 Says: Minimum essential coverage does not include coverage consisting solely of excepted benefits. Excepted benefits include stand-alone vision and dental plans (except pediatric dental coverage), workers' compensation coverage, and coverage limited to a specified disease or illness. A taxpayer may have any of these types of coverage and still qualify for the PTC on their qualified health plan.

The Individual Shared Responsibility Provision requires the taxpayer and each family member to do one of the following:

- Have qualifying health coverage
- Qualify for a health coverage exemption
- Make a shared responsibility payment when filing their federal income tax return

Many people already have minimum essential coverage and do not have to do anything more than maintain the coverage and report their coverage when they file their tax return. If the taxpayer is covered by any of the following types of plans, they are considered covered under the health care law and will not pay a penalty or get a health coverage exemption:

- Any Marketplace plan or any individual insurance plan already established
- Any job-based plan, including retiree plans and COBRA coverage
- Medicare Part A or Part C
- Most Medicaid coverage
- The Children's Health Insurance Program (CHIP)
- Most individual health plans bought outside the Marketplace, including "grandfathered" plans (not all plans sold outside the Marketplace qualify as minimum essential coverage)
- Dependents under the age of 24 who are covered under a parent's plan
- Self-funded health coverage offered to students by universities for plan or policy years that started on or before Dec. 31, 2014. The taxpayer should check with the university to confirm their plan is minimum essential coverage.
- Health coverage for Peace Corps volunteers
- Certain types of veteran's health coverage through the Department of Veterans Affairs
- Department of Defense Nonappropriated Fund Health Benefits Program
- Refugee Medical Assistance
- State high-risk pools for plan or policy years that started on or before December 31, 2014. The taxpayer should check with the high-risk pool to confirm their plan is minimum essential coverage

For a more detailed list of types of plans that may or may not be minimum essential coverage, see Instructions Form 8965, *Health Coverage Exemptions.*

- Planes de salud ofrecidos en el mercado individual
- Programas auspiciados por el gobierno
- Planes auspiciados por el empleador
- Otros planes de cobertura de salud designados como cobertura esencial mínima por el Departamento de Salud y Servicios Humanos

El señor 1040 dice: La cobertura esencial mínima no incluye la cobertura que consiste únicamente en beneficios exceptuados. Los beneficios exceptuados incluyen planes independientes oftalmológicos y odontológicos (excepto la cobertura pediátrica odontológica), cobertura de indemnización por accidente laboral y cobertura limitada a una enfermedad específica. Un contribuyente puede tener cualquiera de estos tipos de cobertura y aún calificar para el PTC en su plan de salud calificado.

La Disposición de Responsabilidad Individual Compartida requiere que el contribuyente y cada miembro de la familia hagan una de las siguientes cosas:

- Tener cobertura de salud calificada.
- Calificar para una exención de cobertura de salud.
- Hacer un pago de responsabilidad compartida cuando presente su declaración de impuestos federales.

Muchas personas ya tienen una cobertura esencial mínima y no tienen que hacer nada más que mantener la cobertura y declarar su cobertura cuando presentan su declaración de impuestos. Si el contribuyente está cubierto por cualquiera de los siguientes tipos de planes, se le considera cubierto en virtud de la ley de atención médica y no pagará una multa ni obtendrá una exención de cobertura de salud:

- Cualquier plan del Mercado o cualquier plan de seguro individual ya establecido.
- Cualquier plan basado en el trabajo, incluyendo los planes para jubilados y la cobertura COBRA
- Parte A o Parte C de Medicare
- La mayoría de la cobertura de Medicaid
- El Programa de Seguro Médico Infantil (CHIP).
- La mayoría de los planes de salud individuales comprados fuera del Mercado, incluyendo los planes de "derechos adquiridos" (no todos los planes vendidos fuera del Mercado califican como cobertura esencial mínima)
- Dependientes menores de 24 años cubiertos en virtud del plan de un padre.
- Cobertura de salud autofinanciada ofrecida a estudiantes por universidades para años de plan o póliza que comenzaron el 31 de diciembre de 2014 o antes. El contribuyente debe consultar con la universidad para confirmar que su plan tiene una cobertura esencial mínima.
- Cobertura de salud para voluntarios de Peace Corps
- Ciertos tipos de cobertura de salud para veteranos a través del Departamento de Asuntos de Veteranos
- Programa de Beneficios de Salud del Fondo No Aprobado del Departamento de Defensa
- Asistencia Médica para Refugiados
- Grupos estatales de alto riesgo para años de planes o pólizas que comenzaron el 31 de diciembre de 2014 o antes. El contribuyente debe consultar con el grupo de alto riesgo para confirmar que su plan tiene la cobertura esencial mínima.

Para obtener una lista más detallada de los tipos de planes que cuentan y no cuentan como cobertura esencial mínima, consulte las Instrucciones del Formulario 8965, *Exenciones de Cobertura de Salud.*

Marketplace Plan Levels

The ACA requires that all new policies, including those plans that are sold on the exchange (except stand-alone dental, vision, and long-term care plans), comply with one of the four benefit categories set up by the Patient Protection and Affordable Care Act (PPACA). The PPACA coverage levels are based on the concept of "actuarial value," which is the share of health care expenses the plan covers for a typical group of enrollees. As plans increase in actuarial value, they would cover a greater share of an enrollee's medical expenses overall, though the details could vary across different plans. The levels of coverage provided for in the PPACA are central to the coverage that individuals will get under the health reform law.

The four Marketplace levels are:

Bronze	60%
Silver	70%
Gold	80%
Platinum	90%

The ACA provides reduced cost sharing for enrollees who select a plan from the silver tier in the federal or state marketplace. The cost-sharing reductions are achieved by requiring insurers to create variants of each standard silver plan, with each variant meeting a successively higher actuarial value. The federal government reimburses insurance companies for the loss of profit resulting from reducing costs for their customers. The reimbursement is known as a "subsidy."

Employer-sponsored Coverage

If the taxpayer and other family members had the opportunity to enroll in a plan offered by their employer for 2023, the taxpayer is considered eligible for MEC, even if the offer of coverage met a minimum standard of affordability and provided a minimum level of benefits. The coverage offered by an employer is generally considered affordable for the taxpayer and qualifying family members allowed to enroll in the coverage. A taxpayer's share of the annual cost for self-only coverage, which is sometimes referred to as the employee required contribution, is not more than 9.78% of household income.

Example: Don was eligible to enroll in his employer's coverage for 2023 but instead applied for coverage in a qualified health plan through the Marketplace. Don provided accurate information about his employer's coverage to the Marketplace, and the Marketplace determined that the offer of coverage was not affordable, and that Don was eligible for APTC. Don enrolled in the qualified health plan for 2023. Don got a new job with employer coverage that he could have enrolled in as of September 1, 2023, but chose not to. Don did not return to the Marketplace to determine if he was eligible for APTC from September through December 2023 and remained enrolled in the qualified health plan. Don is not considered eligible for employer-sponsored coverage for the months of January through August of 2023 because he gave accurate information to the Marketplace about the availability of employer coverage, and the Marketplace determined that he was eligible for APTC for coverage in a qualified health plan. The Marketplace determination does not apply, however, for the months September through December of 2023.

Niveles del plan de mercado

La ACA requiere que todas las nuevas pólizas, incluidos los planes que se venden en el intercambio (excepto los planes odontológicos, oftalmológicos y de cuidado a largo plazo independientes), cumplan con una de las cuatro categorías de beneficios establecidas por la Ley de Protección al Paciente y Cuidado de Salud a Bajo Precio (PPACA). Los niveles de cobertura de la PPACA se basan en el concepto de "valor actuarial", que es la parte de los gastos de atención médica que cubre el plan para un grupo típico de afiliados. A medida que los planes aumenten en valor actuarial, cubrirían una mayor proporción de los gastos médicos generales de un afiliado, aunque los detalles podrían variar entre diferentes planes. Los niveles de cobertura previstos en la PPACA son fundamentales para la cobertura que obtendrán las personas en virtud de la ley de reforma sanitaria.

Los cuatro niveles de mercado son:

Bronce 60%
Plata 70%
Oro 80%
Platino 90%

La ACA ofrece costos compartidos reducidos para los afiliados que seleccionan un plan del nivel plata en el mercado federal o estatal. Las reducciones de costos compartidos se logran exigiendo a las aseguradoras que creen variantes de cada plan plata estándar, y cada variante alcance un valor actuarial sucesivamente más alto. El gobierno federal reembolsa a las compañías de seguros por la pérdida de ganancias resultante de la reducción de costos para sus clientes. El reembolso se conoce como "subsidio".

Cobertura patrocinada por el empleador

Si el contribuyente y otros miembros de la familia tuvieron la oportunidad de inscribirse en un plan ofrecido por su empleador para 2023, el contribuyente se considera elegible para MEC, incluso si la oferta de cobertura cumplió con un estándar mínimo de asequibilidad y proporcionó un nivel mínimo de beneficios. La cobertura ofrecida por un empleador generalmente se considera asequible para el contribuyente y los parientes calificados a los que se les permite inscribirse en la cobertura. La participación del contribuyente en el costo anual de la cobertura individual, que a veces se denomina aportación requerida por el empleado, no supera el 9.78% de los ingresos familiares.

Ejemplo: Don era elegible para inscribirse en la cobertura de su empleador para 2023, pero en cambio solicitó cobertura de un plan de salud calificado a través del Mercado. Don proporcionó información precisa sobre la cobertura de su empleador al Mercado, y el Mercado determinó que la oferta de cobertura no era asequible y que Don era elegible para APTC. Don se inscribió en el plan de salud calificado para 2023. Don consiguió un nuevo trabajo con cobertura de empleador en el que se pudo haber inscrito a partir del 1 de septiembre de 2023, pero decidió no hacerlo. Don no regresó al Mercado para determinar si era elegible para la APTC durante los meses de septiembre a diciembre de 2023 y permaneció inscrito en el plan de salud calificado. Don no se considera elegible para la cobertura auspiciada por el empleador durante los meses de enero a agosto de 2023 porque proporcionó información precisa al Mercado sobre la disponibilidad de la cobertura del empleador, y el Mercado determinó que era elegible para APTC para la cobertura de un plan de salud calificado. Sin embargo, la determinación del Mercado no se aplica para los meses de septiembre a diciembre de 2023.

This is because Don did not provide information to the Marketplace about his new employer's offer of coverage. Whether Don is considered eligible for employer-sponsored coverage and ineligible for the APTC for the months September through December of 2023 is determined under the eligibility rules described under Employer-Sponsored Plans. If the taxpayer cannot get benefits under an employer-sponsored plan until after a waiting period has expired, the taxpayer is not treated as being eligible for that coverage during the waiting period. See Publication 974.

Payments of the Premium Tax Credit

If the taxpayer purchased insurance through the Health Insurance Marketplace, they may be eligible for an Advanced Premium Tax Credit (APTC) to help pay for the insurance coverage. Receiving too little or too much in advance will affect the taxpayer's refund or balance due. To avoid owing a balance, the taxpayer should contact the insurance provider to report changes in income or family size to the Marketplace as soon as possible.

If the taxpayer and family members are enrolled in Marketplace coverage, Form 1095-A should be received from the Marketplace with the months of coverage and the amounts of APTC paid. If the taxpayer received a Form 1095-A showing APTC, Form 8962 must be filed, even if the taxpayer is not otherwise required to file. The taxpayer's Premium Tax Credit is determined by reference to the premium amount for the second lowest cost silver plan offered by an exchange in the rating area where the taxpayer resides.

The Premium Tax Credit is limited to the amount of premium paid for the chosen plan. The credit may be payable in advance, with the payments going directly to the insurance company. A taxpayer who is eligible for an advanced assistance payment may decline it and receive the full amount of the credit on their tax return. Eligibility and the amount of the credit itself are affected by the family size and household income. A married couple must file a joint return to claim the credit. If a married couple files Married Filing Separately, they are not eligible for the credit. If taxpayers file separately because they are victims of domestic abuse, see Notice 2014-23 for the criteria.

A taxpayer is allowed an advanceable and refundable credit to help subsidize the purchase of health insurance. The taxpayer must have household income of at least 100% but not more than 400% of the federal poverty line for their family size. The taxpayer must not receive health insurance under an employer-sponsored plan (including COBRA) or certain government plans such as Medicare.

Household income means an amount equal to the sum of the following items:

- The taxpayer's Modified Adjusted Gross Income (MAGI)
- The MAGI of all other individuals who are both of the following:
- Counted in family size
- Required to file an income tax return for the year under IRC §1 without regard to the exception for a child whose parents elect to use IRC §1(g)(7)

Remember, Modified Adjusted Gross Income (MAGI) is adjusted gross income, plus all the following:

- The amount excluded under IRC §911, *Foreign-Earned Income Exclusion*
- Tax-exempt interest income
- The excluded portion of Social Security benefits

Esto se debe a que Don no proporcionó información al Mercado sobre la oferta de cobertura de su nuevo empleador. La determinación de que Don sea considerado elegible para la cobertura patrocinada por el empleador y no elegible para la APTC para los meses de septiembre a diciembre de 2023 se establece según las reglas de elegibilidad descritas en Planes auspiciados por el empleador. Si el contribuyente no puede obtener beneficios en virtud de un plan auspiciado por el empleador hasta que haya expirado un período de espera, no se considera que el contribuyente sea elegible para esa cobertura durante el período de espera. Consulte la Publicación 974.

Pagos del Crédito fiscal de prima

Si el contribuyente compró un seguro a través del Mercado de seguros médicos, puede ser elegible para un Crédito fiscal de prima anticipado (APTC) para ayudar a pagar la cobertura del seguro. Recibir muy poco o demasiado por anticipado afectará el reembolso o el saldo adeudado del contribuyente. Para evitar adeudar un saldo, el contribuyente debe comunicarse con el proveedor de seguros para declarar los cambios en el ingreso o el tamaño de la familia al Mercado tan pronto como sea posible.

Si el contribuyente y los parientes están inscritos en la cobertura del Mercado, debe recibirse el Formulario 1095-A del Mercado con los meses de cobertura y los montos del APTC pagados. Si el contribuyente recibió un Formulario 1095-A que muestra el APTC, el Formulario 8962 debe presentarse, incluso si el contribuyente no está obligado a hacerlo. El Crédito fiscal de prima del contribuyente se determina por referencia al monto de la prima para el segundo plan de plata de menor costo ofrecido por un intercambio en el área de calificación donde reside el contribuyente.

El Crédito fiscal de prima se limita a la cantidad de la prima pagada por el plan elegido. El crédito puede pagarse por adelantado, y los pagos van directamente a la compañía de seguros. Un contribuyente que sea elegible para un pago de asistencia anticipado puede rechazarlo y recibir el monto total del crédito en su declaración de impuestos. La elegibilidad y el monto del crédito en sí se ven afectados por el tamaño de la familia y los ingresos familiares. Una pareja casada debe presentar una declaración conjunta para reclamar el crédito. Si una pareja casada declara por separado, no son elegibles para el crédito. Si los contribuyentes presentan su declaración por separado porque son víctimas de abuso doméstico, consulte el Aviso 2014-23 para conocer los criterios.

Un contribuyente puede recibir un crédito reembolsable y anticipado para ayudar a subsidiar la compra de un seguro médico. El contribuyente debe tener ingresos familiares de al menos el 100% pero no más del 400% del límite federal de pobreza para el tamaño de su familia. El contribuyente no debe recibir seguro médico bajo un plan auspiciado por un empleador (incluyendo COBRA) o ciertos planes del gobierno como Medicare.

Los ingresos familiares se refieren una cantidad igual a la suma de las siguientes partidas:

- Ingreso bruto ajustado modificado (MAGI) del contribuyente.
- El MAGI de todas las demás personas que se encuentren en las dos situaciones siguientes:
- Contabilizadas en el tamaño de la familia
- Deban presentar una declaración de impuestos sobre la renta para el año en virtud del IRC §1 sin tener en cuenta la excepción para un hijo cuyos padres eligen utilizar IRC §1(g)(7)

Recuerde, el Ingreso bruto ajustado modificado (MAGI) es el ingreso bruto ajustado, más todo lo siguiente:

- La cantidad excluida en virtud de la sección §911 del IRC, *Exclusión de ingresos devengados en el extranjero.*
- Ingresos por intereses exentos de impuestos.
- La parte excluida de las prestaciones del Seguro Social

Premium Tax Credit Repayment

The Premium Tax Credit helps pay health insurance premiums that were purchased through the Health Insurance Marketplace. If the advanced payments of this credit were made for coverage for the taxpayer, spouse, or dependents, Form 8962 would be used. If the advanced payments were more than the Premium Tax Credit, the taxpayer must repay the excess, reported on Schedule 2, line 46, and added to their tax liability. An additional tax liability could be caused by the taxpayer or spouse having an increase in income and not reporting the change to the Marketplace. If the advanced payments exceed the credit allowed, the income tax liability imposed for the tax year is increased by the difference.

Shared Policy Allocation

For any month during the year the taxpayer, spouse, or dependents did not have minimum essential coverage and do not have a coverage exemption, the taxpayer may need to make an individual shared responsibility payment on the tax return. The annual payment amount is either a percentage of taxpayer's household income or a flat dollar amount, whichever is greater. The national average premium is capped for a bronze level health plan on the Marketplace.

Part 1 Review

To obtain the maximum benefit from each part go online now and watch the video.

Part 2 Taxes for Self-Employed

A self-employed individual pays both the employer and the employee tax. This part will discuss which taxes a self-employed individual must pay, as well as how to pay their Social Security and Medicare tax. Other taxes are reported on Part II of Schedule 2.

Part II	**Other Taxes**				
4	Self-employment tax. Attach Schedule SE			4	
5	Social security and Medicare tax on unreported tip income. Attach Form 4137	5			
6	Uncollected social security and Medicare tax on wages. Attach Form 8919	6			
7	Total additional social security and Medicare tax. Add lines 5 and 6			7	

Portion of Schedule 2

Line 4 Self-Employment tax. Attach Schedule SE

This will be covered in "*Federal Schedule C*" chapter.

Line 5 Social Security and Medicare Tax on Unreported Tip Income (Form 4137)

Form 4137 is used to calculate the Social Security and Medicare tax on tips not reported to the taxpayer's employer. Unreported tips were covered in Chapter 4, "Federal Income."

Line 6 Uncollected Social Security and Medicare Tax (Form 8919)

If the taxpayer was an employee but was treated as an independent contractor by the employer, Form 8919, *Uncollected Social Security and Medicare Tax on Wages,* is used to figure and report the taxpayer's share of uncollected Social Security and Medicare taxes due on compensation. Filing this form ensures that the Social Security and Medicare taxes will be credited to the correct Social Security record.

Reembolso del Crédito fiscal de prima

El Crédito fiscal de prima ayuda a pagar las primas de seguro médico que se compraron a través del Mercado de seguros médicos. Si los pagos anticipados de este crédito se hicieran para la cobertura del contribuyente, cónyuge o dependientes, se usaría el Formulario 8962. Si los pagos anticipados fueron superiores al Crédito fiscal de prima, el contribuyente deberá reembolsar el exceso, informado en el Anexo 2, línea 46, y sumado a su obligación tributaria. Una obligación tributaria adicional podría ser causada por el contribuyente o cónyuge que tiene un aumento en los ingresos y no declara el cambio al Mercado. Si los pagos anticipados superan el crédito permitido, la obligación tributaria sobre la renta impuesta para el año fiscal aumenta por la diferencia.

Asignación de póliza compartida

Para cualquier mes durante el año en el que el contribuyente, su cónyuge o sus dependientes no tuvieran una cobertura esencial mínima y no tuvieran una exención de cobertura, es posible que el contribuyente deba realizar un pago individual de responsabilidad compartida en la declaración de impuestos. El monto del pago anual es un porcentaje de los ingresos familiares del contribuyente o una cantidad fija en dólares, lo que sea mayor. La prima promedio nacional tiene un límite para un plan de salud de nivel bronce en el Mercado.

Revisión de la Parte 1

Para obtener el máximo beneficio de cada parte, conéctese ahora y mire el video.

Parte 2 Impuestos para trabajadores independientes

Un trabajador independiente paga tanto el impuesto del empleador como el del empleado. Esta parte discutirá qué impuestos debe pagar un trabajador independiente, así como también cómo pagar sus impuestos de Seguro Social y Medicare. En la Parte II del Anexo 2 se declaran Otros impuestos.

Parte II	Otros impuestos				
4	Impuesto sobre el trabajo independiente. Debe adjuntar el anexo SE.			4	
5	Ingresos de propinas no declaradas, adjunte el Formulario 4137.	5			
6	Impuestos del Seguro Social y Medicare sobre salarios no recaudados, adjunte el Formulario 8919.	6			
7	Total de Impuestos adicionales del Seguro social y Medicare de las líneas 5 y 6.			7	

Parte del Anexo 2

Línea 4 - Impuesto al trabajo independiente. Adjunte el Anexo SE

Esto se tratará en el capítulo *"Anexo federal C"*.

Línea 5 - Impuesto del Seguro Social y Medicare sobre ingresos por propinas no declaradas (Formulario 4137)

El Formulario 4137 se usa para calcular el Impuesto del Seguro Social y Medicare sobre las propinas que no se declaran al empleador del contribuyente. Las propinas no declaradas se trataron en el Capítulo 4, "Ingresos federales".

Línea 6 - Impuestos del Seguro Social y Medicare no cobrados (Formulario 8919)

Si el contribuyente era un empleado, pero fue tratado como un contratista independiente por el empleador, se utiliza el Formulario 8919, *Impuestos del Seguro Social y Medicare no cobrados sobre el salario*, para calcular y declarar la parte del contribuyente de los impuestos del Seguro Social y el Medicare no cobrados sobre la remuneración. La presentación de este formulario garantiza que los Impuesto del Seguro Social y Medicare se acreditarán al registro de Seguro Social correcto.

Line 8 Additional Tax on IRAs and Other Tax-Favored Accounts

The calculated amount from Form 5329 is reported on Line 8 of Schedule 2. Form 5329 is used to report additional taxes on the following items:

- Early distributions from an IRA
- Early distributions from qualified retirement plans
- Excess contributions made to an IRA and other accounts such as:
    - Archer MSA
    - Health savings account
    - ABLE Account
    - Coverdell education savings account.
- The taxpayer did not tax their required minimum distribution.

The additional tax on an early distribution is included in the taxpayer's gross income and is an additional 10%, although there are some exceptions to the rule. The additional 10% tax on an early withdrawal does not apply to any of the following:

- A qualified disaster distribution
- A qualified HSA funding distribution from an IRA
- A distribution from a traditional or SIMPLE IRA that was converted to a Roth IRA
- An in-plan Roth rollover
- A distribution of certain excess IRA contributions

Required Minimum Distributions

IRA custodians, trustees, or the IRA issuer are required to provide IRA owners with an RMD statement indicating that a distribution is required. The taxpayer needs to withdraw the amount by April 1 of the year after they reach age 73. Failing to withdraw the RMD by the deadline may result in an additional tax liability of 50% of the excess accumulation. With reasonable cause, the taxpayer can request a waiver of the fee from the IRS by including a letter of explanation with Form 5329 with the tax return.

Excess accumulation relating to traditional IRA, Simplified Employee Pensions (SEP), Savings Incentive Match Plans for Employees of Small Employers (SIMPLE), and beneficiary Individual Retirement Accounts (IRAs) is defined as an amount remaining in the IRA because of an account owner or beneficiary failing to satisfy an RMD.

Line 9 Household Employment Taxes

Taxpayers who employ household workers may be required to pay and withhold employment taxes from their employees. Employment taxes include Social Security tax, Medicare tax, federal unemployment tax, federal income tax withholding, and state employment taxes. To determine if a household worker is considered self-employed for tax purposes, the worker must provide their own tools and offer services to the public in an independent business.

Some examples of household workers include babysitters, caretakers, cleaning people, domestic workers, drivers, health aides, housekeepers, maids, nannies, private nurses, private chefs, and yard workers. A worker who performs childcare services in their home is generally not the taxpayer's employee.

Línea 8 - Impuesto adicional sobre cuentas IRA y otras cuentas con ventajas fiscales

El monto calculado del Formulario 5329 se informa en la Línea 8 del Anexo 2. El formulario 5329 se usa para declarar impuestos adicionales en las siguientes partidas:

- Distribuciones anticipadas de una IRA
- Distribuciones anticipadas de planes de jubilación calificados
- Aportaciones excesivas realizadas a una IRA y otras cuentas como:
  - MSA de Archer
  - Cuenta de ahorro para la salud
  - Cuenta ABLE
  - Cuenta de ahorros para la educación de Coverdell.
- El contribuyente no gravó su distribución mínima requerida.

El impuesto adicional sobre una distribución anticipada se incluye en el ingreso bruto del contribuyente y es un 10% adicional, aunque hay algunas excepciones a la regla. El impuesto adicional del 10% sobre un retiro anticipado no se aplica a ninguno de los siguientes:

- Una distribución de desastres calificada.
- Una distribución de fondos HSA calificada de una cuenta IRA.
- Una distribución de una IRA tradicional o SIMPLE que se convirtió en una IRA Roth.
- Una reinversión de Roth en el plan.
- Una distribución de ciertos excesos de aportaciones a la cuenta IRA.

Distribuciones mínimas requeridas

Los custodios, fideicomisarios o el emisor de la IRA deben proporcionar a los titulares de la IRA una declaración de la RMD que indique que se requiere una distribución. El contribuyente debe retirar el monto antes del 1 de abril del año posterior a cumplir 73 años. No retirar la RMD antes de la fecha límite puede resultar en una obligación tributaria adicional del 50% del exceso acumulado. Con causa razonable, el contribuyente puede solicitar una exención de la tarifa al IRS incluyendo una carta de explicación con el Formulario 5329 con la declaración de impuestos.

El exceso de acumulación relacionado con la IRA tradicional, las Pensiones de empleado simplificadas (SEP), los Planes de Contrapartida de Incentivos de Ahorro para Empleados de Pequeños Empleadores (SIMPLE) y las Cuentas de Jubilación Individual (IRA) de los beneficiarios se define como una cantidad restante en la IRA debido a un titular de una cuenta o beneficiario que no cumple con una RMD.

Línea 9 - Impuestos sobre el empleo doméstico

Los contribuyentes que emplean a trabajadores domésticos pueden estar obligados a pagar y retener impuestos sobre el trabajo a sus empleados. Los impuestos sobre el empleo incluyen el Impuesto del Seguro Social, el impuesto de Medicare, el impuesto federal de desempleo, la retención de impuestos federales sobre la renta y los impuestos estatales sobre el empleo. Para determinar si un trabajador doméstico se considera independiente para fines de impuestos, el trabajador debe proporcionar sus propias herramientas y ofrecer servicios al público en un negocio independiente.

Algunos ejemplos de trabajadores domésticos incluyen: niñeras, cuidadores, personal de limpieza, trabajadores domésticos, conductores, asistentes de salud, amas de casa, mucamas, enfermeras privadas, chefs privado y jardineros. Un trabajador que realiza servicios de cuidado infantil en su hogar generalmente no es empleado del contribuyente.

Example: Melchior has made an agreement to care for Jess's lawn. Melchior runs a lawn care business and offers his services to the public. Melchior provides his own tools and supplies, and he hires and pays his employees. Neither Melchior nor his employees are Jess's household employees.

Form 1040, Schedule H, *Household Employment Taxes*, must be used to report household employment taxes if the taxpayer pays any of the following wages to the employee:

- Social Security and Medicare wages of $2,600 or more
- Federal Unemployment Tax Act (FUTA) wages
- Wages from which federal income taxes were withheld

If the taxpayer pays more than $2,400 in a calendar year to a household employee, the taxpayer must pay Social Security and Medicare taxes for that employee and withhold (or pay) the employee's portion of those taxes.

The taxpayer, who is the employer, is not required to withhold federal income taxes for household employees unless the employee asks to have withholdings taken out and the employer agrees to withhold the taxes. The employer must have their employee(s) complete Form W-4, *Employee's Withholding Allowance Certificate.* As with other employment taxes, federal income taxes withheld may be reported on Schedule H. Schedule H is reported on Form 1040, Schedule 2, line 9. Schedule H can be a standalone form if the taxpayer is not filing a yearly tax return. If a paid tax preparer completed the form for the taxpayer, then they would complete the Paid Preparer Use Only section on Schedule H.

Line 10 First-Time Homebuyer Credit Repayment (Form 5405)

If the taxpayer purchased their primary residence in 2008 and qualified for the first-time homebuyer credit, and either disposed of the home or ceased using it as their primary residence, the taxpayer needs to repay the credit that was received on the 2008 tax return. The credit that was received in 2008 was an interest-free loan to the taxpayer and is to be repaid over a 15-year period.

If the taxpayer purchased a home prior to April 8, 2008, and did not own another main home for 36 months prior to the date of purchase and received the credit, repayment of the loan is required.

If the taxpayer sold or converted the main home prior to repayment of the first-time homebuyer credit, the remaining portion of the loan must be repaid in the year the taxpayer sells or converts the property. This repayment is reported using Form 5405 on Form 1040, Schedule 2, line 10.

Example: In June 2008, Watson purchased his primary home. Watson moved out and converted his home to a rental in 2023; Watson will have to repay the remaining portion of the first-time homebuyer credit on his 2023 tax return because he sold it before the end of the 15-year repayment period. Tax year 2023 is the last payment the taxpayer needs to pay.

Ejemplo: Melchior ha llegado a un acuerdo para cuidar el césped de Jess. Melchior tiene un negocio de jardinería y ofrece sus servicios al público. Melchior proporciona sus propias herramientas y suministros, y contrata y paga a sus empleados. Ni Melchor ni sus empleados son empleados domésticos de Jess.

El Formulario 1040, Anexo H, *Impuestos sobre el empleo doméstico,* debe usarse para declarar los impuestos de empleo doméstico si el contribuyente paga cualquiera de los siguientes salarios al empleado:

- Salarios del Seguro Social y Medicare de $2,600 o más
- Salarios de la Ley de Impuesto federal de desempleo (FUTA).
- Salarios de los cuales se retuvieron los impuestos federales sobre la renta

Si el contribuyente paga más de $2,400 en un año calendario a un empleado doméstico, el contribuyente debe pagar impuestos del Seguro Social y Medicare para ese empleado y retener (o pagar) la parte de esos impuestos que corresponde al empleado.

El contribuyente, que es el empleador, no está obligado a retener impuestos federales sobre la renta de los empleados domésticos a menos que el empleado solicite que se le realicen retenciones y el empleador acepte retener los impuestos. Si se llega a un acuerdo de este tipo, el empleador debe hacer que el empleado complete el Formulario W-4, *Certificado de asignación de retenciones del empleado.* Al igual que con otros impuestos sobre el trabajo, los impuestos federales sobre la renta retenidos pueden declararse en el Anexo H. El Anexo H se declara en el Formulario 1040, Anexo 2, línea 9. El Anexo H puede ser un formulario independiente si el contribuyente no presenta una declaración de impuestos anual. Si un preparador de impuestos pagado completó el formulario para el contribuyente, entonces completará la sección Uso exclusivo del preparador pagado en el Anexo H.

Línea 10 - Reembolso del crédito de compra de vivienda por primera vez (Formulario 5405)

Si el contribuyente compró su residencia principal en 2008 y calificó para el crédito de compradores de vivienda por primera vez, y se deshizo de la vivienda o dejó de usarla como su residencia principal, el contribuyente debe reembolsar el crédito que recibió en la declaración de impuestos de 2008. El crédito que recibió en 2008 fue un préstamo sin intereses para el contribuyente y se pagará en un período de 15 años.

Si el contribuyente compró una vivienda antes del 8 de abril de 2008 y no fue propietario de otra vivienda principal durante los 36 meses anteriores a la fecha de compra y recibió el crédito, se requiere el reembolso del préstamo.

Si el contribuyente vendió o convirtió la vivienda principal antes del reembolso del crédito de compradores de vivienda por primera vez, la parte restante del préstamo debe reembolsarse en el año en que el contribuyente vende o convierte la propiedad. Este reembolso se declara utilizando el Formulario 5405 en el Formulario 1040, Anexo 2, línea 10.

Ejemplo: En junio de 2008, Watson compró su casa principal. Watson se mudó y convirtió su casa en alquiler en 2023; Watson tendrá que reembolsar la parte restante del crédito de compradores de vivienda por primera vez en su declaración de impuestos de 2023 porque la vendió antes de que finalizara el período de pago de 15 años. El año fiscal 2023 es el último pago que debe realizar el contribuyente.

Line 11 Additional Medicare Tax (Form 8959)

The taxpayer may be subject to a 0.9% additional Medicare tax that applies to any Medicare wages, railroad retirement act compensation, and self-employment income that exceeds the filing status threshold. This tax is an employee tax, not an employer tax. The employer is responsible for withholding the additional tax once the taxpayer's compensation exceeds $200,000 (regardless of filing status) in a calendar year. The taxpayer cannot request that their employer stop withholding the additional tax. If the taxpayer has wages as well as self-employment income, the threshold is reduced on the self-employment income, but not below zero.

Filing Status	Threshold Amount
Married Filing Jointly	$250,000
Married Filing Separately	$125,000
Single	$200,000
Head of Household	$200,000
Qualifying Surviving Spouse	$200,000

The above threshold amounts are not indexed for inflation.

Example: Terri, a single filer, has $130,000 in self-employment income and $0 in wages. Terri is not liable for the Additional Medicare Tax and does not have to file Form 8959.

Example: George and Jean are married and filing a joint return. George has $190,000 in wages and Jean has $150,000 in compensation subject to railroad retirement taxes. Neither George nor Jean has wages or compensation that exceed $200,000 because their employers do not combine the wages and railroad retirement compensation to determine whether they are more than the $250,000 threshold for a joint return. George and Jean are not liable for the additional tax.

Example: Carl, a single filer, has $220,000 in self-employment income and $0 in wages. Carl must file Form 8959 as he is liable to pay the additional Medicare Tax on $20,000 of his $220,000 income ($220,000 minus the threshold of $200,000).

Line 12 Net Investment Income Tax (NIIT)

Reported using Form 8960, NIIT is a 3.8% tax on the lesser of net investment income or the excess of the taxpayer's modified adjusted gross income amount that is over the filing status threshold. NIIT generally includes income and gain from passive activities. For the purposes of the NIIT, a passive activity, as defined by §469 of the Internal Revenue Code, includes rental activity whether the taxpayer materially participated or not. Income is excluded from the NIIT if it is derived from a trade or business as defined under §162 of the Internal Revenue Code and is non-passive. Individuals who have NIIT and modified adjusted gross income (MAGI) over the following thresholds will owe 3.8%:

Filing Status	Threshold Amount
Married filing jointly & Qualifying Surviving Spouse	$250,000
Married filing separately	$125,000
Single & Head of Household (with qualifying person)	$200,000

Línea 11 - Impuesto adicional de Medicare (Formulario 8959)

El contribuyente puede estar sujeto a un impuesto de Medicare adicional del 0.9% que se aplica a cualquier salario de Medicare, a la indemnización de la ley de jubilación ferroviaria y al ingreso por trabajo independiente por encima del límite del estado civil de declaración. Este impuesto es un impuesto del empleado, no un impuesto del empleador. El empleador es responsable de retener el impuesto adicional una vez que la remuneración del contribuyente supere los $200,000 (independientemente del estado civil de declaración) en un año calendario. El contribuyente no puede solicitar que su empleador deje de retener el impuesto adicional. Si el contribuyente tiene salarios, así como ingresos de trabajo independiente, el límite se reduce en los ingresos del trabajo como independiente, pero no por debajo de cero.

Estado civil de declaración	Cantidad límite
Casado declarando conjuntamente	$250,000
Casado declarando por separado	$125,000
Soltero	$200,000
Cabeza de familia	$200,000
Cónyuge sobreviviente calificado	$200,000

Las cantidades de límite anteriores no están indexadas por inflación.

Ejemplo: Terri, una declarante soltera, tiene $130,000 en ingresos de trabajo independiente y $0 en salarios. Terri no es responsable del Impuesto adicional de Medicare y no tiene que presentar el Formulario 8959.

Ejemplo: George y Jean están casados y presentan una declaración conjunta. George tiene $190,000 en salarios y Jean tiene $150,000 en remuneración sujeta a los impuestos de jubilación ferroviaria. Ni George ni Jean tienen salarios o remuneración que excedan los $200,000 porque sus empleadores no combinan los salarios y la remuneración de jubilación ferroviaria para determinar si están por encima del límite de $250,000 para una declaración conjunta. George y Jean no son responsables del impuesto adicional.

Ejemplo: Carl, un contribuyente soltero, tiene $220,000 en ingresos de trabajo independiente y $0 en salarios. Carl debe presentar el Formulario 8959, ya que está obligado a pagar el Impuesto adicional de Medicare sobre $20,000 de sus $220,000 de ingresos ($220,000 menos el límite de $200,000).

Línea 12 - Impuesto Sobre la Renta Por Inversiones Netas (NIIT)

Declarado mediante el Formulario 8960, el NIIT es un impuesto del 3.8% sobre el menor entre los ingresos netos por inversiones o el exceso del monto del ingreso bruto ajustado modificado del contribuyente que supera el límite del estado civil de declaración. El NIIT generalmente incluye ingresos y ganancias de actividades pasivas. Para los fines del NIIT, una actividad pasiva, según lo definido por la sección 469 del Código de Rentas Internas, incluye la actividad de alquiler, ya sea que el contribuyente haya participado materialmente o no. Los ingresos se excluyen del NIIT si se derivan de una actividad o negocio según se define en el artículo 162 del Código de Rentas Internas y no son pasivos. Las personas que tengan NIIT e Ingreso bruto ajustado modificado (MAGI) sobre los siguientes límites adeudarán un 3.8%:

Estado civil de declaración	Cantidad límite
Casado declarando conjuntamente y Cónyuge sobreviviente calificado	$250,000
Casado declarando por separado	$125,000
Soltero y Cabeza de familia (con persona calificada)	$200,000

Taxpayers should be aware that these threshold amounts are not indexed for inflation. If an individual is exempt from Medicare taxes, they may still be subject to NIIT if the taxpayer's modified adjusted gross income is over the thresholds.

NIIT includes gross income from interest, dividends, capital gains, rental and royalty income, and annuities, unless they are derived from the ordinary course of a trade or business that is:

1. Not a passive activity
2. A trade or business of financial instruments or commodities

The net investment income tax will not apply to any gain excluded from gross income for regular income tax purposes. The pre-existing statutory exclusion in IRC §121 exempts the first $250,000 (or $500,000 in the case of a married couple filing jointly) of gain recognized on the sale of a principal residence from gross income for regular income tax purposes and, thus, from the NIIT. For more information on NIIT, go to www.irs.gov and see the FAQs for the NIIT.

The following gains are examples of items that are taken into consideration when computing NIIT:

- Gains from sale of stocks, bonds, and mutual funds
- Capital gain distributions from mutual funds
- Gain from the sale of investment real estate, including the gain on the sale of a second home that is not the taxpayer's primary residence
- A gain from the sale of interest in partnerships and S corporations (to the extent that the partner or shareholder was a passive owner).

Distributions are considered when determining the modified adjusted gross income threshold. Distributions from a nonqualified retirement plan are included in net investment income. Form 8960 will be filed if the taxpayer has net investment income tax. For more information, refer to IRS Regulation Sections 1.1411-1 through 1.1411-10.

The Alaska Permanent Fund is a dividend that is paid to all qualifying residents of Alaska. The dividend is based upon a five-year average of the Permanent Fund's performance, which is based on the stock market and other factors. The dividend is taxable on the recipients' federal tax returns.

Additional Taxes

The following are other taxes reported on Form 1040, Schedule 2, line 17:

- Form 8611 *Recapture of Low-Income Housing Credit*
- Form 8828 *Recapture of Federal Mortgage Subsidy*
- Form 8853 *Archer MSAs and Long-Term Care Insurance Contracts*
- Form 4255 *Recapture of Investment Credit*
- Form 8889 *Health Savings Account*

Line 18 Total Additional Taxes

Add the amounts of 17a - z and report the total on line 18. This is the total amount of Additional Taxes. Report this amount on Form 1040, line 23, to add to the taxpayer's total tax liability.

Los contribuyentes deben ser conscientes de que estos montos límites no están indexados por inflación. Si una persona está exenta de impuestos de Medicare, puede seguir sujeta al NIIT si el ingreso bruto ajustado modificado del contribuyente supera los límites.

El NIIT incluye ingresos brutos por intereses, dividendos, ganancias de capital, ingresos por alquileres y regalías, y rentas vitalicias, a menos que se deriven del curso normal de una actividad o negocio que:

1. No sea una actividad pasiva
2. Sea una actividad o negocio de instrumentos financieros o productos básicos.

El impuesto sobre la renta por inversiones netas no se aplicará a ninguna ganancia que se excluya de los ingresos brutos para fines del impuesto sobre la renta regular. La exclusión legal preexistente en el IRC §121 exime los primeros $250,000 (o $500,000 en el caso de una pareja casada declarando conjuntamente) de la ganancia reconocida de la venta de una residencia principal del ingreso bruto para propósitos de los impuestos sobre la renta regulares y, por lo tanto, del NIIT. Para obtener más información sobre el NIIT, visite www.irs.gov y consulte las Preguntas frecuentes para el NIIT.

Las siguientes ventajas son ejemplos de elementos que se tienen en cuenta al calcular el NIIT:

- Ganancias por venta de acciones, bonos y fondos mutuos
- Distribuciones de ganancias de capital de fondos mutuos
- Ganancia de la venta de bienes raíces de inversión, incluyendo la ganancia de la venta de una segunda vivienda que no es la residencia principal del contribuyente.
- Una ganancia de la venta de participaciones en sociedades y sociedades anónimas S (en la medida en que el socio o accionista era un propietario pasivo).

Las distribuciones se consideran al determinar el límite de ingreso bruto ajustado modificado. Las distribuciones de un plan de jubilación no calificado se incluyen en el ingreso de inversión neta. El formulario 8960 se presentará si el contribuyente tiene un impuesto sobre la renta por inversiones netas. Para obtener más información, consulte las Secciones 1.1411-1 a 1.1411-10 del Reglamento del IRS.

El Fondo Permanente de Alaska es un dividendo que se paga a todos los residentes de Alaska calificados. El dividendo se basa en un promedio de cinco años del rendimiento del Fondo Permanente, que se basa en el mercado de valores y otros factores. El dividendo está sujeto a impuestos en las declaraciones de impuestos federales de los destinatarios.

Impuestos adicionales

Los siguientes son otros impuestos declarados en el Formulario 1040, Anexo 2, línea 17:

- Formulario 8611 *Recuperación del crédito para viviendas de bajos ingresos*
- Formulario 8828 *Recuperación del subsidio federal hipotecario*
- Formulario 8853 *MSA de Archer y Contratos de seguro de cuidado a largo plazo*
- Formulario 4255 *Recuperación del crédito de inversión*
- Formulario 8889 *Cuenta de ahorro para la salud*

Línea 18 - Total de Impuestos adicionales

Sume las cantidades de 17a - z y anote el total en la línea 18. Este es el monto total de los Impuestos adicionales. Declare esta cantidad en el Formulario 1040, línea 23, para sumar el monto a la obligación tributaria total del contribuyente.

Line 20 Net Tax Liability Installment

This line reports the amount calculated from Form 965-A. See Instructions Form 965-A.

Kiddie Tax (Form 8615)

The kiddie tax is a tax imposed on unearned income earned by individuals who are 18 years of age or under or dependent full-time students under age 24. Although Form 8615 is not included on Schedule 2 as an additional tax, it is an additional tax to the parent.

If the parent claims their child's unearned income, the child will not file a tax return. Claiming the child's unearned income would change the parents' tax liability and could affect the taxpayer's adjusted gross income (AGI). The election is made annually. The parent can claim their child's unearned income if the child meets the following conditions:

1. The child had $2,500 or more of unearned income
2. The child is required to file a tax return
3. The child either:
    a. Was under age 18 at the end of 2023
    b. Was age 18 at the end of 2023 and didn't have earned income that was more than half of their support
    c. Was a full-time student at least age 19 and under age 24 at the end of 2023 and did not have earned income that was more than half of their support
4. At least one of the child's parents was alive at the end of 2023
5. The child does not need to file a joint return for 2023

A "child" as defined by the kiddie tax rules also includes legally adopted children and stepchildren. These rules apply whether the child is or is not a dependent. If neither of the child's parents were living at the end of the year, none of the rules apply.

Support includes all amounts spent to provide the child with food, lodging, clothing, education, medical and dental care, recreation, transportation, and similar necessities. To calculate the child's support, include support provided by parents and their child, and others who support the child. A scholarship received by the child is not considered support if the child is a full-time student.

The Setting Every Community Up for Retirement Act (SECURE ACT) of 2019 repealed the TCJA changes made for Kiddie Tax. For tax year 2020 and beyond, the law reverts the kiddie tax back to the parent's marginal tax rate. See Publication 919 and IRC Section 1(g).

Part 2 Review

To obtain the maximum benefit from each part go online now and watch the video.

Línea 20 - Cuota de obligación tributaria neta

Esta línea informa el monto calculado a partir del Formulario 965-A. Consulte las Instrucciones del Formulario 965-A.

Impuesto de hijos menores (Formulario 8615)

El impuesto de hijos menores es un impuesto que grava los ingresos no salariales obtenidos por personas menores de 18 años o estudiantes dependientes de tiempo completo menores de 24 años. Aunque el Formulario 8615 no está incluido en el Anexo 2 como impuesto adicional, es un impuesto adicional para los padres.

Si el padre reclama los ingresos no salariales de su hijo, el hijo no presentará una declaración de impuestos. Reclamar los ingresos no salariales del hijo cambiaría la obligación tributaria de los padres y podría afectar el ingreso bruto ajustado (AGI) del contribuyente. La elección se realiza anualmente. El padre puede reclamar los ingresos no salariales de su hijo si el hijo cumple las siguientes condiciones:

1. El hijo tenía ingresos no salariales de $2,500 o más.
2. El hijo debe presentar una declaración de impuestos.
3. El hijo:
    a. Tenía menos de 18 años a finales de 2023.
    b. Tenía 18 años a finales de 2023 y no tenía ingresos del trabajo que representaran más de la mitad de su manutención.
    c. Era un estudiante a tiempo completo al menos de 19 años y menor de 24 a fines de 2023 y no tenía ingresos del trabajo que representaran más de la mitad de su manutención.
4. Al menos uno de los padres estaba vivo a finales de 2023.
5. El hijo no necesitó presentar una declaración conjunta para 2023.

Un "hijo" con respecto a las reglas de impuestos de hijos menores incluye a los hijos adoptivos e hijastros legalmente. Estas reglas se aplican independientemente si el hijo es dependiente o no. Si ninguno de los padres vivía al final del año, no se aplica ninguna de las reglas.

La manutención incluye todas las cantidades gastadas para proporcionar al hijo alimentos, alojamiento, ropa, educación, atención médica y dental, recreación, transporte y necesidades similares. Para calcular la manutención del hijo, incluya la manutención proporcionada por los padres y su hijo, y otras personas que mantienen al hijo. Una beca recibida por el hijo no se considera manutención para el hijo si es un estudiante a tiempo completo.

La Ley de Configuración de Todas las Comunidades para la Jubilación (LEY SECURE) de 2019 derogó los cambios de la TCJA realizados para el Impuesto de hijos menores. Para el año fiscal 2020 y posteriores, la ley revierte el impuesto de hijos menores a la tasa impositiva marginal del padre. Consulte la Publicación 919 y la Sección 1(g) del IRC.

Revisión de la Parte 2

Para obtener el máximo beneficio de cada parte, conéctese ahora y mire el video.

Part 3 - Taxpayer Penalty

Penalties and Interest Charges

Tax law imposes penalties to ensure that all taxpayers accurately report and pay their taxes. Both taxpayers and tax preparers can be subject to penalties, interest charges and even prosecution for underpayment of taxes due to fraud, incorrect preparation of a tax return, and other offenses.

Preparer penalties are enforced by the IRS under Revenue Code §6694, and in §6695 "*Understatement of taxpayer's liability by tax return preparer,*", "*Other assessable penalties with respect to the preparation of tax returns for other persons.*" These due diligence penalties affect both the taxpayer and the tax preparer. Tax professionals can receive penalties based on how they prepare their clients' returns. Preparer penalties were discussed in Chapter 1.

Penalties are treated as additions to taxes and are not deductible for federal income tax purposes. Taxpayers can receive penalties based on their filed tax return or not filing a return. Due diligence is the responsibility of both the taxpayer and the tax professional. Penalties and interest for a taxpayer could be assessed for not filing a tax return or filing an incorrect return. An incorrect return could be when the taxpayer understates their income or overstates their expenses.
If the taxpayer and tax professional prepare a tax return with an understatement of tax liability, both could be taking a frivolous stance where there is no credible possibility the IRS would accept the tax return in an audit. In this case, the penalty would be $1,000 or 50% of the income derived by the tax return preparer, whichever is more. The tax preparer may face a penalty of $5,000 or 50% of the income derived by the tax return if the attempt to understate the tax liability is intentional (IRC, §6695(a)).

If an individual owes taxes, the IRS will calculate penalties and interest on the amount owed. Penalties are calculated on the balance due. There are several separate types of penalties:

- Failure-to-file
- Failure-to-pay
- Failure to pay proper estimated tax
- Dishonored check

The interest accrues until the tax owed is paid in full. A late-payment penalty may be charged as well, but if the taxpayer shows a reasonable cause for not paying on time, they may be able to abate these penalties. The taxpayer must still make a good effort to properly estimate and pay the tax due on the due date.

Taxpayer Penalties

The following penalties are the most common for taxpayers.

Failure-to-File Penalty

The penalty for failing to file a return by the due date is 5% of the amount of tax due if the failure is for not more than one month, with an additional 5% for each additional month or fraction thereof, but not exceeding 25% of the total tax. The failure-to-pay penalty reduces the failure-to-file penalty for any month in which both penalties apply. However, if the return is more than 60 days late, the penalty will be $435 or 100% of the tax balance, whichever is less. The taxpayer will not have to pay the penalty if they show reasonable cause for not filing on time.

Parte 3 - Multas al contribuyente

Multas y cargos por intereses

La ley tributaria impone multas para garantizar que todos los contribuyentes declaren y paguen sus impuestos con precisión. Tanto los contribuyentes como los preparadores de impuestos pueden estar sujetos a multas, cargos por intereses e incluso a ser procesados por pago insuficiente de impuestos debido a fraude, preparación incorrecta de una declaración de impuestos y otros delitos.

El IRS aplica las multas a los preparadores en virtud de las secciones §6694 y §6695 del Código de Rentas *"Subestimación de la obligación del contribuyente por el preparador de la declaración de impuestos", y "Otras multas evaluables con respecto a la preparación de las declaraciones de impuestos para otras personas".* Estas multas de debida diligencia afectan tanto al contribuyente como al preparador de impuestos. Los profesionales de impuestos pueden recibir multas según la forma en que preparan las declaraciones de sus clientes. Las multas a los preparadores se analizaron en el Capítulo 1.

Las multas se tratan como adiciones a los impuestos y no son deducibles para los impuestos sobre la renta federales. Los contribuyentes pueden recibir multas en función de su declaración de impuestos presentada o por no presentar una declaración. La debida diligencia es responsabilidad tanto del contribuyente como del profesional de impuestos. Se podrían imponer multas e intereses a un contribuyente por no presentar una declaración de impuestos o por presentar una declaración incorrecta. Una declaración incorrecta puede darse cuando el contribuyente infravalora sus ingresos o sobrevalora sus gastos.
Si el contribuyente y el profesional de impuestos preparan una declaración de impuestos con una subestimación de la obligación tributaria, ambos podrían estar adoptando una postura insostenible en la que no existe una posibilidad creíble de que el IRS acepte la declaración de impuestos en una auditoría. En este caso, la multa sería mayor a $1,000 o 50% de los ingresos derivados por el preparador de la declaración de impuestos, lo que sea mayor. El preparador de impuestos puede enfrentar una multa de $5,000 o 50% de los ingresos derivados de la declaración de impuestos si el intento de subestimar la obligación tributaria es intencional (IRC, §6695 (a)).

Si una persona debe impuestos, el IRS calculará las multas e intereses sobre la cantidad adeudada. Las multas se calculan sobre el saldo adeudado. Hay varios tipos diferentes de multas.

- No declarar.
- Incumplimiento en el pago
- Incumplimiento en el pago adecuado del impuesto estimado
- Cheque rechazado

Los intereses se acumulan hasta que el impuesto adeudado se pague en su totalidad. También se puede cobrar una multa por pago tardío, pero si el contribuyente muestra una causa razonable para no pagar a tiempo, podrá reducir estas multas. El contribuyente aún debe hacer un buen esfuerzo para estimar adecuadamente y pagar el impuesto adeudado en la fecha de vencimiento.

Multas al contribuyente

Las siguientes multas son las más comunes para los contribuyentes.

Multa por no presentar la declaración

La multa por no presentar una declaración antes de la fecha de vencimiento es del 5% del monto del impuesto adeudado si la infracción es por no más de un mes, con 5% adicional por cada mes o fracción adicional, pero no superior al 25% del total del impuesto. La multa por falta de pago reduce la multa por no declarar para cualquier mes en el que se apliquen ambas multas. Sin embargo, si la declaración tiene más de 60 días de retraso, la multa no será menor de $435 o el 100% del saldo de impuestos, lo que sea menor. El contribuyente no tendrá que pagar la multa si demuestra causa razonable para no declarar a tiempo.

If the taxpayer files an extension, the tax is still due on the filing date, normally April 15.

A tax professional must be aware when their clients owe tax, and must inform them that penalties and interest will accrue on the unpaid tax. A taxpayer can apply for an installment agreement. See 26 U.S. Code Section 6651 and 26 Code of Federal Regulations section 301.665-1.

Failure-to-Pay Penalty

The IRS will calculate the Failure-to-Pay penalty based on how late the tax return is and how much unpaid tax is due. This penalty cannot be more than 25% of the unpaid tax. The taxpayer will not have to pay the fine if they show a good reason for not paying the tax on time. Add the failure-to-pay penalty to interest charges on late payments. The monthly or partial month rate is half the usual rate—25% instead of 50%—if an installment agreement is in effect for the month.

When the IRS issues an intent to levy, the tax rate increases to 1% if the taxpayer does not pay the amount within 10 days of the notice. When the IRS issues a notice and demands immediate payment, the rate will increase to 1% at the start of the first month, beginning after the notice and demand are issued. See 26 U.S. Code Section 6651 and 26 Code of Federal Regulations section 301.665-1.

Combined Penalties

If both the failure-to-file penalty and the failure-to-pay penalty apply in any month, the 5% (or 15%) failure-to-file penalty is reduced by the failure-to-pay penalty. However, if the taxpayer filed the return more than 60 days after the due date or extended due date, the minimum penalty is the smaller of $435 (for tax returns for 2020, 2021, and 2022) or 100% of the unpaid tax.

Underpayment of Estimated Tax by Individuals Penalty

The IRS operates on the assumption that all income is on a "pay as you go" basis. This is to ensure timely revenue collection by the agency and helps the taxpayer meet their tax obligations and avoid penalties. Therefore, self-employed taxpayers should make quarterly estimated payments. Taxpayers that owe additional tax payments for tax year 2022 may need to pay estimated payments for 2023 tax year.

The taxpayer may owe a penalty if the total of the withholding was filed on time, but the estimated payments did not equal the smaller of:

1. 90% of the tax owed on the 2023 tax return.
2. 100% of the taxpayer 2022 tax. The tax return covers a 12-month period.

The penalty is figured on Form 2210 or Form 2210-F for farmers or fishermen. See Instructions Form 2210 and Publication 505.

Si el contribuyente presenta una prórroga, el impuesto aún debe pagarse en la fecha de declaración, normalmente el 15 de abril.

Un profesional de impuestos debe saber cuándo sus clientes deben impuestos, y debe informarles que se acumularán multas e intereses sobre el impuesto no pagado. Un contribuyente puede solicitar un acuerdo de pago a plazos. Consulte la sección 6651 del Código de los EE. UU. y 26 de la sección 301.665-1 del Código de Regulaciones Federales.

Multa por incumplimiento de pago

El IRS calculará la multa por falta de pago en función de qué tan tarde esté la declaración de impuestos y cuánto impuesto no pagado se debe. Esta multa no puede ser más del 25% del impuesto no pagado. El contribuyente no tendrá que pagar la multa si puede demostrar que tuvo una buena razón para no pagar el impuesto a tiempo. Sume la multa por falta de pago a los cargos por intereses sobre los pagos atrasados. La tasa mensual o por una parte del mes corresponde a la mitad de la tasa habitual (25% en lugar de 50%) si hay un acuerdo de pago a plazos vigente para el mes.

Cuando el IRS emite una intención de embargo, la tasa impositiva aumenta al 1% si el contribuyente no paga la cantidad dentro de 10 días de la notificación. Cuando el IRS emite un aviso y exige el pago inmediato, la tasa aumentará al 1% al comienzo del primer mes, a partir de que se emitan el aviso y la demanda. Consulte la sección 6651 del Código de los EE. UU. y 26 de la sección 301.665-1 del Código de Regulaciones Federales.

Multas combinadas

Si tanto la multa por no declarar como la multa por falta de pago se aplican en cualquier mes, la multa por no declarar del 5% (o 15%) se reduce por la multa por falta de pago. Sin embargo, si el contribuyente presentó la declaración más de 60 días después de la fecha de vencimiento o la fecha de vencimiento extendida, la multa mínima es $435 (para declaraciones de impuestos de 2020, 2021 y 2022) o el 100% del impuesto impago, lo que sea menor.

Multa por pago insuficiente del impuesto estimado por parte de personas naturales

El IRS parte de la base de que todos los ingresos se pagan "sobre la marcha". Esto es para garantizar la recaudación oportuna de ingresos por parte de la agencia y ayudar al contribuyente a cumplir con sus obligaciones tributarias y evitar multas. Por lo tanto, los contribuyentes que son trabajadores independientes deberán realizar pagos estimados trimestrales. Es posible que los contribuyentes que adeudan pagos de impuestos adicionales para el año fiscal 2022 deban realizar pagos estimados para el año fiscal 2023.

El contribuyente podrá adeudar una multa si el total de la retención se presentó a tiempo, pero los pagos estimados no alcanzaron el menor de:

1. el 90% del impuesto adeudado en su declaración de impuestos de 2023.
2. el 100% del impuesto al contribuyente de 2022. La declaración de impuestos cubre un período de 12 meses.

La multa se calcula en el Formulario 2210 o 2210-F para agricultores o pescadores. Consulte las Instrucciones del Formulario 2210 y la Publicación 505.

Dishonored Check

If the taxpayer writes a check to pay for the amount due and the check "bounces" (is not honored by the bank), the IRS may impose a penalty. A penalty will be assessed as well if the taxpayer does not have enough funds in the bank account to pay the balance due. The penalty is whichever is less: 2% of the amount of the check or $25 if the check is less than $1,250. See *IRC §6695(f)*.

If the taxpayer is required to make a payment by Electronic Funds Transfer (EFT) and makes the payment by another means, the penalty is 10% of the amount paid via non-EFT. An exception could be granted for reasonable cause, but not for willful neglect.

Paying or Receiving Interest

If taxpayers have a balance due on their current year tax return or owe taxes to the IRS for prior years and fail to pay the amount due by the due date, interest will be owed on the unpaid balance. Taxpayers cannot deduct the interest paid to the IRS on their return. When the taxpayer receives interest on a delayed refund or an amended return, that amount is considered earned income in the year received.

Information Reporting Penalties

If an individual files information returns and does not file them on time, they could receive penalties. An information return is typically filed by a business, rather than an individual taxpayer, such as filing W-2s or 1099s. The IRS charges penalties based on the due date of the information return.

For example, Diego prepares W-2s for his business client's company. For tax year 2023, the penalty for information returns filed up to 30 days late is $50 per information return or payee statement; for 31 days late through August 1, the penalty is $110 per return or statement. After August 1 or if the information return is not filed at all, the penalty amount is $280 per item. If the taxpayer or Diego intentionally disregards the payment dates, the penalty amount increases to $580 per failure to file. For tax year 2024, the amounts are $60, $120, $310, and $630 per failure to file.

Filing Late

Taxpayers who do not file their returns by the due date (including extensions) could be assessed a failure-to-file penalty. The penalty is based on the tax owed as of the due date and the time elapsed (without regard to extensions). The penalty is usually ½% of the balance due for each month or part of a month that a return is late, but not more than 25%. See IRC code 6651.

Late-Filed Return with a Refund

If the taxpayer was due a refund but did not file a return, the taxpayer generally must file within three years from the date the original return was due. If the taxpayer files the return more than 60 days after the due date or extended due date, the minimum penalty is $135 or 100% of the unpaid tax, whichever is less.

If the taxpayer could show reasonable cause for not filing a timely return, the penalty may not be assessed.

Cheque rechazado

Si el contribuyente envía un cheque para pagar el monto adeudado y el cheque "rebota" (no es aceptado por el banco), el IRS puede imponer una multa. También se impondrá una multa si el contribuyente no tiene fondos suficientes en la cuenta bancaria para pagar el saldo adeudado. La multa es el monto mayor de las siguientes opciones: 2% del monto del cheque o $25 si el cheque es menor que $1,250. Consulte la sección §6695(f) del IRC.

Si se requiere que el contribuyente realice un pago mediante Transferencia Electrónica de Fondos (EFT) y realiza el pago por otro medio, la multa es del 10% del monto pagado por medios distintos de EFT. Podría concederse una excepción por causa razonable, pero no por negligencia intencionada.

Pagar o recibir intereses

Si los contribuyentes tienen un saldo adeudado en su declaración de impuestos del año fiscal en curso, o si adeudan impuestos al IRS por años anteriores y no pagan el monto adeudado en la fecha de vencimiento, deberán intereses sobre el saldo no pagado. Los contribuyentes no pueden deducir los intereses pagados al IRS en su declaración. Cuando el contribuyente recibe intereses sobre un reembolso retrasado o una declaración enmendada, esa cantidad se considera ingreso del trabajo en el año recibido.

Multas por omisión de información

Si una persona presenta declaraciones de información y no las envía a tiempo, podría recibir multas. Una declaración de información generalmente la presenta una empresa, en lugar de un contribuyente de persona natural, como la presentación de formularios W-2 o 1099. El IRS cobra multas según la fecha de vencimiento de la declaración informativa.

Por ejemplo, Diego prepara formularios W-2 para la empresa de su cliente comercial. Para el año fiscal 2023, la multa por declaraciones informativas presentadas hasta con 30 días de retraso es de $50 por declaración informativa o declaración de beneficiario; por 31 días de retraso hasta el 1 de agosto, la multa es de $110 por declaración o estado de cuenta. Después del 1 de agosto o si la declaración informativa no se presenta en absoluto, el monto de la multa es de $280 por partida. Si el contribuyente o Diego ignoran intencionalmente las fechas de pago, el monto de la multa aumenta a $580 por no presentar la declaración. Para el año fiscal 2024, los montos son $60, $120, $310 y $630 por no presentar la declaración.

Declaración tardía

A los contribuyentes que no presenten sus declaraciones antes de la fecha de vencimiento (incluidas las prórrogas) se les podría imponer una multa por no presentar la declaración. La multa se basa en el impuesto adeudado en la fecha de vencimiento y el tiempo transcurrido (sin considerar prórrogas). La multa suele ser del ½% del saldo adeudado por cada mes o parte de un mes en el que la declaración se retrasa, pero no más del 25%. Consulte la Sección 6651 del Código IRC.

Declaración presentada de forma atrasada con reembolso

Si al contribuyente se le debía un reembolso, pero no presentó una declaración, por lo general debe presentar su declaración dentro de los tres años a partir de la fecha de vencimiento de la declaración original. Si el contribuyente presenta la declaración más de 60 días después de la fecha de vencimiento o de la prórroga, la multa mínima es $135 o el 100% del impuesto impago, lo que sea menor.

Si el contribuyente pudiera demostrar una causa razonable para no presentar una declaración de forma oportuna, es posible que no se imponga la multa.

Reduced Refund

The taxpayer's refund may be reduced by an additional tax liability that has been assessed. A refund may also be reduced if the taxpayer owes past-due child support, debts to another federal agency, delinquent student loans, or state tax.

Penalty for Failure to Disclose Foreign Income

There are criminal and civil penalties for failure to disclose a foreign bank account report (FBAR). Criminal penalties would be charged if the taxpayer fails to report an asset or has an underpayment of tax. If the taxpayer is required to file Form 8938 by the due date, the penalty would be $10,000 or up to $50,000 depending on circumstances.

In addition to the penalty for failure to file Form 8938, the IRS could assess an additional penalty under IRC §6662 for failure to report the income attributable to an undisclosed foreign financial asset. The maximum additional penalty for not filing Form 8938 is $50,000. See Instructions Form 8938.

First-Time Abate Policy

The IRS has a policy for penalty relief called First Time Abate (FTA). Under certain conditions, the FTA penalty relief option for failure-to-file, and failure-to-pay penalties, does not apply if the taxpayer has not filed all returns and paid or arranged to pay all tax currently due. The taxpayer is considered current with an open installment agreement and if current installment payments are up to date.

Penalties are imposed on taxpayers who file late and who fail to pay tax in full on time. The late penalty is 5% of the unpaid taxes for each month or part of a month that the return is late, up to 25%. To reward past tax compliance and promote future tax compliance, the IRS waives these penalties for taxpayers who have demonstrated full compliance over the prior three years.

Failure to Provide Social Security Number

If the taxpayer does not include a Social Security number (SSN) or the SSN of another person where required on a return, statement, or other document, the taxpayer will be subject to a penalty of $50 for each failure. The taxpayer may also be subject to the $50 penalty if they do not give their SSN to another person when required on a return, statement, or other document. The taxpayer will not have to pay the penalty if they are able to show that the failure was due to reasonable cause and not willful neglect.

Example: Lauren has a bank account that earns interest. Lauren must give her SSN to the bank. The number must be shown on Form 1099-INT or other statement the bank sends Lauren. If Lauren does not give the bank her SSN, she will be subject to the $50 penalty. Lauren could also be subject to "backup" withholding of income tax.

Failure to Furnish Correct Payee Statements

Any person who does not provide an individual with a complete and correct copy of an information return (payee statement) by the due date is subject to a penalty of $250 for each statement. If any failure is corrected within 30 days of the due date, the penalty could be $50. See IRC Code 6722.

Reembolso reducido

El reembolso del contribuyente puede reducirse mediante una obligación tributaria adicional que se haya evaluado. Un reembolso también puede reducirse si el contribuyente debe manutención de los hijos vencida, deudas con otra agencia federal, préstamos estudiantiles morosos o impuestos estatales.

Multa por no declarar ingresos en el extranjero

Existen sanciones penales y civiles por no declarar un informe de cuenta bancaria extranjera (FBAR). Se impondrían sanciones penales si el contribuyente no declara un activo o paga impuestos de manera insuficiente. Si se requiere que el contribuyente presente el Formulario 8938 antes de la fecha de vencimiento, la multa sería de $10,000 o hasta $50,000 dependiendo de las circunstancias.

Además de la multa por no presentar el Formulario 8938, el IRS podría imponer una multa adicional según el artículo 6662 del IRC por no declarar los ingresos atribuibles a un activo financiero extranjero no declarado. La multa adicional máxima por no presentar el Formulario 8938 es de $50,000. Consulte las Instrucciones del Formulario 8938.

Política de Reducción por primera vez

El IRS tiene una política de alivio de multas llamada Reducción por primera vez (FTA). Bajo ciertas circunstancias, la opción de alivio de multa de FTA para las multas por no declarar y por incumplimiento de pago, no se aplica si el contribuyente no ha presentado todas las declaraciones y pagado o hecho arreglos para pagar todos los impuestos actualmente vencidos. El contribuyente se considera al día con un acuerdo de pago a plazos abierto y los pagos a plazos actuales están al día.

Las multas se imponen a los contribuyentes que declaran de forma tardía y que no pagan oportunamente el impuesto en su totalidad. La multa por atraso es del 5% de los impuestos no pagados por cada mes o parte de un mes en que la declaración se presente de forma atrasada, hasta un 25%. Para recompensar el cumplimiento tributario pasado y promover el futuro cumplimiento de impuestos, el IRS renuncia a estas multas para los contribuyentes que han demostrado un cumplimiento total durante los tres años anteriores.

No proporcionar el número de Seguro Social

Si el contribuyente no incluye un número de Seguro Social (SSN) o incluye el SSN de otra persona cuando se requiera en una declaración de impuestos u otro documento, estará sujeto a una multa de $50 por cada incumplimiento. El contribuyente también puede estar sujeto a la multa de $50 si no le suministra su SSN a otra persona cuando se requiera en una declaración, informe u otro documento. El contribuyente no tendrá que pagar la multa si puede demostrar que el incumplimiento se debió a una causa razonable y no a una negligencia deliberada.

Ejemplo: Lauren tiene una cuenta bancaria que genera intereses. Lauren debe darle su SSN al banco. El número debe mostrarse en el Formulario 1099-INT u otro informe que el banco envíe a Lauren. Si Lauren no le da su Número de Seguro Social al banco, estará sujeta a la multa de $50. Lauren también podría estar sujeta a una retención "de respaldo" del impuesto sobre la renta.

Omisión de declaraciones correctas del beneficiario

Cualquier persona que no proporcione a un contribuyente una copia completa y correcta de una declaración de información (declaración del beneficiario) antes de la fecha de vencimiento estará sujeta a una multa de $250 por cada declaración. Si alguna falla se corrige dentro de los 30 días posteriores a la fecha de vencimiento, la multa podría ser de $50. Consulte la Sección 6722 del Código IRC.

Interest Charges

April 15 is normally the deadline for taxpayers to file and pay any amount due on their individual return. Interest generally accrues on the unpaid tax from the due date until the amount is paid in full. If the taxpayer does not pay the balance due on time, the IRS will charge a late-payment penalty.

Penalty for Substantial Understatement

If the taxpayer understates their income or expenses they may be charged with a penalty. The understatement is substantial if it is more than the larger of 10 percent of the correct tax or $5,000 for individuals. The substantial underpayment penalty is 20 percent of the portion of the underpayment that was understated on the tax return.

Criminal Penalties

The taxpayer may be subject criminal prosecution for any of the following actions:

- Tax evasion
- Willful failure to file a return, supply information, or pay any tax due
- Fraud and false statements
- Preparing and filing a fraudulent return
- Identity theft

A taxpayer convicted of criminal fraud is subject to a fine of up to $100,000 or imprisonment of up to five years, or both, as well as having to pay the cost of the prosecution. For more information, see code section 7201.

Tax Evasion

Tax evasion is illegally avoiding paying taxes, failing to report taxes, or reporting income and expenses falsely or erroneously. The government imposes strict and serious penalties for tax evasion. The following are some common indicators the IRS looks for to validate tax evasion:

- Understatement of income
- Claiming fictitious or improper deductions
- Accounting irregularities
- Allocation of income
- Acts and conduct of the taxpayer

Fraud and Tax Evasion

If the taxpayer's failure to file is due to fraud, the maximum fine is $250,000 for individuals and $500,000 for corporations. An individual convicted of fraud and tax avoidance could be sentenced to up to five years.

Tax Avoidance

Tax avoidance is different from tax evasion. Tax avoidance is using legal methods to minimize the amount of income tax owed by a taxpayer or business. What distinguishes tax avoidance from tax evasion is the intent of the taxpayer. The intent to evade tax occurs when a taxpayer knowingly misrepresents the facts. The intent is the state of mind behind a person's judgment or decision to act. A taxpayer's intent is judged by others, and others judge a taxpayer's intent.

Cargos por intereses

Normalmente, el 15 de abril es la fecha límite para que los contribuyentes presenten y paguen cualquier monto adeudado en su declaración de persona natural. Los intereses generalmente se acumulan sobre el impuesto impago desde la fecha de vencimiento hasta que el monto se paga en su totalidad. Si el contribuyente no paga el saldo adeudado a tiempo, el IRS le cobrará una multa por pago tardío.

Multa por subestimación sustancial

Si el contribuyente subestima sus ingresos o gastos, se le puede imponer una multa. La subestimación es sustancial si es mayor que el 10 por ciento del impuesto correcto o $5,000 para personas naturales, el mayor. La multa por subestimación sustancial es el 20 por ciento de la parte del pago insuficiente que se subestimó en la declaración de impuestos.

Sanciones penales

El contribuyente puede estar sujeto a enjuiciamiento penal por las siguientes acciones:

- Evasión de impuestos
- Incumplimiento intencional para presentar una declaración, suministrar información o pagar cualquier impuesto adeudado
- Fraude y declaraciones falsas
- Preparar y presentar una declaración fraudulenta
- Robo de identidad

Un contribuyente condenado por fraude penal está sujeto a una multa hasta de $100,000 o encarcelamiento de hasta 5 años, o ambos, además de tener que pagar los costos del proceso. Para más información, consulte la sección 7201 del código.

Evasión de impuestos

La evasión de impuestos es evitar ilegalmente el pago de impuestos, no declarar impuestos o declarar ingresos y gastos de manera incorrecta y falsa. El gobierno impone multas estrictas y serias por la evasión de impuestos. Los siguientes son algunos indicadores comunes que el IRS busca para validar la evasión fiscal:

- Subestimación de los ingresos
- Reclamar deducciones ficticias o impropias
- Irregularidades contables
- Asignación de ingresos
- Actos y conducta del contribuyente

Fraude y evasión de impuestos

Si la no declaración del contribuyente se debe a fraude, la multa máxima es de $250,000 para personas naturales y $500,000 para sociedades. Una persona condenada por fraude y evasión fiscal podría recibir una pena hasta por cinco años.

Elusión fiscal

La elusión fiscal es diferente de la evasión fiscal. La elusión fiscal es el uso de métodos legales para minimizar el monto del impuesto sobre la renta adeudado por un contribuyente o una empresa. Lo que distingue la elusión fiscal de la evasión fiscal es la intención del contribuyente. La intención de evadir impuestos se produce cuando un contribuyente deliberadamente tergiversa los hechos. La intención es el estado mental detrás del juicio o la decisión de actuar de una persona. La intención de un contribuyente es juzgada por otros, y otros juzgan la intención de un contribuyente.

Negligence or Disregard

"Negligence" is the failure to make a reasonable attempt to comply with the tax law or to exercise ordinary and reasonable care in preparing a return. Negligence also includes a failure to keep adequate books and records. The taxpayer will not have to pay a negligence penalty if they have a reasonable basis for the position taken.

"Disregard" includes any careless, reckless, or intentional disregard of rules or regulations. Negligence or ignorance of tax law does not generally constitute fraud.

Joint Return

The fraud penalty on a joint return may not apply to a spouse unless some part of the underpayment is due to the spouse's fraud. The spouse may need to file a separate return.

Section 7201 provides that "any person who willfully attempts in any manner to evade or defeat any tax imposed by this title or the payment thereof shall, in addition to other penalties provided by law, be guilty of a felony." In addition to criminal penalties, any person who violates Section 7201 may be guilty of a felony and upon conviction thereof, shall be fined not more than $100,000 or imprisoned not more than five years, or both, and the individual will be required to pay the cost of prosecution.

Adequate Disclosure

The taxpayer can avoid the penalty for disregarding rules or regulations if the taxpayer adequately disclosed a position that has at least a reasonable basis on the return. The exception will not apply if the taxpayer did not keep adequate books, or the item relates to a tax shelter.

Substantial Understatement of Income Tax Penalty

Understatement occurs when the tax shown on the tax return is less than the correct tax. The understatement is substantial if it is more than the larger of 10% of the correct tax or $5,000.

However, the amount of understatement can be reduced to the extent the understatement is due to:

- Substantial authority
- Adequate disclosure and a reasonable basis

Whether there is or was substantial authority for the tax treatment of an item depends on the facts and circumstances—consider the court opinions, Treasury regulations, revenue rulings, revenue procedures, and notices. Announcements issued by the IRS and published in the Internal Revenue Bulletin that involve the same or similar circumstances as the taxpayer will also be considered.

Frivolous Tax Return Penalty

The taxpayer may have to pay a penalty of $5,000 for filing a "frivolous return." A frivolous return does not include enough information to figure out the correct tax or contains information clearly showing that the tax reported is substantially incorrect.

Taxpayers may be motivated to file frivolous returns for any number of reasons, all of which can lead to IRS allegations of tax avoidance or evasion. The filing of a frivolous return can be intended to delay or interfere with the administration of federal income tax laws.

Negligencia o desatención

"Negligencia" es la incapacidad de hacer un intento razonable por cumplir con la ley tributaria o ejercer una atención ordinaria y razonable al preparar una declaración. La negligencia también incluye la falta de libros y registros adecuados. El contribuyente no tendrá que pagar una multa por negligencia si tiene una base razonable para la postura asumida.
El término "desatención" incluye cualquier desatención descuidada, imprudente o intencional de las reglas o regulaciones. La negligencia o el desconocimiento de la ley tributaria no constituye generalmente fraude.

Declaración conjunta

La multa por fraude en una declaración conjunta puede no aplicarse a un cónyuge a menos que una parte del pago insuficiente se deba al fraude del cónyuge. Es posible que el cónyuge deba presentar una declaración por separado.

La Sección 7201 establece que "cualquier persona que voluntariamente intente de alguna manera evadir u omitir cualquier impuesto aplicado por este título o el pago del mismo, además de otras multas previstas por la ley, será culpable de un delito grave". Además de las sanciones penales, cualquier persona que viole la Sección 7201 puede ser culpable de un delito grave y, al ser declarado culpable, se le impondrá una multa de no más de $100,000 o una pena de prisión de no más de cinco años, o ambas, y se le exigirá a la persona que pague los costos del proceso.

Declaración adecuada

El contribuyente puede evitar la multa por incumplimiento de las normas o reglamentos si declaró adecuadamente una postura que tenga al menos una base razonable en la declaración. La excepción no aplicará si el contribuyente no llevó libros adecuados, o el concepto se refiere a un refugio fiscal.

Multa por Subestimación sustancial del impuesto sobre la renta

La subestimación ocurre cuando el impuesto que se muestra en la declaración es menor que el monto correcto. La subestimación es sustancial si es mayor que el 10% del impuesto correcto o $5,000.

Sin embargo, la cantidad de subestimación se reduce en la medida en que la subestimación se debe a:

- Autoridad sustancial
- Declaración adecuada y una base razonable

La existencia actual o anterior de una autoridad sustancial para el tratamiento fiscal de una partida depende de los hechos y las circunstancias, considere las opiniones de los tribunales, las regulaciones del Tesoro, las resoluciones de ingresos, los procedimientos de ingresos y las notificaciones. Los anuncios emitidos por el IRS y publicados en el Boletín de Rentas Internas que involucran las circunstancias idénticas o similares a las del contribuyente.

Multa por Declaración de impuestos infundada

Es posible que el contribuyente tenga que pagar una multa de $5,000 por presentar una "declaración infundada". Una declaración infundada no incluye suficiente información para calcular el impuesto correcto o contiene información que muestra claramente que el impuesto declarado es sustancialmente incorrecto.

Los contribuyentes pueden verse motivados a presentar declaraciones infundadas por diversas razones, las cuales pueden dar lugar a acusaciones del IRS de elusión o evasión fiscal. La presentación de una declaración infundada puede tener como objetivo retrasar o interferir con la administración de las leyes federales de impuestos sobre la renta.

This action includes altering or striking out the preprinted language above the space provided for the taxpayer's signature. This penalty is added to any other penalty provided by law.

A frivolous return can lead to penalties for the taxpayer and the preparer and should never be considered as a legitimate tax strategy.

Part 3 Review

To obtain the maximum benefit from each chapter you should complete the part review

Takeaways

"Other taxes" consist of different types of taxes. Some taxes have forms attached directly to Form 1040, while others are reported on Form 1040, Schedule 1, 2 and 3. The IRS has expanded Schedule 2 by detailing certain additional taxes, which have their own line on Schedule 2. For example, on page 2 of Schedule 2, line 17 is for additional tax items such as Health Savings Account, Archer Medical Savings Account, and recapturing deductible credits.

AMT is a separate tax that is added to the income tax. Under tax law, certain deductions could benefit taxpayers who qualify for the tax deduction. The purpose of the minimum tax credit is to prevent the double taxation of deferral preference adjustments. AMT is a tax imposed in addition to the regular income tax to recapture the reductions resulting from the use of special tax relief provisions of the tax law. The repayment of the Premium Tax Credit is based on the amount of the premium paid and the taxpayer's income.

There are significant civil and sometimes criminal penalties for filing late, incorrect or fraudulent tax returns and information returns or failing to file required returns. Taxpayers and preparers should be careful to avoid these mistakes whether deliberately or unintentionally.

TEST YOUR KNOWLEDGE!
Go online to take a practice quiz.

Esta acción incluye alterar o tachar el lenguaje preimpreso sobre el espacio provisto para la firma del contribuyente. Esta multa se agrega a cualquier otra multa prevista por la ley.

Una declaración infundada puede dar lugar a multas para el contribuyente y el preparador y nunca debe considerarse como una estrategia fiscal legítima.

Revisión de la Parte 3

Para obtener el máximo beneficio de cada capítulo, debe completar la revisión de la parte.

Conclusiones

"Otros impuestos" consisten en diferentes tipos de impuestos. Algunos impuestos tienen formularios adjuntos directamente al Formulario 1040, mientras que otros se declaran en el Formulario 1040, Anexo 1, 2 y 3. El IRS ha ampliado el Anexo 2 al detallar ciertos impuestos adicionales, que tienen su propia línea en el Anexo 2. Por ejemplo, en la página 2 del Anexo 2, la línea 17 es para partidas de impuestos adicionales como la Cuenta de ahorro para la Salud, la Cuenta de Ahorros Médicos Archer y la recuperación de créditos deducibles.

El AMT es un impuesto separado que se agrega al impuesto sobre la renta. Según la ley tributaria, ciertas deducciones podrían beneficiar a los contribuyentes que califican para la deducción tributaria. El objetivo del crédito fiscal mínimo es evitar la doble imposición de los ajustes de preferencia de diferimiento. El AMT es un impuesto aplicado además del impuesto sobre la renta regular para recuperar las reducciones resultantes del uso de disposiciones especiales de desgravación fiscal de la ley tributaria. El reembolso del Crédito fiscal de prima se basa en el monto de la prima pagada y los ingresos del contribuyente.

Existen importantes sanciones civiles y, a veces, penales por presentar declaraciones de impuestos y declaraciones informativas tardías, incorrectas o fraudulentas o por no presentar las declaraciones requeridas. Los contribuyentes y los preparadores deben tener cuidado de evitar estos errores, ya sea de forma deliberada o no.

¡PON A PRUEBA TUS CONOCIMIENTOS!
Ve en línea para tomar un examen final.

Chapter 7 Payments and Tax Credits

Introduction

Unlike a deduction, which reduces the income subject to taxation, credits can directly reduce the taxpayer's tax liability to zero. Depending on the type of credit, the amount will reduce the tax liability below zero, resulting in a refund for the taxpayer. There are two types of credits: refundable and nonrefundable. The refundable credits reduce the tax liability below zero, resulting in a refund. In some instances, after reducing the tax liability to zero, the remaining amount will be carried over to the next year until the full amount is used. Not all nonrefundable credits can be carried over.

Objectives

At the end of this chapter, the student will be able to:

- Explain how a nonrefundable credit affects the taxpayer's tax liability
- Name the refundable credits
- Understand the qualifications for the Earned Income Credit (EIC)
- Identify who qualifies for the additional child tax credit
- Know the rules for the refundable portion of the American opportunity credit (AOC)
- Recognize when a dependent qualifies for the Other Dependent Credit (ODC)

Resources

Form 1040	Publication 17	Instructions Form 1040
Form 1098-T	Publication 503	Instructions Form 1098-T
Form 1116	Publication 505	Instructions Form 1116
Form 2441	Publication 514	Instructions Form 2441
Form 8396	Publication 524	Instructions Form 8396
Form 8801	Publication 596	Instructions Form 8801
Form 8812	Publication 972	Instructions Form 8812
Form 8863	Publication 4933	Instructions Form 8863
Form 8867	Publication 4935	Instructions Form 8867
Form 8880	Tax Topic 601, 602, 607, 608, 610	Instructions Form 8880
Form 8959	Schedule 3	Instructions Form 8959
Schedule EIC	Instructions Schedule 3	Instructions Schedule EIC
Schedule R		Instructions Schedule R

Part 1 Nonrefundable Credits

Nonrefundable credits reduce the taxpayer's income tax. The credits are computed in the order they appear on Form 1040, Schedule 3, Part I.

Foreign Tax Credit

The foreign tax credit is intended to reduce the double tax burden that could occur when a foreign source of income is taxed by both the foreign country and the United States. Generally, the credit for foreign taxes paid or accrued to a foreign country or U.S. possession will qualify for the tax credit reported on Form 1040, Schedule 3, line 1. If the taxpayer claims a foreign tax credit using Schedule 3, Form 1116, *Foreign Tax Credit*, it must be attached to the tax return. The other way that the taxpayer could claim the credit is as an itemized deduction on Schedule A under "other taxes."

Capítulo 7 Pagos y créditos fiscales

Introducción

A diferencia de una deducción, que reduce la renta sujeta a tributación, los créditos pueden reducir directamente a cero la deuda tributaria del contribuyente. Dependiendo del tipo de crédito, el importe reducirá la deuda tributaria por debajo de cero, lo que dará lugar a un reembolso para el contribuyente. Existen dos tipos de créditos: reembolsables y no reembolsables. Los créditos reembolsables reducen la cuota tributaria por debajo de cero, lo que da lugar a un reembolso. En algunos casos, tras reducir la deuda tributaria a cero, el importe restante se trasladará al año siguiente hasta que se utilice en su totalidad. No todos los créditos no reembolsables pueden prorrogarse.

Objetivos

Al final de este capítulo, el alumno será capaz de:

- Explicar cómo un crédito no reembolsable afecta a la deuda tributaria del contribuyente.
- Nombrar los créditos reembolsables
- Comprender los requisitos para el Crédito por Ingreso del Trabajo (EIC)
- Determinar quién tiene derecho al crédito fiscal adicional por hijos
- Conocer las normas para la parte reembolsable del crédito de oportunidad americana (AOC)
- Reconocer cuándo una persona a cargo tiene derecho al crédito por otras personas a cargo (ODC)

Recursos

Formulario 1040	Publicación 17	Instrucciones del Formulario 1040
Formulario 1098-T	Publicación 503	Instrucciones del Formulario 1098-T
Formulario 1116	Publicación 505	Instrucciones del Formulario 1116
Formulario 2441	Publicación 514	Instrucciones del Formulario 2441
Formulario 8396	Publicación 524	Instrucciones del Formulario 8396
Formulario 8801	Publicación 596	Instrucciones del Formulario 8801
Formulario 8812	Publicación 972	Instrucciones del Formulario 8812
Formulario 8863	Publicación 4933	Instrucciones del Formulario 8863
Formulario 8867	Publicación 4935	Instrucciones del Formulario 8867
Formulario 8880	Tema fiscal 601, 602, 607, 608, 610	Instrucciones del Formulario 8880
Formulario 8959	Anexo 3	Instrucciones del Formulario 8959
Anexo EIC	Instrucciones del Anexo 3	Instrucciones del Anexo EIC
Anexo R		Instrucciones del Anexo R

Parte 1 Créditos no reembolsables

Los créditos no reembolsables reducen el impuesto sobre la renta del contribuyente. Los créditos se calculan en el orden en que aparecen en el Formulario 1040, Anexo 3, Parte I.

Crédito fiscal extranjero

El crédito fiscal extranjero tiene por objeto reducir la doble carga fiscal que podría producirse cuando una fuente de ingresos extranjera es gravada tanto por el país extranjero como por los Estados Unidos. Generalmente, el crédito por impuestos extranjeros pagados o devengados a un país extranjero o posesión de EE.UU. dará derecho al crédito fiscal declarado en el Formulario 1040, Anexo 3, línea 1. Si el contribuyente solicita un crédito fiscal extranjero utilizando el Anexo 3, *Formulario 1116, Crédito fiscal extranjero*, deberá adjuntarlo a la declaración de la renta. La otra forma en que el contribuyente podría reclamar el crédito es como una deducción detallada en el Anexo A bajo "otros impuestos".

Do not complete Form 1116 if the taxpayer qualifies for any of the following:

- All foreign gross income is from interest and dividends and reported on Form 1099-INT, 1099-DIV, or Schedule K-1
- Total foreign taxes were not more than $300 ($600 if married filing jointly)
- All foreign source gross income was "passive category income"

SCHEDULE 3 (Form 1040) Department of the Treasury Internal Revenue Service	**Additional Credits and Payments** Attach to Form 1040, 1040-SR, or 1040-NR. Go to *www.irs.gov/Form1040* for instructions and the latest information.	OMB No. 1545-0074 2023 Attachment Sequence No. 03
Name(s) shown on Form 1040, 1040-SR, or 1040-NR		Your social security number

Part I Nonrefundable Credits

1	Foreign tax credit. Attach Form 1116 if required			1	
2	Credit for child and dependent care expenses from Form 2441, line 11. Attach Form 2441			2	
3	Education credits from Form 8863, line 19			3	
4	Retirement savings contributions credit. Attach Form 8880			4	
5a	Residential clean energy credit from Form 5695, line 15			5a	
b	Energy efficient home improvement credit from Form 5695, line 32			5b	
6	Other nonrefundable credits:				
a	General business credit. Attach Form 3800	6a			
b	Credit for prior year minimum tax. Attach Form 8801	6b			
c	Adoption credit. Attach Form 8839	6c			
d	Credit for the elderly or disabled. Attach Schedule R	6d			
e	Reserved for future use	6e			
f	Clean vehicle credit. Attach Form 8936	6f			
g	Mortgage interest credit. Attach Form 8396	6g			
h	District of Columbia first-time homebuyer credit. Attach Form 8859	6h			
i	Qualified electric vehicle credit. Attach Form 8834	6i			
j	Alternative fuel vehicle refueling property credit. Attach Form 8911	6j			
k	Credit to holders of tax credit bonds. Attach Form 8912	6k			
l	Amount on Form 8978, line 14. See instructions	6l			
m	Credit for previously owned clean vehicles. Attach Form 8936	6m			
z	Other nonrefundable credits. List type and amount:	6z			
7	Total other nonrefundable credits. Add lines 6a through 6z			7	
8	Add lines 1 through 4, 5a, 5b, and 7. Enter here and on Form 1040, 1040-SR, or 1040-NR, line 20			8	

Schedule 3

Form 2441: Child and Dependent Care

Dependent care benefits are payments the employer paid directly to either the taxpayer or the care provider for taking care of qualifying dependent(s) while the taxpayer worked. Dependent care benefits are pre-taxed contributions made based on the fair market value of care in a daycare facility provided by or sponsored by the employer under a Flexible Spending Arrangement (FSA).

No complete el Formulario 1116 si el contribuyente cumple alguno de los siguientes requisitos:

- Todos los ingresos brutos extranjeros proceden de intereses y dividendos y se declaran en el Formulario 1099-INT, 1099-DIV o en el anexo K-1
- El total de impuestos en el extranjero no superó los $300 ($600 si el matrimonio presenta una declaración conjunta).
- Todos los ingresos brutos de fuente extranjera eran "ingresos de categoría pasiva"

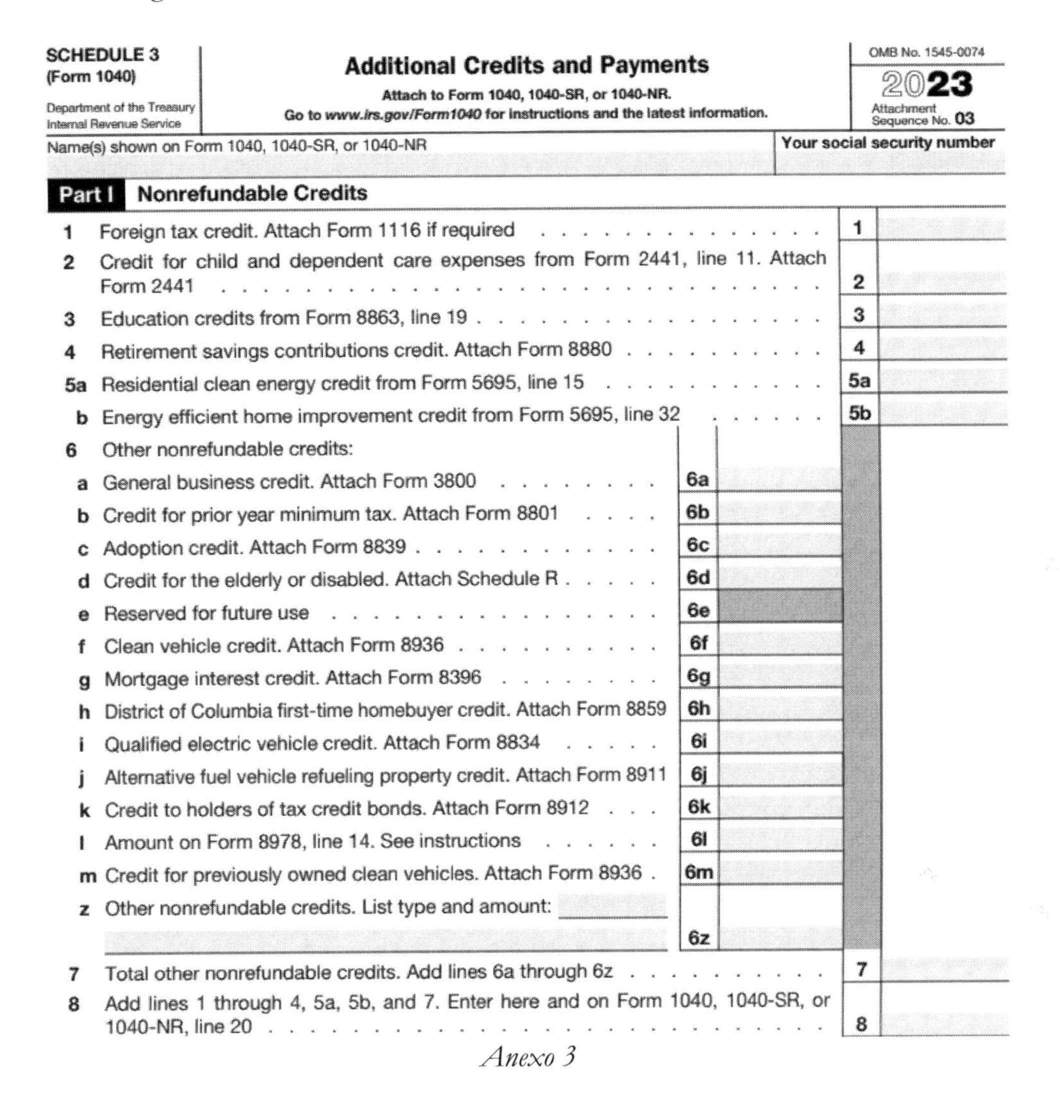

SCHEDULE 3 (Form 1040)
Department of the Treasury Internal Revenue Service

Additional Credits and Payments

Attach to Form 1040, 1040-SR, or 1040-NR.
Go to www.irs.gov/Form1040 for instructions and the latest information.

OMB No. 1545-0074
2023
Attachment Sequence No. 03

Name(s) shown on Form 1040, 1040-SR, or 1040-NR | Your social security number

Part I Nonrefundable Credits

1	Foreign tax credit. Attach Form 1116 if required		1
2	Credit for child and dependent care expenses from Form 2441, line 11. Attach Form 2441		2
3	Education credits from Form 8863, line 19		3
4	Retirement savings contributions credit. Attach Form 8880		4
5a	Residential clean energy credit from Form 5695, line 15		5a
b	Energy efficient home improvement credit from Form 5695, line 32		5b
6	Other nonrefundable credits:		
a	General business credit. Attach Form 3800	6a	
b	Credit for prior year minimum tax. Attach Form 8801	6b	
c	Adoption credit. Attach Form 8839	6c	
d	Credit for the elderly or disabled. Attach Schedule R	6d	
e	Reserved for future use	6e	
f	Clean vehicle credit. Attach Form 8936	6f	
g	Mortgage interest credit. Attach Form 8396	6g	
h	District of Columbia first-time homebuyer credit. Attach Form 8859	6h	
i	Qualified electric vehicle credit. Attach Form 8834	6i	
j	Alternative fuel vehicle refueling property credit. Attach Form 8911	6j	
k	Credit to holders of tax credit bonds. Attach Form 8912	6k	
l	Amount on Form 8978, line 14. See instructions	6l	
m	Credit for previously owned clean vehicles. Attach Form 8936	6m	
z	Other nonrefundable credits. List type and amount:	6z	
7	Total other nonrefundable credits. Add lines 6a through 6z		7
8	Add lines 1 through 4, 5a, 5b, and 7. Enter here and on Form 1040, 1040-SR, or 1040-NR, line 20		8

Anexo 3

Formulario 2441 Cuidado de niños y personas dependientes

Las prestaciones por cuidado de dependientes son pagos que el empleador efectúa directamente al contribuyente o al cuidador por atender a los dependientes calificados mientras el contribuyente trabaja. Las prestaciones por cuidado de personas dependientes son cotizaciones antes de impuestos que se realizan en función del valor justo de mercado del cuidado en una guardería proporcionada o patrocinada por el empleador en el marco de un Acuerdo de Gastos Flexibles (FSA).

"Care" is the cost of attending a facility to qualifying individual(s) outside the taxpayer's home. It does not include food, lodging, education, clothing, or entertainment. If a dependent care facility provides the care, the center must meet all the applicable state and local regulations. A dependent care facility is a place that offers care for more than six individuals who do not live there and receives a fee, payment, or grant for providing those services for any individual. This includes the cost of a day camp, but not the cost of an overnight camp, summer school, or tutoring program.
When the expenditures are work-related, the taxpayer can take a nonrefundable credit of up to 35% of the qualifying expenses for the care of a qualified dependent. The percentage of credit goes down as income goes up, with a minimum of 20% of eligible expenses allowed. Expenses are limited to $3,000 for one child and $6,000 for two or more qualified dependents. Child and dependent care are reported on Form 2441 and flow to Form 1040, Schedule 3, line 2.

A qualifying person is:

- A qualifying child under 13 and claimed as a dependent. If a child turns 13 during the tax year, the taxpayer can still prorate their care for the portion of the year the child was not 13
- A disabled spouse who wasn't physically or mentally able to care for themself
- Any disabled person who wasn't physically or mentally able to care for themself and whom the taxpayer can claim as a dependent unless one of the following is true:
  - The disabled individual had a gross income of $4,700 or more
  - The disabled individual filed a joint return
  - The disabled individual or spouse, if filing a joint tax return, could be claimed as a dependent on another individual's 2023 tax return

To be able to claim the child and dependent care expenses, the taxpayer must meet all the following requirements:

- The care must be for one or more qualifying persons who are identified on Form 2441
- If filing a joint return, the taxpayer (and spouse if filing a joint return) must have earned income during the year
- The taxpayer must pay child and dependent care expenses to allow the taxpayer and spouse to work, or look for work
- The taxpayer must make payments for child and dependent care to someone who cannot be claimed as a dependent on the taxpayer's return
- The filing status may be Single, Head of Household, or Surviving spouse with a dependent child. If married, they must file a joint return (unless an exception applies)
- The taxpayer must fill out Form 2441 to identify the provider's name, TIN, the cost of care, and the address of the location where the care was provided and attach the form to their tax return
- If the taxpayer excludes or deducts dependent care benefits provided by a dependent care benefit plan, the total amount excluded or deducted must be less than the dollar limit for qualifying expenses ($3,000 per child up to $6,000)

"Cuidados" es el gasto que supone atender en un centro a las personas calificadas fuera del domicilio del contribuyente. No incluye comida, alojamiento, educación, ropa ni ocio. Si es un centro de atención a dependientes el que proporciona los cuidados, el centro debe cumplir toda la normativa estatal y local aplicable. Un centro de atención a personas dependientes es un lugar que ofrece atención a más de seis personas que no viven en él y recibe una retribución, pago o subvención por prestar esos servicios a cualquier persona. Esto incluye el costo de un campamento diurno, pero no el costo de un campamento nocturno, escuela de verano o programa de tutoría.
Cuando los gastos están relacionados con el trabajo, el contribuyente puede obtener un crédito no reembolsable de hasta el 35% de los gastos subvencionables para el cuidado de un dependiente calificado. El porcentaje de crédito disminuye a medida que aumentan los ingresos, permitiéndose un mínimo del 20% de los gastos elegibles. Los gastos se limitan a $3,000 por un hijo y $6,000 por dos o más dependientes calificados. El cuidado de hijos y dependientes se declaran en el Formulario 2441 y pasan al Formulario 1040, Anexo 3, línea 2.

Una persona calificada es:

- Un hijo menor de 13 años calificado y que sea declarado dependiente. Si un hijo cumple 13 años durante el año fiscal, el contribuyente puede seguir prorrateando su cuidado por la parte del año en que el hijo no tenía 13 años.
- Un cónyuge discapacitado que no era capaz física o mentalmente de cuidar de sí mismo.
- Cualquier persona discapacitada que no sea capaz física o mentalmente de cuidar de sí misma y a la que el contribuyente pueda reclamar como dependiente, a menos que se cumpla una de las siguientes condiciones:
  - La persona discapacitada tenía unos ingresos brutos iguales o superiores a $4,700.
  - La persona discapacitada presentó una declaración conjunta.
  - La persona discapacitada o su cónyuge, si presentan una declaración de la renta conjunta, podrían ser reclamados como dependientes en la declaración de la renta 2023 de otra persona.

Para poder reclamar los gastos de cuidado de hijos y dependientes, el contribuyente debe cumplir todos los requisitos siguientes:

- El cuidado debe ser para una o más personas calificadas y que estén identificadas en el Formulario 2441.
- Si presenta una declaración conjunta, el contribuyente (y su cónyuge si presenta una declaración conjunta) debe haber obtenido ingresos durante el año.
- El contribuyente debe pagar los gastos de cuidado de hijos y dependientes para que el contribuyente y su cónyuge puedan trabajar o buscar trabajo.
- El contribuyente debe efectuar pagos por el cuidado de hijos y dependientes a alguien que no pueda ser declarado como dependiente en la declaración del contribuyente.
- La condición de declarante puede ser soltero, cabeza de familia o cónyuge superviviente con un hijo a cargo. Si están casados, deben presentar una declaración conjunta (salvo que se aplique una excepción).
- El contribuyente debe completar el formulario 2441 para identificar el nombre del proveedor, el NIF, el costo de la atención y la dirección del lugar donde se prestó la atención y adjuntar el formulario a su declaración de la renta.
- Si el contribuyente excluye o deduce las prestaciones por cuidado de dependientes proporcionadas por un plan de prestaciones por cuidado de dependientes, el importe total excluido o deducido debe ser inferior al límite en dólares de los gastos admisibles ($3,000 por hijo hasta $6,000).

Below is the portion of the current chart used to calculate the child and dependent care credit. Calculate the credit amount by multiplying the percentage on the right against the credit's monetary limit ($3,000-$6,000) and which percentage, based on the taxpayer(s) combined income. For tax year 2023, the American Rescue Plan Act of 2021 (ARPA) significantly impacted the Child and Dependent Care Credit by making it more generous. ranges from 20% to 35%. The following is just a snapshot of certain portions of the percentage chart.

Income	Percentage
$0 – $15,000	35%
$23,001 – $25,000	30%
$33,001 – $35,000	25%
$43,001 – No limit	20%

For example, a taxpayer and his spouse each made $50,000 for a combined income of $100,000, and they paid $8,500 for childcare for one child. Because they paid $8,500 for childcare and only for one child, they will be allowed to use $3,000 of that expense to calculate their credit amount. This is because that is the credit limit no matter how much they paid for childcare. Because their combined income was under $125,000, they will calculate their credit amount using the 20% section from the chart. Therefore, the 20% deduction is calculated as follows: $3,000 ´ .20 = $600. Their credit amount is $600.

If all other details were the same, but they had only spent $2,000 on childcare, their credit amount would be 20% of that two thousand, not three. This is because they did not spend enough to reach the credit limit, meaning their credit amount would be $1,000 ($2,000 ´ .20 = $400).

Child of Divorced or Separated Parents

In addition to meeting the qualifying person requirements, additional rules apply for divorced or separated parents. The parent who has physical custody of the child for the more significant portion of the year is the only parent who can claim the credit, regardless of how much support the other parent provides or if the dependency exemption is released.

Earned Income Test

The taxpayer and spouse (if filing jointly) must have earned income to claim the credit. Earned income includes wages, salary, tips, other taxable employee compensation, and net earnings from self-employment. A loss from self-employment reduces income.

If the taxpayer has nontaxable combat pay not included in earned income, they may include the income to calculate the child and dependent credit. If both the taxpayer and spouse have nontaxable combat pay, both will have to make the election. A good tax professional should calculate the credit both ways for the taxpayer to determine which results in the higher credit amount.

A continuación figura la parte de la tabla actual utilizada para calcular el crédito por cuidado de hijos y dependientes. Calcule el importe del crédito multiplicando el porcentaje de la derecha por el límite monetario del crédito (entre $3,000 y $6,000) y el porcentaje que corresponda en función de los ingresos combinados del contribuyente o contribuyentes. Para el año fiscal 2023, la Ley del Plan de Rescate Estadounidense de 2021 (ARPA) tuvo un impacto significativo en el Crédito por Cuidado de Hijos y Dependientes al hacerlo más generoso. Oscila entre el 20% y el 35%. Lo que sigue es sólo una instantánea de ciertas partes del gráfico de porcentajes.

Ingreso	Porcentaje
$0 – $15,000	35%
$23,001 – $25,000	30%
$33,001 – $35,000	25%
$43,001 – Sin límite	20%

Por ejemplo, un contribuyente y su cónyuge ganan $50,000 cada uno, lo que suma unos ingresos de $100,000, y pagan $8,500 por el cuidado de un hijo. Como pagaron $8,500 por guardería y sólo por un hijo, se les permitirá utilizar $3,000 de ese gasto para calcular el monto de su crédito. Esto se debe a que ese es el límite del crédito, independientemente de cuánto hayan pagado por guardería. Como sus ingresos combinados eran inferiores a $125,000, calcularán el importe de su crédito utilizando el tramo del 20% del cuadro. Por lo tanto, la deducción del 20% se calcula de la siguiente manera: $3,000 x .20 = $600. Su monto del crédito es de $600.

Si todos los demás detalles fueran iguales, pero sólo hubieran gastado $2,000 en guardería, el importe de su crédito sería el 20% de esos dos mil, no tres. Esto se debe a que no gastaron lo suficiente para alcanzar el límite de crédito, lo que significa que el importe de su crédito sería de $1,000 ($2,000 x .20 = $400).

Hijo de padres divorciados o separados

Además de cumplir los requisitos de las personas calificadas, se aplican normas adicionales en el caso de padres divorciados o separados. El progenitor que tiene la custodia física del hijo durante la mayor parte del año es el único que puede solicitar el crédito, independientemente de la cuantía de la manutención que proporcione el otro progenitor o de si se libera la exención por dependencia.

Prueba de ingresos del trabajo

El contribuyente y su cónyuge (si presentan una declaración conjunta) deben tener ingresos para poder solicitar el crédito. Los ingresos procedentes del trabajo incluyen sueldos, salario, propinas, otras retribuciones imponibles a la compensación de los trabajadores, y los ingresos netos procedentes del trabajo independiente. Las pérdidas del trabajo independiente reducen los ingresos.

Si el contribuyente tiene retribuciones no imponibles por combate no incluidas en los ingresos del trabajo, puede incluirlas para calcular el crédito por hijos y dependientes. Si tanto el contribuyente como su cónyuge perciben una remuneración de combate no imponible, ambos deberán efectuar la elección. Un buen profesional tributario debe calcular el crédito de ambas formas para que el contribuyente determine cuál de ellas da lugar a un importe de crédito más elevado.

Señor 1040 Says: Remember Child and Dependent Care Expenses are a different credit than the Additional Child Tax Credit.

Work-Related Expense Requirement

Child and dependent care expenses must be work-related to qualify for the credit. You can consider work-related expenses only if the following are true:

- Dependent care allows the taxpayer(s) to work or look for work
- The expenses are for a qualifying person's care

Example 1: Darlene works during the day, and her spouse, Craig, works at night and sleeps while Darlene is working. Their five-year-old son, Trevor, goes to daycare so Craig can sleep. Their expenses are work-related because the care allows Craig to sleep to perform his job adequately.

Example 2: Darlene and Craig get a babysitter on Craig's night off, so they can go out to eat and spend some time together. This expense is not work-related because the care is not directly facilitating Darlene or Craig's ability to work or look for work.

Married Taxpayer Filing Separately

Usually, married couples file a joint return to take the child and dependent care credit. However, if the taxpayer and spouse are legally separated or living apart, they may still take the credit. If the following apply, the taxpayer would be able to claim the credit:

- The taxpayer's home was the qualifying individual's home for more than half the year
- The taxpayer paid more than half the cost of home upkeep for the year
- The taxpayer's spouse did not live in their home during the last six months of the year

Rules for Students' Spouses Who Are Not Able to Care for Themselves

A married couple is treated as having earned income for any month that one was a full-time student or attended a school during any five months of the tax year (the months do not have to be consecutive) or is physically or mentally disabled or unable to care for themself. This definition of "school" does not include night school or a correspondence school.

If the taxpayer or spouse was a full-time student for at least five months or was disabled, they are considered to have earned an income of $250 per month (or $500 if more than one qualifying person was cared for during the tax year). This is done to help taxpayers who have little-to-no earned income qualify for the Child and Dependent Care Credit, because credits can only be claimed if the taxpayer or spouse has earned income.

Señor 1040 dice: Recuerde que los gastos de cuidado de hijos y personas dependientes son un crédito diferente del crédito fiscal adicional por hijos.

Requisito de gastos relacionados con el trabajo

Los gastos de cuidado de hijos y dependientes deben estar relacionados con el trabajo para poder optar al crédito. Puede considerar gastos relacionados con el trabajo sólo si se cumplen los siguientes requisitos:

- El cuidado de personas dependientes permite al contribuyente o contribuyentes trabajar o buscar trabajo
- Los gastos son para el cuidado de una persona calificada

Ejemplo 1: Darlene trabaja durante el día, y su cónyuge, Craig, trabaja por la noche y duerme mientras Darlene trabaja. Su hijo de cinco años, Trevor, va a la guardería para que Craig pueda dormir. Sus gastos están relacionados con el trabajo porque los cuidados permiten a Craig dormir para desempeñar adecuadamente su trabajo.

Ejemplo 2: Darlene y Craig consiguen una niñera en la noche libre de Craig, para poder salir a comer y pasar un rato juntos. Este gasto no está relacionado con el trabajo porque los cuidados no facilitan directamente la capacidad de Darlene o Craig para trabajar o buscar trabajo.

Contribuyente casado que declara por separado

Por lo general, las parejas casadas presentan una declaración conjunta para acogerse al crédito por cuidado de hijos y dependientes. No obstante, si el contribuyente y su cónyuge están legalmente separados o viven separados, pueden seguir disfrutando del crédito. Si se cumplen los siguientes requisitos, el contribuyente podrá solicitar el crédito:

- La vivienda del contribuyente ha sido la vivienda de la persona calificada durante más de la mitad del año
- El contribuyente pagó más de la mitad de los gastos de mantenimiento de la vivienda durante el año
- El cónyuge del contribuyente no residió en su domicilio durante los seis últimos meses del año

Normas para los cónyuges de los estudiantes que no pueden valerse por sí mismos

Se considera que un matrimonio ha obtenido ingresos por los meses en que uno de los cónyuges ha sido estudiante a tiempo completo o ha asistido a una escuela durante cinco meses cualesquiera del año fiscal (no es necesario que los meses sean consecutivos) o está incapacitado física o mentalmente o no puede cuidar de sí mismo. Esta definición de "escuela" no incluye las escuelas nocturnas ni las escuelas por correspondencia.

Si el contribuyente o su cónyuge fueron estudiantes a tiempo completo durante al menos cinco meses o estaban incapacitados, se considera que obtuvieron unos ingresos de $250 al mes (o $500 si se cuidó a más de una persona que cumplía los requisitos durante el año fiscal). Esto se hace para ayudar a los contribuyentes que tienen pocos o ningún ingreso a optar al crédito por cuidado de hijos y dependientes, porque los créditos sólo pueden solicitarse si el contribuyente o su cónyuge tienen ingresos.

Employer Dependent Care Assistance

If the employer provides dependent care benefits excluded from income (such as those received under a cafeteria plan), the taxpayer must subtract that amount from the applicable dollar limit of the Child and Dependent Care Credit. Dependent care benefits include the following:

- Amounts the employer paid directly to the taxpayer or the taxpayer's provider while the taxpayer worked
- The fair market value of care in a daycare facility provided or sponsored by the employer
- Pre-tax contributions made under a dependent flexible spending arrangement

Box 10 reports dependent care benefits on the taxpayer's W-2. If a partner received benefits, they would appear in box 13 on the K-1, Form 1065 with code O.

The amount excluded from income is limited to the smallest of the following:

- The total amount of dependent care benefits received during the year
- The total amount of qualified expenses incurred during the year
- The taxpayer's earned income
- The spouse's earned income
- $5,000, or $2,500 if married filing separately

Señor 1040 Says: Make sure to always check if there is an amount in box 10 of the W-2 for Dependent Care Payments.

If dependent care assistance exceeds the amount paid for dependent care, the excess amount becomes income to the taxpayer and is reported on line 1 of Form 1040. The letters "DCB" (dependent care benefit) should be written on the dotted line in the space before the entry block for line 1.

The taxpayer can also pay for the care provided in the home with the dependent care benefits. The taxpayer may have to withhold taxes (FICA and FUTA) for the dependent care provider if dependent care is in the taxpayer's home. The taxpayer is not required to withhold taxes if the dependent care provider is self-employed.

Expenses Not for Care

Care expenses do not include the taxpayer expenses for food, lodging, clothing, education, or entertainment. Expenses for a child in nursery school, preschool, or similar programs for children below the kindergarten level are considered expenses for care. Expenses to attend kindergarten or higher schooling are not expenses for childcare. In certain situations, expenses for before- or after-school care are expenses for care; there are exceptions. Do not use the summer school and tutoring programs as dependent care expenses. The cost of sending the dependent to an overnight camp is not considered work-related; however, the cost of a day camp might be a work-related expense.

Asistencia patronal para el cuidado de personas dependientes

Si el empleador proporciona prestaciones por cuidado de dependientes excluidas de los ingresos (como las percibidas en virtud de un plan médico de elección de beneficios), el contribuyente debe restar ese importe del límite aplicable en dólares del crédito por cuidado de hijos y dependientes. Las prestaciones por cuidado de personas dependientes incluyen lo siguiente:

- Importes que el empleador pagó directamente al contribuyente o al proveedor del contribuyente mientras el contribuyente trabajaba
- El valor justo de mercado del cuidado en una guardería proporcionada o patrocinada por el empleador
- Contribuciones antes de impuestos realizadas en el marco de un acuerdo de gastos flexibles para dependientes

En la casilla 10 se consignan las prestaciones por cuidado de personas a cargo que figuran en el formulario W-2 del contribuyente. Si una pareja recibiera prestaciones, aparecerían en la casilla 13 del K-1, Formulario 1065 con el código O.

El importe excluido de la renta se limita al menor de los siguientes:
- Importe total de las prestaciones de dependencia percibidas durante el año
- Importe total de los gastos calificables efectuados durante el año
- Los ingresos del contribuyente
- Los ingresos del cónyuge
- $5,000, o $2,500 si está casado y hace la declaración por separado

Señor 1040 dice: Asegúrese de comprobar siempre si hay una cantidad en la casilla 10 del formulario W-2 para Pagos por cuidado de dependientes.

Si la asistencia para el cuidado de dependientes supera el importe pagado por el cuidado de dependientes, la cantidad excedente se convierte en ingresos para el contribuyente y se declara en la línea 1 del Formulario 1040. Las letras "DCB" (prestación de cuidado de dependiente) deben escribirse en la línea de puntos en el espacio que precede al bloque de entrada de la línea 1.

El contribuyente también puede pagar los cuidados prestados en el domicilio con las prestaciones por dependencia. Es posible que el contribuyente tenga que retener impuestos (FICA y FUTA) para el cuidador de dependientes si el cuidado de dependientes se realiza en el domicilio del contribuyente. El contribuyente no está obligado a retener impuestos si el cuidador de personas dependientes es un trabajador independiente.

Gastos no relacionados con el cuidado

Los gastos de cuidado no incluyen los gastos del contribuyente en comida, alojamiento, ropa, educación o entretenimiento. Los gastos de un hijo en guardería, preescolar o programas similares para niños por debajo del nivel de jardín de infancia se consideran gastos por cuidados. Los gastos de asistencia a jardines de niños o estudios superiores no son gastos de cuidado de los hijos. En determinadas situaciones, los gastos de cuidado antes o después del horario escolar son gastos de cuidado; hay excepciones. No utilice la escuela de verano y los programas de tutoría como gastos de cuidado de dependientes. El costo de enviar al dependiente a un campamento nocturno no se considera relacionado con el trabajo; sin embargo, el costo de un campamento diurno podría ser un gasto relacionado con el trabajo.

Payments to Relatives or Dependents

Payments that enable the taxpayer to work made to relatives living in the taxpayer's home can be counted as dependent care unless the relative is a dependent that the taxpayer claims.

Dependent Care Provider Information

The following information is needed to complete Form 2441 regarding the individual or organization that provides care for the qualifying person:

- The individual or organization provider's name
- The individual or organization provider's address
- The individual or organization provider's identification number (EIN or SSN)

The taxpayer should show due diligence by keeping and maintaining the provider's completed Form W-10, *Dependent Care Provider's Identification and Certification.* The taxpayer could supply a statement from the employer if the employer's dependent care plan is the provider. The statement could be a year-end invoice that provides the above information needed.

Señor 1040 Says: Encourage the taxpayer to maintain records in relation to their childcare provider and store the documents with their tax returns.

Tax Tip: If the dependent care provider cares for the dependent in the taxpayer's home, the provider may be considered a household employee. As a tax professional, ask questions about dependent care and document your questions and the answers from the taxpayer.

Form 8863: Education Credits

Education credits are available for taxpayers who pay expenses for postsecondary education. To claim the education credit, the student must receive Form 1098-T from the student's school and provide that form to the tax preparer. The two education credits are the American opportunity tax credit (AOTC) and the lifetime learning credit; both are reported on Form 8863, *Education Credits.* Lifetime learning is a nonrefundable credit, and the AOTC is a partially refundable credit. The student must meet the following requirements to be eligible for the education credits:

- Qualified education expenses were for higher education
- Paid qualifying education expenses for the eligible student
- The student is either a taxpayer, spouse, or a qualifying dependent

Tax Tip: If the qualifying dependent pays their own tuition, it is considered paid by the taxpayer.

American Opportunity Tax Credit (AOTC)

The American opportunity tax credit (AOTC) is a credit of up to $2,500, up to 40% of which may be refundable. The credit is based on 100% of the first $2,000 and 25% of the next $2,000 of qualified expenses. To qualify for the AOTC, the taxpayer's MAGI must be less than $180,000 for taxpayers filing MFJ and $90,000 for all others.

Pagos a familiares o personas dependientes

Los pagos que permiten al contribuyente trabajar efectuados a familiares que viven en el domicilio del contribuyente pueden computarse como cuidados a personas dependientes a menos que el familiar sea una persona dependiente que el contribuyente reclame.

Información sobre el proveedor de cuidados a personas dependientes

La siguiente información es necesaria para completar el Formulario 2441 en relación con el individuo u organización que proporciona cuidados a la persona calificada:

- Nombre de la persona u organización proveedora de cuidados
- Dirección de la persona u organización proveedora de cuidados
- Número de identificación del proveedor (EIN o NSS)

El contribuyente debe mostrar la diligencia debida guardando y conservando el Formulario W-10, *Identificación y certificación del proveedor de cuidado de dependientes, completado por el proveedor.* El contribuyente puede presentar una declaración del empleador si el proveedor es el plan de atención a dependientes del empleador. La declaración podría ser una factura de final de año que proporcione la información necesaria mencionada anteriormente.

Señor 1040 dice: Animar al contribuyente a mantener registros en relación con su proveedor de servicios de cuidado de los hijos y guardar los documentos junto con su declaración de la renta.

Consejo fiscal: Si el cuidador atiende a la persona dependiente en el domicilio del contribuyente, el cuidador puede considerarse un empleado del hogar. Como profesional fiscal, haga preguntas sobre el cuidado de dependientes y documente sus preguntas y las respuestas del contribuyente.

Formulario 8863: Créditos educativos

Los contribuyentes que pagan gastos de educación postsecundaria pueden optar a créditos educativos. Para reclamar el crédito educativo, el estudiante debe recibir el Formulario 1098-T de la escuela del estudiante y proporcionar ese formulario al preparador de impuestos. Los dos créditos educativos son el crédito fiscal por oportunidad americana (AOTC) y el crédito por aprendizaje permanente; ambos se declaran en el Formulario 8863, *Créditos educativos.* El aprendizaje permanente es un crédito no reembolsable, y el AOTC es un crédito parcialmente reembolsable. El estudiante debe cumplir los siguientes requisitos para poder optar a los créditos educativos:

- Los gastos de educación calificados fueron para la educación superior
- Gastos de educación pagados por el estudiante
- El estudiante es contribuyente, cónyuge o persona a cargo que reúne los requisitos necesarios

Consejo fiscal: Si el dependiente calificado paga su propia matrícula, se considera pagada por el contribuyente.

Crédito fiscal de oportunidad americana (AOTC)

El crédito fiscal de oportunidad americana (AOTC) es un crédito de hasta $2,500, del que hasta el 40% puede ser reembolsable. El crédito se basa en el 100% de los primeros $2,000 y el 25% de los siguientes $2,000 de gastos calificados. Para tener derecho al AOTC, el MAGI del contribuyente debe ser inferior a $180,000 para los contribuyentes casados con declaración conjunta y $90,000 para todos los demás.

Qualified expenses include tuition and fees for enrollment at an eligible post-secondary program and expenses for books, supplies, and equipment needed for a course of study, regardless of whether the student purchases the materials from the education institution. The student must carry at least half the normal full-time workload for the course of study the student enrolled in. The student must also be free of federal or state felony offenses for the possession or distribution of a controlled substance. The refundable portion of the education credit is reported on Form 8863, line 8, and reported on Form 1040, page 2, line 29.

For example, Donna and Doug are first-year students at an eligible post-secondary program. They must have certain books and other reading materials to use in their mandatory first-year classes. Doug bought his books directly from a friend, and Donna purchased hers at the college bookstore. Although Donna and Doug purchased their books from different sources, the cost of both purchases is a qualifying education expense since books qualify for the American opportunity credit.

The American opportunity credit can be claimed for a student who has not completed their first four years of postsecondary education determined by the post-secondary program. The student qualifications to claim AOTC include all the following:

- The student did not complete the first four years of postsecondary education
- For at least one academic period beginning in 2023, the student:
  - Was enrolled in a program that leads to a degree, certificate, or other recognized credential
  - Carried at least one-half of the normal full-time workload for their course of study
- The student did not have a felony conviction for possessing or distributing a controlled substance

Tax Tip: When interviewing the taxpayer to determine if they qualify for the American opportunity credit, be sure to ask the following questions:

- Did the student receive Form 1098-T?
- Has the American opportunity credit been claimed for this student for four tax years before 2023?
- Was the student enrolled at least half-time for at least one academic period that began (or treated as begun) in 2023at an eligible education institution in a program leading toward a postsecondary degree, certificate, or other recognized postsecondary education credential?
- Did the student complete the first four years of postsecondary education before 2023?
- Was the student convicted of a felony for possession or distribution of a controlled substance before the end of 2023?

Asking and documenting these questions are part of the tax professional's due diligence.

Lifetime Learning Credit

The Lifetime Learning Credit (LLC) is a tax credit available to the taxpayer, their spouse, or their dependent, designed to assist with qualified tuition and related expenses for eligible students enrolled in an eligible educational institution. The maximum allowed credit is $2,000 per tax return. Qualified expenses include tuition and fees required for enrollment at an eligible post-secondary program. Expenses incurred to acquire or improve the taxpayer's job skills are eligible expenses.

Los gastos calificados incluyen la matrícula y las tasas de inscripción en un programa post-secundario elegible y los gastos de libros, suministros y equipos necesarios para un curso de estudio, independientemente de que el estudiante adquiera o no los materiales de la institución educativa. El estudiante debe llevar al menos la mitad de la carga de trabajo normal a tiempo completo para el curso de estudio en el que se matriculó. El estudiante también debe estar libre de delitos graves federales o estatales para la posesión o distribución de una sustancia controlada. La parte reembolsable del crédito por educación se declara en la línea 8 del Formulario 8863 y en la línea 29 de la página 2 del Formulario 1040.

Por ejemplo, Donna y Doug son estudiantes de primer curso de un programa postsecundario elegible. Deben disponer de determinados libros y otros materiales de lectura para utilizarlos en sus clases obligatorias de primer año. Doug compró sus libros directamente a un amigo, y Donna compró los suyos en la librería de la universidad. Aunque Donna y Doug adquirieron los libros en distintos establecimientos, el costo de ambas compras constituye un gasto educativo elegible, ya que los libros pueden acogerse al crédito "Crédito de oportunidad americana".

El crédito de oportunidad americana puede solicitarse para un estudiante que no haya completado sus cuatro primeros años de educación postsecundaria determinados por el programa postsecundario. Los requisitos para solicitar el AOTC son los siguientes:

- El estudiante no completó los cuatro primeros años de educación postsecundaria
- Durante al menos un período académico a partir de 2023, el estudiante:
  - Se matriculó en un programa conducente a la obtención de un título, certificado u otra credencial reconocida
  - Realizó al menos la mitad de los estudios a tiempo completo normales de su carrera
- El alumno no ha sido condenado por posesión o distribución de sustancias controladas

Consejo fiscal: Cuando entreviste al contribuyente para determinar si califica para el crédito de oportunidad americana, asegúrese de hacerle las siguientes preguntas:

- ¿Recibió el estudiante el Formulario 1098-T?
- ¿Se solicitó el crédito de oportunidad americana para este estudiante durante cuatro ejercicios fiscales antes de 2023?
- ¿Estuvo el estudiante matriculado al menos a media jornada durante al menos un período académico que comenzó (o se consideró que había comenzado) en 2023 en una institución educativa admisible en un programa conducente a la obtención de un título, certificado u otra credencial de educación postsecundaria reconocida?
- ¿El estudiante completó los cuatro primeros años de educación postsecundaria antes de 2023?
- ¿Fue condenado el estudiante por un delito grave de posesión o distribución de una sustancia controlada antes de finales de 2023?

Formular y documentar estas preguntas forma parte de la diligencia debida del profesional fiscal.

Crédito de aprendizaje permanente

El crédito de aprendizaje permanente (LLC) es un crédito fiscal a disposición del contribuyente, de su cónyuge o de la persona dependiente a su cargo, destinado a ayudar a sufragar los gastos de matrícula y otros gastos conexos de los estudiantes matriculados en un centro de enseñanza que reúna las condiciones exigidas. El crédito máximo permitido es de $2,000 por declaración de la renta. Los gastos calificados incluyen la matrícula y los aranceles requeridos para la inscripción en un programa post-secundario elegible. Los gastos incurridos para adquirir o mejorar las competencias laborales del contribuyente son gastos elegibles.

An expense related to a course that involves sports, games, or hobbies is not a qualified expense unless it is part of the student's degree program. Taxpayers must reduce their qualified expense by any education assistance received from the post-secondary program, scholarships, or amounts to compute the lifetime learning credit.

The lifetime learning credit is not based on the student's workload. Expenses for graduate-level courses are eligible. The amount of credit a taxpayer can claim does not increase based on the number of students for whom the taxpayer paid qualified expenses. The student does not have to be enrolled at least half-time in the course of study to be eligible for the credit. The nonrefundable portion of the education credits is reported on Form 8863, line 19, and is carried to Form 1040, Schedule 3, line 3. To qualify for the lifetime learning credit, the taxpayer's modified adjusted gross income (MAGI) should be less than $180,000 for taxpayers filing MFJ or less than $90,000 for all others.

Remember, modified adjusted gross income (MAGI) is adjusted gross income, plus all the following:

- The amount excluded under IRC §911, *Foreign-Earned Income Exclusion*
  - Foreign housing exclusion
  - Foreign housing deduction
- Exclusion of income for residents of American Samoa and Puerto Rico

Double Benefit Not Allowed

The taxpayer cannot claim overlapping educational expenses, including any of the following:

- Deduct higher education expenses on their income tax return and claim an education credit based on the same expenses
- Claim more than one credit based on the same qualified education expenses
- Claim a credit based on expenses paid with a tax-free scholarship, grant, or employer-provided education assistance
- Claim a credit based on the same expenses used to figure the tax-free portion of a distribution from a Coverdell education savings account (ESA) or a qualified tuition program (QTP)

Adjustment to Qualified Education Expenses

If taxpayers pay qualified education expenses with certain tax-free funds, they cannot claim a credit for those amounts. Taxpayers must reduce the qualified education expense by the amount of any tax-free education assistance.

Tax-free education assistance includes the following:

- The tax-free parts of scholarships and fellowships
- The tax-free portion of Pell grants
- Employer-provided education assistance
- Veterans' education assistance
- Other nontaxable (tax-free) payments (other than gifts or inheritances) received as educational assistance

Un gasto relacionado con un curso que implique deportes, juegos o aficiones no es un gasto calificado a menos que forme parte del programa de estudios del estudiante. Los contribuyentes deben reducir su gasto calificado por cualquier asistencia educativa recibida del programa postsecundario, becas o cantidades para computar el crédito de aprendizaje permanente.

El crédito de aprendizaje permanente no se basa en la carga de trabajo del estudiante. Los gastos de cursos de postgrado son elegibles. El importe del crédito que puede solicitar un contribuyente no aumenta en función del número de estudiantes por los que el contribuyente pagó gastos calificados. No es necesario que el estudiante esté matriculado al menos a media jornada en el curso de estudios para tener derecho al crédito. La parte no reembolsable de los créditos de educación se declara en el Formulario 8863, línea 19, y se traslada al Formulario 1040, Anexo 3, línea 3. Para tener derecho al crédito de aprendizaje permanente, el ingreso bruto ajustado modificado (MAGI) del contribuyente debe ser inferior a $180,000 para los contribuyentes casados con declaración conjunta, o inferior a $90,000 para todos los demás.

Recuerde que los ingresos brutos ajustados modificados (MAGI) son los ingresos brutos ajustados, más todo lo siguiente:

- El importe excluido en virtud de IRC §911, *Exclusión de ingresos procedentes del extranjero*
  - Exclusión de vivienda extranjera
  - Deducción de vivienda extranjera
- Exclusión de los ingresos de los residentes en Samoa Americana y Puerto Rico

Doble prestación no permitida

El contribuyente no puede reclamar gastos educativos superpuestos, incluidos los siguientes

- Deducir los gastos de educación superior en su declaración de la renta y solicitar un crédito educativo basado en los mismos gastos
- Solicitar más de un crédito basado en los mismos gastos de educación calificados
- Solicitar un crédito basado en los gastos pagados con una beca libre de impuestos, una subvención o una ayuda a la educación proporcionada por el empleador
- Solicitar un crédito basado en los mismos gastos utilizados para calcular la parte exenta de impuestos de una distribución de una cuenta Coverdell de ahorro para la educación (ESA) o de un programa de matrícula calificado (QTP)

Ajuste de los gastos de educación calificados

Si los contribuyentes pagan gastos de educación calificados con determinados fondos libres de impuestos, no pueden solicitar un crédito por esas cantidades. Los contribuyentes deben reducir el gasto calificado en educación por el importe de cualquier ayuda a la educación exenta de impuestos.

Las ayudas a la educación exentas de impuestos son las siguientes:

- La parte exenta de impuestos de las becas y subvenciones
- La parte exenta de impuestos de las becas Pell
- Asistencia a la formación proporcionada por el empleador
- Asistencia educativa para veteranos
- Otros pagos no imponibles (exentos de impuestos) (que no sean donaciones o herencias) recibidos como asistencia a la educación

Scholarships and Fellowships

A scholarship is generally an amount paid or allowed for the benefit of a student attending a post-secondary program. The student may be either an undergraduate or a graduate student. A fellowship is paid for the benefit of an individual to aid in the pursuit of study or research. How the student pays for their expenses with the fellowship money determines the taxable portion. A scholarship or fellowship qualifies as tax-free if the following conditions are met:

- The fellowship or scholarship does not exceed qualifying expenses
- The funds are not designated for other purposes such as room and board and cannot be used for qualified education expenses
- It does not represent payment for teaching, research, or other services required as a condition for receiving the scholarship

Señor 1040 Says: When a student receives a scholarship, make sure that it is not taxable to the student. Do research on how the funds were used by the student. If they were not used for qualifying expenses, the funds could be taxable to the student.

Who Claims the Expenses?

If there are qualified education expenses for the taxpayer's dependent for a year, the taxpayer can claim an education credit for the dependent's expenses for the current year. For the taxpayer to claim an education credit for their dependent's expenses, the student must be their dependent. The taxpayer does this by listing the dependent's name and other required information on Form 1040.

Expenses Paid by the Dependent

If the taxpayer claims an exemption on their tax return for an eligible student who is the taxpayer's dependent, expenses paid or deemed paid by the dependent are treated as if the taxpayer paid them. Include these expenses when figuring the amount of the taxpayer's education credit.

Expenses Paid by the Taxpayer

If the taxpayer claimed an exemption for a dependent who is an eligible student, only the taxpayer could include any expenses paid when figuring the amount of the education credit. If neither the taxpayer nor anyone else claims an exemption for the dependent, the dependent can include any expenses paid when figuring the education credit.

Expenses Paid by Others

Someone other than the taxpayer, the taxpayer's spouse, or the taxpayer's dependent (such as a relative or former spouse) may make a payment directly to an eligible post-secondary program to pay for an eligible student's qualified education expenses. In this case, treat the student as receiving the payment from the other person and, in turn, paying the college. The taxpayer paid the expenses if they claimed an exemption on their return for the student.

Becas y subvenciones

Una beca es generalmente una cantidad pagada o permitida en beneficio de un estudiante que asiste a un programa postsecundario. El estudiante puede ser universitario o titulado. Una subvención se paga en beneficio de una persona para ayudarla a continuar sus estudios o para investigaciones. La forma en que el estudiante paga sus gastos con el dinero de la subvención determina la parte imponible. Una beca o subvención puede considerarse libre de impuestos si se cumplen las siguientes condiciones:

- La subvención no supera los gastos calificados
- Los fondos no se destinan a otros fines, como alojamiento y manutención y no pueden utilizarse para gastos de educación calificados
- No representa pago alguno por docencia, investigación u otros servicios exigidos como condición para recibir la beca

Señor 1040 dice: Cuando un estudiante recibe una beca, hay que asegurarse de que no esté sujeta a impuestos. Investigue cómo utilizó los fondos el estudiante. Si no se utilizaron para gastos calificados, los fondos podrían estar sujetos a impuestos para el estudiante.

¿Quién reclama los gastos?

Si el contribuyente tiene gastos de educación calificados para el dependiente durante un año, el contribuyente puede solicitar un crédito de educación para los gastos del dependiente para el año en curso. Para que el contribuyente pueda reclamar un crédito educativo por los gastos de su dependiente, el estudiante debe ser su dependiente. Para ello, el contribuyente debe indicar el nombre del dependiente y otros datos obligatorios en el Formulario 1040.

Gastos pagados por la persona dependiente

Si el contribuyente solicita una exención en su declaración de la renta para un estudiante calificado y que es dependiente del contribuyente, los gastos pagados o considerados pagados por el dependiente se tratan como si los hubiera pagado el contribuyente. Incluya estos gastos cuando calcule el importe del crédito educativo del contribuyente.

Gastos pagados por el contribuyente

Si el contribuyente solicita una exención para un dependiente que es un estudiante calificado, sólo él puede incluir los gastos pagados al calcular el importe del crédito por educación. Si ni el contribuyente ni nadie reclama una exención para el dependiente, éste puede incluir los gastos pagados al calcular el crédito por educación.

Gastos pagados por otros

Una persona que no sea el contribuyente, su cónyuge o una persona dependiente (por ejemplo, un pariente o un ex cónyuge) puede efectuar un pago directamente a un programa de enseñanza postsecundaria elegible para sufragar los gastos de educación calificados de un estudiante elegible. En este caso, considere que el estudiante recibe el pago de la otra persona y, a su vez, paga a la universidad. El contribuyente pagó los gastos si solicitó una exención en su declaración para el estudiante.

Example: In 2023, Laura Hardy directly pays the college for her grandson's qualified education expenses. Thomas is treated as receiving the money as a gift from his grandmother and, in turn, paying his qualified education expenses himself. Unless someone else claims Thomas's exemption, only Thomas can use the payment to claim the education credit. If Thomas's parents claim an exemption for Thomas, they may be able to use the expenses to claim an education credit. If anyone else claims an exemption for Thomas, Thomas cannot claim an education credit.

Academic Period

An academic period includes a semester, trimester, quarter, or another period of study determined by the college or university.

Eligible Education

An eligible post-secondary program is any college, university, vocational school, or other postsecondary educational institution eligible to participate in a student aid program administered by the Department of Education. It includes virtually all accredited, public, nonprofit, and proprietary (privately owned profit-making) postsecondary colleges. The education institution should tell the taxpayer if it is an eligible college or university.

Certain colleges and universities outside the United States also participate in the U.S. Department of Education's Federal Student Aid (FSA) programs. You can find a list of these foreign schools on the Department of Education's website at www.fafsa.ed.gov/index.htm. Click "Find my school codes," complete the two items on the first page, click "Next," and then follow the remaining instructions to search for a foreign school.

Be aware that not all eligible education institutions treat certain Coverdell education savings accounts (529 Plans) the same way, nor do they consider the same things when determining if a scholarship or fellowship grant is not taxable.

To determine if you can use the Coverdell education savings account for a college, university, vocational school, or another postsecondary education institute, the school must participate in a student aid program administered by the U.S. Department of Education. The education institution can be an accredited public, nonprofit, or proprietary postsecondary institution. Beginning in 2018, this includes any private, religious, or public school for kindergarten through 12th grade as determined by state law.

To determine if scholarships and fellowship grants are tax-free, the education institution must have a regular facility where it carries on its educational activities, maintain a curriculum, and normally have a regularly enrolled student body.

Claiming Credits for More than One Eligible Student

The taxpayer can claim only one credit (per student) for each eligible student but can claim different credits for different students. A taxpayer who pays qualified education expenses for more than one student and each dependent qualifies for different credits; this is acceptable.

Ejemplo: En 2023, Laura Hardy paga directamente a la universidad los gastos de educación calificados de su nieto. Se considera que Thomas recibió el dinero como regalo de su abuela y, a su vez, pagó él mismo sus gastos de educación calificados. A menos que otra persona reclame la exención de Thomas, sólo Thomas puede utilizar el pago para reclamar el crédito educativo. Si los padres de Thomas solicitan una exención para Thomas, es posible que puedan utilizar los gastos para solicitar un crédito educativo. Si otra persona solicita una exención para Thomas, éste no puede solicitar un crédito por educación.

Período académico

Un período académico incluye un semestre, trimestre, cuatrimestre u otro período de estudio determinado por la facultad o universidad.

Educación elegible

Un programa postsecundario elegible es cualquier colegio, universidad, escuela de formación profesional u otra institución educativa postsecundaria elegible para participar en un programa de ayuda estudiantil administrado por el Departamento de Educación. Incluye prácticamente todas las universidades acreditadas, públicas, sin ánimo de lucro y privadas con ánimo de lucro. El centro de enseñanza debe comunicar al contribuyente si se trata de una universidad o centro de enseñanza superior elegible.

Algunas universidades de fuera de Estados Unidos también participan en los programas de Ayuda Federal para Estudiantes (FSA) del Departamento de Educación de Estados Unidos. Puede encontrar una lista de estas escuelas extranjeras en el sitio web del Departamento de Educación en www.fafsa.ed.gov/index.htm. Haga clic en "Buscar los códigos de mi centro", llene los dos campos de la primera página, haga clic en "Siguiente" y siga el resto de instrucciones para buscar un centro extranjero.

Tenga en cuenta que no todas las instituciones educativas calificadas tratan de la misma manera determinadas cuentas Coverdell de ahorro para la educación (Planes 529), ni tienen en cuenta los mismos aspectos a la hora de determinar si una beca o subvención no está sujeta a impuestos.

Para determinar si puede utilizar la cuenta de ahorro Coverdell para educación en un colegio, universidad, centro de formación profesional u otro instituto de educación postsecundaria, el centro debe participar en un programa de asistencia a estudiantes administrado por el Departamento de Educación de EE.UU. La institución educativa puede ser una institución acreditada de enseñanza postsecundaria pública, sin ánimo de lucro o privada. A partir de 2018, esto incluye cualquier escuela privada, religiosa o pública desde el jardín de infancia hasta el grado 12, según lo determinado por la ley estatal.

Para determinar si las becas y subvenciones están exentas de impuestos, la institución educativa debe disponer de unas instalaciones regulares en las que desarrolle sus actividades educativas, mantener un plan de estudios y contar normalmente con un alumnado matriculado regularmente.

Solicitud de créditos para más de un estudiante elegible

El contribuyente sólo puede solicitar un crédito (por estudiante) por cada estudiante calificado, pero puede solicitar créditos diferentes para estudiantes distintos. Un contribuyente que paga gastos de educación calificados para más de un estudiante y cada dependiente califica para diferentes créditos; esto es aceptable.

Form 8863, Part III, must be completed for each individual claiming education credits on their tax return before completing Part I and Part II. Form 1098-T must be given to the tax preparer; making sure to receive the form is part of the tax professional's due diligence.

Form 1098-T

To help figure the education credit reported on Form 8863, the student should receive Form 1098-T from their school. Generally, an eligible education institution (such as a college or university) must send Form 1098-T (or an acceptable substitute) to each enrolled student by January 31 of each year. An institution reports payments received (box 1) or billed (box 2) for qualified education expenses. Form 1098-T should provide other information from the school, including adjustments made for prior years, the amount of scholarships, grants, reimbursements, or refunds provided, and whether the student was enrolled at least half-time or was a graduate student.

The eligible educational institution may ask for a completed Form W-9S, *Request for Student's or Borrower's Taxpayer Identification Number and Certification*, or some similar statement to obtain the student's name, address, and taxpayer identification number.

All filers of Form 1098-T may truncate the student's identification number on payee statements. When completing the tax return, you must use the institution's EIN. Tax preparers should review their clients' Form 1098-T and keep a copy in the taxpayer's file.

☐ CORRECTED

FILER'S name, street address, city or town, state or province, country, ZIP or foreign postal code, and telephone number		1 Payments received for qualified tuition and related expenses $	OMB No. 1545-1574 **2024** Form **1098-T**	**Tuition Statement**
		2		
FILER'S employer identification no.	STUDENT'S TIN	3		**Copy B** **For Student**
STUDENT'S name		4 Adjustments made for a prior year $	5 Scholarships or grants $	This is important tax information and is being furnished to the IRS. This form must be used to complete Form 8863 to claim education credits. Give it to the tax preparer or use it to prepare the tax return.
Street address (including apt. no.)		6 Adjustments to scholarships or grants for a prior year $	7 Checked if the amount in box 1 includes amounts for an academic period beginning January–March 2025 ☐	
City or town, state or province, country, and ZIP or foreign postal code				
Service Provider/Acct. No. (see instr.)	8 Checked if at least half-time student ☐	9 Checked if a graduate student ☐	10 Ins. contract reimb./refund $	

Form **1098-T** (keep for your records) www.irs.gov/Form1098T Department of the Treasury - Internal Revenue Service

Box 1: The school enters the amount of qualified tuition and related expenses from all sources during the calendar year here. The amount in box 1 is the total amount received by the taxpayer minus any reimbursements or refunds made during the tax year. Do not reduce this amount by the amounts of scholarships or grants (reported separately in box 5).

Box 2: Reserved.

Box 3: Reserved.

Box 4: Adjustments made for a prior year. Enter reimbursements or refunds of qualified tuition and expenses made in 2023 related to payments received for any prior year after 2002. See Instructions Form 1098-T.

El Formulario 8863, Parte III, debe ser completado por cada individuo que reclame créditos educativos en su declaración de impuestos antes de completar la Parte I y la Parte II. El Formulario 1098-T debe entregarse al preparador fiscal. Asegurarse de recibir el formulario forma parte de la debida diligencia del profesional fiscal.

Formulario 1098-T

Para ayudar a calcular el crédito por educación declarado en el Formulario 8863, el estudiante debe recibir el Formulario 1098-T de su escuela. Por lo general, los centros de enseñanza calificados (como los colegios o universidades) deben enviar el Formulario 1098-T (o un sustituto aceptable) a cada estudiante matriculado antes del 31 de enero de cada año. Una institución declara los pagos recibidos (casilla 1) o facturados (casilla 2) en concepto de gastos de educación calificados. El Formulario 1098-T debe proporcionar otra información de la escuela, incluidos los ajustes realizados para años anteriores, el importe de las becas, subvenciones, reembolsos o devoluciones proporcionadas, y si el estudiante estaba matriculado al menos a media jornada o era un estudiante de postgrado.

La institución educativa puede solicitar un formulario W-9S debidamente completado, *Solicitud del número de identificación fiscal y certificación del estudiante o prestatario*, o alguna declaración similar para obtener el nombre, la dirección y el número de identificación fiscal del estudiante.

Todos los declarantes del Formulario 1098-T pueden truncar el número de identificación del estudiante en las declaraciones del beneficiario. Al rellenar la declaración de la renta, debe utilizar el EIN de la institución. Los preparadores fiscales deben revisar el Formulario 1098-T de sus clientes y conservar una copia en el expediente del contribuyente.

☐ CORRECTED

FILER'S name, street address, city or town, state or province, country, ZIP or foreign postal code, and telephone number		1 Payments received for qualified tuition and related expenses $	OMB No. 1545-1574 2024 Form 1098-T	Tuition Statement
		2		
FILER'S employer identification no.	STUDENT'S TIN	3		Copy B For Student
STUDENT'S name		4 Adjustments made for a prior year $	5 Scholarships or grants $	This is important tax information and is being furnished to the IRS. This form must be used to complete Form 8863 to claim education credits. Give it to the tax preparer or use it to prepare the tax return.
Street address (including apt. no.)		6 Adjustments to scholarships or grants for a prior year $	7 Checked if the amount in box 1 includes amounts for an academic period beginning January–March 2025 ☐	
City or town, state or province, country, and ZIP or foreign postal code				
Service Provider/Acct. No. (see instr.)	8 Checked if at least half-time student ☐	9 Checked if a graduate student ☐	10 Ins. contract reimb./refund $	

Form **1098-T** (keep for your records) www.irs.gov/Form1098T Department of the Treasury - Internal Revenue Service

Casilla 1: La escuela introduce aquí el importe de la matrícula calificada y los gastos relacionados de todas las fuentes durante el año natural. El importe de la casilla 1 es el importe total percibido por el contribuyente menos los reembolsos o devoluciones efectuados durante el año fiscal. No reduzca esta cantidad por los importes de las becas o ayudas (declarados por separado en la casilla 5).

Casilla 2: Reservado.

Casilla 3: Reservado.

Casilla 4: Ajustes realizados para un año anterior. Introduzca los reembolsos o devoluciones de matrículas y gastos admisibles efectuados en 2023 relacionados con los pagos recibidos por cualquier año anterior posterior a 2002. Consulte las instrucciones del Formulario 1098-T.

Box 5: This box shows the total amount received for scholarships or grants administered and processed during the calendar year. Remember, if the amount in box 5 is larger than the amount in box 1, do not claim the education credit for the taxpayer.

Box 6: Adjustments to Scholarships or Grants for a prior year. Enter the amount of any reduction reported for any prior year after 2002.

Box 7: If this box is checked, the amount in box 1 or 2 includes amounts the taxpayer paid before the end of the current year for the next year's tuition.

Box 8: A checkmark in this box indicates that the student was at least a half-time student during any academic period that began during the tax year. Although each university determines who and what is considered a "part-time student," the part-time student workload must be equal to or exceed the standards established by the Department of Education under the Higher Education Act.

Box 9: If this box is checked, the taxpayer is a graduate student. A graduate student must be enrolled in a program or programs leading to a graduate-level degree, graduate-level certificate, or another recognized graduate-level educational credential.

Box 10: If the insurer of the qualified tuition and related expenses made reimbursements to the student, enter the amount here.

Some eligible educational institutions combine all fees for an academic period into one amount. The student should contact the school if the student does not receive or have access to a statement showing amounts for qualified education expenses and personal expenses. The institution must provide this information to the taxpayer and report the amount paid or billed for qualified education expenses on Form 1098-T.

Tuition Payments Statement

When an eligible education institution provides a reduction in tuition to an employee of the institution or a spouse or dependent child of an employee, the amount of the reduction may or may not be taxable. If the reduction is taxable, the employee receives funds and then uses them to pay the educational institution on behalf of the student.

Form 8880: Retirement Savings Contributions Credit

The Retirement Savings Contributions Credit is based on the first $2,000 contributed to IRAs, 401(k)s, and certain other retirement plans. Use Form 8880, *Credit for Qualified Retirement Savings Contributions*, to calculate the credit. The taxpayer can make contributions until the tax return's due date; filing an extension does not change the due date for making these contributions. This credit reduces the taxpayer's income tax dollar-for-dollar and is reported on Form 1040, Schedule 3, line 4.

To claim this credit for 2023, the taxpayer's MAGI must be less than $36,500 if Single or MFS, $54,750 if filing Head of household, or $73,000 if married filing jointly or Surviving spouse with qualifying dependent. If a taxpayer claims the credit, attach Form 8880 to Form 1040.

Casilla 5: Esta casilla muestra el importe total recibido en concepto de becas o subvenciones gestionadas y tramitadas durante el año calendario. Recuerde, si el importe de la casilla 5 es mayor que el de la casilla 1, no solicite el crédito por estudios para el contribuyente.

Casilla 6: Ajustes de becas o ayudas de un año anterior. Indique el importe de cualquier reducción comunicada para cualquier año anterior posterior a 2002.

Casilla 7: Si se marca esta casilla, el importe de las casillas 1 ó 2 incluye los importes que el contribuyente pagó antes de finalizar el año en curso por la matrícula del año siguiente.

Casilla 8: Una marca de verificación en esta casilla indica que el estudiante fue como mínimo estudiante a media jornada durante cualquier período académico que comenzó durante el año fiscal. Aunque cada universidad determina quién y qué se considera "estudiante a tiempo parcial", la carga de trabajo del estudiante a tiempo parcial debe ser igual o superior a las normas establecidas por el Departamento de Educación en virtud de la Ley de Educación Superior.

Casilla 9: Si se marca esta casilla, el contribuyente es un estudiante de postgrado. Un estudiante de posgrado debe estar matriculado en un programa o programas conducentes a un título de posgrado, certificado de posgrado u otra credencial educativa de posgrado reconocida.

Casilla 10: Si el asegurador de los gastos de matrícula y gastos afines reembolsó al estudiante, indique aquí el importe.

Algunos centros de enseñanza elegibles reúnen todas las cuotas de un período académico en un solo importe. El estudiante debe ponerse en contacto con la escuela si no recibe o no tiene acceso a un extracto en el que figuren los importes de los gastos de educación calificados y los gastos personales. La institución debe proporcionar esta información al contribuyente y declarar el importe pagado o facturado por los gastos de educación calificados en el Formulario 1098-T.

Declaración de pago de la colegiatura

Cuando una institución educativa elegible proporciona una reducción en la colegiatura a un empleado de la institución o a un cónyuge o hijo dependiente de un empleado, el importe de la reducción puede o no estar sujeto a impuestos. Si la reducción es imponible, el empleado recibe los fondos y los utiliza para pagar a la institución educativa en nombre del estudiante.

Formulario 8880: Crédito por contribuciones al ahorro para la jubilación

El crédito por aportaciones al ahorro para la jubilación se basa en los primeros $2,000 aportados a las cuentas IRA, 401(k)s y algunos otros planes de jubilación. Utilice el formulario 8880, *Crédito por contribuciones calificadas de ahorro para la jubilación*, para calcular el crédito. El contribuyente puede realizar aportaciones hasta la fecha de vencimiento de la declaración de la renta; la presentación de una prórroga no modifica la fecha de vencimiento para realizar estas aportaciones. Este crédito reduce el impuesto sobre la renta del contribuyente dólar por dólar y se declara en el Formulario 1040, Anexo 3, línea 4.

Para solicitar este crédito para 2023, el MAGI del contribuyente debe ser inferior a $36,500 si es soltero o casado que presenta una declaración por separado, $54,750 si es cabeza de familia, o $73,000 si es casado que presenta una declaración conjunta o cónyuge sobreviviente con dependiente calificado. Si un contribuyente solicita el crédito, adjunte el Formulario 8880 al Formulario 1040.

Form 5695: Residential Energy Credits

If taxpayers made energy-saving improvements to their main home in the United States, they might be able to claim the residential energy efficient property credit and report it on Form 1040, Schedule 3, line 5. The credit and its ability to carry forward any portion are still available from 2022 to 2032. The following residential energy-efficient property credits are available for the 2023 tax year if the taxpayer made such improvements to the main home located in the United States:

- Qualified solar electric property costs
- Qualified solar water heating property costs
- Qualified small wind energy property costs
- Qualified geothermal heat pump property costs
- Qualified biomass fuel property costs

If the taxpayer is a condominium owner or a tenant-stockholder in a cooperative housing corporation and has paid their proportionate share of the cost, the taxpayer could qualify for the credit. There is a 30% credit for installing qualified solar water-heating property, qualified solar electric property, geothermal heat pumps, and small wind-energy property. The credit applies for property placed in service from 2022 to 2032.

The Energy Efficient Home Improvement credit is reported on Part II of Form 5695. The taxpayer may be able to take a credit equal to 30 percent of:

1. The amount paid or incurred for qualifying energy efficiency improvements installed in 2023
2. The amount of the residential energy property costs paid or incurred in 2023
3. The amount for home energy audits during in the current tax year

The credit is limited to the following:

- A total combined credit limit of $1,200
- A credit limit of $600 for all exterior windows and skylights
- A credit limit of $250 for any exterior door and total for all qualifying exterior doors
- A combined credit limit of $2,000 for heat pump and heat pump, water heaters; biomass stoves and boilers
- A credit limit of $150 for home energy audits

Any subsidized energy financing cannot be used to figure the energy credit. See Instructions Form 5695.

Part 1 Review

To obtain the maximum benefit from each part go online now and watch the video.

Part 2 Other Nonrefundable Credits

Lines 6 a-z report other current nonrefundable credits on Form 1040, Schedule 3. LTP has chosen to cover those that are the most common credits.

Line 6b: Credit for prior year minimum tax; attach Form 8801.

Formulario 5695: Créditos energéticos residenciales

Si el contribuyente ha realizado mejoras para ahorrar energía en su vivienda principal en Estados Unidos, puede solicitar el crédito a la propiedad residencial eficiente desde el punto de vista energético y declararlo en el Formulario 1040, anexo 3, línea 5. El crédito y su capacidad para trasladar cualquier parte siguen estando disponibles de 2022 a 2032. Los siguientes créditos para propiedades residenciales energéticamente eficientes están disponibles para el año fiscal 2023 si el contribuyente realizó dichas mejoras en la vivienda principal ubicada en los Estados Unidos:

- Costos a la propiedad eléctrica solar calificada
- Costos a la propiedad para calefacción solar de agua calificado
- Costos a la propiedad para pequeñas instalaciones eólicas calificado
- Costos a la propiedad para bomba de calor geotérmica calificado
- Costos de propiedad del combustible de biomasa calificado

Si el contribuyente es propietario de una comunidad de propietarios o inquilino-accionista de una cooperativa de viviendas y ha pagado su parte proporcional del costo, podría calificar al crédito. Existe un crédito del 30% para la instalación de instalaciones solares de calentamiento de agua, instalaciones solares eléctricas, bombas de calor geotérmicas y pequeñas instalaciones de energía eólica. El crédito se aplica a los bienes puestos en servicio entre 2022 y 2032.

El crédito para la mejora de la eficiencia energética de la vivienda se declara en la parte II del Formulario 5695. El contribuyente puede beneficiarse de un crédito equivalente al 30 por ciento de:

1. El importe pagado o incurrido por las mejoras de eficiencia energética que cumplan los requisitos instaladas en 2023
2. El importe de los costos de propiedad de energía residencial pagados o incurridos en 2023
3. El importe de las auditorías energéticas realizadas durante el año fiscal en curso

El crédito se limita a lo siguiente:

- Un límite de crédito combinado total de $1,200
- Un límite de crédito de $600 para todas las ventanas y tragaluces exteriores
- Un límite de crédito de $250 para cualquier puerta exterior y total para todas las puertas exteriores que califiquen
- Un límite de crédito combinado de $2,000 para bombas de calor y calentadores de agua; estufas y calderas de biomasa
- Un límite de crédito de $150 para auditorías energéticas domésticas

Cualquier financiación energética subvencionada no puede utilizarse para calcular el crédito energético. Consulte las instrucciones del Formulario 5695.

Parte 1 Repaso

Para sacar el máximo partido de cada parte, conéctese ahora y vea el video.

Parte 2 Otros créditos no reembolsables

Las líneas 6 a-z declaran otros créditos actuales no reembolsables en el Formulario 1040, Anexo 3. LTP ha optado por cubrir los créditos más comunes.

Línea 6b: LTP ha optado por cubrir los créditos más comunes.

Line 6c: Adoption credit; attach Form 8839.

Adoption Credit or Exclusion

The maximum adoption credit amount a taxpayer can receive from their employer for 2023 is $15,950. Suppose the taxpayer's modified adjusted gross income (MAGI) is between $239,230 and $279,230; in that case, the credit may be reduced based on income. A taxpayer can use the adoption credit for foreign and domestic adoptions in most circumstances. Some states have determined that if a child has special needs, the taxpayer may receive the maximum amount of the credit unless they claimed some expenses in a prior year. The tax credit phaseout for 2024 was for adjusted gross income (MAGI) from $252,150 to $292,150.

Line 6d: Credit for the Elderly or Disabled

Schedule R: Credit for the Elderly or Disabled

The Credit for the Elderly or Disabled is a nonrefundable credit based on the taxpayer's filing status, age, and income. A person is permanently and totally disabled if the taxpayer cannot engage in any substantial gainful activity due to a physical or mental condition or if a qualified physician determined that the condition has lasted or can be expected to last continuously for at least a year or until death. If the taxpayer is under 65, a physician's statement must be attached to the tax return. The statement must certify that the taxpayer was permanently and totally disabled on the date of retirement.

The base amount is reduced by most nontaxable pension and Social Security benefits and by half of the AGI that exceeds the base amount. To claim this credit, the taxpayer must meet the following criteria:

- Be age 65 or older by the end of the tax year
- Meet the following conditions if under the age of 65 at the end of the tax year:
  - Retired on permanent and total disability: they must have been permanently and totally disabled on or before January 1, 1976, or January 1, 1977, if the taxpayer retired before 1977
  - Received taxable disability benefits in the current tax year
  - Have not reached the employer's mandatory retirement age (when the employer's retirement program requires an employee to retire) on or before January 1 of the tax year in question

If the taxpayer is under the age of 65, they must have a physician's statement certifying that they were permanently and totally disabled on the date of retirement. Do not file the statement with the taxpayer's Form 1040; however, the taxpayer must keep it for their records. The instructions for Schedule R include a template statement taxpayers can provide to their physicians to complete and keep for their records. The taxpayer's income cannot exceed the limits listed below to qualify for the credit, so many taxpayers will not be able to take advantage of it.

Señor 1040 Says: Be aware that when preparing a Schedule R to determine a taxpayer's eligibility for the elderly or disabled credit, the Social Security income must be considered as well even though it is not taxable.

Línea 6c: Crédito por adopción; adjunte el Formulario 8839.

Crédito o exclusión por adopción

La cantidad máxima de crédito por adopción que un contribuyente puede recibir de su empleador para 2023 es de $15,950. Supongamos que el ingreso bruto ajustado modificado (MAGI) del contribuyente se sitúa entre $239,230 y $279,230; en ese caso, el crédito puede reducirse en función de los ingresos. Un contribuyente puede utilizar el crédito por adopción para adopciones nacionales y extranjeras en la mayoría de las circunstancias. Algunos estados han determinado que si un hijo tiene necesidades especiales, el contribuyente puede recibir el importe máximo del crédito a menos que haya declarado algunos gastos en un año anterior. La reducción progresiva del crédito fiscal para 2024 era para el ingreso bruto ajustado (MAGI) de $252,150 a $292,150.

Línea 6d: Crédito para personas de la tercera edad o discapacitadas

Anexo R: Crédito para personas de la tercera edad o discapacitadas

El crédito para personas mayores o discapacitadas es un crédito no reembolsable basado en el estado civil, la edad y los ingresos del contribuyente. Una persona está permanente y totalmente discapacitada si el contribuyente no puede realizar ninguna actividad lucrativa sustancial debido a una afección física o mental o si un médico cualificado determina que la afección ha durado o puede esperarse que dure de forma continuada al menos un año o hasta el fallecimiento. Si el contribuyente tiene menos de 65 años, debe adjuntar a la declaración de la renta una declaración del médico. La declaración debe certificar que el contribuyente estaba incapacitado permanente y totalmente en la fecha de la jubilación.

Del importe base se deducen la mayoría de las pensiones y prestaciones del Seguro Social no imponibles y la mitad del AGI que supere el importe base. Para solicitar este crédito, el contribuyente debe cumplir los siguientes criterios:

- Tener 65 años o más al final del año fiscal
- Cumplir las siguientes condiciones si es menor de 65 años al final del año fiscal:
  - Jubilados por incapacidad permanente y total: deben haber sufrido una incapacidad permanente y total el 1 de enero de 1976 o antes, o el 1 de enero de 1977, si el contribuyente se jubiló antes de 1977
  - Haber percibido prestaciones por invalidez imponibles en el año fiscal en curso
  - No han alcanzado la edad de jubilación obligatoria del empleador (cuando el programa de jubilación del empleador exige que un empleado se jubile) el 1 de enero del ejercicio fiscal en cuestión o antes de esa fecha

Si el contribuyente es menor de 65 años, debe disponer de un certificado médico que acredite su incapacidad permanente y total en la fecha de la jubilación. No presente la declaración con el Formulario 1040 del contribuyente; sin embargo, el contribuyente debe conservarla para sus archivos Las instrucciones del Anexo R incluyen un modelo de declaración que los contribuyentes pueden facilitar a sus médicos para que lo cumplimenten y lo conserven en sus archivos. Los ingresos del contribuyente no pueden superar los límites indicados a continuación para tener derecho a la bonificación, por lo que muchos contribuyentes no podrán beneficiarse de ella.

Señor 1040 dice: Tenga en cuenta que al confeccionar el Anexo R para determinar si un contribuyente tiene derecho a la bonificación por ancianidad o discapacidad, también deben tenerse en cuenta los ingresos del Seguro Social, aunque no estén sujetos a

Income Limits for Schedule R

If the taxpayer's income exceeds the following limits, the taxpayer cannot claim the credit.

If filing status is:	**The taxpayer cannot take the credit if the amount from Form 1040, or Form 1040-SR, line 11, is:**	**Or the taxpayer received:**
Single, Head of Household, or Surviving spouse with qualifying dependent	$17,500 or more	$5,000 or more of nontaxable Social Security or other nontaxable pensions, annuities, or disability income
Married Filing Jointly if only one spouse qualifies for the credit	$20,000 or more	$5,000 or more of nontaxable Social Security or other nontaxable pensions, annuities, or disability income
Married Filing Jointly if both spouses qualify for the credit	$25,000 or more	$7,500 or more of nontaxable Social Security or other nontaxable pensions, annuities, or disability income
Married Filing Separately and the taxpayer did not live with spouse any time during the year	$12,500 or more	$3,750 or more of nontaxable Social Security or other nontaxable pensions, annuities, or disability income

Example 1. Adam retired on disability as a salesperson, and he now works as a daycare provider assistant earning minimum wage. Although he does different work, Adam is a daycare provider assistant on ordinary terms for minimum wage. Thus, he cannot take the credit because he is engaged in a substantial gainful activity.

Example 2. Jess retired on disability and took a job with a former employer on a trial basis. The trial period lasted for some time, during which Jess was paid at a rate equal to minimum wage. Due to Jess's disability, he performed light-duty of a nonproductive, make-work nature. Unless the activity is both substantial and gainful, Jess is not engaged in a substantial, gainful activity. The activity was gainful because Jess's payment was at or above the minimum wage rate. However, the activity was not substantial because the duties were of a nonproductive, make-work nature. More information is needed to determine if Jess can engage in a substantial gainful activity.

How to Calculate the Credit

If the taxpayer checked box 6, the total amount entered on line 11 would be $5,000. If the taxpayer checked boxes 2, 4, or 9, then enter the total amount of disability income received. If the taxpayer checked box 5, enter the total amount of disability income received from the taxpayer and spouse on line 11.

Límites de ingresos para el Anexo R

Si los ingresos del contribuyente superan los siguientes límites, el contribuyente no puede solicitar el crédito.

Si el estado civil en la declaración es:	El contribuyente no puede acogerse al crédito si el importe del Formulario 1040, o del Formulario 1040-SR, línea 11, es:	O el contribuyente recibió:
Soltero, cabeza de familia o cónyuge superviviente con una persona dependiente calificada	$17,500 o más	$5,000 o más de Seguro Social no gravable u otras pensiones no gravables, anualidades o ingresos por incapacidad
Casado que presenta una declaración conjunta si sólo uno de los cónyuges tiene derecho al crédito	$20,000 o más	$5,000 o más de Seguro Social no gravable u otras pensiones no gravables, anualidades o ingresos por incapacidad
Casado que presenta una declaración conjunta si ambos cónyuges tienen derecho al crédito	$25,000 o más	$7,500 o más de Seguro Social no gravable u otras pensiones no gravables, anualidades o ingresos por incapacidad
Casado que declara por separado y el contribuyente no vivió con su cónyuge en ningún momento del año	$12,500 o más	$3,750 o más de Seguro Social no gravable u otras pensiones no gravables, anualidades o ingresos por incapacidad

Ejemplo 1. Adam se jubiló por incapacidad como vendedor y ahora trabaja como auxiliar de proveedor de guardería cobrando el salario mínimo. Aunque realiza un trabajo diferente, Adam es auxiliar de guardería en términos ordinarios por el salario mínimo. Por lo tanto, no puede beneficiarse del crédito porque ejerce una actividad lucrativa sustancial.

Ejemplo 2. Jess se jubiló por incapacidad y aceptó un trabajo con un antiguo empleador a modo de prueba. El período de prueba duró algún tiempo, durante el cual Jess percibió una remuneración equivalente al salario mínimo. Debido a su discapacidad, Jess realizaba trabajos ligeros de carácter no productivo. A menos que la actividad sea a la vez sustancial y lucrativa, Jess no ejerce una actividad sustancial y lucrativa. La actividad era lucrativa porque la retribución de Jess era igual o superior al salario mínimo interprofesional. Sin embargo, la actividad no era sustancial porque las tareas eran de naturaleza no productiva, de fabricación. Se necesita más información para determinar si Jess puede ejercer una actividad lucrativa sustancial.

Cómo calcular el crédito

Si el contribuyente marcó la casilla 6, el importe total consignado en la línea 11 sería de $5,000. Si el contribuyente marcó las casillas 2, 4 ó 9, indique el importe total de los ingresos por discapacidad percibidos. Si el contribuyente marcó la casilla 5, anote en la línea 11 el importe total de los ingresos por discapacidad percibidos por el contribuyente y su cónyuge.

2-Wheeled Plug-in Electric Vehicle

The taxpayer could qualify for a credit for purchasing a qualified 2-wheeled electric vehicle that was acquired before 2022 and:

- Can go 45+ miles per hour
- Is propelled by an electric motor with a rechargeable battery with a capacity of not less than 2.5 kilowatt hours
- Is manufactured primarily for use on public streets, roads, and highways
- Has a gross vehicle weight of less than 14,000 pounds

See Instructions Form 8936.

Qualified 4-Wheel Plug-in Electric Drive Motor Vehicle (EV)

The taxpayer could receive credit for purchasing a 4-wheel vehicle (placed in service before 2023), with gross weight of less than 14,000 pounds and a rechargeable battery with at least 4-kilowatt hours capacity. The vehicle must be manufactured primarily to be used on public streets, roads, and highways. The owner is the only one that can claim the credit. If the vehicle is leased, only the lessor and not the lessee can claim the credit. The vehicle must be used primarily in the United States and the final assembly of the car must occur in North America. See IRC Code Section 30D.

Line 6g: Mortgage interest credit; attach Form 8396.

Taxpayers claim the mortgage interest credit if a state, local governmental unit, or agency under a qualified mortgage credit certificate program issues them a Mortgage Credit Certificate (MCC). If the mortgage is equal to or smaller than the certified indebtedness amount (known as the loan) shown on the MCC, multiply the certified credit rate shown on the MCC by all interest paid on the mortgage during the year.

Child Tax Credits Schedule 8812

The child tax credit (CTC) is a nonrefundable credit for taxpayers who have a qualifying child. For tax year 2023, the credit reverted to $2,000 per child under the age of 17. The refundable portion is $1,600.

The maximum phaseout amounts are $400,000 for married taxpayers filing a joint return and all others is $200,000. The taxpayer's tax liability and modified AGI limits the child tax credit. If the child were not issued a valid Social Security number, they would not qualify the taxpayer for either credit. This credit is reported on Form 1040, line 19.

To be a qualifying child for the child tax credit, the child must be a citizen, national, or resident of the United States. The qualifying child must have an SSN for the taxpayer to claim the child for the Child Tax Credit and/or the Advanced child tax credit. If the dependent does not qualify for the child tax credit, the taxpayer cannot include that dependent in the calculation for the credit. However, the dependent may still qualify for the Other Dependent Credit (ODC).

The Additional Child Tax Credit (ACTC) is a refundable credit available for taxpayers with qualifying children. Use Schedule 8812, Parts II-III to calculate the additional child tax credit. This credit is reported on Form 1040, line 27, and Schedule 3 should be completed.

Vehículo eléctrico enchufable de 2 ruedas

El contribuyente podría tener derecho a un crédito por la compra de un vehículo eléctrico de 2 ruedas calificado que haya sido adquirido antes de 2022 y:

- Puede ir a más de 45 millas por hora
- Está propulsado por un motor eléctrico con una batería recargable de una capacidad no inferior a 2.5 kilovatios hora
- Se fabrica principalmente para su uso en calles, carreteras y autopistas públicas.
- Tiene un peso bruto del vehículo inferior a 14,000 libras.

Consulte las instrucciones del Formulario 8936.

Vehículo de motor eléctrico enchufable de 4 ruedas calificado (EV)

El contribuyente podría recibir crédito por la compra de un vehículo de 4 ruedas (puesto en servicio antes de 2023) con un peso bruto inferior a 14,000 libras y una batería recargable con una capacidad de al menos 4 kilovatios hora. El vehículo debe estar fabricado principalmente para ser utilizado en calles, carreteras y autopistas públicas. El propietario es el único que puede reclamar el crédito. Si el vehículo es alquilado, sólo el arrendador y no el arrendatario puede solicitar el crédito. El vehículo debe utilizarse principalmente en Estados Unidos y el montaje final del automóvil debe realizarse en Norteamérica. Consulte la sección 30D del Código IRC.

Línea 6g: Crédito por intereses hipotecarios; adjunte el Formulario 8396.

Los contribuyentes solicitan el crédito por intereses hipotecarios si una unidad gubernamental estatal, local o agencia en el marco de un programa calificado de certificado de crédito hipotecario les expide un Certificado de Crédito Hipotecario (MCC). Si la hipoteca es igual o inferior al importe de endeudamiento certificado (conocido como préstamo) que figura en el MCC, multiplique el tipo de crédito certificado que figura en el MCC por todos los intereses pagados por la hipoteca durante el año.

Créditos fiscales por hijos Anexo 8812

El crédito fiscal por hijos (CTC) es un crédito no reembolsable para los contribuyentes que tengan un hijo calificado. Para el año fiscal 2023, el crédito volvió a ser de $2,000 por hijo menor de 17 años. La parte reembolsable es de $1,600.

Los importes máximos de eliminación gradual son de $400,000 para los contribuyentes casados que presenten una declaración conjunta y para todos los demás es de $200,000. La cuota tributaria del contribuyente y el AGI modificado limitan la bonificación fiscal por hijos. Si el hijo no dispusiera de un número de Seguro Social válido, el contribuyente no podría acogerse a ninguno de los dos créditos. Este crédito se declara en la línea 19 del Formulario 1040.

Para que un hijo tenga derecho al crédito fiscal por hijos, debe ser ciudadano, nacional o residente en Estados Unidos. El hijo calificado debe tener un NSS para que el contribuyente pueda reclamar al hijo para el Crédito Tributario por Hijo y/o el Crédito Tributario Avanzado por Hijo. Si el dependiente no cumple los requisitos para beneficiarse del crédito fiscal por hijos, el contribuyente no puede incluir a ese dependiente en el cálculo del crédito. Sin embargo, el dependiente puede seguir teniendo derecho al crédito por otro dependiente (ODC).

El crédito fiscal adicional por hijos (ACTC) es un crédito reembolsable al que pueden optar los contribuyentes con hijos calificados. Utilice el Anexo 8812, Partes II-III para calcular el crédito fiscal adicional por hijos. Este crédito se declara en el Formulario 1040, línea 27, y debe completarse el Anexo 3.

Qualifying Child for Child Tax Credit

For a child to qualify for the child tax credit, they must meet the following conditions:

- The child is the son, daughter, stepchild, eligible foster child, brother, sister, stepbrother, stepsister, half-brother, half-sister, or a descendant of any of these
- The child did not provide over half of their support
- The child lived with the taxpayer for more than half of 2023
- The child is claimed as a dependent on the taxpayer's return
- The child does not file a joint return for the year or only files to claim a refund of withheld income tax or if the dependent paid estimated payments
- The child was a U.S. citizen, U.S. national, U.S. resident alien, or adopted by a U.S. citizen, U.S. national, or U.S. resident alien

Qualifying Person for the ODC

An individual qualifies for the Other Dependent Credit (ODC) if they meet the following conditions:

- The taxpayer claims the qualifying dependent on their tax return
- The dependent is ineligible for the CTC or the ACTC
- The dependent was a U.S. citizen, U.S. national, U.S. resident alien, or adopted by a U.S. citizen, U.S. national, or U.S. resident alien
- They have a TIN on or before the due date of the 2023 tax return
- The maximum phaseout amounts are $400,000 for married taxpayers filing a joint return and all others are $200,000

Example: Levi is claiming his 10-year-old nephew Fernando, who lives in Mexico and qualifies as Levi's dependent. Because Fernando is not a U.S. citizen, U.S. national, or a U.S. resident alien, Levi cannot use Fernando to claim the Other Dependent Credit (ODC) unless Levi adopts him, and Fernando comes to live with Levi in the United States.

Improperly Claiming the CTC, ODC, or ACTC

If the IRS determines the taxpayer has claimed any of these credits in error, they may be prohibited from claiming these credits for two years. If the error is determined to be fraud, they may be prohibited from claiming the credit for 10 years. The taxpayer may also have to pay penalties and interest. If the tax preparer committed the error and the IRS determines that the error was intentional, the tax preparer will be charged penalties and interest and may be prohibited from preparing returns for as long as the IRS decides it is appropriate. ODC has been added to both the due diligence questionnaire and part III of Form 8862, *Information to Claim Certain Credits After Disallowance*.

Part 2 Review

To obtain the maximum benefit from each part go online now and watch the video.

Hijo calificado para el crédito fiscal por hijo

Para que un hijo esté calificado para el crédito fiscal por hijos, debe cumplir las siguientes condiciones:

- El niño es hijo, hija, hijastro, hijo adoptivo elegible, hermano, hermana, hermanastro, hermanastra, medio hermano, media hermana o descendiente de cualquiera de ellos
- El hijo ha aportado más de la mitad de su manutención
- El hijo ha vivido con el contribuyente más de la mitad de 2023
- El hijo es declarado dependiente en la declaración de la renta del contribuyente
- El hijo no presenta una declaración conjunta para el año o sólo la presenta para reclamar la devolución del impuesto sobre la renta retenido o si el dependiente pagó pagos estimados
- El niño era ciudadano estadounidense, nacional de EE.UU., extranjero residente en EE.UU. o adoptado por un ciudadano estadounidense, nacional de EE.UU. o extranjero residente en EE.UU.

Persona cualificada para el ODC

Una persona puede optar al crédito por otras personas dependientes (ODC) si cumple las siguientes condiciones:

- El contribuyente declara al dependiente calificado en su declaración de la renta.
- La persona dependiente no es elegible al CTC ni a al ACTC.
- La persona dependiente era ciudadano estadounidense, nacional de EE.UU., extranjero residente en EE.UU. o adoptado por un ciudadano estadounidense, nacional de EE.UU. o extranjero residente en EE.UU.
- Tienen un NIF en la fecha de vencimiento de la declaración de la renta de 2023 o antes.
- Los importes máximos de eliminación gradual son de $400,000 para los contribuyentes casados que presenten una declaración conjunta y para todos los demás es de $200,000.

Ejemplo: Levi reclama a su sobrino Fernando, de 10 años, que vive en México y califica como dependiente de Levi. Dado que Fernando no es ciudadano estadounidense, nacional de Estados Unidos o extranjero residente en Estados Unidos, Levi no puede utilizar a Fernando para solicitar el crédito por otro familiar a cargo (ODC) a menos que Levi lo adopte y Fernando venga a vivir con Levi a Estados Unidos.

Reclamación indebida del CTC, ODC o ACTC

Si el IRS determina que el contribuyente ha solicitado alguno de estos créditos por error, se le puede prohibir solicitarlos durante dos años. Si se determina que el error es fraude, se les puede prohibir solicitar el crédito durante 10 años. El contribuyente también puede tener que pagar sanciones e intereses. Si el preparador de impuestos cometió el error y el IRS determina que el error fue intencional, se le cobrarán multas e intereses y se le puede prohibir preparar declaraciones durante el tiempo que el IRS decida que es apropiado. El ODC se ha añadido tanto al cuestionario de diligencia debida como a la parte III del formulario 8862, *Información para reclamar determinados créditos tras su denegación.*

Parte 2 Repaso

Para sacar el máximo partido de cada parte, conéctese ahora y vea el video.

Part 3 Payments and Refundable Tax Credits

In the tax industry, the term "refundable credit" refers to a credit that allows the taxpayer to lower their tax liability dollar-for-dollar to zero and below, potentially resulting in a refund. When the refundable credit exceeds the amount of taxes owed, it could result in a tax refund.

A refundable tax credit is a tax credit that is treated as a payment and can be refunded to the taxpayer by the IRS. Refundable tax credits offset certain taxes that are normally not reduced. The credits can create a federal tax refund higher than the amount of money a person had withheld during the year. Refundable tax credits are applied toward a person's tax obligation, and the overpayment could be refunded back to the individual. Withholding for federal income taxes and estimated taxes could be refundable, since they are prepayments toward a person's annual tax liability that can be refunded to the taxpayer if withholding was overpaid.

Federal Income Tax Withheld

Form 1040, page 2, line 25, reports the federal income tax withheld from all income reported by forms such as the W-2, W-2G, 1099-R, 1099-NEC, SSA-1099, and Schedule K. The amount of tax withheld is on Form W-2 in box 2 and on the Form 1099 series in box 4. If the taxpayer had federal tax withheld from Social Security benefits, it is in box 6 of Form SSA-1099. If the taxpayer had additional Medicare tax withheld by their employer, that amount shows on Form 1040, Schedule 2, line 11. Calculate the additional Medicare tax on Form 8959 and attach it to the return.

Estimated Tax Payments

Form 1040, page 2, line 26, reports any estimated tax payments made in the current tax year and any overpayments applied from the prior year's tax return. If a taxpayer and their spouse have divorced during the current tax year and made estimated payments together, enter the former spouse's SSN in the space provided on the front of Form 1040. The taxpayer should attach a statement to Form 1040 explaining that the divorced couple made the payments together; that statement should also contain proof of payments, the name, and SSN of the individual making the payments.

Estimated tax payments are also referred to as quarterlies since the payments are due in four equal payments. If the due dates fall on a Saturday, Sunday, or a legal holiday, estimated payments are due on the next business day. Estimated payments are due on the following dates:

- April 15
- June 15
- September 15
- January 15 (of the following year)

Parte 3 Pagos y créditos fiscales reembolsables

En el sector fiscal, los términos "crédito reembolsable" se refieren a un crédito que permite al contribuyente reducir su deuda tributaria dólar por dólar hasta cero o menos, lo que puede dar lugar a un reembolso. Cuando el crédito reembolsable supera el importe de los impuestos adeudados, podría dar lugar a una devolución de impuestos.

Un crédito fiscal reembolsable es un crédito fiscal que se trata como un pago y que el IRS puede devolver al contribuyente. Los créditos fiscales reembolsables compensan determinados impuestos que normalmente no se reducen. Los créditos pueden dar lugar a un reembolso de impuestos federales superior a la cantidad de dinero que una persona había retenido durante el año. Los créditos fiscales reembolsables se aplican a la obligación tributaria de una persona, y el pago en exceso podría devolverse a la persona. Las retenciones de los impuestos federales sobre la renta y los impuestos estimados podrían ser reembolsables, ya que son pagos anticipados de la deuda tributaria anual de una persona que pueden devolverse al contribuyente si la retención se pagó en exceso.

Impuesto federal sobre la renta retenido

En la línea 25 de la página 2 del Formulario 1040 se indica el impuesto federal sobre la renta retenido de todos los ingresos declarados mediante formularios como el W-2, W-2G, 1099-R, 1099-NEC, SSA-1099 y el Anexo K. El importe del impuesto retenido figura en la casilla 2 del Formulario W-2 y en la casilla 4 de la serie del Formulario 1099. Si al contribuyente se le retuvo el impuesto federal de las prestaciones del Seguro Social, figura en la casilla 6 del Formulario SSA-1099. Si al contribuyente se le retuvo un impuesto adicional de Medicare por parte de su empleador, esa cantidad aparece en la línea 11 del Anexo 2 del Formulario 1040. Calcule el impuesto adicional de Medicare en el Formulario 8959 y adjúntelo a la declaración.

Pago de impuestos estimados

En la línea 26 de la página 2 del Formulario 1040 se declaran los pagos de impuestos estimados efectuados en el año fiscal en curso y los pagos en exceso aplicados de la declaración de impuestos del año anterior. Si un contribuyente y su cónyuge se han divorciado durante el año fiscal en curso y han efectuado juntos los pagos estimados, introduzca el número de Seguro Social del ex cónyuge en el espacio previsto para ello en el anverso del Formulario 1040. El contribuyente debe adjuntar al Formulario 1040 una declaración en la que explique que la pareja divorciada efectuó los pagos conjuntamente; dicha declaración también debe contener la prueba de los pagos, el nombre y el número de seguro social de la persona que efectuó los pagos.

Los pagos de impuestos estimados también se denominan trimestrales, ya que los pagos vencen en cuatro plazos iguales. Si las fechas de vencimiento caen en sábado, domingo o día festivo legal, los pagos estimados vencen el siguiente día laborable. Los pagos estimados vencen en las fechas siguientes:

- 15 de abril
- 15 de junio
- 15 de septiembre
- 15 de enero (del año siguiente)

Amount Overpaid

The taxpayer can receive their overpayment as a paper check from the U.S. Treasury Department or through a direct deposit from the U.S. Treasury Department into a checking or savings account. After filing the tax return electronically, the taxpayer can go to www.irs.gov and click "Where's My Refund?" to receive information about their return within 24 hours after it has been electronically accepted by the IRS. If the overpayment amount is different than what the taxpayer was expecting, the taxpayer should receive an explanation from the IRS within two weeks after depositing the refund.

Form 1040, page 2, line 34, states if there was an overpayment of current-year taxes and indicates how the taxpayer would like to receive the overpayment refund. The desired refund amount should be entered on line 35a. The taxpayer can select a portion of the amount as a refund and forward the rest as estimated tax payments for the following tax year. Use line 36 to enter the desired estimated payments. The taxpayer can also elect to carry forward their entire refund amount. If the taxpayer wants to carry forward overpayments to the following year, enter the amount they would like to have applied on Form 1040, line 36. Suppose a couple filed MFJ, and a taxpayer's spouse wants the overpayment applied to her account. In that case, the refund amount is divided between the taxpayer's account and the spouse's separate account. The taxpayer can include up to three bank accounts on Part I in Form 8888. Use Part II to use the refund to purchase U.S. Series I Savings Bonds.

Tax Tip: The IRS will allow the taxpayer to have their direct deposit divided between multiple accounts, but not all tax software supports the use of Form 8888 to do so.

Example: Pat made estimated payments for the current tax year of $11,000 and overpaid her quarterlies by $4,500. Pat wants $2,000 refunded, so enter $2,000 on line 36. Pat would like the remaining $2,500 applied to next year's estimated payments, so enter the $2,500 amount on line 35a.

If the taxpayer wants to deposit the entire overpayment directly, submit a valid routing number and account number. A routing number is a nine-digit number that indicates which financial institute receives the direct deposit refund. The account number is specific to the taxpayer's bank account. The first two digits of the routing number must be 01 through 12 or 21 through 32. Some financial institutions have a separate routing number for direct deposits. If there is no entry on Form 1040, Page 2, line 35b or line 35d, the taxpayer will receive a paper check.

The routing number on a deposit slip may differ from the routing number on the bottom of a personal check. If the tax preparer is entering the numbers from the bottom of the check, make sure you do not enter the check number when entering the account number. On Form 1040, be sure to indicate whether the account is a checking or savings account.

Importe pagado en exceso

El contribuyente puede recibir su pago en exceso como un cheque en papel del Departamento del Tesoro de EE.UU. o a través de un depósito directo del Departamento del Tesoro de EE.UU. en una cuenta de cheques o de ahorros. Después de presentar la declaración de la renta electrónicamente, el contribuyente puede ir a www.irs.gov y hacer clic en "¿Dónde está mi reembolso?" para recibir la información disponible sobre su declaración en un plazo de 24 horas después de que el IRS la haya aceptado electrónicamente. Si el importe pagado en exceso es diferente de lo que el contribuyente esperaba, el contribuyente debe recibir una explicación del IRS dentro de 2 semanas después de que se deposite el reembolso.

En la línea 34 de la página 2 del Formulario 1040 se indica si se ha pagado de más por los impuestos del año en curso y cómo desea recibir el contribuyente la devolución de los impuestos pagados de más. El importe de reembolso deseado debe consignarse en la línea 35a. El contribuyente puede seleccionar una parte del importe como devolución y remitir el resto como pagos de impuestos estimados para el ejercicio fiscal siguiente. Utilice la línea 36 para introducir los pagos estimados deseados. El contribuyente también puede optar por trasladar al ejercicio siguiente el importe íntegro de su devolución. Si el contribuyente desea trasladar los pagos en exceso al año siguiente, anote el importe que desea que se aplique en la línea 36 del Formulario 1040. Supongamos que una pareja presentó la declaración MFJ, y la cónyuge del contribuyente quiere que el pago en exceso se aplique a su cuenta. En ese caso, el importe de la devolución se divide entre la cuenta del contribuyente y la cuenta separada del cónyuge. El contribuyente puede incluir hasta tres cuentas bancarias en la parte I del Formulario 8888. Utilice la Parte II para utilizar el reembolso para comprar Bonos de Ahorro de la Serie I de EE.UU.

Consejo fiscal: El IRS permitirá que el contribuyente tenga su depósito directo dividido entre múltiples cuentas, pero no todos los programas de impuestos apoyan el uso del Formulario 8888 para hacerlo.

Ejemplo: Pat hizo pagos estimados para el año fiscal en curso de $11,000 y pagó de más sus trimestrales por $4,500. Pat quiere que le reembolsen $2,000, así que anote $2,000 en la línea 36. Pat desea que los $2,500 restantes se apliquen a los pagos estimados del próximo año, así que ingrese la cantidad de $2,500 en la línea 35a.

Si el contribuyente desea ingresar directamente la totalidad del pago en exceso, presente un número de ruta y un número de cuenta válidos. Un número de ruta es un número de nueve dígitos que indica qué entidad financiera recibe el reembolso del depósito directo. El número de cuenta es específico de la cuenta bancaria del contribuyente. Las dos primeras cifras del número de ruta deben ser del 01 al 12 o del 21 al 32. Algunas entidades financieras tienen un número de ruta distinto para los depósitos directos. Si no hay ninguna anotación en el Formulario 1040, página 2, línea 35b o línea 35d, el contribuyente recibirá un cheque en papel.

El número de ruta que figura en un resguardo de ingreso puede diferir del número de ruta que figura en la parte inferior de un cheque personal. Si el preparador de impuestos introduce los números desde la parte inferior del cheque, asegúrese de no introducir el número de cheque cuando introduzca el número de cuenta. En el Formulario 1040, asegúrese de indicar si se trata de una cuenta de cheques o de ahorro.

ROBERT SAMPLE
JOAN SAMPLE
123 MAIN ST.
PORTLAND, ME 04101

9999

11/30/2011
Date

Pay to the Order of Sample Check $ 158.00

one hundred and fifty eight 00/100 Dollars

TD Bank
America's Most Convenient Bank®

For SAMPLE Joan Sample

123454321 0123454321 9999

Routing Number Account Number

If any of the following happen, the financial institution will reject the direct deposit, and the IRS will send a paper check to the taxpayer instead:

- Any numbers or letters on lines 35b or 35d are crossed out, or some type of correction material (such as correction tape or white-out) has been used
- The taxpayer's financial institution(s) will not allow a joint return to be deposited to an individual account; The U.S. Treasury Department is not responsible if the financial institution rejects the direct deposit.
- Three direct deposits have already been made to that account
- The name on the account does not match the name on the tax refund
- The name on the account is not the same as the name on the tax return

Señor 1040 Says: The IRS is not responsible for a lost refund if the account information is entered incorrectly. The taxpayer is responsible for making sure that his or her routing number and account number are accurate, and that the financial institution will accept the direct deposit.

Direct Deposit

Taxpayers may have refunds deposited into their checking or savings accounts. The tax professional must have the taxpayer's account number, routing number, and the financial institution's name to directly deposit the refund. The information is found at the bottom of the taxpayer's check. Be careful not to include the check number.

Form 8888, *Allocation of Refund*, allows the taxpayer to divide their refunds and deposit them into multiple accounts. A qualified account can be a checking or savings account or other accounts such as a money market account or an IRA. The taxpayer should not try to deposit money directly into an account not in their name. This form is limited to three accounts and can also be used to purchase U.S. Series I Savings Bonds.

ROBERT SAMPLE
JOAN SAMPLE
123 MAIN ST.
PORTLAND, ME 04101

9999

11/30/2011
Date

Pay to the Order of Sample Check $ 158.00

one hundred and fifty eight 00/100 Dollars

TD Bank
America's Most Convenient Bank®

For SAMPLE Joan Sample

⑆123454321⑆ 0123454321⑈ 9999

Routing Number Account Number

Si se da cualquiera de los siguientes casos, la entidad financiera rechazará el ingreso directo y Hacienda enviará en su lugar un cheque en papel al contribuyente:

- Los números o letras de las líneas 35b o 35d están tachados, o se ha utilizado algún tipo de material corrector (como cinta correctora o corrector líquido)
  - La(s) entidad(es) financiera(s) del contribuyente no permitirá(n) que una declaración conjunta se deposite en una cuenta individual; el Departamento del Tesoro de EE.UU. no es responsable si la entidad financiera rechaza el depósito directo.
  - Ya se han hecho tres ingresos directos en esa cuenta
  - El nombre de la cuenta no coincide con el de la devolución de impuestos
  - El nombre en la cuenta no es el mismo que en la declaración de la renta

Señor 1040 dice: El IRS no es responsable de una devolución perdida si la información de la cuenta se introduce incorrectamente. El contribuyente es responsable de asegurarse de que su número de ruta y su número de cuenta son correctos, y de que la entidad financiera aceptará el depósito directo.

Depósito directo

Los contribuyentes pueden recibir las devoluciones en sus cuentas corrientes o de ahorro. El asesor fiscal debe disponer del número de cuenta del contribuyente, el número de ruta y el nombre de la entidad financiera para ingresar directamente la devolución. La información se encuentra en la parte inferior del cheque del contribuyente. Tenga cuidado de no incluir el número de cheque.

El formulario 8888, *Asignación de devolución*, permite al contribuyente dividir sus devoluciones e ingresarlas en varias cuentas. Una cuenta calificada puede ser una cuenta de cheques o de ahorros u otras cuentas como una cuenta del mercado monetario o una cuenta IRA. El contribuyente no debe intentar ingresar dinero directamente en una cuenta que no esté a su nombre. Este formulario está limitado a tres cuentas y también puede utilizarse para adquirir Bonos de Ahorro de la Serie I de los Estados Unidos.

Direct Deposit Limits

The IRS has imposed a limit of three direct deposits that can be electronically deposited into a single financial account or loaded on a pre-paid debit card. Any further deposits will be converted to a paper check and mailed to the taxpayer within four weeks. Taxpayers will receive a notification via mailed letter that their account has exceeded the direct deposit limit.

The IRS has implemented the direct deposit limit to safeguard taxpayer funds and to prevent unauthorized individuals from exploiting the system by obtaining multiple refunds through fraudulent means. Also, the new restrictions shield taxpayers from unscrupulous tax preparers who may try to misuse Form 8888 to unlawfully acquire a portion of the taxpayer's refund as their preparation fee. Tax preparers engaging in such practices are subject to penalties and fines.

Señor 1040 Says: The IRS will send refunds under $1 only if requested in writing.

If the taxpayer files a joint return and either the taxpayer or the spouse has an offset of bad debt to pay, the other spouse may be an injured spouse. If the IRS took one spouse's refund to pay the other spouse's tax liability, the injured spouse would file Form 8379 to see if they meet the conditions to get their portion of the refund back from the IRS.

Amount Paid with a Request for Extension

If the taxpayer used Form 4868 to file an extension and is making a payment, report the payment amount with the extension on Form 1040, Schedule 3, line 10. Do not include the taxpayer's fees when the individual pays by debit or credit card.

Señor 1040 Says: If the taxpayer itemizes his deductions and paid by credit or with debit card, the convenience fees are no longer a deduction on Schedule A.

Excess Social Security or Railroad Retirement Tax Withheld

When a taxpayer has more than one employer, it is possible that the employers will withhold too much for Social Security or Railroad Retirement Tax Act (RRTA) benefits. If that is the case, the taxpayer may claim the excess payment on Form 1040, Schedule 3, line 11, as a refundable credit. If, however, one employer withholds too much tax for Social Security or Railroad Retirement Tax Act, the employer makes the adjustment for the employee. Even if the employer does not refund the extra withholding to the employee, the taxpayer cannot adjust their income tax form but must instead file Form 843 to claim the refund.

Límites del depósito directo

El IRS ha impuesto un límite de tres depósitos directos que pueden ser depositados electrónicamente en una sola cuenta financiera o cargados en una tarjeta de débito prepagada. Cualquier otro depósito se convertirá en un cheque en papel y se enviará por correo al contribuyente en el plazo de cuatro semanas. Los contribuyentes recibirán por correo una notificación de que su cuenta ha superado el límite de depósito directo.

El IRS ha implantado el límite de depósito directo para salvaguardar los fondos de los contribuyentes y evitar que personas no autorizadas se aprovechen del sistema obteniendo múltiples devoluciones por medios fraudulentos. Además, las nuevas restricciones sirven para proteger a los contribuyentes de los preparadores de impuestos sin escrúpulos que pueden intentar utilizar indebidamente el Formulario 8888 para adquirir ilegalmente una parte del reembolso del contribuyente como honorarios de preparación. Los preparadores de impuestos que incurran en tales prácticas están sujetos a sanciones y multas.

Señor 1040 dice: El IRS sólo enviará devoluciones inferiores a 1 dólar si se solicitan por escrito.

Si el contribuyente presenta una declaración conjunta y el contribuyente o el cónyuge tiene una compensación de deudas incobrables que pagar, el otro cónyuge puede ser un cónyuge perjudicado. Si el IRS tomó el reembolso de uno de los cónyuges para pagar la deuda tributaria del otro, el cónyuge perjudicado presentaría el Formulario 8379 para ver si cumple las condiciones para que el IRS le devuelva su parte del reembolso.

Importe pagado con una solicitud de prórroga

Si el contribuyente utilizó el Formulario 4868 para presentar una prórroga y está efectuando un pago, declare el importe del pago con la prórroga en el Formulario 1040, Anexo 3, línea 10. No incluya las tasas del contribuyente cuando éste pague con tarjeta de débito o crédito.

Señor 1040 dice: Si el contribuyente detalla sus deducciones y pagó con tarjeta de crédito o débito, los gastos de conveniencia ya no son una deducción en el Anexo A.

Exceso de retención del Seguro Social o del impuesto de jubilación ferroviaria

Cuando un contribuyente tiene más de un empleador, es posible que éstos le retengan una cantidad excesiva en concepto de prestaciones del Seguro Social o de la Ley del Impuesto sobre la Jubilación Ferroviaria (RRTA). En tal caso, el contribuyente puede reclamar el exceso de pago en el Formulario 1040, anexo 3, línea 11, como crédito reembolsable. No obstante, si un empleador retiene demasiados impuestos para el Seguro Social o la Ley de Impuestos sobre la Jubilación Ferroviaria, el empleador realiza el ajuste por el trabajador. Aunque el empleador no devuelva la retención extra al empleado, el contribuyente no puede ajustar su declaración de la renta, sino que debe presentar el Formulario 843 para reclamar la devolución.

The taxpayer is entitled to the credit if they had more than one employer and exceeded the withholding limits for 2023 of $160,200 in wages subject to Social Security and tier 1 RRTA withholding taxes of $9,932.40 or less. All wages are subject to Medicare tax withholding.

Earned Income Credit (EIC)

The earned income credit (EIC), also referred to as earned income tax credit (EITC), is a refundable tax credit for low-to-moderate-income working individuals and families. When the EIC exceeds the amount of taxes owed, it results in a refundable credit. Report the EIC on Form 1040, page 2, line 27.

Twenty-eight states and the District of Columbia have an EITC program. Most use federal eligibility rules, and their version of the credit parallels major elements of the federal structure. In most states and localities, the credit is refundable (as is federal), although, in a few areas, the EITC is used only to offset taxes owed. For more information, go to www.irs.gov/eitc. The taxpayer must have earned income during the tax year to be eligible for the earned income tax credit. If a married couple is filing a joint return, and only one spouse worked, both could still meet the earned income requirement.

Remember, earned income is revenue the taxpayer received for working and includes the following types of income:

- Wages, salaries, tips, and other types of taxable employee pay
- Net earnings from self-employment
- Gross income received as a statutory employee
- Union strike benefits
- Long-term disability benefits received before reaching the minimum retirement age

Unearned income includes the following:

- Interest and dividends
- Pensions and annuities
- Social Security and railroad retirement benefits (including disability benefits)
- Alimony and child support
- Welfare benefits
- Workers' compensation benefits
- Unemployment compensation
- Income while an inmate
- Workfare payments (see Publication 596)

A taxpayer and their spouse, if filing jointly, must have a valid SSN to qualify for the earned income tax credit. If the SSN says, "Not valid for employment," and if the SSN was issued solely so the taxpayer or spouse could receive aid from a federally funded program, they do not qualify to receive earned income credit. If the SSN says, "Valid for work only with INS authorization," or "Valid only with DHS authorization," then the SSN is valid, but only if the authorization has not expired.

El contribuyente tiene derecho al crédito si tuvo más de un empleador y superó los límites de retención para 2023 de $160,200 en salarios sujetos a retención del Seguro Social y RRTA de nivel 1 de $9,932.40 o menos. Todos los salarios están sujetos a la retención de impuestos de Medicare.

Crédito por Ingresos del Trabajo (EIC)

El crédito por ingresos del trabajo (EIC), también conocido como crédito fiscal por ingresos del trabajo (EITC), es un crédito fiscal reembolsable para personas y familias trabajadoras con ingresos bajos o moderados. Cuando el EIC supera el importe de los impuestos adeudados, da lugar a un crédito reembolsable. Declare el EIC en el Formulario 1040, página 2, línea 27.

Veintiocho estados y el Distrito de Columbia cuentan con un programa EITC. La mayoría utiliza las normas federales de elegibilidad, y su versión del crédito es paralela a los principales elementos de la estructura federal. En la mayoría de los estados y localidades, el crédito es reembolsable (al igual que el federal), aunque, en algunas zonas, el EITC sólo se utiliza para compensar los impuestos adeudados. Para más información, visite www.irs.gov/eitc. El contribuyente debe haber obtenido ingresos durante el año fiscal para tener derecho al crédito fiscal por ingresos del trabajo. Si un matrimonio presenta una declaración conjunta y sólo uno de los cónyuges ha trabajado, ambos pueden cumplir el requisito de los ingresos del trabajo.

Recuerde que los rendimientos del trabajo son los ingresos que el contribuyente percibe por trabajar e incluyen los siguientes tipos de ingresos:

- Sueldos, salarios, propinas y otros tipos de retribuciones imponibles a los empleados
- Ingresos netos de trabajadores independientes
- Ingresos brutos percibidos como asalariado estatutario
- Beneficios de huelga sindical
- Prestaciones por incapacidad de larga duración percibidas antes de alcanzar la edad mínima de jubilación

Los ingresos no devengados incluyen lo siguiente:

- Intereses y dividendos
- Pensiones y rentas vitalicias
- Prestaciones del Seguro Social y de jubilación ferroviaria (incluidas las prestaciones por invalidez)
- Pensión conyugal y manutención de los hijos
- Prestaciones de bienestar social
- Prestaciones por accidentes laborales
- Indemnización por desempleo
- Ingresos durante la estancia en prisión
- Pagos de ayuda asistencial (consulte la Publicación 596)

El contribuyente y su cónyuge, si presentan una declaración conjunta, deben tener un número de identificación fiscal válido para tener derecho al crédito fiscal por ingresos del trabajo. Si el NSS dice "No válido para el empleo", y si el NSS se emitió únicamente para que el contribuyente o su cónyuge pudieran recibir ayudas de un programa financiado con fondos federales, no califican para recibir el crédito por ingresos del trabajo. Si el NSS dice "Válido para trabajar sólo con autorización del INS" o "Válido sólo con autorización del DHS", entonces el NSS es válido, pero sólo si la autorización no ha caducado.

Community Property

Taxpayers who live in a community property state could qualify for Head of Household if the couple has lived apart for at least the last six months of the year. A taxpayer's earned income for EIC does not include any amount earned by their spouse, even though income belongs to the spouse under the state's community property laws and is not earned income for EIC purposes. The taxpayer, however, must include it with all their earned income on the federal tax return. The same rules apply to taxpayers living in Nevada, Washington, and California who are Registered Domestic Partners (RDP's).

The IRS may ask the taxpayer to provide additional documentation to prove that the qualifying dependents belong to the taxpayer. The IRS might ask for the following documents:

- Birth certificate
- School records
- Medical records

During the initial interview, tax professionals should inform their clients what they might need if the IRS audits their claim for EIC. If a taxpayer receives an audit letter, the letter will include the taxpayer's name, address, telephone number, and the name of the IRS employee responsible for the taxpayer's audit. This process will delay the client's refund. If the taxpayer is found to have fraudulently claimed the EIC, the taxpayer will be denied the credit for the current tax year and for the next nine years after that.

Earned Income Rules

To qualify for EIC, the taxpayer's adjusted gross income (AGI) must be below a certain amount, and the taxpayer (and spouse if married filing jointly) must meet the following requirements:

- Have a valid Social Security number (if filing MFJ, the spouse must also have a valid SSN)
- Have earned income from employment or self-employment income
- Not file as Married filing separately (MFS)
- File MFJ as a U.S. citizen, as a resident alien all year, or as a nonresident alien married to a U.S. citizen
- Not file Form 2555 or Form 2555-EZ
- Not have investment income over $11,000
- Have a qualifying child who meets the four dependent tests (age, relationship, residency, and joint return; see "Qualifying Child" below)
    - Be at least age 25 and under age 65 at the end of the year
    - Live in the United States for more than half the year
    - Not qualify as a dependent of another person
- The 2023 AGI must be less than:
    - $56,838 ($63,698 MFJ) with three or more qualifying children
    - $52,918 ($59,478 MFJ) with two qualifying children
    - $46,560 ($53,120 MFJ) with one qualifying child
    - $17,640 ($24,210 MFJ) with no qualifying children

Bienes gananciales

Los contribuyentes que viven en un estado de bienes gananciales podrían optar a ser cabeza de familia si la pareja ha vivido separada durante al menos los últimos seis meses del año. Los ingresos de trabajo de un contribuyente a efectos del EIC no incluyen ninguna cantidad ganada por su cónyuge, aunque los ingresos pertenezcan al cónyuge en virtud de la legislación estatal sobre bienes gananciales y no sean ingresos de trabajo a efectos del EIC. No obstante, el contribuyente debe incluirlo junto con todos sus rendimientos del trabajo en la declaración de la renta federal. Las mismas normas se aplican a los contribuyentes residentes en Nevada, Washington y California que sean parejas de hecho registradas (RDP).

El IRS puede pedir al contribuyente que aporte documentación adicional para demostrar que los dependientes calificados pertenecen al contribuyente. El IRS puede pedir los siguientes documentos:

- Certificado de nacimiento
- Certificados escolares
- Registros médicos

Durante la entrevista inicial, los profesionales de la fiscalidad deben informar a sus clientes de lo que podrían necesitar si el IRS audita su solicitud de EIC. Si un contribuyente recibe una carta de auditoría, la carta incluirá el nombre del contribuyente, su dirección, su número de teléfono y el nombre del empleado del IRS responsable de la auditoría del contribuyente. Este proceso retrasará el reembolso al cliente. Si se descubre que el contribuyente ha solicitado fraudulentamente el EIC, se le denegará el crédito para el ejercicio fiscal en curso y para los nueve años siguientes.

Reglas de ingresos del trabajo

Para calificar al EIC, el ingreso bruto ajustado (AGI) del contribuyente debe estar por debajo de cierta cantidad, y el contribuyente (y su cónyuge si están casados y presentan una declaración conjunta) deben cumplir los siguientes requisitos:

- Tener un número de Seguro Social válido (si es casado y presenta una declaración conjunta, el cónyuge también debe tener un NSS válido)
- Tener ingresos por empleo o por trabajo independiente
- No declarar como casado que presenta la declaración por separado (MFS)
- Estar casado y presentar una declaración conjunta como ciudadano estadounidense, como extranjero residente todo el año o como extranjero no residente casado con un ciudadano estadounidense
- No presentar el Formulario 2555 o el Formulario 2555-EZ
  No tener ingresos por inversiones superiores a $11,000
- Tener un hijo que reúna los cuatro requisitos para ser considerado dependiente (edad, parentesco, residencia y declaración conjunta; consulte "Hijo calificado" más adelante)
  - Tener al menos 25 años y menos de 65 al final del año
  - Vivir en Estados Unidos más de la mitad del año
  - No estar a cargo de otra persona
- El AGI de 2023 debe ser inferior a:
  - $56,838 ($63,698 casado con declaración conjunta) con tres o más hijos calificados
  - $52,918 ($59,478 casado con declaración conjunta) con dos hijos calificados
  - $46,560 ($53,120 casado con declaración conjunta) con un hijo calificado
  - $17,640 ($24,210 casado con declaración conjunta) sin hijos calificados

Valid Social Security Number

The qualifying child must have a valid Social Security number (SSN) issued by the Social Security Administration (SSA) unless a child died in the same year they were born. Social Security cards with the legend "not valid for employment" are issued to aliens who are not eligible to work in the United States but who need an SSN so they can get a federally funded benefit such as Medicaid. Suppose the immigration status of a taxpayer or spouse has changed to U.S. citizen or permanent resident. In that case, the taxpayer should ask the SSA for a new Social Security card without the legend. If the SSN says, "valid for work only with INS authorization or DHS authorization," this is considered a valid SSN, and the taxpayer may qualify for the credit. Taxpayers with an ITIN do not qualify for EIC.

Uniform Definition of a Qualifying Child

The Working Families Tax Relief Act of 2004, amended in 2008, added the joint return test and standardized the definition of a qualifying child for the five child-related tax benefits. The tax law also defined exceptions and special rules for dependents with a disability, children of divorced parents, and adopted children (always treated as the taxpayer's child), including a child lawfully placed with the taxpayer for adoption.

Taxpayers that have missing or kidnapped children that a non-family member abducted may still claim the child. The IRS treats a kidnapped child as living with the taxpayer for more than half of the year if the child lived with the taxpayer for more than half of the part of the year before the date of the kidnapping, even if that length of time does not amount to half of a year. For example, if a child was kidnapped on March 1, the parent can still claim the child if they lived with the taxpayer for at least half of the two months (January and February) preceding the date of the kidnapping.

Although there are five tests to claim a dependent, a qualifying child must meet only four of the dependent tests to qualify for the EIC:

- Relationship
- Age
- Residency
- Joint return

To review the rules and guidelines for these tests, please refer to the chapter "Filing Status, Dependents, and Deductions."

Número válido del seguro social

El hijo calificado debe tener un número del Seguro Social (NSS) válido emitido por la Administración del Seguro Social (ASS), a menos que el hijo haya fallecido en el mismo año en que nació. Las tarjetas del Seguro Social con la leyenda "no válida para el empleo" se expiden a extranjeros calificados para trabajar en Estados Unidos pero que necesitan un NSS para poder obtener una prestación financiada con fondos federales, como Medicaid. Supongamos que la condición de inmigrante de un contribuyente o de su cónyuge ha cambiado a ciudadano estadounidense o residente permanente. En ese caso, el contribuyente debe solicitar a la ASS una nueva tarjeta del Seguro Social sin la leyenda. Si el NSS dice "válido para trabajar sólo con autorización del INS o del DHS", se considera un NSS válido y el contribuyente puede calificar al crédito. Los contribuyentes con un ITIN no tienen derecho al EIC.

Definición uniforme de hijo calificado

La Ley de Alivio Fiscal para Familias Trabajadoras de 2004, modificada en 2008, añadió la prueba de declaración conjunta y unificó la definición de hijo calificado para los cinco beneficios fiscales relacionados con los hijos. La ley fiscal también definió excepciones y normas especiales para las personas dependientes con discapacidad, los hijos de padres divorciados y los hijos adoptados (siempre tratados como hijos del contribuyente), incluido un hijo entregado legalmente al contribuyente para su adopción.

Los contribuyentes que tengan hijos desaparecidos o secuestrados que hayan sido sustraídos por una persona ajena a la familia pueden reclamarlos igualmente. El IRS considera que un menor secuestrado ha convivido con el contribuyente durante más de la mitad del año si el menor ha convivido con el contribuyente durante más de la mitad de la parte del año anterior a la fecha del secuestro, aunque ese período de tiempo no equivalga a la mitad de un año. Por ejemplo, si un menor fue secuestrado el 1 de marzo, el progenitor puede seguir reclamándolo si vivió con el contribuyente al menos la mitad de los dos meses (enero y febrero) anteriores a la fecha del secuestro.

Aunque existen cinco pruebas para reclamar un dependiente, un hijo calificado sólo debe cumplir cuatro de las pruebas de dependiente para tener derecho al EIC:

- Parentesco
- Edad
- Residencia
- Declaración conjunta

Para revisar las reglas y directrices de estas pruebas, consulte el capítulo "Estado civil de la declaración, personas dependientes a cargo y deducciones".

Foster Child

To receive the EIC, a person is the taxpayer's foster child if the child is placed with the taxpayer by a judgment, decree, other order of any court of competent jurisdiction, or by an authorized placement agency such as a state or local government agency, a tax-exempt organization licensed by a state, an Indian tribal government, or an organization authorized by an Indian tribal government to place Indian children.

Example: Allison, who is 12 years old, was placed in the taxpayer's care two years ago by an authorized agency responsible for placing children in foster homes. Allison is the taxpayer's eligible foster child because she was placed there by an authorized licensed agency.

A Qualifying Child of More than One Person

Sometimes a child meets the rules to be a qualifying child of more than one person. However, only one person can use a qualifying child to claim the EIC. If two eligible taxpayers have the same qualifying child, they can decide who will take all the following related tax benefits:

- The child's exemption
- The child tax credit
- Head of Household filing status
- The credit for child and dependent care expenses
- The exclusion for dependent care benefits
- The Earned Income Credit

Only one taxpayer can claim these benefits, and they must claim either all of them or none of them. Do not divide the benefits between the two competing taxpayers. The tie-breaker rule applies if the taxpayer and the other person(s) cannot agree and if more than one person claims the EIC or other benefits using the same child. However, the tie-breaker rule does not apply if the other person is the taxpayer's spouse and files a joint return.

If the taxpayer and another person both have the same qualifying child, but the other person cannot claim the EIC because the taxpayer is not eligible or because their earned income or AGI was too high, the child is a qualifying child for the taxpayer. Suppose a taxpayer's EIC is denied because the qualifying child is treated as the qualifying child of another person for the current tax year. In that case, one may claim the EIC if there is another, separate qualifying child. However, the taxpayer cannot take the EIC using the qualifying child that another individual claimed.

Example: Pedro has two children, Nora from his first marriage to Darla and a son named Francisco from his current spouse Martha. Even if Pedro and Darla agree to let Darla claim the EIC for Nora, Pedro can still claim the EIC for his son Francisco, and Pedro is not prohibited from claiming Francisco simply because he chose to give up his claim to Nora.

Hijo de acogida

Para recibir el EIC, una persona es el hijo de acogida del contribuyente si el niño es colocado con el contribuyente por una sentencia, decreto u otra orden de cualquier tribunal de jurisdicción competente, o por una agencia de colocación autorizada, como una agencia gubernamental estatal o local, una organización exenta de impuestos autorizada por un estado, un gobierno tribal indio o una organización autorizada por un gobierno tribal indio para colocar a niños indios.

Ejemplo: Allison, que tiene 12 años, fue colocada al cuidado del contribuyente hace dos años por una agencia autorizada responsable de la colocación de niños en hogares de acogida. Allison es la hija adoptiva elegible del contribuyente porque fue colocada por una agencia autorizada.

Hijo calificado de más de una persona

A veces, un hijo cumple las normas para ser hijo calificado de más de una persona. Sin embargo, sólo una persona puede utilizar un hijo calificado para solicitar el EIC. Si dos contribuyentes elegibles tienen el mismo hijo calificado, pueden decidir quién se beneficiará de todas las ventajas fiscales relacionadas a continuación:

- La exención del niño
- El crédito fiscal por hijos
- Condición de cabeza de familia declarante
- El crédito para gastos de cuidado de hijos y dependientes
- La exclusión de las prestaciones de dependencia
- El crédito de ingresos por trabajo

Sólo un contribuyente puede solicitar estas prestaciones, y debe solicitarlas todas o ninguna. No reparta las prestaciones entre los dos contribuyentes que compiten. La regla de desempate se aplica si el contribuyente y la(s) otra(s) persona(s) no se ponen de acuerdo y si más de una persona solicita el EIC u otras prestaciones utilizando al mismo hijo. Sin embargo, la regla de desempate no se aplica si la otra persona es el cónyuge del contribuyente y presenta una declaración conjunta.

Si el contribuyente y otra persona tienen el mismo hijo calificado, pero la otra persona no puede solicitar el EIC porque el contribuyente es elegible o porque sus ingresos salariales o su AGI eran demasiado elevados, el hijo constituye un hijo calificado para el contribuyente. Supongamos que se deniega el EIC a un contribuyente porque el hijo calificado es considerado como el hijo calificado de otra persona para el año fiscal en curso. En ese caso, se puede solicitar el EIC si existe otro hijo calificado por separado. Sin embargo, el contribuyente no puede beneficiarse del EIC utilizando el hijo calificado y que otra persona ha declarado.

Ejemplo: Pedro tiene dos hijos, Nora de su primer matrimonio con Darla y un hijo llamado Francisco de su actual cónyuge Martha. Aunque Pedro y Darla acuerden que Darla reclame el EIC para Nora, Pedro puede reclamar el EIC para su hijo Francisco, y Pedro no tiene prohibido reclamar a Francisco simplemente porque haya optado por renunciar a su derecho sobre Nora.

Tiebreaker rules

The tie-breaker rules covered in *Chapter 4 Income* also apply to the EIC.

Example: 25-year-old Jeannie and her five-year-old son, Billy, lived with Jeannie's mother, Sarah, all year. Jeannie is unmarried, and her AGI is $8,100. Her only source of income was from a part-time job. Sarah's AGI was $20,000 from her job. Billy's father did not live with Billy or Jeannie. Billy is a qualifying child of both Jeannie and Sarah since he meets the relationship, age, residency, and joint return tests. Jeannie and Sarah must decide who will claim Billy as their dependent. If Jeannie does not claim Billy as a qualifying child for the EIC or Head of household filing status, Jeannie's mother can claim Billy as a qualifying child for each of those tax benefits for which she qualifies. Remember that the dependent test for support does not apply to the EIC.

Special Rule for Divorced or Separated Parents

The special rules covered in Chapter 4 that apply to divorced or separated parents trying to claim an exemption for a dependent do not apply to the EIC. For more information, see Publication 501 and Publication 596.

The Taxpayer as a Qualifying Child of Another Person

To review how to determine if a taxpayer is a qualifying child of another person, refer to the chapter "Income" in this textbook. If the taxpayer (or spouse filing a joint return) is a qualifying child of another person, the taxpayer or spouse cannot claim the EIC. This rule is true even if the person for whom the taxpayer or spouse is a qualifying child does not claim the EIC or meet all the rules to claim the EIC. Write "No" beside line 64a (Form 1040) to show that the taxpayer does not qualify.

Example: Max and his daughter, Letty, lived with Max's mother all year. Max is 22 years old and attended a trade school full time. Max had a part-time job, earned $5,100, and had no other income. Because Max meets the relationship, age, and residency tests, he is a qualifying child of his mother, and she can claim the EIC if she meets all the other requirements. Because the taxpayer is his mother's qualifying child, he cannot claim the EIC for his daughter.

EIC for Taxpayers without Qualifying Children

Taxpayers who do not have qualifying children may also be eligible for the EIC. To be eligible for the EIC, the taxpayer must meet the following conditions:

- The taxpayer must be at least 25 years old and under the age of 65 at the end of 2023. If the taxpayer is filing a joint return; however, it is not required that both the taxpayer and the spouse meet the age requirement
- The taxpayer must not be dependent on another person
- The taxpayer must not be the qualifying child of another person
- The taxpayers must have resided in the United States for more than half of the year
- Maximum income for 2023 tax year should be no more than $17,640 or $24,210 if married filing jointly

Reglas de desempate

Las reglas de desempate tratadas en el *Capítulo 4 Ingresos* también se aplican al EIC.

Ejemplo: Jeannie, de 25 años, y su hijo de cinco, Billy, vivieron todo el año con la madre de Jeannie, Sarah. Jeannie no está casada y su AGI es de $8,100. Su única fuente de ingresos era un trabajo a tiempo parcial. El AGI de Sarah fue de $20,000 de su trabajo. El padre de Billy no vivía con Billy ni con Jeannie. Billy es hijo calificado tanto de Jeannie como de Sarah, ya que cumple los requisitos de parentesco, edad, residencia y declaración conjunta. Jeannie y Sarah deben decidir quién reclamará a Billy como dependiente. Si Jeannie no reclama a Billy como hijo calificado para el EIC o el estado civil de cabeza de familia, la madre de Jeannie puede reclamar a Billy como hijo calificado para cada uno de esos beneficios fiscales para los que ella califica. Recuerde que la prueba de dependencia para la manutención no se aplica al EIC.

Regla especial para padres divorciados o separados

Las reglas especiales contempladas en el capítulo 4 que se aplican a los padres divorciados o separados que intentan solicitar una exención para un dependiente no se aplican al EIC. Para más información, consulte la Publicación 501 y la Publicación 596.

El contribuyente como hijo calificado de otra persona

Para revisar cómo determinar si un contribuyente es hijo calificado de otra persona, consulte el capítulo "Ingresos" de este libro de texto. Si el contribuyente (o el cónyuge que presenta una declaración conjunta) es un hijo calificado de otra persona, el contribuyente o el cónyuge no pueden solicitar el EIC. Esta regla es válida incluso si la persona para la que el contribuyente o su cónyuge es un hijo calificado no solicita el EIC o no cumple todas las reglas para solicitar el EIC. Escriba "No" junto a la línea 64a (Formulario 1040) para indicar que el contribuyente no está calificado.

Ejemplo: Max y su hija, Letty, vivieron con la madre de Max todo el año. Max tiene 22 años y estudia en una escuela de negocios a tiempo completo. Max tenía un trabajo a tiempo parcial, ganaba $5,100 y no tenía otros ingresos. Dado que Max cumple los requisitos de parentesco, edad y residencia, es hijo calificado de su madre y ella puede solicitar el EIC si cumple todos los demás requisitos. Dado que el contribuyente es hijo calificado de su madre, no puede solicitar el EIC para su hija.

EIC para contribuyentes sin hijos calificados

Los contribuyentes que no tengan hijos calificados también pueden optar al EIC. Para ser elegible para el EIC, el contribuyente debe cumplir las siguientes condiciones:

- El contribuyente debe tener al menos 25 años y menos de 65 a finales de 2023. Si el contribuyente presenta una declaración conjunta, no es necesario que tanto el contribuyente como el cónyuge cumplan el requisito de edad
- El contribuyente no debe ser dependiente de otra persona
- El contribuyente no debe ser hijo calificado de otra persona
- Los contribuyentes deben haber residido en Estados Unidos más de la mitad del año
- Los ingresos máximos para el año fiscal 2023 no deben superar los $17,640 o $24,210 si están casados y presentan una declaración conjunta

Schedule EIC Worksheets

Taxpayers eligible for the EIC with qualifying children must complete Schedule EIC. Schedule EIC requires including the child's name, Social Security number, year of birth, the number of months lived in the home located in the United States, and the child's relationship to the taxpayer. Schedule EIC must be attached to the taxpayer's Form 1040. The taxpayer's income must be less than the threshold amounts to qualify for EIC. Worksheets are available to help with the calculations of the EIC, and completion of the EIC worksheets is essential to determining the amount of credit a taxpayer may claim on their return. The completed worksheet should be placed in the client's file and not be attached to the federal tax return. The IRS has the EIC worksheets on its website. If the taxpayer is self-employed, the taxpayer must complete EIC Worksheet B, found in Instructions Form 1040. All other taxpayers would calculate their earned income by using Worksheet A of the Form 1040 Instructions.

EIC Disallowed

There are circumstances when the IRS does not allow the EIC. Some of the most common reasons for disallowance of the EIC include:

- Claiming a child who does not meet all the qualifying child tests
- The Social Security numbers are mismatched or incorrect
    - Example: A couple is married during the current tax year, and they file their tax return under the spouse's married name; however, the wife did not change her name with the Social Security Administration, so her Social Security number is assigned with her maiden name listed, making the information on the return incorrect.
- Filing as Single or Head of Household when the taxpayer is married
- Over- or underreporting income

If the taxpayer's EIC has been denied or reduced for any year after 1996 for any reason other than a mathematical error, the taxpayer will have to complete Form 8862, *Information to Claim Earned Income Credit after Disallowance,* and attach it to their tax return. When interviewing the taxpayer, the tax preparer should ask if the taxpayer has ever received a notice from the IRS or filed Form 8862 in any year after 1996. If the taxpayer has received a notice that the EIC was denied or reduced from a previous tax year, the preparer should complete Form 8862 to claim the credit again if the taxpayer is eligible.

The purpose of Form 8862 is to claim the EIC after it has been disallowed or reduced in an earlier year. Form 8862 must be attached to the tax return if all the following apply:

- The EIC was reduced or disallowed for any reason other than a mathematical or clerical error for a year after 1996
- The taxpayer wants to claim the EIC and meet all the requirements

Hojas de cálculo del Anexo EIC

Los contribuyentes elegibles para el EIC con hijos calificados deben completar el Anexo EIC. El anexo EIC exige incluir el nombre del hijo, el número del Seguro Social, el año de nacimiento, el número de meses que ha vivido en el hogar situado en Estados Unidos y la relación del hijo con el contribuyente. El Anexo EIC debe adjuntarse al Formulario 1040 del contribuyente. Los ingresos del contribuyente deben ser inferiores a los umbrales para tener derecho al EIC. Existen hojas de cálculo que ayudan a calcular el EIC, y completarlas es esencial para determinar la cantidad de crédito que un contribuyente puede reclamar en su declaración. La hoja de cálculo completada debe guardarse en el expediente del cliente y no adjuntarse a la declaración de la renta federal. El IRS tiene las hojas de cálculo EIC en su página web. Si el contribuyente trabaja por cuenta propia, deberá completar la hoja de cálculo B del EIC, que se encuentra en las Instrucciones del Formulario 1040. Todos los demás contribuyentes calcularán sus ingresos del trabajo utilizando la hoja de cálculo A de las instrucciones del Formulario 1040.

Denegación del EIC

Hay circunstancias en las que el IRS no permite el EIC. Algunas de las razones más comunes para la denegación de la EIC incluyen:

- Solicitar el reembolso de un hijo que no cumple todos los requisitos para ser considerado hijo calificado
- Los números del Seguro Social no coinciden o son incorrectos
  - Ejemplo: Una pareja contrae matrimonio durante el año fiscal en curso y presenta su declaración de la renta con el apellido de casada del cónyuge; sin embargo, la esposa no cambió su apellido en la Administración del Seguro Social, por lo que su número de Seguro Social está asignado con su apellido de soltera en la lista, lo que hace que la información de la declaración sea incorrecta.
- Declarar como soltero o cabeza de familia cuando el contribuyente está casado
- Declarar ingresos en exceso o incompleta

Si se ha denegado o reducido el EIC del contribuyente para cualquier año posterior a 1996 por cualquier motivo que no sea un error matemático, el contribuyente tendrá que completar el Formulario 8862, *Información para solicitar el crédito por ingresos del trabajo después de la denegación*, y adjuntarlo a su declaración de la renta. Al entrevistar al contribuyente, el preparador fiscal debe preguntarle si ha recibido alguna vez una notificación del IRS o si ha presentado el Formulario 8862 en algún año posterior a 1996. Si el contribuyente ha recibido una notificación de denegación o reducción del EIC de un ejercicio fiscal anterior, el preparador debe completar el formulario 8862 para solicitar de nuevo el crédito si el contribuyente es elegible.

La finalidad del Formulario 8862 es reclamar el EIC después de que se haya denegado o reducido en un año anterior. El Formulario 8862 debe adjuntarse a la declaración de la renta si se cumplen todos los requisitos siguientes:

- Se ha reducido o denegado el EIC por cualquier motivo que no sea un error matemático o administrativo en un año posterior a 1996
- El contribuyente quiere solicitar el EIC y cumple todos los requisitos

The taxpayer must attach Schedule EIC and Form 8862 to the return if the taxpayer needs to reclaim any previously disallowed credits for any qualifying children. The taxpayer may be asked for additional information before a refund is issued. If the IRS contacts the taxpayer to request additional information, and the taxpayer does not provide the necessary information or documentation, the taxpayer will receive a statutory notice of deficiency from the IRS. The notice explains that an adjustment will be assessed unless the taxpayer files a petition in the tax court within 90 days. If the taxpayer fails to reply to the IRS or file a petition within 90 days, the IRS will deny their petition for the EIC and assess how much tax they might owe.

EIC Taxpayer Penalties

The IRS may penalize the taxpayer if it determines that the taxpayer has been negligent or has disregarded rules or regulations relating to the EIC. The taxpayer may be prohibited from claiming EIC for the next two years if they are found negligent. If the taxpayer has fraudulently claimed the credit, the taxpayer will be prohibited from claiming the credit for the next 10 years. The tax preparer may be assessed penalties for not performing their due diligence.

Example: Brittni claimed the EIC on the 2022 tax return that she filed in February 2023. The IRS determined that she was not entitled to the EIC due to fraud. She received a statutory notice of deficiency in September 2023, explaining the adjustment amount that would be assessed unless she filed a petition in the tax court within 90 days. The IRS determined that Brittni did not file her petition, and she was prohibited from claiming the EIC on her return for 10 years until 2033. In that year, if she is eligible, she will need to complete and attach Form 8862 to her return to claim the credit again.

Claiming a Child in Error

The most common error is claiming a child that is not a qualifying child and does not meet the tests. The knowledge requirement for paid tax preparers states that the preparer must apply a reasonable standard (as defined by Circular 230 and the Form 8867 Instructions) to the information received from the client. If the information provided by the client appears to be incorrect, incomplete, or inconsistent, the paid preparer must make additional inquiries of the client until they are satisfied that they have gathered correct and complete information.

Example 1: Cindy tells Jack, her tax preparer, that she is 22 years old and has two sons, 10 and 11. Jack may need to ask Cindy the following questions:

- Are these Cindy's biological children, foster sons, or adopted sons?
- Was Cindy ever married to the children's father?
- Were the children placed in Cindy's home for adoption or as foster children?
- Did the father live with Cindy?
- How long have the children lived with Cindy?
- Does Cindy have any records to prove that the children lived with her, such as school or medical records?

Example 2: Maria tells Andres, her tax preparer, that last year she filed Single and claimed the EIC for her child, but that this year she has two children to claim for EIC. Andres may need to ask Maria the following questions:

- You claimed one child last year. What changed?
- How many months did the children live with you?
- Do you have any records to prove the children lived with you, such as school or medical records?

El contribuyente debe adjuntar el Anexo EIC y el Formulario 8862 a la declaración si necesita reclamar algún crédito previamente denegado por algún hijo calificado. Es posible que se solicite al contribuyente información adicional antes de proceder a la devolución. Si el IRS se pone en contacto con el contribuyente para solicitarle información adicional y el contribuyente no facilita la información o documentación necesaria, el contribuyente recibirá una notificación legal de deficiencia por parte del IRS. En la notificación se explica que se aplicará un ajuste a menos que el contribuyente presente una petición ante el tribunal fiscal en un plazo de 90 días. Si el contribuyente no contesta al IRS o no presenta una petición en el plazo de 90 días, el IRS denegará su petición del EIC y evaluará cuántos impuestos podría adeudar.

Sanciones a los contribuyentes por la declaración del EIC

El IRS puede sancionar al contribuyente si determina que ha sido negligente o ha hecho caso omiso de las normas o reglamentos relativos al EIC. Se puede prohibir al contribuyente solicitar el EIC durante los dos años siguientes si se le declara culpable de negligencia. Si el contribuyente ha solicitado fraudulentamente el crédito, se le prohibirá solicitarlo durante los 10 años siguientes. El preparador fiscal puede ser sancionado por no actuar con la diligencia debida.

Ejemplo: Brittni reclamó el EIC en la declaración de la renta de 2022 que presentó en febrero de 2023. El IRS determinó que no tenía derecho al EIC por fraude. En septiembre de 2023 recibió una notificación legal de deficiencia en la que se le explicaba el importe del ajuste que se le impondría a menos que presentara una petición ante el tribunal fiscal en un plazo de 90 días. El IRS determinó que Brittni no había presentado su solicitud, por lo que se le prohibió reclamar el EIC en su declaración durante 10 años, hasta 2033. Ese año, si es elegible, tendrá que completar y adjuntar el Formulario 8862 a su declaración para solicitar el crédito de nuevo.

Reclamar a un hijo por error

El error más común es reclamar un hijo que no reúne los requisitos y no cumple las pruebas. El requisito de conocimientos para los preparadores de impuestos remunerados establece que el preparador debe aplicar un estándar razonable (tal como se define en la Circular 230 y en las instrucciones del Formulario 8867) a la información recibida del cliente. Si la información proporcionada por el cliente parece ser incorrecta, incompleta o incoherente, el preparador pagado debe hacer preguntas adicionales al cliente hasta que esté seguro de que ha recopilado información correcta y completa.

Ejemplo 1: Cindy le dice a Jack, su preparador fiscal, que tiene 22 años y dos hijos, de 10 y 11 años. Puede que Jack tenga que hacerle a Cindy las siguientes preguntas:

- ¿Son hijos biológicos de Cindy, hijos de acogida o hijos adoptados?
- ¿Estuvo Cindy alguna vez casada con el padre de los niños?
- ¿Los niños fueron dados en adopción o acogidos en casa de Cindy?
- ¿El padre vivía con Cindy?
- ¿Cuánto tiempo han vivido los niños con Cindy?
- ¿Tiene Cindy algún registro que demuestre que los niños vivían con ella, como historiales escolares o médicos?

Ejemplo 2: María le dice a Andrés, su preparador de impuestos, que el año pasado declaró Soltera y reclamó el EIC por su hijo, pero que este año tiene dos hijos que reclamar para el EIC. Es posible que Andrés tenga que hacerle a María las siguientes preguntas:

- El año pasado declaró un hijo. ¿Qué cambió?
- ¿Cuántos meses vivieron los niños con usted?
- ¿Tiene algún documento que demuestre que los niños vivían con usted, como expedientes escolares o médicos?

Nontaxable Combat Pay Election for EIC

Nontaxable combat pay for armed forces members is only considered earned income for the EIC if they elect to include nontaxable combat pay in earned income to increase or decrease the EIC. Figure the credit with and without the nontaxable combat pay before making the election. If the taxpayer makes the election, they must include all nontaxable combat pay as earned income. Examples of nontaxable military pay are combat pay, basic allowance for housing (BAH), and the basic allowance for subsistence (BAS). Combat pay is reported on Form W-2 in box 12 with code Q.

Part 3 Review

To obtain the maximum benefit from each part go online now and watch the video.

Takeaways

A tax credit reduces the amount of tax the taxpayer is liable for. Unlike a deduction, which reduces the amount of income subject to tax, a tax credit directly reduces the taxpayer's liability. A tax credit is a sum deducted from the total amount a taxpayer owes. There are two categories of tax credits: nonrefundable and refundable.

There are a variety of credits and deductions for the taxpayer. This lesson covered a few credits that allow taxpayers to lower their tax liability to zero and below and possibly receive a refund from the credits. A refundable credit is a tax credit treated as a payment and can thus be refunded to the taxpayer by the IRS. Refundable credits can help offset certain types of taxes that normally cannot be reduced and can even produce a federal refund.

Taxpayers and tax preparers may be subject to penalties for improperly claiming tax credits. It is important that the tax preparer carefully performs their due diligence in gathering taxpayer information and preparing a return.

TEST YOUR KNOWLEDGE!
Go online to take a practice quiz.

Elección del pago por combate no imponible para EIC

Los pagos de combate no imponibles para los miembros de las fuerzas armadas sólo se consideran ingresos del trabajo para el EIC si eligen incluir los pagos de combate no imponibles en los ingresos del trabajo para aumentar o disminuir el EIC. Calcule el crédito con y sin el pago por combate no imponible antes de hacer la elección. Si el contribuyente opta por esta opción, debe incluir la totalidad de los pagos por combate no imponibles como rendimientos del trabajo. Ejemplos de pago militar no imponible son el pago de combate, el subsidio básico de vivienda (BAH) y el subsidio básico de subsistencia (BAS). El pago por combate se declara en el Formulario W-2 en la casilla 12 con el código Q.

Parte 3 Repaso

Para sacar el máximo partido de cada parte, conéctese ahora y vea el video.

Conclusiones

Un crédito fiscal reduce el importe del impuesto que debe pagar el contribuyente. A diferencia de una deducción, que reduce el importe de los ingresos sujetos a impuestos, un crédito fiscal reduce directamente la deuda del contribuyente. Un crédito fiscal es una cantidad que se deduce del importe total que debe un contribuyente. Existen dos categorías de créditos fiscales: no reembolsables y reembolsables.

Existen diversos créditos y deducciones para el contribuyente. En esta lección se han tratado algunos créditos que permiten a los contribuyentes reducir su deuda tributaria a cero o menos y posiblemente recibir un reembolso de los créditos. Un crédito reembolsable es un crédito que se trata como un pago y que por lo tanto el IRS puede devolver al contribuyente. Los créditos reembolsables pueden ayudar a compensar ciertos tipos de impuestos que normalmente no pueden reducirse e incluso pueden producir un reembolso federal.

Los contribuyentes y los preparadores de impuestos pueden estar sujetos a sanciones por solicitar créditos fiscales indebidamente. Es importante que el preparador fiscal actúe con la diligencia debida a la hora de recopilar la información del contribuyente y preparar la declaración.

¡PRUEBE SU CONOCIMIENTO!
Tome un examen de práctica en línea

Chapter 8 Itemized Deductions

Introduction

There are two personal deductions: Standard Deductions and Itemized Deductions. A *standard deduction* is a set amount that the taxpayer can claim based on their filing status. Itemized deductions are certain personal expenses the IRS allows taxpayers to deduct. Itemized deductions are computed on the tax return using Schedule A, *Itemized Deductions*. The taxpayer should choose whichever option is best for their tax situation.

Itemized deductions are beneficial if the total amount exceeds the standard deduction. Some taxpayers must itemize deductions because they do not qualify for the standard deduction. Taxpayers not eligible for the standard deduction include nonresident aliens and individuals who file a tax return for less than 12 months. When a married couple files individual returns, if one spouse itemizes deductions, the other spouse must also itemize deductions. This is required even if standard deductions deliver the best option for them. See Publication 501, *Exemptions, Standard Deduction, and Filing Information*.

Objectives

At the end of this chapter, the student will know:

- Which deductions are limited to the 7.5% floor
- Which taxpayers are eligible to use Form 2106 after December 31, 2017, until December 31, 2025
- Which taxpayers are eligible to use Form 3903 after December 31, 2017, until December 31, 2025

Resources

Form 1040 Form 2106 Form 4684 Form 4952 Form 8283 Schedule A Publication 1771 Publication 597	Publication 17 Publication 463 Publication 502 Publication 526 Publication 529 Publication 530 Publication 936	Instructions Form 1040 Instructions Form 2106 Instructions Form 4684 Instructions Form 4952 Instructions Form 8283 Instructions for Schedule A Tax Topics 501–506, 508–515

Part 1 Itemized Deductions

Itemized deductions encompass a variety of expenses the taxpayer can subtract from their adjusted gross income (AGI) to lower their taxable income. Common categories include medical expenses, state and local taxes, mortgage interest, and charitable contributions.

It's crucial that taxpayers maintain meticulous records for claiming itemized deductions. They should keep receipts, invoices, and documentation for all deductible expenses. Documentation should include dates, amounts, and descriptions of expenses, as well as any relevant supporting documents. Before opting for itemized deductions, compare them with the standard deduction. Depending on the taxpayer's financial situation, the standard deduction may be more advantageous. Consider factors such as changes in income, life events, and potential tax law changes when deciding whether to itemize deductions.

Capítulo 8 Deducciones Detalladas

Introducción

Existen dos deducciones personales: Deducciones estándar y deducciones detalladas Una *deducción estándar* es una cantidad fija que el contribuyente puede reclamar en función de su estado civil de declaración. Las deducciones detalladas son determinados gastos personales que Hacienda permite deducir a los contribuyentes. Las deducciones detalladas se calculan en la declaración de impuestos utilizando el Anexo A, *Deducciones detalladas*. El contribuyente debe elegir la opción que mejor se adapte a su situación fiscal.

Las deducciones detalladas son beneficiosas si el monto total excede que la deducción estándar. Algunos contribuyentes deben detallar las deducciones porque no califican para la deducción estándar. Los contribuyentes que no son elegibles para la deducción estándar incluyen a los extranjeros no residentes y las personas naturales que presentan una declaración de impuestos por un período de menos de 12 meses. Cuando una pareja casada presenta declaraciones individuales, si un cónyuge detalla las deducciones, el otro también debe detallar las deducciones. Esto es necesario incluso si las deducciones estándar ofrecen la mejor opción para ellos. Para obtener información adicional, *consulte la Publicación 501*, *Exenciones, Deducción estándar e Información de declaración.*

Objetivos

Al final de este capítulo, el estudiante podrá:

- Explicar qué deducciones se limitan al piso del 7.5%.
- Clasificar qué contribuyente puede utilizar el Formulario 2106 después del 31 de diciembre de 2017 hasta el 31 de diciembre de 2025.
- Clasificar qué contribuyente puede utilizar el Formulario 3903 después del 31 de diciembre de 2017 hasta el 31 de diciembre de 2025.

Fuentes

Formulario 1040	Publicación 17	Instrucciones del Formulario 1040
Formulario 2106	Publicación 463	Instrucciones del Formulario 2106
Formulario 4684	Publicación 502	Instrucciones del Formulario 4684
Formulario 4952	Publicación 526	Instrucciones del Formulario 4952
Formulario 8283	Publicación 529	Instrucciones del Formulario 8283
Anexo A	Publicación 530	Instrucciones para el Anexo A
Publicación 1771	Publicación 936	Tema Tributario 501–506, 508–515
Publicación 597		

Parte 1 Deducciones detalladas

Las deducciones detalladas abarcan una variedad de gastos que el contribuyente puede restar de su ingreso bruto ajustado (AGI) para reducir su ingreso gravable. Las categorías comunes incluyen gastos médicos, impuestos estatales y locales, intereses hipotecarios y contribuciones benéficas.

Es fundamental que los contribuyentes mantengan registros meticulosos para reclamar deducciones detalladas. Deben conservar recibos, facturas y documentación de todos los gastos deducibles. La documentación debe incluir fechas, montos y descripciones de los gastos, así como cualquier documento de respaldo relevante. Antes de optar por deducciones detalladas, compárelas con la deducción estándar. Dependiendo de la situación financiera del contribuyente, la deducción estándar puede resultar más ventajosa. Considere factores como cambios en los ingresos, acontecimientos de la vida y posibles cambios en las leyes tributarias al decidir si detallar las deducciones.

TCJA and Itemized Deductions

The Tax Cuts and Jobs Act (TCJA) has eliminated the overall limitation of itemized deductions based on the taxpayer's adjusted gross income. TCJA also changed the limitations that can impact the total itemized deduction amount; for example, the total amount that can be deducted from the state and local income tax on Schedule A, line 5, is now capped at $10,000 ($5,000 for MFS); taxpayers may not be able to claim all of their expenses as deductions.

For example, in 2017, George's itemized deductions for his state and local taxes was $17,000. George's financial situation did not change, and he expected to be able to deduct the same amount in 2018. However, even though George would still have qualified for a $17,000 itemized deduction under the old rules, George will only receive a $10,000 deduction on line 5 under the TCJA. His deduction amount is capped. Taxpayers should itemize or consider doing so if they meet the following criteria:

- Would get a higher amount of deductions by itemizing
- Had large unreimbursed medical or dental expenses that amounted to more than 7.5% of their adjusted gross income
- Paid mortgage interest
- Paid points to discount the interest rate
- Had casualty or theft losses that were declared during a federal disaster
- Made contributions to qualified charities and have receipts for recordkeeping.
- Have itemized deductions amounting to more than the standard deduction to which the taxpayer is entitled
- Paid state and local taxes (may be capped)
- Paid property taxes (may be capped)

Itemizing While Married Filing Separate

If taxpayers are filing MFS and one spouse itemizes, the other spouse is obligated to itemize. This is true even if the spouse's total deductions may be less than the standard deduction to which the individual would otherwise be entitled. If one spouse later amends the return, the other spouse must also amend their return. To formally agree to the amendments, both taxpayers must file a "consent to assessment" for any additional tax that one might owe as a result of the amendment. In the case of a spouse who qualifies to file as Head of Household, this rule will not apply. The spouse who qualifies as Head of Household is not required to itemize deductions even if the spouse who is required to file MFS decides to itemize their deductions. However, if the spouse filing Head of Household decides to itemize deductions, the spouse filing MFS is required to itemize deductions.

Señor 1040 Says: If the taxpayer is MFS and both the spouse and taxpayer elect to deduct sales tax and the spouse elects to use the optional sales tax tables, the taxpayer must use that table to figure the state and local general sales tax deduction (SALT).

TCJA y deducciones detalladas

La Ley de Reducción de Impuestos y Empleos (TCJA) ha eliminado la limitación general de las deducciones detalladas basadas en el ingreso bruto ajustado del contribuyente. La TCJA también modificó las limitaciones que pueden afectar el monto total de la deducción detallada; por ejemplo, la cantidad total que se puede deducir del impuesto a la renta estatal y local en el Anexo A, línea 5 ahora tiene un límite máximo de $10,000 ($5,000 para MFS); los contribuyentes ya no pueden incluir todos sus gastos como deducciones.

Por ejemplo, en 2017, la deducción detallada de George para sus impuestos estatales y locales fue de $17,000. La situación financiera de George no cambió, y esperaba poder deducir la misma cantidad en 2018. Sin embargo, a pesar de que George todavía habría calificado para una deducción detallada de $17,000 según las reglas antiguas, George solo puede recibir una deducción de $10,000 en la línea 5 de la TCJA. Su monto de deducción está limitado. Los contribuyentes deben detallar o considerar hacerlo si cumplen con los siguientes criterios:

- Obtendría una mayor cantidad de deducciones al detallar
- Tenía grandes gastos médicos u odontológicos no reembolsados que representaban más del 7.5% de su ingreso bruto ajustado.
- Intereses hipotecarios pagados
- Puntos pagados para descontar la tasa de interés
- Tuvo pérdidas por siniestro o robo que fueron declaradas durante un desastre federal
- Hizo aportaciones a organizaciones benéficas calificadas y tenga recibos para el mantenimiento de registros.
- Tuvo deducciones detalladas que superen la deducción estándar a la que tiene derecho el contribuyente
- Impuestos estatales y locales pagados (pueden tener un límite)
- Impuestos a la propiedad pagados (pueden tener un límite)

Detallar al declarar como casado por separado

Si los contribuyentes son casados declarando por separado y un cónyuge debe declarar de forma detallada. Esto es cierto incluso si las deducciones totales del cónyuge pueden ser inferiores a la deducción estándar a la que la persona natural tendría derecho. Si un cónyuge luego modifica la declaración, el otro cónyuge también debe enmendar su declaración. Para aceptar formalmente las enmiendas, ambos contribuyentes deben presentar un "consentimiento para la evaluación" para cualquier impuesto adicional que se pueda adeudar como resultado de la enmienda. En el caso de un cónyuge que reúna los requisitos para declarar como Cabeza de familia, esta regla no se aplicará. El cónyuge que califica como Cabeza de familia no está obligado a detallar las deducciones, incluso si el cónyuge que debe presenta como MFS decide detallar sus deducciones. Sin embargo, si el cónyuge que declara como Cabeza de familia decide detallar las deducciones, el cónyuge que declara como MFS debe detallar las deducciones.

El Señor 1040 dice: Si el contribuyente declara como MFS y tanto el cónyuge como el contribuyente eligen deducir el impuesto sobre las ventas y su cónyuge elige usar las tablas opcionales del impuesto sobre las ventas, el contribuyente debe usar esa tabla para calcular la deducción del impuesto general y estatal sobre la venta (SALT).

Medical and Dental Expenses

Medical care expenses can be deducted if these amounts are paid for the diagnosis, cure, treatment, or prevention of a disease or condition affecting any part or function of the body. Procedures such as facelifts, hair transplants, hair removal, and liposuction are generally not deductible. Cosmetic surgery is only deductible if it is to improve a deformity arising from or directly related to a congenital abnormality, a personal injury from an accident or trauma, or a disfiguring disease. Medications are only deductible if prescribed by a doctor. The taxpayer can deduct any medical and dental expenses that exceed 7.5% of the taxpayer's AGI as shown on Form 1040, page 1, line 10. The 7.5% has been made a permanent floor.

Examples of deductible medical expenses include:

- Medical insurance premiums
- Dental treatment
- Prescription medicines
- Medical mileage
- Ambulance
- Seeing eye guide dogs care cost
- Eye exams
- Eyeglasses
- Hospital fees
- Lab fees
- X-rays
- Personal protective equipment (PPE)

Some home improvements may be deducted if their main purpose is to provide a medical benefit. The deduction is limited to the difference between the increase in the fair market value of the home and the cost of the improvements.

Examples of nondeductible medical expenses include over-the-counter medications, bottled water, diaper services, expenses for general health items, health club dues (unless related to a specific medical condition), funeral expenses, illegal operations and treatments, weight-loss programs (unless recommended by a doctor for a specific medical condition), and swimming pool dues. However, prescribed therapeutic swimming costs are deductible.

Other nondeductible items are insurance premiums paid for life insurance; loss of earnings, limbs, or sight; guaranteed payments for days the taxpayer is hospitalized for sickness or injury; and the medical insurance coverage portion of the taxpayer's auto insurance. Cafeteria plans are not deductible unless the premiums are included in box 1 of Form W-2.

The medical mileage rate for 2023 is 22 cents per mile for the full year. For 2024 the mileage rate is 21 cents per mile.

Spouse and Dependent Medical Expenses

The taxpayer is allowed to claim medical expenses that were paid for their spouse. To claim the expenses, they must have been married at the time the spouse received medical treatment. If the taxpayer and spouse do not live in a community property state and file separate returns, each would claim only their paid medical expenses. If the taxpayer and spouse live in a community property state and file separate returns, the medical expenses must be divided equally if they were paid out of community funds.

Gastos médicos y odontológicos

Los gastos de atención médica pueden deducirse si se pagan montos para el diagnóstico, la cura, el tratamiento o la prevención de una enfermedad o afección que afecte alguna parte o función del cuerpo. Los procedimientos tales como estiramientos faciales, trasplantes de cabello, depilación y liposucción generalmente no son deducibles. La cirugía estética solo es deducible si se trata de mejorar una deformidad derivada directa o indirectamente de una anomalía congénita, una lesión personal debida a un accidente o trauma o una enfermedad desfigurante. Los medicamentos solo son deducibles si los receta un médico. El contribuyente puede deducir cualquier gasto médico u odontológico que exceda el 7.5% del AGI del contribuyente como se muestra en el Formulario 1040, página 1, línea 10. El 7.5% ha sido asignado como un piso permanente.

Ejemplos de gastos médicos deducibles incluyen:

- Primas de seguro médico
- Tratamiento dental
- Medicamentos recetados
- Distancia en millas para fines médicos
- Ambulancia
- Costo del cuidado de los perros guía
- Exámenes de la vista
- Anteojos
- Honorarios hospitalarios
- Tarifas de laboratorio
- Radiografías
- Equipo de protección personal (EPP)

Algunas mejoras en el hogar pueden deducirse si su finalidad principal es proporcionar un beneficio médico. La deducción se limita a la diferencia entre el aumento en el valor justo de mercado de la vivienda y el costo de las mejoras.

Los ejemplos de gastos médicos no deducibles incluyen medicamentos de venta libre, agua embotellada, servicios de pañales, gastos por artículos de salud general, cuotas del club de salud (a menos que estén relacionadas con una condición médica específica), gastos funerarios, operaciones y tratamientos ilegales, programas de pérdida de peso (a menos que lo recomiende un médico para una afección médica específica), y las cuotas de la piscina. Sin embargo, los costos de natación terapéutica prescritos son deducibles.

Tampoco son deducibles las primas de seguro pagadas por el seguro de vida; pérdida de beneficios, extremidades o vista; pagos garantizados por los días en que el contribuyente está hospitalizado por enfermedad o lesión; y la parte de cobertura de seguro médico del seguro de automóvil del contribuyente. Los planes de cafetería no son deducibles a menos que las primas se incluyan en la casilla 1 del Formulario W-2.

La tarifa en millas médicas para 2023 es de 22 centavos por milla durante todo el año. Para 2024, la tarifa por millaje es de 21 centavos por milla.

Gastos médicos del cónyuge y dependientes

El contribuyente puede reclamar los gastos médicos que se pagaron por cualquier cónyuge. Para reclamar los gastos, deben haber estado casados en el momento en que el cónyuge recibió el tratamiento médico. Si el contribuyente y su cónyuge no viven en un estado de bienes gananciales y presentan declaraciones por separado, cada uno reclamaría solo los gastos médicos que pagaron. Si el contribuyente y el cónyuge viven en un estado de bienes gananciales y presentan declaraciones por separado, los gastos médicos deben dividirse en partes iguales si se pagaron con fondos de los bienes gananciales.

The taxpayer is allowed to claim medical expenses that were paid for their dependent(s). To claim these expenses, the individual must have been a dependent at the time the medical treatment was completed or when the expenses were paid. An individual would qualify as a dependent if all the following are true:

- The individual was a qualifying child or a qualifying relative
- The individual was a U.S. citizen or a resident of the United States, Canada, or Mexico
- The dependent's gross income was less than $4,700

Medical expenses can be deducted for any individual who is a dependent of the taxpayer, even if the taxpayer cannot claim the exemption for the individual on his or her return.

Example: James, age 66, has an AGI of $35,000; 7.5% of $35,000 is $2,625.00, and James had medical expenses of $2,700; therefore, James would be able to deduct $75.00 for medical expenses. The $75.00 is the difference between his expenses and the 7.5% "floor" needed to deduct medical expenses.

Example: Ryan, age 35, has an AGI of $40,000; 7.5% of $40,000 is $3,000, and Ryan had medical expenses of $2,500; therefore, Ryan will not be able to deduct his medical expenses since they are not over $3,000.

Medical Expense Reimbursement

Taxpayers can deduct only medical expenses paid during the taxable year. If the taxpayer receives a reimbursement for a medical expense, the taxpayer must reduce their total medical deduction for the year. If taxpayers are reimbursed for more than their medical expenses, they may have to include the excess as income. If the taxpayer paid the entire premium for medical insurance, the taxpayer would not include the excess reimbursement as gross income.

Premiums paid for qualified long-term care insurance contracts can be deducted within limits for long-term care insurance.

Qualified long-term care premiums are limited to the following and are reported on Schedule A for 2023:

Age 40 or under	$480
Age 41–50	$890
Age 51–60	$1,790
Age 61–70	$4,770
Age 71 or over	$5,940

2023 Long-Term Care premium limits were:

Age 40 or under	$480
Age 41–50	$890
Age 51–60	$1,790
Age 61–70	$4,770
Age 71 or over	$5,940

El contribuyente puede reclamar los gastos médicos pagados por sus dependientes. Para reclamar estos gastos, la persona natural debe haber sido dependiente al momento en que se completó el tratamiento médico o cuando se pagaron los gastos. Una persona natural puede ser considerada dependiente si se cumplen todas las condiciones siguientes:

- La persona natural era un hijo o pariente calificado.
- La persona natural era ciudadano o residente de los Estados Unidos, Canadá o México.
- El ingreso bruto del dependiente fue inferior a $4,700

Los gastos médicos pueden deducirse para cualquier persona natural que sea dependiente del contribuyente, incluso si el contribuyente no puede reclamar la exención para la persona natural en su declaración.

Ejemplo: James, de 66 años, tiene un AGI de $35,000; El 7.5% de $35,000 es $2,625.00, y James tuvo gastos médicos de $2,700; por lo tanto, James podría deducir $75.00 para gastos médicos. Los $75.00 son la diferencia entre sus gastos y el "piso" del 7.5% necesario para deducir los gastos médicos.

Ejemplo: Ryan, de 35 años, tiene un AGI de $40,000; El 7.5% de $40,000 es $3,000 y Ryan tuvo gastos médicos de $2,500; por lo tanto, Ryan no podrá deducir sus gastos médicos ya que no superan los $3,000.

Reembolso de gastos médicos

Los contribuyentes solo pueden deducir los gastos médicos pagados durante el año fiscal. Si el contribuyente recibe un reembolso por un gasto médico, el contribuyente debe reducir su deducción médica total para el año. Si a los contribuyentes se les reembolsa más que sus gastos médicos, es posible que tengan que incluir el exceso como ingreso. Si el contribuyente pagó la prima completa del seguro médico, el contribuyente no incluiría el reembolso en exceso como ingreso bruto.

Las primas pagadas por los contratos de seguro médico a largo plazo calificados se pueden deducir dentro de los límites de los seguros de atención a largo plazo.

Las primas de atención a largo plazo calificadas se limitan a lo siguiente y se declaran en el Anexo A para 2023:

40 años o menos	$480
41–50 años	$890
51–60 años	$1,790
61–70 años	$4,770
71 años o más	$5,940

Los límites de las primas de atención a largo plazo para 2023 fueron:

40 años o menos	$480
41–50 años	$890
51–60 años	$1,790
61–70 años	$4,770
71 años o más	$5,940

Fees paid to retirement or nursing homes designed for medical care and/or psychiatric care are deductible. Meals, lodging, and prescriptions are deductible only if the individual is in the home primarily to get medical care. If the main reason the individual is in the home is personal, meals and lodging are not deductible.

Improvements made to the taxpayer's home due to a medical condition may increase the fair market value of the house. Some examples are:

- Construction of entrance or exit ramps
- Widening doorways or hallways
- Lowering cabinets and countertops
- Installing lifts
- Modifying stairways
- Adding handrails or grab bars in the home

If the cost of the improvement is more than the new fair market value, then the difference is a medical expense.

Example: Caroline had a lift installed in her two-story house for medical reasons. The cost of the lift was $12,000. The increase in the fair market value of the home was $10,000. Therefore, she can deduct $2,000 as a medical expense.

Taxes Paid

Certain taxes such as state, local, or foreign taxes, real estate taxes, and personal property taxes can be deducted by the taxpayer. Property taxes can only be deducted by the owner of the property. Real estate taxes are deductible on Schedule A for all property owned by the taxpayer. Unlike mortgage interest, this deduction is not limited to personal residences. Deeded time-shares may have a deductible real estate tax as well.

State and Local General Sales Tax (SALT)

State and local tax amounts withheld from wages are reported on line 5 of Schedule A, and the taxpayer may deduct the amounts of the following state and local taxes to reduce the taxpayer's federal tax liability:

- State and local taxes withheld from wages during the current tax year
- State estimated tax payments made during the current year
- State and local taxes paid in the current tax year for a prior tax year
- Mandatory contributions made to the California, New Jersey, or New York Non-occupational Disability Benefit Fund
- Mandatory contributions made to the Rhode Island Temporary Disability Fund or Washington State Supplemental Workmen's Compensation Fund
- Mandatory contributions to the Alaska, California, New Jersey, or Pennsylvania state unemployment funds
- Mandatory contributions to state family leave programs such as the New Jersey Family Leave Insurance (FLI) program and the California Paid Family Leave program

Los cargos pagados a los hogares para jubilados o residencias para la tercera edad diseñados para atención médica y/o atención psiquiátrica son deducibles. Las comidas, el alojamiento y las recetas son deducibles solo si la persona se encuentra en el hogar principalmente para recibir atención médica. Si la razón principal por la que la persona está en el hogar es personal, las comidas y el alojamiento no son deducibles.

Las mejoras hechas a la vivienda del contribuyente debido a una condición médica pueden aumentar el valor justo de mercado de la vivienda. Algunos ejemplos son:

- Construcción de rampas de entrada o salida
- Ampliación de puertas o pasillos
- Bajar armarios y encimeras
- Instalación de ascensores
- Modificación de escaleras
- Agregar pasamanos o barras de apoyo en la vivienda

Si el costo de la mejora es mayor que el nuevo valor justo de mercado, entonces la diferencia es un gasto médico.

Ejemplo: Caroline tenía un ascensor instalado en su casa de dos pisos por razones médicas. El costo del ascensor fue de $12,000. El aumento en el valor justo de mercado de la vivienda fue de $10,000. Por lo tanto, ella puede deducir $2,000 como un gasto médico.

Impuestos pagados

El contribuyente puede deducir ciertos impuestos, como los impuestos estatales, locales o extranjeros, los impuestos sobre bienes inmuebles y los impuestos sobre bienes muebles. Los impuestos a la propiedad solo pueden ser deducidos por el dueño de la propiedad. Los impuestos sobre bienes inmuebles son deducibles en el Anexo A para todos los bienes propiedad del contribuyente. A diferencia de los intereses hipotecarios, esta deducción no se limita a residencias personales. Las propiedades a tiempo compartido escrituradas también pueden tener un impuesto sobre bienes raíces deducible.

Impuesto general estatal y local de ventas (SALT)

Los montos de impuestos estatales y locales retenidos de los salarios se declaran en la línea 5 del Anexo A, y el contribuyente puede deducir los montos de los siguientes impuestos estatales y locales para reducir la obligación tributaria federal del contribuyente:

- Impuestos estatales y locales retenidos de los salarios durante el año fiscal en curso.
- Estimación de los pagos de impuestos estatales realizados durante el año en curso.
- Impuestos estatales y locales pagados en el año fiscal en curso para un año fiscal anterior
- Aportaciones obligatorias hechas al Fondo de Beneficios por Discapacidad No Ocupacional de California, Nueva Jersey o Nueva York.
- Aportaciones obligatorias hechas al Fondo de Discapacidad Temporal de Rhode Island o al Fondo de Aportación para Trabajadores Suplementarios del Estado de Washington.
- Aportaciones obligatorias a los fondos de desempleo estatales de Alaska, California, Nueva Jersey o Pennsylvania.
- Aportaciones obligatorias a programas estatales de licencias familiares, como el programa de Seguro de Licencia Familiar (FLI) de Nueva Jersey y el programa de Licencia Familiar Remunerada de California.

Interest and penalties for paying taxes late are never a deduction. For tax returns after December 31, 2017, and before January 1, 2026, the state and local tax (SALT) is capped at $10,000 or $5,000 if the taxpayer is married filing separate.

General Sales Tax

If the taxpayer elects to deduct state and local sales tax, the taxpayer will check box 5a on Schedule A. The taxpayer can deduct either actual expenses or an amount figured using the Optional State Sales Tax Tables. If the Optional State Sales Tax Tables are chosen, the taxpayer must check the sales tax tables for their local jurisdictions and follow the calculation instructions found at. If the filing status is MFS and one spouse elects to use the sales tax, the other spouse must use the sales tax method as well. The taxpayer must keep actual receipts showing general sales taxes paid. See Schedule A Instructions.

Señor 1040 Says: The taxpayer can either deduct state and local general sales taxes or state and local income taxes; not both.

Real Estate Taxes

State, local, or foreign real estate taxes paid for real estate owned by the taxpayer are deducted on line 5b of Schedule A only if the taxes are based on the assessed value of the property. If the taxpayer's real estate taxes are included in the mortgage and paid out of an escrow account, the amount paid by the mortgage company is the deductible amount.

After December 31, 2017, the taxpayer is no longer able to deduct foreign personal or real property taxes. If the taxes are based on the assessed value of the property, state and local real estate taxes paid on real estate owned by the taxpayer are deducted on line 5b of Schedule A. Items such as leasing solar equipment that has been added to the taxpayer's property tax bill is not a real estate tax deduction.

If the monthly mortgage payment includes an amount placed in an escrow account for real estate taxes, the taxpayer may not be able to deduct the total amount placed in escrow. The taxpayer can only deduct the real estate taxes that the third party actually paid to the taxing authority.

If the third party does not notify the taxpayer of the amount of real estate tax paid, the taxpayer should contact the third party or the taxing authority to obtain the correct amount to report on the return. If the taxpayer bought or sold real estate during the year, the real estate taxes charged to the buyer should be reported on the settlement statement and in box 5 of Form 1099-S.

Personal Property Taxes

Personal property taxes are deducted on line 5c of Schedule A. The taxpayer should deduct state or local tax that is imposed yearly based on the value of the property. After December 31, 2017, the taxpayer must deduct personal property taxes on line 5c of Schedule A. The taxpayer should be careful not to include refunds, rebates, interest, or penalties as taxes paid.

Los intereses y multas por pagar impuestos fuera de plazo nunca son una deducción. Para declaraciones de impuestos después del 31 de diciembre de 2017 y antes del 1 de enero de 2026, el impuesto estatal y local (SALT) tiene un límite máximo de $10,000 o $5,000 si el contribuyente está casado y presenta una declaración por separado.

Impuesto general a las ventas

Si el contribuyente elige deducir el impuesto estatal y local sobre las ventas, marcará la casilla 5a en el Anexo A. El contribuyente puede deducir los gastos reales o una cantidad calculada utilizando las tablas opcionales de impuestos estatales sobre las ventas. Si se eligen las Tablas de impuestos estatales sobre las ventas opcionales, el contribuyente debe verificar las tablas de impuestos sobre las ventas de sus jurisdicciones locales y seguir las instrucciones de cálculo que se encuentran en. Si el estado civil de declaración es MFS y un cónyuge elige usar el impuesto a las ventas, el otro cónyuge también debe usar el método del impuesto a las ventas. El contribuyente debe conservar recibos reales que muestren los impuestos generales sobre las ventas pagados. Vea las instrucciones del Anexo A.

El Señor 1040 dice: El contribuyente puede deducir los impuestos estatales y locales sobre las ventas generales o los impuestos estatales y locales sobre la renta.

Impuestos sobre bienes inmuebles

Los impuestos estatales, locales o extranjeros sobre bienes inmuebles pagados por los bienes inmuebles que son propiedad del contribuyente se deducen en la línea 5b en el Anexo A, solo si los impuestos se basan en el valor tasado de la propiedad. Si los impuestos sobre bienes inmuebles del contribuyente están incluidos en la hipoteca y se pagan con una cuenta de depósito en garantía, el monto que paga la compañía hipotecaria es el monto que se puede deducir.

Después del 31 de diciembre de 2017, el contribuyente ya no puede deducir los impuestos a bienes muebles o inmuebles extranjeros. Si los impuestos se basan en el valor tasado de la propiedad, los impuestos estatales y locales sobre bienes inmuebles que se pagan sobre los bienes inmuebles que son propiedad del contribuyente se deducen en la línea 5b del Anexo A. Elementos tales como el alquiler de equipos solares que se agregaron a la factura de impuestos a la propiedad del contribuyente no es una deducción de impuestos sobre los bienes inmuebles.

Si el pago mensual de la hipoteca incluye un monto colocado en una cuenta de depósito en garantía para impuestos sobre bienes inmuebles, el contribuyente no podrá deducir el monto total colocado en garantía. El contribuyente solo puede deducir los impuestos inmobiliarios que el tercero efectivamente pagó a la autoridad tributaria.

Si el tercero no notifica al contribuyente la cantidad del impuesto sobre los bienes inmuebles que se pagó, el contribuyente debe comunicarse con el tercero o la autoridad fiscal para incluir la cantidad correcta en la declaración. Si el contribuyente compró o vendió bienes inmuebles durante el año, los impuestos sobre los bienes inmuebles cargados al comprador deben informarse en la declaración de liquidación y en la casilla 5 del Formulario 1099-S.

Impuestos sobre bienes muebles

Los impuestos sobre los bienes muebles se deducen en la línea 5c del Anexo A. El contribuyente debe deducir el impuesto estatal o local que se impuso anualmente según el valor de la propiedad. Después del 31 de diciembre de 2017, el contribuyente debe deducir los impuestos sobre los bienes muebles en la línea 5c del Anexo A. El contribuyente debe tener cuidado de no incluir reembolsos, descuentos, intereses o multas como impuestos pagados.

Example: Lourdes pays a yearly registration fee for her car. Part of her fee is based on value, and the other part is based on the weight of the car. Lourdes can only deduct the part of the fee that was based on the value of the car, not the part based on the weight of the car.

Other Taxes

The taxpayer can claim a credit for foreign taxes as a nonrefundable credit on Form 1040, Schedule 3, line 1, or take it as an itemized deduction on Schedule A under "other taxes." The taxpayer may or may not have to complete Form 1116, *Foreign Tax Credits.* After December 31, 2017, the taxpayer must deduct other taxes on line 6 of Schedule A. Other taxes consist of foreign taxes earned from overseas investments and not from real property owned abroad.

Nondeductible Taxes and Fees

Nondeductible miscellaneous taxes and fees include:

- Federal income tax and most excise taxes
- Employment tax, such as Social Security, Medicare, federal unemployment, and railroad retirement taxes
- Fines and penalties
- License fees (such as for a marriage or driver's license)
- Certain state and local taxes such as gasoline tax, car inspections, and other improvements to personal property

Home Mortgage Interest and Points

Home acquisition debt refers to the mortgage and other funds a taxpayer took out to buy, build, or substantially improve a qualified home. A qualified loan or home mortgage is a loan used to acquire the taxpayer's primary residence or a second home, and the loan must be secured by the individual property. In order for the mortgage interest to be deductible, the loan must be secured and can be a first or second mortgage, a home improvement loan, or a home equity loan.

The deductibility of interest expense is determined based on how the loan proceeds are used, which is referred to as interest tracing. For loans acquired before the TCJA went into effect on December 15, 2017, the interest on up to $1 million of debt ($500,000 for Married filing separately) incurred for acquiring, constructing, or substantially improving the residence is deductible.

If the taxpayer has a primary home and a second home, the home acquisition and home equity debt dollar limit apply to the total mortgage on both homes.

For home loans secured after December 15, 2017, the deductible amount is limited to $750,000 ($375,000 for Married filing separately). Taxpayers may use the 2017 threshold amounts if the following are true:

- The home acquisition debt was taken on prior to December 16, 2017
- They entered into a written, binding contract on or before December 15, 2017, in order to close on a principal residence before January 1, 2018
- They purchased the property before April 1, 2018.

Ejemplo: Lourdes paga una tarifa de registro anual por su automóvil. Parte de su cuota se basa en el valor y la otra parte se basa en el peso del automóvil. Lourdes solo puede deducir la parte de la tarifa que se basó en el valor del automóvil, no la parte en función del peso del vehículo.

Otros impuestos

El contribuyente puede reclamar un crédito por impuestos extranjeros como crédito no reembolsable en el Formulario 1040, Anexo 3, línea 1, o tomarlo como una deducción detallada en el Anexo A bajo "otros impuestos". El contribuyente puede o no tener que completar el Formulario 1116, *Créditos fiscales extranjeros.* Después del 31 de diciembre de 2017, el contribuyente debe deducir otros impuestos en la línea 6 del Anexo A. Otros impuestos consisten en impuestos extranjeros provenientes de inversiones en el extranjero y no de bienes inmuebles en el extranjero.

Impuestos y aranceles no deducibles

Los impuestos y cargos diversos no deducibles incluyen:

- Impuesto federal sobre la renta y la mayoría de los impuestos especiales.
- Impuesto sobre el empleo, como los impuestos de Seguro Social, Medicare, desempleo federal y jubilación ferroviaria.
- Multas y sanciones
- Cargos de licencia (por ejemplo, para un matrimonio o licencia de conducir).
- Ciertos impuestos estatales y locales, como el impuesto a la gasolina, inspecciones de automóviles y otras mejoras a los bienes personales.

Intereses y puntos de préstamos hipotecarios

La deuda por adquisición de vivienda se refiere a una hipoteca y otros fondos que un contribuyente solicitó para comprar, construir o mejorar sustancialmente una vivienda calificada. Un préstamo calificado o hipoteca de vivienda es un préstamo utilizado para adquirir la residencia principal o una segunda vivienda del contribuyente, y el préstamo debe estar garantizado por la propiedad individual. Para que el interés hipotecario sea deducible, el préstamo debe estar garantizado y puede ser una primera o segunda hipoteca, un préstamo para mejoras en el hogar o un préstamo con garantía hipotecaria.

La deducibilidad del gasto por intereses se determina en función de cómo se utilizan los fondos del préstamo, lo que también se conoce como seguimiento de intereses. Para los préstamos adquiridos antes de que la TCJA entrara en vigor el 15 de diciembre de 2017, los intereses de hasta $1 millón de deuda ($500,000 para Casados declarando por separado) incurridos para adquirir, construir o mejorar sustancialmente la residencia son deducibles.

Si el contribuyente tiene una vivienda principal y una segunda vivienda, la adquisición de la vivienda y el límite en dólares de la deuda con garantía hipotecaria se aplican a la hipoteca total de ambas viviendas.

Para los préstamos hipotecarios garantizados después del 15 de diciembre de 2017, la cantidad deducible se limita a $750,000 ($375,000 para Casados declarando por separado). Los contribuyentes pueden usar las cantidades límite de 2017 si se cumplen todas las siguientes condiciones:

- Si la deuda de adquisición de vivienda se asumió antes del 16 de diciembre de 2017.
- Si celebraron un contrato vinculante por escrito el 15 de diciembre de 2017 o antes para cerrar una residencia principal antes del 1 de enero de 2018.
- Si compraron la propiedad antes del 1 de abril de 2018.

If a taxpayer refinances a home acquisition loan that was acquired before the TCJA went into effect, the refinanced loan is subject to the same provisions as the original, pre-TCJA loan, but only up to the amount of the balance of the original loan. Any additional debt not used to buy, build, or substantially improve the home is not a home acquisition debt. For example, Cheryl took out a home equity line of credit for $100,000. She used $10,000 to remodel the master bedroom and then used the rest to go on a world cruise. The $10,000 could be used as home acquisition debt, but she is unable to use the world cruise as home acquisition debt. That could be considered income to Cheryl. See Publication 936.

Grandfathered Debt

If the taxpayer took out a mortgage on their home before October 14, 1987, or refinanced the loan, it may qualify as grandfathered debt. Grandfathered debt does not limit the amount of interest that can be deducted. All the interest paid on this loan is fully deductible home mortgage interest. However, the grandfathered debt amount could limit the home acquisition debt. For example, Sergio took out a first mortgage of $200,000 to buy a house in 1986. The mortgage was a seven-year balloon note, and the entire balance on the note was due in 1993. Sergio refinanced the debt in 1993 with a new 30-year mortgage. The refinanced debt is treated as grandfathered debt for the entire 30 years of the loan.

The main home is the property where the taxpayer lives the most. The second home is a similar property. The main or second home could be a boat or recreational vehicle. Both must provide basic living accommodations, which include a sleeping space, a toilet, and cooking facilities. Mortgage interest and points are reported to the taxpayer on Form 1098 and entered on line 8 of Schedule A. Form 1098, *Mortgage Interest Statement*, usually includes the amounts of mortgage interest paid, real estate taxes, and points (defined below). Mortgage companies will often "sell" mortgages during the year. If this occurs, the taxpayer could receive a Form 1098 from each mortgage company.

Señor 1040 Says: Remember to ask your clients if they paid more than one mortgage company. If they have more than one Form 1098, ask if this was for a second mortgage or if they bought and sold homes during the year.

Mortgage interest paid to an individual not reported on Form 1098 is reported on line 8b of Schedule A. The recipient's name and Social Security number or employer identification number is required. Failure to provide this information may result in a $50 penalty.

Points, often called loan origination fees, maximum loan charges, loan discounts, or discount points, are prepaid interest. Points that the seller pays for on behalf of the borrower are treated as being paid by the borrower. This allows the borrower, not the seller, to deduct these points as interest.

The full amount of paid points cannot be deducted 100% in the year of purchase or refinance. Points are generally deducted annually, over the life of the mortgage. To be reported on Form 1098, points need to meet the following conditions:

Si un contribuyente refinancia un préstamo de adquisición de vivienda que se adquirió antes de que TCJA entrara en vigencia, el préstamo refinanciado está sujeto a las mismas disposiciones que el préstamo original, anterior a TCJA, pero solo hasta el monto del saldo del préstamo original. Cualquier deuda adicional que no se utilice para comprar, construir o mejorar sustancialmente la vivienda no es una deuda de adquisición de vivienda. Por ejemplo, Cheryl sacó una línea de crédito hipotecario por $100,000. Usó $10,000 para rehacer el dormitorio principal y luego usó el resto para ir a un crucero mundial. Los $10,000 podrían usarse como deuda de adquisición de vivienda, pero ella no puede usar el crucero mundial como deuda de adquisición de vivienda. Eso podría considerarse como ingreso para Cheryl. Consulte la Publicación 936.

Deuda con derechos adquiridos

Si el contribuyente aplicó una hipoteca sobre su casa antes del 14 de octubre de 1987 o refinanció el préstamo, puede calificar como deuda de derechos adquiridos. La deuda de derechos adquiridos no limita la cantidad de intereses que se pueden deducir. Todos los intereses pagados por este préstamo son intereses totalmente deducibles de la hipoteca de la vivienda. Sin embargo, el monto de la deuda de derechos adquiridos podría limitar la deuda de adquisición de vivienda. Por ejemplo, Sergio solicitó una primera hipoteca de $200,000 para comprar una casa en 1986. La hipoteca era un pagaré global a siete años y el saldo total del pagaré vencía en 1993. Sergio refinanció la deuda en 1993 con una nueva hipoteca a 30 años. La deuda refinanciada se trata como deuda de derechos adquiridos durante los 30 años completos del préstamo.

La vivienda principal es el inmueble donde el contribuyente vive la mayor parte del tiempo. La segunda casa es una propiedad similar. La vivienda principal o segunda podría ser un barco o un vehículo recreativo. Ambos deben proporcionar alojamiento básico, que incluya un espacio para dormir, un baño e instalaciones para cocinar. Los intereses y puntos hipotecarios se informan al contribuyente en el Formulario 1098 y se ingresan en la línea 8 del Anexo A. El Formulario 1098, *Declaración de intereses hipotecarios*, generalmente incluye los montos de intereses hipotecarios pagados, impuestos sobre bienes raíces y puntos (que se definen a continuación). Las compañías hipotecarias a menudo "venderán" hipotecas durante el año. Si esto ocurre, el contribuyente podría recibir un Formulario 1098 de cada compañía hipotecaria.

El señor 1040 dice: Recuerde preguntar a sus clientes si pagaron a más de una compañía hipotecaria. Si tienen más de un Formulario 1098, pregunte si esto fue para una segunda hipoteca o si compraron y vendieron casas durante el año.

Los intereses hipotecarios pagados a una persona natural que no se haya declarado en el Formulario 1098 deben informarse en la línea 8b del Anexo A. El nombre del beneficiario y el número de Seguro Social o el número de identificación del empleador son obligatorios. Si no proporciona esta información, el contribuyente puede ser multado con $50.

Los puntos, a menudo llamados comisiones de creación de préstamos, cargos máximos de préstamos, descuentos de préstamos, aranceles de colocación de préstamos o puntos de descuento, son intereses pagados por adelantado. Los puntos que paga el vendedor en nombre del prestatario se consideran pagados por el prestatario. Esto permite que el prestatario, no el vendedor, deduzca estos puntos como interés.

La cantidad total de los puntos pagados no se puede deducir al 100% en el año de compra o refinanciación. Los puntos, por lo general, se deducen anualmente, durante la vigencia de la hipoteca. Para ser declarados en el Formulario 1098, los puntos deben cumplir las siguientes condiciones:

1. Clearly designated on HUD-1 or HUD Closing Settlement points with titles
   a. Loan discount
   b. Discount points
   c. Points
2. Computed as a percentage of the specified principal loan amount
3. Charged as a business practice of where the loan was issued and does not exceed the rates generally charged in the area
4. Paid for the acquisition of the taxpayer's principal residence
5. Paid directly by the taxpayer. Points were paid directly if either one applies:
   a. Funds were not borrowed from the lender by the taxpayer
   b. The seller paid the points on behalf of the taxpayer

Points paid when borrowing money for a refinance are normally deductible over the life of the loan. If the taxpayer pays off a mortgage early, the taxpayer can deduct the remaining points in the year the loan was paid off. Points are currently deductible only if paid from the taxpayer's funds. Financed points must be deducted over the life of the loan. If the taxpayer refinances and ends the loan, the remaining points are deducted when the life of the loan ends.

Mortgage Insurance Premiums

Mortgage insurance protects a mortgage lender in the event that a borrower defaults on their mortgage payments. It is typically required by lenders when a borrower makes a down payment that is less than 20% of the home's purchase price.

There are two principal types of mortgage insurance:

Private Mortgage Insurance (PMI): This type of insurance is typically required for conventional loans and is provided by private insurance companies. PMI protects the lender against loss if the borrower defaults on the loan.

Mortgage Insurance Premium (MIP): This type of insurance is required for certain government-backed loans, such as FHA (Federal Housing Administration) loans and USDA (United States Department of Agriculture) loans. MIP serves a similar purpose to PMI but is specifically designed to protect the government agency that insures the loan.

Mortgage insurance premiums are typically added to the borrower's monthly mortgage payments until the loan-to-value ratio (LTV) reaches a certain threshold, at which point the insurance may be canceled. However, for FHA loans, MIP payments may be required for the entire term of the loan.

Mortgage insurance allows borrowers to obtain financing with a lower down payment, making homeownership more accessible to those who may not have sufficient savings for a larger down payment. However, it adds an additional cost to the monthly mortgage payment, which borrowers should consider when budgeting for homeownership. As of the 2020 tax year, mortgage insurance premiums are no longer a deduction.

Form 1098

The IRS has made the mortgage interest statement evergreen.

Part 1 Review

To obtain the maximum benefit from each part go online now and watch the video.

1. Estar claramente designados en HUD-1 o puntos de liquidación de cierre de HUD con títulos
   a. Descuento de préstamo
   b. Puntos de descuento
   c. Puntos
2. Se calcularon como un porcentaje del monto principal del préstamo especificado
3. Se cobraron bajo una práctica comercial de puntos de cobro donde se emitió el préstamo y no excede el cobro general en el área
4. Se abonaron por la adquisición de la vivienda habitual del contribuyente
5. Fueron pagados directamente por el contribuyente. Los puntos se pagaron directamente si se aplica cualquiera de los siguientes dos:
   a. Los fondos no fueron tomados prestados del prestamista por el contribuyente
   b. El vendedor pagó los puntos en nombre del contribuyente.

Los puntos pagados cuando se pide dinero prestado para un refinanciamiento normalmente son deducibles durante la vigencia del préstamo. Si el contribuyente cancela una hipoteca antes de tiempo, puede deducir los puntos restantes en el año en que pagó el préstamo. Los puntos son actualmente deducibles solo si se pagan con los fondos del contribuyente. Los puntos financiados deben deducirse durante la vida del préstamo. Si el contribuyente refinancia y finaliza el préstamo, los puntos restantes se deducen cuando finaliza la vida del préstamo.

Primas de seguro hipotecario

El seguro hipotecario protege a un prestamista hipotecario en caso de que un prestatario incumpla los pagos de su hipoteca. Por lo general, los prestamistas lo exigen cuando un prestatario realiza un pago inicial inferior al 20% del precio de compra de la vivienda.

Hay dos tipos principales de seguro hipotecario:

Seguro Hipotecario Privado (PMI): Este tipo de seguro suele ser necesario para préstamos convencionales y lo proporcionan compañías de seguros privadas. El PMI protege al prestamista contra pérdidas si el prestatario incumple el pago del préstamo.

Prima de seguro hipotecario (MIP): Este tipo de seguro se requiere para ciertos préstamos respaldados por el gobierno, como los préstamos de la FHA (Administración Federal de Vivienda) y los préstamos del USDA (Departamento de Agricultura de los Estados Unidos). La MIP tiene un propósito similar al PMI, pero está diseñado específicamente para proteger a la agencia gubernamental que asegura el préstamo.

Las primas del seguro hipotecario generalmente se agregan a los pagos hipotecarios mensuales del prestatario hasta que la relación préstamo-valor (LTV) alcanza un cierto umbral, momento en el cual el seguro puede cancelarse. Sin embargo, para los préstamos de la FHA, es posible que se requieran pagos MIP durante todo el plazo del préstamo.

El seguro hipotecario permite a los prestatarios obtener financiación con un pago inicial más bajo, lo que hace que la propiedad de vivienda sea más accesible para aquellos que tal vez no tengan ahorros suficientes para un pago inicial mayor. Sin embargo, agrega un costo adicional al pago mensual de la hipoteca, que los prestatarios deben considerar al presupuestar la propiedad de la vivienda. A partir del año fiscal 2020, las primas del seguro hipotecario ya no son una deducción.

Formulario 1098

El IRS ha hecho que la declaración de intereses hipotecarios sea perenne.

Revisión de la Parte 1

Para obtener el máximo beneficio de cada parte, conéctese ahora y mire el video.

Part 2 Charity and Casualty and Theft Losses

There are two ways to donate to a qualifying charitable organization: cash and noncash. The taxpayer could receive a tax benefit based on the amount of the contribution and the taxpayer's adjusted gross income.

Casualty is when the taxpayer has lost property by destruction that is sudden or unexpected.

Theft is when an individual takes another individual's belongings with the intent to deprive the owner.

Gifts to Charity

Contributions of money or property, such as clothing, made to "qualified domestic organizations" by individuals and corporations are deductible as charitable contributions. Dues, fees, or bills paid to clubs, lodges, fraternal orders, civic leagues, political groups, for-profit organizations, or similar groups are not deductible. Gifts of money or property given to an individual are also not deductible, even if they were given for noble reasons. Raffle tickets or church bingo games would not be a deductible expense (they may count as gambling expenses). If the taxpayer received a benefit (for example, a gift of $60) from a donation, the donation amount must be reduced by the value of the benefit.

Cash Contributions

Cash contributions include those paid by cash, checks, electronic funds transfer, debit card, credit card, or payroll deduction. Regardless of the amount, cash contributions are only deductible if the taxpayer keeps one of the following:

- A bank record that shows the name of the eligible organization, the date of the contribution, and the amount of the contribution. Bank records may include:
  - A canceled check
  - A bank or credit union statement
  - A credit card statement
- A receipt or a letter or other written communication from the qualified organization showing the name of the organization, the date of the contribution, and the amount of the contribution.
- The payroll deduction records, or a pledge card or other document prepared by the organization. The document from the organization must show the name of the organization.

The tax professional should not overlook charitable contributions made through payroll deductions. They should appear on the taxpayer's last check stub or W-2. Make sure that the payroll deductions are not pretax contributions. Pretax contributions are not deductible. Advise your clients to make donations with checks, not cash. Make sure they get a receipt for all cash donations.

For payroll deduction contributions, one must keep the following:

- A pay stub, Form W-2, or other document furnished by the taxpayer's employer that shows the date and amount of the contribution
- A pledge card or other document prepared by or for the qualified organization that shows its name

Parte 2 Caridad y pérdidas por siniestros y robos

Hay dos formas de donar a una organización benéfica calificada: en efectivo y no en efectivo. El contribuyente podría recibir un beneficio fiscal en función del monto de la aportación y el ingreso bruto ajustado del contribuyente.

El siniestro es cuando el contribuyente ha perdido la propiedad por destrucción repentina o inesperada.

El robo es cuando una persona toma las pertenencias de otra persona con la intención de despojar al propietario.

Donaciones a una organización benéfica

Las aportaciones de dinero o bienes, como ropa, realizadas a "organizaciones domésticas cualificadas" por particulares y empresas son deducibles como contribuciones benéficas. Las cuotas, honorarios o facturas pagadas a clubes, logias, órdenes fraternales, ligas cívicas, grupos políticos, organizaciones con fines de lucro o grupos similares no son deducibles. Las donaciones de dinero o propiedad entregadas a una persona natural tampoco son deducibles, incluso si se otorgaron por razones altruistas. Los boletos de rifa o los juegos de bingo de la iglesia no serían un gasto deducible (pueden contar como gastos de apuestas) Si el contribuyente recibió un beneficio (por ejemplo, una donación de $60) de la donación, el monto de esta debe reducirse por el valor del beneficio.

Aportaciones en efectivo

Las aportaciones en efectivo incluyen aquellas que se pagan en efectivo, cheques, transferencia electrónica de fondos, tarjeta de débito, tarjeta de crédito o deducción de nómina. Independientemente del monto, las aportaciones en efectivo solo son deducibles si el contribuyente conserva uno de los siguientes:

- Un registro bancario que muestre el nombre de la organización elegible, la fecha de la aportación y el monto de la aportación. Los registros bancarios pueden incluir:
  - Un cheque cancelado
  - Un estado de cuenta bancario o cooperativa de crédito.
  - Un extracto de la tarjeta de crédito.
- Un recibo o una carta u otra comunicación escrita de la organización calificada que muestre el nombre de la organización, la fecha de la aportación y el monto de la aportación.
- Los registros de deducción de nómina o una tarjeta de compromiso u otro documento preparado por la organización. El documento de la organización debe mostrar el nombre de la organización.

El profesional de impuestos no debe pasar por alto las contribuciones benéficas realizadas mediante deducciones de nómina. Deben aparecer en el último talón de cheque del contribuyente o en el formulario W-2. Asegúrese de que las deducciones de nómina no sean aportaciones antes de impuestos. Las aportaciones antes de impuestos no son deducibles. Aconseje a sus clientes que hagan donaciones con cheques, no en efectivo. Asegúrese de que reciban un recibo por todas las donaciones en efectivo.

Para las aportaciones de deducción de nómina, debe conservar lo siguiente:

- Un talón de pago, el Formulario W-2 u otro documento proporcionado por el empleador del contribuyente que muestre la fecha y el monto de la aportación.
- Una tarjeta de compromiso u otro documento preparado por o para la organización calificada que muestre su nombre.

The written communication must include the charity's name, the contribution date, and the amount. If the contribution was more than $250, the taxpayer should receive a statement from the charitable organization. When figuring donations of $250 or more, do not combine separate donations. The charitable organization must include the following on the letter or statement:

- The amount of money contributed and a description and estimated value of any property that was donated
- Whether or not the organization provided goods or services to the taxpayer in return

If the taxpayer overstates their charitable deductions resulting in understatement of their tax liability, the taxpayer could be assessed a penalty of 20% of the total deduction amount if more than 10% of the amount is owed. Additionally, the taxpayer may have to pay an underpayment penalty if the understatement amount exceeds $5,000.

Other Than by Cash or Check

If the taxpayer gives items such as clothing or furniture, they can deduct the fair market value (FMV) at the time of the donation. The FMV is what a willing buyer would pay to purchase when both the buyer and seller are aware of the conditions of the sale. If the noncash deduction amount is over $500, the taxpayer must fill out Form 8283.

If the contribution is a motor vehicle, boat, or airplane, the organization accepting the donation must issue the taxpayer Form 1098-C with the required information for the taxpayer to attach to Form 8283. If the deduction for any single item is over $5,000, the taxpayer must get an appraisal of the donated property. The vehicle identification number (VIN) must be reported on Form 8283, and if the car was sold in an auction the amount of the contribution is what the vehicle was sold for. See Instructions Form 8283.

When taxpayers donate noncash items, they must keep a list of the items donated as well as obtain and keep receipts. Donated items are priced according to their resale value, not the price of the item when it was purchased. See Instructions Schedule A.

If noncash charitable contributions are made with a value of more than $500, the taxpayer must complete Form 8283, *Noncash Charitable Contributions*, and attach it to the return. Use Section A of Form 8283 to report noncash contributions for which the taxpayer claimed a deduction of $5,000 or less per item (or group of similar items). Also, use Section A to report contributions of publicly traded securities. Complete Section B, Form 8283, for each deduction over $5,000 claimed for one item or group of similar items. A separate Form 8283 must be submitted for separate contributions of over $5,000 to different organizations. The organization that received the property must complete and sign Part IV of Section B.

The IRS may disallow deductions for noncash charitable contributions if they are more than $500 and if Form 8283 is not submitted with the return. See Publication 526 and Schedule A Instructions.

Contributions of Property Placed in Trust

When property has been placed in a trust and the trustees make a charitable deduction from the trust, the deduction is not allowed. If the property was placed in a remainder trust, then the deduction would be allowed. See IRC Code Section 170(f)(13).

La comunicación escrita debe incluir el nombre de la organización benéfica, la fecha de aportación y el monto. Si la aportación supera los $250, el contribuyente debe recibir una declaración de la organización benéfica. Al calcular donaciones de $250 o más, no sume donaciones por separado. La organización benéfica debe incluir lo siguiente en la carta o declaración:

- La cantidad de dinero aportada y una descripción y valor estimado de cualquier propiedad que fue donada.
- Si la organización proporcionó o no bienes o servicios al contribuyente a cambio

Si el contribuyente sobreestima sus deducciones caritativas y eso resulta en una infravaloración de su obligación tributaria, el contribuyente podría recibir una multa del 20% del monto total de la deducción si se adeuda más del 10% del monto. Además, es posible que el contribuyente tenga que pagar una multa por pago insuficiente si el monto de la subestimación excede los $5,000.

Otras formas de pago además de efectivo o cheque

Si el contribuyente dona artículos como ropa o muebles, puede deducir el valor justo de mercado (FMV) al momento de la donación. El FMV es lo que un comprador dispuesto pagaría por comprar cuando tanto el comprador como el vendedor conocen las condiciones de la venta. Si el monto de la deducción monetaria es superior a $500, el contribuyente debe completar el Formulario 8283.

Si la aportación es un vehículo motorizado, bote o avión, la organización que acepta la donación debe emitir el Formulario 1098-C del contribuyente con la información requerida para que el contribuyente la adjunte al Formulario 8283. Si la deducción por cualquier artículo es superior a $5,000, el contribuyente debe obtener un avalúo de la propiedad donada. El número de identificación del vehículo (VIN) debe informarse en el Formulario 8283 y, si el automóvil se vendió en una subasta, el monto de la aportación es por lo que se vendió el vehículo. Consulte las Instrucciones del formulario 8283.

Cuando los contribuyentes donan artículos que no son en efectivo, deben mantener una lista de los artículos donados, así como obtener y conservar los recibos. Los artículos donados tienen un precio de acuerdo con su valor de reventa, no el precio del artículo cuando se compró. Consulte el Anexo de instrucciones A.

Si se realizan contribuciones benéficas no monetarias con un valor superior a $500, el contribuyente debe completar el Formulario 8283, *Contribuciones benéficas no monetarias,* y adjuntarlo a la declaración. Use la Sección A del Formulario 8283 para declarar las aportaciones que no sean en efectivo por las cuales el contribuyente reclamó una deducción de $5,000 o menos por artículo (o grupo de artículos similares). Además, use la Sección A para declarar las aportaciones de valores negociados públicamente. Complete la Sección B, Formulario 8283 para cada deducción de más de $5,000 reclamados por un artículo o grupo de artículos similares. Se debe presentar un Formulario 8283 por separado para aportaciones separadas de más de $5,000 a diferentes organizaciones. La organización que recibió la propiedad debe completar y firmar la Parte IV de la Sección B.

El IRS puede rechazar las deducciones por contribuciones benéficas que no sean en efectivo si son más de $500 y si el Formulario 8283 no se presenta con la declaración. Consulte la Publicación 526 y las Instrucciones del Anexo A.

Aportaciones de bienes fideicomitidos

Cuando el bien se ha colocado en un fideicomiso y los fideicomisarios hacen una deducción caritativa del fideicomiso, la deducción no está permitida. Si el bien se colocó en un fideicomiso restante, entonces se permitiría la deducción. Consulte la Sección 170(f)(13) del Código IRC.

Car Expenses

If the taxpayer claims expenses directly related to the use of their car when providing services to a qualified organization, the taxpayer must keep reliable written records of expenses. For example, the taxpayer's records might show the name of the organization the taxpayer was serving and the dates the car was used for a charitable purpose. The taxpayer would use the standard mileage rate of 14 cents a mile; records must show the miles driven for the charitable purpose.

Canadian, Israeli, and Mexican Charities

The taxpayer may be able to deduct contributions to certain charitable organizations under the income tax treaty the United States has with Mexico, Canada, and Israel. For contributions to be deductible, these organizations must meet tests like the ones used to qualify U.S. organizations. The organization should be able to tell the taxpayer if they meet the necessary test. See Publication 526.

Taxpayer Must Keep Records

Records document the amount of the contributions the taxpayer made during the year. The types of records to keep depends on the amount of the contributions and whether they include any of the following:

- Cash contributions
- Noncash contributions
- Out-of-pocket expenses when volunteering

Organizations are usually required to give a written statement if they receive a payment that is more than $75 and is partly a contribution and partly a payment made in exchange for goods or services. The statement should be kept with the taxpayer's records. See Revenue Procedure 2006-50, 2006-47 I.R.B. 944.

Other Itemized Deductions

The following items can be claimed on Schedule A, line 16:

- Gambling losses up to the extent of gambling winnings
- Casualty and theft losses from income-producing property
- An ordinary loss attributable to a contingent payment debt instrument or an inflation-indexed debt instrument
- Amortizable premiums on taxable bonds purchased before October 23, 1986
- Certain unrecovered investments in a pension
- Impairment-related work experience of persons with disabilities
- Deductions for repayment of amounts under a claim of right if over $3,000. See Publication 525

See Instructions Schedule A.

Gastos del vehículo

Si el contribuyente reclama gastos directamente relacionados con el uso de su automóvil al prestar servicios a una organización calificada, el contribuyente debe llevar registros escritos fehacientes de los gastos. Por ejemplo, los registros del contribuyente pueden mostrar el nombre de la organización a la que el contribuyente estaba prestando servicios y las fechas en que se usó el automóvil con fines benéficos. El contribuyente usaría la tasa estándar por milla de 14 centavos por milla; los registros deben mostrar la distancia en millas recorridas con fines benéficos.

Organizaciones caritativas canadienses, israelíes y mexicanas

El contribuyente puede deducir aportaciones a ciertas organizaciones benéficas bajo el tratado de impuesto sobre la renta que Estados Unidos tiene con México, Canadá e Israel. Para que las aportaciones sean deducibles, estas organizaciones deben cumplir pruebas como las que se utilizan para calificar a las organizaciones estadounidenses. La organización debería poder informar al contribuyente si cumple con la prueba necesaria. Consulte la Publicación 526.

El contribuyente debe mantener registros

Los registros documentan el monto de las aportaciones que realizó el contribuyente durante el año. Los tipos de registros a llevar dependen del monto de las aportaciones y si incluyen alguno de los siguientes:

- Aportaciones en efectivo
- Aportaciones no monetarias
- Gastos de bolsillo al ser voluntario

Por lo general, las organizaciones deben presentar una declaración escrita si reciben un pago de más de $75 y es en parte una aportación y en parte un pago realizado a cambio de bienes o servicios. La declaración debe mantenerse con los registros del contribuyente.. Consulte el Procedimiento de la Renta 2006-50, 2006-47 I.R.B. 944.

Otras deducciones detalladas

Los siguientes artículos se pueden reclamar en el Anexo A, línea 16:

- Pérdidas de juego hasta la cantidad de ganancias de apuestas.
- Pérdidas por siniestros y robos de propiedades que generan ingresos.
- Una pérdida ordinaria atribuible a un instrumento de deuda de pago contingente o un instrumento de deuda indexado a la inflación.
- Primas amortizables sobre bonos imponibles adquiridos antes del 23 de octubre de 1986.
- Ciertas inversiones no recuperadas en una pensión.
- Experiencia laboral relacionada con la discapacidad de personas con discapacidad.
- Deducciones por reembolso de montos conforme a un reclamo de derecho si supera los $3,000. Consulte la Publicación 525

Consulte el Anexo de instrucciones A.

Gambling Losses

The taxpayer must report the full amount of any gambling winnings for the year. The taxpayer will deduct gambling losses for the year on line 16, Schedule A (Form 1040). The taxpayer may claim gambling losses up to the amount of gambling winnings. Taxpayers cannot reduce gambling winnings by gambling losses and report the difference; they must report the full amount of their winnings as income and claim their losses up to the amount of winnings as an itemized deduction. Therefore, the taxpayer's records should show winnings separately from losses. The taxpayer must keep an accurate diary or similar record of losses and winnings. The diary should contain at least the following information:

- The date and type of specific wagers or wagering activity
- The name and address or location of the gambling establishment
- The names of other persons present with the taxpayer at the gambling establishment
- The amount(s) won or lost

Casualty and Theft Losses

A casualty is the damage, destruction, or loss of property resulting from an identifiable event that is sudden, unexpected, or unusual. A loss on deposits can occur when a bank, credit union, or other financial institution becomes insolvent or bankrupt. When property is damaged or destroyed as a result of hurricanes, earthquakes, tornadoes, fires, vandalism, car accidents, and similar events, it is called a casualty loss. A casualty loss must be sudden and unexpected, so damages that occur over time do not qualify. Theft losses can occur as a result of the unlawful taking and removal of the taxpayer's money or property with the intent to deprive the owner.

A casualty loss amount equals the least of the following:

- The decrease in the fair market value (FMV) of the property as result of the event (in other words the difference between the property's fair market value immediately before and after the casualty).
- The adjusted basis in property before the casualty loss, minus any insurance reimbursement
- After calculating a casualty or theft loss and subtracting any reimbursements, one must figure how much of the loss is deductible. To claim a loss as a deduction, each loss amount must have been greater than $100 or greater than 10% of the amount on Form 1040, line 8b, reduced by $100.

After December 31, 2017, theft losses can no longer be claimed, and casualty losses can only be claimed if they are the result of an event that was officially declared a federal disaster by the President of the United States. Apart from this, casualty losses are still calculated using the same methods explained above. Form 4684, Casualty and Theft must still be attached to the tax return. If the taxpayer has a net qualified disaster loss on Form 4684, line 15, and has not itemized deductions, the taxpayer may qualify for an increased standard deduction.

Prior to January 1, 2018, if a casualty or theft loss occurred, the taxpayer completed Form 4684, *Casualty and Theft*, and attached it to the return. The loss calculated on Form 4684 was transferred to line 15 of Schedule A. The IRS allowed taxpayers who used Schedule A to deduct these losses with limited coverage.

Pérdidas de apuestas

El contribuyente debe declarar el monto total de cualquier ganancia de apuestas para el año. El contribuyente deducirá las pérdidas por apuestas del año en la línea 16, Anexo A (Formulario 1040). El contribuyente puede reclamar pérdidas de apuestas hasta la cantidad de ganancias de juego. Los contribuyentes no pueden reducir las ganancias de apuestas por pérdidas de juego ni declarar la diferencia, pero deben declarar el monto total de sus ganancias como ingresos y reclamar sus pérdidas hasta la cantidad de ganancias como una deducción detallada. Por lo tanto, los registros del contribuyente deben mostrar las ganancias por separado de las pérdidas. El contribuyente debe mantener un diario preciso o un registro similar de pérdidas y ganancias. El diario debe contener al menos la siguiente información:

- La fecha y el tipo de apuestas específicas o actividad de apuestas.
- El nombre y la dirección o ubicación del establecimiento de apuestas.
- Los nombres de otras personas presentes con el contribuyente en el establecimiento de apuestas.
- La cantidad ganada o perdida.

Pérdidas por siniestros y robos

Un siniestro es el daño, la destrucción o la pérdida de propiedad que resulta de un evento identificable que es repentino, inesperado o inusual. Una pérdida en los depósitos puede ocurrir cuando un banco, cooperativa de crédito u otra institución financiera se declara insolvente o en bancarrota. Cuando la propiedad se daña o se destruye como resultado de huracanes, terremotos, tornados, incendios, vandalismo, accidentes automovilísticos y eventos similares, se denomina pérdida por siniestro. Una pérdida por siniestro debe ser repentina e inesperada, por lo que los daños que ocurren con el tiempo no califican. Las pérdidas por robo pueden ocurrir como resultado de la toma y sustracción ilegal del dinero o la propiedad del contribuyente con la intención de privarlo del propietario.

Una cantidad de pérdida por siniestro es igual a la menor de las siguientes:

- La disminución en el valor justo del mercado (FMV) de la propiedad como resultado del evento (en otras palabras, la diferencia entre el valor justo de mercado de la propiedad inmediatamente antes y después del siniestro).
- La base ajustada en la propiedad antes de la pérdida por siniestro, menos cualquier reembolso de seguro.
- Después de calcular una pérdida por siniestro o robo y restar cualquier reembolso, debe calcular la cantidad de la pérdida es deducible. Para reclamar una pérdida como deducción, cada cantidad de pérdida debe ser superior a $100 o superior al 10% de la cantidad en el Formulario 1040, línea 8b, reducido en $100.

Después del 31 de diciembre de 2017, las pérdidas por robo ya no se pueden reclamar y las pérdidas por siniestros solo se pueden reclamar si son el resultado de un evento que haya sido declarado oficialmente como un desastre federal por el Presidente de los Estados Unidos. Además, las pérdidas por siniestros aún se calculan utilizando los mismos métodos explicados anteriormente. El Formulario 4684, Siniestros y robo, todavía debe adjuntarse a la declaración de impuestos. Si el contribuyente tiene una pérdida neta por desastre calificada en el Formulario 4684, línea 15 y no ha detallado sus deducciones, puede calificar para una mayor deducción estándar.

Antes del 1 de enero de 2018, si ocurrió una pérdida por siniestro o robo, el contribuyente llenó el Formulario 4684, *Siniestro y robo,* y lo adjuntó a la declaración. La pérdida calculada en el Formulario 4684 se transfiere a la línea 15 del Anexo A. El IRS permitió a los contribuyentes que usan el Anexo A para deducir estas pérdidas con una cobertura limitada.

Disasters and Casualties

If damage from a casualty is to personal, income-producing, or business property, taxpayers may be able to claim a casualty loss deduction on their tax return. Taxpayers must generally deduct a casualty loss in the year it occurred. However, if the property was damaged as a result of a federally declared disaster, taxpayers can choose to deduct that loss on their return for the tax year immediately preceding the year in which the disaster happened. A federally declared disaster is a disaster that took place in an area declared by the President to be eligible for federal assistance. Taxpayers can amend a tax return by filing Form 1040X, *Amended U.S. Individual Income Tax Return.*

Disaster Relief

The following website is where a taxpayer and tax professional can find the list of presidentially declared disaster areas: https://www.irs.gov/newsroom/tax-relief-in-disaster-situations.

Reconstructing Tips for the Disaster Claim

Reconstructing records after a disaster may be essential for tax purposes and for obtaining federal assistance or insurance reimbursement. After a disaster, taxpayers might need certain records to prove their loss. The more accurately a loss is estimated, the more loan and grant money may be available.

Below are tips to help the taxpayer gather the necessary information to reconstruct their records regarding their personal residence and real property. Real estate refers not just to the land but also to anything built on, growing on, or attached to it.

- Take photographs or videos as soon as possible after the disaster. This establishes the extent of the damage.
- Contact the title company, escrow company, or bank that handled the purchase of the home to get copies of the original documents. Real estate brokers may also be able to help.
- Use the current property tax statement for land-versus-building ratios if available. If they are not available, owners could get copies from the county assessor's office.
- The basis or fair market value of the home needs to be established. This can be completed by reviewing comparable sales within the neighborhood or by contacting an appraisal company or visiting a website that provides home valuations.
- Ask the mortgage company for copies of appraisals or other information needed regarding cost or fair market value in the area.
- Insurance policies list the value of the building, which initiates a base figure for replacement value insurance.
- If improvements were made to the home, contact the contractors who did the work to see if records are available. Get statements from the contractors that state their work and its cost.
  - Get written accounts from friends and relatives who saw the house before and after any improvements. See if any of them have photos taken at get-togethers.
  - If there is a home improvement loan, get paperwork from the institution that issued the loan. The amount of the loan may help establish the cost of the improvements.
- If no other records are available, check the county assessor's office for records that might address the value of the property.

Desastres y siniestros

Si el daño causado por un siniestro es a los bienes personales, generadora de ingresos o comercial, los contribuyentes pueden reclamar una deducción por pérdida por siniestro en su declaración de impuestos. Los contribuyentes generalmente deben deducir una pérdida por siniestro en el año en que ocurrió. Sin embargo, si la propiedad sufrió un daño como resultado de un desastre declarado por el gobierno federal, los contribuyentes pueden optar por deducir esa pérdida en su declaración del año fiscal inmediatamente anterior al año en que ocurrió el desastre. Un desastre declarado por el gobierno federal es un desastre que tuvo lugar en un área declarada por el Presidente como elegible para recibir asistencia federal. Los contribuyentes pueden enmendar una declaración de impuestos presentando un Formulario 1040X, *Declaración de Impuestos sobre la Renta de Persona Natural de los Estados Unidos Enmendada.*

Alivio en caso de desastres

El siguiente sitio web es donde un contribuyente y un profesional de impuestos pueden encontrar la lista de áreas de desastre declaradas por el presidente: https://www.irs.gov/newsroom/tax-relief-in-disaster-situations.

Consejos para la reconstrucción de registros en caso de desastre

La reconstrucción de registros después de un desastre puede ser esencial para fines tributarios y para obtener asistencia federal o reembolso de seguros. Después de un desastre, los contribuyentes pueden necesitar ciertos registros para probar su pérdida. Cuanto más precisa sea la estimación de una pérdida, mayor será el dinero disponible para préstamos y subvenciones.

A continuación, se indican algunos consejos para ayudar al contribuyente a recopilar la información necesaria para reconstruir sus registros con respecto a su residencia personal y bienes inmuebles. Los bienes raíces se refieren no solo a la tierra sino también a cualquier cosa construida sobre ella, que crezca o esté adherida a ella.

- Tome fotografías o videos tan pronto como sea posible después del desastre. Esto establece la extensión del daño.
- Comuníquese con la compañía de títulos, la compañía de depósito en garantía o el banco que manejó la compra de la vivienda para obtener copias de los documentos originales. Los corredores de bienes raíces también pueden ayudar.
- Use la declaración actual del impuesto a la propiedad para las proporciones de tierra contra construcción, si está disponible. Si no están disponibles, los propietarios pueden obtener copias de la oficina del asesor del condado.
- Es necesario establecer la base o el valor justo de mercado de la vivienda. Para ello, se pueden examinar las ventas comparables en el vecindario o ponerse en contacto con una empresa de avalúos o visitar un sitio web que ofrezca valoraciones de viviendas.
- Las copias de avalúos de la compañía hipotecaria u otra información necesaria con respecto al costo o valor justo de mercado en el área.
- Las pólizas de seguro indican el valor de la construcción, lo que inicia una cifra base para el seguro de valor de reposición.
- Si se realizaron mejoras en el hogar, comuníquese con los contratistas que hicieron el trabajo para ver si hay registros disponibles. Obtenga declaraciones de los contratistas que indiquen su trabajo y su costo.
    - Obtenga cuentas escritas de amigos y parientes que vieron la casa antes y después de cualquier mejora. Vea si alguno de ellos tiene fotos tomadas en reuniones.
    - Si hay un préstamo para mejoras de la vivienda, obtenga los documentos de la institución que emitió el préstamo. El monto del préstamo puede ayudar a establecer el costo de las mejoras.
- Si no hay otros registros disponibles, consulte la oficina del tasador del condado para obtener registros que puedan abordar el valor de la propiedad.

Business Records

- To create a list of lost inventories, get copies of invoices from suppliers. Whenever possible, the invoices should date back at least one calendar year.
- Check for photos on mobile phones, cameras, and videos of buildings, equipment, and inventory.
- Get copies of statements from the bank for information on income. The deposits should reflect what the sales were for the given time period.
  - Get copies of last year's federal, state, and local tax returns. This includes sales tax reports, payroll tax returns, and business licenses from the city or county. These should reflect gross sales for a given time period.
- If there are no photographs or videos available, sketch an outline of the inside and outside of the business location and then start to fill in the details of the sketches. For example, for the inside of the building, record where equipment and inventory were located. For the outside of the building, map out the locations of items such as shrubs, parking, signs, and awnings.
  - If the business was pre-existing, go back to the broker for a copy of the purchase agreement. This should detail what was acquired.
  - If the building was newly constructed, contact the contractor or planning commission for building plans.

Other Helpful Agencies

There are several resources that can help determine the fair market value of most cars on the road. The following are available online:

- Kelley Blue Book: www.kbb.com
- National Automobile Dealers Association: www.nadaguides.com
- Edmunds: www.edmunds.com

Call the car dealer where the vehicle was purchased and ask for a copy of the contract. If this is not available, give the dealer the details and ask for a comparable price. If the taxpayer is making payments on the car, another source is the lien holder.

It can be difficult to reconstruct records showing the fair market value of some types of personal property. Here are some things to consider when categorizing lost items and their values:

- Look on mobile phones for pictures that were taken in the home that might show the damaged property in the background before the disaster
- Check websites that could establish the cost and fair market value of lost items
- Support the valuation with photographs, videos, canceled checks, receipts, or other evidence
- If items were purchased using a credit or debit card, contact the credit card company or bank for past statements

If there are no photos or videos of the property, a simple method to help remember which items were lost is to sketch pictures of each room that was impacted:

- Draw a floor plan showing where each piece of furniture was placed – include drawers, dressers, and shelves
- Sketch pictures of the room looking toward any shelves or tables showing their contents

Registros comerciales

- Para crear una lista de inventarios perdidos, obtenga copias de las facturas de los proveedores. Siempre que sea posible, las facturas deben tener una fecha de al menos un año calendario.
- Compruebe si hay fotos en teléfonos móviles, cámaras y vídeos de edificios, equipos e inventario.
- Obtenga copias de los extractos del banco para obtener información sobre los ingresos. Los depósitos deben reflejar cuáles fueron las ventas durante el período de tiempo dado.
  - Obtenga copias de las declaraciones de impuestos federales, estatales y locales del año pasado. Esto incluye informes de impuesto a las ventas, declaraciones de impuestos de nómina y licencias comerciales de la ciudad o el condado. Estos deben reflejar las ventas brutas durante un período determinado.
- Si no dispone de fotografías o videos, haga un boceto del interior y el exterior de la ubicación comercial y luego comience a completar los detalles de los bocetos. Por ejemplo, para el interior del edificio, registre dónde se ubicaron los equipos y el inventario. Para el exterior del edificio, haga un mapa de las ubicaciones de elementos tales como arbustos, estacionamientos, letreros y toldos.
  - Si el negocio era preexistente, regrese al corredor para obtener una copia del acuerdo de compra. Esto debería detallar lo que se adquirió.
  - Si el edificio fue construido recientemente, comuníquese con el contratista o la comisión de planificación para obtener los planos del edificio.

Otras agencias útiles

Existen varios recursos que pueden ayudar a determinar el valor justo de mercado de la mayoría de los automóviles en circulación. Los siguientes son recursos en línea disponibles:

- Libro azul de Kelley: www.kbb.com
- Asociación Nacional de Comerciantes de Automóviles: www.nadaguides.com..
- Edmunds: www.edmunds.com

Llame al concesionario donde compró el automóvil y solicite una copia del contrato. Si esto no está disponible, proporcione al concesionario todos los datos y detalles y solicite un precio comparable. Si el contribuyente está haciendo pagos por el automóvil, otra fuente es el titular del gravamen.

Puede ser difícil reconstruir registros que muestren el valor justo de mercado de algunos tipos de bienes muebles. Aquí hay algunas cosas a considerar al categorizar artículos perdidos y sus valores:

- Busque en los teléfonos móviles las fotos que se tomaron en el hogar que podrían mostrar la propiedad dañada en el fondo antes del desastre.
- Consulte los sitios web que puedan establecer el costo y el valor justo de mercado de los artículos perdidos.
- Respalde la valoración con fotografías, videos, cheques cancelados, recibos u otra evidencia.
- Si los artículos se compraron con una tarjeta de crédito o débito, comuníquese con la compañía de la tarjeta de crédito o con el banco para obtener los estados de cuenta anteriores.

Si no hay fotos ni videos de la propiedad, un método simple para ayudar a recordar qué elementos se perdieron es hacer un dibujo de cada habitación afectada:

- Dibuje un plano que muestre dónde se colocó cada mueble, incluyendo los cajones, los aparadores y los estantes.
- Haga un dibujo de la habitación mirando hacia los estantes o mesas que muestran su contenido.

- Take time to draw shelves with memorabilia on them
- Be sure to include garages, attics, closets, basements, and items on walls

These do not have to be professionally drawn if they are functional.

Figuring Loss

Taxpayers may need to reconstruct their records to prove a loss and the amount thereof. To compute loss, determine the decrease in FMV of the property resulting from the casualty or disaster or determine the adjusted basis of the property – this is generally the amount that the property is now worth after disaster events have added to or lessened the value of the amount that was originally paid for the property.

Taxpayers may deduct whichever of these two amounts is smaller after subtracting the amount of any reimbursement provided to the taxpayer. If the reimbursement is larger than the adjusted basis of the loss, then the taxpayer will have a gain and not a subtraction. Certain deduction limits apply. See Publication 547, *Casualties, Disasters and Thefts*, for details on limits and Publication 551, *Basis of Assets*, for basis information.

If the casualty loss deduction causes a taxpayer's deductions for the year to be more than their income for the year, there may be a net operating loss. For more information, see Publication 536, *Net Operating Losses (NOLs) for Individuals, Estates and Trusts.*

Determining the Decrease in Fair Market Value

Fair market value (FMV) is generally the price for which the property could be sold to a buyer. The decrease in FMV used to figure the amount of a casualty loss is the difference between the property's fair market value immediately before and after the casualty. FMV is generally determined through an appraisal.

Casualty and Theft Losses of Income-Producing Property

Taxpayers can no longer claim a business casualty loss of income-producing property as an itemized deduction. If preparing a tax return from before 2018, use the following information to complete Form 4684:

- Loss from other activities from Schedule K-1 (Form 1065-B), box 2
- Amortizable bond premium on bonds acquired before October 23, 1986
- Deduction for repayment of amounts under a claim of right if over $3,000 (see Publication 525)
- Certain unrecovered investments in a pension
- Impairment-related work expenses for a disabled person (see Publication 529)

The loss of income-producing property, such as a rental, is calculated depending on if the property was stolen or destroyed. The loss minus the adjusted basis of the property, any salvage value, and the insurance reimbursements expected to receive.

Insurance Payments

If a taxpayer receives funds from an insurance contract for daily living expenses due to damage, destruction, or denied access to their primary residence, such amounts received compensate or reimburse the living expenses for the taxpayer and their household. See IRC Code Section 123.

- Tómese el tiempo para dibujar estantes con recuerdos de ellos.
- Asegúrese de incluir garajes, áticos, armarios, sótanos y artículos en las paredes.

Estos no tienen que ser dibujados profesionalmente si son funcionales.

Calcular la pérdida

Los contribuyentes pueden tener que reconstruir sus registros para demostrar una pérdida y la cantidad de los mismos. Para calcular la pérdida, determine la disminución en el FMV de la propiedad como resultado de los siniestros o desastres o determine la base ajustada de la propiedad; esta es generalmente la cantidad que la propiedad ahora vale después de que los eventos hayan agregado o disminuido el valor de la cantidad que originalmente se pagó por la propiedad.

Los contribuyentes podrán deducir cualquiera de estos dos montos que sea menor después de restar el monto de cualquier reembolso proporcionado al contribuyente. Si el reembolso es mayor que la base ajustada de la pérdida, entonces el contribuyente tendrá una ganancia y no una resta. Se aplican ciertos límites de deducción. Consulte la Publicación 547, *Siniestros, desastres y robos,* para obtener detalles sobre estos límites, y la Publicación 551*, Bases de activos,* para obtener información sobre la base.

Si la deducción por pérdida por siniestro causa que las deducciones de un contribuyente para el año sean más que sus ingresos para el año, puede haber una pérdida operativa neta. Para obtener más información, consulte la Publicación 536, *Pérdidas Operativas Netas (NOL) para Personas Naturales, Patrimonios y Fideicomisos.*

Determinación de la disminución del valor justo de mercado

El valor justo de mercado (FMV) es generalmente el precio por el cual la propiedad podría venderse a un comprador. La disminución del FMV utilizado para calcular el monto de una pérdida por siniestros es la diferencia entre el valor justo de mercado de la propiedad inmediatamente antes y después del siniestro. El FMV generalmente se determina a través de un avalúo.

Pérdidas por siniestro y robo de bienes que generan ingresos

Los contribuyentes ya no pueden reclamar una pérdida por daños a la propiedad comercial que generan ingresos como una deducción detallada. Si prepara una declaración de impuestos antes de 2018, use la siguiente información para completar el Formulario 4684:

- Pérdida de otras actividades del Anexo K-1 (Formulario 1065-B), casilla 2.
- Prima de bonos amortizables en bonos adquiridos antes del 23 de octubre de 1986.
- Deducción por reembolso de montos conforme a un reclamo de derecho si supera los $3,000 (consulte la Publicación 525).
- Ciertas inversiones no recuperadas en una pensión.
- Gastos de trabajo relacionados con la discapacidad para una persona discapacitada (consulte la Publicación 529).

La pérdida de propiedad generadora de ingresos, como un alquiler, se calcula dependiendo de si la propiedad fue robada o destruida. La pérdida menos la base ajustada de la propiedad, cualquier valor de salvamento y los reembolsos del seguro que se espera recibir.

Pagos de seguros

Si un contribuyente recibe fondos de un contrato de seguro para gastos de la vida diaria debido a daños, destrucción o denegación de acceso a su residencia principal; las cantidades recibidas son para compensar o reembolsar los gastos de manutención del contribuyente y su hogar. Consulte la Sección 123 del Código IRC.

Investment Interest Form 4952

Investment income is income that comes from interest payments, dividends, and capital gains collected upon the sale of a security or other assets, and any other profit made through an investment vehicle of any kind. Generally, individuals earn most of their total net income each year through regular employment income.

An investment interest expense is any amount of interest that is paid on loan proceeds used to purchase investments or securities. Investment interest expenses include margin interest used to leverage securities in a brokerage account and interest on a loan used to buy property held for investment.

The deductions for investment expenses could be limited by the at-risk rules and the passive activity loss limits. Interest related to passive activities or to securities that generate tax-exempt income is not included. The investment expense deduction is limited to investment income. Interest and ordinary dividend income are examples of investment income. Property held for investment purposes includes property that produces interest, dividends, annuities, or royalties that were not earned in the ordinary course of a trade or business. Alaska Permanent Fund dividends are not investment income.

Investment interest does not include any qualified home mortgage interest, or any interest taken into account in computing income or loss from a passive activity. The deduction for investment interest expense is limited to the amount of net investment income.

Example: Sandy had interest income of $800. She also had ordinary dividend income of $325. Sandy's investment interest expense for the year was $695. Sandy will be allowed to deduct the full amount of investment interest expense on her Schedule A since her investment income exceeds her investment interest expense.

When claiming investment interest, Form 4952 should be completed and attached to the tax return. Form 4952 does not have to be completed if the following apply:

- Taxpayer interest expense is not more than the investment income from interest and ordinary dividends minus qualified dividends
- The taxpayer has no other deductible investment expenses
- The taxpayer had non-disallowed interest expense for the year

Report Investment interest on Schedule A, line 9. See Publication 550.

Señor 1040 Says: Alaska Permanent Fund dividends, including those reported on Form 8814, are not investment income.

Fines or Penalties

The taxpayer cannot deduct their fines or penalties paid to a governmental unit for violating a law. This includes all fines and penalties paid in an actual settlement or a potential liability. Fines or penalties include parking tickets, tax penalties, and penalties deducted from teachers' paychecks after an illegal strike.

Formulario 4952: Intereses de inversión

Los ingresos por inversiones son ingresos que provienen de pagos de intereses, dividendos y ganancias de capital recolectadas por la venta de un valor u otros activos, y cualquier otra ganancia obtenida a través de un vehículo de inversión de cualquier tipo. Generalmente, las personas obtienen la mayor parte de sus ingresos netos totales cada año a través de ingresos laborales regulares.

Un gasto por intereses de inversión es cualquier monto de interés que se paga sobre los fondos del préstamo utilizados para comprar inversiones o valores. Los gastos por intereses de inversión incluyen el interés de margen utilizado para apalancar valores en una cuenta de corretaje e intereses sobre un préstamo utilizado para comprar propiedades mantenidas para inversión.

Las deducciones por gastos de inversión podrían estar limitadas por las reglas de riesgo y los límites de pérdida de actividad pasiva. No se incluyen los intereses relacionados con actividades pasivas o con valores que generen ingresos exentos de impuestos. La deducción de gastos de inversión se limita a los ingresos por inversiones. Los ingresos por intereses y dividendos ordinarios son ejemplos de ingresos por inversiones. La propiedad mantenida con fines de inversión incluye la propiedad que produce intereses, dividendos, rentas vitalicias o regalías que no se obtuvieron en el curso ordinario de una actividad o negocio. Los dividendos del Fondo Permanente de Alaska no son ingresos por inversiones.

El interés de inversión no incluye ningún interés hipotecario calificado ni ningún interés que se tenga en cuenta al calcular el ingreso o la pérdida de una actividad pasiva. La deducción por gastos de intereses de inversión se limita al monto de los ingresos netos de inversión.

Ejemplo: Sandy tenía un ingreso por intereses de $800. También tuvo ingresos por dividendos ordinarios de $325. El gasto de intereses de inversión de Sandy para el año fue de $695. Se le permitirá a Sandy deducir el monto total del gasto por intereses de inversión en su Anexo A, ya que sus ingresos por inversiones superan los gastos por intereses de inversión.

Al reclamar intereses de inversión, se debe completar el Formulario 4952 y adjuntarlo a la declaración de impuestos. El formulario 4952 no tiene que completarse si se aplica lo siguiente:

- El gasto de interés del contribuyente no es más que el ingreso de la inversión de intereses y dividendos ordinarios menos los dividendos calificados.
- El contribuyente no tiene otros gastos de inversión deducibles.
- El contribuyente tuvo gastos por intereses no rechazados para el año.

Declare el interés de Inversión en el Anexo A, línea 9. Consulte la Publicación 550.

El señor 1040 dice: Los dividendos del Fondo Permanente de Alaska, incluyendo los que se declara en el Formulario 8814, no son ingresos por inversiones.

Multas o sanciones

El contribuyente no puede deducir multas o sanciones pagadas a una unidad gubernamental por infringir una ley. Esto incluye todas las multas y sanciones pagadas en un acuerdo real o una posible responsabilidad. Las multas o sanciones incluyen multas de estacionamiento, multas por impuestos y multas deducidas de los cheques de pago de los maestros después de una huelga ilegal.

Part 2 Review

To obtain the maximum benefit from each part go online now and watch the video.

Part 3 Form 2106: Employee Business Expenses and Other Expenses

Prior to January 1, 2018, the following section is no longer reported on the federal return. This section is to help those who prepare returns where the states did not conform to the Tax Cuts and Jobs Act. Schedule A is still used to calculate the state deduction amount. The following states did not conform:

- Alaska
- Arkansas
- California
- Georgia
- Hawaii
- Iowa
- Minnesota
- Montana
- New York

Form 2106 is still used by Armed Forces reservists, qualified performing artists, fee-basis state or local government officials, and employees who will be claiming impairment-related work expenses such as traveling more than 100 miles from home to perform their services. See Instructions Form 2106.

With the suspension of miscellaneous itemized deductions under section 67(a), which began December 31, 2017, employees who do not fit the classifications in the previous paragraph may not use Form 2106. The information in the next section has been provided to assist those preparing taxes in the states that did not conform to section 67(a) and still need to calculate the federal deduction to arrive at the state deduction amount.

An employee may deduct unreimbursed expenses that are paid and incurred during the current tax year. The expenses must be incurred for conducting trade or business as an employee, and the expenses must be ordinary and necessary. An expense is considered ordinary if it is common and accepted. It is considered necessary if it is helpful and appropriate in the taxpayer's trade or business. Self-employed taxpayers do not use Form 2106 to report their business expenses.

An employee may deduct any of the following unreimbursed business expenses on Schedule A as a miscellaneous deduction subject to the 2% AGI limitation:

- Employee's business bad debt
- Education that is employment related
- Licenses and regulatory fees
- Malpractice or professional insurance premiums
- Occupational taxes
- Passport for a business trip
- Subscriptions to professional journals and trade magazines related to the taxpayer's trade or business
- Travel, transportation, entertainment, gifts, and car expenses related to the taxpayer's trade or business
- Tools used in a trade or business
- Memberships for professional associations
- Uniforms, work clothing, or protective wear, as well as their cleaning and maintenance

Revisión de la Parte 2

Para obtener el máximo beneficio de cada parte, conéctese ahora y mire el video.

Parte 3 Formulario 2106: Gastos comerciales de los empleados y otros gastos

Antes del 1 de enero de 2018, la siguiente sección ya no se informa en la declaración federal. Esta sección es para ayudar a aquellos que preparan declaraciones donde los estados no se ajustaron a la Ley de Reducción de Impuestos y Empleos. El Anexo A todavía se usa para calcular el monto de la deducción estatal. Los siguientes estados no se ajustaron a la ley:

- Alaska
- Arkansas
- California
- Georgia
- Hawái
- Iowa
- Minnesota
- Montana
- Nueva York

El formulario 2106 todavía lo utilizan los reservistas de las Fuerzas Armadas, artistas calificados, funcionarios del gobierno estatal o local en base a honorarios y empleados que reclamarán gastos de trabajo relacionados con el impedimento, como viajar a más de 100 millas de su hogar para realizar sus servicios. Consulte las Instrucciones del formulario 2106.

Con la suspensión de deducciones detalladas diversas bajo la sección 67(a), que comenzó el 31 de diciembre de 2017, los empleados que no se ajusten a las clasificaciones del párrafo anterior no podrán utilizar el Formulario 2106. La información en la siguiente sección se proporcionó para ayudar a quienes preparan los impuestos en los estados que no se ajustan a la sección 67(a) y aún deberán calcular la deducción en el formulario federal para llegar a la deducción estatal.

Un empleado puede deducir los gastos no reembolsados que se pagan y se incurren durante el año fiscal en curso. Los gastos deben ser incurridos para realizar la actividad o negocio como un empleado, y los gastos deben ser ordinarios y necesarios. Un gasto se considera ordinario si es común y aceptado. Se considera necesaria si resulta útil y apropiada en la actividad o negocio del contribuyente. Los contribuyentes que trabajan como independientes no usan este formulario 2106 para declarar sus gastos comerciales.

Un empleado puede deducir los siguientes gastos comerciales no reembolsados en el Anexo A como una deducción diversa sujeta a la limitación de AGI del 2%:

- Deudas comerciales incobrables de los empleados.
- Educación relacionada con el empleo.
- Licencias y tasas regulatorias.
- Negligencia profesional o primas de seguros profesionales.
- Impuestos ocupacionales.
- Pasaporte para un viaje de negocios.
- Suscripciones a diarios profesionales y revistas comerciales relacionadas con la actividad o negocio del contribuyente.
- Gastos de viaje, transporte, entretenimiento, donaciones y automóviles relacionados con la actividad o negocio del contribuyente.
- Herramientas utilizadas en una actividad o negocio.
- Membresías para asociaciones profesionales.
- Uniformes, ropa de trabajo o ropa protectora, así como su limpieza y mantenimiento.

Do not include any educator expenses on Form 2106.

Taxing Employee Expenses

Tax treatment of employee business expenses depends on whether the expenses are categorized as reimbursed expenses or non-reimbursed expenses. Business expenses incurred by an employee under a reimbursement arrangement with an employer are normally not shown on the tax return. Unreimbursed business expenses are deductible as miscellaneous itemized deductions. The definition of trade or business does not include the performance of services as an employee.

The taxpayer may deduct certain expenses as miscellaneous itemized deductions on Schedule A. The taxpayer may deduct the expenses that exceed 2% of their adjusted gross income. The calculation is determined by subtracting 2% of the AGI from the total amount of qualifying expense.

Tax Home

The taxpayer's main place of doing business is considered their tax home. If the taxpayer does not have a regular or principal place of business due to the nature of work, the taxpayer's tax home may be the place where the taxpayer lives regularly. The length of occupancy must be considered when determining the taxpayer's principal place of business. See Tax Topic 511.

Temporary Assignment or Job

The taxpayer may regularly work at their tax home and at another location. If the assignment is temporary, the taxpayer's tax home does not change. If the assignment is indefinite, the taxpayer must report any income amounts received from his or her employer for living expenses, even if they were considered travel expenses. An indefinite assignment is a job that is expected to last a year or more, even if it does not end up lasting that long.

To determine the difference between a temporary and an indefinite assignment, look at when the taxpayer began working. A temporary assignment usually lasts for one year or less, although a temporary assignment could turn into an indefinite assignment, requiring the tax home to change. An indefinite assignment can be a series of short assignments at the same location for a certain amount of time. If the time spent at that location becomes sufficiently long, the temporary assignment could become indefinite.

If the taxpayer is a federal employee participating in a federal crime investigation or prosecution, the taxpayer is not limited to the one-year rule but must meet other requirements to deduct the expenses.

If the taxpayer returns home from a temporary assignment, the taxpayer is not considered to be away from home. If the taxpayer takes a job that requires a move with the understanding that they will keep the job after the probationary period, the job is considered "indefinite." The expense for lodging and meals is not deductible.

Meals

Deductions can be determined by using the actual meal expense for the standard meal allowance. If there is no reimbursement for meal expenses, then only 50% of the standard meal allowance is deductible, and that 50% is subject to the 2% floor. Employees who travel out of town for extended periods of time may elect to take a per diem rate. The federal per diem rate depends on the location.

No incluya ningún gasto de educador en el Formulario 2106.

Gravar los gastos de los empleados

El tratamiento fiscal de los gastos comerciales de los empleados depende de si los gastos se clasifican como gastos reembolsados o gastos no reembolsados. Los gastos comerciales incurridos por un empleado en virtud del acuerdo de reembolso con un empleador normalmente no se muestran en la declaración. Los gastos comerciales no reembolsados son deducibles como deducciones detalladas misceláneas. La definición de actividad o negocio no incluye el desempeño de los servicios como empleado.

El contribuyente puede deducir ciertos gastos como deducciones detalladas diversas en el Anexo A. El contribuyente puede deducir los gastos que excedan el 2% de su ingreso bruto ajustado. El cálculo se determina restando el 2% del AGI del monto total del gasto calificado.

Domicilio fiscal

Se considera domicilio fiscal al domicilio principal del contribuyente. Si el contribuyente no tiene un domicilio social regular o principal debido a la naturaleza de su trabajo, el domicilio fiscal del contribuyente puede ser el lugar donde vive habitualmente. La duración de la ocupación debe considerarse al determinar el lugar principal de negocios del contribuyente. Consulte el Tema tributario 511.

Asignación o trabajo temporal

El contribuyente puede trabajar regularmente en su domicilio fiscal y en otro lugar. Si la asignación es temporal, el domicilio fiscal del contribuyente no cambia. Si la cesión es indefinida, el contribuyente deberá declarar los ingresos recibidos de su empleador para gastos de manutención, incluso si se consideraran gastos de viaje. Una asignación indefinida es un trabajo que se espera que dure un año o más, incluso si no termina durando tanto tiempo.

Para determinar la diferencia entre una asignación temporal e indefinida, observe cuándo el contribuyente comienza a trabajar. Una cesión temporal por lo general dura un año o menos, aunque una asignación temporal puede convertirse en una asignación indefinida, lo que requiere que el domicilio fiscal cambie también. Una asignación indefinida puede ser una serie de asignaciones breves en el mismo lugar durante un período de tiempo determinado. Si el tiempo de permanencia en ese lugar fuera lo suficientemente largo, la asignación temporal podría volverse indefinida.

Si el contribuyente es un empleado federal que participa en una investigación criminal o un proceso judicial federal, el contribuyente no se limita a la regla de un año, sino que tiene que cumplir otros requisitos para deducir los gastos.

Si el contribuyente regrese a casa después de una cesión temporal, no se considera que esté fuera de su hogar. Si el contribuyente toma un trabajo que requiere que se mude con el entendimiento de que mantendrá el trabajo si este es satisfactorio durante el período de prueba, el trabajo se considera "indefinido". El gasto por alojamiento y comidas no es deducible.

Comidas

Las deducciones se pueden determinar utilizando el gasto real de comida para la asignación estándar de comidas. Si no hay reembolso por los gastos de comida, solo el 50% de la asignación estándar para comidas es deducible, y ese 50% está sujeto al piso del 2%. Los empleados que viajan fuera de la ciudad por largos períodos de tiempo pueden optar por tomar una tarifa por viáticos. La tarifa federal por viáticos depende de la ubicación.

A transportation worker is defined as an individual whose work involves moving people or goods by plane, bus, ship, truck, etc. Transportation workers can deduct a special per-day allowance for meals and incidentals if their work requires that they travel away from home to areas with different federal per diem rates. Unlike other traveling employees, a Department of Transportation (DOT) worker is allowed to deduct up to 80% of the meal.

Travel and Transportation Expenses

If the taxpayer travels away from their tax home for business, the expenses could be deducted on Form 2106. Business-related travel expenses must be ordinary and necessary expenses incurred while traveling away from home for the business or job. Expenses cannot be lavish or extravagant. A taxpayer is traveling away from home if:

- The taxpayer's duties require one to be away from the general area of their tax home for substantially longer than an ordinary day's work
- The taxpayer needs sleep or rest to meet the demands of his or her work while away from home

Travel by airplane, train, or bus is generally deductible. Fares paid for taxis, airport limousines, buses, or other types of transportation used between the airport, bus station or hotel, can be deducted including those used between the hotel and the client visited. Necessary trips are also deductible. Cleaning expenses, business calls, tips, and other necessary expenses related to the trip are also deductible.

Employees who drive their own vehicles are permitted to deduct either the actual expenses or the standard mileage rate for unreimbursed mileage. If the taxpayer is partially reimbursed, only the portion that is unreimbursed is reportable. See Publication 463, *Travel, Entertainment, Gift, and Car Expenses.*

Entertainment

Entertainment expenses must be ordinary and necessary. This includes activities generally considered to provide entertainment, recreation, or amusement to clients, customers, or employees. Expenses for entertainment that are lavish or extravagant are not deductible. An expense is not considered lavish or extravagant if the expense is reasonable based on facts and circumstances related to the business.

Entertainment expense deductions are limited to 50% of the actual expense and are further reduced by the 2% floor. "Entertainment" includes any activity that generally is considered to provide diversion, amusement, or recreation. It does not include club dues and membership fees to country clubs, airline clubs, and hotel clubs. The taxpayer may deduct entertainment expenses only if they are ordinary and necessary. Deducting entertainment expenses must meet either the "directly related" test or the "associated" test.

To pass the "directly related" entertainment test, expenses must meet the following conditions:

- Expenses must be directly related to business either before, during, or after the entertainment, or associated with the active conduct of business
- The taxpayer and client engaged in business during the entertainment period
- The entertainment occurred simultaneously with the business activity, and occurred with more than a general expectation of getting income or some other business benefit in the future

Un trabajador de transporte se define como una persona natural cuyo trabajo consiste en mover personas o mercancías en avión, autobús, barco, camión, etc. Los trabajadores del transporte pueden deducir una asignación especial por día para comidas e imprevistos si su trabajo requiere que viajen fuera de casa a áreas con diferentes tarifas de viáticos federales. A diferencia de otros empleados que viajan, un trabajador del Departamento de Transporte (DOT) puede deducir hasta el 80% de su comida.

Gastos de viaje y transporte

Si el contribuyente viaja fuera de su domicilio fiscal por negocios, los gastos podrían deducirse en el Formulario 2106. Los gastos de viaje relacionados con el negocio deben ser gastos ordinarios y necesarios de viajar fuera del hogar por el negocio o el trabajo. Los gastos no pueden ser lujosos o extravagantes. Un contribuyente está viajando lejos de su hogar si:

- Los deberes del contribuyente requieren que uno esté fuera del área general de su domicilio fiscal por mucho más tiempo que un día normal de trabajo.
- El contribuyente necesita dormir o descansar para satisfacer las demandas de su trabajo mientras está lejos de su hogar.

El viaje en avión, tren o autobús es generalmente deducible. Las tarifas pagadas para los taxis, las limusinas del aeropuerto, los autobuses u otros tipos de transporte utilizados entre el aeropuerto, la estación de autobuses o el hotel se pueden deducir, incluyendo las utilizadas entre el hotel y el cliente visitado. Los viajes necesarios también son deducibles. Los gastos de limpieza, llamadas de negocios, propinas y otros gastos necesarios relacionados con el viaje también son deducibles.

Los empleados que conducen sus propios vehículos pueden deducir los gastos reales o la tasa estándar por milla reembolsada. Si el contribuyente recibe un reembolso parcial, solo es declarable la parte no reembolsada. Consulte la publicación 463, *Gastos de viaje, entretenimiento, donación y automóviles.*

Entretenimiento

Los gastos de entretenimiento deben ser ordinarios y necesarios. Esto incluye actividades generalmente consideradas para proporcionar entretenimiento, recreación o diversión a clientes o empleados. Los gastos de entretenimiento que son lujosos o extravagantes no son deducibles. Un gasto no se considera lujoso o extravagante si se basa razonablemente en hechos y circunstancias relacionadas con el negocio.

Las deducciones de gastos de entretenimiento se limitan al 50% del gasto real y se reducen aún más en el piso del 2%. "Entretenimiento" incluye cualquier actividad que generalmente proporciona diversión, entretenimiento o recreación. No incluye las cuotas del club y los aranceles de membresía para clubes de campo, clubes de aerolíneas y clubes de hoteles. El contribuyente puede deducir los gastos de entretenimiento solo si son ordinarios y necesarios. La deducción de gastos de entretenimiento debe cumplir con la prueba "directamente relacionada" o la prueba "asociada".

Para pasar la prueba de entretenimiento “directamente relacionado”, los gastos deben cumplir las siguientes condiciones:

- Los gastos deben estar directamente relacionados con el negocio ya sea antes, durante o después del entretenimiento o asociados con la conducción activa del negocio.
- El contribuyente y el cliente realizaron negocios durante el período de entretenimiento.
- El entretenimiento se produjo simultáneamente con la actividad comercial y con más que una expectativa general de obtener ingresos o algún otro beneficio comercial en el futuro.

To meet the "associated" test, the entertainment must be associated with the active conduct of the taxpayer's trade or business and occur directly before or after a substantial business discussion. Daily lunch or entertainment expenses with subordinates or coworkers are not deductible, even if business is discussed.

Business Gifts

Gifts can be given to the client directly or indirectly. The taxpayer can deduct up to $25 per client per year for business gifts. Items do not include those that cost $4 or less, have the taxpayer's name imprinted on them, and are distributed (for example, pens, pencils, cases, etc.). Any item that could be considered a gift or entertainment is considered entertainment. Packaged food and beverage items are treated as gifts.

Business Recordkeeping

If audited, taxpayers must prove their deductions to the IRS. It is important to keep all receipts related to the tax return. Records of expenses should include the following:

- Amount paid
- Time, date, and place
- The purpose of the business discussion or the nature of the expected business benefit
- People in attendance

Reimbursements

Reimbursements paid by an employer's accountable plan are not reported in box 1 of Form W-2. Excess reimbursements paid by a nonaccountable plan are included in the employees' wages in box 1 of the W-2. See Instructions Form 2106.

Other Expenses

The taxpayer can deduct certain other expenses as miscellaneous itemized deductions subject to the 2% of adjusted gross income limit. The following are examples of deductible expenses:

- Expenses to manage, conserve, or maintain property held for producing taxable gross income (such as office space rented to maintain investment property)
- Attorney fees and legal expenses paid to collect taxable income
- Appraiser fees to determine the value of a donated party
- Fees paid to determine the value of a casualty loss

The taxpayer can deduct investment fees, custodial fees, trust administration fees, and other expenses paid for managing investments that produce taxable income.

Tax Preparation Fees

Tax preparation fees are deductible to the taxpayer. If the taxpayer paid the preparation fee by using a debit or credit card and a convenience fee was charged, the taxpayer cannot deduct the convenience fee as a part of the overall cost of preparing the return.

Para cumplir con la prueba "asociada", el entretenimiento debe estar asociado con la conducta activa de la actividad o negocio del contribuyente y debe ocurrir directamente antes o después de una discusión comercial sustancial. Los gastos diarios de almuerzo o entretenimiento con subordinados o compañeros de trabajo no son deducibles, incluso si se discuten los negocios.

Donaciones comerciales

Las donaciones pueden ser suministradas al cliente directa o indirectamente. El contribuyente puede deducir hasta $25 por cliente por año para donaciones comerciales. Los artículos no incluyen aquellos que cuestan $4 o menos, tienen impreso el nombre del contribuyente y se distribuyen (por ejemplo, bolígrafos, lápices, estuches, etc.). Cualquier artículo que pueda considerarse una donación o entretenimiento se considera entretenimiento. Los alimentos envasados y los artículos de bebidas se tratan como donación.

Mantenimiento de registros comerciales

Si son auditados, los contribuyentes deben probar sus deducciones al IRS. Es importante mantener todos los recibos relacionados con la declaración de impuestos. Los registros de gastos deben incluir lo siguiente:

- Cantidad pagada
- Hora, fecha y lugar.
- El propósito de la discusión comercial o la naturaleza del beneficio comercial esperado.
- Personas presentes.

Reintegros

Los reembolsos pagados por el plan responsable de un empleador no se declaran en la casilla 1 del Formulario W-2. Los reembolsos en exceso pagados por un plan no contable se incluyen en los salarios de los empleados en la casilla 1 del W-2. Consulte las Instrucciones del formulario 2106.

Otros gastos

El contribuyente puede deducir ciertos gastos como deducciones detalladas misceláneas sujetas al 2% del límite de ingreso bruto ajustado. Los siguientes son ejemplos de gastos deducibles:

- Gastos por administrar, conservar o mantener la propiedad mantenida para generar ingresos brutos imponibles (como el espacio de oficinas alquilado para mantener la propiedad de inversión).
- Honorarios de abogados y gastos legales pagados para recaudar ingresos gravables.
- Honorarios del tasador para determinar el valor de una parte donada.
- Honorarios pagados para determinar el valor de una pérdida por siniestro.

El contribuyente puede deducir los honorarios de inversión, los honorarios de custodia, los honorarios de administración de fideicomiso y otros gastos pagados por la administración de inversiones que producen ingresos gravables.

Tarifa de preparación de impuestos

Las tarifas de preparación de impuestos son deducibles para el contribuyente. Si el contribuyente pagó la tarifa de preparación utilizando una tarjeta de débito o crédito y se cobró una tarifa de conveniencia, el contribuyente no puede deducir la tarifa de conveniencia como parte del costo general de preparar la declaración.

Education

The taxpayer can deduct qualifying education tuition and expenses. The education must be required by the employer or the law to keep one's salary, status, or job or to maintain or improve skills required in the taxpayer's present job in order to be deductible. Education that qualifies the taxpayer for his or her first job in a specific field is not deductible on Schedule A, nor is education that enables the taxpayer to change jobs; however, these may be deductible as a lifetime learning credit.

Deductible expenses include tuition, textbooks, registration fees, supplies, transportation (standard mileage or actual expenses), lab fees, the cost of writing papers or dissertations, student cards, insurance, and degree costs.

Part 3 Review

To obtain the maximum benefit from each part go online now and watch the video.

Takeaways

The taxpayer must decide whether to use the itemized deduction or the standard deduction. The standard deduction is a dollar amount that reduces the amount of income on which the taxpayer is taxed. The itemized deduction can be greater than the standard deduction. Some taxpayers must itemize their deductions because they do not qualify to use the standard deduction or because one's spouse chose to itemize their deductions.

Understanding and leveraging itemized deductions can result in substantial tax savings. By knowing what qualifies for a deduction, keeping accurate records, and strategically timing your expenses, you can optimize your tax situation. Stay informed about changes in tax laws and consult with a tax professional to ensure you're maximizing your deductions and minimizing your tax liability.

TEST YOUR KNOWLEDGE!
Go online to take a practice quiz.

Educación

El contribuyente puede deducir la matrícula y los gastos de educación que califican. La educación debe ser exigida por el empleador o la ley para mantener el salario, el estado o el trabajo, o para mantener o mejorar las habilidades requeridas en el trabajo actual del contribuyente para poder ser deducible. La educación que califica al contribuyente para su primer trabajo en un campo específico no es deducible en el Anexo A, ni es la educación que le permite al contribuyente cambiar de trabajo; sin embargo, estos pueden ser deducibles como un crédito de aprendizaje de por vida.

Los gastos deducibles incluyen matrícula, libros de texto, gastos de registro, suministros, transporte (kilometraje estándar o gastos reales), tarifas de laboratorio, el costo de escribir documentos o disertaciones, tarjetas de estudiante, seguro y costos de grado.

Revisión de la Parte 3

Para obtener el máximo beneficio de cada parte, conéctese ahora y mire el video.

Conclusiones

El contribuyente debe decidir si utiliza la deducción detallada o la deducción estándar. La deducción estándar es un monto en dólares que reduce la cantidad de ingresos sobre los cuales el contribuyente está gravado. La deducción detallada puede ser mayor que la deducción estándar. Algunos contribuyentes deben detallar sus deducciones porque no califican para usar la deducción estándar o porque el cónyuge eligió detallar sus deducciones.

Comprender y aprovechar las deducciones detalladas puede generar ahorros fiscales sustanciales. Al saber qué califica para una deducción, mantener registros precisos y cronometrar estratégicamente sus gastos, puede optimizar su situación fiscal. Manténgase informado sobre los cambios en las leyes tributarias y consulte con un profesional de impuestos para asegurarse de maximizar sus deducciones y minimizar su obligación tributaria.

¡PON A PRUEBA TUS CONOCIMIENTOS!
Ve en línea para tomar un examen final.

Chapter 9 Schedule C

Introduction

This chapter presents an overview of Schedule C, the tax form used to report business income and expenses. Business income or loss from a business run as a sole proprietorship is reported on Schedule C, then flows to Schedule 1, line 3. Typically, Schedule C is used by a business run as a sole proprietorship.

Objectives

At the end of this lesson, the student will:

- Be able to identify the accounting methods and periods used by businesses and how they affect tax preparation
- Understand the guidelines that determine whether a person is an independent contractor or an employee
- Recognize what determines start-up costs
- Identify how to classify employees

Resources

Form 1040	Publication 15	Instructions Form 1040
Form 1099-NEC	Publication 15-A	Instructions Form 1099-NEC
Form 3115	Publication 334	Instructions Form 3115
Form 4562	Publication 463	Instructions Form 4562
Form 4797	Publication 535	Instructions Form 4797
Form 8829	Publication 536	Instructions Form 8829
Schedule C	Publication 538	Instructions for Schedule C
Schedule SE	Publication 544	Instructions Schedule SE
	Publication 551	Publication 946
	Publication 560	Publication 527
	Publication 587	

Part 1 Business Entity Types

There are many different types of business entities with their own sets of rules, regulations, and guidelines within the U.S. tax laws. The following entity types could apply to Schedule C, E, and/or F.

Sole Proprietorship

Sole proprietorship is not a legal entity. A sole proprietor is an individual owner of a business or a self-employed individual. It is a popular business structure due to its simplicity, ease of setup, and nominal start-up costs. A sole proprietor would register the business name with the state and city, obtain local business licenses, and then open for business. A drawback of being a sole proprietor is that it does not afford the owner the legal protections of a corporation or other formal business entities, and the owner is 100% personally liable for the business's income and/or debt.

Capítulo 9 Anexo C

Introducción

Este capítulo presenta una descripción general del Anexo C, el formulario de impuestos utilizado para informar los ingresos y gastos comerciales. Los ingresos o pérdidas comerciales de un negocio administrado como empresa individual se informan en el Anexo C y luego fluyen al Anexo 1, línea 3. Por lo general, el Anexo C lo utilizan una empresa dirigida como empresa individual.

Objetivos

Al final de esta lección, el estudiante:

- Será capaz de identificar los métodos y períodos contables utilizados por las empresas y cómo afectan la preparación de impuestos.
- Comprenderá las directrices que determinan si una persona es un contratista independiente o un empleado.
- Reconocerá qué determina los costos de puesta en marcha.
- Identificará cómo clasificar a los empleados.

Fuentes

Formulario 1040	Publicación 15	Instrucciones del Formulario 1040
Formulario 1099-NEC	Publicación 15-A	Instrucciones del Formulario 1099-NEC
Formulario 3115	Publicación 334	Instrucciones del Formulario 3115
Formulario 4562	Publicación 463	Instrucciones del Formulario 4562
Formulario 4797	Publicación 535	Instrucciones del Formulario 4797
Formulario 8829	Publicación 536	Instrucciones del Formulario 8829
Anexo C	Publicación 538	Instrucciones del Anexo C
Anexo SE	Publicación 544	Instrucciones del Anexo SE
	Publicación 551	Publicación 946
	Publicación 560	Publicación 527
	Publicación 587	

Parte 1 Tipos de entidades comerciales

Hay muchos tipos diferentes de entidades comerciales con sus propios conjuntos de reglas, regulaciones y directrices dentro de las leyes tributarias de los EE. UU. Las siguientes entidades podrían aplicar al Anexo C, E y/o F.

Empresa individual

La empresa individual no es una entidad jurídica. Una empresa individual es un propietario individual de una empresa o un trabajador independiente. Es una estructura comercial popular debido a su simplicidad, facilidad de instalación y costos iniciales nominales. Una empresa individual registraría el nombre comercial en el estado y la ciudad, obtendría licencias comerciales locales y luego abriría el negocio. Una desventaja de ser empresa individual es que no le brinda al propietario las protecciones legales de una sociedad anónima u otras entidades comerciales formales, y el propietario es 100% personalmente responsable de los ingresos y/o deudas de la empresa.

A sole proprietorship reports the income and expenses from the owner's business on Schedule C, *Profit or Loss from a Business.* An individual is self-employed if the following apply:

- Conducts a trade or business as a sole proprietorship
- Is an independent contractor
- Is in business for themself

Self-employment can include work in addition to regular full-time business activities. It can also include certain part-time work done at home or in addition to a regular job.

Minimum Income Reporting Requirements for Schedule C Filers

If the taxpayer's net earnings from self-employment are $400 or more, the taxpayer is required to file a tax return. If net earnings from self-employment were less than $400, the taxpayer may still have to file a tax return if they meet other filing requirements.

Husband and Wife Qualified Joint Venture (QJV)

A husband and wife cannot be sole proprietors of the same business. If they are joint owners, they are partners and should file a partnership return using Form 1065, *U.S. Partnership Return of Income.* They can be partners, but "sole" means one, and for the purposes of a business, the IRS does not recognize spouses as one.

If the taxpayer and spouse each materially participated in the business as the only members of a jointly owned and operated business, and if they file a joint return, they can elect to be taxed as a qualified joint venture (QJV) instead of a partnership. This election does not generally increase the total tax on the joint return, but it does give the self-employment credit for each taxpayer's Social Security earnings.

To make the QJV election, the spouses must divide all their income and expenses between them and file two separate Schedule Cs. Once the election has been made, it can only be revoked with IRS permission. The election will remain in effect if the spouses file as a qualified joint venture. If the taxpayer and spouse do not qualify in one year, then they will need to resubmit the paperwork to qualify as a qualified joint venture for the next year.

If the spouses own an unincorporated business and if they live in a state, foreign country, or a U.S. possession that has community property laws, the income must be treated as either a sole proprietorship or a partnership. Alaska, Arizona, California, Idaho, Louisiana, Nevada, New Mexico, Texas, Washington, and Wisconsin are the only states with community property laws.

Single-member Limited Liability Company (LLC)

For federal income tax purposes, a single-member LLC is not a separate entity. The single-member LLC would report income directly on the related schedule as a sole proprietor. A sole member of a domestic LLC would need to submit Form 8832 to the IRS prior to filing a corporation return if it is electing to treat the LLC as a corporation.

Una empresa individual declara los ingresos y gastos del negocio del propietario en el Anexo C, *Pérdidas o ganancias de un negocio.* Una persona es un trabajador independiente si se aplica cualquiera de las siguientes opciones:

- Realiza una actividad o negocio como empresa individual
- Es un contratista independiente
- Está en el negocio por su cuenta

El trabajo independiente puede incluir trabajo además de las actividades comerciales regulares a tiempo completo. También puede incluir cierto trabajo de medio tiempo realizado en casa o además de un trabajo regular.

Requisitos mínimos de declaración de ingresos para declarantes del Anexo C

Si las ganancias netas del contribuyente del trabajo independiente son de $400 o más, el contribuyente debe presentar una declaración de impuestos. Si las ganancias netas del trabajo independiente fueron menos de $400, es posible que el contribuyente aún tenga que presentar una declaración de impuestos si cumple con otros requisitos de declaración.

Empresa conjunta calificada para marido y mujer (QJV)

Un esposo y una esposa no pueden ser empresa individual del mismo negocio. Si son copropietarios, son socios y deben presentar una declaración de sociedad utilizando el Formulario 1065, *Declaración de ingresos de socios de los EE. UU.* Pueden ser socios, pero "individual" significa uno, y para los propósitos de un negocio, el IRS no reconoce a los cónyuges como uno.

Si el contribuyente y el cónyuge participaron materialmente en el negocio como los únicos miembros de un negocio operado y adquirido conjuntamente y presentan una declaración conjunta, pueden optar por ser gravados como una empresa conjunta calificada (QJV) en lugar de una sociedad. Esta elección por lo general no aumenta el impuesto total sobre la declaración conjunta, pero otorga al trabajo independiente el crédito por las ganancias de Seguro Social de cada contribuyente.

Para hacer la elección de QJV, los cónyuges deben dividir todos sus ingresos y gastos entre ellos y presentar dos Anexos C separados. Una vez que se ha realizado la elección, solo se puede revocar con el permiso del IRS. La elección permanecerá en vigor mientras los cónyuges se presenten como una empresa conjunta calificada. Si el contribuyente y el cónyuge no califican en un año, entonces deberán volver a enviar la documentación para tratar de calificar como una empresa conjunta calificada para el próximo año.

Si los cónyuges poseen un negocio no incorporado y viven en un estado, país extranjero o una posesión de los EE. UU. que tiene leyes de bienes gananciales, los ingresos deben tratarse como empresa individual o como sociedad. Alaska, Arizona, California, Idaho, Luisiana, Nevada, Nuevo México, Texas, Washington y Wisconsin son los únicos estados con leyes de bienes gananciales.

Compañía de responsabilidad limitada de un solo miembro (LLC)

Para los fines del impuesto federal sobre la renta, una LLC de un solo miembro no es una entidad independiente. La LLC de un solo miembro declararía los ingresos directamente en el cronograma relacionado como empresa individual. Un único miembro de una LLC doméstica necesitaría presentar el Formulario 8832 al IRS antes de presentar una declaración de la sociedad anónima si elije tratar a la LLC como una sociedad anónima.

Accounting Periods

An accounting period is the fixed time covered by the company's financial statements. A tax year is an annual accounting period used for keeping records and reporting income and expenses. An accounting period cannot be longer than 12 months, and options include:

- The standard calendar year
- A fiscal year, which is a 12-month period that can end on the last day of any month except December

Taxpayers generally choose the calendar-year accounting period for their individual income tax returns. Business owners must choose their accounting period before filing their first business tax return.

Calendar Year

A calendar tax year is the 12 consecutive months from January 1 to December 31. Sole proprietors must adopt the calendar year if any of the following apply:

- The taxpayer does not keep books or records
- The taxpayer has no annual accounting period
- The taxpayer's present tax year does not qualify as a fiscal year
- The taxpayer's use of the calendar tax year is required under the Internal Revenue Code (IRC) or the Income Tax Regulations

Fiscal Year

A fiscal year is 12 consecutive months ending on the last day of any month except December. A "52 to 53-week tax year" is a fiscal year that varies from 52 to 53 weeks. It does not have to end on the last day of the month. For more information on fiscal years, who might choose them, and why, see Publication 538.

Change in Tax Year

To change the type of tax year used, the taxpayer would file Form 1128, *Application to Adopt, Change, or Retain a Tax Year.* See Instructions Form 1128.

Accounting Methods

Accounting methods are sets of rules used to determine when income and expenses are reported on a return. The accounting method chosen for the business must be used throughout the life of the business. If the owner wants to change the accounting method, approval from the IRS must be obtained. The two most common methods are cash and accrual. Businesses that have inventory must use the accrual accounting method.

The following are acceptable accounting methods:

- The cash method
- The accrual method
- Special methods of accounting for certain items of income and expenses
- The combination (hybrid) method, using elements of two or more of the above

Periodos contables

Un período contable es el tiempo fijo que abarcan los estados financieros de la empresa. Un año fiscal es un período contable anual para llevar registros y declarar los ingresos y gastos. Un período contable no puede exceder los 12 meses y las opciones son las siguientes:

- El año calendario estándar
- Un año fiscal, que es un período de 12 meses que puede finalizar el último día de cualquier mes excepto diciembre

Los contribuyentes generalmente usan el período contable del año natural para sus declaraciones de impuestos sobre la renta individual. Los propietarios de negocios deben elegir el período contable antes de presentar su primera declaración de impuestos comerciales.

Año calendario

Un año fiscal calendario son los 12 meses consecutivos del 1 de enero al 31 de diciembre. Las empresas individuales deben adoptar el año calendario si aplica alguno de los siguientes:

- El contribuyente no lleva libros o registros
- El contribuyente no tiene período contable anual
- El año fiscal en curso del contribuyente no califica como año fiscal
- El uso del año fiscal por parte del contribuyente se requiere bajo el Código de Rentas Internas (IRC) o el Reglamento del Impuesto sobre la Renta

Año fiscal

Un año fiscal constituye 12 meses consecutivos que terminan el último día de cualquier mes, excepto diciembre. Un "año fiscal de 52 a 53 semanas" constituye un año fiscal que varía de 52 a 53 semanas. No tiene que terminar el último día del mes. Para obtener más información sobre los años fiscales, quién podría elegirlos y por qué, consulte la Publicación 538.

Cambio en el año fiscal

Para cambiar el tipo de año fiscal utilizado, el contribuyente debería presentar el Formulario 1128, *Solicitud para adoptar, cambiar o retener un año fiscal.* Consulte las Instrucciones del Formulario 1128.

Métodos contables

Los métodos contables son conjuntos de reglas que se utilizan para determinar cuándo se informan los ingresos y los gastos en una declaración. El método contable elegido para el negocio debe ser utilizado a lo largo de la vida del negocio. Si los propietarios desean cambiar el método contable, se necesita la aprobación del IRS. Los dos métodos más comunes son efectivo y devengo. Las empresas que tienen inventario deben usar el método contable de devengo.

A continuación, se describen los métodos contables aceptables:

- El método de efectivo
- El método de devengo
- Métodos especiales de contabilidad para ciertos artículos de ingresos y gastos
- Método de combinación (híbrido), utilizando elementos de dos o más de las opciones anteriores.

Taxpayers should choose whichever system best reflects the frequency and regularity of their income and expenses. If the taxpayer does not choose an appropriate accounting method consistent with their income situation, the IRS may recalculate the income to reflect the correct accounting method, which could involve penalties and interest. Taxpayers must use the same accounting method when figuring their taxable income and keeping their books. However, business owners can use a different accounting method for each business they operate. See Publication 538, *Accounting Periods and Methods*.

Cash Method

When a taxpayer uses the cash method, all items must be reported as income in the year in which they are actually or constructively received. Income is constructively received when it becomes or is made available to the taxpayer without restrictions, such as through a bank account; the income does not necessarily have to be in the taxpayer's physical possession.

When using the cash method, all expenses are deducted in the year they are paid. This is the method most individual taxpayers use. Exceptions to the rule include prepaid expenses—for example, insurance or tuition. If expenses were paid in advance, they are generally deductible only in the year to which the expense applies.

Example: In the beginning of 2022, Chandler paid his business insurance expenses in advance for 2022, 2023, and 2024. For his 2022 tax return, he will only be able to claim the portion of those expenses that were used for 2022. He will only be able to claim the portion of the expense used for 2023 and 2024 on his tax returns for those respective years.

The cash method is the simplest accounting method, and taxpayers must use this method if they do not keep regular or adequate books.

The following three types of taxpayers are unable to use the cash method:

- C corporations
- Partnerships that have a C corporation as a partner
- Tax shelters

Accrual Method

If the accrual method is used, income is reported when earned, whether it has been actually or constructively received. Similarly, expenses are deducted when acquired rather than when paid. Businesses with inventory are required to use the accrual method to track the business' cost-of-goods-sold. Once this accounting method has been chosen, the taxpayer cannot change to a different accounting method without IRS permission.

If a business owner chooses the accrual method, the amount of gross income would be reported at the earliest of the following events:

- When payment was received
- When the income is due
- When the business earned the income
- When title was passed to the business

Los contribuyentes deben elegir el sistema que mejor refleje la frecuencia y regularidad de sus ingresos y gastos. Si el contribuyente no elige un método contable apropiado y consistente con su situación de ingresos, el IRS puede recalcular los ingresos para reflejar el método contable correcto, lo que podría implicar multas e intereses. Los contribuyentes deben utilizar el mismo método contable al calcular sus ingresos gravables y llevar sus libros. Sin embargo, los propietarios de negocios pueden usar un método contable diferente para cada negocio que operan. Consulte la Publicación 538, *Métodos y períodos contables.*

Método en efectivo

Cuando un contribuyente utiliza el método en efectivo, todas las partidas deben declararse como ingresos en el año en que se reciben real o implícitamente. Los ingresos se reciben de manera constructiva cuando se ponen a disposición del contribuyente o se ponen a disposición del contribuyente sin restricciones, como a través de una cuenta bancaria; los ingresos no tienen que estar necesariamente en posesión física del contribuyente.

Cuando se utiliza el método en efectivo, todos los gastos se deducen en el año en que se pagan. Este es el método que usan la mayoría de los contribuyentes individuales. Las excepciones a la regla incluyen gastos pagados por adelantado, por ejemplo, seguro o matrícula. Si los gastos se pagaron por adelantado, generalmente es deducible solo en el año al que se aplica el gasto.

Ejemplo: A principios de 2022, Chandler pagó sus gastos de seguro comercial por adelantado para 2022, 2023 y 2024. Para su declaración de impuestos de 2022, solo podrá reclamar la parte de esos gastos que se utilizó para 2022. Solo podrá reclamar la parte del gasto utilizado para 2023 y 2024 en sus declaraciones de impuestos de esos años respectivos.

El método de efectivo es el método contable más simple y los contribuyentes deben usar este método si no llevan libros regulares o adecuados.

Los siguientes tres tipos de contribuyentes no pueden utilizar el método de efectivo:

- Sociedades anónimas C
- Sociedades que tienen una sociedad anónima C como socio
- Refugios fiscales

Método de devengo

Si se utiliza el método de devengo, los ingresos se declaran cuando se devengan, ya sea que se hayan recibido real o constructivamente. Del mismo modo, los gastos se deducen cuando se adquieren más que cuando se pagan. Las empresas que tienen un inventario deben utilizar el método de devengo para realizar un seguimiento del costo de los bienes vendidos de la empresa. Una vez que se ha elegido este método contable, el contribuyente no puede cambiar a un método contable diferente sin el permiso del IRS.

Si el propietario de un negocio elige el método de devengo, informará el monto de los ingresos brutos en el primero de los siguientes eventos:

- Cuando reciba el pago
- Cuando el ingreso se venza
- Cuando la empresa obtenga los ingresos
- Cuando el título haya pasado a la empresa

Example: Ruben is a calendar-year taxpayer who uses the accrual method and owns a dance studio. He received payment on October 1, 2022, for a one-year contract for 48 one-hour lessons beginning on October 1, 2022. Ruben gave eight lessons in 2022. Ruben would include one-sixth (8/48) of the payment in his 2022 income and the remaining five-sixths (40/48) would be reported in his 2023 tax year because, under the accrual method, income is reported when it has been earned, not when it has been actually or constructively received.

Combination (Hybrid) Method

The taxpayer can choose any combination of cash, accrual, and special methods of accounting if the combination clearly shows the taxpayer's income and expenses and if the method is used consistently. The combination (or hybrid) method is often used when a company has inventory that is not essential to accounting for income. The combination method cannot be used in the following cases:

- If inventory is necessary to account for income, the accrual method must be used
- If the cash method for figuring income is used, the cash method must also be used for expenses. It cannot be combined with another method
- If the taxpayer uses an accrual method for reporting expenses, then the accrual method of income must be used for everything else as well
- If the taxpayer uses a combination method that includes the cash method, treat that combination method as the cash method

Independent Contractors

An independent contractor is an individual who is hired by employers on a per-contract basis where the employer only has the right to control or direct the result of the work but cannot dictate what or how the result will be achieved. This classification offers the taxpayer certain tax benefits and gives them full responsibility for their employment taxes. An independent contractor can itemize all ordinary and necessary business expenses by using the appropriate schedule.

To be considered an independent contractor, the taxpayer should set their own hours and work schedule, be responsible for having their own tools or equipment, and usually work for multiple individuals or companies.

If a taxpayer is an independent contractor, the taxpayer would not fill out Form W-4, *Employee's Withholding Allowance Certificate,* nor will taxes be withheld from the taxpayer's paycheck. The independent contractor is responsible for paying self-employment tax (Social Security and Medicare) and making estimated tax payments to cover both the self-employment tax and their income tax.

Taxpayers are considered employees and not independent contractors if the following apply:

- Must comply with their employer's work instructions
- Receive training from the employer or the employer's designee
- Provide services that are integral to the employer's business
- Provide services that are personally rendered
- Hire, pay, and supervise workers for the employer
- Have an ongoing working relationship with the employer
- Must follow set hours of work
- Work full time for the employer
- Work on the employer's premises
- Work in a sequence set by the employer

Ejemplo: Rubén es un contribuyente de año natural que usa el método de devengo y es dueño de un estudio de danza. Recibió el pago el 1 de octubre de 2022 por un contrato de un año para 48 lecciones de una hora a partir del 1 de octubre de 2022. Rubén dio ocho lecciones en 2022. Rubén incluiría un sexto (8/48) del pago en sus ingresos de 2022 y los cinco sextos restantes (40/48) se informarán en su año fiscal 2023 porque, bajo el método de devengo, los ingresos se informan cuando se han obtenido, no cuando se han recibido real o constructivamente.

Método combinado (híbrido)

El contribuyente puede elegir cualquier combinación de efectivo, devengo y métodos contables especiales si la combinación muestra claramente los ingresos y gastos del contribuyente y si el método se usa de manera coherente. El método combinado (o híbrido) se utiliza a menudo cuando una empresa tiene un inventario que no es esencial para contabilizar los ingresos. El método de combinación no se puede utilizar en los siguientes casos:

- Si el inventario es necesario para contabilizar los ingresos, se debe utilizar el método de devengo.
- Si se usa el método de efectivo para calcular los ingresos, también se debe usar el método de efectivo para los gastos. No se puede combinar con otro método.
- Si el contribuyente utiliza un método de devengo para declarar los gastos, entonces también debe utilizar el método de devengo de ingresos para todo lo demás.
- Si el contribuyente usa un método de combinación que incluye el método en efectivo, trate ese método de combinación como el método en efectivo.

Contratistas independientes

Un contratista independiente es una persona que es contratada por empleadores por contrato donde el empleador solo tiene derecho a controlar o dirigir el resultado del trabajo, pero no puede dictar qué o cómo se logrará el resultado. Esta clasificación ofrece al contribuyente ciertos beneficios fiscales y le otorga plena responsabilidad por sus impuestos sobre el empleo. Un contratista independiente puede detallar todos los gastos comerciales ordinarios y necesarios utilizando el Anexo apropiado.

Para que el contribuyente sea considerado un contratista independiente, debe establecer sus propios anexos y cronograma de trabajo, ser responsable de tener sus propias herramientas o equipo y, por lo general, trabajar para varias personas o compañías.

Si un contribuyente es un contratista independiente, el contribuyente no completará el Formulario W-4, *Certificado de permiso de retención del Empleado*, ni se retendrán los impuestos del cheque de pago del contribuyente. El contratista independiente es responsable de pagar el impuesto sobre el trabajo independiente (Seguro Social y Medicare) y hacer pagos de impuestos estimados para cubrir tanto el impuesto sobre el trabajo independiente como su impuesto sobre la renta.

Los contribuyentes se consideran empleados y no contratistas independientes si se aplica lo siguiente:

- Debe cumplir con las instrucciones de trabajo de su empleador
- Recibe capacitación del empleador o su designado
- Brinda servicios que son integrales para el negocio del empleador
- Proporciona servicios que se prestan personalmente
- Contrata, paga y supervisa a los trabajadores para el empleador
- Tiene una relación laboral en curso con el empleador
- Debe seguir las horas establecidas de trabajo
- Trabaja a tiempo completo para el empleador
- Trabaja en las instalaciones del empleador
- Trabaja en una secuencia establecida por el empleador

- Submit regular reports to the employer
- Receive payments of regular amounts at regular intervals
- Receive payments for business or travel expenses
- Rely on employer to provide tools and materials
- Do not have a major investment in resources for providing services
- Do not make a profit or suffer a loss from services provided
- Work for one employer at a time
- Do not offer services to the general public
- Can be fired by the employer
- May quit anytime without incurring liability
- Are statutory employees

If the taxpayer qualifies as a statutory employee for income tax purposes, the box titled "Statutory Employee" on Form W-2, *Wage and Tax Statement*, will be checked. Income and expenses must be ordinary and necessary business expenses, and are reported on Schedule C.

Statutory Employees

A statutory employee is an independent contractor who is nevertheless still treated as an employee due to some statute. This applies to the following occupational groups, all of whom qualify as statutory employees under U.S. law:

- Agent drivers or commissioned drivers limited to those who distribute food, beverages (other than milk products), and laundry or dry-cleaning services for someone else
- Full-time life insurance salespeople who work for one company
- A home worker who adheres to the guidelines set forth by their employer, utilizing materials provided by the employer and returning them as instructed by the employer
- Traveling or city salespeople who sell for one principal employer. The goods sold must be merchandise for resale or supplies for use in the buyer's business operation. The customers must be retailers, wholesalers, contractors, or operators of hotels, restaurants, or other businesses dealing with food or lodging.

To make sure the salespeople are employees under the usual common-law rules, individuals must be evaluated separately. If a salesperson does not meet the tests for a common-law employee, then they may be considered a statutory employee. See Publication 15 and Publication 535.

An employee must meet specific criteria to meet the definition of statutory employee. Tax preparers should watch for incorrectly marked Forms W-2 and advise people with incorrectly marked forms to have their employers reissue a corrected Form W-2. If the taxpayer does not wish to do this, the tax professional should prepare the return using the information reported on Form W-2.

Statutory Nonemployees

Statutory non-employees are treated as self-employed for federal tax purposes, including income and employment taxes. The following are considered statutory non-employees:

- Direct sellers
- Qualified real estate agents
- Certain types of caretakers

- Presenta informes regulares al empleador
- Recibe pagos de cantidades regulares a intervalos regulares
- Recibe pagos por gastos de viaje o de negocios
- Depende del empleador para el suministro de herramientas y materiales
- No tiene una gran inversión en recursos para brindar servicios
- No obtiene ganancias ni sufre pérdidas por los servicios prestados
- Trabaja para un empleador a la vez
- No ofrece servicios al público en general
- Puede ser despedido por el empleador
- Puede renunciar en cualquier momento sin incurrir en responsabilidad
- Son empleados estatutarios

Si el contribuyente califica como empleado estatutario a efectos del impuesto sobre la renta, se marcará la casilla titulada "Empleado estatutario" en el Formulario W-2, *Declaración de salarios e impuestos.* Los ingresos y gastos deben ser gastos comerciales ordinarios y necesarios y se informan en el Anexo C.

Empleados estatutarios

Un empleado estatutario es un contratista independiente que, sin embargo, todavía es tratado como un empleado debido a algún estatuto. Esto se aplica a los siguientes grupos ocupacionales, todos los cuales califican como empleados estatutarios según la ley de los EE. UU.:

- Los conductores de agentes o conductores a comisión se limitan a quienes distribuyen alimentos, bebidas (que no sean productos lácteos) y servicios de lavandería o tintorería para otra persona
- Vendedores de seguros de vida a tiempo completo que trabajan para una empresa
- Un trabajador a domicilio que cumple con las directrices establecidas por su empleador utiliza materiales proporcionados por el empleador y los devuelve según las instrucciones del empleador
- Vendedores ambulantes o urbanos que venden para un empleador principal. Los bienes vendidos deben ser mercancía para reventa o suministros para su uso en la operación comercial del comprador. Los clientes deben ser minoristas, mayoristas, contratistas u operadores de hoteles, restaurantes u otras empresas que se ocupan de alimentos o alojamiento

Para garantizar que los vendedores sean empleados en virtud de las reglas habituales del derecho consuetudinario, las personas naturales deben ser evaluadas por separado. Si un vendedor no cumple con las pruebas para un empleado de derecho consuetudinario, puede ser considerado un empleado estatutario. Consulte la Publicación 15 y la Publicación 535.

Un empleado debe cumplir criterios específicos para cumplir con la definición de empleado estatutario. El preparador de impuestos debe detectar si los Formularios W-2 están marcados incorrectamente y avisar a las personas que tienen formularios marcados incorrectamente para que les indiquen a sus empleadores que vuelvan a emitir un Formulario W-2 corregido. Si el contribuyente no desea hacer esto, el profesional de impuestos debe preparar la declaración usando la información presentada en el Formulario W-2.

Empleados no estatutarios

Los empleados no estatutarios son tratados como trabajadores independientes para fines de impuestos federales, incluyendo los impuestos sobre la renta y el empleo. Los siguientes se consideran empleados no estatutarios:

- Vendedores directos
- Agentes de bienes raíces calificados
- Ciertos tipos de cuidadores

Identification Numbers

Taxpayers can use their SSN or taxpayer identification number (TIN) on the appropriate schedule. However, the taxpayer must have an employer identification number (EIN) if either of the following applies:

- The taxpayer pays wages to one or more employees
- The taxpayer files pension or excise tax returns

Taxpayers can obtain an EIN by completing Form SS-4, *Application for Employer Identification Number.* A new EIN must be obtained if either the entity type or the ownership of the business changes. If the business has employees, the employer (or their delegate) must see the SSN to verify the name and number as it appears on the Social Security card. The employer (or their delegate) must have each employee complete Form W-4. See Publication 17 and SS-4 Instructions.

Schedule SE: Self-Employment Tax

Social Security and Medicare taxes become a little more complicated for self-employed taxpayers. Normally, the standard 12.4% tax for Social Security and 2.9% tax for Medicare is split between employees and their employer; an employee pays half this amount, and the employer matches it. Self-employed individuals, however, are simultaneously the employee and the employer and thus must pay the full 15.3% tax for Social Security and Medicare by themselves. This is called the self-employment tax (SE), and self-employed taxpayers must pay it because they do not have Social Security and Medicare taxes withheld from their earnings.

The self-employment tax is not as overwhelming as it might seem. For example, the 15.3% self-employment tax is figured from 92.35% of the taxpayer's net profit; it is not figured from their gross income or even from their total net profit, just 92.35% of it. Taxpayers who have net profit of less than $400 do not need to pay self-employment tax. If net earnings are more than $400, self-employment tax needs to be paid. Self-employed taxpayers can deduct half of the self-employment tax as an adjustment to income on Schedule 1, line 15.

Reported on Schedule 2, line 4, the SE tax applies to everyone who has self-employment income with net earnings of $400 or more. Self-employment income consists of income from self-employed business activities that are reported on Schedule C, E, and F, as well as income received by clergy and employees of churches and religious organizations. There are three ways to figure net earnings from self-employment:

- The regular method
- The nonfarm optional method
- The farm optional method

The regular method must be used unless the taxpayer qualifies to use either one or both optional methods. To calculate net earnings (sometimes referred to as "actual earnings") using the regular method, multiply the self-employment earnings by 92.35% (.9235).

Taxpayers who would like to make estimated tax payments to cover the self-employment tax they expect to owe must send the estimated tax payments on the following due dates:

Números de identificación

Los contribuyentes pueden utilizar su SSN o número de identificación del contribuyente (TIN) en el anexo correspondiente. Sin embargo, el contribuyente debe tener un número de identificación de empleador (EIN) si aplica cualquiera de los siguientes:

- El contribuyente paga salarios a uno o más empleados
- El contribuyente presenta pensiones y declaraciones de impuestos especiales

Los contribuyentes pueden obtener un EIN al completar el Formulario SS-4, *Solicitud para el número de identificación del empleador*. Se debe obtener un nuevo EIN si cambia el tipo de entidad o cambia la propiedad del negocio. Si el negocio tiene empleados, el empleador (o su delegado) debe ver el SSN para verificar el nombre y número tal como aparece en la tarjeta de Seguro Social. El empleador (o su delegado) debe hacer que cada empleado complete el Formulario W-4. Consulte la Publicación 17 y las Instrucciones SS-4.

Anexo SE: Impuesto sobre el trabajo independiente

Los impuestos al Seguro Social y Medicare se tornan un poco más complicados para los contribuyentes que trabajan de forma independiente. Normalmente, el impuesto estándar del 12.4% para el Seguro Social y el impuesto del 2.9% para Medicare se divide entre los empleados y su empleador; un empleado paga la mitad de esta cantidad y el empleador la iguala. Sin embargo, los trabajadores independientes son simultáneamente el empleado y el empleador y, por lo tanto, deben pagar el impuesto completo del 15.3% para el Seguro Social y Medicare por sí mismos. Esto se denomina impuesto sobre el trabajo independiente (SE), y los contribuyentes que trabajan de forma independiente deben pagarlo porque los impuestos del Seguro Social y Medicare no se retienen de sus ingresos.

El impuesto al trabajo independiente no es tan abrumador como parece. Por ejemplo, el impuesto al trabajo independiente del 15.3% se calcula a partir del 92.35% de la ganancia neta del contribuyente; no se calcula a partir de sus ingresos brutos o incluso de su beneficio neto total, solo el 92.35% del mismo. Los contribuyentes que tienen una ganancia neta de $400 no necesitan pagar impuestos sobre el trabajo independiente. Si las ganancias netas son mayores de $400, hay que pagar impuesto sobre el trabajo independiente. Los contribuyentes que son trabajadores independientes pueden deducir la mitad de la aportación sobre el trabajo independiente como ajuste al ingreso en el Anexo 1, línea 15.

Declarado en el Anexo 2, línea 4, el impuesto SE aplica a todas las personas que tienen ingresos de trabajo independiente con ganancias netas de $400 o más. Los ingresos del trabajo independiente constan de ingresos de actividades comerciales como trabajador independiente que se informan en el Anexo C, E y F, así como ingresos recibidos por el clero y los empleados de iglesias y organizaciones religiosas. Hay tres formas de calcular los ingresos netos del trabajo independiente:

- El método regular
- El método opcional no agrícola
- El método opcional agrícola

El método regular debe usarse a menos que el contribuyente califique para usar uno o ambos métodos opcionales. Para calcular las ganancias netas (ocasionalmente referidas como "ganancias reales") usando el método regular, multiplique las ganancias del trabajo independiente por 92.35% (.9235).

Los contribuyentes que deseen realizar pagos de impuestos estimados para cubrir el impuesto sobre el trabajo independiente que esperan adeudar deben enviar los pagos de impuestos estimados en las siguientes fechas de vencimiento:

- April 15
- June 15
- September 15
- January 15 of the next calendar year

If any of these dates fall on a holiday or weekend, the payment is due the next business day. The dates for 2024 differ for this reason, with payments due as follows:

- April 15
- June 17
- September 16
- January 15, 2025

Schedule C

Schedule C, *Profit or Loss from Business*, is used for the sole proprietor or the sole owner of an LLC to report the business income and expenses for the current tax year. If the business owner owns multiple businesses, then a separate Schedule C must be filed for each business.

Completing Schedule C

Schedule C is a very detailed form that categorizes the income and expense of the business. The first portion requires basic information about the business and its type.

Line A: Enter the business or professional activity that provided the principal source of income reported on line 1 of Schedule C. If the taxpayer owned more than one business, each business must complete a separate Schedule C or appropriate form. If the general field or activity is wholesale or retail trade or services connected with production services, state the type of customer or client. For example, "wholesale of hardware to retailers," or "appraisal of real estate for lending institutions."

Line B: Enter the six-digit code found in the instructions for Schedule C to designate the type of business. If the taxpayer's company type is not listed, find a similar principal business or professional activity code. No matter how unsure you are about which code to use, try not to use business code 999999, *Unknown Business*; businesses with this code are significantly more likely to be audited by the IRS due to the lack of information provided by using that code.

Line C: Enter the business name.

Line D: Enter the employer ID number (EIN). The taxpayer would have obtained this number by filling out and submitting Form SS-4 online to the IRS. If there is no EIN, enter the taxpayer's SSN at the top of the page where indicated. Remember: as a sole proprietorship, the company only needs an EIN in the following cases:

- The company has a qualified retirement plan
- The company is required to file an employment, an excise, or an alcohol, tobacco, or firearms return
- At least part of the company involves paying gambling winnings

Line E: Business address. Enter the physical address of the business, not a P.O. box number. If the business has a suite or room number, make sure that it is entered as well. If the business was conducted from the taxpayer's home, and if it is the same address used on Form 1040, page 1, do not complete this line.

- 15 de abril
- 15 de junio
- 15 de septiembre
- 15 de enero del próximo año calendario

Si alguna de estas fechas coincide con un día festivo o fin de semana, el pago vence el siguiente día hábil. Las fechas para 2024 difieren por este motivo, y los pagos vencen de la siguiente manera:

- 15 de abril
- 17 de junio
- 16 de septiembre
- 15 de enero de 2025

Anexo C

El Anexo C, *Ganancias o pérdidas de la empresa*, se usa para la empresa individual o único propietario de una LLC para declarar los ingresos y gastos de su empresa durante un año fiscal en curso. Si el propietario del negocio es el propietario de varios negocios, entonces se debe presentar un Anexo C para cada negocio.

Completar el Anexo C

El Anexo C es un formulario muy detallado que categoriza los ingresos y gastos del negocio. La primera parte requiere información básica sobre el negocio y su tipo.

Línea A: Coloque el negocio o actividad profesional que proporcionó la principal fuente de ingresos declarada en la línea 1 del Anexo C. Si el contribuyente era dueño de más de un negocio, cada negocio debe completar un Anexo C por separado o el formulario apropiado. Si el campo o actividad general es un comercio mayorista o minorista o servicios relacionados con los servicios de producción, debe indicar el tipo de cliente o el cliente. Por ejemplo, "venta al por mayor de hardware a minoristas" o "avalúo de bienes raíces para hacer préstamos a instituciones".

Línea B: Ingrese el código de seis dígitos que se encuentra en las instrucciones del Anexo C para designar el tipo de negocio. Si el tipo de empresa del contribuyente no figura en la lista, busque un código de actividad comercial o profesional principal similar. No importa qué tan inseguro esté sobre qué código usar, intente no usar el código comercial 999999, *Negocio desconocido*; Las empresas con este código tienen muchas más probabilidades de ser auditadas por el IRS debido a la falta de información proporcionada al usar ese código.

Línea C: Anote el nombre comercial.

Línea D: Coloque el número de identificación del empleador (EIN). El contribuyente habría obtenido este número al completar y enviar el Formulario SS-4 en línea al IRS. Si no hay EIN, coloque el SSN del contribuyente en la parte superior de la página donde se indica. Recuerde: como empresa individual, la empresa solo necesita un EIN en los siguientes casos:

- La empresa cuenta con un plan de jubilación calificado.
- La empresa está obligada a presentar una declaración de empleo, un impuesto especial o una declaración de alcohol, tabaco o armas de fuego
- Al menos una parte de la empresa implica el pago de ganancias de juegos de azar

Línea E: Dirección comercial. Anote la dirección física de la empresa, no un numero de apartado postal. Si la empresa tiene un número de habitación o suite, asegúrese de ingresarlo también. Si el negocio se llevó a cabo desde el hogar del contribuyente y si es la misma dirección que se usó en el Formulario 1040, página 1, no complete esta línea.

Line F: Select which accounting method was used by the business during the tax year.

Line G: Material Participation

"Material participation" is when an owner of a passive activity takes part in the business's operations even though they typically would not. A business is a passive activity if the owner does not regularly participate in its daily operations. Rental activity is the most common type of passive activity, but it is far from the only kind. If the business experienced a passive activity loss, the loss may be limited by reducing the percentage of the business's income that can be taxed, but only if the taxpayer can show that they materially participated in the business.

To be able to limit losses by claiming "material participation," the taxpayer must meet any of the seven material participation tests from the requirements listed below. These generally cover any work done in connection with an activity in which one owned an interest at the time the work was completed. However, work is considered participation if it is work that the owner would not customarily do in the same type of activity, and if one of the main reasons for doing the work was to avoid the disallowance of losses or credits from the activity under the passive activity rules.

If the taxpayer meets any of these tests, check "Yes" on line G; otherwise, check "No." For the purposes of the passive activity rules, any of the following requirements must be met to be considered to have materially participated:

1. The taxpayer substantially participated in the activity on a regular and continuous basis for more than 500 hours during the tax year
2. The taxpayer substantially participated in the activity of all individuals, even including those who do not own an interest in the activity
3. The taxpayer participated during the tax year as much as any other person in the company
4. Taxpayer participated for more than 100 hours during the tax year but did not materially participate
5. The taxpayer materially participated in the activity for any five of the prior 10 tax years
6. The taxpayer is in a personal service activity in which the taxpayer materially participated for any three prior tax years. A personal service activity is an activity that involves performing personal services in the fields of health, law, engineering, architecture, accounting, consulting, or any other trade or business in which capital is not a material income-producing factor
7. Taxpayer meets the test if any person other than the taxpayer did the following:
    a) Received compensation for performing management services in connection with the activity
    b) Spent more hours during the tax year doing other activities than he or she spent performing management services in connection with the activity, regardless of whether the person was compensated for the service

Line H: If the business was started or acquired in the current tax year, check the box.

Line I: If the taxpayer made any payments that would require the taxpayer to file Form(s) 1099, check yes; otherwise, check no.

Línea F: Seleccione qué método contable utilizó la empresa durante el año fiscal.

Línea G: Participación material

La "participación material" es cuando un propietario de una actividad pasiva participa en las operaciones de la empresa, aunque normalmente no lo haría. Una empresa es una actividad pasiva si el propietario no participa regularmente en sus operaciones diarias. La actividad de alquiler es el tipo más común de actividad pasiva, pero está lejos de ser el único. Si la empresa experimentó una pérdida de actividad pasiva, la pérdida puede limitarse reduciendo el porcentaje de los ingresos de la empresa que se pueden gravar, pero solo si el contribuyente puede demostrar que participó materialmente en la empresa.

Para poder limitar pérdidas alegando "participación material", el contribuyente debe cumplir con cualquiera de las siete pruebas de participación material que forman los requisitos que se describen a continuación. Estos generalmente cubren cualquier trabajo realizado en relación con una actividad en la que uno tenía un interés en el momento en que se completó el trabajo. Sin embargo, se considera trabajo como participación si es un trabajo que el propietario no haría habitualmente en el mismo tipo de actividad y si una de las principales razones para realizar el trabajo fue evitar la denegación de pérdidas o créditos de la actividad bajo las normas de actividad pasiva.

Si el contribuyente cumple con alguna de estas pruebas, marque "Sí" en la línea G; de lo contrario, marque "No." Para efectos de las reglas de actividad pasiva, se debe cumplir alguno de los siguientes requisitos para que se considere que ha participado materialmente:

1. El contribuyente participó sustancialmente en la actividad de manera regular y continua por más de 500 horas durante el año fiscal
2. El contribuyente participó sustancialmente en la actividad de todas las personas, incluso aquellos que no poseen un interés en la actividad
3. El contribuyente participó durante el año fiscal tanto como cualquier otra persona de la empresa
4. El contribuyente participó por más de 100 horas durante el año fiscal, pero no participó materialmente
5. El contribuyente participó materialmente en la actividad durante cinco de los 10 años fiscales anteriores
6. El contribuyente se encuentra en una actividad de servicio personal en la que el contribuyente participó materialmente durante tres años fiscales anteriores. Una actividad de servicio personal es aquella que implica realizar servicios personales en los campos de la salud, derecho, ingeniería, arquitectura, contabilidad, consultoría o cualquier otra actividad o negocio en el que el capital no sea un factor que produzca ingresos materiales
7. El contribuyente cumple con el requisito si cualquier persona que no sea el contribuyente hizo lo siguiente:
   a) Recibió remuneración por realizar servicios de gestión relacionados con la actividad
   b) Pasó más horas durante el año fiscal realizando otras actividades de las que pasó realizando servicios de gestión en relación con la actividad, independientemente de si la persona fue compensada por el servicio

Línea H: Si el negocio se inició o adquirió en el año fiscal en curso, marque la casilla.

Línea I: Si el contribuyente hizo algún pago que requiera que el contribuyente presente el(los) Formulario(s) 1099, marque sí; de lo contrario, marque no.

Schedule C, Part I, Income

Part I	Income		
1	Gross receipts or sales. See instructions for line 1 and check the box if this income was reported to you on Form W-2 and the "Statutory employee" box on that form was checked . . . . ☐	1	
2	Returns and allowances	2	
3	Subtract line 2 from line 1	3	
4	Cost of goods sold (from line 42)	4	
5	**Gross profit.** Subtract line 4 from line 3	5	
6	Other income, including federal and state gasoline or fuel tax credit or refund (see instructions)	6	
7	**Gross income.** Add lines 5 and 6	7	

Portion of Schedule C

Gross Income Receipts

Self-employment income is income earned from the performance of personal services that cannot be classified as wages because an employer-employee relationship does not exist between the payer and the payee because they are the same person. Self-employment tax is imposed on any U.S. citizen or resident alien who has self-employment income. If one is self-employed in a business that provides services (where products are not a factor), the gross income goes on line 7 of Schedule C and includes amounts reported on Form 1099-MISC, Form 1099-K, and Form 1099-NEC.

Different Kinds of Income

The taxpayer must report on their tax return all income received in business unless it is excluded by law. In most circumstances, income will be in the form of cash, checks, and credit card charges. Bartering is another form of income, and its fair market value must be included as income.

Example: Ernest operates a plumbing business and uses the cash method of accounting. Jim owns a computer store and contacts Ernest to discuss fixing the clogged pipes in his store in exchange for a laptop for Ernest's business. This is business-to-business bartering. If Ernest accepts the deal, he must report the fair market value of the laptop as income because it was the "income" he received in exchange for his service.

Miscellaneous Income

If a taxpayer is self-employed in a business involving manufacturing, merchandising, or mining, the gross income on line 7 of Schedule C is the total sales from that business, minus the cost of goods sold, and plus any income from investments and incidental or outside operations or sources. If the taxpayer is involved in more than one business, a separate Schedule C is filed for each business (for example, newspaper delivery and computer consulting). Other income commonly includes bank interest, rebates, and reimbursements from government food programs for a daycare provider.

Line 1: Enter the gross receipts for the year from the trade or business. Include all amounts received, even if the income was not reported on Form(s) 1099.

Line 2: Enter returns and allowances for the year from the trade or business. Even though this amount will be subtracted later, make sure it is entered here as a positive number. A sales return is a refund given to the taxpayer's customers who returned defective, damaged, or unwanted products.

Anexo C, Parte I, Ingresos

Part I	Income		
1	Gross receipts or sales. See instructions for line 1 and check the box if this income was reported to you on Form W-2 and the "Statutory employee" box on that form was checked . . . . ☐	1	
2	Returns and allowances	2	
3	Subtract line 2 from line 1	3	
4	Cost of goods sold (from line 42)	4	
5	**Gross profit.** Subtract line 4 from line 3	5	
6	Other income, including federal and state gasoline or fuel tax credit or refund (see instructions)	6	
7	**Gross income.** Add lines 5 and 6	7	

Parte del Anexo C

Recibos de ingresos brutos

Los ingresos del trabajo independiente son los ingresos obtenidos por la prestación de servicios personales que no pueden clasificarse como salarios porque no existe una relación empleador-empleado entre el pagador y el beneficiario porque son la misma persona. Se aplica un impuesto sobre el trabajo independiente a cualquier ciudadano estadounidense o extranjero residente que tenga ingresos por trabajo independiente. Si es un trabajador independiente en un negocio que brinda servicios (donde los productos no son un factor), el ingreso bruto va en la línea 7 del Anexo C e incluye las cantidades informadas en el Formulario 1099-MISC, el Formulario 1099-K y el Formulario 1099-NEC.

Diferentes tipos de ingresos

El contribuyente debe informar en su declaración de impuestos todos los ingresos recibidos en el negocio a menos que esté excluido de conformidad con la ley. En la mayoría de los casos, los ingresos serán en efectivo, cheques y cargos de tarjeta de crédito. El trueque es otra forma de ingresos y su valor justo de mercado debe incluirse como ingresos.

Ejemplo: Ernest opera un negocio de plomería y utiliza el método contable en efectivo. Jim es dueño de una tienda de informática y se pone en contacto con Ernest para discutir la reparación de las tuberías obstruidas en su tienda a cambio de una computadora portátil para el negocio de Ernest. Este es el trueque de empresa a empresa. Si Ernest acepta el trato, debe informar el valor justo de mercado de la computadora portátil como ingreso porque fue el "ingreso" que recibió a cambio de su servicio.

Ingresos diversos

Si es un trabajador independiente en un negocio que involucra fabricación, comercialización o minería, el ingreso bruto en la línea 7 del Anexo C es el total de ventas de ese negocio, menos el costo de los bienes vendidos, y más cualquier ingreso de inversiones e incidentales u operaciones o fuentes externas. Si el contribuyente está involucrado en más de un negocio, se presenta un Anexo C separado para cada negocio (por ejemplo, entrega de periódicos y consultoría informática). Otros ingresos comúnmente incluyen intereses bancarios, reembolsos y reembolsos de programas de alimentos del gobierno para un proveedor de guardería.

Línea 1: Coloque los ingresos brutos del año de la actividad o negocio. Incluya todas las cantidades recibidas, incluso si los ingresos no se declararon en el Formulario 1099.

Línea 2: Anote los reembolsos y bonificaciones para el año de la actividad o negocio. Aunque esta cantidad se restará más adelante, asegúrese de ingresarla aquí como un número positivo. Una devolución de ventas es un reembolso otorgado a los clientes del contribuyente que devolvieron productos defectuosos, dañados o no deseados.

Line 6: Report all amounts from finance reserve income, scrap sales, bad debts recovered, interest (on notes and accounts receivable), state gasoline or fuel tax refunds received during the current tax year. Prizes and awards related to the trade or business and other miscellaneous business income are also reported on line 6.

Schedule C, Part II, Expenses

To be a deductible business expense, the tangible or nontangible item must be either ordinary or necessary. An ordinary expense is an expense that is common, standard, and accepted in the taxpayer's industry. A necessary expense is one that is helpful and appropriate for the taxpayer's trade or business. An expense does not have to be indispensable to be considered necessary. The taxpayer needs to keep records of their expenses no matter how minimal the payment is. Documentation is the key if the taxpayer is ever audited for proof of expenses.

The following examples are expenses that can be deducted:

Line 8: Advertising. Advertising is communicating with the public to promote a product or service that the business provides. All advertising expenses can generally be deducted if the expenses are related to the business. Advertising for purposes of influencing legislation is not deductible as this is considered lobbying.

Line 9: Car and Truck Expenses. Expenses used for business can be deducted as a business expense. Vehicle expenses include gasoline, oil, repairs, license tags, insurance, and depreciation. For tax year 2023 the business travel expense rate is 65.5 cents per mile. This is a slight increase from the 2022 rates, which were 58.5 cents per mile from January to June and 62.5 cents per mile from July to December. The standard mileage rate for each business mile can be used for the taxpayer's owned or leased vehicle. The standard mileage rate cannot be used if five or more cars or light trucks are used at the same time. Five or more cars are considered a fleet.

The taxpayer may choose between using the actual expenses incurred by using the vehicle or using the standard mileage rate. Report the expense amount on Schedule C, Part II, line 9. The taxpayer should include the following in their daily business mileage log:

- Beginning mileage
- Ending mileage
- Commuting mileage

Business meals for 2023 are 50 percent deductible only if the properly applied rules from Revenue Procedure 2019-48 are used. The rule is for expenses incurred after December 31, 2020, and before January 1, 2022, the food and/or beverages must be provided by a restaurant.
A restaurant means a business that prepares and sells food and beverages to retail customers for immediate consumption, regardless of whether the food or beverages are consumed on the restaurant's premises. A restaurant does not include a business that primarily sells prepackaged food or beverages not for immediate consumption, such as:

- A grocery store
- Specialty food store
- Beer, wine, or liquor store
- Drugstore
- Convenience store
- Newsstand
- A vending machine or kiosk

Línea 6: Informe todos los montos de ingresos de reservas financieras, ventas de chatarra, deudas incobrables recuperadas, intereses (en pagarés y cuentas por cobrar), reembolsos de impuestos estatales sobre gasolina o combustible recibidos durante el año. Los premios y reconocimientos relacionados con la actividad o negocio y otros ingresos comerciales diversos también se informan en la línea 6.

Anexo C, Parte II, Gastos

Para ser un gasto comercial deducible, el artículo tangible o intangible debe ser ordinario o necesario. Un gasto ordinario es un gasto común, estándar y aceptado en la industria del contribuyente. Un gasto necesario es aquel que es útil y apropiado para la actividad o negocio del contribuyente. Un gasto no tiene que ser indispensable para ser considerado necesario. El contribuyente debe mantener registros de sus gastos sin importar lo mínimo que pueda ser el pago. La documentación es la clave si el contribuyente alguna vez es auditado por comprobantes de gastos.

Los siguientes ejemplos son gastos que se pueden deducir:

Línea 8: Publicidad. La publicidad se comunica con el público en general para promocionar un producto o servicio que ofrece la empresa. Por lo general, todos los gastos de publicidad pueden deducirse si el gasto está relacionado con el negocio. La publicidad para fines de influir en la legislación no es deducible, ya que se considera cabildeo.

Línea 9: Gastos de automóvil y camión. Los gastos utilizados para negocios se pueden deducir como gastos comerciales. Los gastos del vehículo incluyen gasolina, aceite, reparaciones, placas de matrícula, seguros y depreciación. Para el año fiscal 2023, la tasa de gastos de viajes de negocios es de 65.5 centavos por milla. Se trata de un ligero aumento con respecto a las tarifas de 2022, que fueron de 58.5 centavos por milla de enero a junio y de 62.5 centavos por milla de julio a diciembre. La tasa estándar por milla para cada milla comercial se puede utilizar para el vehículo propio o arrendado del contribuyente. La tasa estándar por milla no se puede aplicar si se usan cinco o más autos o camionetas al mismo tiempo. Cinco o más vehículos se consideran una flota.

El contribuyente puede elegir entre usar los gastos reales incurridos al usar el vehículo o usar la tasa estándar por milla. Declare el monto del gasto en el Anexo C, Parte II, línea 9. El contribuyente debe incluir lo siguiente en su registro diario de millas comerciales:

- Distancia en millas inicial
- Distancia en millas final
- Distancia en millas de viaje

Las comidas de negocios para 2023 son deducibles en un 50 por ciento solo si se aplican correctamente las reglas del Procedimiento de Ingresos 2019-48. La regla es que para los gastos incurridos después del 31 de diciembre de 2020 y antes del 1 de enero de 2022, los alimentos y/o bebidas deben ser proporcionados por un restaurante.
Un restaurante significa un negocio que prepara y vende alimentos y bebidas a clientes minoristas para consumo inmediato, independientemente de si los alimentos o bebidas se consumen en las instalaciones del restaurante. Un restaurante no incluye un negocio que vende principalmente alimentos o bebidas preenvasados que no son para consumo inmediato, como:

- Una tienda de comestibles
- Tienda de alimentos de especialidad
- Tienda de cerveza, vino o licor
- Farmacia
- Tienda de conveniencia
- Puesto de periódicos
- Una máquina expendedora o quiosco

See Notice 2021-25.

Remember, ordinary business-related meals are 50% deductible if business travel is either overnight or long enough to require the taxpayer to stop for sleep or rest to properly perform their duties. The taxpayer should note the destination and the reason for travel on a daily business mileage document. Business meals for 2023 revert to prior to 2021 rules, which is 50% deductible, and most entertainment expenses are not deductible at all.

Line 10: Commissions and Fees. A commission is a service charge for providing advice on an investment purchase for the taxpayer. The commission must be ordinary and necessary for the type of business the taxpayer claims. Expenses paid for services rendered by a non-employee could be considered commissions or fees. If more than $600 is paid to one individual, Form 1099-NEC and/or 1099-MISC must be filed, and a copy of the form should be issued to the independent contractor by January 31 of the following year. A copy must also be sent to the IRS along with Form 1096. See Instructions Form 1099(s).

Line 11: Contract Labor. Contract labor includes payments to individuals that are not employees, such as independent contractors. Report the payment amounts on this line.

Line 12: Depletion. Depletion is only deducted when a taxpayer has an economic interest in mineral property such as oil, gas, and standing timber reported on this line.

Line 13: Depreciation. Depreciation is the annual deduction that is allowed or allowable on all qualified business property reported on this line. If the taxpayer has timber depletion, they will use Form T. See Publication 535.

Line 14: Employee Benefit Programs. Employee benefit programs are an expense for the business owner and include retirement plans, disability insurance, life insurance, education assistance, and vacation and holiday pay. Expenses for employees such as accident plans, health plans, dependent-care expenses, and group life insurance plans can be deducted on this line.

Line 15: Insurance. The following business insurance premiums may be deducted on this line:

- Liability insurance
- Malpractice insurance
- Casualty insurance, such as fire or theft
- Workers' compensation insurance
- Disability insurance that covers the business's overhead expenses if the sole proprietor becomes unable to work
- Bond insurance
- Insurance to cover inventory and merchandise
- Credit insurance
- Business interruption insurance

A taxpayer who is self-employed may qualify to deduct up to 100% of the medical insurance premiums paid for themselves and qualifying family members. To take the deduction, the insurance plan must be established under the business, and the business must make a profit. Self-employed individuals should use *Form 7206 Self-Employed Health Insurance Deduction* to report and calculate their deduction for health care insurance costs.

Consulte el Aviso 2021-25.

Recuerde, las comidas ordinarias relacionadas con los negocios son deducibles en un 50% si el viaje de negocios es de una noche a la mañana o lo suficientemente largo como para requerir que el contribuyente se detenga a dormir o descansar para desempeñar adecuadamente sus funciones. El contribuyente debe anotar el destino y el motivo del viaje en un documento de distancia en millas comercial diario. Las comidas de negocios para 2023 vuelven a las reglas anteriores a 2021, que son deducibles al 50%, y la mayoría de los gastos de entretenimiento no son deducibles en absoluto.

Línea 10: Comisiones y tarifas. Una comisión es un cargo por servicio por brindar asesoramiento sobre una compra de inversión para el contribuyente. La comisión debe ser ordinaria y necesaria para el tipo de negocio que reclama el contribuyente. Los gastos pagados por los servicios prestados por una persona que no sea empleado podrían considerarse comisiones u honorarios. Si a una persona se le paga más de $600, es necesario presentar el Formulario 1099-NEC y/o Formulario 1099-MISC, y enviar una copia del formulario al contratista independiente antes del 31 de enero del año siguiente. También se debe enviar una copia al IRS junto con el Formulario 1096. Consulte las Instrucciones del Formulario 1099(s).

Línea 11: Contrato laboral El trabajo por contrato incluye pagos a personas que no son empleados, como contratistas independientes. Informe los montos de pago en esta línea.

Línea 12: Agotamiento. El agotamiento solo se deduce cuando un contribuyente tiene un interés económico en propiedades minerales como petróleo, gas y madera en pie informada en esta línea.

Línea 13: Depreciación. La depreciación es la deducción anual que está permitida o autorizada en todas las propiedades comerciales calificadas informadas en esta línea. Si el contribuyente tiene agotamiento de la madera, utilizará el Formulario T. Consulte la Publicación 535.

Línea 14: Programas de beneficios para empleados. Los programas de beneficios para empleados son un gasto para el propietario del negocio e incluyen planes de jubilación, seguro por discapacidad, seguro de vida, asistencia educativa y pago por vacaciones y días festivos. Los gastos para los empleados, como planes de accidentes, planes de salud, gastos de cuidado de dependientes y planes de seguro de vida grupal, se pueden deducir en esta línea.

Línea 15: Seguro. Las siguientes primas de seguros comerciales se pueden deducir en esta línea:

- Seguro de responsabilidad
- Seguro contra negligencia médica
- Seguro de accidentes, como incendio o robo
- Seguro de indemnización por accidente laboral
- Seguro de discapacidad que cubre los gastos generales de la empresa si la empresa individual no puede trabajar
- Seguro de caución
- Seguro para cubrir inventario y mercancía
- Seguro de crédito
- Seguro de interrupción de negocios

Un contribuyente que es trabajador independiente puede calificar para deducir hasta el 100% de las primas de seguro médico pagadas para sí mismo y para sus parientes calificados. Para tomar la deducción, el plan de seguro debe establecerse bajo el negocio y el negocio debe obtener ganancias. Los trabajadores independientes deben utilizar el *Formulario 7206 Deducción del seguro médico para trabajadores independientes* a fin de informar y calcular su deducción por los costos del seguro médico.

Line 16: Interest. The following are examples of deductible interest reported on this line:

- The portion of mortgage interest related to the business
- If an auto is used in business, business percentage of the auto loan interest
- Interest capitalization
- Interest on business purchases

See Publication 535.

Line 17: Legal and professional fees. The following are examples of deductible legal and professional expenses on this line:

- Bookkeeping and accounting fees
- Tax preparation fees for business tax preparation
- Business-related attorney's fees

See Publication 334 and 535.

Line 18: Office Expense. Office expenses that are not included in home office expenses are deducted here. The following are examples of deductible expenses on this line:

- Postage
- Office supplies

Line 19: Pension and profit-sharing plans. Deduct the contribution portion of an employee's pension or profit-sharing plan that is paid as a benefit to the employee using this line. See Publication 560.

Line 20: Rent or lease. Schedule C, Part II, line 20a, is used for the lease of vehicles, machinery, and equipment rentals. Part II, line 20b, is used for leasing other rental property, such as rent for an office, building, or warehouse. See Publication 560.

Line 21: Repairs and maintenance. Repairs and maintenance of equipment, offices, buildings, or structures are deductible expenses and should include the cost of labor and supplies on this line.

Line 22: Supplies. Ordinary and necessary expenses that are not included in inventory should be deducted on this line.

Line 23: Taxes and licenses. The following are examples of deductible expenses on this line:

- License and regulatory fees for the trade or business
- Real estate and personal property taxes on business assets
- State and local sales taxes imposed for the selling of goods or services
- Social Security and Medicare taxes paid to match employee wages
- Paid federal unemployment tax
- Federal highway use tax
- Contributions to a state unemployment insurance fund or to a disability benefit fund if the contributions are considered taxes under state law

Línea 16: Intereses. Los siguientes son ejemplos de intereses deducibles informados en esta línea:

- La parte del interés hipotecario relacionada con el negocio
- Si un automóvil se usa en el negocio, porcentaje comercial del interés del préstamo del automóvil
- Capitalización de intereses
- Intereses sobre compras comerciales

Consulte la Publicación 535.

Línea 17: Honorarios legales y profesionales. Los siguientes son ejemplos de gastos legales y profesionales deducibles en esta línea:

- Gastos de mantenimiento de libros y contabilidad
- Tarifas de preparación de impuestos para la preparación de impuestos comerciales
- Honorarios de abogados relacionados con el negocio

Consulte la Publicación 334 y 535.

Línea 18: Gastos de oficina. Los gastos de oficina que no están incluidos en los gastos de oficina en el hogar se deducen aquí. Los siguientes son ejemplos de gastos deducibles en esta línea:

- Gastos de envío
- Suministros de oficina

Línea 19: Planes de pensiones y participación en beneficios. Deduzca la parte de aportación de la pensión de un empleado o plan de participación en las ganancias que se paga como beneficio al empleado que usa esta línea. Consulte la Publicación 560.

Línea 20: Alquiler o arrendamiento. El Anexo C, Parte II, línea 20a se utiliza para el arrendamiento de vehículos, maquinaria y equipos. La Parte II, línea 20b, se utiliza para el arrendamiento de otra propiedad de alquiler, como el alquiler de una oficina, edificio o almacén. Consulte la Publicación 560.

Línea 21: Reparaciones y mantenimiento. Las reparaciones y el mantenimiento de equipos, oficinas, edificios o estructuras son gastos deducibles y deben incluir el costo de mano de obra y suministros en esta línea.

Línea 22: Suministros. Los gastos ordinarios y necesarios que no estén incluidos en el inventario deben deducirse en esta línea.

Línea 23: Impuestos y licencias. Los siguientes son ejemplos de gastos deducibles en esta línea:

- Licencias y tarifas regulatorias para la actividad o negocio
- Impuestos sobre bienes muebles e inmuebles sobre activos comerciales
- Impuestos a las ventas estatales y locales impuestos por la venta de bienes o servicios
- Impuestos de Seguro Social y Medicare pagados para igualar los salarios de los empleados
- Impuesto federal de desempleo pagado
- Impuesto federal sobre el uso de carreteras
- Aportaciones a un fondo de seguro de desempleo estatal o a un fondo de beneficios por discapacidad si las aportaciones se consideran impuestos según la ley estatal

Do not deduct the following:

- Federal income tax, including the self-employment tax
- Estate and gift taxes
- Taxes used to pay for improvements, such as paving and sewers
- Taxes on the taxpayer's primary residence
- State and local sales taxes on property purchased for use in the business
- State and local sales taxes imposed on the buyer that were required to be collected and paid to state and local governments
- Other taxes and licenses fees not related to the business

See Publication 535.

Line 24a: Travel. The following are examples of ordinary and necessary business travel expenses that can be deducted on this line:

- Business airfare
- Hotels for business trips
- Taxi fares and tips while on business

Example: Gladys lives in Seattle, Washington, and is a paid tax practitioner. She went to the Latino Tax Fest to learn the latest tax law and updates. The Fest was held on Tuesday, Wednesday, and Thursday. Gladys flew from Seattle to Las Vegas, Nevada, on Sunday and then flew home on Friday. Her ordinary and necessary expenses are the above costs that were incurred during the days of the convention, not the costs that were incurred on Sunday, Monday, and Friday. Her meals and hotel room on Sunday, Monday, and Friday are not a business expense. See Publication 463.

Line 24b: Meals. Include expenses for meals while traveling away from home. Meals must be food or beverage provided by a restaurant.

Line 25: Utilities. Utility expenses include water, gas, electric, and telephone costs. Business telephone expenses do not include the base rate for any personal phone lines into the taxpayer's house, even if they are used for business. If the taxpayer has additional costs related to the business use of the phone, such as long-distance calls, the taxpayer can deduct those expenses. If the taxpayer has a dedicated second phone line for business, all expenses may be deducted regarding the second phone line.
Line 26: Wages. The gross amount paid in wages (minus employment credits) to employees is deducted from the business's gross income. If a self-employed taxpayer paid themselves out of the profits of the business, those "wages" are not deductible as an expense on line 26. This is considered a draw and is not a deductible expense.

Line 27: Other Expenses. Other expenses are deducted in Part V of Schedule C, and the total amount of any deductions in Part V is reported here. Other expenses include any expense that is not described elsewhere and is both ordinary and necessary in the operation of the taxpayer's business.

Part 1 Review

To obtain the maximum benefit from each part go online now and watch the video.

No deduzca lo siguiente:

- Impuesto federal sobre la renta, incluido el impuesto sobre el trabajo independiente
- Impuestos sobre sucesiones y donaciones
- Los impuestos se utilizan para pagar mejoras, como pavimentos y alcantarillado
- Impuestos sobre la residencia principal del contribuyente
- Impuestos sobre las ventas estatales y locales sobre la propiedad comprada para su uso en el negocio
- Tributos a las ventas estatales y locales impuestos al comprador que debían ser cobrados y pagados a los gobiernos estatales y locales
- Otros impuestos y derechos de licencia no relacionados con el negocio

Consulte la Publicación 535.

Línea 24a: Viajes. Los siguientes son ejemplos de gastos de viajes de negocios ordinarios y necesarios que se pueden deducir en esta línea:

- Pasaje aéreo de negocios
- Hoteles para viajes de negocios
- Tarifas de taxi y propinas mientras viaja por negocios

Ejemplo: Gladys vive en Seattle, Washington, y es una especialista de impuestos pagada. Fue a Latino Tax Fest para conocer las últimas leyes y actualizaciones tributarias. Este evento se llevó a cabo el martes, miércoles y jueves. Gladys voló de Seattle a Las Vegas, Nevada, el domingo y luego voló a casa el viernes. Sus gastos ordinarios y necesarios son los costos anteriores que se incurrieron durante los días de la convención, no los costos que se incurrieron el domingo, lunes y viernes. Sus comidas y habitación de hotel los domingos, lunes y viernes no son un gasto comercial. Consulte la Publicación 463.

Línea 24b: Comidas. Incluya los gastos de comidas mientras viaja fuera de casa. Las comidas deben ser alimentos o bebidas proporcionadas por un restaurante.

Línea 25: Servicios públicos: Los gastos de servicios públicos incluyen los costos de agua, gas, electricidad y teléfono. Los gastos telefónicos comerciales no incluyen la tarifa base para las líneas telefónicas personales en la casa del contribuyente, incluso si se utilizan para el negocio. Si el contribuyente tiene costos adicionales relacionados con el uso comercial del teléfono, como llamadas de larga distancia, el contribuyente puede deducir esos gastos. Si el contribuyente tiene una segunda línea telefónica dedicada para negocios, todos los gastos se pueden deducir con respecto a la segunda línea telefónica.

Línea 26: Salarios. La cantidad bruta pagada en salarios (menos los créditos del empleo) a los empleados se deduce de los ingresos brutos de la empresa. Si un contribuyente que es trabajador independiente se paga a sí mismo con las ganancias del negocio, esos "salarios" no son deducibles como gasto en la línea 26. Esto se considera un empate y no es un gasto deducible.

Línea 27: Otros gastos. Otros gastos se deducen en la Parte V del Anexo C, y el monto total de las deducciones en la Parte V se informa aquí. Otros gastos incluyen cualquier gasto que no se describa en otra parte y que sea tanto ordinario como necesario en la operación del negocio del contribuyente.

Revisión de la Parte 1

Para obtener el máximo beneficio de cada parte, conéctese ahora y mire el video.

Part 2 Business Use of the Home

Report the total amount of expenses from business use of the home on Line 30 of Schedule C. If the taxpayer chooses to use the simplified method, they cannot claim more than 300 –square feet for storage of inventory or product samples. If the taxpayer runs a daycare, then use Form 8829.

Form 8829: Expenses for Business Use of Your Home

Self-employed taxpayers may be able to use Form 8829, *Expenses for Business Use of Your Home*, to claim deductions for certain expenses for business use of their home. To qualify for these deductions, the taxpayer must show that they used a space (such as an office) in the home exclusively and regularly for business. The amount of deduction a taxpayer can receive is based on what percent of the house's total square footage is being used for the business.

Example: Monica has an office she uses exclusively to manage and run her catering business. To receive a deduction for her home business expenses, Monica would divide the square footage of her office by the total square footage of her home to find the percentage of expense she can deduct. If her office is 130 square feet and her home is 1,000 square feet, then the percentage of her expenses she can deduct would be 13%.

Daycare providers would use Form 8829 to report expenses based on the number of hours spent caring for children or disabled dependents. The time also includes time spent cleaning the house before and after children arrive or leave as well as time spent preparing activities for the children.

If childcare providers do not use their entire home for childcare, they will use a combination of hours and square feet to determine business use. The home portion does not have to meet the exclusive-use test if the use is for an in-home daycare facility.

Business expenses that apply to a part of the taxpayer's home may be a deductible business expense if the part of the home was exclusively used on a regular basis in all the following ways:

- As the principal place of business for any of the taxpayer's trade or business
- As a place of business used by patients, clients, or customers to meet or deal during the normal course of trade or business
- In connection with the trade or business if the office is a separate structure not attached to the taxpayer's home

There are exceptions to the requirement that the space be used on a "regular" basis, such as certain daycare facilities and storage spaces used for inventory or product samples. The tax professional must determine whether the office in the home qualifies as the taxpayer's principal place of business.

To qualify an office in the home as the primary place of business, the following requirements must be met:

- The taxpayer uses the home exclusively and regularly for administrative or management activities of the taxpayer's trade or business
- The taxpayer has no other fixed location where the taxpayer conducts substantial administrative or management activities of their trade or business

Parte 2 Uso comercial del hogar

Declare la cantidad total de gastos del uso comercial del hogar en la línea 30 del Anexo C. Si el contribuyente opta por utilizar el método simplificado, no puede reclamar más de 300 pies cuadrados para almacenamiento de inventario o muestras de productos. Si el contribuyente tiene una guardería, utilice el Formulario 8829.

Formulario 8829: Gastos por uso comercial de su hogar

Los contribuyentes que trabajan de forma independiente pueden usar el Formulario 8829, *Gastos por uso comercial de su hogar*, para reclamar deducciones por ciertos gastos del uso comercial de su hogar. A fin de calificar para estas deducciones, el contribuyente debe demostrar que usó un espacio (como una oficina) en el hogar exclusiva y regularmente para negocios. La cantidad de deducción que un contribuyente puede recibir se basa en qué porcentaje del total de pies cuadrados del hogar se utiliza para el negocio.

Ejemplo: Mónica tiene una oficina que utiliza exclusivamente para administrar y dirigir su negocio de catering. Para recibir una deducción por los gastos comerciales de su hogar, Mónica dividiría los pies cuadrados de su oficina por el total de pies cuadrados de su casa para encontrar el porcentaje de gastos que puede deducir. Si su oficina es de 130 pies cuadrados y su hogar es de 1,000 pies cuadrados, entonces el porcentaje de sus gastos que puede deducir sería del 13%.

Los proveedores de cuidado diurno usarían el Formulario 8829 para declarar los gastos según la cantidad de horas dedicadas a la atención de niños o dependientes discapacitados. El tiempo también incluye el tiempo dedicado a limpiar la casa antes y después de que los niños lleguen o se vayan, así como el tiempo dedicado a preparar las actividades para los niños.

Si los proveedores de cuidado infantil no usan todo su hogar para el cuidado infantil, usarán una combinación de horas y pies cuadrados para determinar el uso comercial. La parte del hogar no tiene que cumplir con la prueba de uso exclusivo si el uso es para una guardería en el hogar.

Los gastos comerciales que se aplican a una parte de la vivienda del contribuyente pueden ser un gasto comercial deducible si la parte de la vivienda se utilizó exclusivamente de forma regular de todas las siguientes maneras:

- Como el domicilio social principal para cualquier actividad o negocio del contribuyente
- Como un domicilio social utilizado por los pacientes o clientes para reunirse o negociar durante el curso normal de la actividad o negocio
- En relación con la actividad o negocio, si la oficina es una estructura separada que no está adjunta a la vivienda del contribuyente

Hay excepciones al requisito de que el espacio se utilice de forma "regular", como ciertas guarderías y espacios de almacenamiento utilizados para inventario o muestras de productos. El profesional de impuestos debe determinar si la oficina en el hogar califica como el domicilio social principal del contribuyente.

Para que la oficina en el hogar califique como el domicilio social principal, se deben cumplir los siguientes requisitos:

- El contribuyente utiliza el hogar exclusiva y regularmente para actividades administrativas o de gestión de la actividad o negocio del contribuyente
- El contribuyente no tiene otra ubicación fija donde realice actividades administrativas o de gestión sustanciales de su actividad o negocio

Administrative or Management Activities

There are many activities that can be considered administrative or managerial in nature. Some of the most common include:

- Billing customers, clients, or patients
- Keeping books and records
- Ordering supplies
- Setting up appointments
- Writing reports or forwarding orders

If the following activities are performed at another location, the taxpayer would be disqualified from being able to claim the home office deduction:

- The taxpayer conducts administrative or management activities at other locations other than the home
- The taxpayer conducts administrative or management activities at places that are not fixed locations, such as in a car or a hotel room
- The taxpayer occasionally conducts administrative or management activities at an outside location
- The taxpayer conducts substantial non-administrative or non-management business activities at another fixed location other than home
- The taxpayer has suitable space to conduct administrative or management activities outside of their home but chooses to work at home

Example: Fernando is a self-employed plumber. Most of Fernando's time is spent installing and repairing plumbing at customers' homes and offices. He has a small office in his home that he uses exclusively and regularly for the administrative and management activities of his business, such as calling customers, ordering supplies, and keeping his books. Fernando writes up estimates and records of work completed at his customers' premises but does not conduct any substantial administrative or management activities at any fixed location other than his home office. Fernando does not do his own billing. He uses a local bookkeeping service to bill his customers.

Because it is the only fixed location where he does his administrative and managerial activities, Fernando's home office qualifies as his principal place of business for deducting expenses for its use. The fact that a bookkeeper does his billing is not important, as it does not change or impact where Fernando does his business administrative and managerial activities.

Simplified Option for Home Office Deduction

Taxpayers may use a simplified option to figure the home office business deduction. Revenue Procedure 2013-13 provides an optional safe harbor method that taxpayers may use, which is an alternative to the calculation, allocation, and substantiation of actual expenses for purposes of satisfying the Internal Revenue Code section 280A. These rules do not change the home office criteria for claiming business use but instead simplify the ruling for recordkeeping and calculation.

The major highlights of the simplified option are as follows:

- Standard deduction of $5-per-square-foot of home used for business with a maximum 300-square-feet ($1,500)
- Allowable home-related itemized deductions claimed in full on Schedule A
- No home depreciation deduction or later recapture of depreciation for the years the simplified option is used

Actividades administrativas o de gestión

Existen muchas actividades que pueden ser consideradas de naturaleza administrativa o gerencial. Algunas de las más comunes incluyen:

- Facturación a clientes o pacientes
- Mantenimiento de libros y registros
- Pedido de suministros
- Creación de citas
- Redacción de informes o reenvío de pedidos

Si las siguientes actividades se realizan en otro lugar, el contribuyente quedaría descalificado para poder reclamar la deducción de la oficina en el hogar:

- El contribuyente realiza actividades administrativas o de gestión en lugares que no sean el hogar
- El contribuyente realiza actividades administrativas o de gestión en lugares que no son ubicaciones fijas, como en un automóvil o una habitación de hotel
- El contribuyente realiza ocasionalmente actividades administrativas o de gestión en un lugar externo
- El contribuyente realiza actividades comerciales sustanciales no administrativas o no de gestión en otro lugar fijo distinto del domicilio
- El contribuyente dispone de espacio adecuado para realizar actividades administrativas o de gestión fuera de su domicilio, pero opta por trabajar en casa

Ejemplo: Fernando es un plomero que trabaja de forma independiente. Fernando pasa la mayor parte del tiempo en la instalación y reparación de tuberías en los hogares y oficinas de los clientes. Tiene una pequeña oficina en su vivienda que utiliza exclusiva y regularmente para las actividades administrativas y de gestión de su negocio, como llamar a los clientes, pedir suministros y llevar sus libros. Fernando escribe las estimaciones y los registros del trabajo realizado en las instalaciones de sus clientes, pero no realiza ninguna actividad administrativa o de gestión sustancial en ningún lugar fijo que no sea su oficina en el hogar. Fernando no hace su propia facturación. Utiliza un servicio de contabilidad local para facturar a sus clientes.

Debido a que es la única ubicación fija donde realiza sus actividades administrativas y de gestión, la oficina central de Fernando califica como su domicilio social principal para deducir los gastos por su uso. El hecho de que un contador haga su facturación no es importante, ya que no cambia ni afecta el lugar donde Fernando realiza las actividades administrativas y de gestión de su negocio.

Opción simplificada para la deducción de oficina en el hogar

Los contribuyentes pueden usar una opción simplificada para calcular la deducción del negocio de oficina en el hogar. El Procedimiento Administrativo Tributario 2013-13 proporciona un método de puerto seguro opcional que los contribuyentes pueden usar, que es una alternativa al cálculo, la asignación y la justificación de los gastos reales a los fines de cumplir con la Sección 280A del Código de Rentas Internas. Estas reglas no cambian los criterios de la oficina en el hogar para reclamar el uso comercial, sino que simplifican la resolución para el mantenimiento y cálculo de registros.

Los principales aspectos destacados de la opción simplificada son los siguientes:

- Deducción estándar de $5 por pie cuadrado de una vivienda utilizada para negocios con un máximo de 300 pies cuadrados ($1,500).
- Deducciones detalladas permitidas relacionadas con el hogar que se declaran en su totalidad en el Anexo A
- Sin deducción por depreciación de vivienda o recuperación posterior de depreciación para los años en que se usa la opción simplificada

When selecting a method, the taxpayer must choose to use either the simplified method or the regular method for any taxable year and can make that choice by using their selected method on their tax return. However, once the method has been chosen for the year, it cannot be changed. If the methods are used in different tax years, the correct depreciation table must be used. Year-by-year determination is acceptable.

The deduction under the safe harbor method cannot create a net loss; it is limited to the business' gross income reduced by deductions unrelated to the home office deduction. Any excess is disallowed and cannot be carried over or back, unlike the carryover of unallowed expenses that is available to offset income from that activity in the succeeding year when using the actual expense method.

Regardless of the method used to claim home office expenses, the space must be regularly and exclusively used as the taxpayer's principal place of business. If the taxpayer used the simplified method for tax year 2022, and they chose not to use it for 2023, the taxpayer may have an unallowed expense from a prior year carryover to the current year. See Instructions Form 8829.

Regular and Exclusive Use

The portion of the home that is used must be used exclusively for conducting business.

Example: Nadine teaches piano lessons in her home. She has a piano in her spare bedroom and a grand piano in her living room. She uses the piano in her spare bedroom to teach her students and the grand piano for the students' recitals. Nadine does not use the spare bedroom for anything else except teaching students and storing music books related to her students. Her spare bedroom is used exclusively and regularly for business, but her grand piano is not; it is only used for recitals for her students. Therefore, she would only be able to claim the spare bedroom as a deduction and not the living room.

Like everything with tax law there are exceptions to the rule; the taxpayer does not have to meet the exclusive use test if either of the following applies:

- If the taxpayer uses part of their home for storage of inventory or sample product(s), they may deduct business use of the home expense if the following conditions are met:
  - The taxpayer sells products wholesale or retail as their trade or business
  - The taxpayer keeps inventory in their home for the trade or business
  - The home is the only fixed location for the trade or business
  - The storage space is used on a regular basis
  - The space used can be identifiable as a separate suitable space for storage
- The taxpayer uses part of the home as a daycare facility

Principal Place of Business

If the taxpayer conducts business outside of the home and uses their home substantially and regularly to conduct business, they may qualify for a home office deduction. The taxpayer can also deduct expenses for a separate freestanding structure such as a studio or a barn, but the regular and exclusive use test still applies. To determine if the place used is the primary place of business, the following factors must be considered:

- The relative importance of the activities performed at each location where the taxpayer conducts their business
- The amount of time spent at each location where the taxpayer conducts business

Al seleccionar un método, el contribuyente debe elegir utilizar el método simplificado o el método regular para cualquier año fiscal y puede hacer esa elección utilizando el método seleccionado en su declaración de impuestos. Sin embargo, una vez que el método ha sido elegido para el año, no se puede cambiar. Si los métodos se utilizan en diferentes años fiscales, se debe usar la tabla de depreciación correcta. La determinación año por año es aceptable.

La deducción bajo el método de puerto seguro no puede crear una pérdida neta; se limita a los ingresos brutos del negocio reducidos por deducciones no relacionadas con la deducción de la oficina en el hogar. Cualquier exceso se rechaza y no puede ser transferido o devuelto, a diferencia del traspaso de gastos no permitidos que está disponible para compensar los ingresos de esa actividad en el año siguiente cuando se usa el método de gasto real.

Independientemente del método que se utilice para reclamar los gastos de oficina en el hogar, el espacio debe ser utilizado de forma regular y exclusiva como el domicilio social principal del contribuyente. Si el contribuyente utilizó el método simplificado para el año fiscal 2022, y optó por no usarlo para 2023, es posible que tenga un gasto no permitido de una transferencia del año anterior al año en curso. Consulte las Instrucciones del Formulario 8829.

Uso regular y exclusivo

La parte del hogar que se utiliza debe ser empleada exclusivamente para realizar negocios.

Ejemplo: Nadine enseña clases de piano en su casa. Ella tiene un piano en su habitación de huéspedes y un piano de cola en su sala de estar. Ella usa el piano en su habitación de huéspedes para enseñar a sus alumnos y el piano de cola para los recitales de los alumnos. Nadine no usa la habitación de huéspedes para nada más, excepto para enseñar a los estudiantes y guardar libros de música relacionados con sus estudiantes. Su habitación de huéspedes se usa exclusiva y regularmente para negocios, pero no su piano de cola; solo se utiliza para recitales para sus alumnos. Por lo tanto, ella solo podría reclamar la habitación de huéspedes como una deducción y no la sala de estar.

Como todo en la ley tributaria, existen excepciones a la regla. El contribuyente no tiene que cumplir con la prueba de uso exclusivo si se cumple alguna de las siguientes condiciones:

- Si el contribuyente usa parte de su vivienda para almacenar el inventario o los productos de muestra, puede deducir el uso comercial del gasto de la vivienda si se cumplen las siguientes condiciones:
    - El contribuyente vende productos al por mayor o al por menor como su oficio o negocio
    - El contribuyente mantiene el inventario en su hogar para el oficio o negocio
    - Su hogar es el único lugar fijo para el oficio o negocio
    - El espacio de almacenamiento se utiliza de forma regular
    - El espacio utilizado puede identificarse como un espacio separado adecuado para el almacenamiento
- El contribuyente utiliza parte del hogar como una guardería

Domicilio social principal

Si el contribuyente realiza negocios fuera del hogar y utiliza su vivienda de manera sustancial y regular para realizar negocios, puede calificar para una deducción por oficina en el hogar. El contribuyente también puede deducir los gastos de una estructura independiente separada, como un estudio o un granero, pero aún se aplica la prueba de uso regular y exclusivo. Para determinar si el lugar utilizado es el domicilio social principal, se deben considerar los siguientes factores:

- La importancia relativa de las actividades realizadas en cada lugar donde el contribuyente realiza sus negocios
- La cantidad de tiempo que pasa en cada lugar donde el contribuyente realiza negocios

Expenses

When using Form 8829, there are two categories for expenses, direct and indirect. Direct expenses are for the business portion of the home. Indirect expenses are for keeping up and running the home.

Direct expenses include:

- Business portion of casualty losses
- Insurance: direct insurance covers the business, while indirect insurance covers the entire home. A direct insurance policy is referred to as an umbrella policy
- Business rent
- Business repairs for the home
- Business portion of real estate taxes
- Business portion of home mortgage interest

Indirect expenses include:

- Security system: The cost to maintain and monitor the system is considered an indirect cost. However, the taxpayer may depreciate the percentage of the system that relates to their business
- Utilities and services: Including electricity, gas, trash removal, and cleaning services
- Telephone: The basic local service charge, including taxes for the first line into the home, is a nondeductible personal expense. Long-distance phone calls and the cost of a secondary home phone line used exclusively for business are both deductible expenses

Depreciation: If the taxpayer owns the home, the business portion could be depreciable. See Publication 587. Before calculating the depreciation deduction, the following information is needed:

- The month and year the taxpayer began using the home for business
- The adjusted basis and fair market value of the home at the time the taxpayer began using it for business; the cost of the home plus any improvements, minus casualty losses or depreciation deducted in earlier years; land is never considered part of the adjusted basis
- The cost of improvements before and after the taxpayer began using the home for business
- The percentage of the home used for business

The following expenses are not deductible:

- Bribes and kickbacks
- Charitable contributions
- Demolition expenses or losses
- Dues paid to business, social, athletic, luncheon, sporting, airline, and hotel clubs
- Lobbying expenses
- Penalties and fines paid to a governmental agency for violating the law
- Personal, living, and family expenses
- Political contributions
- Repairs that add value to the home or increase the property life

Gastos

Al utilizar el Formulario 8829, existen dos categorías de gastos, directos e indirectos. Los gastos directos son para la parte comercial de la vivienda. Los gastos indirectos son para mantener y administrar la casa.

Los gastos directos incluyen:

- La parte comercial de las pérdidas por siniestros
- Seguros: el seguro directo cubre el negocio, mientras que el seguro indirecto cubre toda la vivienda. Una póliza de seguro directa se conoce como póliza general
- Alquiler de negocios
- Reparaciones comerciales para la vivienda
- Parte comercial de impuestos inmobiliarios
- Parte comercial de los intereses de la hipoteca de la vivienda

Los gastos indirectos incluyen:

- Sistema de seguridad: El costo de mantener y monitorear el sistema se considera un costo indirecto. Sin embargo, el contribuyente puede depreciar el porcentaje del sistema que se relaciona con su negocio
- Servicios públicos y otros servicios: Incluidos servicios de electricidad, gas, recolección de basura y limpieza
- Teléfono: El cargo por servicio local básico, incluidos los impuestos para la primera línea en el hogar, es un gasto personal no deducible. Las llamadas telefónicas de larga distancia y el costo de una línea telefónica residencial secundaria utilizada exclusivamente para negocios son gastos deducibles

Depreciación: Si el contribuyente es propietario de la vivienda, la parte comercial podría ser depreciable. Consulte la Publicación 587. Antes de calcular la deducción por depreciación, se necesita la siguiente información:

- El mes y año en que el contribuyente comenzó a usar la casa para hacer negocios
- La base ajustada y el valor justo de mercado de la casa en el momento en que el contribuyente comenzó a usarla para sus negocios; el costo de la vivienda más las mejoras, menos las pérdidas por siniestros o la depreciación deducida en años anteriores; el terreno nunca se considera parte de la base ajustada
- El costo de las mejoras antes y después de que el contribuyente comenzara a usar el hogar para sus negocios
- El porcentaje de la vivienda que se utiliza para el negocio

No son deducibles los siguientes gastos:

- Sobornos y comisiones ilegales
- Contribuciones caritativas
- Gastos o pérdidas de demolición
- Cuotas pagadas a clubes de negocios, sociales, deportivos, de almuerzos, deportivos, de aerolíneas y hoteles
- Gastos de cabildeo
- Sanciones y multas pagadas a una agencia gubernamental por infringir la ley
- Gastos personales, de manutención y familiares
- Contribuciones políticas
- Reparaciones que agregan valor a la vivienda o aumentan la vida útil de la propiedad

Business Auto Expenses

Taxpayers can deduct ordinary and necessary transportation expenses if they incur them while procuring income. If taxpayers use a personal vehicle for maintaining business activities, the deduction of the expenses is either by actual expenses or the standard mileage rate. For tax year 2023 the business travel rate is 65.5 cents per mile. The standard mileage rate for each business mile can be used for a vehicle owned or leased by the taxpayer.

The taxpayer can deduct the ordinary and necessary business-related expenses of traveling away from home. The taxpayer must properly allocate expenses between rental and nonrental activities. Information needed to record auto expenses accurately:

- Beginning mileage
- Ending mileage
- Commuting mileage
- Business mileage (Include notes about the destination and reason for travel)

Schedule C, Part III, Cost of Goods Sold

The cost of goods sold is used when a business has inventory or produces a product. Inventory must be calculated at the beginning and end of the year.

The following items are used to calculate a business's cost of goods sold:

Line 35: Beginning inventory. The beginning inventory is the closing inventory from the prior year. If this is the taxpayer's first business year, then beginning inventory is the amount of the cost of goods purchased.

Line 36: Purchases. The amount of reported purchases is the completed products or raw materials used for manufacturing, merchandising, or mining plus the cost of shipping minus the cost of items removed for personal use.

Line 37: Cost of labor. The cost of labor used in the actual production of the goods. The cost of labor is not wages, which are reported on Schedule C, Part II, line 26, *Wages*. The cost of labor is mainly used in manufacturing or mining, since the labor can be properly charged to the cost of goods sold. A manufacturing business can properly allocate indirect and direct labor to the expense of the cost of goods. A direct expense would be the labor to fabricate raw material into a saleable product.

Line 38: Materials and Supplies. Materials used in the actual production or processing of the goods such as hardware and chemicals are charged to the cost of goods sold.

Line 39: Other Costs. A proportion of overhead expenses related to creating a product. Containers and freight used for raw materials are examples of other costs.

Line 41: Ending Inventory. The inventory as counted at the end of the tax year is used as the beginning inventory for the following year's return.

Gastos de automóviles comerciales

Los contribuyentes pueden deducir los gastos de transporte ordinarios y necesarios si los incurren en la obtención de ingresos. Si los contribuyentes utilizan un vehículo personal para el mantenimiento de las actividades comerciales, la deducción de los gastos es por gastos reales o por la tasa estándar por milla. Para el año fiscal 2023, la tasa de gastos de viajes de negocios es de 65.5 centavos por milla. La tasa estándar por milla para cada milla comercial se puede utilizar para un vehículo adquirido o arrendado por el contribuyente.

El contribuyente puede deducir los gastos comerciales ordinarios y necesarios relacionados con viajes fuera de casa. El contribuyente debe distribuir adecuadamente los gastos entre actividades de alquiler y no alquiler. Información necesaria para registrar los gastos de automóviles con precisión:

- Distancia en millas inicial
- Distancia en millas final
- Distancia en millas de viaje
- Millas comerciales (incluir notas sobre el destino y motivo del viaje)

Anexo C, Parte III, Costo de bienes vendidos

El costo de los bienes vendidos se utiliza cuando una empresa tiene inventario o produce un producto. El inventario debe calcularse al principio y al final del año.

Las siguientes partidas se utilizan para calcular el costo de los bienes vendidos de una empresa:

Línea 35: Inventario inicial. El inventario inicial es el inventario final del año anterior. Si este es el primer año comercial del contribuyente, entonces el inventario inicial es el monto del costo de los bienes adquiridos.

Línea 36: Compras. El monto de las compras declaradas en esta línea son los productos terminados o las materias primas utilizadas para la fabricación, comercialización o minería más el costo de envío menos el costo de los artículos extraídos para uso personal.

Línea 37: Costo de mano de obra. El costo de la mano de obra utilizada en la producción real de los bienes. El costo de la mano de obra no son salarios, que se informan en el Anexo C, Parte II, línea 26, Salarios. El costo de la mano de obra se utiliza principalmente en la fabricación o la minería, ya que la mano de obra se puede cargar adecuadamente al costo de los bienes vendidos. Una empresa manufacturera puede asignar adecuadamente la mano de obra directa e indirecta a expensas del costo de los bienes. Un gasto directo sería la mano de obra para fabricar la materia prima en un producto vendible.

Línea 38: Materiales y suministros. Los materiales utilizados en la producción o el procesamiento real de los bienes, como hardware y productos químicos, se cargan al costo de los bienes vendidos.

Línea 39: Otros costos. Una proporción de los gastos generales relacionados con la creación de un producto. Los contenedores y el flete utilizados para las materias primas son ejemplos de otros costos.

Línea 41: Inventario final. El inventario contabilizado al final del año fiscal se utiliza como inventario inicial para la declaración del año siguiente.

Inventory is an itemized list of goods, with valuations, held for sale or consumption in a manufacturing or merchandising business. Inventory should include all finished or partly finished goods and only those raw materials and supplies that have been acquired for sale or that will physically become a part of merchandise intended for sale. How companies valuate inventory varies from business to business. See Publication 334.

Schedule C, Part IV, Information on Your Vehicle portion of Schedule C

To claim vehicle related expenses, the taxpayer enters the vehicle's information in Part IV. Commuting is generally considered travel between home and work. Part IV is used to calculate the standard mileage rate for the taxpayer's vehicle. If more than one vehicle was used, attach a statement containing the same information included in Schedule C, Part IV. The following circumstances may not meet the commuting rules:

- The taxpayer has at least one regular location away from home, and the travel is to a temporary work location in the same trade or business. See Pub 463
- The travel is to a temporary work location outside the location where he or she lives and normally works
- The home is the principal place of business, and the travel is to another work location in the same trade or business, regardless of whether the location is regular or temporary and regardless of the distance. See IRC Section 280A(c)(1)(A)

For more information on recordkeeping rules for vehicles, see Publication 463.

Schedule C, Part V, Other Expenses

Other expenses are deducted in Part V, Schedule C. Other expenses include any expense that is not included elsewhere and is ordinary and necessary in the operation of the taxpayer's business. Once all other expenses have been reported, figure the total amount, and report it on line 48 and line 27a.

List the type and amount of each expense separately in the spaces provided. If more space is needed, use another sheet of paper. Other expenses can include the following:

- Amortization that began in 2022; attach Form 4562
- Bad business debt that was previously reported as income. If the bad debt is paid off after writing the amount off as a deduction or expense, the business must include on their next return the reduction amount that they had received as income
- At-risk loss deduction
- Business start-up costs
- Costs of making commercial buildings energy efficient
- Deductions for removing barriers to the elderly and individuals with disabilities
- Excess farm loss
- Film and television production expenses
- Forestation and reforestation costs

Do not include the following as other expenses:

- Charitable contributions
- Cost of business equipment or furniture
- Replacements or permanent improvements to property
- Personal, living, and family expenses
- Fines or penalties paid to a government for violating any law

El inventario es una lista detallada de bienes, con valoraciones, mantenidos para la venta o el consumo en un negocio de fabricación o comercialización. El inventario debe incluir todos los productos terminados o parcialmente terminados y solo aquellas materias primas y suministros que se han adquirido para la venta o que se convertirán físicamente en parte de la mercancía destinada a la venta. La forma en que las empresas valoran el inventario varía de una empresa a otra. Consulte la Publicación 334.

Anexo C, Parte IV, Información sobre su vehículo, parte del Anexo C

Para reclamar gastos relacionados con el vehículo, el contribuyente ingresa la información del vehículo en la Parte IV. Los desplazamientos generalmente se consideran viajes entre el hogar y el trabajo. La Parte IV se utiliza para calcular la tasa estándar por milla para el vehículo del contribuyente. Si se utilizó más de un vehículo, adjunte una declaración que contenga la misma información incluida en el Anexo C, Parte IV. Las siguientes circunstancias pueden no cumplir con las reglas de viaje:

- El contribuyente tiene al menos un lugar regular fuera del hogar y el viaje es a un lugar de trabajo temporal en la misma actividad o negocio. Ver Pub 463
- El viaje es a un lugar de trabajo temporal fuera del lugar donde vive y trabaja normalmente
- El hogar es el domicilio social principal y el viaje es a otro lugar de trabajo en la misma actividad o negocio, sin importar si el lugar es regular o temporal e independientemente de la distancia. Consulte la sección 280A(c)(1)(A) del IRC

Para obtener más información sobre las reglas de mantenimiento de registros para vehículos, consulte la Publicación 463.

Anexo C, Parte V, Otros gastos

Otros gastos se deducen en la Parte V, Anexo C. Otros gastos consideran cualquier gasto que no esté incluido en otra parte y que sea tanto ordinario como necesario en la operación del negocio del contribuyente. Una vez que se hayan informado todos los demás gastos, calcule la cantidad total e infórmela en la línea 48 y la línea 27a.

Describa el tipo y monto de cada gasto por separado en los espacios provistos. Si necesita más espacio, use otra hoja de papel. Otros gastos pueden incluir lo siguiente:

- Amortización que comenzó en 2022; adjunte el Formulario 4562
- Deudas comerciales incobrables que se declararon anteriormente como ingresos. Si la deuda incobrable se paga después de colocar la cantidad como una deducción o gasto, la empresa debe incluir la cantidad de reducción que recibió como ingreso en su próxima declaración
- Deducción por pérdida de riesgo
- Costos de puesta en marcha de una empresa
- Costo de hacer edificios comerciales energéticamente eficientes
- Deducciones por eliminación de barreras a personas mayores y personas con discapacidad
- Pérdida agrícola en exceso
- Gastos de producción cinematográfica y de televisión
- Costos de forestación y reforestación

No incluya lo siguiente como otros gastos:

- Contribuciones caritativas
- Costo de equipos o mobiliario del negocio
- Reemplazos o mejoras permanentes a la propiedad
- Gastos personales, de manutención y familiares
- Multas o sanciones pagadas a un gobierno por violar cualquier ley

Bad Debts from Sales or Services

The business owner accrues bad debt when the charges for sales or service become uncollectable from a customer. Bad debt that is unrelated to business is not a reportable entry. When using the cash method of accounting, bad debts cannot be deducted unless the amount was previously included as income.

Start-Up Costs

Start-up costs are the expenses incurred before a business begins due to starting or purchasing a business. Taxpayers can elect to deduct up to $5,000 of start-up costs and up to $5,000 of organizational expenditures that were paid or incurred during the tax year in which the trade or business began. Start-up or organizational expenditures not deductible in the year in which the trade or business began must be capitalized and amortized over the 15 years following the business or trade's beginning. See Publication 535.

The following are examples of start-up costs:

- Survey of market
- Advertisements for the opening of the business
- Training wages
- Travel and other expenses incurred to secure distributors, suppliers, etc.
- Consulting fees and professional fees connected with starting a business
- Legal fees
- Net operating loss (NOL)

A net operating loss is incurred when business expenses and expenditures exceed business income. Sometimes the loss is great enough to offset income from other tax years. For more information, see Publication 536, *Net Operating Losses (NOLs) for Individuals, Estates and Trusts.*

Work Opportunity Tax Credit (WOTC)

An employee may claim the work opportunity credit for wages paid to workers from 10 targeted groups. See IRC Code section 51 and 52 for a description of targeted groups. The credit is calculated on Form 5884 and reduces the taxpayer's deduction for wages and salaries. The work opportunity credit is a business credit, and the credit can be claimed against both regular and alternative minimum tax liabilities.
The credit is normally 40% of the first $6,000 of qualified wages during the first year of employment, then reduced to 25% of the first $6,000 if the employee works less than 400 hours. The employee needs to work at least 120 hours for the employer to qualify. See IRC code section 51.

This credit has been extended to 2020 and before 2026 for qualifying wages. Qualifying wages do not include:

- Wages paid to or earned for any employee during any period the employee was paid by a federally funded on-the-job training program
- Wages paid for a summer youth employee for services performed when the employee lived outside an empowerment zone

Deudas incobrables por ventas o servicios

El propietario del negocio acumula deudas incobrables cuando se considera que los cargos por ventas o servicios ya no pueden ser cobrados a un cliente. Las deudas incobrables que no están relacionadas con el negocio no son una entrada declarable. Cuando se utiliza el método contable en efectivo, las deudas incobrables no se pueden deducir a menos que la cantidad se haya incluido previamente como ingreso.

Gastos iniciales

Los costos iniciales son los gastos incurridos antes de que el negocio inicie debido a la puesta en marcha o compra de un negocio. Los contribuyentes pueden optar por deducir hasta $5,000 de los costos iniciales del negocio y hasta $5,000 de los gastos organizativos que se pagaron o incurrieron durante el año fiscal en el que comenzó la actividad o negocio. Los gastos de puesta en marcha u organizativos que no son deducibles en el año en que se inició la actividad o negocio deben capitalizarse y amortizarse en el transcurso de los 15 años siguientes al inicio de la actividad o el negocio. Consulte la Publicación 535.

Los siguientes son ejemplos de costos iniciales del negocio:

- Encuesta de mercado
- Anuncios para la apertura del negocio
- Salarios de capacitación
- Viajes y otros gastos incurridos para asegurar distribuidores, proveedores, etc.
- Honorarios de consultoría y honorarios profesionales relacionados con la creación de una empresa
- Honorarios legales
- Pérdida operativa neta (NOL)

Se incurre en una pérdida operativa neta cuando los gastos comerciales y los gastos exceden los ingresos comerciales. A veces, la pérdida es lo suficientemente grande como para compensar los ingresos de otros años fiscales. Para obtener más información, consulte la Publicación 536, *Pérdidas Operativas Netas (NOL) para Personas Naturales, Patrimonios y Fideicomisos.*

Crédito fiscal de oportunidad laboral (WOTC)

Un empleado puede reclamar el crédito de oportunidad laboral por los salarios pagados a trabajadores de 10 grupos específicos. Consulte las secciones 51 y 52 del Código IRC para obtener una descripción de los grupos objetivo. El crédito se calcula en el Formulario 5884 y reduce la deducción del contribuyente por concepto de sueldos y salarios. El crédito por oportunidad de trabajo es un crédito comercial, y el crédito se puede reclamar contra las obligaciones tributarias mínimas regulares y alternativas.
El crédito normalmente es del 40% de los primeros $6,000 de salarios calificados durante el primer año de empleo, luego se reduce al 25% de los primeros $6,000 si el empleado trabaja menos de 400 horas. El empleado debe trabajar al menos 120 horas para que el empleador califique. Consulte la sección 51 del código IRC.

Este crédito se ha extendido hasta 2020 y antes de 2026 para salarios calificados. Los salarios calificados no incluyen:

- Salarios pagados o ganados por cualquier empleado durante cualquier período en el que el empleado recibió pago mediante un programa de capacitación en el trabajo financiado con fondos federales
- Salarios pagados a un empleado juvenil de verano por servicios prestados cuando el empleado vivía fuera de una zona de empoderamiento

- Wages paid to a designated community resident for services by a summer youth employee before or after any 90-day period between May 1 and September 15

See Instructions Form 5884.

Research Credit

A sole proprietor, partnership, or corporation that does not have publicly traded stock could claim the research credit. Any unused credit will be carried forward and deducted in the next year. To be able to claim this credit the research activities must directly contribute to the enhancement or creation of new or improved aspects of the function, performance, reliability, or quality of a product, process, software, or technology within the company. Capitalized expenses are reduced by the amount of the research credit that exceeds the amount allowable as a deduction for the expenses. For expenditures paid or incurred in the tax year 2023, the amount is capitalized and eligible for amortization over five years and is reduced by the excess (if any) of the research credit for the tax year.

Part 2 Review

To obtain the maximum benefit from each part go online now and watch the video.

Part 3 Qualified Business Income

The qualified business income deduction (QBI) is a tax deduction that allows eligible self-employed and small-business owners to deduct up to 20% of their qualified business income on the tax return. To be eligible, the taxpayer's total taxable income for 2023 must be under $182,100 for all filers except married filing jointly. The joint filers' income needs to be less than $364,200 to qualify.

Qualified Business Income (QBI) is the net amount of income, gain, deduction, and loss for any qualified taxpayer business. Qualified items of income, gain deduction, and loss include items that are effectively connected with the conduct of a U.S. trade or business and are included in determining the business's taxable income for the tax year.

The Section 199A Qualified Business Income Deduction, enacted as part of the Tax Cuts and Jobs Act in 2017, was meant to provide a tax benefit to smaller flow-through businesses in response to the large decrease in the C corporation tax rate from 35% to 21%.

To calculate the Sec. 199A deduction start by determining the QBI, which is determined separately for each of the taxpayer's qualified businesses. Certain investment items are excepted from QBI, including short-term and long-term capital gains and losses, dividends, and interest income not properly allocable to a trade or business. QBI also does not include reasonable compensation payments to a taxpayer for services rendered to a qualified business, guaranteed payments to a partner for services rendered to a business, and, to the extent provided in regulations, a Sec. 707(a) payment to a partner for services rendered to the business (Sec. 199A(c)).

- Salarios pagados a un residente de la comunidad designado por servicios prestados por un empleado juvenil de verano antes o después de cualquier período de 90 días entre el 1 de mayo y el 15 de septiembre

Consulte las Instrucciones del Formulario 5884.

Crédito de investigación

Una empresa individual, sociedad o sociedad anónima que no tenga acciones que cotizan en bolsa podría reclamar el crédito de investigación. Cualquier crédito no utilizado se trasferirá y deducirá el año siguiente. Para poder reclamar este crédito, las actividades de investigación deben contribuir directamente a la mejora o creación de aspectos nuevos o mejorados de la función, rendimiento, confiabilidad o calidad de un producto, proceso, software o tecnología dentro de la empresa. Los gastos capitalizados se reducen por el monto del crédito de investigación que exceda el monto permitido como deducción de los gastos. Para los gastos pagados o incurridos en el año fiscal 2023, el monto se capitaliza y es elegible para amortización durante cinco años y se reduce por el exceso (si corresponde) del crédito de investigación para el año fiscal.

Revisión de la Parte 2

Para obtener el máximo beneficio de cada parte, conéctese ahora y mire el video.

Parte 3 Ingresos comerciales calificados

La deducción de ingresos comerciales calificados (QBI) es una deducción de impuestos que permite a los trabajadores independientes y propietarios de pequeñas empresas elegibles deducir hasta el 20% de sus ingresos comerciales calificados en la declaración de impuestos. Para ser elegible, el ingreso gravable total del contribuyente para 2023 debe ser inferior a $182,100 para todos los contribuyentes, excepto los contribuyentes casados declarando conjuntamente. Los ingresos de los declarantes conjuntos deben ser inferiores a $364,200 para calificar.

Los ingresos comerciales calificados (QBI) son la cantidad neta de ingresos, ganancias, deducciones y pérdidas de cualquier negocio de contribuyente calificado. Las partidas calificadas de ingresos, la deducción de ganancias y la pérdida incluye las partidas que están efectivamente relacionadas con la realización de una actividad o negocio de los EE. UU. y se incluyen para determinar el ingreso gravable de la empresa para el año fiscal.

La Deducción de Ingresos Comerciales Calificados de la Sección 199A, promulgada como parte de la Ley de Empleos y Reducción de Impuestos en 2017, estaba destinada a proporcionar un beneficio fiscal a las empresas de flujo continuo más pequeñas en respuesta a la gran disminución en la tasa impositiva de las sociedades anónimas C del 35% al 21%.

Para calcular la deducción de la sección 199A comience calculando el QBI, que se determina por separado para cada una de las empresas calificadas del contribuyente. Ciertas partidas de inversión están exentas del QBI, incluyendo las ganancias y pérdidas de capital a corto y largo plazo, los dividendos y los ingresos por intereses que no se pueden asignar adecuadamente a una actividad o negocio. El QBI tampoco incluye pagos de remuneración razonables a un contribuyente por servicios prestados a una empresa calificada, pagos garantizados a un socio por servicios prestados a una empresa y, en la medida en que lo estipulan las regulaciones, un pago de Sec. 707(a) a un socio por los servicios prestados a la empresa (Sec. 199A(c)).

20% Deduction for a Pass-Through Qualified Trade or Business

The combined QBI amount serves as a placeholder: it is the amount of the Section 199A deduction before considering a final overall limitation. Under this overall limitation, a taxpayer's QBI deduction is limited to 20% of the taxpayer's taxable income in excess of any net capital gain. The combined QBI amount is the sum of the deductible QBI amounts for each of the taxpayer's qualified businesses. The deductible QBI amount of a qualified business is generally 20% of its QBI, but the deductible QBI amount may be limited when the business is a specified service trade or business or by a wage and capital limitation. See Sec. 199A(b).

The calculation of a taxpayer's Sec. 199A deduction depends on whether the taxpayer's taxable income is below a lower taxable income threshold ($170,100, or $340,100 if filing a joint return). When computing taxable income for this purpose, the Sec. 199A deduction is ignored.

If a taxpayer has income below the lower threshold, calculating the Sec. 199A deduction is straightforward. The taxpayer first calculates the deductible QBI amount for each qualified business and combines the deductible QBI amounts to determine the combined QBI amount. If the taxpayer has only one qualified business, the combined QBI amount is the deductible QBI amount for that business. The taxpayer then applies the overall taxable income limitation to the combined QBI. Thus, the taxpayer's Sec. 199A deduction is equal to the lesser of the combined QBI amount or the overall limitation (20% × taxpayer's taxable income in excess of any net capital gain).

Issues in Calculating the Deduction

If the taxpayer has taxable income above the higher threshold amount, two issues arise in the calculation of the Sec. 199A deduction. First, if the taxpayer has a business that meets the definition of a specified service trade or business (see below), it will not be treated as a qualified business, and the income of the business of the taxpayer will not be included in QBI. Thus, the Sec. 199A deduction will be denied in full for the business. Second, if a business is a qualified business (i.e., it is not a specified service trade or business), the deductible QBI amount for the business is subject to a W-2 wage and capital limitation. Taxpayers with taxable income that is over the phaseout amount are unable to use the Sec. 199A deduction for the business income that is a specified service trade or business.

Specified Service Trade or Business

A specified service trade or business is defined in Sec. 199A(d)(2) as "any trade or business which is described in section 1202(e)(3)(A) (applied without regard to the words 'engineering, architecture,') ... or which involves the performance of services that consist of investing and investment management, trading, or dealing in securities (as defined in section 475(c)(2)), partnership interests, or commodities (as defined in section 475(e)(2))."

Sec. 1202(e)(3)(A) defines a "qualified trade or business" as:

> "...any trade or business involving the performance of services in the fields of health, law, engineering, architecture, accounting, actuarial science, performing arts, consulting, athletics, financial services, brokerage services, or any trade or business where the principal asset of such trade or business is the reputation or skill of 1 or more of its employees or owners."

Deducción del 20% para una Actividad o Negocio de Transferencia Calificada

La cantidad combinada de QBI sirve como marcador de posición: es la cantidad de la deducción de la Sección 199A antes de considerar una limitación general final. Bajo esta limitación general, la deducción del QBI de un contribuyente se limita al 20% del ingreso gravable del contribuyente en exceso de cualquier ganancia neta de capital. El monto combinado del QBI es la suma de los montos deducibles de QBI para cada uno de los negocios calificados del contribuyente. El monto deducible de QBI de una empresa calificada es generalmente el 20% de su QBI, pero el monto deducible de QBI puede estar limitado cuando el negocio es una actividad, negocio o servicio específico o por una limitación de salario o capital. Consulte la sección 199A(b).

El cálculo de la deducción de la Sec. 199A del contribuyente depende de si el ingreso gravable del contribuyente está por debajo del límite de ingreso gravable más bajo ($170,100 o $340,100 si se declara conjuntamente). Al calcular los ingresos gravables para este fin, se ignora la deducción de la Sec. 199A.

Si un contribuyente tiene ingresos por debajo del límite más bajo, es sencillo calcular la deducción de la Sec. 199A. El contribuyente primero calcula el monto deducible del QBI para cada negocio calificado y suma los montos deducibles del QBI para determinar el monto combinado del QBI. Si el contribuyente solo tiene un negocio calificado, el monto combinado del QBI es el monto deducible del QBI para ese negocio. El contribuyente luego aplica la limitación del ingreso gravable general al QBI combinado. Así, la deducción de la Sec. 199A del contribuyente es igual al menor del monto combinado del QBI o la limitación general (20% x el ingreso gravable del contribuyente en exceso de cualquier ganancia neta de capital).

Problemas para calcular la deducción

Si el contribuyente tiene un ingreso gravable por encima del monto límite más alto, surgen dos problemas en el cálculo de la deducción de la Sec. 199A. Primero, si el contribuyente tiene un negocio que cumple con la definición de una actividad o negocio de servicios específico (ver más abajo), no será tratado como un negocio calificado, y los ingresos del negocio del contribuyente no serán incluidos en el QBI. Así, la deducción de la Sec. 199A será denegada en su totalidad para el negocio. En segundo lugar, si una empresa es una empresa calificada (es decir, no es una actividad o negocio de servicios especificados), el monto deducible del QBI para la empresa está sujeto a un salario W-2 y a una limitación de capital. Los contribuyentes con ingresos gravables que superen el monto de eliminación gradual no pueden usar la deducción de la Sección 199A por el ingreso comercial que es una actividad o negocio de servicio específico.

Actividad o negocio de servicio específico

Una actividad o negocio de servicio especificado se define en la Sec. 199A(d)(2) como "cualquier actividad o negocio que se describe en la sección 1202(e)(3)(A) (se aplica sin tener en cuenta las palabras "ingeniería, arquitectura")... o que involucra el desempeño de servicios que consisten en inversiones y gestión de inversiones, negociación o transacciones de valores (como se define en la sección 475(c)(2)), intereses de sociedades o productos básicos (como se define en la sección 475(e)(2))".

La Sec. 1202(e)(3)(A) define una "actividad o negocio calificado" como:

> "...cualquier actividad o negocio que involucra el desempeño de servicios en los campos de salud, derecho, ingeniería, arquitectura, contabilidad, ciencias actuariales, artes escénicas, consultoría, atletismo, servicios financieros, servicios de corretaje o cualquier actividad o negocio donde el activo principal sea la reputación o habilidad de uno o más de sus empleados".

Thus, service trades or businesses (e.g., engineering, architecture, manufacturing, etc.) that are not specified service trades or businesses are eligible for the deduction regardless of the taxpayer's taxable income, but businesses providing specified services (e.g., law, accounting, consulting, investment management, etc.) of taxpayers who have taxable income above the higher taxable income threshold limit are excluded from the deduction.

Taxpayers with Income Above the Threshold

If a taxpayer has taxable income above the higher taxable income threshold and owns a business that is not a specified service trade or business, the QBI deductible amount for the business is subject to a limitation based on W-2 wages or capital (capital here is measured as the unadjusted basis of certain business assets) (Sec. 199A(b)(2)(B)). The deductible QBI amount for the business is equal to the *lesser* of 20% of the business's QBI or the *greater* of 50% of the W-2 wages for the business or 25% of the W-2 wages plus 2.5% of the business's unadjusted basis in all qualified property. Thus, two alternative limitations under Sec. 199A(b)(2) may limit the deductible QBI amount for each business that is included in a taxpayer's combined QBI amount (a pure 50% wage test or a combined 25% wage and capital test).

QBI and the W-2

W-2 wages are total wages subject to wage withholding, elective deferrals, and deferred compensation paid during the tax year that are attributable to QBI (Sec. 199A(b)(4)). However, amounts not properly included in a return filed with the Social Security Administration on or before the 60th day after the due date (including extensions) for that return are not included (Sec. 199A(b)(4)(C)). A partner's allocable share of W-2 wages is required to be determined in the same manner as the partner's share of wage expenses.

QBI and Property

The basis of qualifying property is calculated as the unadjusted basis immediately after acquisition of that property. Qualifying property is tangible property or depreciable property that was held by and available for use in the business at the close of the tax year, or was used in the production of QBI at any time during the year, and the "depreciable period" has not ended before the close of the tax year (Sec. 199A(b)(6)).

The depreciable period starts on the date the property is first placed in service and ends the last day of the last full year of the applicable recovery period under Sec. 168 (disregarding Sec. 168(g)) or 10 years after the beginning date, whichever is later. This rule allows "qualified property" to include property that has exhausted its modified accelerated cost recovery system (MACRS) depreciation period if it is still in its first 10 years of service. The statute directs Treasury to provide anti-abuse rules to prevent the manipulation of the depreciable period of qualified property through related-party transactions and for determining the unadjusted basis immediately after the acquisition of qualified property in like-kind exchanges and involuntary conversions.

Service Trade Disqualifier

A taxpayer potentially loses all or part of the Sec. 199A deduction if taxable income rises too high and the income is from a specified service business. The income phase-out amounts are as follows (adjusted for inflation in 2022):

- All other — $170,050 - $220,050 partial phase out of Sec. 199A
$220,051 + complete phase out of Sec. 199A
- MFJ — $340,100 - $440,100 partial phase out of Sec. 199A
$440,101+ complete phase out of Sec. 199A

Por lo tanto, las actividades o negocios de servicios (por ejemplo, ingeniería, arquitectura, fabricación, etc.) que no son actividades o negocios de servicios especificados son elegibles para la deducción independientemente del ingreso gravable del contribuyente, pero las empresas que brindan servicios específicos (por ejemplo, derecho, contabilidad, consultoría, gestión de inversiones, etc.) a los contribuyentes que tienen ingresos gravables por encima del límite de ingresos gravables más altos se excluyen de la deducción.

Contribuyentes con ingresos superiores al límite

Si un contribuyente tiene un ingreso gravable por encima del límite de ingreso gravable más alto y es propietario de un negocio que no es una actividad o negocio de servicio especificado, el monto deducible del QBI para el negocio está sujeto a una limitación basada en los salarios o el capital W-2 (el capital aquí es calculado como la base no ajustada de ciertos activos comerciales) (Sec. 199A(b)(2)(B)). El monto deducible del QBI para el negocio es igual al *menor* del 20% del QBI de la empresa o el mayor del 50% de los salarios de W-2 para el negocio o el 25% de los salarios W-2 más el 2.5% de la base no ajustada del negocio en todas las propiedades calificadas. Por lo tanto, dos limitaciones alternativas bajo la Sec. 199A(b)(2) puede limitar el monto deducible del QBI para cada negocio que se incluye en el monto combinado del QBI de un contribuyente (una prueba de salario puro del 50% o una prueba combinada de salario y capital del 25%).

El QBI y el formulario W-2

Los salarios W-2 son salarios totales sujetos a retención de salarios, aplazamientos electivos y compensaciones diferidas pagadas durante el año fiscal que son atribuibles al QBI (Sec. 199A(b)(4)). Sin embargo, no se incluyen los montos que no se incluyeron correctamente en una declaración presentada ante la Administración del Seguro Social en el día 60 o después de la fecha de vencimiento (incluidas las prórrogas) para esa declaración (Sec. 199A(b)(4)(C)). La parte asignable de un socio de los salarios W-2 se debe determinar de la misma manera que la parte del socio en los gastos salariales.

El QBI y artículos personales

La base de la propiedad calificada se calcula como la base no ajustada inmediatamente después de la adquisición de esa propiedad. Propiedad calificada es una propiedad tangible o propiedad depreciable que se mantuvo y estuvo disponible para su uso en el negocio al cierre del año fiscal, o que se usó en la producción de QBI en cualquier momento durante el año y para la cual el "período depreciable" ha no terminó antes del cierre del año fiscal (Sec. 199A(b)(6)).

El período de depreciación comienza en la fecha en que la propiedad se puso por primera vez en servicio y finaliza el último día del último año completo del período de recuperación aplicable bajo la Sec. 168 (sin tener en cuenta la Sec. 168(g)) o 10 años después de la fecha de inicio, la que sea posterior. Esta regla permite que la "propiedad calificada" incluya propiedades que hayan agotado su período de depreciación del Sistema de Recuperación Acelerada de Costos Modificado (MACRS) si aún se encuentra en sus primeros 10 años de servicio. El estatuto ordena al Tesoro proporcionar reglas contra el abuso para evitar la manipulación del período depreciable de la propiedad calificada a través de transacciones con partes relacionadas, y para determinar la base no ajustada inmediatamente después de la adquisición de la propiedad calificada en intercambios similares y conversiones involuntarias.

Descalificador del comercio del servicio

Un contribuyente potencialmente pierde todo o parte de la deducción de la Sec. 199A, si el ingreso gravable aumenta demasiado y si el ingreso proviene de un negocio de servicio especificado. Los montos de eliminación gradual de ingresos son los siguientes (ajustados a la inflación en 2022):

- Todos los demás — \$170,050 - \$220,050 eliminación gradual parcial de la Sec. 199A
\$220,051 + eliminación gradual completa de la Sec. 199A
- MFJ — \$340,100 - \$440,100 eliminación gradual parcial de la Sec. 199A
\$440,101+ eliminación gradual completa de la Sec. 199A

A taxpayer potentially loses all or part of the Sec. 199A deduction if taxable income rises too high and the income is from a specified service business. This includes "fields of health, law, accounting, actuarial science, performing arts, consulting, athletics, financial services, brokerage services, or any trade or business where the principal asset of the business is the reputation or skill of one or more of its employees or owners."

The terminology "within the United States" means taxpayers only receive the 20% deduction on business income earned exclusively in the U.S. and on rental income from property located inside the U.S. The taxpayer only counts W-2 wages for businesses or real estate located within the U.S. If depreciable property figures into the formula, the property must be located inside the U.S. Therefore, if an entrepreneur has qualified business income from within and outside the U.S., separate the two before calculating the Sec. 199A deduction.

Pass-Through Entities

The pass-through deduction is available regardless of which deduction method is chosen—itemized or standard deduction. The deduction cannot exceed 20% of the excess of a taxpayer's taxable income over net capital gain. If QBI is less than zero, it is treated as a loss from a qualified business in the following year.

For pass-through entities other than sole proprietorships, the deduction cannot exceed whichever of the following is greater:

- 50% of the W-2 wages with respect to the qualified trade or business ("W-2 wage limit")
- The sum of 25% of the W-2 wages paid with respect to the qualified trade or business *plus* 2.5% of the unadjusted basis of all "qualified property" immediately after acquisition

Qualified property is any tangible, depreciable property that is held by and available for use in a qualified trade or business.

For a partnership or S corporation, each partner or shareholder is treated as having W-2 wages for the tax year in an amount equal to their allocable share of the W-2 wages of the entity for the tax year. A partner's or shareholder's allocable share of W-2 wages is determined in the same way as the partner's or shareholder's allocable share of wage expenses. For an S corporation, an allocable share is the shareholder's pro rata share of an item. However, the W-2 wage limit begins phasing out in the case of a taxpayer with taxable income exceeding $340,100 for married individuals filing jointly ($170,050 for other individuals). The application of the W-2 wage limit is phased in for individuals with taxable income exceeding the thresholds.

Reporting and Taxability of Form 1099-K, Payment Card, and Third-Party Network Transactions

Third-party settlement organizations charge a fee for being the facilitator of a transaction. The reporting requirements are $600 or more.

Effective January 1, 2022, third-party payment providers must begin reporting to the IRS business transactions totaling $600 or more, (ARPA section 9674(a); IRC section 6050W(e)). This new provision is meant to apply to transactions for goods and services only, but an individual taxpayer may receive a 1099-K for a nontaxable personal transaction. How do the new reporting guidelines distinguish between business and personal third-party transactions?

Un contribuyente potencialmente pierde todo o parte de la deducción de la Sec. 199A, si el ingreso gravable aumenta demasiado y si el ingreso proviene de un negocio de servicio especificado. Esto incluye "campos de la salud, el derecho, la contabilidad, las ciencias actuariales, las artes escénicas, la consultoría, el atletismo, los servicios financieros, los servicios de corretaje o cualquier actividad o negocio donde el activo principal del negocio sea la reputación o habilidad de uno o más de sus empleados o propietarios".

La terminología "dentro de los Estados Unidos" significa que los contribuyentes solo reciben la deducción del 20% sobre los ingresos comerciales devengados exclusivamente en los EE. UU. y sobre los ingresos por alquileres de las propiedades ubicadas dentro de los EE. UU. El contribuyente solo puede contar los salarios W-2 para esas empresas o bienes raíces ubicados dentro de los EE. UU. Si la propiedad depreciable figura en la fórmula, esa propiedad debe ubicarse dentro de los EE. UU. Por lo tanto, si un empresario tiene ingresos comerciales calificados dentro y fuera de los EE. UU., separe los dos antes de calcular la deducción de la Sec. 199A.

Entidades de transferencia

La deducción de transferencia está disponible sin importar si detalla las deducciones o si toma la deducción estándar. La deducción no puede exceder el 20% del exceso de su ingreso gravable sobre la ganancia neta de capital. Si el QBI es menor que cero, se trata como una pérdida de un negocio calificado en el año siguiente.

Para las entidades de transferencia distintas de las empresas individuales, la deducción no puede exceder la que sea mayor de las siguientes:

- 50% de los salarios W-2 con respecto a la actividad o negocio calificado ("límite salarial W-2")
- La suma del 25% de los salarios W-2 pagados con respecto a la actividad o negocio calificado *más* el 2.5% de la base no ajustada de todas las "propiedades calificadas" inmediatamente después de la adquisición

Propiedad calificada es una propiedad tangible y depreciable que se mantiene y está disponible para su uso en la actividad o negocio calificado.

Para una sociedad o sociedad anónima S, cada socio o accionista se considera que tiene salarios W-2 para el año fiscal en una cantidad igual a su parte asignable de los salarios W-2 de la entidad para el año fiscal. La parte asignable de un socio o accionista de los salarios W-2 se determina de la misma manera que la parte asignable del socio o accionista de los gastos salariales. Para una sociedad anónima S, una participación asignable es la participación proporcional del accionista de una partida. Sin embargo, el límite salarial W-2 comienza a disminuir gradualmente en el caso de un contribuyente con ingresos gravables que excedan los $340,100 para personas casadas declarando conjuntamente ($170,050 para otras personas). La aplicación del límite salarial W-2 se implementa gradualmente para las personas con ingresos gravables que exceden los límites.

Informes y tributación del formulario 1099-K, tarjeta de pago y transacciones con redes de terceros

Las organizaciones de liquidación de terceros cobran una tarifa por ser el facilitador de una transacción. Los requisitos de declaración son de $600 o más.

A partir del 1 de enero de 2022, los proveedores de pagos externos deben comenzar a informar al IRS sobre transacciones comerciales por un total de $600 o más (artículo 9674(a) de ARPA; artículo 6050W(e) del IRC). Esta nueva disposición está destinada a aplicarse únicamente a transacciones de bienes y servicios, pero un contribuyente individual puede recibir un 1099-K por una transacción personal no sujeta a impuestos. ¿Cómo distinguen las nuevas directrices de presentación de informes entre transacciones comerciales y personales de terceros?

When an individual sets up their third-party network transaction app such as PayPal, Zelle, Venmo, etc., they choose either a personal or a business account. When a payment is made to a personal profile, the payor could tag that transaction as payment for goods and services, which would be determined to be a business transaction, and yet it could be a personal payment for goods and services.

If payments are considered taxable business income, they need to be reported on the appropriate tax forms (Schedule C, etc.) even if the payment processor does not issue a 1099. The burden is on the taxpayer to substantiate and report these appropriately.
Starting December 31, 2022, Third-Party Settlement Organizations (TPSOs) must report transactions exceeding a minimum threshold of $600 in aggregate payments, as mandated by Notice 2023-10.

Form 1099-K is utilized to report payments received for goods or services during the year, including those from credit, debit, or stored value cards (payment cards), as well as payment apps or online marketplaces, commonly known as TPSOs. TPSOs are responsible for completing Form 1099-K and distributing copies to both the IRS and the taxpayer.

Payments received from family and friends, intended as gifts or personal reimbursements, should not be included on Form 1099-K. Taxpayers should utilize Form 1099-K, alongside other financial records, to accurately determine and report taxable income when filing their tax returns.
If customers or clients make payments directly via credit, debit, or gift cards, a Form 1099-K will be provided by the payment processor or settlement entity, irrespective of the number or amount of transactions.

A payment app or online marketplace is obliged to issue a Form 1099-K if payments for goods or services exceed $20,000 or involve more than 200 transactions. However, they may opt to issue Form 1099-K for lower amounts. Regardless of receiving a Form 1099-K, all income must still be reported on tax returns.

Reportable payments encompass those for goods sold, services provided, or property rented, and can originate from various platforms including payment apps, online marketplaces, auction sites, and freelance marketplaces. Taxpayers may receive multiple Form 1099-K if they accept payments across different platforms.

Payments received from friends and family for personal expenses or gifts are not taxable income and should not be reported on Form 1099-K. Examples include cost-sharing for rides or meals, birthday or holiday gifts, and reimbursements for rent or household bills. It is advisable to categorize these payments as non-business within payment apps where feasible.

Employee Retention Credit

An employer may qualify for a refundable employment tax equal to 50% of qualified wages. The eligible employer who pays employees after March 21, 2020, and before January 1, 2022, may qualify for the Employee Retention Credit. The credit is 50% of the employees' wages up to $10,000 per employee. To receive the refunded money, the employer will need to file Form 7200, *Advance of Employer Credits Due to COVID-19.* In fall 2023, the IRS, in response to an increase in improper ERC claims, enacted a moratorium on new claims received on or after Sept. 14, 2023; the moratorium was initially effective until at least Dec. 31, 2023, but the IRS has not announced if or when it will again accept ERC claims. This credit has expired but the taxpayer can still amend their 2021 tax return and 941s. See Instructions Form 7200.

Cuando una persona natural configura su aplicación de transacciones de red de terceros, como PayPal, Zelle, Venmo, etc., elige una cuenta personal o comercial. Cuando se realiza un pago a un perfil personal, el pagador podría etiquetar esa transacción como pago por bienes y servicios, lo que se determinaría como una transacción comercial y, sin embargo, podría ser un pago personal por bienes y servicios.

Si los pagos se consideran ingresos comerciales sujetos a impuestos, deben declararse en los formularios de impuestos correspondientes (Anexo C, etc.) incluso si el procesador de pagos no emite un 1099. La carga de fundamentarlos e informarlos adecuadamente recae en el contribuyente. A partir del 31 de diciembre de 2022, las Organizaciones de Liquidación de Terceros (TPSO) deben informar las transacciones que superen un límite mínimo de $600 en pagos agregados, según lo dispuesto en el Aviso 2023-10.

El formulario 1099-K se utiliza para informar los pagos recibidos por bienes o servicios durante el año, incluidos los de tarjetas de crédito, débito o de valor almacenado (tarjetas de pago), así como aplicaciones de pago o mercados en línea, comúnmente conocidas como TPSO. Las TPSO son responsables de completar el Formulario 1099-K y distribuir copias tanto al IRS como al contribuyente.

Los pagos recibidos de familiares y amigos, destinados a donaciones o reembolsos personales, no deben incluirse en el Formulario 1099-K. Los contribuyentes deben utilizar el Formulario 1099-K, junto con otros registros financieros, para determinar y declarar con precisión los ingresos gravables al presentar sus declaraciones de impuestos.
Si los clientes realizan pagos directamente mediante tarjetas de crédito, débito o donación, el procesador de pagos o la entidad de liquidación proporcionará un Formulario 1099-K, independientemente del número o monto de las transacciones.
Una aplicación de pago o un mercado en línea está obligado a emitir un Formulario 1099-K si los pagos por bienes o servicios superan los $20,000 o involucran más de 200 transacciones. Sin embargo, pueden optar por emitir el Formulario 1099-K por montos más bajos. Independientemente de recibir un Formulario 1099-K, todos los ingresos deben declararse en las declaraciones de impuestos.

Los pagos declarables abarcan los de bienes vendidos, servicios prestados o propiedades alquiladas, y pueden originarse en diversas plataformas, incluidas aplicaciones de pago, mercados en línea, sitios de subastas y mercados independientes. Los contribuyentes pueden recibir varios Formularios 1099-K si aceptan pagos a través de diferentes plataformas.
Los pagos recibidos de amigos y familiares por gastos personales o donaciones no son ingresos gravables y no deben declararse en el Formulario 1099-K. Los ejemplos incluyen costos compartidos para viajes o comidas, donaciones de cumpleaños o días festivos y reembolsos de alquiler o facturas del hogar. Es recomendable clasificar estos pagos como no comerciales dentro de las aplicaciones de pago cuando sea posible.

Crédito de retención de empleados

Un empleador puede calificar para un impuesto laboral reembolsable equivalente al 50% de los salarios calificados. El empleador elegible que paga a los empleados después del 21 de marzo de 2020 y antes del 1 de enero de 2022 puede calificar para el Crédito por Retención de Empleados. El crédito es del 50% del salario de los empleados hasta $10,000 por empleado. Para recibir el dinero reembolsado, el empleador deberá presentar el Formulario 7200, Anticipo de créditos del empleador debido a COVID-19. En el otoño de 2023, el IRS, en respuesta a un aumento de reclamaciones ERC inadecuadas, promulgó una moratoria sobre nuevas reclamaciones recibidas a partir del 14 de septiembre de 2023; La moratoria estuvo inicialmente vigente hasta al menos el 31 de diciembre de 2023, pero el IRS no ha anunciado si aceptará nuevamente las reclamaciones de ERC ni cuándo. Este crédito expiró, pero el contribuyente aún puede modificar su declaración de impuestos de 2021 y su formulario 941. Consulte las Instrucciones del Formulario 7200.

Recordkeeping

This section will cover basic recordkeeping for all business returns. A tax professional should emphasize to their clients the importance of recordkeeping and advise them to keep separate business and personal accounts. If a taxpayer has a loss on their business return, remind the taxpayer of the hobby rules. The taxpayer does not want to lose expense deductions due to poor recordkeeping; this is where the tax professional should spend time with their clients to educate them on how to track income and expenses. A good recordkeeping system includes a summary of all business transactions. These transactions are recorded in journals and ledgers and can be kept electronically or as hard copies (paper). If paper records are maintained, they must be stored in a secure manner, such as being kept in a locked filing cabinet or safe. Electronic records must be backed up in case of a computer failure, and should be password protected for security and privacy.

Benefits of Recordkeeping

Everyone in business must keep appropriate and accurate records. Recordkeeping will help the taxpayer:

- Monitor the progress of their business
- Prepare an accurate financial statement
- Classify receipts
- Track deductible business expenses
- Prepare the tax return
- Support reported income and expenses on the tax return

Records show the taxpayer if the business is improving, which items sell the best, and insights to increase the success of the business. Records are needed to prepare accurate financial statements, which include profit and loss, balance sheets, and any other financial statements.

Taxpayers should identify receipts at the time of purchase. It is easier to get into the habit of tracking receipts when received rather than dealing with them when preparing the tax return. A tax professional should teach clients how to identify and track receipts.

Kinds of Records to Keep

The taxpayer should choose the recordkeeping system that is best for their business. The system should match the accounting method of the taxpayer's tax year. The recordkeeping system should include a summary of all the taxpayer's business transactions. For example, recordkeeping should show gross income as well as deductions and credits for the business. Supporting documentation for consistently reoccurring transactions, such as purchases, sales, and payroll, should be maintained. It is important to retain documentation that supports the entries in the journal, ledgers, and the tax return. Records for travel, transportation, and gift expenses fall under specific recordkeeping rules. For more information see Publication 463. There are also specific employment tax records the employer must

See Publication 51 (Circular A).

Mantenimiento de registros

Esta sección cubrirá el mantenimiento de registros básicos para todas las declaraciones comerciales. Un profesional de impuestos debe enfatizar al cliente la importancia de mantener registros y mantener las cuentas comerciales separadas de las cuentas personales. Si un contribuyente tiene una pérdida en su declaración comercial, recuerde al contribuyente las reglas del pasatiempo. El contribuyente no quiere perder las deducciones de gastos debido a un registro deficiente; aquí es donde el profesional de impuestos debe pasar tiempo con sus clientes para educarlos sobre cómo realizar un seguimiento de los ingresos y gastos. Un buen sistema de mantenimiento de registros incluye un resumen de todas las transacciones comerciales. Estas transacciones se registran en diarios y libros de contabilidad y se pueden conservar electrónicamente o en copias impresas (papel). Si se mantienen registros impresos, deben almacenarse de manera segura, como en un archivador cerrado con llave o en una caja fuerte. Los registros electrónicos deben tener una copia de seguridad en caso de una falla en la computadora y deben estar protegidos con contraseña por razones de seguridad y privacidad.

Beneficios del mantenimiento de registros

Todos en el negocio deben mantener registros apropiados y precisos. El mantenimiento de registros ayudará al contribuyente a:

- Supervisar el progreso sus negocios
- Preparar un estado financiero preciso
- Clasificar recibos
- Realizar un seguimiento de los gastos comerciales deducibles
- Preparar la declaración de impuestos
- Respaldar los ingresos y gastos reportados en la declaración de impuestos

Los registros le muestran al contribuyente si el negocio está mejorando, qué partida se venden mejor e información para aumentar el éxito del negocio. Los registros son necesarios para preparar los estados financieros precisos, que incluyen ganancias y pérdidas, balances contables y cualquier otro estado financiero.

Los contribuyentes deben identificar los recibos al momento de la compra. Es más fácil adoptar el hábito de hacer seguimiento de los recibos cuando se reciben en lugar de tener que lidiar con ellos cuando se prepara la declaración de impuestos. Un profesional de impuestos debe enseñar a los clientes cómo identificar y hacer seguimiento de los recibos.

Tipos de mantenimiento de registros

El contribuyente debe elegir el sistema de mantenimiento de registros que sea mejor para su negocio. El sistema debe coincidir con el método contable del año fiscal del contribuyente. El sistema de mantenimiento de registros debe incluir un resumen de todas las transacciones comerciales del contribuyente. Por ejemplo, el mantenimiento de registros debe mostrar los ingresos brutos, así como deducciones y créditos para el negocio. Se debe mantener la documentación de respaldo para transacciones que se repiten constantemente, como compras, ventas y nómina. Es importante conservar la documentación que respalda los registros en el diario, los libros mayores y la declaración de impuestos. Los registros de gastos de viaje, transporte y donaciones están sujetos a reglas específicas de mantenimiento de registros. Para obtener más información, consulte la Publicación 463. Existen registros específicos de impuestos sobre el empleo que el empleador debe conservar.

Consulte la Publicación 51 (Circular A).

Assets used in business can be property, such as machinery and equipment used to conduct business. Records of the asset are used to figure depreciation and the gain or loss when the asset is sold. Records should include the following information:

- When and how the business asset was acquired
- The purchase price of the business asset
- The cost of any business improvements
- Section 179 deduction
- Business deductions taken for depreciation
- Business deductions taken for casualty losses, such as losses resulting from fires, storms, or natural disasters
- How the business asset was used
- When and how the business asset was disposed
- The selling price of the asset or the business
- The expense of the business asset

The following are examples of records that might show the information from the above list:

- Business purchase and sales invoices
- Business purchase of real estate closing statements (HUD-1)
- Canceled business checks
- A business's bank statements

Maintaining Records

Tax records should be kept as needed for administering any Internal Revenue Code provision. Business records should be kept that document income and deductions appearing on the return. These should be kept for the duration of the period of limitations. Generally, this is three years, although certain records must be kept longer.

Employment records must be kept for at least four years after the date the tax becomes due or is paid. Records that pertain to assets such as property should be kept if the taxpayer owns property that is a business asset. Other creditors, such as an insurance company, may require the business records to be kept longer than required by the IRS.

Part 3 Review

To obtain the maximum benefit from each part go online now and watch the video.

Takeaways

Business income is derived from a multitude of sources and reported using Schedules C, E, and F. How business income is calculated, and which deductions and expenses are reported can vary based on the type of business, the accounting method used, and many other considerations. It is fundamental that the tax professional be familiar with these concepts when preparing business returns. There are four common tax errors for business taxpayers:

1. Not paying enough estimated tax
2. Neglecting to deposit employment taxes, or depositing late
3. Filing tax returns and payroll returns late
4. Not separating business and personal expenses

Los activos utilizados en los negocios pueden ser propiedades tales como maquinaria y equipos para llevar a cabo los negocios. Los registros de activos se utilizan para calcular la depreciación y la ganancia o pérdida cuando se vende el activo. Los registros deben incluir la siguiente información:

- ¿Cuándo y cómo se adquirió el activo comercial?
- El precio de compra del activo comercial
- El coste de cualquier mejora comercial
- Deducción de la sección 179
- Deducciones comerciales realizadas por depreciación
- Deducciones comerciales tomadas por pérdidas por siniestros tales como pérdidas resultantes de incendios, tormentas o desastres naturales
- Cómo se utilizó el activo comercial
- Cuándo y cómo se dispuso el activo comercial
- El precio de venta del activo o del negocio
- El gasto del activo comercial

Los siguientes son ejemplos de registros que pueden mostrar la información de la lista anterior:

- Facturas comerciales de compras y ventas
- Compra comerciales de estados de cierre de bienes inmuebles (HUD-1)
- Cheques comerciales cancelados
- Estados de cuenta bancarios del negocio

Mantenimiento de registros

Los registros tributarios deben mantenerse según sea necesario para administrar cualquier disposición del Código de Rentas Internas. Se deben mantener registros comerciales que documenten los ingresos y las deducciones que aparecen en la declaración. Estos deberán conservarse mientras dure el plazo de prescripción. Generalmente son tres años, aunque ciertos registros deben conservarse por más tiempo.

Los registros de empleo deben mantenerse durante al menos 4 años después de la fecha en que el impuesto vence o se paga. Se deben mantener registros relacionados con activos como propiedades si el contribuyente posee una propiedad que es un activo comercial. Otros acreedores, como una compañía de seguros, pueden exigir que los registros comerciales se conserven por más tiempo del requerido por el IRS.

Revisión de la Parte 3

Para obtener el máximo beneficio de cada parte, conéctese ahora y mire el video.

Conclusiones

Los ingresos comerciales se derivan de una multitud de fuentes utilizando los Anexos C, E y F. La forma en que se calculan los ingresos comerciales y las deducciones y gastos que se informan puede variar enormemente según el tipo de negocio, el método contable utilizado y muchos otros factores. Es fundamental que el profesional de impuestos esté familiarizado con estos conceptos a la hora de preparar declaraciones comerciales. Hay cuatro errores tributarios comunes para los contribuyentes comerciales:

1. No pagar suficiente impuesto estimado
2. Negarse a depositar impuestos sobre la nómina o depositar tarde
3. Presentar las declaraciones de impuestos y declaraciones de nómina con retraso
4. No separar los gastos comerciales y personales

See Publication 15, 505, 535, and Circular E for more information.

TEST YOUR KNOWLEDGE!
Go online to take a practice quiz.

Consulte la Publicación 15, 505, 535 y la Circular E para obtener más información.

¡PON A PRUEBA TUS CONOCIMIENTOS!
Ve en línea para tomar un examen final.

Chapter 10 Schedule E and Capital Gains and Losses

Introduction

Schedule E tax is used by taxpayers in the United States to report **Supplemental Income and Loss** from rental real estate, royalties, partnerships, S corporations, estates, trusts, and residual interests in real estate mortgage investment conduits (REMICs).

Rental income is any payment received by landlords and real estate investors for the use or occupation of real estate or personal property. Specifically for rental real estate, Schedule E allows taxpayers to report:

- Rental income received from real estate properties they own
- Allowable expenses related to operating those rental properties, such as mortgage interest, property taxes, maintenance costs, insurance, etc.
- Depreciation deductions related to the rental properties

Taxpayers use Schedule E to report rental income and deduct allowable expenses related to operating the rental properties, such as mortgage interest, property taxes, maintenance costs, and depreciation, to calculate their net rental profit or loss for the tax year. This net amount is then transferred to their individual income tax return (Form 1040).

Each Schedule E can report up to three rental properties. If the taxpayer has more than three rental properties, additional Schedule E forms must be used. Schedule E should not be used to report personal income and expenses, or for income from renting personal property that is not a business. To report other types of income, the taxpayer should use Schedule 1, lines 8 - 24b.

In addition to reporting rental real estate income and expenses, Schedule E is also used to report income or losses from partnerships, estates, trusts, and S-corporations.

Capital gains and losses refer to the increase or decrease in the value of an asset, such as stocks, bonds, real estate, or other investments, over the period of time that the asset is owned. A capital gain occurs when an asset is sold for a higher price than its original purchase price, resulting in a profit. A capital loss occurs when an asset is sold for a lower price than its original purchase price, resulting in a loss.

Understanding capital gains and losses is important for investors as they have tax implications. Capital gains are generally taxed as income, while capital losses can be used to offset other capital gains.

Objectives

At the end of this lesson, the student will:

- Know the types of income reported on Schedule E
- Understand the difference between repairs and improvements
- Know where to find the rental property depreciation chart
- Know the holding periods for different types of property
- Understand the difference between short-term and long-term capital gains
- Be able to identify capital assets
- Know how to determine basis before selling an asset
- Understand when the primary residence is excluded from capital gain

Capítulo 10 Anexo E y ganancias y pérdidas de Capital

Introducción

El impuesto del Anexo E es utilizado por contribuyente en los Estados Unidos para declarar **Ganancias o pérdidas complementarias** de bienes inmuebles de alquiler, regalías, sociedades, sociedades anónimas S, sucesiones, fideicomisos e intereses residuales en los Conductos de inversión hipotecaria en bienes raíces (REMIC).

Los ingresos por alquiler son cualquier pago recibido por propietarios e inversores inmobiliarios por el uso u ocupación de bienes muebles o inmuebles. Específicamente para bienes raíces en alquiler, el Anexo E permite a los contribuyentes declarar:

- Ingresos por alquiler recibidos de bienes inmuebles de su propiedad.
- Gastos permitidos relacionados con la operación de esas propiedades de alquiler, como intereses hipotecarios, impuestos a la propiedad, costos de mantenimiento, seguros, etc.
- Deducciones por depreciación relacionadas con las propiedades de alquiler.

Los contribuyentes utilizan el Anexo E para declarar los ingresos por alquiler y deducir los gastos permitidos relacionados con la operación de las propiedades en alquiler, como intereses hipotecarios, impuestos a la propiedad, costos de mantenimiento y depreciación, para calcular su ganancia o pérdida neta por alquiler para el año fiscal. Esta cantidad neta luego se transfiere a su declaración de impuestos sobre la renta individual (Formulario 1040).

Cada Anexo E puede declarar hasta tres propiedades en alquiler. Si el contribuyente tiene más de tres propiedades de alquiler, se deben utilizar formularios del Anexo E adicionales. El Anexo E no debe usarse para declarar ingresos y gastos personales, ni para ingresos provenientes del alquiler de Bienes muebles que no sea un negocio. Para declarar otros tipos de ingresos, el contribuyente deberá utilizar el Anexo 1, líneas 8 - 24b.

Además de informar los ingresos y gastos de alquiler de bienes raíces, el Anexo E también se utiliza para informar ingresos o pérdidas de sociedades, patrimonios, fideicomisos y sociedades anónimas S.

Las ganancias y pérdidas de capital se refieren al aumento o disminución del valor de un activo, como acciones, bonos, bienes raíces u otras inversiones, durante el período de tiempo en que se posee el activo. Una ganancia de capital ocurre cuando un activo se vende por un precio más alto que su precio de compra original, lo que genera una ganancia. Una pérdida de capital ocurre cuando un activo se vende por un precio menor que su precio de compra original, lo que resulta en una pérdida.

Comprender las ganancias y pérdidas de capital es importante para los inversores, ya que tienen implicaciones fiscales. Las ganancias de capital generalmente se gravan como ingresos, mientras que las pérdidas de capital pueden utilizarse para compensar otras ganancias de capital.

Objetivos
Al final de esta lección, el estudiante podrá:

- Conocer los diferentes tipos de ingresos declarados en el Anexo E.
- Comprender la diferencia entre las reparaciones y mejoras.
- Reconocer dónde encontrar la tabla de depreciación de la propiedad de alquiler.
- Conocer los periodos de tenencia para diferentes tipos de propiedad.
- Comprender la diferencia entre las ganancias de capital a corto y largo plazo.
- Ser capaz de identificar activos de capital.
- Saber cómo determinar la base antes de vender un activo.
- Comprender cuándo la residencia principal está excluida de la ganancia de capital

Resources

Form 1040	Publication 17	Instructions Form 1040
Form 4562	Publication 527	Instructions Form 4562
Form 4797	Publication 534	Instructions Form 4797
Form 6198	Publication 544	Instructions Form 6198
Form 8582	Publication 925	Instructions Form 8582
Form 8949	Publication 946	Instructions for Schedule E
Schedule E	Publication 523	Instructions Form 1099-B
Form 1099-B	Publication 551	Instructions Form 6252
Form 6252	Tax Topic 409, 414, 415, 425,	Instructions Form 8949
Schedule D	703, 704	Instructions for Schedule D

Part 1 Reporting Rental Income

If the taxpayer rents buildings, rooms, or apartments and provides heat and electricity, trash collection, etc., the taxpayer should report the income and expenses in Part I of Schedule E. Do not use Schedule E to report a not-for-profit activity.

If the taxpayer provided significant services primarily for the tenant's convenience, such as regular cleaning, changing linens, or maid service, the taxpayer reports the rental income and expenses on Form 1040, Schedule E, *Supplemental Income and Loss.* Significant services do not include the furnishing of heat and light, cleaning of public areas, trash collection, etc. If the taxpayer provides significant services, the taxpayer may have to pay self-employment tax on the income.

Types of Rental Income

Cash or the fair market value of property received for the use of real estate or personal property is taxable rental income. Individuals who operate on a "cash basis" report their rental income as income when it is constructively received and deduct expenses as they are paid. In addition to normal rent, many other things may be considered rent.

Advance Rent

Advance rent is any amount collected by the taxpayer before the time it is due. This income is reported in the year the taxpayer receives it, regardless of the taxpayer's accounting method and when the income was due.

Example: On March 18, 2023, Matthew signed a 10-year lease to rent Martha's property. During 2023, Martha received $9,600 for the first year's rent and $9,600 as rent for the last year of the lease. Martha must include $19,200 as rental income in 2023 ($9,600 + $9,600 = $19,200).

Canceling a Lease

If the tenant paid the landlord to terminate a lease, the amount received is considered rent. The amount paid by the tenant is included in the year received, regardless of the accounting method.

Expenses Paid by Tenant

If the occupant pays any of the owner's expenses, the payments are rental income. The taxpayer must include them as income and can deduct the rental expenses if they are deductible.

Fuentes

Formulario 1040 Formulario 4562 Formulario 4797 Formulario 6198 Formulario 8582 Formulario 8949 Anexo E Formulario 1099-B Formulario 6252 Anexo D	Publicación 17 Publicación 527 Publicación 534 Publicación 544 Publicación 925 Publicación 946 Publicación 523 Publicación 551 Tema Tributario 409, 414, 415, 425, 703, 704	Instrucciones del Formulario 1040 Instrucciones del Formulario 4562 Instrucciones del Formulario 4797 Instrucciones del Formulario 6198 Instrucciones del Formulario 8582 Instrucciones para el Anexo E Instrucciones del Formulario 1099-B Instrucciones del Formulario 6252 Instrucciones del Formulario 8949 Instrucciones para el Anexo D

Parte 1 Declaración de ingresos por alquiler

Si el contribuyente alquila edificios, habitaciones o apartamentos y proporciona calefacción y electricidad, recolección de basura, etc., el contribuyente debe declarar los ingresos y gastos en la Parte I del Anexo E. No use el Anexo E para informar una actividad sin fines de lucro.

Si el contribuyente brindó servicios significativos principalmente para la comodidad del arrendatario, como limpieza regular, cambio de ropa de cama o servicio de mucama, el contribuyente informa los ingresos y gastos de alquiler en el Formulario 1040), Anexo E, *Ganancias o pérdidas complementarias.* Los servicios significativos no incluyen el suministro de calor y luz, limpieza de áreas públicas, recolección de basura, etc. Si el contribuyente brinda servicios significativos, es posible que el contribuyente tenga que pagar el impuesto sobre el trabajo independiente sobre los ingresos.

Tipos de ingresos por alquiler

El efectivo o el valor justo de mercado de la propiedad recibida por el uso de bienes muebles e inmuebles es un ingreso por alquiler sujeto a impuestos. Las personas que operan "en base a efectivo" declaran sus ingresos por alquiler cuando lo reciben de manera constructiva y deducen los gastos a medida que se pagan. Además del alquiler normal, muchas otras cosas pueden considerarse alquiler.

Renta anticipada

La renta anticipada es cualquier monto recibido por el contribuyente antes del período que cubre. Estos ingresos se declaran en el año en que los recibe el contribuyente, independientemente del método contable del contribuyente y del momento en que se exigieron los ingresos.

Ejemplo: El 18 de marzo de 2023, Matthew firmó un contrato de arrendamiento por 10 años para alquilar la propiedad de Martha. Durante 2023, Martha recibió $9,600 por el alquiler del primer año y $9,600 por el alquiler del último año del contrato. Martha debe incluir $19,200 como ingresos por alquiler en 2023 ($9,600 + $9,600 = $19,200).

Cancelación de un contrato de arrendamiento

Si el arrendatario pagó al arrendador para rescindir el contrato de arrendamiento, la cantidad recibida se considera alquiler. El monto pagado por el arrendatario se incluye en los ingresos del año recibido, independientemente del método contable utilizado.

Gastos pagados por el arrendatario

Si el ocupante paga alguno de los gastos del propietario, los pagos son ingresos por alquiler. El contribuyente debe incluirlos como ingresos y puede deducir los gastos de alquiler si son deducibles.

Example: Anet pays the water and sewage bill for Fernando's rental property and deducts the amount from her rent payment. Under her terms of the lease, Anet is not required to pay those bills. Fernando would deduct the amount Anet paid for the water and sewage bill as a utility expense and include the amount as rental income.

Property or Services (instead of rent)

If the taxpayer receives property or services as rent instead of money, the fair market value of the property or service is included as rent income.

Example: Lynn enjoys painting, and she is Leonard's tenant. Lynn offers to paint the rental property in lieu of paying two months' rent. Leonard accepts the offer. Leonard will include in his rental income the amount that Lynn would have paid for two months' rent. Leonard can deduct the same amount that was included as rent as a rental expense.

Security Deposits

Do not include a security deposit as income when received if the owner returns it at the end of the lease. If the owner keeps part or all of the security deposit during any year because the tenant did not perform under the terms of the lease, the owner must include the amount as income for that year. If a security deposit is to be used as the final rent payment, it is advance rent. The taxpayer would include it in income in the year received.

Rental Property Also Used as Home

If the taxpayer rented their primary residence for fewer than 15 days yearly, do not include the rent received as income. Rental expenses are not deductible either.

Fair Rental Value of Portion of Building Used as a Home

Fair rental value for property is an amount that a person who is not related to the owner would be willing to pay for rental use. If any part of the building or structure is occupied by the taxpayer for personal use, the gross rental income includes the fair rental value of the part occupied for personal use. See Publication 946, *Residential Rental Property*.

Room Rental

If a taxpayer rents out rooms of their primary residence, expenses that arise from the rental activity must be ordinary and necessary to be deductible. All income is taxable. The taxpayer needs to prorate expenses based on the room's square footage. To get the percentage, take the entire square footage of the home and divide by the room's square footage. For example, Jenny's home is 1,800-square-feet, and the room she rents out is 180-square-feet. The percentage she would use to deduct expenses is 10%. 180/1,800=10%.

Part Interest

If the taxpayer is a partial owner in a rental property, the taxpayer must report their percentage of the rental income from the property.

Ejemplo: Anet paga la factura de agua y alcantarillado de la propiedad de alquiler de Fernando y descuenta el importe de su pago de alquiler. Según los términos del contrato de arrendamiento, Anet no está obligada a pagar esas facturas. Fernando deduciría el monto que Anet pagó por la factura de agua y alcantarillado como gasto de servicios públicos e incluiría el monto como ingreso por alquiler.

Propiedad o servicios (en lugar de renta)

Si el contribuyente recibe propiedades o servicios como renta en lugar de dinero, el valor justo de mercado de los bienes o servicios se incluye como ingreso por alquiler.

Ejemplo: Lynn disfruta pintar y es la arrendataria de Leonard. Lynn se ofrece a pintar la propiedad de alquiler en lugar de pagar dos meses de alquiler. Leonardo acepta la oferta. Leonard incluirá en sus ingresos por alquiler la cantidad que Lynn habría pagado por dos meses de alquiler. Leonard puede deducir la misma cantidad que se incluyó como alquiler como gasto de alquiler.

Depósito de garantía

No incluya un depósito de garantía como ingresos cuando lo reciba si el propietario planea devolverlo al final del contrato de arrendamiento. Si el propietario se queda con parte o la totalidad del depósito de garantía durante cualquier año porque el arrendatario no cumple con los términos del contrato de arrendamiento, el propietario debe incluir la cantidad retenida como ingreso para ese año. Si se va a utilizar un depósito de garantía como pago final del alquiler, se trata de un alquiler anticipado. El contribuyente lo incluiría en los ingresos del año que lo reciba.

Propiedad de alquiler también utilizada como hogar

Si el contribuyente alquiló su residencia habitual por menos de 15 días al año, no incluya como ingreso el alquiler recibido. Los gastos de alquiler tampoco son deducibles.

Valor justo de alquiler de la parte de la propiedad utilizada como vivienda

El valor justo de alquiler de la propiedad es una cantidad que una persona que no está relacionada con el propietario estaría dispuesta a pagar por el uso de alquiler. Si el contribuyente ocupa cualquier parte del edificio o estructura para uso personal, el ingreso bruto por alquiler incluye el valor justo de alquiler de la parte ocupada para uso personal. Consulte la Publicación 946, *Propiedad de alquiler residencial.*

Alquiler de habitaciones

Si un contribuyente alquila habitaciones de su vivienda habitual, los gastos que se deriven de la actividad de alquiler deberán ser ordinarios y necesarios para ser deducibles. Todos los ingresos están sujetos a impuestos. El contribuyente debe prorratear los gastos en función de los pies cuadrados de la habitación. Para obtener el porcentaje, calcule todos los pies cuadrados de la casa y divídalos entre los pies cuadrados de la habitación. Por ejemplo, la casa de Jenny tiene 1800 pies cuadrados y la habitación que alquila tiene 180 pies cuadrados. El porcentaje que usaría para deducir gastos es del 10%. 180/1,800=10%.

Interés parcial

Si el contribuyente es propietario parcial de una propiedad de alquiler, el contribuyente debe informar su porcentaje de los ingresos por alquiler de la propiedad.

Lease with Option to Buy

If the rental agreement offers the tenant the right to purchase the property, the payments received under the agreement are considered rental income. If the tenant exercises the right to purchase the property, the payments received for the period after the date of sale are considered part of the selling price.

Husband and Wife Qualified Joint Venture (QJV)

A husband and wife cannot be sole proprietors of the same business. If they are joint owners, they are partners and should file a partnership return on Form 1065, *U.S. Return of Partnership Income.* They can be partners, but "sole" means one. For purposes of a business, the IRS does not recognize spouses as one.

If the taxpayer and spouse each materially participated in the business as the only members of a jointly owned and operated business and file a joint return, they can elect to be taxed as a qualified joint venture instead of a partnership. Generally, this election does not increase the total tax on the joint return, but each taxpayer gets credit towards their individual Social Security account for their share of the business profits. If Form 1065 was filed for a prior year, the partnership terminates the year immediately preceding the year the joint venture election takes effect.

To make the election, the taxpayers must divide all income and expenses and each file a separate Schedule E. Once the election is made, it can only be revoked with IRS permission. The election remains in effect for as long as the spouses file as a qualified joint venture. If the taxpayer and spouse do not qualify in one year, then the next year they will need to redo the paperwork to become a qualified joint venture.

Community Income Exception

If the spouses own an unincorporated business and they live in a state, foreign country, or a U.S. possession that has community property laws, the income and deductions are reported as follows:

1. If only one spouse participates in the business, all the income from that business is self-employment earnings of the spouse who carried the business
2. If both spouses participate, the income and the deductions are allocated to the spouses based on their distributive shares
3. If either or both spouses are partners in a partnership, see Publication 541
4. If the taxpayer and spouse elected to treat the business as a qualifying joint venture, both taxpayer and spouse must each file a separate Schedule E and a separate Schedule SE

Community property law states are Arizona, California, Idaho, Louisiana, Nevada, New Mexico, Texas, Washington, and Wisconsin.

Types of Property

Just as a filing status must be determined, rental property needs to be classified as well. A single-family residence is any building situated on one lot with a single dwelling, sharing no common wall, foundation, or other interconnection. Types of single-family residences are homes, mobile homes, and mansions. Use code 1 for these structures.

Arrendamiento con opción a compra

Si el contrato de alquiler ofrece al arrendatario el derecho a comprar la propiedad, los pagos recibidos en virtud del contrato se consideran ingresos por alquiler. Si el arrendatario ejerce el derecho a comprar la propiedad, los pagos recibidos por el período posterior a la fecha de venta se consideran parte del precio de venta.

Empresa conjunta calificada para marido y mujer (QJV)

Un esposo y una esposa no pueden ser empresa individual del mismo negocio. Si son copropietarios, son socios y deben presentar una declaración de sociedad en el Formulario 1065, *Declaración de ingresos de sociedad de los EE. UU.* Pueden ser socios, pero "único" significa uno. Para propósitos de un negocio, el IRS no reconoce a los cónyuges como uno solo.

Si el contribuyente y el cónyuge participaron materialmente en el negocio como los únicos miembros de un negocio operado y adquirido conjuntamente y presentan una declaración conjunta, pueden optar por ser gravados como una empresa conjunta calificada en lugar de una sociedad. Generalmente, esta elección no aumenta el impuesto total en la declaración conjunta, pero cada contribuyente obtiene un crédito en su cuenta individual del Seguro Social por su participación en las ganancias comerciales. Si el Formulario 1065 se presentó para un año anterior, la sociedad finaliza el año inmediatamente anterior al año en que entra en vigencia la elección de empresa conjunta.

Para realizar la elección, los contribuyentes deben dividir todos los ingresos y gastos y cada uno presentar un Anexo E por separado. Una vez realizada la elección, solo se puede revocar con el permiso del IRS. La elección permanece vigente durante el tiempo en que los cónyuges declaran como una empresa conjunta calificada. Si el contribuyente y el cónyuge no califican en un año, el próximo año deberán volver a hacer el papeleo para convertirse en una empresa conjunta calificada.

Excepción de ingresos de la sociedad conyugal

Si los cónyuges son dueños de un negocio no constituido y viven en un estado, país extranjero o una dependencia de los EE. UU. con leyes de bienes gananciales, los ingresos y las deducciones se notifican de la siguiente manera:

1. Si solo un cónyuge participa en el negocio, todos los ingresos de ese negocio son ganancias del trabajo independiente del cónyuge que realizó el negocio.
2. Si ambos cónyuges participan, el ingreso y las deducciones se asignan a los cónyuges en función de sus participaciones distributivas.
3. Si uno o ambos cónyuges son socios en una sociedad, consulte la Publicación 541.
4. Si el contribuyente y el cónyuge eligieron tratar el negocio como una empresa conjunta calificada, tanto el contribuyente como el cónyuge deben presentar un Anexo F por separado y un Anexo SE por separado.

Los estados de la ley de bienes gananciales son Arizona, California, Idaho, Luisiana, Nevada, Nuevo México, Texas, Washington y Wisconsin.

Tipos de propiedad

Así como se debe determinar el estado civil de declaración, también se debe clasificar la propiedad de alquiler. Una residencia unifamiliar es cualquier edificio situado en un lote con una sola vivienda, que no comparte ninguna pared, cimiento u otra interconexión común. Los tipos de residencias unifamiliares son casas, casas móviles y mansiones. Utilice el código 1 para estas estructuras.

Multi-family residence is a classification of housing with multiple separate housing units for residential inhabitants contained within one building. This includes duplexes, tri-plexes, condos, and/or apartments. Use code 2 for these structures.

Commercial buildings include offices, hotels, malls, retail stores, etc. Use code 4 for these structures. Land is never depreciated. If the taxpayer earns income from renting out the land, they may need to report this. Use code 5 for this use. Items considered rent income include renting the land to a farmer to grow crops; this would not be reported on Schedule F, but Schedule E. Basis for land is the price determined by the county as land value. It is also found on the property statement.

A royalty payment is income derived from the use of the owner's property. It must relate to the use of a valuable right. A valuable right could be associated with items such as precious minerals (gold, silver, etc.) and crude oil.

Self-rental is when the owner of the property rents the business to their own business. This is regarded as material participation, so any net income for the property is deemed nonpassive.

Types of Expenses

Deductible rental expenses are expenditures that are incurred in renting the property. The taxpayer would deduct all ordinary and necessary expenses such as:

Advertising – line 5

An ad in a local paper, online, or other means of advertising intended to cause a potential renter to inquire about the property are all considered advertising. The amount of the fees paid for advertising is entered on line 5.

Auto and Travel – line 6

Taxpayers can deduct ordinary and necessary auto and travel expenses related to rental activity. The taxpayer should keep track of the miles to and from the rental. Ordinary and necessary mileage is incurred when the owner collects rent, works on the rental, etc. The standard mileage rate is used for the current tax year. Taxpayer can claim the mileage only if they:

1. Owned the vehicle and used the standard mileage rate for the first year placed in service
2. Leased the vehicle and are using the standard mileage rate for the entire lease period

Señor 1040 Says: The taxpayer cannot deduct car rental or lease payments, depreciation, or the actual auto expense if the standard mileage rate is used.

La residencia multifamiliar es una clasificación de vivienda donde múltiples unidades de vivienda separadas para habitantes residenciales están contenidas dentro de un edificio. Esto incluye dúplex, tríplex, condominios y/o apartamentos. Utilice el código 2 para estas estructuras.

Los edificios comerciales incluyen oficinas, hoteles, centros comerciales, tiendas minoristas, etc. Utilice el código 4 para estas estructuras. El terreno nunca se deprecia. Si el contribuyente obtiene ingresos del alquiler del terreno, es posible que deba declararlo. Utilice el código 5 para este uso. Los artículos que se consideran ingresos por alquiler incluyen alquilar la tierra a un agricultor para que cultive; esto no se informaría en el Anexo F, sino en el Anexo E. La base del terreno es el precio determinado por el condado como valor del terreno. También se encuentra en la declaración de propiedad.

Un pago de regalías es un ingreso derivado del uso de la propiedad del propietario. Debe referirse al uso de un derecho valioso. Un derecho valioso podría estar asociado a elementos como minerales preciosos (oro, plata, etc.) y petróleo crudo.

El autoalquiler es cuando el propietario de la propiedad alquila el negocio a su propio negocio. Esto se considera participación material, por lo que cualquier ingreso neto de la propiedad se considera no pasivo.

Tipos de gastos

Los gastos de alquiler deducibles son los gastos en los que se incurre al alquilar la propiedad. El contribuyente deduciría todos los gastos ordinarios y necesarios tales como:

Publicidad – línea 5

Publicidad se considera un anuncio en un periódico local, en línea u otro medio de publicidad destinado a provocar que un posible arrendatario pregunte sobre la propiedad. El monto de los honorarios pagados por publicidad se anota en la línea 5.

Automóvil y viajes – línea 6

Los contribuyentes pueden deducir los gastos ordinarios y necesarios de automóviles y viajes relacionados con la actividad de alquiler. El contribuyente debe realizar un seguimiento de las millas hacia y desde el alquiler. El millaje ordinario y necesario se incurre cuando el propietario cobra el alquiler, trabaja en el alquiler, etc. La tasa estándar por milla se utiliza para el año fiscal actual. El contribuyente puede reclamar la distancia en millas solo si:

1. Era dueño del vehículo y usó la tasa estándar por milla durante el primer año puesto en servicio.
2. Alquiló el vehículo y está utilizando la tasa estándar por milla durante todo el período de arrendamiento.

El señor 1040 dice: El contribuyente no puede deducir los pagos de alquiler o arrendamiento de automóviles, la depreciación o el gasto real del automóvil si se utiliza la tasa estándar por milla.

Cleaning and Maintenance – line 7

The day-to-day maintenance of the property is an allowed expense provided it is only for common areas and day-to-day cleanliness. These expenses are also limited to the days that are allowable rental days and not personal use days.

Commissions – line 8

Fees or commission paid to agents who collect rent, maintain the rental, or find tenants could be reported on line 8.

Insurance – line 9

Insurance for the rental property and the rider policy if the taxpayer has one are reported on line 9.

Legal and Other Professional Fees – line 10

The taxpayer can claim fees paid to an accountant for managing their accounts and for tax advice and tax return preparation. Legal fees charged in connection with buying or selling a rental property cannot be claimed. Fees involved with setting up the rental property are not deductible.

Management Fees – line 11

Property management services are reported on line 11 and may lower the taxpayer's liability. The taxpayer may claim the entire cost of the services but must keep all invoices or statements the property management company issues as evidence supporting the deduction's eligibility.

One of the obligations of a property manager or management company is to maintain contracts, agreements and other paperwork between the tenant and the landlord. This can be particularly useful at tax time, especially for property owners needing financial record-keeping assistance. The property management company can help prepare the necessary documentation for the tax professional to contribute to a more accurate tax return.

Mortgage Interest Paid to Banks – line 12

The taxpayer can claim the interest charged on money borrowed to buy the rental property, but not the entire mortgage payment. If the taxpayer borrowed money against the rental and did not use it for the rental, interest is not a deduction on Schedule E.

Other Interest – line 13

If the taxpayer paid interest on the rental income to an individual and did not receive Form 1098, enter the amount on line 13 and not on line 12. Attach to the return a statement that shows the name and address of the person who received the income. On the dotted line next to line 12 enter "See attached."

Limpieza y mantenimiento – línea 7

El mantenimiento diario de la propiedad es un gasto permitido siempre que sea solo para áreas comunes y limpieza diaria. Estos gastos también se limitan a los días que son días de alquiler permitidos y no días de uso personal.

Comisiones – línea 8

Los honorarios o comisiones pagados a los agentes que cobran el alquiler mantienen el alquiler o encuentran arrendatarios podrían declararse en la línea 8.

Seguro – línea 9

El seguro de la propiedad en alquiler y la póliza adicional si el contribuyente tiene una se declara en la línea 9.

Honorarios legales y otros honorarios profesionales – línea 10

El contribuyente puede reclamar los honorarios pagados a un contador por el manejo de sus cuentas y la preparación de declaraciones de impuestos sobre la renta y asesoramiento fiscal. No se pueden reclamar los honorarios legales cobrados en relación con la compra o venta de una propiedad de alquiler. Los honorarios relacionados con la instalación de la propiedad de alquiler no son deducibles.

Comisiones de gestión – línea 11

Los servicios de administración de propiedades se declaran en la línea 11 y pueden reducir la responsabilidad del contribuyente. El contribuyente podrá reclamar la totalidad del costo de los servicios, pero deberá conservar todas las facturas o estados de cuenta que expida la empresa administradora de inmuebles como evidencia de la elegibilidad de la deducción.

Una de las obligaciones de un administrador de propiedades o empresa administradora es mantener contratos, acuerdos y otros trámites entre el arrendatario y el propietario. Esto puede resultar particularmente útil a la hora de declarar impuestos, especialmente para los propietarios que necesitan ayuda para el mantenimiento de registros financieros. La empresa de administración de propiedades puede ayudar a preparar la documentación necesaria para que el profesional de impuestos contribuya a una declaración de impuestos más precisa.

Intereses hipotecarios pagados a bancos – línea 12

El contribuyente puede reclamar los intereses cobrados sobre el dinero prestado para comprar la propiedad de alquiler, pero no el pago total de la hipoteca. Si el contribuyente tomó prestado dinero contra el alquiler y no lo utilizó para el alquiler, el interés no es una deducción en el Anexo E.

Otros intereses – línea 13

Si el contribuyente pagó intereses sobre el ingreso por alquiler a una persona natural y no recibió el Formulario 1098, anote la cantidad en la línea 13 y no en la línea 12. Adjunte a la declaración una declaración que muestre el nombre y la dirección de la persona que recibió el ingreso. En la línea de puntos junto a la línea 12, ingrese "Ver adjunto".

Repairs – line 14

The taxpayer can claim costs for repairs and general maintenance to the property. If the taxpayer is doing the work themselves, they can only claim the materials and not the time it took to repair the property. If the work is an improvement and not a repair, the taxpayer cannot claim the cost as an expense. In this case, the cost would be considered an asset, and will be covered in the depreciation chapter.

Supplies – line 15

"Materials and supplies" are tangible property used or consumed in business operations that fall within any of the following categories:

- Tangible items that cost less than $200
- Personal property with a useful economic life of 12 months or less
- Spare parts that have been acquired to maintain or repair a unit of tangible property

The cost of such items may be deducted in the year the item is used or consumed. To use this deduction, the taxpayer should keep records of when items are used or consumed for the rental property.

Cleaning and repair supplies are fully deductible, and some materials are as well. Supplies used in maintenance or to complete repairs are reported under supplies and not added to line 14.

Materials on the other hand are generally not "used up" and sometimes become a part of the property. Materials used for improvements are usually depreciated, but materials used for repairs are considered supplies and can be deducted.

For example, if the taxpayer replaced the roof on their rental property, nails and tar would be considered repair supplies, while roof shingles would be considered an improvement. The supplies get deducted, and the materials are added to the basis, and depreciated separately over 27.5 years.

If the roof replacement was a repair and not an improvement (replacing a leaky roof), the roof shingles would be considered repair supplies, and would be deducted in the year the expenses were incurred.

Taxes – line 16

This line reports the property tax paid on the property. Like the primary home, one cannot claim bonds or other add-on taxes that are not related to the property.

Utilities – line 17

Utilities that can be claimed are those paid by the taxpayer, such as water, electricity, etc. If the renter is the one paying these expenses, they are not deductible by the landlord.

Reparaciones – línea 14

El contribuyente puede reclamar costos de reparación y mantenimiento general del inmueble. Si el contribuyente está haciendo el trabajo por sí mismo, solo reclamará los materiales y no el tiempo que tomó reparar el inmueble. Si el trabajo es una mejora y no una reparación, el contribuyente no puede reclamar el costo como gasto. En este caso, el costo se consideraría un activo y quedará cubierto en el capítulo de depreciación.

Suministros – línea 15

"Materiales y suministros" son bienes tangibles utilizados o consumidos en operaciones comerciales que se encuentran dentro de cualquiera de las siguientes categorías:

- Artículos tangibles que cuestan menos de $200.
- Bienes muebles con una vida económica útil de 12 meses o menos
- Repuestos que han sido adquiridos para mantener o reparar una unidad de propiedad tangible

El costo de dichos artículos puede deducirse en el año en que se usa o consume el artículo. Para usar esta deducción, el contribuyente debe mantener registros de cuándo se usan o consumen los artículos para la propiedad de alquiler.

Los suministros de limpieza y reparación son totalmente deducibles, al igual que algunos materiales. Los suministros utilizados en el mantenimiento o para completar las reparaciones se informan como suministros y no se suman a la línea 14.

Los materiales, por otro lado, generalmente no se "agotan" y, a veces, se convierten en parte de la propiedad. Los materiales utilizados para mejoras generalmente se deprecian, pero los materiales utilizados para reparaciones se consideran suministros y pueden deducirse.

Por ejemplo, si el contribuyente reemplazó el techo de su propiedad de alquiler, los clavos y el alquitrán se considerarían suministros de reparación, mientras que las tejas se considerarían una mejora. Los suministros se deducen y los materiales se agregan a la base y se deprecian por separado durante 27.5 años.

Si el reemplazo del techo fue una reparación y no una mejora (reemplazo de un techo con goteras), las tejas del techo se considerarían suministros de reparación y se deducirían en el año en que se incurrió en los gastos.

Impuestos – línea 16

Esta línea informa el impuesto predial pagado sobre la propiedad. Al igual que la vivienda principal, no se pueden reclamar los bonos u otros impuestos adicionales que no estén relacionados con la propiedad.

Servicios públicos – línea 17

Los servicios públicos que se pueden reclamar son los que paga el contribuyente, como agua, luz, etc. Si es el arrendatario quien paga estos gastos, el propietario no los deduce.

Depreciation – line 18

Depreciation is the annual deduction one must take to recover the cost or other basis of business or investment property having a useful life. Depreciation starts when the taxpayer puts the property into service. Any deduction for the appreciation of a property ends when the owner has sold or discontinued using the property as a rental.

Other Expenses – line 19

Any ordinary and necessary expenses not included on lines 5-18 are reported on line 19.

Expenses That Cannot be Claimed

The taxpayer cannot claim deductions for capital expenses, private expenses, or expenses that do not relate to the rental. Capital expenses are the costs of buying a capital asset or increasing its value; for example, the cost of buying the property and making improvements. Private expenses are things purchased for their own benefit, rather than to generate rental income.

Rental income expenses that cannot be used on the taxpayer's personal income tax return include:

- Purchase price of a rental property
- Capital portion of mortgage repayments
- Interest on money borrowed for any purpose other than financing a rental property
- The costs of making additions or improvements to the property
- The costs of repairing or replacing damaged property, if the work increases the property's value
- Real estate agent fees (commissions) charged as part of buying or selling the property

Claiming Deductions When Renting Out the House or Part of the Home

The usual rule for deductions when the taxpayer rents out their house or a portion of it, is to claim expenses related to the rental activity only. Expenses the taxpayer may be able to claim include electricity, gas, telephone and internet, insurance, or rates that are related to the rental portion. If the taxpayer is living in the house, these expenses will need to be apportioned. The taxpayer cannot claim private living costs or capital expenses. Private living costs include the taxpayer's day-to-day costs, such as food, electricity, or gas. Capital expenses include buying furniture for the rented room or the cost of improving that portion of the property. The taxpayer can claim depreciation on capital expenses.
Renting Out the House - Apportionment

If the taxpayer rents out the house on an occasional basis, the taxpayer can claim the percentage of expenses for the time the house is rented. This may apply if the taxpayer rents out the house or property while away for a short period of time. The percentage of expenses claimed must match the amount of time in the tax year the house was rented out.

Depreciación – línea 18

La depreciación es la deducción anual que se debe tomar para recuperar el costo u otra base del negocio o propiedad de inversión que tenga una vida útil. La depreciación comienza cuando el contribuyente pone en servicio el inmueble. Cualquier deducción por la apreciación de una propiedad finaliza cuando el propietario vende o deja de usar el inmueble como alquiler.

Otros gastos – línea 19

Cualquier gasto ordinario y necesario no incluido en las líneas 5 a 18 se informa en la línea 19.

Gastos que no pueden reclamarse

El contribuyente no puede reclamar deducciones por gastos de capital, gastos particulares o gastos que no tengan relación con el alquiler. Los gastos de capital son los costos de comprar un activo de capital o aumentar su valor, por ejemplo, el costo de comprar la propiedad y realizar mejoras. Los gastos privados son cosas que se compran para su propio beneficio, en lugar de generar ingresos por alquiler.

Los gastos de ingresos por alquiler que no se pueden utilizar en la declaración del impuesto sobre la renta personal del contribuyente incluyen:

- Precio de compra de una propiedad de alquiler.
- Parte del capital de los pagos de la hipoteca.
- Intereses sobre el dinero prestado para cualquier propósito que no sea el financiamiento de una propiedad de alquiler.
- Los costos de hacer adiciones o mejoras a la propiedad.
- Los costos de reparación o reposición de la propiedad dañada, si el trabajo aumenta el valor de la propiedad.
- Honorarios (comisiones) de agentes inmobiliarios cobrados como parte de la compra o venta de la propiedad.

Reclamación de deducciones al alquilar la casa o parte de la casa

La regla habitual para las deducciones cuando el contribuyente alquila su casa o parte de ella es reclamar únicamente los gastos relacionados con la actividad de alquiler. Los gastos que el contribuyente puede reclamar incluyen electricidad, gas, teléfono e internet, seguros o tarifas que están relacionadas con la parte del alquiler. Si el contribuyente vive en la casa, estos gastos deberán ser prorrateados. El contribuyente no puede reclamar costos de vida privados ni gastos de capital. Los costos de vida privados incluyen los costos diarios del contribuyente, como alimentos, electricidad o gas. Los gastos de capital incluyen la compra de muebles para la habitación alquilada o el costo de mejorar esa parte de la propiedad. El contribuyente puede reclamar la depreciación de los gastos de capital. Alquiler de la casa - Prorrateo

Si el contribuyente alquila la casa de manera ocasional, puede reclamar el porcentaje de gastos por el tiempo que se alquila la casa. Esto puede aplicarse si el contribuyente alquila la casa o propiedad mientras está fuera por un corto período de tiempo. El porcentaje de gastos reclamados debe coincidir con la cantidad de tiempo en el año fiscal en que se alquiló la casa.

Renting Out a Room - Apportionment

If the taxpayer is renting out part of the home, the taxpayer can only claim expenses that relate to that part of the property. The taxpayer can only claim expenses for the time the room was rented out and occupied. Expenses could be claimed as a percentage based on the total area of the home and the rented room area.

Expenses Lines 5 - 19

Expenses reported on Schedule E are:

- Advertising
- Cleaning and maintenance
- Depreciation
- Rental insurance premiums
- Real estate taxes

Transportation and Travel Expenses, Line 6

Taxpayers can deduct ordinary and necessary local transportation expenses if they incur them while collecting rental income or to manage, conserve, or maintain the rental property. If taxpayers use a personal vehicle for maintaining rental activities, the deduction of the expenses is either by actual expenses or the standard mileage rate. For tax year 2023 the business travel rate is 65.5 cents per mile. For tax year 2024, the rate is 67 cents per mile.

The taxpayer can deduct the ordinary and necessary expenses of traveling away from home if the primary purpose of the trip was to collect rental income or to manage, conserve, or maintain rental property. The taxpayer must properly allocate expenses between rental and nonrental activities. Information needed to record auto expenses accurately:

- Beginning mileage
- Ending mileage
- Commuting mileage
- Business mileage (notes about the destination and reason for travel should be made)
- Separate records for each rental property

If the taxpayer rents only part of the property, the expenses must be allocated between the part rented and the part that is not rented.

Insurance Premiums Prepaid, Line 9

If the owner prepays an insurance premium for more than one year in advance, the payment will be applied for the year it was used.

Example: Gary paid $1,200 for his insurance on April 15, 2023, for 2023 and 2024. Gary will apply $600 for insurance in 2023 and $600 for insurance in 2024. He cannot take the entire amount in 2023.

Legal and Other Professional Fees, Line 10

These fees include legal and other professional fees such as tax preparation and expenses paid to resolve a tax underpayment related to rental activities. Federal taxes and penalties are not deductible.

Alquiler de una habitación - Prorrateo

Si el contribuyente está alquilando parte de la casa, el contribuyente solo puede reclamar los gastos relacionados con esa parte de la propiedad. El contribuyente solo puede reclamar gastos por el tiempo que estuvo alquilada y ocupada la habitación. Los gastos pueden reclamarse como un porcentaje basado en el área total de la casa y el área de la habitación alquilada.

Gastos Líneas 5 - 19

Los gastos declarados en el Anexo E son:

- Publicidad
- Limpieza y mantenimiento
- Depreciación
- Primas de seguro de alquiler
- Impuestos sobre bienes inmuebles

Gastos de viaje y transporte, Línea 6

Los contribuyentes pueden deducir los gastos de transporte local ordinarios y necesarios si los incurren al cobrar Ingresos por alquiler o para administrar, conservar o mantener la propiedad de alquiler. Si los contribuyentes utilizan un vehículo personal para el mantenimiento de las actividades de alquiler, la deducción de los gastos es por gastos reales o por la tasa estándar por milla. Para el año fiscal 2023, la tasa de gastos de viajes de negocios es de 65.5 centavos por milla. Para el año fiscal 2024, la tarifa es de 67 centavos por milla.

El contribuyente puede deducir los gastos ordinarios y necesarios de viajar fuera de casa si el propósito principal del viaje fue cobrar ingresos por alquiler o administrar, conservar o mantener la propiedad de alquiler. El contribuyente debe distribuir adecuadamente los gastos entre actividades de alquiler y no alquiler. Información necesaria para registrar los gastos de automóviles con precisión:

- Distancia en millas inicial
- Distancia en millas final
- Distancia en millas de viaje
- Distancia en millas comercial (se deben hacer notas sobre el destino y el motivo del viaje)
- Registros separados para cada propiedad de alquiler

Si el contribuyente alquila solo una parte de la propiedad, los gastos deben distribuirse entre la parte alquilada y la parte no alquilada.

Primas de seguros prepagadas, Línea 9

Si el propietario paga una prima de seguro por más de un año por adelantado, el pago se aplicará para el año en que se usó.

Ejemplo: Gary pagó $1,200 por su seguro el 15 de abril de 2023, para 2023 y 2024. Gary solicitará $600 para el seguro en 2023 y $600 para el seguro en 2024. No puede tomar la totalidad del monto en 2023.

Honorarios legales y otros honorarios profesionales, Línea 10

Estos honorarios incluyen honorarios legales y otros honorarios profesionales, como la preparación de impuestos y los gastos pagados para resolver un pago insuficiente de impuestos relacionado con las actividades de alquiler. Los impuestos federales y las multas no son deducibles.

Mortgage Interest, Line 12

Mortgage interest paid on a rental building could be deducted in the year paid. If the taxpayer owns a partial interest in a rental property, part of the rental expenses for that property can be deducted based on the taxpayer's percentage interest.

Points

Points are used to describe certain charges paid or treated as paid by a borrower to obtain a home mortgage. Points are not added to the basis of the property. Points can also be called loan origination fees. A portion of points paid for the purchase of a rental property are deductible, using the OID method. See Publication 527.

Taxes Line 16

State and local real estate taxes paid for rental income owned by the taxpayer are deducted on line 16 of Schedule E. If the taxpayer's real estate taxes are included in the mortgage and paid out of an escrow account, the amount paid by the mortgage company is the deducted amount.

Depreciation Line 18

Depreciation is a capital expense. Depreciation begins when the property has been placed in service.

Depreciation is the annual deduction for recovery of the purchase price of a fixed-asset expenditure. Property used for business should be depreciated. The amount of depreciation taken each year is determined by the basis of the property, the recovery period for that property, and the depreciation method. The recovery period for residential rental property under MACRS is 27.5 years and is used for property placed in service after 1986.

Depreciation for rental property (in the year placed in service) is reported on Form 4562, *Depreciation and Amortization*, and flows to Schedule E.

Depreciation that was not taken in one year cannot be taken in a following year. However, an amended return (Form 1040X) can be filed for the year in which it was not taken (if no more than three years prior). If depreciable property is sold, its basis for determining gain or loss will be reduced by depreciation "allowed or allowable," even if not deducted. Land is never depreciated.

Section 179 deductions cannot be used to depreciate rental property.

Property That Can Be Depreciated

Most types of tangible property can be depreciated. Examples of tangible property are:

- Buildings
- Vehicles
- Machinery
- Furniture
- Equipment
- Storage facilities

Intereses hipotecarios, Línea 12

Los intereses hipotecarios pagados sobre el edificio de alquiler podrían deducirse en el año pagado. Si el contribuyente posee un interés parcial en una propiedad de alquiler, se puede deducir parte de los gastos de alquiler de esa propiedad en función del porcentaje de interés del contribuyente.

Puntos

Los puntos se utilizan para describir ciertos cargos pagados o tratados como pagados por un prestatario para obtener una hipoteca de vivienda. No se suman puntos a la base de la propiedad. Los puntos también pueden denominarse tarifas de creación de préstamos. Una parte de los puntos pagados por la compra de una propiedad de alquiler son deducibles mediante el método OID. Consulte la Publicación 527.

Impuestos, Línea 16

Los impuestos estatales y locales sobre bienes raíces pagados con ingresos por alquiler propiedad del contribuyente se deducen en la línea 16 del Anexo E. Si los impuestos sobre bienes raíces del contribuyente se incluyen en la hipoteca y se pagan desde una cuenta de depósito en garantía, el monto pagado por la compañía hipotecaria es el monto deducido.

Depreciación Línea 18

La depreciación es un gasto de capital. La depreciación comienza cuando la propiedad se ha puesto en servicio.

La depreciación es la deducción anual por recuperación del precio de compra de un gasto de activo fijo. La propiedad utilizada para el negocio debe ser depreciada. El monto de la depreciación tomada cada año se determina según la base de la propiedad, el período de recuperación de esa propiedad y el método de depreciación. El período de recuperación para propiedades residenciales de alquiler según MACRS es de 27.5 años y se utiliza para propiedades puestas en servicio después de 1986.

La depreciación de la propiedad de alquiler (en el año en que se puso en servicio) se informa en el Formulario 4562, *Depreciación y Amortización*, y fluye al Anexo E.

La depreciación que no se tomó en un año no se puede tomar en el año siguiente. Sin embargo, se puede presentar una declaración enmendada (Formulario 1040X) para el año en el que no se tomó (si no es más de tres años antes). Si se vende propiedad depreciable, su base para determinar la ganancia o pérdida se reducirá por la depreciación "permitida o permisible", incluso si no se deduce. El terreno nunca se deprecia.

Las deducciones de la Sección 179 no se pueden utilizar para depreciar la propiedad de alquiler.

Propiedad que puede depreciarse

La mayoría de los tipos de propiedad tangible pueden depreciarse. Ejemplos de propiedad tangible son:

- Edificios
- Vehículos
- Maquinaria
- Mobiliario
- Equipo
- Instalaciones de almacenamiento

Land is tangible property and can never be depreciated. Some intangible items that can be depreciated are:

- Copyrights
- Patents
- Computer software if its life value is more than one year

Property that needs to be depreciated must meet the following requirements:

- Must be the taxpayer's own property
- Must be used in the taxpayer's business or income-producing activity
- Property must have a determinable useful life
- The property is expected to last more than one year

Passive Activity Limits

Passive activity is when the taxpayer did not materially participate in the business during the tax year. The two types of passive activity are:

1. Trade or business in which the taxpayer did not materially participate during the tax year
2. Rental activities, regardless of the taxpayer participation

Material participation is involvement in the activity of the business on a regular, continuous, and substantial basis. The taxpayer can claim a passive loss only against active income. Any excess passive activity loss can be carried forward to future years until used, or until it can be deducted in the year when the taxpayer disposes of the activity in a taxable transaction.

Rental real estate activities are passive activities; exceptions may apply for certain real estate professionals. Rental activity is when the taxpayer receives income mainly for the use of tangible property, rather than for services. Deductions or losses from passive activities are limited. Taxpayers cannot offset their income with passive activity income; passive activity income can only offset passive activity loss. The excess loss or credit is carried forward to the next tax year.

At-Risk Rules

The at-risk rules place a limit on the amount that can be deducted as a loss from rental real estate activity. Losses from holding real property (other than mineral property) placed in service before 1987 are not subject to the at-risk rules.

Generally, any loss from an activity subject to the at-risk rules is allowed only to the extent of the total amount at risk in the activity at the end of the tax year. The amount the taxpayer is considered at-risk in an activity is the sum of cash and the adjusted basis of other property contributed to the activity, and certain amounts borrowed for use in the activity.

The taxpayer may need to complete Form 6198 to figure their loss if:

- The taxpayer has a loss from the activity that is a trade or business or for production of income
- The taxpayer is not at-risk in this activity

La tierra es una propiedad tangible y nunca puede ser depreciada. Algunos elementos intangibles que se pueden depreciar son:

- Derechos de autor
- Patentes
- Software informático si su valor de vida es superior a un año

La propiedad que necesita ser depreciada debe cumplir con los siguientes requisitos:

- Debe ser propiedad del contribuyente
- Debe ser utilizada en el negocio o actividad generadora de ingresos del contribuyente
- La propiedad debe tener una vida útil determinable
- Se espera que la propiedad dure más de un año

Límites de actividad pasiva

La actividad pasiva es una actividad en la que el contribuyente no participó materialmente durante el año fiscal. Los dos tipos de actividad pasiva son:

1. Es una actividad o negocio en la que el contribuyente no participó materialmente durante el año fiscal.
2. Actividades de alquiler, independientemente de la participación del contribuyente

La participación material es la participación en la actividad del negocio de manera regular, continua y sustancial. El contribuyente puede reclamar una pérdida pasiva solo contra los ingresos activos. Cualquier exceso de pérdida de actividad pasiva puede trasladarse a años futuros hasta que se utilice, o hasta que pueda deducirse en el año en que el contribuyente enajene la actividad en una transacción imponible.

Las actividades inmobiliarias de alquiler son actividades pasivas; se pueden aplicar excepciones para ciertos profesionales de bienes raíces. La actividad de alquiler es cuando el contribuyente recibe ingresos principalmente por el uso de bienes tangibles, y no por servicios. Las deducciones o pérdidas por actividades pasivas son limitadas. Los contribuyentes no pueden compensar sus ingresos con ingresos de actividades pasivas; los ingresos de actividad pasiva solo pueden compensar la pérdida de actividad pasiva. El exceso de pérdida o crédito se transfiere al siguiente año fiscal.

Reglas en riesgo

Las reglas de riesgo ponen un límite a la cantidad que se puede deducir como pérdida de la actividad inmobiliaria de alquiler. Las pérdidas por tenencia de bienes inmuebles (que no sean minerales) puestos en servicio antes de 1987 no están sujetas a las reglas de riesgo.

En general, cualquier pérdida de una actividad sujeta a las reglas de riesgo se permite solo en la medida del monto total en riesgo en la actividad al final del año fiscal. La cantidad que el contribuyente se considera en riesgo en una actividad es la suma del efectivo y la base ajustada de otros bienes aportados a la actividad, y ciertas cantidades prestadas para su uso en la actividad.

El contribuyente puede necesitar completar el Formulario 6198 para calcular su pérdida si:

- El contribuyente tiene una pérdida de la actividad que es un actividad o negocio o para la producción de ingresos
- El contribuyente no corre riesgo en esta actividad.

Active Participation

If a taxpayer owned at least 10% of the rental property and made management decisions in a significant and bona fide sense, they are considered to have active participation. Management decisions include approving new tenants, deciding on rental terms, approving expenditures, and similar decisions. In most cases, all rental real estate activities are passive activities. For this purpose, a rental activity is an activity from which income is received mainly for the use of tangible property rather than for services.

Example: Christian is single and had the following income and losses during the tax year:

Salary	$56,954
Lottery winnings	$10,000
Rental loss	($3,450)

The rental loss resulted from a residential rental house that Christian owned. Christian made all the management decisions including collecting rent, making repairs, or hiring someone to complete the repairs, and approving the current tenant. Christian actively participated in the rental property management; therefore, he can use the entire loss of $3,450 to offset his other income.

Local Benefit Taxes

A deduction cannot be taken for taxes for local benefits that increase the value of the rental property. Examples of taxes for local benefits are those for putting in streets, sidewalks, or water and sewer systems. These taxes are capital expenditures that cannot be depreciated. The taxes may be added to the basis of the property. Local benefit taxes may be deducted if they are for maintenance, repairing, or paying interest charges for the benefits.

Expenses Accrued While Fixing the Rental

The taxpayer can deduct ordinary and necessary expenses for managing, supporting, or maintaining rental property from the time it is made available for rent.

Rental of Equipment

The taxpayer could deduct the rent paid for equipment that is used for rental purposes. However, if the lease contract is a purchase contract, the taxpayer cannot deduct these payments.

Uncollected Rent

If the taxpayer uses the cash basis, the taxpayer cannot deduct uncollected rent since the cash-basis taxpayer was never included in income. If the taxpayer is an accrual-basis taxpayer, the taxpayer must report the income when it is earned. If the taxpayer is unable to collect the rent, one may be able to deduct it as a bad-debt business expense.

Vacant Rental Property

If the taxpayer holds property for rental purposes, the taxpayer may be able to deduct ordinary and necessary expenses for managing, sustaining, or maintaining rental property from the time it became available for rent. Loss of rental income is not deductible.

Participación activa

Si un contribuyente poseía al menos el 10% de la propiedad de alquiler y tomaba decisiones de administración en un sentido significativo y de buena fe, se considera que tiene una participación activa. Las decisiones de gestión incluyen la aprobación de nuevos arrendatarios, la decisión sobre los términos del alquiler, la aprobación de gastos y decisiones similares. En la mayoría de los casos, todas las actividades inmobiliarias de alquiler son actividades pasivas. A estos efectos, una actividad de alquiler es una actividad de la que se reciben ingresos principalmente por el uso de bienes tangibles y no por servicios.

Ejemplo: Christian es soltero y tuvo los siguientes ingresos y pérdidas durante el año fiscal:

Salario	$56,954
Ganancias de lotería	$10,000
Pérdida de alquiler	($3,450)

La pérdida de alquiler resultó de una casa de alquiler residencial que era propiedad de Christian. Christian tomó todas las decisiones administrativas, incluido el cobro del alquiler, la realización de reparaciones o la contratación de alguien para completar las reparaciones y la aprobación del arrendatario actual. Christian participó activamente en la gestión de la propiedad de alquiler; por lo tanto, puede usar la pérdida total de $3,450 para compensar sus otros ingresos.

Impuestos de beneficios locales

No se puede tomar una deducción de impuestos por beneficios locales que aumentan el valor de la propiedad en alquiler. Ejemplos de impuestos para beneficios locales son los de construcción de calles, aceras o sistemas de agua y alcantarillado. Estos impuestos son gastos de capital que no se pueden depreciar. Los impuestos pueden sumarse a la base de la propiedad. Se pueden deducir impuestos locales sobre beneficios si son para mantenimiento, reparación o pago de intereses por los beneficios.

Gastos acumulados mientras se arregla el alquiler

El contribuyente puede deducir los gastos ordinarios y necesarios para administrar, conservar o mantener la propiedad arrendada desde el momento en que se pone a disposición para alquilarla.

Alquiler de equipos

El contribuyente podrá deducir el alquiler pagado por equipos que se utilicen con fines de alquiler. No obstante, si el contrato de arrendamiento es un contrato de compraventa, el contribuyente no puede deducir estos pagos.

Alquiler no cobrado

Si el contribuyente utiliza la base en efectivo, no puede deducir el alquiler no cobrado, ya que el contribuyente en efectivo nunca estuvo incluido en los ingresos. Si el contribuyente es un contribuyente de base devengada, debe declarar los ingresos cuando se obtienen. Si el contribuyente no puede cobrar el alquiler, es posible que pueda deducirlo como un gasto comercial por deudas incobrables.

Propiedad de alquiler desocupada

Si el contribuyente posee una propiedad para fines de alquiler, puede deducir los gastos ordinarios y necesarios para administrar, conservar o mantener la propiedad de alquiler desde el momento en que estuvo disponible para alquiler. La pérdida de ingresos por alquiler no es deducible.

Repairs and Improvements

Repairs

Maintaining the condition of the rental property. Repairs do not add to the value of the property or substantially prolong its life. The following are examples of repairs:

- Repainting the property inside and out
- Fixing gutters or floors
- Fixing leaks
- Plastering a hole in a wall
- Replacing broken windows

If repairs are made during an extensive remodeling of the property, the whole job, including the repairs, is an improvement. Improvements add value to the property and prolong the property's useful life. Improvements to property must be capitalized. The capitalized costs can generally be depreciated as if the improvements were separate property.

Example: Janice purchased an old Victorian house. The house needed many repairs, such as re-plastering, repainting, replacing broken windows, replacing roof tiles, and fixing leaks. After taking several months to complete the repairs, Janice was finally able to place the property on the market for rent. The remodeling of the property is considered an improvement, not a repair.

Improvements

Any expense that is paid to improve the property must be capitalized. An improvement adds value or prolongs the property life, restores the property, and/or adapts the property to a new or different use. Examples include:

Betterment includes expenses for fixing a pre-existing defect or condition or for enlarging or expanding the property

Restoration includes expenses for replacing a substantial structural part of the property, repairing damage to the property, or rebuilding the property to a like-new condition

Adaptation includes expenses for altering the property to a use that is not consistent with the intended ordinary use of the property

Recordkeeping

Keeping records is a way to show proof of any deduction that has been claimed on the tax return. Taxpayers should keep the tax records for at least five years from the date of filing the tax return and claiming the deduction. The individual should keep all receipts, loan documents, and the buyers closing statement of the assets that are reported on the tax return.

The taxpayer must also keep records regarding expenses and days of rental use. Records should be kept if the taxpayer or a member of the family used the rental property for personal purposes. The taxpayer should keep records of dates and times they personally spent on repairing or maintaining the property.

Reparaciones y mejoras

Las reparaciones

Mantienen el buen estado de la propiedad de alquiler. Las reparaciones no aumentan el valor de la propiedad ni prolongan sustancialmente su vida. Los siguientes son ejemplos de reparaciones:

- Repintado de la propiedad por dentro y por fuera
- Reparación de canalones o suelos
- Reparación de fugas
- Enyesado de un agujero en una pared
- Reemplazo de ventanas rotas

Si las reparaciones se realizan durante una remodelación extensa de la propiedad, todo el trabajo, incluidas las reparaciones, es una mejora. Las mejoras agregan valor a la propiedad y prolongan la vida útil de la propiedad. Las mejoras a la propiedad deben capitalizarse. Los costos capitalizados generalmente se pueden depreciar como si las mejoras fueran bienes propios.

Ejemplo: Janice compró una antigua casa victoriana. La casa necesitaba muchas reparaciones, como volver a enyesar, pintar, reemplazar ventanas rotas, reemplazar tejas y reparar goteras. Después de tomar varios meses para completar las reparaciones, Janice finalmente pudo colocar la propiedad en el mercado para alquilarla. La remodelación del inmueble se considera una mejora, no una reparación.

Mejoras

Cualquier gasto que se pague para mejorar la propiedad debe ser capitalizado. Una mejora agrega valor o prolonga la vida de la propiedad, restaura la propiedad y/o adapta la propiedad a un uso nuevo o diferente. Ejemplos incluyen:

> *La mejora* incluye los gastos para reparar un defecto o condición preexistente o para agrandar o expandir la propiedad.
>
> *La restauración* incluye los gastos para reemplazar una parte estructural sustancial de la propiedad, reparar daños a la propiedad o reconstruir la propiedad a una condición como nueva.

La adaptación incluye los gastos por alterar la propiedad a un uso que no es consistente con el uso ordinario previsto de la propiedad.

Mantenimiento de registros

Llevar registros es una forma de mostrar prueba de cualquier deducción que se haya reclamado en la declaración de impuestos. Los contribuyentes deben conservar los registros de impuestos durante al menos cinco años a partir de la fecha de presentación de la declaración de impuestos y reclamación de la deducción. La persona debe conservar todos los recibos, documentos del préstamo y la declaración final del comprador de los activos que se declaran en la declaración de impuestos.

El contribuyente también debe llevar registros sobre los gastos y días de uso de la renta. Se deben mantener registros si el contribuyente o un pariente usó la propiedad de alquiler para fines personales. El contribuyente debe mantener registros de las fechas y horas que dedicó personalmente a reparar o mantener la propiedad.

Not Rented for Profit

If the property is not rented with the intent of making a profit, the expenses can be deducted only up to the amount of income. In this situation, the income is reported on Schedule 1, line 8a - z. The mortgage interest, real estate taxes, and casualty losses are deducted on the appropriate lines of Schedule A. If the taxpayer rents the home fewer than 15 days a year, the taxpayer does not need to report any of the rental income and cannot deduct any of the expenses.

Fair Rental Price

A fair rental price for property is an amount that a person who is not related to the taxpayer would be willing to pay. The rent charged is not a fair rental price if it is substantially less than rent charged for other similar properties. Ask the following questions when comparing one property to another:

- Is it used for the same purpose?
- Is it approximately the same size?
- Is it in approximately the same condition?
- Does it have similar furnishings?
- Is it in a similar location?

If any one of the answers are no, the properties are not similar.

Use as Main Home Before or After Renting

Do not count personal days when the property was used as a main home before or after renting or offering it for rent in either of the following situations:

1. The taxpayer rented or tried to rent the property for 12 or more consecutive months
2. The taxpayer rented or tried to rent the property for a period of less than 12 consecutive months, and the period ended because the property was sold or exchanged

This special rule does not apply when dividing expenses between rental and personal use.

Dividing Expenses for Property Changed to Rental Use

Expenses for both personal and rental use must be divided between the two. Any reasonable method can be used to divide the expense. For example, it may be reasonable to divide the cost of some items, such as water, based on the number of people using them. However, the two most common methods for dividing expenses are:

1. Dividing an expense based on the number of rooms in the home
2. Dividing an expense based on the square footage of the home

Property Changed to Rental Use

If the taxpayer converts their primary home or other property (or a part of it) to rental use at any time other than at the beginning of the year, the taxpayer must divide the yearly expenses (such as depreciation, taxes, and insurance) between rental use and personal use. The taxpayer can deduct as rental expenses only the portion of the expenses that was for the part of the year the property was used or held for rental purposes. The taxpayer cannot deduct insurance or depreciation for the part of the year the property was held for personal use. The taxpayer can deduct home mortgage interest and real estate taxes as an itemized deduction on Schedule A for the part of the year the property was used for personal purposes.

No alquilado con fines de lucro

Si el inmueble no se alquila con fines de lucro, los gastos solo podrán deducirse hasta el importe de los ingresos. En esta situación, el ingreso se declara en el Anexo 1, línea 8a - z. Los intereses hipotecarios, los impuestos sobre bienes raíces y las pérdidas por hechos fortuitos se deducen en las líneas correspondientes del Anexo A. Si el contribuyente alquila la vivienda menos de 15 días al año, no necesita declarar ninguno de los ingresos por alquiler y no puede deducir ningún de los gastos.

Precio justo de alquiler

Un precio justo de alquiler de una propiedad es una cantidad que una persona que no está relacionada con el contribuyente estaría dispuesta a pagar. El alquiler cobrado no es un precio de alquiler justo si es sustancialmente menor que el alquiler cobrado por otras propiedades similares. Haga las siguientes preguntas cuando compare una propiedad con otra:

- ¿Se utiliza para el mismo propósito?
- ¿Es aproximadamente del mismo tamaño?
- ¿Esté en aproximadamente el mismo estado?
- ¿Tiene muebles similares?
- ¿Está en un lugar similar?

Si alguna de las respuestas es no, las propiedades no son similares.

Uso como vivienda principal antes o después de alquilar

No se computarán los días personales en los que la propiedad fue utilizada como vivienda principal antes o después de alquilarla u ofrecerla en alquiler en cualquiera de las siguientes situaciones:

1. El contribuyente arrendó o intentó arrendar el inmueble por 12 o más meses consecutivos.
2. El contribuyente arrendó o intentó arrendar el inmueble por un período inferior a 12 meses consecutivos, y el período terminó por haber vendido o permutado el inmueble.

Esta regla especial no se aplica cuando se dividen los gastos entre alquiler y uso personal.

Dividir los gastos de la propiedad cambiada al uso de alquiler

Los gastos tanto de uso personal como de alquiler deberán dividirse entre ambos. Se puede utilizar cualquier método razonable para dividir el gasto. Por ejemplo, puede ser razonable dividir el costo de algunos artículos, como el agua, según la cantidad de personas que los usan. Sin embargo, los dos métodos más comunes para dividir los gastos son:

1. Dividir un gasto en función del número de habitaciones de la casa
2. Dividir un gasto en función de los pies cuadrados de la casa

Propiedad cambiada a uso de alquiler

Si el contribuyente convierte su casa u otra propiedad (o una parte de ella) para uso de alquiler en cualquier momento que no sea al comienzo del año, el contribuyente debe dividir los gastos anuales (como depreciación, impuestos y seguro) entre alquiler uso y uso personal. El contribuyente puede deducir como gastos de alquiler solo la parte de los gastos que fue durante la parte del año en que la propiedad se usó o se mantuvo para fines de alquiler. El contribuyente no puede deducir el seguro o la depreciación por la parte del año en que tuvo la propiedad para uso personal. El contribuyente puede deducir los intereses de la hipoteca de la vivienda y los impuestos sobre bienes inmuebles como una deducción detallada en el Anexo A para la parte del año en que la propiedad se utilizó para fines personales.

Rental of Vacation Homes and Other Dwelling Units

If the taxpayer uses a dwelling as both a home and a rental unit, expenses must be divided between personal use and rental use. The taxpayer uses a dwelling as a home if one uses it for personal use more than the greater of:

- 14 days
- 10% of the total days it is rented to others at a fair rental price

Personal use consists of any day the unit is used by:

- The taxpayer or other person who has an interest in the home unless rented to another owner as the main home under a shared equity financing agreement
- A family member or member of any other family who has an interest in the home unless the family member uses the dwelling as their main home and pays fair rental price

- Anyone under an arrangement that lets the taxpayer use some other dwelling unit even if that person pays a fair rental price
- Anyone who uses the dwelling at less than a fair rental price

Days spent substantially working full-time to repair or maintain the property do not count as personal days. If the taxpayer occupies any part of a building or structure for personal use, its gross rental income includes the fair rental value of that part.

Dividing Expenses for Vacation Homes and Other Dwelling Units

If a unit is used for both rental and personal use, the expenses must be divided between the two. Any day that the unit is rented at the fair market value and used for both rental and personal use, the expenses are considered business use. Any day that the unit is available for rent but not actually rented is not a day of rental use.

Example: A ski lodge is available for rent from November 1 through March 31 (a total of 151 days, using 28 days for February). The taxpayer's family uses it for 14 days in October. No one rents it in the first week of November or at any time in March. The person who rented it the first week in December was called home for a family emergency. The taxpayer's daughter used it for two days in December. The remainder of the year, the lodge was closed and not used by anyone.

Rental Days: 151 – 38 = 113

The lodge was available for 38 days in which it was not rented. Days used by taxpayer and/or the taxpayer's family on which fair rental price was received count as rental days. The use by the taxpayer's daughter in December is recorded as rental days.

Total Use: 113 + 14 = 127

Personal Use: Percentage on rental is 113/127 = 89%. The deductible portion of any expenses is 89%. If the taxpayer does not have a profit from the rental, deductible expenses are limited.

Alquiler de casas de vacaciones y otras unidades de vivienda

Si el contribuyente utiliza una vivienda como hogar y unidad de alquiler, los gastos deben dividirse entre uso personal y uso de alquiler. El contribuyente utiliza una vivienda como hogar si la utiliza para uso personal más que el mayor de:

- 14 días
- 10% del total de días que se alquila a otros a un precio de alquiler justo

El uso personal consiste en cualquier día en que la unidad sea utilizada por:

- El contribuyente u otra persona que tenga un interés en la vivienda a menos que esté alquilada a otro propietario como vivienda principal en virtud de un acuerdo de financiamiento de capital compartido.
- Un pariente o miembro de cualquier otra familia que tenga un interés en la vivienda a menos que el pariente use la vivienda como su hogar principal y pague un precio de alquiler justo.

- Cualquier persona bajo un arreglo que le permite al contribuyente usar alguna otra unidad de vivienda, incluso si esa persona paga un precio de alquiler justo.
- Cualquiera que use la vivienda a menos de un precio de alquiler justo.

Los días dedicados sustancialmente a trabajar a tiempo completo para reparar o mantener la propiedad no cuentan como días personales. Si el contribuyente ocupa cualquier parte de un edificio o estructura para uso personal, su ingreso bruto por alquiler incluye el valor justo de alquiler de esa parte.

División de gastos de casas de vacaciones y otras unidades de vivienda

Si una unidad se utiliza tanto para alquiler como para uso personal, los gastos deben dividirse entre los dos. Cualquier día que la unidad se alquile al valor justo de mercado y se use tanto para alquiler como para uso personal, los gastos se consideran uso comercial. Cualquier día en que la unidad esté disponible para alquiler, pero no esté realmente alquilada no es un día de uso de alquiler.

Ejemplo: Un albergue de esquí está disponible para alquilar desde el 1 de noviembre hasta el 31 de marzo (un total de 151 días, usando 28 días para febrero). La familia del contribuyente lo utiliza durante 14 días en octubre. Nadie lo alquila en la primera semana de noviembre ni en ningún momento de marzo. La persona que lo alquiló la primera semana de diciembre fue llamada a casa por una emergencia familiar. La hija del contribuyente lo utilizó durante dos días en diciembre. El resto del año, el albergue estuvo cerrado y nadie lo utilizó.

Días de alquiler: 151 – 38 = 113

El albergue estuvo disponible durante 38 días en los que no se alquiló. Los días utilizados por el contribuyente y/o la familia del contribuyente en los que se recibió el precio de alquiler justo cuentan como días de alquiler. El uso de la hija del contribuyente en diciembre se registra como días de alquiler.

Uso total: 113 + 14 = 127

Uso personal: El porcentaje sobre el alquiler es 113/127 = 89%. La porción deducible de cualquier gasto es del 89%. Si el contribuyente no obtiene una ganancia del alquiler, los gastos deducibles son limitados.

Real Estate Professional

Generally, rental activities are passive activities even if the taxpayer materially participates. However, the activity may not be passive if all of these are true:

- The taxpayer is a real estate professional
- During the year the individual materially participated in the rental activities
- The taxpayer participates more than 750 hours in performing personal services in the trade or business
- The taxpayer spends half of the time performing personal services in real property

Qualified activities include developing, redeveloping, constructing, reconstructing, acquiring, converting, operating, managing, leasing, or selling real property. A taxpayer materially participates in an activity if for the tax year they were involved in its operation on a regular, continuous, and substantial basis during the year. If the taxpayer meets these requirements, the rental business is not a passive activity. If the taxpayer has multiple properties, each one is treated separately unless the taxpayer chooses to treat them as one activity. Personal services that were performed as an employee cannot be counted. If the taxpayer files a joint return, the hours cannot be added together to fulfill the requirements.

Limited Partnership Interests

If the taxpayer held property in a limited partnership as a limited partner, the taxpayer does not materially participate in rental real estate. Failure to meet the minimum-hours threshold may result in the passive activity amount being limited. Proper recordkeeping is the key to making sure that if the taxpayer is audited, they do not lose their passive activity loss (PAL).

Rental Property Sales

When rental property or other business assets are sold, the gain or loss must be reported on Form 4797, *Sales of Business Property.* If the property sold includes land, both the land and the property must be reported on Form 4797. Each property is reported separately in the appropriate part of Form 4797. The different sections of Form 4797 are as follows:

Part I: Used to report sales of the section 1231 portion of a real estate transaction. This includes land and all long-term property sold at a loss. A transaction reported here does not need to be reported in Part III.

Part II: Used to report sales of business property that are not reported in Part I or Part III.

Part III: Used to calculate the recapture of depreciation and certain other items that must be reported as ordinary income on the disposition of property. The property includes sections 1245, 1250, 1252, 1254, and 1255 property sales. This includes most long-term property that was depreciated and sold at a gain.

Profesional inmobiliario

Generalmente, las actividades de alquiler son actividades pasivas incluso si el contribuyente participa materialmente. Sin embargo, la actividad puede no ser pasiva si todo lo siguiente es cierto:

- El contribuyente es un profesional inmobiliario
- Durante el año la persona natural participó materialmente en las actividades de alquiler
- El contribuyente participa más de 750 horas en la realización de servicios personales en la actividad o negocio
- El contribuyente dedica la mitad del tiempo a realizar servicios personales en bienes inmuebles

Las actividades calificadas incluyen el desarrollo, redesarrollo, construcción, reconstrucción, adquisición, conversión, operación, administración, arrendamiento o venta de bienes inmuebles. Un contribuyente Participa materialmente en una actividad si durante el año fiscal estuvo involucrado en su operación de manera regular, continua y sustancial durante el año. Si el contribuyente cumple con estos requisitos, el negocio de alquiler no es una actividad pasiva. Si el contribuyente tiene varias propiedades, cada una se trata por separado a menos que el contribuyente opte por tratarlas como una sola actividad. Los servicios personales que se realizaron como empleado no se pueden contar. Si el contribuyente presenta una declaración conjunta, no se pueden sumar las horas para cumplir con los requisitos.

Participación de la sociedad limitada

Si el contribuyente poseía una participación en una sociedad limitada como socio limitado, el contribuyente no participa materialmente en el alquiler de bienes raíces. El incumplimiento del límite mínimo de horas puede resultar en la limitación de la cantidad de actividad pasiva. El mantenimiento de registros adecuado es la clave para garantizar que, si el contribuyente es auditado, conserve su pérdida de actividad pasiva (PAL).

Venta de propiedades de alquiler

Cuando se venden propiedades de alquiler u otros activos comerciales, la ganancia o pérdida debe informarse en el Formulario 4797, *Ventas de propiedades comerciales*. Si la propiedad vendida incluye terreno, tanto el terreno como la propiedad deben informarse en el Formulario 4797. Cada propiedad se informa por separado en la parte correspondiente del Formulario 4797. Las diferentes secciones del Formulario 4797 son las siguientes:

Parte I: Se utiliza para informar las ventas de la parte de la sección 1231 de una transacción de bienes inmuebles. Esto incluye terrenos y todas las propiedades a largo plazo vendidas con pérdidas. Una transacción declarada aquí no necesita ser declarada en la Parte III.

Parte II: Se usa para informar las ventas de propiedad comercial que no se informan en la Parte I o la Parte III.

Parte III: Se utiliza para calcular la recuperación de la depreciación y otros elementos que deben declararse como ingresos ordinarios en la disposición de la propiedad. La propiedad incluye las secciones 1245, 1250, 1252, 1254 y 1255 ventas de propiedades. Esto incluye la mayoría de las propiedades a largo plazo que fueron depreciadas y vendidas con ganancias.

Depreciation should be calculated (and deducted on the appropriate form) for the period prior to the sale. If the taxpayer sells or exchanges property used partly for business or rental purposes and partly for personal purposes, the taxpayer must figure the gain or loss on the sale or exchange as though two separate pieces of property were sold. The taxpayer must divide the selling price, selling expenses, and the basis of the property between the business or rental part and the personal part. The taxpayer must subtract depreciation that was taken or could have taken from the basis of the business or rental part. Gain or loss on the business or rental part of the property may be a capital gain or loss or an ordinary gain or loss. Any gain on the personal part of the property is a capital gain. The taxpayer cannot deduct a loss on the personal part.

Depreciation is the annual deduction that allows taxpayers to recover the cost or other basis of their business or investment property over a certain number of years. Depreciation begins when a taxpayer places property in service for use in a trade or business or to produce income. The property ceases to be depreciable when the taxpayer has fully recovered the property's cost or other basis or when the property has been retired from service, whichever comes first.

Property Owned

To claim depreciation, one must be the owner of the property, even if the property has debt. Leased property can be claimed only if ownership in the property includes the following:

- The legal title to the property
- The legal obligation to pay for the property
- The responsibility to pay maintenance and operating expenses
- The duty to pay any taxes on the property
- The risk of loss if the property is destroyed, condemned, or diminished in value through obsolescence or exhaustion

Example: Amanda made a down payment on a rental property and assumed Terrance's mortgage. Amanda owns the property and can depreciate it.

If the property is a business or investment property held by the taxpayer as a life tenant, the taxpayer may depreciate the property.

Property Having a Determinable Useful Life

Property must have a determinable useful life to be depreciated. It must be something that wears out, decays, is used up, becomes obsolete, or loses its value from natural causes.

Property Lasting More than One Year

To depreciate property, the useful life must be one year or more.

Example: Ms. Lady maintains a library for her tax business. She purchases yearly technical journals to use in her tax business. The library would be depreciated, but the technical journals do not have a useful life of more than one year. The technical journals can be taken as a yearly business expense.

La depreciación debe calcularse (y deducirse en el formulario apropiado) para el período anterior a la venta. Si el contribuyente vende o canjea propiedades utilizadas en parte para fines comerciales o de alquiler y en parte para fines personales, el contribuyente debe calcular la ganancia o pérdida de la venta o canje como si se hubieran vendido dos bienes por separado. El contribuyente debe dividir el precio de venta, los gastos de venta y la base de la propiedad entre la parte comercial o de alquiler y la parte personal. El contribuyente deberá restar la depreciación que haya tomado o haya podido tomar de la base de la parte del negocio o arrendamiento. La ganancia o pérdida en la parte comercial o de alquiler de la propiedad puede ser una ganancia o pérdida de capital o una ganancia o pérdida ordinaria. Cualquier ganancia sobre la parte personal de la propiedad es una ganancia de capital. El contribuyente no puede deducir una pérdida en la parte personal.

La depreciación es la deducción anual que permite a los contribuyentes recuperar el costo u otra base de su negocio o propiedad de inversión durante un cierto número de años. La depreciación comienza cuando un contribuyente pone la propiedad en servicio para su uso en una actividad o negocio o para producir ingresos. La propiedad deja de ser depreciable cuando el contribuyente ha recuperado completamente el costo de la propiedad u otra base o cuando esta ha sido retirada del servicio, lo que ocurra primero.

Titularidad de la propiedad

Para reclamar la depreciación, el contribuyente debe ser el dueño de la propiedad, incluso si la propiedad tiene deudas. La propiedad arrendada puede reclamarse solo si la titularidad de la propiedad incluye lo siguiente:

- El título legal de la propiedad
- La obligación legal de pagar la propiedad
- La responsabilidad de pagar los gastos de mantenimiento y operación
- El deber de pagar los impuestos sobre la propiedad
- El riesgo de pérdida si la propiedad es destruida, condenada o disminuida de valor por obsolescencia o agotamiento

Ejemplo: Amanda hizo el pago inicial de una propiedad de alquiler y asumió la hipoteca de Terrance. Amanda es dueña de la propiedad y puede depreciarla.

Si la propiedad es una propiedad comercial o de inversión en poder del contribuyente como arrendatario vitalicio, el contribuyente puede depreciar la propiedad.

Propiedad con una vida útil determinable

La propiedad debe tener una vida útil determinable para ser depreciada. Debe ser algo que se desgaste, deteriore, agote, se vuelva obsoleto o pierda su valor por causas naturales.

Propiedad que dura más de un año

Para depreciar la propiedad, la vida útil debe ser de un año o más.

Ejemplo: La Sra. Lady mantiene una biblioteca para su negocio de impuestos. Compra revistas técnicas anuales para usar en su negocio de impuestos. La biblioteca estaría depreciada, pero las revistas técnicas no tienen una vida útil mayor a un año. Las revistas técnicas se pueden tomar como un gasto comercial anual.

Property used in Business or Income-Producing Activity

To claim depreciation on property one must use it in their business or an income-producing activity. If the taxpayer uses the property to produce an investment use, then the income is taxable. One cannot depreciate property that one uses solely for personal activities.

If the property has a multiple-use business and personal purpose, the portion used for business will be depreciated. For example, the taxpayer cannot deduct deprecation on a car used only for commuting to and from work or used for personal shopping trips and family vacations. Records must be kept showing business and personal use of the property.

Inventory cannot be depreciated. Inventory is any property that is held primarily for sale to customers in the ordinary course of business. If the owner is in the rent-to-own business, certain property held in that business may be considered as depreciable instead of inventory. See Publication 946.

Containers for the products one sells are part of inventory and are not depreciable. Containers used to ship products can be depreciated if the life expectancy is more than one year and meet the following requirements:

1. Qualify as property used in business
2. Title to the containers does not pass to the buyer

Property That Cannot Be Depreciated

Land does not wear out; therefore, it cannot be depreciated. The cost of land generally includes clearing, grading, planting, and landscaping. Although land is never depreciated, certain improvements to the land can be depreciated, such as landscaping.

Excepted Property

The following property cannot be depreciated even if the requirements are otherwise met:

1. Property placed in service and disposed of in the same year
2. Equipment used to build capital improvements
3. Section 197 intangibles that must be amortized
4. Certain term interests

The Beginning and Ending of Depreciation

Depreciation begins when the property is placed in service for use in a trade or business or to produce income. Depreciation ends when the cost (or other basis) has been fully recovered or when it has been retired from service, whichever comes first.

Placed in Service

Property is placed in service when it is ready and available for a specific use for a business activity, an income-producing activity, a tax-exempt activity, or a personal activity. Even if the property is not being used, it is still placed in service when it is ready and available for its specific use.

Propiedad utilizada en actividades comerciales o generadoras de ingresos

Para reclamar la depreciación de una propiedad, el contribuyente debe usarla en su negocio o actividad generadora de ingresos. Si el contribuyente usa la propiedad para producir un uso de inversión, entonces el ingreso está sujeto a impuestos. No se puede depreciar la propiedad que se utiliza únicamente para actividades personales.

Si la propiedad tiene un propósito comercial y personal de uso múltiple, la parte utilizada para el negocio se depreciará. Por ejemplo, el contribuyente no puede deducir la depreciación de un automóvil usado solo para ir y venir del trabajo o para viajes de compras personales y vacaciones familiares. Se deben mantener registros que muestren el uso comercial y personal de la propiedad.

El inventario no se puede depreciar. El inventario es cualquier propiedad que se mantiene principalmente para la venta a los clientes en el curso normal del negocio. Si el propietario está en el negocio de alquiler con opción a compra, ciertas propiedades que se mantienen en ese negocio pueden considerarse depreciables en lugar de inventario. Consulte la Publicación 946.

Los envases de los productos que se venden forman parte del inventario y no son depreciables. Los contenedores utilizados para enviar productos pueden depreciarse si la expectativa de vida es mayor a un año y cumplen con los siguientes requisitos:

1. Calificar como propiedad utilizada en el negocio
2. El título de propiedad de los contenedores no pasa al comprador

Propiedad que no se puede depreciar

La tierra no se desgasta; por lo tanto, no se puede depreciar. El costo de la tierra generalmente incluye limpieza, nivelación, plantación y jardinería. Aunque la tierra nunca se deprecia, ciertas mejoras a la tierra pueden depreciarse, como la jardinería.

Propiedad exceptuada

La siguiente propiedad no puede depreciarse, aunque se cumplan los requisitos:

1. Propiedades puestas en servicio y enajenados en el mismo año.
2. Equipo utilizado para construir mejoras de capital.
3. Intangibles de la sección 197 que deben amortizarse.
4. Ciertos intereses a término.

El comienzo y el final de la depreciación

La depreciación comienza cuando la propiedad se pone en servicio para su uso en la actividad o negocio para generar ingresos. La depreciación finaliza cuando el costo (u otra base) se ha recuperado por completo o cuando se ha retirado del servicio, lo que ocurra primero.

Puesta en servicio

La propiedad se pone en servicio cuando está lista y disponible para un uso específico para una actividad comercial, una actividad generadora de ingresos, una actividad exenta de impuestos o una actividad personal. Incluso si la propiedad no se está utilizando, todavía se pone en servicio cuando está lista y disponible para su uso específico.

Example 1: Joel purchased a machine in December of last year for his business. The machine was delivered but not installed. Joel had the machine installed and ready for use in February of the current tax year. The machine would be placed in service in February of the current year.

If the property has been converted from personal to business use, the "placed in service" date is the date it was converted to business use or to an income-producing activity. In other words, depreciation begins when the property has been placed in service.

Example 2: Nicolas purchased a home as his primary residence in 2016, and in 2021 he converted it to a rental property. He placed the home in service in 2021; therefore, Nicolas would start depreciation when it was placed in service as an income-producing property.

Royalties

Royalty income is reported on Schedule E as ordinary income. The following are examples of royalty income:

- Copyrights on literary, musical, or artistic works
- Patents on inventions
- Gas, oil, and mineral properties
- Depletion, if the taxpayer is the owner of an economic interest in mineral deposits or oil and gas wells
- Coal and iron ore

Like rental income, expenses reduce this income. If the taxpayer was self-employed as a writer, inventor, artist, etc., income and expenses should be reported on Schedule C.

If the taxpayer is in business as a self-employed writer, artist, or musician, or if they hold an operating oil, gas, or mineral interest, the income and expenses would be reported on Schedule C. Royalties from copyrights and patents, oil and gas, and mineral properties are taxable as ordinary income and are reported on page 1 of Schedule E.

Taxable rental income and taxable income from royalties are reported on Schedule E and reported on Schedule 1, line 5. However, income from renting hotel rooms or other retail property where the renter provides significant additional services is not reported on Schedule E; it is reported as business income on Schedule C.

Partnership or S Corporation Income

Income a taxpayer receives from a partnership, or an S corporation is taxable. Neither the partnership nor the S corporation pays taxes. The taxes are "passed through" to the partners or shareholders, who report the income, as well as some of the expenses, on their individual tax returns. This income is reported on Schedule E, page 2.

Taxpayers should receive a Schedule K-1 from the partnership or S corporation, which will show the income and expenses the taxpayers would report on their individual returns.

Part II on page 2 of Form 1040, Schedule E is used to report income from partnerships and subchapter S corporation shareholders, as detailed in Schedule K-1. If the taxpayer actively participates in their partnership's business, it is nonpassive income or nonpassive loss. Partnership income is reported to each partner on Schedule K-1.

Ejemplo 1: Joel compró una máquina en diciembre del año pasado para su negocio. La máquina fue entregada pero no instalada. Joel tenía la máquina instalada y lista para usar en febrero del año fiscal en curso. La máquina se pondría en servicio en febrero del año en curso.

Si la propiedad se ha convertido de uso personal a comercial, la fecha de "puesta en servicio" es la fecha en que se convirtió en uso comercial o en una actividad generadora de ingresos. En otras palabras, la depreciación comienza cuando la propiedad se ha puesto en servicio.

Ejemplo 2: Nicolás compró una casa como su residencia principal en 2016 y en 2021 la convirtió en una propiedad de alquiler. Puso la casa en servicio en 2021; por lo tanto, Nicolás iniciaría la depreciación cuando se pusiera en servicio como propiedad generadora de ingresos.

Regalías

Los ingresos por regalías se informan en el Anexo E como ingresos ordinarios. Los siguientes son ejemplos de ingresos por regalías:

- ➢ Derechos de autor sobre obras literarias, musicales o artísticas.
- ➢ Patentes de invenciones
- ➢ Gas, petróleo y propiedades minerales.
- ➢ Agotamiento, si el contribuyente es titular de un interés económico en yacimientos minerales o pozos de petróleo y gas.
- ➢ Carbón y mineral de hierro

Al igual que los ingresos por alquileres, los gastos reducen estos ingresos. Si el contribuyente era un trabajador independiente como escritor, inventor, artista, etc., los ingresos y gastos deberán informarse en el Anexo C.

Si el contribuyente está en el negocio como escritor, artista o músico como independiente, o si tiene un interés operativo en petróleo, gas o minerales, los ingresos y gastos se informarán en el Anexo C. Las regalías por derechos de autor y patentes, petróleo y las propiedades de gas y minerales están sujetas a impuestos como ingresos ordinarios y se informan en la página 1 del Anexo E.

Los ingresos gravables por alquiler y los ingresos gravables por regalías se declaran en el Anexo E y en el Anexo 1, línea 5. Sin embargo, los ingresos por el alquiler de habitaciones de hotel u otra propiedad comercial donde el arrendatario proporciona servicios adicionales significativos no se informan en el Anexo E, sino que se declaran como ingreso comercial en el Anexo C.

Ingresos de sociedad o sociedad anónima S

Los ingresos que un contribuyente recibe de una sociedad o una sociedad anónima S están sujetos a impuestos. Ni la sociedad ni la sociedad anónima S pagan impuestos. Los impuestos se "pasan" a los socios o accionistas, quienes declaran los ingresos, así como algunos de los gastos, en sus declaraciones de impuestos individuales. Este ingreso se informa en el Anexo E, página 2.

Los contribuyentes deben recibir un Anexo K-1 de la sociedad o sociedad anónima S, que mostrará los ingresos y gastos que los contribuyentes reportarían en sus declaraciones individuales.

La Parte II en la página 2 del Formulario 1040, Anexo E, se utiliza para declarar los ingresos de sociedades y accionistas de sociedades anónimas S del subcapítulo, como se detalla en el Anexo K-1. Si el contribuyente participa activamente en el negocio de su sociedad, es ingreso no pasivo o pérdida no pasiva. Los ingresos de la sociedad se informan a cada socio en el Anexo K-1.

Part II on page 2 of Form 1040, Schedule E is used to report income from partnerships and subchapter S corporation shareholders, as detailed in Schedule K-1. If the taxpayer actively participates in their partnership's business, it is nonpassive income or nonpassive loss. Partnership income is reported to each partner on Schedule K-1.

Part 1 Review

To obtain the maximum benefit from each part go online now and watch the video.

Part 2 Capital Gains and Losses

Introduction

Almost everything a taxpayer owns and uses for personal or investment purposes is a capital asset. When a capital asset is sold, the difference between the basis in the asset and the amount the item is sold for is either a capital gain or a capital loss. A capital gain is the profit that results from selling an investment (stocks, bonds, or real estate) for more than the purchase price. Capital gains may refer to investment income that arises in relation to real assets (such as property), financial assets (such as shares of stocks or bonds), and intangible assets (such as goodwill). A capital loss arises if the proceeds from the sale of a capital asset are less than the purchase price. The taxpayer can deduct up to a $3,000 loss ($1,500 if filing MFS). The capital loss that exceeds the limit amount may be taken in future years.

Capital Assets

Capital assets are items held for personal use, pleasure, or investment purposes. Some examples of capital assets are:

- Stocks or bonds held in a personal account
- A house owned and used by the taxpayer and family
- Household furnishings
- A car used for pleasure and/or work
- Coin or stamp collections
- Gems and jewelry
- Gold, silver, or other metal types
- Timber grown on taxpayer personal property or investment property

A capital asset can be any property held by the taxpayer; however, the following would be considered noncapital assets:

- Property held mainly for sale to customers or property that will physically become a part of merchandise for sale to customers (e.g., inventory)
- Depreciable property used in trade or business, even if 100% depreciated
- Real property used in trade or business
- Accounts or notes receivable acquired in the ordinary course of a trade or business for services rendered, or the sale of stock in trade or other property included in inventory
- A copyright, a literary, musical, or artistic composition, a letter or memorandum, or a similar property that is:

La Parte II en la página 2 del Formulario 1040, Anexo E, se utiliza para declarar los ingresos de sociedades y accionistas de sociedades anónimas S del subcapítulo, como se detalla en el Anexo K-1. Si el contribuyente participa activamente en el negocio de su sociedad, es ingreso no pasivo o pérdida no pasiva. Los ingresos de la sociedad se informan a cada socio en el Anexo K-1.

Revisión de la Parte 1

Para obtener el máximo beneficio de cada parte, conéctese ahora y mire el video.

Parte 2 Ganancias y pérdidas de capital

Introducción

Casi todo lo que un contribuyente posee y utiliza con fines personales o de inversión es un activo de capital. Cuando se vende un activo de capital, la diferencia entre la base en el activo y la cantidad por la que se vende el artículo es una ganancia de capital o una pérdida de capital. Una ganancia de capital es la ganancia que resulta de vender una inversión (acciones, bonos o bienes raíces) por un precio más alto del que se compró. Las ganancias de capital pueden referirse a los ingresos por inversiones que surgen en relación con activos reales (como propiedades), activos financieros (como acciones o bonos) y activos intangibles (como el fondo de comercio). Una pérdida de capital surge si el producto de la venta de un activo de capital es menor que el precio de compra. El contribuyente puede deducir una pérdida de hasta $3,000 ($1,500 si declara como MFS). La pérdida de capital que exceda el monto límite puede tomarse en años futuros.

Activos de capital

Los activos de capital son artículos que se mantienen para uso personal, placer o con fines de inversión. Algunos ejemplos de activos de capital son los siguientes:

- Acciones o bonos mantenidos en una cuenta personal
- Una casa que pertenece y es usada por el contribuyente y su familia
- Mobiliario del hogar
- Un automóvil utilizado por placer y/o para el trabajo
- Colecciones de monedas o sellos
- Gemas y Joyas
- Oro, plata o cualquier otro tipo de metal.
- Madera cultivada en bienes muebles o propiedad de inversión del contribuyente

Un activo de capital puede ser cualquier propiedad en poder del contribuyente; sin embargo, los siguientes se considerarían activos no de capital:

- Propiedad mantenida principalmente para la venta a clientes o propiedad que físicamente se convertirá en parte de la mercancía para la venta a los clientes (por ejemplo, inventario)
- Propiedades depreciables utilizadas en la actividad o negocio, incluso si se depreciaron al 100%
- Bienes inmuebles utilizados en la actividad o el negocio
- Cuentas o documentos por cobrar adquiridos en el curso ordinario de una actividad o negocio por servicios prestados, o la venta de acciones comerciales u otra propiedad incluida en el inventario
- Un derecho de autor, una composición literaria, musical o artística, una carta o memorando, o una propiedad similar que sea:

    - Created by personal efforts
    - Prepared or produced for the taxpayer in the case of a letter, memorandum, or similar property
    - Received from an individual who created the property or for whom the property was prepared under circumstances entitling the taxpayer to the basis of the person who created the property, or for whom it was prepared or produced
- U.S. government publications received from the government for free or for less than the normal sales price
- Any financial instruments for commodities derivative held by a commodities derivatives dealer
- Hedge fund transactions, but only if the transaction is clearly identified as a hedging transaction before the close of the day on which it was acquired or originated
- Supplies of a type regularly used or consumed in the ordinary course of trade or business
- Property deducted under the de minimis safe harbor for tangible property

The rate at which the gain on the sale of a capital asset will be taxed depends on the type of capital asset, the holding period, and the taxpayer's tax bracket. If the taxpayer has a capital loss, the loss will be netted against any realized gain. If the taxpayer has a net loss in excess of $3,000, they will be able to deduct up to $3,000 of the loss against the taxpayer's ordinary income in the year of the sale. The unused capital loss would then be carried forward to subsequent years and used to help offset net capital gains or ordinary income up to $3,000 a year until the loss is depleted. If the taxpayer is filing as Married filing separately, the limit is $1,500.

Basis of Property

Basis is a way of determining the cost of an investment in property and is determined by how it was acquired. If the property was purchased, the purchase price is the basis. Any improvements made to the property are then added to that basis. The purchase price plus improvements constitutes the adjusted basis. Other items that add to the basis are the expenses of acquiring the property (commissions, sales tax, and freight charges). There are also items that reduce the basis, which include depreciation, nontaxable distributions, and postponed gain on home sales. This is also referred to as cost basis.

Basis is the amount of the investment in the asset for tax purposes. To calculate the gain or loss, basis is needed on the sale or disposition of the asset. Recordkeeping must be accurate to adjust the basis of the property when it is sold.

If a single transaction includes multiple properties, the total cost must be allocated among the separate properties according to the fair market value established by each property's basis. As a result of the allocation, for tax purposes, the basis of each property is its original unadjusted basis. This rule applies in determining basis for depreciation purposes or a gain or loss, on a transaction.

- Creada por esfuerzos personales
- Preparada o producida para el contribuyente en el caso de una carta, memorando o propiedad similar.
- Recibida de una persona que creó la propiedad o para quien se preparó la propiedad bajo circunstancias que dan derecho al contribuyente a la base de la persona que creó la propiedad, o para quien se preparó o produjo

- Publicaciones del gobierno de los EE. UU. recibidas del gobierno de forma gratuita o por menos del precio de venta normal
- Cualquier instrumento financiero para derivados de materias primas en poder de un distribuidor de derivados de materias primas
- Transacciones de fondos de cobertura, pero solo si la transacción está claramente identificada como una transacción de cobertura antes del cierre del día en que se adquirió u originó
- Suministros de un tipo utilizado o consumido regularmente en el curso normal de la actividad o negocio
- Bienes deducidos bajo el puerto seguro de minimis para bienes tangibles

La tasa a la que se gravará la ganancia en la venta de un activo de capital depende del tipo de activo de capital, el período de tenencia y la categoría impositiva del contribuyente. Si el contribuyente tiene una pérdida de capital, la pérdida se compensará con cualquier ganancia realizada. Si el contribuyente tiene una pérdida neta superior a $3,000, podrá deducir hasta $3,000 de la pérdida contra el ingreso ordinario del contribuyente en el año de la venta. La pérdida de capital no utilizada se trasladaría a los años siguientes y se utilizaría para ayudar a compensar las ganancias netas de capital o los ingresos ordinarios hasta $3,000 al año hasta que se agote la pérdida. Si el contribuyente es casado declarando por separado, el límite es de $1,500.

Base de propiedad

La base es una forma de determinar el costo de una inversión en una propiedad y se decide por cómo se adquirió. Si la propiedad fue comprada, el precio de compra es la base. Las mejoras realizadas a la propiedad se suman a esa base. El precio de compra más las mejoras constituye la base ajustada. Otros elementos que se suman a la base son los gastos de adquisición de la propiedad (comisiones, impuestos sobre las ventas y fletes). También hay rubros que reducen la base, que incluyen depreciación, distribuciones no tributables y ganancia aplazada en la venta de viviendas. Esto también se conoce como base de costos.

La base es el monto de la inversión en el activo a efectos fiscales. Para calcular la ganancia o pérdida, se necesita una base en la venta o disposición del activo. El mantenimiento de registros debe ser preciso para ajustar la base de la propiedad cuando se vende.

Si una sola transacción incluye varias propiedades, el costo total debe asignarse entre los bienes propios de acuerdo con el valor justo de mercado establecido por la base de cada propiedad. Como resultado de la asignación, para efectos tributarios, la base de cada propiedad es su base original sin ajustar. Esta regla se aplica para determinar la base para fines de depreciación o ganancia o pérdida en una transacción.

Holding Period

The holding period (the length of time an individual "held" or owned a property) determines whether the capital gain or loss is short-term or long-term. The holding period starts on the day after the date the taxpayer acquired the property. The holding period ends the day the taxpayer sold the property. Short-term property is property held for one year (365 days) or less. Long-term property is property held for more than one year. For example, if the taxpayer purchased property on September 20, 2021, and sold it on September 20, 2022, the taxpayer would have a short-term capital gain or loss. However, if the taxpayer waited one more day and sold the property on September 21, 2022, the transaction would be a long-term capital gain or loss. It is important to correctly determine the holding period because the maximum tax rate is based on the holding period. To calculate the total net gain or loss, combine the net short-term gains or losses with the net long-term gains or losses.

Adjusted Basis

To arrive at the adjusted basis, the taxpayer must make allowable adjustments to the basis of the property. The taxpayer would figure the gain or loss on a sale, exchange, or other disposition of property, or would figure the allowable depreciation, depletion, or amortization. The result is the property's adjusted basis.

Increases to Basis

To increase the property basis, the improvements must have a useful life of more than one year. Examples of capital improvements that would increase the property basis are an addition to the primary home, replacing the entire roof, and paving the driveway. Each one of these items may have a different class life (useful life) for depreciation. Each has to be depreciated by the rules for the associated property. Each depreciation class should have separate recordkeeping.

Decreases to Basis

There are certain items that will cause the property to decrease its basis. Those items include certain vehicle credits, IRC section 179 deductions, residential energy credits, casualty and theft losses, and insurance reimbursement. See Publication 551.

Sale of Personal Residence

The Taxpayer Relief Act of 1997 repealed IRC section 1034, *Deferral of Gain on Sale of Residence*, and amended section 121, *The Once-in-a-Lifetime Exclusion of Gain*. Previously, IRC section 1034 allowed taxpayers to defer the gain on the sale of a principal residence if a replacement residence was purchased within two years and if the replacement residence's price was equal to or exceeded the adjusted selling price of the former residence. Now, however, the current law under IRC section 121 is considerably more generous. The sale of the primary residence is reported on the taxpayer's tax return only if there is a taxable gain or if the property was used for business.

To qualify for the exclusion, the taxpayer must meet certain "ownership and use" tests during the last five-year period ending on the date of the sale. They must have:

- Owned the home for at least two years (the ownership test)
- Lived in the home as the main home for at least two years (the use test)

A taxpayer can meet the ownership and use test during different two-year periods if they meet both tests during the five years before the date of the sale.

Periodo de tenencia

El período de tenencia (el período de tiempo que una persona "tenía" o poseía una propiedad) determina si la ganancia o pérdida de capital es a corto o largo plazo. El período de tenencia comienza el día posterior a la fecha en que el contribuyente adquirió la propiedad. El período de tenencia finaliza el día en que el contribuyente vendió la propiedad. La propiedad a corto plazo es propiedad mantenida durante un año (365 días) o menos. Las propiedades a largo plazo son aquellas retenidas por más de un año. Por ejemplo, si el contribuyente compró una propiedad el 20 de septiembre de 2021 y la vendió el 20 de septiembre de 2022, el contribuyente tendría una ganancia o pérdida de capital a corto plazo. Sin embargo, si el contribuyente esperó un día más y vendió el bien el 21 de septiembre de 2022, la transacción sería una ganancia o pérdida de capital a largo plazo. Es importante determinar correctamente el período de tenencia porque la tasa impositiva máxima se basa en el período de tenencia. Para calcular la ganancia o pérdida neta total, sume las ganancias o pérdidas netas a corto plazo con las ganancias o pérdidas netas a largo plazo.

Base ajustada

Para llegar a la base ajustada, el contribuyente debe hacer los ajustes permitidos a la base de la propiedad. El contribuyente calcularía la ganancia o pérdida en una venta, permuta u otra disposición de propiedad, o calcularía la depreciación, el agotamiento o la amortización permitidas. El resultado es la base ajustada de la propiedad.

Aumento de la base

Para aumentar la base de la propiedad, las mejoras deben tener una vida útil de más de un año. Ejemplos de mejoras de capital que aumentarían la base de la propiedad son una adición a la vivienda principal, reemplazar todo el techo y pavimentar el paso de entrada. Cada uno de estos elementos podrá tener una clase de vida (vida útil) diferente para su depreciación. Cada uno debe depreciarse según las reglas de la propiedad asociada. Cada clase de depreciación debe tener registros separados.

Disminución de la base

Hay ciertos elementos que harán que la propiedad disminuya su base. Esos elementos incluyen ciertos créditos de vehículos, deducciones de la sección 179 del IRC, créditos de energía residencial, pérdidas por hechos fortuitos y robos y reembolso del seguro. Consulte la Publicación 551.

Venta de residencia personal

La Ley de Alivio del Contribuyente de 1997 derogó la sección 1034 del IRC, *Aplazamiento de la ganancia en la venta de residencia*, y enmendó la sección 121, *Exclusión de ganancia única en la vida*. Anteriormente, la sección 1034 del IRC permitía a los contribuyentes diferir la ganancia en la venta de una residencia principal si se compraba una residencia de reemplazo dentro de dos años y si el precio de la residencia de reemplazo era igual o superior al precio de venta ajustado de la residencia anterior. Ahora, sin embargo, la ley actual bajo la sección 121 del IRC es considerablemente más generosa. La venta de la residencia principal se informa en la declaración de impuestos del contribuyente solo si hay una ganancia imponible o si la propiedad se utilizó para negocios.

A fin de calificar para la exclusión, el contribuyente debe cumplir ciertas pruebas de "propiedad y uso" durante el último período de cinco años que finaliza en la fecha de la venta. Deben tener:

- Fue propietario de la casa durante al menos dos años (la prueba de propiedad).
- Vivió en la casa como vivienda principal durante al menos dos años (prueba de uso).

Un contribuyente puede cumplir con la prueba de propiedad y uso durante diferentes períodos de dos años si cumple con ambas pruebas durante los cinco años anteriores a la fecha de la venta.

Exclusion

If all the following are true, a taxpayer can exclude the entire gain of the sale of their main home up to $250,000 or up to $500,000 if Married Filing Jointly or a Surviving Spouse:

- The taxpayer is married and filing a joint return for the year
- Either the taxpayer or the spouse meets the ownership test
- Both the taxpayer and the spouse meet the use test

If the taxpayer's divorce decree allows the taxpayer's former spouse to live in the home the taxpayer owns, the taxpayer is considered to have also lived there for the purposes of claiming the exclusion. The exclusion is limited to one sale every two years on sales after May 6, 1997.

Other Facts and Circumstances for a Partial Exclusion

The amount of gain a taxpayer can exclude must be prorated if the sale of a home is due to a job relocation, health reasons, or other unforeseen circumstances of the homeowner (or the homeowner's spouse if they file a joint return), and if any the following are also true:

- Both spouses meet the residence and look-back requirements and one or both spouses meet the ownership requirement
- The taxpayer meets the residence, ownership, and look-back requirements
- A widow(er) taxpayer:
    1. Sells the home within two years of the spouses' death
    2. Has not remarried when the house is sold
    3. Has not taken the home exclusion in the past two years before the current home sale, nor has the spouse
    4. Meets the two-year ownership and residence requirements (including the late spouse's times of ownership and residence, if relevant)

Use worksheet in Publication 523, to determine if the taxpayer qualifies.

Sales of residences other than the taxpayer's main residence are treated differently than sales of primary residences for tax purposes. If the taxpayer sells a residence that is not their principal residence, a capital gain or loss would be reported on Form 8949. While a loss on a main residence is not deductible, a loss on a residential rental house may be deductible.

Because the exclusion only pertains to residences, if the taxpayer used part of their home for business or rental purposes, some of the gain may not qualify for the exclusion. Any gain due to depreciation claimed after May 6, 1997, cannot be excluded.

Example: Bill Burns had taken depreciation in prior years for an office in the home before changing it back to a bedroom and using it for personal purposes for two out of the five years prior to the sale. In this instance, Mr. Burns can exclude all the gain from the sale of the house, except for gain from depreciation after May 6, 1997.

If the taxpayer cannot exclude all of the gain, you would treat the sale as two transactions: one business and one personal.

Exclusión

Si todo lo siguiente es cierto, un contribuyente puede excluir la ganancia total de la venta de su vivienda principal hasta $250,000 o hasta $500,000 si es casado declarando conjuntamente o como viudo(a) calificado(a):

- El contribuyente está casado y presenta una declaración conjunta para el año
- Tanto el contribuyente como el cónyuge cumplen con la prueba de propiedad
- Tanto el contribuyente como el cónyuge cumplen con la prueba de uso

Si la sentencia de divorcio del contribuyente permite que el excónyuge del contribuyente viva en la casa que posee el contribuyente, se considera que el contribuyente también vivió allí a los efectos de reclamar la exclusión. La exclusión se limita a una venta cada dos años sobre las ventas posteriores al 6 de mayo de 1997.

Otros hechos y circunstancias para una exclusión parcial

La cantidad de ganancia que un contribuyente puede excluir debe prorratearse si la venta de una casa se debe a una reubicación del trabajo, razones de salud u otras circunstancias imprevistas del propietario (o del cónyuge del propietario si presentan una declaración conjunta), y si las hubiera, también debe aplicar lo siguiente:

- Ambos cónyuges cumplen con los requisitos de residencia y retrospectiva y uno o ambos cónyuges cumplen con el requisito de propiedad
- El contribuyente cumple con los requisitos de residencia, propiedad y retrospectiva.
- Un contribuyente viudo(a):
    1. Vende la vivienda dentro de los dos años siguientes a la muerte de los cónyuges
    2. No se ha vuelto a casar cuando se vende la casa
    3. No ha tomado la exclusión de vivienda en los últimos dos años antes de la venta actual de la vivienda, ni el cónyuge
    4. Cumple con los requisitos de propiedad y residencia de dos años (incluidos los tiempos de propiedad y residencia del cónyuge fallecido, si corresponde)

Utilice la hoja de trabajo de la Publicación 523 para determinar si el contribuyente califica.

Las ventas de residencias distintas de la residencia principal del contribuyente se tratan de manera diferente a las ventas de residencias principales a efectos fiscales. Si el contribuyente vende una residencia que no es su residencia principal, se declararía una ganancia o pérdida de capital en el Formulario 8949. Si bien una pérdida en una residencia principal no es deducible, una pérdida en una casa de alquiler residencial puede ser deducible.

Debido a que la exclusión solo se aplica a las residencias, si el contribuyente utilizó parte de su casa para fines comerciales o de alquiler, es posible que parte de la ganancia no califique para la exclusión. No se puede excluir cualquier ganancia por depreciación reclamada después del 6 de mayo de 1997.

Ejemplo: Bill Burns había tomado la depreciación en años anteriores de una oficina en el hogar antes de cambiarla de nuevo a un dormitorio y usarla para fines personales durante dos de los cinco años anteriores a la venta. En este caso, el Sr. Burns puede excluir todas las ganancias de la venta de la casa, excepto las ganancias de la depreciación después del 6 de mayo de 1997.

Si el contribuyente no puede excluir toda la ganancia, trataría la venta como dos transacciones: una comercial y otra personal.

Example: On February 1, 2019, Amy bought a house. She moved in on that date and lived in it until May 31, 2020, when she moved out of the house and put it up for rent. The house was rented from June 1, 2020 to March 31, 2021. Amy moved back into the house on April 1, 2021, and lived there until she sold it on January 31, 2022. During the five-year period ending on the date of the sale (February 1, 2019 to January 31, 2022), Amy owned and lived in the house for more than two years.

Five-Year Period

Period	Used as Home	Used as Rental
2/1/19 – 5/31/20	16 months	
6/1/20 – 3/31/21		10 months
4/1/21 – 1/31/22	10 months	
Totals	26 months	10 months

Because she lived in the home for more than two years, Amy can exclude gain up to $250,000. However, as mentioned above, she cannot exclude the part of the gain equal to the depreciation she claimed for renting the house after May 6, 1997.

Surviving Spouse Taxpayer

The Mortgage Forgiveness Debt Relief Act of 2007 allows a surviving spouse to exclude up to $500,000 of the gain from the sale of a principal residence owned jointly. The sale needs to occur within two years from the death of the spouse. Exceptions apply.

Incapacitated Taxpayers

Taxpayers who own a residence are still considered to reside in that residence even if they become physically or mentally incapable of self-care and are placed in a care facility licensed by a state or governmental subdivision such as a nursing home. If the incapacitated taxpayer dies while in the nursing the taxpayer could qualify for the IRC section 121 by living in the house at least one year during the five years required to sell their primary home to not pay the capital gains from the sale of the house.

Divorced Taxpayers

If the taxpayer is divorced, and the primary residence is transferred to the taxpayer, the time during which the taxpayer's former spouse owned the residence is added to the taxpayer's period of ownership. A taxpayer who owns a residence is considered to have used it as a principal residence while the taxpayer's spouse or former spouse is granted use of the residence under the terms of the divorce or separation instrument.

Calculating the Sales Price

Anytime the taxpayer sells a home, land, stock, or other security, the taxpayer will receive either Form 1099-S, *Proceeds from Real Estate Transactions*, or Form 1099-B, *Proceeds from Broker and Barter Exchange Transactions.*

Ejemplo: El 1 de febrero de 2019, Amy compró una casa. Se mudó en esa fecha y vivió en ella hasta el 31 de mayo de 2020, cuando se mudó de la casa y la puso en alquiler. La casa fue alquilada desde el 1 de junio de 2020 al 31 de marzo de 2021. Amy regresó a la casa el 1 de abril de 2021 y vivió allí hasta que la vendió el 31 de enero de 2022. Durante el período de cinco años que finaliza en la fecha de la venta (1 de febrero de 2019 al 31 de enero de 2022), Amy fue propietaria de la casa y vivió en ella durante más de dos años.

Período de cinco años

Período	Usada como hogar	Usada como alquiler
1/2/19 – 31/5/20	16 meses	
1/6/20 – 31/3/21		10 meses
1/4/21 – 31/1/22	10 meses	
Total	26 meses	10 meses

Debido a que vivió en la casa durante más de dos años, Amy puede excluir ganancias de hasta $250,000. Sin embargo, como se mencionó anteriormente, no puede excluir la parte de la ganancia equivalente a la depreciación que reclamó por alquilar la casa después del 6 de mayo de 1997.

Contribuyente cónyuge sobreviviente

La Ley de Alivio de Deuda de Perdón Hipotecario de 2007 permite que un cónyuge sobreviviente excluya de sus ingresos brutos hasta $500,000 de la ganancia de la venta de una residencia principal de propiedad conjunta. La venta debe ocurrir dentro de los dos años posteriores a la muerte del cónyuge. Se aplican excepciones.

Contribuyentes discapacitados

Se considera que los contribuyentes que poseen una residencia viven en esa residencia incluso si se vuelven física o mentalmente incapaces de cuidarse a sí mismos y se les coloca en un centro de atención con licencia de un estado o subdivisión política, como una residencia para adultos mayores. Si el contribuyente discapacitado fallece mientras está en la residencia, podría acogerse al artículo 121 del IRC viviendo en la casa al menos un año durante los cinco años necesarios para vender su vivienda habitual para no pagar las plusvalías de la venta de la casa.

Contribuyentes divorciados

Si el contribuyente está divorciado y la residencia principal se transfiere al contribuyente, el tiempo durante el cual el excónyuge del contribuyente fue propietario de la residencia se agrega al período de propiedad del contribuyente. Se considera que un contribuyente que posee una residencia la ha utilizado como residencia principal mientras que al cónyuge o excónyuge del contribuyente se le concede el uso de la residencia según los términos del instrumento de divorcio o separación.

Cálculo del precio de venta

Cada vez que el contribuyente venda una casa, un terreno, acciones u otro valor, el contribuyente recibirá el Formulario 1099-S, *Ingresos de transacciones de bienes raíces*, o el Formulario 1099-B, *Ingresos de transacciones de intercambio de corredores y trueques.*

Forms 1099-S and 1099-B are "reporting documents" that indicate the gross proceeds or sales price. If the taxpayer sold one stock several times, Form 1099-B might only report the total gross proceeds of multiple transactions instead of individually. The taxpayer can divide the gross proceeds by the total number of shares sold to arrive at an average price per share. The taxpayer can then multiply the price per share by the number of shares sold on each occasion to arrive at the sales price.

Installment Sales

An installment sale is a sale of property in which the taxpayer receives a payment after one year of the sale. An installment sale is an arrangement where some or all of the selling price is paid in a later year. Owners who sell homes and finance the purchase themselves often do so as an installment sale. This is beneficial because the taxpayer does not have to pay taxes on the entire gain in the year of sale. It can also benefit the taxpayer by keeping the gain from pushing them into a higher tax bracket. For taxpayers looking for a steady stream of income over a period of time, the installment sale can provide this income.

The gain from an installment sale is usually reported in the year it is received. However, the taxpayer can elect to report all of the gain in the year of sale, which can be beneficial if the taxpayer had other capital losses to offset the gain. The income from the sale is reported on Form 6252, *Installment Sale Income.* Interest income is reported on Schedule B as it is received. The gain is reported on Form 4797 if it is a business gain. Personal gain is reported on Form 8949.

If a taxpayer has a loss, it cannot be reported as an installment sale. Personal losses are not deductible. If it is a business loss, the entire loss will be reported on Form 4797 in the year of the sale. The interest earned is still reported on Schedule B.

Inherited Property

The basis of inherited property is the property's fair market value (FMV) at the date of death or at an alternate valuation date if chosen by the executor of the estate. The election to use the alternate valuation date is irrevocable. The alternate date is generally six months after the decedent's death or some earlier date of sale or distribution. Alternate valuation can be elected only if the property use decreased both the value of the gross estate and the combined estate, and there was a generation-skipping transfer of tax liability. The holding period is always considered long-term regardless of how long the taxpayer actually owned the property because it includes the holding period of the deceased.

Gift of Property

To determine the basis of property received as a gift, it is necessary to know the donor's adjusted basis of the gift when given to the taxpayer, the fair market value at the time it was given to the taxpayer, and the amount of gift tax that was paid. The taxpayer's basis for figuring gain at the time of the sale or for figuring the disposition of the asset at the time of the sale is the donor's adjusted basis, plus or minus any changes during the period the taxpayer held the property. The taxpayer's basis for figuring loss is the fair market value when received, plus or minus any required adjustments to the basis made during the period the taxpayer held the asset.

The amount of gift tax paid that is included in the basis of the asset depends on the date the gift was received.

Los formularios 1099-S y 1099-B son "documentos de declaración" que proporcionan los ingresos brutos o el precio de venta. Si el contribuyente vendió una acción varias veces, el Formulario 1099-B podría declarar solo los ingresos brutos totales de múltiples transacciones en lugar de hacerlo individualmente. El contribuyente puede dividir los ingresos brutos entre el número total de acciones vendidas para llegar a un precio promedio por acción. El contribuyente puede entonces multiplicar el precio por acción por el número de acciones vendidas en cada ocasión para llegar al precio de venta.

Ventas a plazos

Una venta a plazos es una venta de propiedad en la que el contribuyente recibe un pago después del año de la venta. Una venta a plazos es un acuerdo en el que parte o la totalidad del precio de venta se paga en un año posterior. Los propietarios que venden viviendas y financian la compra por sí mismos a menudo lo hacen como una venta a plazos. Esto es beneficioso porque el contribuyente no tiene que pagar impuestos sobre la ganancia total en el año de la venta. También puede beneficiar al contribuyente al evitar que la ganancia lo empuje a una categoría impositiva más alta. Para los contribuyentes que buscan un flujo constante de ingresos durante un período de tiempo, la venta a plazos puede proporcionar estos ingresos.

La ganancia de una venta a plazos generalmente se informa en el año en que se recibe. Sin embargo, el contribuyente puede optar por declarar toda la ganancia en el año de la venta, lo que puede ser beneficioso si el contribuyente tuvo otras pérdidas de capital para compensar la ganancia. Los ingresos de la venta se informan en el Formulario 6252, *Ingresos por venta a plazos*. Los ingresos por intereses se informan en el Anexo B a medida que se reciben. La ganancia se informa en el Formulario 4797 si es una ganancia comercial. La ganancia personal se informa en el Formulario 8949.

Si un contribuyente tiene una pérdida, no se puede informar como una venta a plazos. Las pérdidas personales no son deducibles. Si se trata de una pérdida comercial, la pérdida total se informará en el Formulario 4797 en el año de la venta. Los intereses devengados aún se informarán en el Anexo B.

Bienes heredados

La base de los bienes heredados es el valor justo de mercado (FMV) en la fecha de fallecimiento o la fecha de valoración alternativa si es elegido por el albacea de la sucesión. La elección para utilizar la fecha de valoración alternativa es irrevocable. La fecha alternativa es generalmente seis meses después del fallecimiento del finado o una fecha anterior de venta o distribución. La valoración alternativa puede ser elegida solo si el uso de los bienes disminuyó tanto el valor del patrimonio bruto como el del patrimonio combinado, y si hubo una transmisión de la obligación tributaria por salto generacional. El período de tenencia siempre se considera a largo plazo, independientemente del tiempo que el contribuyente realmente posea la propiedad, ya que incluye el período de tenencia del finado.

Donación de bienes

Para determinar la base de los bienes recibidos como donación, es necesario conocer la base ajustada del donante cuando el bien se entregó al contribuyente, el valor justo de mercado en el momento en que el bien se entregó al contribuyente y el monto del impuesto sobre donaciones pagado. La base del contribuyente para calcular la ganancia al momento de la venta o disposición del activo es la base ajustada del donante, más o menos cualquier cambio durante el período en que el contribuyente mantuvo la propiedad. La base del contribuyente para calcular la pérdida es el valor justo de mercado cuando se recibe, más o menos cualquier ajuste requerido a la base durante el período en que el contribuyente mantuvo el activo.

El monto del impuesto sobre donaciones pagado que se incluye en la base del activo depende de la fecha en que se recibió la donación.

Example: Jess received an acre of land as a gift. At the time the gift was given, the land had a fair market value of $8,000. Ezra purchased the land for $10,000, which then becomes the property's adjusted basis. Jess received the property; no further events occurred to increase or decrease the basis. Jess is thinking of selling the property for $12,000; if Jess sells the land, he will have a $2,000 gain. Jess must use Ezra's adjusted basis ($10,000) at the time of the gift as the basis to figure gain. If Jess sells the property for $7,000, he will have a $1,000 loss because he must use the fair market value ($8,000) at the time of the gift to figure loss. If the sales price is between $8,000 and $10,000, he will have neither a gain nor a loss.

Reporting Capital Gains and Losses

Form 8949 is used to report the sales and exchanges of capital assets. It also allows the taxpayer and the IRS to reconcile what has been reported to the IRS on Forms 1099-B or 1099-S.

Individual taxpayers report the following information on Form 8949:

- The sale or exchange of a capital asset
- Gains from involuntary conversions
- Nonbusiness bad debts
- Worthless stocks or bonds

When using Form 8949, the taxpayer separates short-term and long-term capital gains and losses. If the disposed property was inherited, it is treated as a long-term asset. Remember, when figuring the holding period, the calculation starts one day after the property has been received. Short-term losses and gains are reported on Form 8949, Part I. Long-term losses and gains are reported on Form 8949, Part II.

Example: Rachel purchased 300 shares of Imperial Soap for $1,000. She sold the stock this year for $1,200. Rachel realized a gain of $200, not the $1,200 in proceeds she received from the sale. Only the $200 is included in gross income since the $1,000 is Rachel's return of capital.

Codes for Form 8949

Below are the definitions that tell the IRS if the sale was short-term or long-term. The codes also determine if the asset basis was reported to the IRS or not. The taxpayer will have received either Form 1099-B or a substitute statement with the codes. These codes are used for Box A-F on Form 8949.

A: Short-term basis reported to the IRS

B: Short-term basis not reported to the IRS

C: Short-term basis not reported on Form 1099-B

D: Long-term basis reported to the IRS

E: Long-term basis not reported to the IRS

Ejemplo: Jess recibió un acre de tierra como donación. En el momento en que se entregó la donación, la tierra tenía un valor justo de mercado de $8,000. Ezra compró el terreno por $10,000, que luego se convierte en la base ajustada de la propiedad. Jess recibió la propiedad; no ocurrieron más eventos que aumentaran o disminuyeran la base. Jess está pensando en vender la propiedad por $12,000; si Jess vende el terreno, obtendrá una ganancia de $2,000. Jess debe utilizar la base ajustada de Ezra ($10,000) en el momento de la donación como base para calcular la ganancia. Si Jess vende la propiedad por $7,000, tendrá una pérdida de $1,000 porque debe usar el valor justo de mercado ($8,000) en el momento de la donación para calcular la pérdida. Si el precio de venta está entre $8,000 y $10,000, no tendrá ganancias ni pérdidas.

Declaración de ganancias y pérdidas de capital

El formulario 8949 se utiliza para declarar las ventas e intercambios de bienes de capital. También le permite al contribuyente y al IRS conciliar lo que se ha informado al IRS en los Formularios 1099-B o 1099-S.

Los contribuyentes que son personas naturales declaran la siguiente información en el Formulario 8949:

- La venta o permuta de un activo de capital.
- Ganancias de conversiones involuntarias
- Deudas incobrables no comerciales
- Acciones o bonos sin valor.

Cuando utiliza el Formulario 8949, el contribuyente separa sus ganancias y pérdidas de capital a corto y largo plazo. Si el bien enajenado se heredó, se trata como un activo a largo plazo. Recuerde, al calcular el período de tenencia, el cálculo comienza un día después de que se haya recibido el bien. Las pérdidas y ganancias a corto plazo se declaran en el Formulario 8949, Parte I. Las pérdidas y ganancias a largo plazo se declaran en el Formulario 8949, Parte II.

Ejemplo: Rachel compró 300 acciones de Imperial Soap por $1,000. Vendió las acciones este año por $1,200. Rachel calculó una ganancia de $200, no los $1,200 en el monto que recibió de la venta. Solo los $200 están incluidos en el ingreso bruto, ya que los $1,000 son un retorno de capital de Rachel.

Códigos para el formulario 8949

A continuación, se encuentran las definiciones que le indican al IRS si la venta fue a corto o largo plazo. Los códigos también determinan si la base de activos se informó al IRS o no. El contribuyente recibió el Formulario 1099-B o una declaración sustituta con los códigos. Estos códigos se utilizan para las casillas A-F del formulario 8949.

A: Base a corto plazo declarada al IRS

B: Base a corto plazo no declarada al IRS

C: Base a corto plazo no declarada en el Formulario 1099-B

D: Base a largo plazo declarada al IRS

E: Base a largo plazo no declarada al IRS

Capital Assets Held for Personal Use

When a taxpayer sells their primary residence, it could be a reportable transaction. Factors that could trigger the transaction are:

1. Sales amount
2. Filing status
3. Claiming a portion of the house as a home office

If the taxpayer and spouse sold their primary residence and the gain was over $500,000 ($250,000 for all other filing statuses) the amount is reported on Schedule D. If the gain is $500,000 or less ($250,000 for all other filing statuses) it may not be taxable. See IRC section 121.

If the taxpayer converted the depreciable property to personal use, all or part of the gain on the sale or exchange would be recaptured as ordinary income. Recaptured means the gain realized by the sale of capital property that is depreciable and must be reported. A loss from the sale or exchange of a personal use asset is not deductible.

Example: Sally sold her main home in 2022 for $320,000 and received Form 1099-S showing the $320,000 gross proceeds. The selling expense was $20,000 and her home basis was $100,000. Sally would be able to exclude the entire $200,000 gain from her income.

$320,000	Sales price
-$100,000	Basis
-$20,000	Selling expenses
$200,000	**Capital gain (excluded from income)**

Takeaways

There are two types of residential activities: rental-for-profit activity and not-for-profit rental activity. This chapter discussed the types of income and expenses reported on Schedule E and the different property types. Special rules limit the amount of rental expense deductions that may be taken by an individual taxpayer on a residence that is rented out for part of a year and used for personal use during other parts of the year. For passive activity rules, income must be classified as active, passive, or non-passive. Active income is attributable to the direct efforts of the taxpayer, such as salary, commissions, wages, etc.

The original basis for property is its cost, except as otherwise provided by law. The cost is the amount paid for such property in cash or other property. The basis includes acquisition costs such as commissions, legal fees, recording fees, and sales taxes, as well as installation and delivery costs. The cost of property includes not only the amount of money or other property paid, but also the amount of mortgage cost paid, and liability incurred in connection with the purchase. This applies whether the taxpayer assumes the liability by taking over the payments or merely purchases the property at the asking price. When the property is disposed, any remaining amount of mortgage or liability of which the seller is relieved is treated as part of the amount realized. Real estate taxes are included as part of the property's basis if the buyer assumes the seller's obligation to pay them.

Activos de capital mantenidos para uso personal

Cuando un contribuyente vende su residencia principal, podría ser una transacción reportable. Los factores que podrían desencadenar la transacción son:

1. Monto de ventas
2. Estado civil de declaración
3. Reclamar una parte de la vivienda como oficina en casa.

Si el contribuyente y el cónyuge vendieron su residencia principal y la ganancia superó los $500,000 ($250,000 en todos los demás estados civiles), la cantidad se declara en el Anexo D. Si la ganancia es inferior a $500,000 ($250,000 en todos los demás estados civiles de declaración), es posible que no esté sujeta a impuestos. Consulte la sección 121 del IRC.

Si el contribuyente convirtió la propiedad depreciable en uso personal, la totalidad o parte de la ganancia en la venta o permuta de la propiedad puede recuperarse como ingreso ordinario. Recapturado significa la ganancia realizada por la venta de bienes de capital que son depreciables y deben ser informados. Una pérdida por la venta o intercambio de un activo de uso personal no es deducible.

Ejemplo: Sally vendió su casa principal en 2022 por $320,000 y recibió el Formulario 1099-S que muestra los ingresos brutos de $320,000. El gasto de venta fue $20,000 y la base de su casa fue $100,000. Sally podría excluir la ganancia total de $200,000 de sus ingresos.

$320,000	Precio de venta
-$100,000	Base
-$20,000	Gastos de venta
$200,000	**Ganancia de capital (excluida de ingresos)**

Conclusiones

Hay dos tipos de actividades residenciales: la actividad de alquiler con fines de lucro y la actividad de alquiler sin fines de lucro. Este capítulo analizó los tipos de ingresos y gastos informados en el Anexo E y los diferentes tipos de propiedad. Las reglas especiales limitan la cantidad de deducciones por gastos de alquiler que puede tomar un contribuyente individual sobre una residencia que se alquila durante parte de un año y que se emplea para uso personal durante otras partes del año. Para las reglas de actividad pasiva, los ingresos deben clasificarse como activos, pasivos o no pasivos. La renta activa es atribuible a las gestiones directas del contribuyente tales como salario, comisiones, salarios, etc.

La base original de la propiedad es su costo, salvo que la ley disponga lo contrario. El costo es el monto pagado por dicha propiedad en efectivo u otra propiedad. La base incluye costos de adquisición como comisiones, honorarios legales, tarifas de registro e impuestos sobre las ventas, así como costos de instalación y entrega. El costo de la propiedad incluye no solo la cantidad de dinero u otra propiedad pagada, sino también la cantidad del costo de la hipoteca pagada y la responsabilidad incurrida en relación con la compra. Esto se aplica tanto si el contribuyente asume la responsabilidad haciéndose cargo de los pagos como si simplemente compra la propiedad al precio solicitado. Cuando se dispone de la propiedad, cualquier monto restante de la hipoteca o responsabilidad de la cual el vendedor esté exento se trata como parte del monto realizado. Los impuestos sobre bienes raíces se incluyen como parte de la base de la propiedad si el comprador asume la obligación del vendedor de pagarlos.

Capital gains and losses are classified as long-term or short-term. If the asset has been held for more than one year before the asset was disposed, it is considered to be a long-term capital gain or loss. If the asset is held for less than one year, it is considered a short-term capital gain or loss.

TEST YOUR KNOWLEDGE!
Go online to take a practice quiz.

Las ganancias y pérdidas de capital se clasifican en largo o corto plazo. Si el activo se ha mantenido durante más de un año antes de su enajenación, se considera una ganancia o pérdida de capital a largo plazo. Si el activo se mantiene durante menos de un año, se considera una ganancia o pérdida de capital a corto plazo.

¡PON A PRUEBA TUS CONOCIMIENTOS!
Ve en línea para tomar un examen final.

Chapter 11 Schedule F and Depreciation

Introduction

Income received from the operation of a farm or from rental income from a farm is taxable. Farmers determine their taxable income from farming and related activities by using Schedule F. Profit or loss from farm income is first reported on Schedule F and then "flows" to Form 1040, Schedule 1, line 6. A farm could qualify to be a qualified joint venture (discussed in Schedule C chapter).

Depreciation is an annual deduction that allows taxpayers to recover the cost or other basis of their business or investment property over a specified number of years. Depreciation is an allowance for the wear and tear, decline, or uselessness of a property and begins when a taxpayer places property in service for use in a trade or business. The property ceases to be depreciable when the taxpayer has fully recovered the property's cost or other basis or when the property has been retired from service, whichever comes first. Depreciation is reported on Form 4562.

Objectives

At the end of this lesson, the student will:

- Understand basic farm income
- Know when a taxpayer should file Schedule F
- Know when property cannot be depreciated
- Recognize when depreciation begins and ends
- Be able to identify which method of depreciation to use for property

Resources

Schedule F	Publication 17	Instructions Schedule F
Form 1040	Publication 51 (Circular A)	Instructions Form 1040
Form 3115	Publication 225	Instructions Form 3115
Form 4562	Publication 334	Instructions Form 4562
Form 4797	Publication 463	Instructions Form 4797
Form 4835	Publication 536	Instructions Form 4835
Form 8866	Publication 538	Instructions Form 8866
Form 8990	Publication 534	Instructions Form 8990
Publication 544	Publication 551	Publication 946

Part 1 Schedule F

Livestock income from breeding, draft, sport, or dairy purposes such as beef, pork, and racehorses, is reportable on Schedule F. Individuals who breed dogs, or cats to sell need to report their income and expenses for domestic animals on Schedule F.

Taxpayers are in the business of farming if they cultivate, operate, or manage a farm for profit, either as an owner or tenant. A farm can produce livestock, dairy, poultry, fish, or fruit. It can also include truck farms, plantations, ranches, ranges, and orchards. See Publication 225.

Capítulo 11 Anexo F y depreciación

Introducción

Los ingresos recibidos de la operación de una finca o de los ingresos por alquiler de una finca están sujetos a impuestos. Los agricultores determinan sus ingresos gravables de la agricultura y actividades relacionadas utilizando el Anexo F. Las ganancias o pérdidas de los ingresos agrícolas se notifican por primera vez en el Anexo F y luego se "transfieren" al Formulario 1040, Anexo 1, línea 6. Una finca podría calificar como una empresa conjunta calificada (discutido en el capítulo del Anexo C).

La depreciación es una deducción anual que permite a los contribuyentes recuperar el costo u otra base de su propiedad comercial o de inversión durante un cierto número de años. La depreciación es una asignación por el desgaste, deterioro o inutilidad de una propiedad y comienza cuando un contribuyente pone una propiedad en servicio para su uso en una actividad o negocio. La propiedad deja de ser depreciable cuando el contribuyente ha recuperado completamente el costo de la propiedad u otra base o cuando esta ha sido retirada del servicio, lo que ocurra primero. La depreciación se informa en el Formulario 4562.

Objetivos

Al final de esta lección, el estudiante podrá:

- Entender los ingresos agrícolas básicos
- Saber cuándo un contribuyente debe presentar el Anexo F
- Describir cuándo la propiedad no puede ser depreciada
- Reconocer cuándo comienza y termina la depreciación
- Identificar qué método de depreciación usar para la propiedad

Fuentes

Anexo F	Publicación 17	Instrucciones del Anexo F
Formulario 1040	Publicación 51 (Circular A)	Instrucciones del Formulario 1040
Formulario 3115	Publicación 225	Instrucciones del Formulario 3115
Formulario 4562	Publicación 334	Instrucciones del Formulario 4562
Formulario 4797	Publicación 463	Instrucciones del Formulario 4797
Formulario 4835	Publicación 536	Instrucciones del Formulario 4835
Formulario 8866	Publicación 538	Instrucciones del Formulario 8866
Formulario 8990	Publicación 534	Instrucciones del Formulario 8990
Publicación 544	Publicación 551	Publicación 946

Parte 1 Anexo F

Los ingresos ganaderos procedentes de la cría, el tiro, el deporte o la producción lechera, como la carne de vacuno, porcino y caballos de carreras, deben declararse en el Anexo F. Las personas que crían perros o gatos para venderlos deben declarar sus ingresos y gastos por animales domésticos en el Anexo F.

Los contribuyentes están en el negocio de la agricultura si cultivan, operan o administran una finca con fines de lucro, ya sea como propietario o arrendatario. Una finca puede producir ganado, productos lácteos, aves de corral, pescado o fruta. También puede incluir fincas de camiones, plantaciones, ranchos, praderas y huertos. Consulte la Publicación 225.

A farmer must keep records to prepare an accurate tax return. Tax records are not the only type of records needed for a farming business. The taxpayer should keep records that measure the farm's financial performance.

Income reported on Schedule F does not include gains or losses from sales or other farm assets dispositions such as:

- Land
- Depreciable farm equipment
- Buildings and structures
- Livestock held for draft, breeding, sport, or dairy purposes

Taxpayers are in the business of farming if they cultivate, operate, or manage a farm for profit, either as an owner or tenant. See Publication 225.

Where to Report Sales of Farm Products

When livestock, produce, grains, or other products raised on the taxpayer's farm are for sale or bought for resale, the entire amount received from the sale of the products is income and reported on Schedule F.

When farm products are bought for resale, the profit or loss is the difference between the selling price and the basis in the product. The year that the payment was received is the year that the income is reported.

Item Sold	Schedule F	Form 4797
Farm products raised for sale	X	
Farm products bought for resale	X	
Farm products not held primarily for sale, such as livestock held for draft, breeding, sport, or dairy purposes (bought or raised)		X

Example: Avery purchased 20 feeder calves for $6,000, in the prior tax year, with the intent to resell them. Avery sold them in the current tax year for $11,000. The $11,000 sale is reported as sales, and the $6,000 purchase price is reported as basis, resulting in $5,000 reported as profit on the current tax return.

$11,000	Sales price (reported on Schedule F, line 1a)
–$ 6,000	Purchase price (basis, reported on Schedule F, line 1b)
$5,000	Profit (reported on Schedule F, line 1c)

Livestock held for draft, breeding, sport, or dairy purposes may result in ordinary capital gain or loss when sold depending upon the circumstances and needs to be reported on Form 4797. Animals that are not held for primary sale are considered business assets of the farm.

Un agricultor debe mantener registros para preparar una declaración de impuestos precisa. Los registros de impuestos no son el único tipo de registros necesarios para un negocio agrícola. El contribuyente debe mantener registros que midan el desempeño financiero de la finca.

Los ingresos declarados en el Anexo F no incluyen ganancias o pérdidas por ventas u otras disposiciones de los siguientes activos agrícolas:

- Terreno
- Equipo de finca depreciable
- Edificios y estructuras
- Ganado criado para fines de tiro, cría, deportes o productos lácteos

Los contribuyentes están en el negocio de la agricultura si cultivan, operan o administran una finca con fines de lucro, ya sea como propietario o arrendatario. Consulte la Publicación 225.

¿Dónde declarar las ventas de productos agrícolas?

Cuando el ganado, los productos agrícolas, los cereales u otros productos que se crían o cultivan en la finca del contribuyente están en venta o son adquiridos para su reventa, la cantidad total recibida representa los ingresos y se declaran en el Anexo F.

Cuando los productos agrícolas se adquieren para reventa, la ganancia o pérdida es la diferencia entre el precio de venta y la base en el producto. El año en que se recibió el pago es el año en que se declara el ingreso.

Artículo vendido	Anexo F	Formulario 4797
Productos agrícolas cultivados para la venta	X	
Productos agrícolas adquiridos para reventa	X	
Productos agrícolas que no se mantienen principalmente para la venta, como el ganado para fines de calado, cría, deportes o productos lácteos (adquirido o criado)		X

Ejemplo: Avery compró 20 terneros de engorde por $6,000, en el año fiscal anterior, con la intención de revenderlos. Avery los vendió en el año fiscal en curso por $11,000. La venta de $11,000 se declara como ventas, y el precio de compra de $6,000 se declara como base, lo que resulta en $5,000 notificados como ganancia en la declaración de impuesto actual.

$11,000	Precio de venta (declarado en el Anexo F, línea 1a)
–$ 6,000	Precio de compra (base, declarado en el Anexo F, línea 1b)
$5,000	Ganancia (declarada en el Anexo F, línea 1c)

La ganadería retenida para fines de calado, cría, deportes o lácteos puede resultar en ganancia o pérdida ordinaria de capital cuando se vende según las circunstancias y debe declararse en el Formulario 4797. Los animales que no se mantienen para la venta primaria se consideran activos comerciales de la finca.

Completing Schedule F

As with any tax return or other reporting document, it is important to interview the taxpayer before entering the required information. The SSN or the EIN must be entered in the appropriate area. Like Schedule E, Schedule F has specific codes. Line B is for the principal agricultural activity codes. Select the code that best describes the source of the majority of the taxpayer's income. For example, Allen owns a dairy farm. He receives income from milk production and selling male calves. Allen receives most of the income from milk production, so this would be the dairy farm's principal agricultural activity. Principal Agricultural Activity Codes are located on Schedule F, Part IV.

Line C Accounting Method: The two accounting methods for farm income are Cash and Accrual. Hybrid is not an option for farm income. Check the appropriate box. Using the cash accounting method, the taxpayer would complete Parts I and II. Income is reported in the year in which it was actually or constructively received. If payment on an expenditure such as a prepaid expense creates an intangible asset that has a useful life that extends beyond 12 months of the end of the taxable year, that expense may not be deductible. See Publication 225.

If the accrual method is used, Parts II, III, and Part I, line 9 must be completed. Income is reported in the year it was earned, and expenses are deducted in the year they are incurred, even though they were paid in a prior year. Taxpayers who use the accrual method will use the cash basis for deducting business expenses owed to a related cash-basis taxpayer. See Publication 538.

Certain farming collectives are unable to use the cash method of accounting.

A farming syndicate may be a partnership, LLC, S corporation, or any other enterprise other than a C corporation if:

- The interests in the business have at any time been offered for sale in a way that would require registration with any federal or state agency
- More than 35% of the losses during any tax year are allocable to limited partners or limited entrepreneurs. A limited partner is one who can lose only the amount invested or required to be invested in the partnership. A limited entrepreneur is a person who does not take any active part in managing the business.

Line E is a yes-or-no question. Line E asks if the taxpayer materially participated in the activity. The taxpayer must meet the seven tests to qualify for material participation. To qualify for material participation in farming, the taxpayer must own an interest at the time work is performed in connection with the activity.

Line F asks if any payments made in the current tax year require filing Form 1099s. See General Instructions for Certain Information Returns if more information is needed. If the taxpayer paid more than $600 in rents, services, and prizes, then see the specific instructions for the individual Form 1099-MISC or 1099-NEC.

Schedule F Profit or Loss Framing

Similar to Schedule C & E, Schedule F has specific line items for income and expenses that are farm industry related. This section is designed for the tax preparer to become aware of types of farm income. For more information, see Instructions Schedule F.

Completar el Anexo F

Al igual que con cualquier declaración de impuestos u otro documento de información, es importante entrevistar al contribuyente antes de introducir la información requerida. El SSN o el EIN debe colocarse en el área apropiada. Al igual que el Anexo E, el Anexo F tiene códigos específicos. La línea B son los códigos de actividad agrícola principal. Seleccione el código que mejor describa la fuente de la mayor parte de los ingresos del contribuyente. Por ejemplo, Allen es dueño de una finca lechera. Él recibe ingresos de la producción de leche y vende terneros machos. Allen recibe la mayor parte de los ingresos de la producción de leche, por lo que esta sería la principal actividad agrícola de la finca lechera. Los Códigos de Actividad Agrícola Principal se encuentran en el Anexo F, Sección IV.

Línea C, Método contable Los dos métodos contables para los ingresos agrícolas son el efectivo y el devengo. Híbrido no es una opción para los ingresos agrícolas. Marque la casilla apropiada. Si elige el método contable de efectivo, complete las Partes I y II. Los ingresos se declaran en el año en que se recibieron de forma efectiva o constructiva. Si el pago de un gasto, como el gasto prepagado, crea un activo intangible con una vida útil que se extiende más allá de 12 meses del final del año fiscal, ese gasto puede no ser deducible. Consulte la Publicación 225.

Si se utiliza el método de devengo, debe completar las Partes II, III y la Parte I, línea 9. En general, los ingresos se declaran en el año en que se obtuvieron y los gastos se deducen en el año en que se incurren, aunque se pagaron en un año anterior. Los contribuyentes que utilizan el método de devengo utilizarán la base de efectivo para deducir los gastos comerciales adeudados a un contribuyente de base de efectivo relacionado. Consulte la Publicación 538.

Algunos colectivos agrícolas no pueden usar el método contable en efectivo.

Un sindicato agrícola puede ser una sociedad, una LLC, una sociedad anónima S o cualquier otra empresa que no sea una sociedad anónima C si:

- Los intereses en el negocio se han ofrecido en cualquier momento para la venta de una manera que requeriría registrarse con cualquier agencia federal o estatal
- Más del 35% de las pérdidas durante cualquier año fiscal son asignables a socios limitados o empresarios limitados. Un socio limitado es aquel que puede perder solo la cantidad invertida o requerida para invertir en la sociedad. Un empresario limitado es una persona que no toma parte activa en la administración del negocio

La línea E es una pregunta de sí o no. La Línea E pregunta si el contribuyente participó materialmente en la actividad. El contribuyente debe cumplir con las siete pruebas para calificar para la participación material. A fin de calificar para la participación material agrícola, el contribuyente debe poseer un interés en el momento en que realiza el trabajo relacionado con la actividad.

La línea F pregunta si algún pago realizado en el año fiscal en curso requiere la presentación del Formulario 1099. Si necesita más información, consulte las Instrucciones generales para declaraciones de cierta información. Si el contribuyente pagó más de $600 en alquileres, servicios y premios, consulte las instrucciones específicas para el Formulario 1099-MISC o 1099-NEC individual.

Anexo F, Encuadre de ganancias o pérdidas

Al igual que el Anexo C y E, el Anexo F tiene partidas específicas para ingresos y gastos que están asociados con la industria agrícola. Esta sección está diseñada para que el preparador de impuestos conozca los tipos de ingresos agrícolas. Para obtener más información, consulte las instrucciones del Anexo F.

Sales Caused by Weather-Related Conditions

If the farmer sells or exchanges more livestock, including poultry, than normal due to a drought, flood, or other weather-related conditions, the farmer may qualify to postpone reporting the income until the following year.

All the following conditions must be met:

- The principal trade or business is farming
- The accounting method is the cash method
- The taxpayer must be able to show that under their usual business practices, they would not have sold or exchanged the additional animals in that year except for the weather-related conditions
- The weather-related condition caused an area to be designated as eligible for assistance by the federal government

If sales or exchanges were made before the area became eligible for federal assistance due to weather-related conditions, the taxpayer could qualify if the weather-related condition caused the area to be eligible for assistance. In order for an area to qualify for federal disaster related assistance, the president of the United States must declare the area as a disaster.

Señor 1040 Says: A weather-related sale or exchange of livestock (other than poultry) held for draft breeding or dairy purposes may be an involuntary conversion. See Publication 225.

Example: Bernie is a calendar-year taxpayer, and he normally sells 100 head of beef cattle a year. As a result of a disaster, Bernie sold 250 head during the current tax year. Bernie realized $70,200 from the sale. Due to the drought, the affected area was declared a disaster area eligible for federal assistance in the same year. Bernie can postpone a portion ($42,120) of the income until the following year. ($70,200 ÷ 250 = $280.80 × 150 = $42,120).

Rents (Including Crop Share)

Rent received for farmland is rental income and not reported on Schedule F. However, if the farmer materially participates in the farming operations on the land, the rent received is farm income. If the taxpayer pastures someone else's livestock and takes care of them for a fee, the income is from the farming business. That income must be reported as "other" income on Schedule F. If the pasture is strictly rented out without providing services, the income is to be reported on Schedule E as rental income.

Rent received in the form of crop shares is income in the year the shares were converted to cash or the equivalent. The accounting method used—cash or accrual—does not matter. Whether the material participation in operating the farm is crop sharing or livestock, the rental income is included in self-employment income.

Crop-sharing lease arrangements that involve a loss may be subject to the limits under the passive-loss rules.

Ventas debido a condiciones meteorológicas

Si el agricultor vende o intercambia ganado, incluyendo aves de corral, más de lo normal debido a una sequía, una inundación u otras condiciones relacionadas con el clima, el agricultor puede calificar para posponer el informe hasta el año siguiente.
Deben cumplirse todas las siguientes condiciones:

- La actividad o negocio principal es la agricultura
- El método contable es el método de efectivo
- El contribuyente debe poder demostrar que bajo su práctica comercial habitual no habría vendido o intercambiado los animales adicionales en ese año, excepto por las condiciones climáticas
- La condición relacionada con el clima causó que un área sea designada como elegible para recibir asistencia del gobierno federal

Si se realizaron ventas o canjes antes de que el área fuera elegible para recibir asistencia federal debido a condiciones relacionadas con el clima, el contribuyente calificaría si la condición relacionada con el clima ocasionó que el área fuera elegible para recibir asistencia. A fin de que un área califique para asistencia federal relacionada con desastres, el presidente de los Estados Unidos debe declarar el área como desastre.

El señor 1040 dice: Una venta o intercambio de ganado (que no sea de aves de corral) relacionado con el clima y que se lleva a cabo con fines de cría de calado o de productos lácteos puede ser una conversión involuntaria. Consulte la Publicación 225.

Ejemplo: Bernie es un contribuyente del año calendario, y normalmente vende 100 cabezas de vacuno de engorde al año. Como resultado de un desastre, Bernie vendió 250 cabezas durante el año fiscal en curso. Bernie obtuvo $70,200 de la venta. Debido a la sequía, la zona afectada fue declarada zona de desastre elegible para asistencia federal ese mismo año. Bernie puede posponer una parte ($42,120) de los ingresos hasta el año siguiente. ($70,200 ÷ 250 = $280.80 × 150 = $42,120).

Renta (Incluyendo la parte de la cosecha)

La renta recibida de tierras de cultivo es un ingreso por alquiler y no se declara en el Anexo F. Sin embargo, si el agricultor participa materialmente en las operaciones agrícolas en la tierra, la renta recibida es el ingreso agrícola. Si el contribuyente pasta el ganado de otra persona y se ocupa de ellos por una tarifa, el ingreso proviene del negocio agrícola. Ese ingreso debe declararse como "otro" ingreso en el Anexo F. Si el pasto se alquila estrictamente sin proporcionar servicios, el ingreso debe declararse en el Anexo E como ingreso por alquiler.

La renta recibida en forma de acciones de cultivo es el ingreso en el año en que las acciones se convirtieron en dinero o en el equivalente. El método contable utilizado, efectivo o devengo, es indiferente. Ya sea que la participación material en la operación de la finca sea el intercambio de cultivos o el ganado, los ingresos por alquiler se incluyen en los ingresos del trabajador independiente.

Los acuerdos de arrendamiento para compartir cultivos que involucren cualquier pérdida pueden estar sujetos a los límites bajo las reglas de pérdida pasiva.

Income Averaging for Farmers

Taxpayers can use income averaging to figure their tax for any year in which they were engaged in a farming business as an individual, a partner in a partnership, or a shareholder in an S corporation. Services performed as an employee are disregarded in determining whether an individual is engaged in a farming business. However, a shareholder of an S corporation engaged in a farming business may treat as farm income compensation received from the corporation that is attributable to the farming business. Corporations, partnerships, S corporations, estates, and trusts cannot use income averaging.

Elected Farm Income (EFI)

EFI is the amount of income from the farming business that the taxpayer elects to be taxed at base-year rates. EFI can be designated as any type of income attributable to the farming business. However, EFI cannot be more than the taxable income, and EFI from a net capital gain attributable to the farming business cannot be more than the total net income. If the taxpayer is using income averaging, that is figured on Schedule J. See Publication 225.

Line 1 Sale of Purchased Livestock and Other Resale Items

Income from farming reported on Schedule F includes amounts taxpayers receive from cultivating, operating, or managing a farm for gain or profit, either as an owner or tenant. Income is included but not limited to:

- Income from operating a nursery specializing in growing ornamental plants
- Income from the sale of crop shares if the taxpayer materially participated in producing the crop
- Operating a stock, dairy, poultry, fish, fruit, or truck farm
- Income from operating a plantation, ranch, range, orchard, or grove

Both the actual cash received, and the fair market value of goods or income constructively received, are reported on lines 1 through 8. If the taxpayer ran the farm and received rents based on crop share or farm production, that income is reported as rents. If the taxpayer sold livestock due to drought, flood, or other weather-related conditions, the taxpayer could elect to report the income from the sale in the year after the year of sale.

For example, Caleb uses the cash method, and sold three Holstein heifers due to weather-related circumstances in the current tax year. Caleb chose to report the income in the next year after the sale. For Caleb to make the election, all the following must apply:

1. Caleb's main business is farming
2. Caleb can show he sold the livestock due to a weather-related event
3. Caleb's farm area qualified for federal aid

Items Purchased for Resale

If the cash method is used, deduct the ordinarily deducted cost of the livestock and other items purchased for resale only in the year of sale. Deduct this cost, including freight charges for transporting the livestock to the farm, on Part I of Schedule F.

Example: Sandy uses the cash method of accounting in the current year. Sandy purchased 50 steers in the current year, which she will sell in the next year. She cannot deduct the cost of the steers on her current return. She will deduct the cost in Part I of her next year Schedule F.

Promedio de ingresos para agricultores

Los contribuyentes pueden usar el promedio de ingresos a fin de calcular su impuesto para cualquier año en el que participaron en un negocio agrícola como persona natural, socio de una sociedad o accionista de una sociedad anónima S. Los servicios realizados como empleados no se toman en cuenta para determinar si una persona natural está involucrada en un negocio agrícola. Sin embargo, un accionista de una sociedad anónima S dedicada a un negocio agrícola puede tratar la remuneración recibida de la sociedad anónima que es atribuible al negocio agrícola como un ingreso agrícola. Las sociedades anónimas, sociedades, sociedades anónimas S, propiedades y fideicomisos no pueden usar el promedio de ingresos.

Ingreso Agrícola Elegido (EFI)

El EFI es la cantidad de ingresos del negocio agrícola que el contribuyente elige gravar conforme a las tasas del año base. El EFI se puede designar como cualquier tipo de ingreso atribuible al negocio agrícola. Sin embargo, el EFI no puede ser más que el ingreso gravable, y el EFI de una ganancia neta de capital atribuible al negocio agrícola no puede ser más que el ingreso neto total. Si el contribuyente está usando un promedio de ingresos, eso se calcula en el Anexo J. Consulte la Publicación 225.

Línea 1 ventas de ganado y otros artículos de reventa

Los ingresos agrícolas declarados en el Anexo F incluyen los montos que los contribuyentes reciben de cultivar, operar o administrar una finca para obtener ingresos o ganancias, ya sea como propietario o arrendatario. El ingreso está incluido, pero no limitado a:

- Ingresos por operar un vivero especializado en el cultivo de plantas ornamentales
- Ingresos por la venta de acciones de cultivo si el contribuyente participó materialmente en la producción del cultivo
- Operar una finca ganadera, lechera, avícola, pesquera, frutícola o de camiones
- Ingresos por operar una plantación, rancho, campo, huerto o arboleda

Tanto el efectivo real recibido como el valor justo de mercado de los bienes o ingresos recibidos de manera constructiva se declaran en las líneas 1 a 8. Si el contribuyente administró la finca y recibió rentas basadas en la participación de cultivo o producción agrícola, ese ingreso se declara como rentas. Si el contribuyente vendió ganado debido a sequía, inundación u otras condiciones relacionadas con el clima, puede optar por declarar los ingresos de la venta en el año posterior al año de venta.

Por ejemplo, Caleb utiliza el método de efectivo y vendió tres novillas Holstein debido a circunstancias relacionadas con el clima en el año fiscal en curso. Caleb decidió declarar los ingresos el año siguiente a la venta. Para que Caleb haga la elección, deben aplicar todas las siguientes:

1. El negocio principal de Caleb es la agricultura
2. Caleb puede demostrar que vendió el ganado debido a un evento relacionado con el clima
3. El área de la finca de Caleb calificó para ayuda federal

Artículos adquiridos para reventa

Si se utiliza el método de efectivo, deduzca el costo normalmente deducido del ganado y otros artículos comprados para reventa solo en el año de la venta. Deduzca este costo, incluyendo los gastos de transporte para movilizar el ganado a la finca, en la Parte I del Anexo F.

Ejemplo: Sandy utiliza el método contable de efectivo en el año en curso. Sandy compró 50 novillos en el año en curso, que venderá el próximo año. No puede deducir el costo de los novillos en su declaración actual. Deducirá el costo en la Parte I de su Anexo F del próximo año.

Line 3 Cooperative Distributions

Distributions from a farm cooperative are reported on Form 1099-PATR on line 3a. If the taxpayer receives more than one Form 1099-PATR, they must report the total distribution from all cooperatives. Distributions include:

- Patronage dividends
- Nonpatronage distributions
- Per-unit retain allocations
- Redemptions of nonqualified written notices of allocation
- Per-unit retain certificates

Line 4 Agriculture Payments

Government payments received on Form 1099-G or Form CCC-1099-G are reported on line 4a. Any of the following sources are reported:

- Price loss coverage payments
- Agriculture risk coverage payments
- Coronavirus Food Assistance Program Payments
- Market Facilitation Program Payments
- Market gain from the repayment of a secured Commodity Credit Corporation (CCC) loan for less than the original loan amount
- Diversion payments
- Cost-share payments
- Payments in the form of materials (such as fertilizer or lime) or services (such as grading or building dams)

The taxpayer reports crop insurance proceeds in the year received. Federal crop disaster payments are treated as crop insurance proceeds. If there was crop damage in 2021, the taxpayer can elect to include certain proceeds in their 2022 income. To make this election, check the box on 6c.

Crop insurance proceeds received in a prior year, and elected to be treated in the current year's income, would be reported on line 6d. All other income that does not have a designated line on which to report it is reported on line 8. These types of income could include, but are not limited to:

- Illegal federal irrigation subsidies
- Bartering income
- Income from Form 1099-C
- State gasoline or fuel tax refunds received in current tax year

See Schedule F Instructions for a complete list.

Line 5 CCC (Commodity Credit Corporation Loans)

Loans are generally not reported as income. However, if the production was pledged in part to secure a CCC loan, then treat the loan as if it were a sale of the crop and report the loan proceeds as income in the year received. Approval is not needed from the IRS to adopt this method of reporting CCC loans. Once the CCC loan is reported as income for the year received, all CCC loans in that year and subsequent years are reported the same way.

Línea 3, distribuciones de cooperativas

Las distribuciones de una cooperativa agrícola se declaran en el Formulario 1099-PATR en la línea 3a. Si el contribuyente recibe más de un Formulario 1099-PATR, deberá declarar la distribución total de todas las cooperativas. Las distribuciones incluyen:

- Dividendos de patrocinio
- Distribuciones sin patrocinio
- Retención de asignaciones por unidad
- Reembolsos de avisos de asignación no calificados
- Certificados de retención por unidad

Línea 4, pagos agrícolas

Los pagos del gobierno recibidos en el Formulario 1099-G o el Formulario CCC-1099-G se informan en la línea 4a. Cualquiera de las siguientes fuentes se declaran:

- Pagos de cobertura de diferencia de precio
- Pagos de cobertura de riesgo agrícola
- Pagos del programa de asistencia alimentaria por coronavirus
- Pagos del programa de facilitación del mercado
- Ganancia del mercado por el reembolso de un préstamo asegurado de la Commodity Credit Corporation (CCC) por un monto menor al monto original del préstamo
- Pagos de derivación
- Pagos de costo compartido
- Pagos en forma de materiales (como fertilizantes o cal) o servicios (como nivelación o construcción de presas)

El contribuyente informa los ingresos del seguro de cosechas en el año recibido. Los pagos federales por desastre de cultivos se tratan como ganancias para el seguro de cosechas. Si hubo daños a las cosechas en 2021, el contribuyente puede optar por incluir ciertos ingresos en sus ingresos de 2022. Para realizar esta elección, marque la casilla en 6c.

Las ganancias del seguro de cosechas recibidas en el año anterior y elegidas para ser tratadas en la renta del presente año deberían ser declaradas en la línea 6d. Todos los demás ingresos que no tienen una línea designada para su declaración se indican en la línea 8. Estos tipos de ingresos podrían incluir, pero no se limitan a:

- Subsidios federales de riego ilegales
- Ingreso por trueque
- Ingresos del formulario 1099-C
- Reembolsos estatales de gasolina o impuestos de combustible recibidos en el año fiscal en curso

Consulte las instrucciones del Anexo F para obtener una lista completa.

Línea 5, CCC (Préstamos de la sociedad anónima de crédito para productos básicos)

Los préstamos generalmente no se declaran como ingresos. Sin embargo, si la producción se comprometió en parte para garantizar un préstamo de la CCC, trate el préstamo como si fuera una venta de la cosecha y declare el producto del préstamo como ingreso en el año recibido. No se necesita la aprobación del IRS para adoptar este método de declaración de préstamos CCC. Una vez que el préstamo de la CCC se informa como ingreso del año recibido, todos los préstamos de la CCC en ese año y los años subsiguientes se informan de la misma manera.

If pledged crops are forfeited to the CCC in full payment of the loan, then the individual may receive a Form 1099-A, *Acquisition or Abandonment of Secured Property*. In box 6 of Form 1099-A, one would see "CCC," and the amount of the outstanding loan would also be indicated on the form. See Publication 225.

Line 8 Other Types of Income

- Bartering income
- Income from canceled debt
- State gasoline or fuel tax refunds received
- Income from line 2 that includes Biofuel Producer Credit (Form 6478)
- Income from line 8 that includes Biodiesel and Renewable Diesel Fuels Credit (Form 8864)
- The amount of credit for federal tax paid on fuels claimed on the 2023 Schedule 3
- Recapture of excess depreciation on listed property, including Section 179 expense deduction
- Inclusion amount on leased property when the business drops 50% or less
- Any recapture of a deduction or credit for clean-fuel vehicle
- Any income from breeding fees
- Gain or a loss on commodity sales
- Any payroll tax credit amount from the employer payroll

Income from the farming business is the sum of any farm income or gain minus any farm expenses or losses allowed as deductions in figuring taxable income. However, it does not include gain or loss from the sale or other disposition of land or from the sale of development rights, grazing rights, or other similar rights.

Canceled Debt

If a debt is canceled or forgiven other than as a gift or bequest to the taxpayer, in most cases, the individual must include the canceled amount in gross income for tax purposes. Discharge of qualified farm indebtedness is one of the exceptions to the general rule. It is excluded from taxable income; report the canceled amount on Schedule F, line 10, if the canceled debt was incurred in the farming business. If the debt is a nonbusiness debt, report the canceled amount as "other income" on Schedule 1, line 8c. See Publication 225 and 982.

Schedule F, Part II: Farm Expense Cash and Accrual Method

Part II reports expenses that are typically deductible. Current costs are expenses that do not have to be capitalized or included in inventory costs. The deduction for the cost of livestock feed and certain other supplies may be limited.
Certain expenses paid throughout the year may be part personal and part business. Some shared expenses could include expenses for gasoline, oil, fuel, water, rent, electricity, telephone, automobile upkeep, repairs, insurance, interest, and taxes. Shared expenses need to be allocated correctly between personal and business. The personal portion is not deductible; the business portion would be deducted on Schedule F.

Ordinary and necessary costs of operating a farm for profit are deductible business expenses.

If the taxpayer has an operating loss, the taxpayer may not be able to deduct this loss. The following are not deductible:

Si las cosechas prometidas se pierden ante la CCC como pago total del préstamo, entonces la persona puede recibir un Formulario 1099-A, *Adquisición o abandono de propiedad garantizada.* En la casilla 6 del Formulario 1099-A, se vería "CCC" y el monto del préstamo pendiente también se indicaría en el formulario. Consulte la Publicación 225.

Línea 8, otros tipos de bonos

- Ingreso por trueque
- Ingresos por deuda cancelada
- Reembolsos de impuestos estatales sobre gasolina o combustible recibidos
- Ingresos de la línea 2 que incluye el Crédito productor de biocombustibles (Formulario 6478)
- Ingresos de la línea 8 que incluye el Crédito de biodiésel y combustibles diéseles renovables (Formulario 8864)
- El monto del crédito por impuestos federales pagados sobre los combustibles reclamados en el Anexo 3 de 2023
- Recuperación de la depreciación de exceso en la propiedad incluida en la lista, incluida la deducción de gastos de la Sección 179
- Monto de inclusión en la propiedad arrendada cuando el negocio cae un 50% o menos
- Cualquier recuperación de una deducción o crédito por vehículo de combustible limpio
- Cualquier ingreso de las tarifas de cría
- Ganancia o pérdida en las ventas de materias primas
- Cualquier monto de crédito fiscal sobre la nómina del empleador

Los ingresos del negocio agrícola son la suma de cualquier ingreso o ganancia de la finca menos cualquier gasto o pérdida de la finca permitida como deducciones al calcular los ingresos gravables. Sin embargo, no incluye ganancias o pérdidas por la venta u otra disposición de la tierra o por la venta de derechos de desarrollo, derechos de pastoreo u otros derechos similares.

Deuda cancelada

Si una deuda se cancela o condona de otra manera que no sea una donación o legado al contribuyente, en la mayoría de los casos, la persona debe incluir el monto cancelado en el ingreso bruto a efectos impositivos. La condonación del endeudamiento agrícola calificado es una de las excepciones a la regla general. Está excluido de los ingresos gravables; informe el monto cancelado en el Anexo F, línea 10, si la deuda cancelada se incurrió en el negocio agrícola. Si la deuda es una deuda no comercial, declare el monto cancelado como "otros ingresos" en el Anexo 1, línea 8c. Consulte las publicaciones 225 y 982.

Anexo F, parte II: Método de efectivo y devengo para gastos agrícolas

La Parte II informa los gastos que normalmente son deducibles. Los costos actuales son gastos que no tienen que ser capitalizados o incluidos en los costos de inventario. La deducción por el costo de la alimentación del ganado y ciertos otros suministros puede ser limitada.
Algunos gastos pagados durante todo el año pueden ser en parte personales y en parte comerciales. Algunos gastos compartidos pueden incluir gastos de gasolina, aceite, combustible, agua, alquiler, electricidad, teléfono, mantenimiento del automóvil, reparaciones, seguros, intereses e impuestos. Los gastos compartidos deben asignarse correctamente entre el personal y el negocio. La parte personal no es deducible; la parte comercial se deducirá en el Anexo F.

Los costos ordinarios y necesarios para operar una finca con fines de lucro son gastos comerciales deducibles.

Si el contribuyente tiene una pérdida operativa, es posible no pueda deducir esta pérdida. Los siguientes no se deducen:

- Personal or living expenses
- Expenses used to raise a family
- Animal expenses used by the taxpayer to raise the animal
- Repaid expenses
- Inventory losses
- Personal losses

Prepaid farm supplies are amounts paid during the tax year for the following items:

- Feed, seed, fertilizer, and similar farm supplies not used or consumed during the year. Do not include amounts paid for farm supplies that would have been consumed if not for a fire, storm, flood, other casualty, disease, or drought.
- Poultry (including egg-laying hens and baby chicks) bought for use (or for both use and resale) in the farm business. Include only the amount that would be deductible in the following year if the taxpayer had capitalized the cost and deducted it ratably over the lesser of 12 months or the useful life of the poultry.
- Poultry bought for resale and not resold during the year

Line 10, Car and Truck Expenses

Only expenses that are used for business can be deducted as a business expense. Items include gasoline, oil, repairs, license tags, insurance, and depreciation. The standard mileage rate for the 2024 tax year is 67 cents per mile, up 1.5 cents from 2023. The standard mileage rate for each mile of business use can be used for the taxpayer's owned or leased vehicle. The standard mileage rate cannot be used if five or more cars or light trucks are used at the same time. See Instructions Schedule F.

Line 14, Depreciation

When property is acquired to be used in the farm business and expected to last more than one year, do not deduct the entire cost in the year. The cost is recovered over more than one year and deducted each year on Schedule F as depreciation or amortization. Depreciation will be covered in a later chapter. See Instructions Form 4562.

Line 17, Fertilizer and Lime

In the year paid or incurred, the cost of fertilizer, lime, and other materials applied to farmland to enrich, neutralize, or condition the land can be a deductible expense. The cost to apply the raw material is also an expense.

Line 19, Gasoline, Fuel, and Oil

Some expenses paid during the tax year are part personal and part business. These can include expenses for gasoline, fuel and oil, water, utilities, automobile upkeep, repairs, insurance, and taxes. The taxpayer cannot mix business and personal portions to be reported. The business portion is deductible on the tax return.

Line 20, Insurance

The ordinary and necessary cost of insurance for the farm business is a business expense. Premiums can include payment for the following types of insurance:

- Gastos personales o de vida
- Gastos utilizados para formar una familia
- Gastos de animales utilizados por el contribuyente para criar al animal
- Gastos pagados por anticipado
- Pérdidas de inventario
- Pérdidas personales

Los suministros prepagados de la finca son montos pagados durante el año fiscal para los siguientes artículos:

- Alimento, semillas, fertilizantes y suministros agrícolas similares no utilizados o consumidos durante el año. No incluya las cantidades pagadas por los suministros de la finca que se habrían consumido si no fuera por un incendio, tormenta, inundación, otro siniestro, sequía, enfermedad.
- Las aves de corral (incluyendo gallinas ponedoras de huevos y pollitos) compradas para su uso (o para su uso y reventa) en el negocio agrícola. Incluya solo el monto que sería deducible en el año siguiente si el contribuyente hubiera capitalizado el costo y lo dedujo proporcionalmente durante el menor de 12 meses o la vida útil de las aves de corral.
- Aves de corral compradas para reventa y no revendidas durante el año.

Línea 10, gastos de automóvil y camión

Solo los gastos que se utilizan para los negocios se pueden deducir como un gasto comercial. Los artículos incluyen gasolina, aceite, reparaciones, etiquetas de licencia, seguro y depreciación. La tasa estándar por milla para el año fiscal 2024 es de 67 centavos por milla, 1.5 centavos más que en 2023. Es posible usar la tasa estándar por milla para cada milla de uso comercial del vehículo adquirido o alquilado por el contribuyente. La tasa estándar por milla no se puede aplicar si se usan cinco o más autos o camionetas al mismo tiempo. Consulte las Instrucciones del Anexo A.

Línea 14, depreciación

Cuando se adquiere una propiedad para ser utilizada en el negocio agrícola y se espera que dure más de un año, no deduzca el costo total en el año. El costo se recupera durante más de un año y se deduce cada año en el Anexo F como depreciación o amortización. La depreciación se tratará en un capítulo posterior. Consulte las Instrucciones del Formulario 4562.

Línea 17, abono y cal

En el año pagado o incurrido, el costo de fertilizantes, cal y otros materiales aplicados a las tierras de cultivo para enriquecer, neutralizar o acondicionar la tierra puede ser un gasto deducible. El costo de aplicar la materia prima también es un gasto.

Línea 19, gasolina, combustible y aceite

Algunos gastos pagados durante el año fiscal son en parte personales y en parte comerciales. Estos pueden incluir gastos de gasolina, combustible y aceite, agua, servicios públicos, mantenimiento del automóvil, reparaciones, seguros e impuestos. El contribuyente no puede mezclar las partes comerciales y personales a declarar. La parte comercial es deducible en la declaración de impuestos.

Línea 20, Seguro

El costo ordinario y necesario del seguro para el negocio agrícola es un gasto comercial. Las primas pueden incluir el pago de los siguientes tipos de seguro:

- Fire, storm, crop, theft, liability, and other insurance on farm business assets
- Health and accident insurance for farm employees
- Workers compensation insurance set by state law that covers claims for job-related bodily injuries or diseases suffered by employees on the farm, regardless of fault
- Business interruption insurance

Self-employed health insurance can be deducted as well as medical, dental, and qualified long-term care insurance coverage for the taxpayer, the spouse, and dependents when figuring adjusted gross income. See Publication 535.

Line 21, Interest

Interest paid on farm mortgages and other obligations incurred in the farm business can be deductible. If the cash method of accounting is used, deduct interest paid during the tax year. Interest paid with other funds received from the original lender through another loan, advance, or other arrangement similar to a loan cannot be deducted until payments are made on the new loan. Under the cash method, if interest is prepaid before it is due, the deduction is taken in the tax year in which the interest is due. See Instructions Form 8990.

Line 22, Labor Hired

Reasonable wages paid for regular farm labor, piecework, contract labor, and other forms of labor hired to perform the farming operations can be paid in cash or in noncash items such as inventory, capital assets, or assets used in business. The cost of boarding farm labor is a deductible labor cost. Other deductible costs incurred for farm labor could include health insurance, workers compensation insurance, and other benefits. Reduce the tax deduction that was claimed on the following:

- Form 5884, Work Opportunity Credit
- Form 8844, Empowerment Zone Employment Credit
- Form 8845, Indian Employment Credit
- Form 8932, Credit for Employer Differential Wage Payments
- Form 8994, Employer Credit for Paid Family and Medical Leave

Line 25, Repairs and Maintenance

Most expenses for repair and maintenance are deductible. However, repairs or an overhaul to depreciable property that increases the asset's value or adapts it to a different use is a capital expense. See Publication 225.

Line 29, Taxes

Real estate and property taxes on farm business assets such as farm equipment, animals, farmland, and farm buildings can be deducted in the year paid. The taxes on the part of the farm used for personal use are not a deductible expense on the business; those expenses may be deductible on Schedule A.

State and local general sales tax on non-depreciable farm business items are deductible as part of the cost of those items. Include state and local general sales tax imposed on the purchase of the assets for use in the farm business as part of the cost that is depreciable.

- Incendio, tormenta, cultivo, robo, responsabilidad civil y otros seguros en activos de negocios agrícolas
- Seguro médico y contra accidentes para empleados agrícolas
- Seguro de indemnización por accidente laboral establecido por la ley estatal que cubre reclamos por lesiones corporales relacionadas con el trabajo o enfermedades sufridas por los empleados en la finca, independientemente de quién sea culpable
- Seguro de interrupción de negocios

El seguro médico para trabajador independiente se puede deducir, así como la cobertura médica, odontológico y de seguro de cuidado a largo plazo calificado para el contribuyente, el cónyuge y los dependientes cuando se calcula el ingreso bruto ajustado. Consulte la Publicación 535.

Línea 21, intereses

Los intereses pagados en las hipotecas de la finca y otras obligaciones incurridas en el negocio de la finca pueden ser deducibles. Si se utiliza el método contable de efectivo, deduzca los intereses pagados durante el año fiscal. Los intereses pagados con otros fondos recibidos del prestamista original a través de otro préstamo, anticipo u otro acuerdo similar a un préstamo no pueden deducirse hasta que se realicen los pagos del nuevo préstamo. Según el método de efectivo, si los intereses se prepagan antes de su vencimiento, la deducción se toma en el año fiscal en el que vence el interés. Consulte las Instrucciones del Formulario 8990.

Línea 22, contratación laboral

Los salarios razonables pagados por el trabajo agrícola regular, el trabajo a destajo, el trabajo por contrato y otras formas de trabajo contratado para realizar las operaciones agrícolas se pueden pagar en efectivo o en artículos no en efectivo como inventario, bienes de capital o activos utilizados en los negocios. El costo de procura de mano de obra agrícola es un costo de mano de obra deducible. Otros costos deducibles incurridos para el trabajo agrícola podrían incluir seguro médico, seguro de indemnización por accidente laboral y otros beneficios. Reducir la deducción fiscal que se reclamó en lo siguiente:

- Formulario 5884, crédito por oportunidad laboral
- Formulario 8844, crédito de Empleo en la Zona de Empoderamiento
- Formulario 8845, crédito por empleo indio
- Formulario 8932, crédito por retribuciones salariales diferenciadas a cargo del empleador
- Formulario 8994, crédito del empleador por Licencia médica y familiar remunerada

Línea 25, reparaciones y mantenimiento

La mayoría de los gastos de reparación y mantenimiento son deducibles. Sin embargo, las reparaciones o una revisión de la propiedad depreciable que aumenta el valor del activo o lo adapta a un uso diferente es un gasto de capital. Consulte la Publicación 225.

Línea 29, impuestos

Los impuestos inmobiliarios y sobre la propiedad de los activos de la empresa agrícola, como equipos agrícolas, animales, tierras de cultivo y edificios agrícolas, se pueden deducir en el año pagado. Los impuestos sobre la finca que se utilizan para uso personal no son un gasto deducible en el negocio; esos gastos pueden ser deducibles en el Anexo A.

El impuesto estatal y local general sobre las ventas en los artículos comerciales agrícolas no depreciables es deducible como parte del costo de esos artículos. Incluya los impuestos estatales y locales generales a las ventas para la compra de los activos utilizados en el negocio agrícola como parte del costo que es depreciable.

Individuals cannot deduct state and federal income taxes as farm business expenses. Individuals can deduct state and local income taxes only as an itemized deduction on Schedule A. Federal income tax is not a deduction. One-half of the self-employment tax is figured as an adjustment to income on Form 1040. See Instructions Schedule F.

Line 32 Other Expenses

Travel Expenses

Ordinary and necessary expenses can be deducted if they are incurred while traveling away from home for farm business. Lavish and extravagant expenses cannot be deducted. For tax purposes, the farm business's location is considered the location of the farm, and the taxpayer is traveling away from the farm if:

- Duties require the taxpayer to be absent from the farm for substantially longer than an ordinary workday
- Sleep and rest are required to meet the demands of work while away from home

Following are some examples of deductible travel expenses:

- Air, rail, bus, and car transportation
- Meals and lodging
- Dry cleaning and laundry
- Telephone and fax
- Transportation between hotel and temporary work or business meeting location
- Tips for any expenses

Remember, ordinary business-related meals are deductible if business travel is overnight or long enough to require the taxpayer to stop for sleep or rest to properly perform his or her duties.

The following list includes some but not all expenses that may be deducted as farm expense on Part II of Schedule F. These expenses must be for business purposes and paid in the year used (if using the cash method) or incurred (if using the accrual method).

- Accounting fees
- Advertising
- Business travel and meals
- Commissions
- Consultant fees
- Crop-scouting expenses
- Dues to cooperatives
- Educational expenses (to maintain and improve farming skills)
- Farm-related attorney fees
- Farm magazines
- Ginning
- Insect sprays and dusts
- Litter and bedding
- Livestock fees
- Marketing fees
- Milk assessment
- Record-keeping expenses
- Service charges
- Small tools expected to last one year or less
- Stamps and stationery
- Subscriptions to professional, technical, and trade journals that deal with farming

Las personas no pueden deducir los impuestos estatales y federales sobre la renta como gastos comerciales de la finca. Las personas pueden deducir los impuestos estatales y locales sobre la renta solo como una deducción detallada en el Anexo A. El impuesto federal sobre la renta no es una deducción. La mitad del impuesto sobre el trabajo independiente se calcula como un ajuste a los ingresos en el Formulario 1040. Consulte las Instrucciones del Anexo A.

Línea 32, otros gastos

Gastos de viaje

Los gastos ordinarios y necesarios pueden deducirse si se incurren mientras se viaja fuera del hogar por negocios agrícolas. Los gastos suntuosos y extravagantes no se pueden deducir. Para propósitos de impuestos, la ubicación del negocio agrícola se considera la ubicación de la finca y el contribuyente está viajando fuera de la finca si:

- Los deberes requieren que el contribuyente se ausente de la finca durante un tiempo sustancialmente superior al de un día normal de trabajo
- Los deberes requieren que el contribuyente esté ausente de la finca por mucho más tiempo que un día normal de trabajo

Los siguientes son algunos ejemplos de gastos de viaje deducibles:

- Transporte aéreo, ferroviario, en autobús y en automóvil
- Comidas y alojamiento
- Tintorería y lavandería
- Teléfono y fax
- Transporte entre el hotel y el lugar de trabajo temporal o reunión de negocios
- Propinas para cualquier gasto

Recuerde, las comidas ordinarias relacionadas con los negocios son deducibles si el viaje de negocios es de una noche a la mañana o lo suficientemente largo como para requerir que el contribuyente se detenga a dormir o descansar para desempeñar adecuadamente sus funciones.

La siguiente lista incluye algunos, pero no todos, los gastos que pueden deducirse como gastos agrícolas en la Parte II del Anexo F. Estos gastos deben ser para fines comerciales y pagarse en el año utilizado (si se usa el método de efectivo) o incurrido (si se usa el método de devengo).

- Honorarios de contabilidad
- Publicidad
- Viajes de comidas de negocios
- Comisiones
- Honorarios de consultor
- Gastos de poda y exploración
- Cuotas a cooperativas
- Gastos educativos (para mantener y mejorar las habilidades agrícolas)
- Honorarios de abogados relacionados con la finca
- Revistas agrícolas
- Desmontado
- Aerosoles y polvos para insectos
- Camas y ropa de cama
- Gastos del ganado
- Gastos de comercialización
- Evaluación de leche
- Gastos de mantenimiento de registros
- Cargos por servicio
- Pequeñas herramientas que se espera que duren un año o menos
- Sellos y papelería
- Suscripciones a revistas profesionales, técnicas y comerciales relacionadas con la agricultura

Marketing Quota Penalties

Marketing quota penalties can be deducted as an "other expense" on Schedule F. These penalties are paid for marketing crops in excess of farm marketing quota. If the penalty is not paid but the purchaser of the crop deducts it from the payment, include the payment in gross income. Do not take a separate deduction for the penalty. See Publication 225.

Capital Expenses

A capital expense is a payment, or a debt incurred for the acquisition, improvement, or restoration of an asset that is expected to last more than one year. Include the expense in the basis of the asset. Uniform capitalization rules also require the asset to be capitalized or included in certain inventory expenses. See Publication 225.

Business Use of Home

Business use of the home can be deducted if part of the home is exclusively and regularly used as:

- The principal place of business for any trade or business
- A place to meet or deal with patients, clients, or customers in the normal course of the trade or business
- In connection with a trade or business, if using a separate structure that is not attached to the home

An office in the home will qualify as the principal place of business for deducting expense for its use if both of the following requirements are met:

- The taxpayer uses it exclusively and regularly for the administrative or management activities of the trade or business
- The taxpayer has no other fixed location where one conducts substantial administrative or management activities of the trade or business

The IRS has provided a simplified method to determine expenses for business use of the home. This was covered in Schedule C chapter. See Publication 587.

Business Start-Up and Organizational Costs

The taxpayer can elect to deduct up to $5,000 of business start-up costs and $5,000 of organizational costs paid or incurred after October 22, 2004. The $5,000 deduction is reduced by the amount of the total start-up or organizational costs exceeding $50,000. Any remaining costs must be amortized. See Publication 225.

Crop Production Expenses

The uniform capitalization rules require the taxpayer to capitalize expenses incurred in producing plants. However, for certain taxpayers who are required to use the accrual method of accounting, the capitalization rules do not apply to plants with a pre-productive period of two years or less. See Publication 225.

Timber

Capitalize the cost of acquiring timber; do not include the cost of the land. Generally, the taxpayer must capitalize the direct costs incurred in reforestation; however, they can elect to deduct some forestation and reforestation costs.

Multas por cuotas de comercialización

Las multas por cuotas de comercialización se pueden deducir como "otro gasto" en el Anexo F. Estas multas se pagan por comercializar cultivos en exceso de la cuota de comercialización de la finca. Si la multa no se paga, pero el comprador del cultivo la deduce del pago, incluya el pago en el ingreso bruto. No tome una deducción independiente por la multa. Consulte la Publicación 225.

Gastos de capital

Un gasto de capital es un pago o una deuda contraída para la adquisición, mejora o restauración de un activo que se espera que dure más de un año. Incluya el gasto en la base del activo. Las reglas uniformes de capitalización también requieren que el activo se capitalice o se incluya en ciertos gastos de inventario. Consulte la Publicación 225.

Uso comercial del hogar

El uso comercial de la vivienda puede deducirse si parte de la vivienda se utiliza exclusiva y regularmente como:

- El domicilio social principal para cualquier actividad o negocio
- Un lugar para reunirse o tratar con pacientes o clientes en el curso normal de la actividad o negocio
- En relación con la actividad o negocio, si usa una estructura separada que no está adjunta a la casa del contribuyente

Una oficina en el hogar calificará como el domicilio social principal para deducir los gastos por su uso si se cumplen los dos requisitos siguientes:

- El contribuyente la utiliza exclusiva y habitualmente para las actividades administrativas o de gestión de la actividad o negocio
- El contribuyente no tiene otra ubicación fija donde realice actividades administrativas o de gestión sustanciales de su actividad o negocio

El IRS ha proporcionado un método simplificado para determinar los gastos de uso comercial de la vivienda. Esto fue tratado en el capítulo del Anexo C. Consulte la Publicación 587.

Inicio de negocios y costos organizacionales

El contribuyente puede elegir deducir hasta $5,000 de costos de inicio de negocios y $5,000 de costos organizacionales pagados o incurridos después del 22 de octubre de 2004. La deducción de $5,000 se reduce por el monto de los costos totales de inicio u organización que superen los $50,000. Cualquier costo restante debe ser amortizado. Consulte la Publicación 225.

Gastos de producción de cultivos

Las reglas uniformes de capitalización requieren que el contribuyente capitalice los gastos incurridos en la producción de plantas. Sin embargo, para ciertos contribuyentes que están obligados a utilizar el método contable de devengo, las reglas de capitalización no se aplican a las plantas con un período pre productivo de dos años o menos. Consulte la Publicación 225.

Madera

Capitalice el costo de adquisición de madera; no incluya el costo de la tierra. Generalmente, el contribuyente debe capitalizar los costos directos incurridos en la reforestación; sin embargo, pueden optar por deducir algunos costos de forestación y reforestación.

Christmas Tree Cultivation

If the taxpayer is in the business of planting and cultivating Christmas trees to sell when they are more than six years old, they can capitalize the expenses incurred for planting and stump culture and add them to the basis of the standing trees. The taxpayer would recover these expenses as part of the adjusted basis when the trees are sold as standing trees, or as a depletion allowance when the trees are cut.

Breeding Fees

If the accrual method is used, breeding fees need to be capitalized and allocated to the cost of the basis of the calf, foal, etc. Breeding fees can be an expense on Schedule F. If the breeder guarantees live offspring or other veterinary procedure costs as the cost basis of the offspring.

Other Nondeductible Expenses

Personal expenses and certain other items on the tax return cannot be deducted even if they are farm related. The taxpayer cannot deduct certain personal and living expenses, including rent and insurance premiums paid on property used as the taxpayer's primary residence. The cost of maintaining personal vehicles or other items used for personal use or the cost of purchasing or raising produce or livestock consumed by the taxpayer and his or her family is not deductible.

Losses from Operating a Farm

If the farm expenses are more than the farm income, the taxpayer has a loss from the operation of the farm. The amount of the loss that is deductible from taxable income may be limited. To figure the deductible loss, the following limits must be applied:

- The at-risk limits
- The passive activity limits

If the deductible loss after applying the limits is more than the income for the year, there may be a net operating loss. See Publication 536.

Not-for-Profit Farming

If the taxpayer operates a farm for profit, all ordinary and necessary expenses of carrying on the business of farming can be deducted on Schedule F. If the farming activity or other activity the taxpayer is engaged in or invests in is not-for-profit, the income from the activity is reported on Schedule 1, line 6. The expenses are no longer deducted on Schedule A. Losses from not-for-profit farming can be limited.

Estimated Payments Exception

If the taxpayer files their tax return yearly by March 1 and does the following, the penalty will be waived.

1. File the tax return and pay the tax due by March 1
2. Taxpayer had no liability for the prior year and the current year was for the 12 months
3. Taxpayer would not be charged a penalty if the total tax on the current year minus the amount of withholding tax paid is less than $1,000

Cultivo de los árboles de navidad

Si el contribuyente está en el negocio de plantar y cultivar árboles de Navidad para vender cuando tienen más de 6 años, capitalice los gastos incurridos para siembra y cultura de tocón y agréguelos a la base de los árboles vivos. El contribuyente recuperaría estos gastos como parte de la base ajustada cuando los árboles se vendan como árboles vivos, o como un subsidio de agotamiento cuando se cortan los árboles.

Tarifas de cría

Si se utiliza el método de devengo, los gastos de crianza deben capitalizarse y asignarse al costo de la base del ternero, potro, etc. Las tarifas de reproducción pueden ser un gasto en el Anexo F. Si el criador garantiza descendencia viva u otros costos de procedimientos veterinarios como base del costo de la descendencia.

Otros gastos no deducibles

Los gastos personales y ciertos otros artículos en la declaración de impuestos no se pueden deducir, incluso si están relacionados con la finca. El contribuyente no puede deducir ciertos gastos personales y de manutención, incluyendo las primas de alquiler y seguro pagados en la propiedad utilizada como residencia principal del contribuyente. El costo de mantener vehículos personales u otros artículos para uso personal o el costo de comprar productos o criar ganado consumido por el contribuyente y su familia no es deducible.

Pérdidas por operar una finca

Si los gastos de la finca son más que los ingresos de la misma, el contribuyente tiene una pérdida por la operación de la finca. El monto de la pérdida que es deducible de los ingresos gravables puede ser limitado. Para calcular la pérdida deducible, se deben aplicar los siguientes límites:

- Límites de riesgo
- Límites de actividad pasiva

Si la pérdida deducible después de aplicar los límites es más que el ingreso del año, puede haber una pérdida operativa neta. Consulte la Publicación 536.

Agricultura sin fines de lucro

Si el contribuyente opera una finca con fines de lucro, todos los gastos ordinarios y necesarios para llevar a cabo el negocio de la agricultura se pueden deducir en el Anexo F. Si la actividad agrícola u otra actividad que el contribuyente realiza o invierte es sin fines de lucro, los ingresos de la actividad se declaran en el Formulario 1, línea 6. Los gastos ya no se deducen en el Anexo A. Las pérdidas de la agricultura sin ánimo de lucro pueden ser limitadas.

Excepción de pagos estimados

Si el contribuyente presenta su declaración de impuestos anualmente antes del 1 de marzo y hace lo siguiente, no se le aplicará la multa.

1. Presente la declaración de impuestos y pague el impuesto adeudado antes del 1 de marzo
2. El contribuyente no tenía responsabilidad por el año anterior y el año actual era por los 12 meses
3. Al contribuyente no se le cobrará una multa si el impuesto total del año en curso menos el monto de la retención de impuestos pagada es inferior a $1,000

Benefits of Recordkeeping

Everyone in business must keep appropriate and accurate records. Recordkeeping will help the taxpayer:

- Monitor the progress of their business
- Prepare an accurate financial statement
- Classify receipts
- Track deductible business expenses
- Prepare their tax return
- Support reported income and expenses on the tax return

Records show the taxpayer if the business is improving, which items sell the best, and insights to increase the success of the business. Records are needed to prepare accurate financial statements, which include profit and loss, balance sheets, and any other financial statements.

Taxpayers should identify receipts at the time of purchase. It is easier to get into the habit of tracking receipts when they are received rather than dealing with them when preparing the tax return. A tax professional should teach clients how to identify and track receipts.

Kinds of Records to Keep

The taxpayer should choose the recordkeeping system that is best for their business. The system should match the accounting method of the taxpayer's tax year. The recordkeeping system should include a summary of all the taxpayer's business transactions. For example, recordkeeping should show gross income as well as deductions and credits for the business. Supporting documentation for ongoing transactions, such as purchases, sales, and payroll, should be maintained. It is important to retain documentation that supports the entries in the journal, ledgers, and the tax return. Records for travel, transportation, and gift expenses fall under specific recordkeeping rules. For more information see Publication 463. There are also specific employment tax records the employer must keep. See Publication 51 (Circular A).

Assets used in business can be property, such as machinery and equipment used to conduct business. Records of the asset are used to figure depreciation and the gain or loss when the asset is sold. Records should show the following information:

- When and how the business asset was acquired
- The purchase price of the business asset
- The cost of any business improvements
- Section 179 deduction
- Business deductions taken for depreciation
- Business deductions taken for casualty losses, such as losses resulting from fires, storms, or natural disasters
- How the business asset was used
- When and how the business asset was disposed
- The selling price of the asset or the business
- The expense of the business asset

Beneficios del mantenimiento de registros

Todos en el negocio deben mantener registros apropiados y precisos. El mantenimiento de registros ayudará al contribuyente a:

- Supervisar el progreso sus negocios
- Preparar un estado financiero preciso
- Clasificar recibos
- Realizar un seguimiento de los gastos comerciales deducibles
- Preparar su declaración de impuestos
- Respaldar los ingresos y gastos reportados en la declaración de impuestos

Los registros le muestran al contribuyente si el negocio está mejorando, qué partida se venden mejor e información para aumentar el éxito del negocio. Los registros son necesarios para preparar los estados financieros precisos, que incluyen ganancias y pérdidas, balances contables y cualquier otro estado financiero.

Los contribuyentes deben identificar los recibos al momento de la compra. Es más fácil adquirir el hábito de realizar un seguimiento de los recibos cuando se reciben que ocuparse de ellos al preparar la declaración de impuestos. Un profesional de impuestos debe enseñar a los clientes cómo identificar y hacer seguimiento de los recibos.

Tipos de mantenimiento de registros

El contribuyente debe elegir el sistema de mantenimiento de registros que sea mejor para su negocio. El sistema debe coincidir con el método contable del año fiscal del contribuyente. El sistema de mantenimiento de registros debe incluir un resumen de todas las transacciones comerciales del contribuyente. Por ejemplo, el mantenimiento de registros debe mostrar los ingresos brutos, así como deducciones y créditos para el negocio. Se debe mantener la documentación de respaldo para las transacciones en curso, como compras, ventas y nómina. Es importante conservar la documentación que respalda los registros en el diario, los libros mayores y la declaración de impuestos. Los registros de gastos de viaje, transporte y donaciones están sujetos a reglas específicas de mantenimiento de registros. Para obtener más información, consulte la Publicación 463. Existen registros específicos de impuestos sobre el empleo que el empleador debe conservar. Consulte la Publicación 51 (Circular A).

Los activos utilizados en los negocios pueden ser propiedades tales como maquinaria y equipos para llevar a cabo los negocios. Los registros de activos se utilizan para calcular la depreciación y la ganancia o pérdida cuando se vende el activo. Los registros deben mostrar la siguiente información:

- Cuándo y cómo se adquirió el activo comercial
- El precio de compra del activo comercial
- El coste de cualquier mejora comercial
- Deducción de la sección 179
- Deducciones comerciales realizadas por depreciación
- Deducciones comerciales tomadas por pérdidas por siniestros tales como pérdidas resultantes de incendios, tormentas o desastres naturales
- Cómo se utilizó el activo comercial
- Cuándo y cómo enajena el activo comercial
- El precio de venta del activo o del negocio
- El gasto del activo comercial

The following are examples of records that might show the information from the above list:

- Purchase and sales business invoices
- Business purchase of real estate closing statements (HUD-1)
- Canceled business checks
- Business bank statements

Maintaining Records

Tax records should be kept as needed for the administration of any provision of the Internal Revenue Code. Business records should be kept that support an item of income or deduction appearing on the return until the period of limitations is finished. Generally, that is three years, although certain records must be kept longer than that.

Employment records must be kept for at least four years after the date the tax becomes due or is paid. Records that pertain to assets such as property should be kept if the taxpayer owns the business asset. Other parties, such as an insurance company, may require business records to be kept longer than the periods required by the IRS.

Part 1 Review

To obtain the maximum benefit from each part go online now and watch the video.

Part 2 Defining Depreciation and Depreciation Methods

Depreciation is an annual allowance for the wear and tear of certain property that includes the process of allocating the cost of a tangible asset to expense over its estimated useful life. To be depreciable, tangible property must have a limited life. Tangible property can be divided into two categories: real property and personal property. Real property is land, land improvements, buildings, and building improvements. Land does not have a limited life; therefore, it does not qualify for depreciation. Personal property is usually business machinery and equipment, office furniture, and fixtures. The term "personal property" should not be confused with property owned by an individual for personal use.

Depreciation

Depreciation is a way of accounting for the costs associated with durable goods used in a business, for investment, or for a hobby. The recovery period is determined by the IRS and the taxpayer deducts the cost of the item over the property class life. Only the cost corresponding to the percentage of use attributable to deductible purposes can be depreciated; costs attributed to personal use can never be depreciated. Depreciation starts when the asset is placed into service and ends when the property is disposed of or worn out.

Basis is a way of determining the cost of an investment in property and is decided by how it was acquired. If the property was purchased, the purchase price is the basis. Any improvements made to the property are then added to that basis. The purchase price plus improvements constitutes the adjusted basis. Other items that add to the basis are the expenses of acquiring the property (commissions, sales tax, and freight charges). There are also items that reduce the basis, which include depreciation, nontaxable distributions, and postponed gain on home sales. This is also referred to as "cost basis." Depreciation is reported on Form 4562.

Los siguientes son ejemplos de registros que pueden mostrar la información de la lista anterior:

- Facturas comerciales de compras y ventas
- Compra comerciales de estados de cierre de bienes inmuebles (HUD-1)
- Cheques comerciales cancelados
- Extractos bancarios comerciale

Mantenimiento de registros

Los registros impositivos deben mantenerse durante el tiempo que sea necesario para la administración de cualquier disposición del Código de Rentas Internas. Deben mantenerse registros comerciales que respalden un artículo de ingreso o deducción que aparezca en la declaración hasta que el período de limitaciones haya finalizado. Generalmente son tres años, aunque ciertos registros deben conservarse por más tiempo.

Los registros de empleo deben mantenerse durante al menos 4 años después de la fecha en que el impuesto vence o se paga. Los registros relacionados con activos como propiedades deben mantenerse si el contribuyente es propietario del activo comercial. Otras partes, como una compañía de seguros, pueden exigir que los registros comerciales se mantengan por más tiempo que los períodos requeridos por el IRS.

Revisión de la Parte 1

Para obtener el máximo beneficio de cada parte, conéctese ahora y mire el video.

Parte 2 Definición de depreciación y métodos de depreciación

La depreciación es una asignación anual para el desgaste de cierta propiedad que incluye el proceso de asignar el costo de un activo tangible a los gastos durante su vida útil estimada. Para ser depreciable, la propiedad tangible debe tener una vida limitada. Los bienes tangibles se pueden dividir en dos categorías: bienes inmuebles y bienes muebles. Los bienes inmuebles son terrenos, mejoras de terrenos, edificios y mejoras de edificios. La tierra no tiene una vida limitada; por lo tanto, no califica para depreciación. Los bienes muebles suelen ser maquinaria y equipo comercial, mobiliario de oficina y accesorios. El término "bienes muebles" no debe confundirse con los bienes de una persona para uso personal.

Depreciación

La depreciación es una forma de contabilizar los costos asociados con los bienes duraderos utilizados en un negocio, para inversiones o para un pasatiempo. El período de recuperación lo determina el IRS y el contribuyente deduce el costo del artículo durante la vida de la clase de propiedad. Solo se puede depreciar el porcentaje del costo correspondiente al porcentaje de uso atribuible a efectos deducibles; los costos atribuidos al uso personal nunca pueden depreciarse. La depreciación comienza cuando el activo se pone en servicio y termina cuando la propiedad se enajena o se desgasta.

La base es una forma de determinar el costo de una inversión en una propiedad y se decide por cómo se adquirió. Si la propiedad fue comprada, el precio de compra es la base. Las mejoras realizadas a la propiedad se suman a esa base. El precio de compra más las mejoras constituye la base ajustada. Otros elementos que se suman a la base son los gastos de adquisición de la propiedad (comisiones, impuestos sobre las ventas y fletes). También hay rubros que reducen la base, que incluyen depreciación, distribuciones no tributables y ganancia aplazada en la venta de viviendas. Esto también se conoce como “base de costos”. La depreciación se informa en el Formulario 4562.

Section 179

Section 179 is an internal revenue code that allows the taxpayer an immediate deduction on certain business assets. Business owners can take the purchase price of business equipment in the year of purchase and depreciate the asset 100%. Federal law allows an expense election up to $1,050,000 of the cost of certain business property. For tax year 2023, the limits are $1,160,000 with a total phaseout at $2,890,000. For tax year 2024, the limits are $1,220,000 with a total purchase of $3,050,000

Taxpayers can choose to take a portion of Section 179 instead of the entire amount of the asset. For example, Solomon purchased a tractor for his farming business. The tractor cost $45,000, and Solomon decided to use 50% of the cost as Section 179. The remaining $22,500 would be used as a yearly depreciation deduction.

Section 179 is reported on Form 4562, part I.

Line 1 reports the maximum amount of Section 179.

Line 2 reports total cost of Section 179 that was placed in service in the current tax year.

Line 3 reports the maximum amount the taxpayer would elect to claim. The amount could be reduced based on taxpayer.

Line 4 reports the reduction limitation.

Line 5 reports the dollar limitation for the current tax year.

Bonus Depreciation

Bonus depreciation was designed to stimulate investment in business property that is not land or buildings. Accelerated depreciation is explained in IRC section 168(k). The IRS sometimes refers to bonus depreciation as a "special depreciation allowance." For tax year 2023, the allowable depreciation is 80% of qualified business property. The immediate deduction is eligible for property placed in service between September 27, 2017, and January 1, 2023. After January 1, 2023, the phaseout amounts are:

2023: 80%
2024: 60%
2025: 40%
2026: 20%
2027 and beyond: 0%

Property that qualifies for bonus depreciation must have a useful life of 20 years or less. The property must also be new for the taxpayer. If the taxpayer leased the equipment prior to purchase, the property is disqualified for bonus depreciation.

Part II reports Special Depreciation Allowance and other Depreciation, such as bonus depreciation.

Sección 179

La Sección 179 es un código de rentas internas que le permite al contribuyente una deducción inmediata sobre ciertos activos comerciales. Los dueños de negocios pueden tomar el precio de compra del equipo comercial en el año de compra y depreciar el activo al 100%. La ley federal permite una elección de gastos de hasta $1,050,000 del costo de cierta propiedad comercial. Para el año fiscal 2023, los límites son $1,160,000 con una eliminación gradual total de $2,890,000. Para el año fiscal 2024 los límites son $1,220,000 con una compra total de $3,050,000.

El contribuyente puede optar por tomar una parte de la Sección 179 en lugar de la cantidad total del activo. Por ejemplo, Solomon compró un tractor para su negocio agrícola. El tractor costó $45,000 y Solomon decidió usar el 50% del costo como Sección 179. Los $22,500 restantes se usarían como una deducción de depreciación anual.

La Sección 179 se informa en el Formulario 4562, parte I.

La línea 1 informa la cantidad máxima de la Sección 179.

La Línea 2 informa el costo total de la Sección 179 que se puso en servicio en el año fiscal en curso.

La línea 3 informa el monto máximo que el contribuyente elegiría reclamar. El monto podría reducirse según el contribuyente.

En la línea 4 figura el límite de reducción.

La línea 5 informa la limitación en dólares para el año fiscal en curso.

Depreciación de bonos

La depreciación adicional se diseñó para estimular la inversión en propiedades comerciales que no son terrenos ni edificios. La depreciación acelerada se explica en la sección 168(k) del IRC. El IRS a veces se refiere a la depreciación adicional como una "asignación especial de depreciación". Para el año fiscal 2023, la depreciación permitida es del 80% de la propiedad comercial calificada. La deducción inmediata es elegible para propiedades puestas en servicio entre el 27 de septiembre de 2017 y el 1 de enero de 2023. Después del 1 de enero de 2023, los montos de eliminación gradual son:

2023: 80%
2024: 60%
2025: 40%
2026: 20%
2027 y posteriormente: 0%

La propiedad que califica para la depreciación adicional debe tener una vida útil de 20 años o menos. La propiedad también debe ser nueva para el contribuyente. Si el contribuyente arrendó el equipo, antes de la compra, la propiedad queda inhabilitada para la bonificación por depreciación.

La Parte II informa la asignación especial por depreciación y otras depreciaciones, como la depreciación adicional.

The Beginning and End of Depreciation

Depreciation begins when the property is placed in service for use in the trade or business or for the production of income. Depreciation ends when the cost and added basis, if any, have been fully recovered or when the property is retired from service, whichever comes first.

Property is placed in service when it is ready and available for a specific use for a business activity, an income-producing activity, a tax-exempt activity, or a personal activity. Even if the property is not being used, it is still placed in service when it is ready, available, and capable of performing its specific use.

When a taxpayer places an improvement or addition in service after the original asset was placed in service, improvements or additions are treated as a separate asset. For example, Gabriela placed her rental in service and then made some major improvements. The improvements were more than the purchase price of the rental. The improvements will be a separate line item to be depreciated and could have a different class life. See §1.263(a)-3T(e)(3) or (e)(5) for more information.

Example 1: Joel purchased a copy machine in December of last year for his printing business. The machine was delivered in January but not installed. Joel had the machine installed and ready for use in February of the current tax year. The machine would be considered to have been placed in service in February of the current year, not December or January, because it wasn't until it was installed in February that the machine became ready to be placed in service.

If the property has been converted from personal to business use, the "placed in service" date is the date it was converted to business use or to an income-producing activity. In other words, depreciation begins when the property has been placed in service.

Example 2: Nicolas purchased a home as his primary residence in 2010, and on February 10, 2022, he converted it to a rental property. Therefore, depreciation begins the day it was placed into service as an income-producing property.

Property That Can Be Depreciated

Most types of tangible property can be depreciated. Examples of tangible property are:

- Buildings
- Vehicles
- Machinery
- Furniture
- Equipment
- Storage facilities

Some intangible items that can be depreciated include:

- Copyrights
- Patents
- Computer software (if the software life value is more than one year)

El comienzo y el final de la depreciación

La depreciación comienza cuando la propiedad se pone en servicio para su uso en la actividad o negocio o para la producción de ingresos. La depreciación termina cuando el costo y la base adicional, si los hubiera, se han recuperado por completo o cuando la propiedad se retira del servicio, lo que ocurra primero.

La propiedad se pone en servicio cuando está lista y disponible para un uso específico para una actividad comercial, una actividad generadora de ingresos, una actividad exenta de impuestos o una actividad personal. Incluso si la propiedad no se está utilizando, todavía se pone en servicio cuando está lista, disponible y capaz de realizar su uso específico.

Cuando un contribuyente coloca una mejora o adición en el servicio después de que el activo original fue puesto en servicio, las mejoras o adiciones se tratan como un activo separado. Por ejemplo, Gabriela puso en servicio su alquiler y luego hizo algunas mejoras importantes. Las mejoras fueron más que el precio de compra del alquiler. Las mejoras serán un elemento de línea separado que se depreciará y podría tener una vida útil diferente. Consulte §1.263(a)-3T(e)(3) o (e)(5) para obtener más información.

Ejemplo 1: Joel compró una máquina copiadora en diciembre del año pasado para su negocio de fotocopiadoras. La máquina se entregó en enero, pero no se instaló. Joel tenía la máquina instalada y lista para usar en febrero del año fiscal en curso. Se consideraría que la máquina se puso en servicio en febrero del año en curso, no en diciembre o enero, porque no fue hasta que se instaló en febrero que la máquina estuvo lista para ser puesta en servicio.

Si la propiedad se ha convertido de uso personal a comercial, la fecha de "puesta en servicio" es la fecha en que se convirtió en uso comercial o en una actividad generadora de ingresos. En otras palabras, la depreciación comienza cuando la propiedad se ha puesto en servicio.

Ejemplo 2: Nicolas compró una casa como su residencia principal en 2010, y el 10 de febrero de 2022 la convirtió en una propiedad de alquiler. Por lo tanto, la depreciación comienza el día en que se puso en servicio como propiedad generadora de ingresos.

Propiedad que puede depreciarse

La mayoría de los tipos de propiedad tangible pueden depreciarse. Ejemplos de propiedad tangible son:

- Edificios
- Vehículos
- Maquinaria
- Mobiliario
- Equipo
- Instalaciones de almacenamiento

Algunos elementos intangibles que pueden depreciarse incluyen:

- Derechos de autor
- Patentes
- Software informático (si el valor de la vida útil del software es superior a un año)

Property that can be depreciated must meet the following requirements:

- Must be the taxpayer's own property
- Must be used in the taxpayer's business or income-producing activity
- Property must have a determinable useful life
- The property is expected to last more than one year

Property Owned

To claim depreciation, one must be the owner of the property, even if the property has debt. Leased property can be claimed only if ownership of the property includes the following:

- The legal title to the property
- The legal obligation to pay for the property
- The responsibility to pay maintenance and operating expenses
- The duty to pay any taxes on the property
- The risk of loss if the property is destroyed, condemned, or diminished in value through obsolescence or exhaustion

Example: Amanda made a down payment on a rental property and took over Tom's mortgage payments. Amanda owns the property and can depreciate it.

If the property is held as a business or as an investment property as a life tenant, the taxpayer may depreciate the property.

Property Having a Determinable Useful Life

Property must have a determinable useful life to be depreciated. It must be something that wears out, decays, gets used up, becomes obsolete, or loses its value from natural causes.

Property Lasting More than One Year

To be able to depreciate property, the useful life should extend significantly beyond the year the property was placed in service.

Example: Ms. Wilson maintains a library for her tax business and purchases yearly technical journals for its use. The library would not be depreciated because the technical journals do not have a useful life of more than one year. The technical journals should be taken as a yearly business expense.

Property Used in Business or an Income-Producing Activity

To claim depreciation on property, the income-producing activity must be used in business. If the taxpayer uses the property to produce an investment use, then the income is taxable. Personal property cannot be depreciated.

If the property is used for business and personal use, the portion used as business may be depreciated. For instance, the individual cannot deduct depreciation on a car used only for commuting to and from work or for personal shopping trips and family vacations. A taxpayer must keep records showing business and personal use of their property.

Containers used for the products offered for sale are considered inventory and cannot be depreciated. Containers used to ship products can be depreciated if they have a life expectancy of more than one year and meet the following requirements:

La propiedad que se puede depreciar debe cumplir con los siguientes requisitos:

- Debe ser propiedad del contribuyente
- Debe ser utilizada en el negocio o actividad generadora de ingresos del contribuyente
- La propiedad debe tener una vida útil determinable
- Se espera que la propiedad dure más de un año

Titularidad de la propiedad

Para reclamar la depreciación, el contribuyente debe ser el dueño de la propiedad, incluso si la propiedad tiene deudas. La propiedad arrendada puede reclamarse solo si la titularidad de la propiedad incluye lo siguiente:

- El título legal de la propiedad
- La obligación legal de pagar la propiedad
- La responsabilidad de pagar los gastos de mantenimiento y operación
- El deber de pagar los impuestos sobre la propiedad
- El riesgo de pérdida si la propiedad es destruida, condenada o disminuida de valor por obsolescencia o agotamiento

Ejemplo: Amanda hizo el pago inicial de una propiedad de alquiler y se hizo cargo de los pagos de la hipoteca de Tom. Amanda es dueña de la propiedad y puede depreciarla.

Si la propiedad se mantiene como un negocio o como una propiedad de inversión como arrendatario vitalicio, el contribuyente puede depreciar la propiedad.

Propiedad con una vida útil determinable

La propiedad debe tener una vida útil determinable para ser depreciada. Debe ser algo que se desgasta, se deteriora, se agota, se vuelve obsoleto o pierde su valor por causas naturales.

Propiedad que dura más de un año

Para poder depreciar la propiedad, la vida útil debe extenderse significativamente más allá del año en que la propiedad se puso en servicio.

Ejemplo: La Sra. Wilson mantiene una biblioteca para su negocio de impuestos y compra revistas técnicas anuales para su uso La biblioteca no se depreciaría porque las revistas técnicas no tienen una vida útil superior a un año. Las revistas técnicas deben considerarse como un gasto comercial anual.

Propiedad utilizada en negocios o actividad generadora de ingresos

Para reclamar la depreciación de la propiedad, la actividad generadora de ingresos debe utilizarse en el negocio. Si el contribuyente usa la propiedad para producir un uso de inversión, entonces el ingreso está sujeto a impuestos. Los bienes muebles no se pueden depreciar.

Si la propiedad se utiliza para uso comercial y personal, la parte utilizada como negocio puede depreciarse. Por ejemplo, la persona no puede deducir la depreciación de un automóvil utilizado únicamente para desplazarse hacia y desde el trabajo o para viajes de compras personales y vacaciones familiares. Un contribuyente debe mantener registros que demuestren el uso comercial y personal de su propiedad.

Los contenedores utilizados para los productos ofrecidos a la venta se consideran inventario y no pueden depreciarse. Los contenedores utilizados para enviar productos pueden depreciarse si tienen una esperanza de vida superior a un año y cumplen los siguientes requisitos:

- Qualify as property used in business
- Title to the containers does not pass to the buyer

To determine if the above requirements are met, the following things need to be considered:

- Does the sales contract, sales invoice, or some other type of order acknowledgment indicate whether the taxpayer has retained the title of the containers?
- Does the invoice treat the containers as a separate item?
- Do the taxpayer's records indicate the basis of the containers?

Auto Depreciation Limits

The maximum deprecation for passenger vehicles acquired after September 27, 2017, and placed in service in 2023, for which the taxpayer did not opt-in for special depreciation is:

First year	$19,200
Second year	$18,000
Third year	$10,800
Fourth year and later	$6,460

For sport utility vehicles (SUV) placed in service beginning 2022, the maximum deduction is $27,000. For passenger automobiles placed in service for 2022, it is $19,200, if special depreciation is allowed, or $11,200 if special depreciation is applied. For IRS purposes an SUV is different than a passenger automobile because the depreciation limits are based on the vehicle weight.

Property That Cannot Be Depreciated

Land does not wear out; therefore, it cannot be depreciated. The cost of land generally includes clearing, grading, planting, and landscaping. Although land is never depreciated, certain improvements to the land can be depreciated, such as landscaping and improvements to a building.

The following exceptions are property that cannot be depreciated even if the requirements are met:

- Property placed in service and disposed of in the same year
- Equipment used to build capital improvements
- Section 197 intangibles that must be amortized
- Certain term interests

Inventory is not depreciated. Inventory is any property held mainly for sale to customers in the ordinary course of business. If the taxpayer is in the rent-to-own business, certain property held for business may be considered as depreciable instead of inventory. See Publication 946.

Property Acquired by Like-kind Exchanges

Like-kind property is property of the same nature, character, or class. Quality or grade does not matter. For example, real property that is improved with a residential rental house is like-kind to vacant land. Most common like-kind exchanges are real property, or better known as a 1031 exchange.

- Calificar como propiedad utilizada en el negocio
- El título de propiedad de los contenedores no pasa al comprador

Para determinar si se cumplen los requisitos anteriores, se deben considerar las siguientes cosas:

- ¿Indica el contrato de venta, la factura de venta o algún otro tipo de confirmación de pedido si el contribuyente ha retenido la titularidad de los contenedores?
- ¿La factura trata a los contenedores como un artículo separado?
- ¿Indican los registros del contribuyente la base de los contenedores?

Límites de depreciación del automóvil

La depreciación máxima para vehículos de pasajeros adquiridos después del 27 de septiembre de 2017 y puestos en servicio en 2023, para los cuales el contribuyente no optó por una depreciación especial es:

Primer año	$19,200
Segundo año	$18,000
Tercer año	$10,800
Cuarto año en adelante	$6,460

Para los vehículos utilitarios deportivos (SUV) puestos en servicio a partir de 2022, la deducción máxima es de $27,000. Para los automóviles de pasajeros puestos en servicio para 2022, es de $19,200, si se permite una depreciación especial, o de $11,200 si se aplica una depreciación especial. Para propósitos del IRS, un SUV es diferente a un automóvil de pasajeros porque los límites de depreciación se basan en el peso del vehículo.

Propiedad que no se puede depreciar

La tierra no se desgasta; por lo tanto, no se puede depreciar. El costo de la tierra generalmente incluye limpieza, nivelación, plantación y jardinería. Aunque la tierra nunca se deprecia, ciertas mejoras a la tierra pueden depreciarse, como la jardinería y las mejoras a un edificio.

Las siguientes excepciones son propiedades que no se pueden depreciar incluso si se cumplen los requisitos:

- Propiedades puestas en servicio y enajenados en el mismo año
- Equipo utilizado para construir mejoras de capital
- Intangibles de la sección 197 que deben amortizarse
- Ciertos intereses a término

El inventario no se deprecia. Inventario es cualquier propiedad mantenida principalmente para la venta a clientes en el curso normal del negocio. Si el contribuyente está en el negocio de alquiler con opción a compra, cierta propiedad mantenida para el negocio puede considerarse depreciable en lugar de inventario. Consulte la Publicación 946.

Bienes adquiridos por permutas en especie

Los bienes del mismo tipo son bienes de la misma naturaleza, carácter o clase. La calidad o el grado no importa. Por ejemplo, los bienes inmuebles que se mejoran con una casa de alquiler residencial son similares a los terrenos baldíos. Las permutas del mismo tipo más comunes son bienes inmuebles, o más conocidos como permuta 1031.

A 1031 exchange gets its name from Section 1031 of the U.S. Internal Revenue Code, which allows a taxpayer to postpone paying capital gains taxes when they sell an investment property and reinvest the proceeds from the sale within certain time limits in a property or properties of like-kind and equal or greater value.

Like-kind exchanges completed after December 31, 2017, are limited to real property exchanges not held primarily for sale. See IRC Section 1.168(i)-6.

De minimis Safe Harbor Election

The taxpayer can elect to deduct small dollar amounts for expenditures for acquiring or manufacturing of property that generally needs to be capitalized under the general rules. The amount spent needs to be ordinary and necessary expenses to carry on the trade or business for the taxpayer. Costs include materials, supplies, repairs, and maintenance usually under $2,500. See IRC Section 1.263.

Depreciation Methods

Depreciation methods include modified accelerated cost recovery system (MACRS), along with straight-line and accelerated cost recovery system (ACRS). ACRS was used prior to 1987. The IRS now uses MACRS and straight-line.

Modified Accelerated Cost Recovery System (MACRS)

The Modified Accelerated Cost Recovery System (MACRS) is the current depreciation method used in the United States to calculate depreciable assets. MACRS should be used to depreciate property. MACRS is not used in the following circumstances:

- Property placed in service before 1987
- Property owned or used in 1986
- Intangible property
- Films, video tapes, and recordings
- Certain corporate or partnership property that was acquired in a nontaxable transfer
- Property that has been elected to be excluded from MACRS

Property Placed in Service Before 1987

If property was placed in service before 1987 (unless the taxpayer elected to use MACRS after July 31, 1986) it must use ACRS or Straight Line. See Publication 534.

MACRS is generally used to depreciate property that was acquired for personal use before 1987 but placed in service after 1986. Improvements made to the property placed in service before 1986 are depreciated as a separate entry using MACRS depreciation.

Certain property that was acquired and placed in service after 1986 may not qualify for MACRS. MACRS cannot be used in any of the following personal property situations:

- The taxpayer or someone related to the taxpayer owned or used the property in 1986
- The taxpayer acquired the property from a person who owned it in 1986, and, as a part of the transaction, the user of the property did not change
- The taxpayer leased the property to a person (or someone related to them) who owned or used the property in 1986

Una permuta 1031 recibe su nombre de la Sección 1031 del Código de Rentas Internas de los EE. UU., que le permite posponer el pago de impuestos sobre ganancias de capital cuando vende una propiedad de inversión y reinvierte las ganancias de la venta dentro de ciertos límites de tiempo en una propiedad o propiedades de tipo similar y de igual o mayor valor.

Los intercambios del mismo tipo completados después del 31 de diciembre de 2017 se limitan a intercambios de bienes inmuebles que no se mantienen principalmente para la venta. Consulte la sección 1.168(i)-6 del IRC.

Elección de puerto seguro de minimis

El contribuyente puede optar por deducir pequeñas cantidades en dólares para gastos de adquisición o fabricación de propiedades que generalmente deben capitalizarse según las reglas generales. La cantidad gastada debe ser gastos ordinarios y necesarios para llevar a cabo la actividad o negocio del contribuyente. Los costos incluyen materiales, suministros, reparaciones y mantenimiento, generalmente por debajo de los $2,500. Consulte la sección 1.263 del IRC.

Métodos de depreciación

Los métodos de depreciación incluyen el sistema de recuperación de costos acelerado modificado (MACRS), junto con el sistema de recuperación de costos acelerado y en línea recta (ACRS). El ACRS se utilizó antes de 1987. El IRS ahora utiliza el MACRS y línea recta.

Sistema Modificado de Recuperación Acelerada de Costos (MACRS)

El Sistema Modificado de Recuperación Acelerada de Costos (MACRS) es el método de depreciación actual utilizado en los Estados Unidos para calcular los activos depreciables. El MACRS debe usarse para depreciar la propiedad. MACRS no se utiliza en las siguientes circunstancias:

- Propiedad puesta en servicio antes de 1987
- Propiedad adquirida o utilizada en 1986
- Propiedad intangible
- Películas, cintas de video y grabaciones
- Ciertos bienes corporativos o de sociedades que se adquirieron en una transferencia libre de impuestos
- Propiedad que ha sido elegida para ser excluida del MACRS

Propiedad puesta en servicio antes de 1987

Si la propiedad se puso en servicio antes de 1987 (a menos que el contribuyente eligiera usar el MACRS después del 31 de julio de 1986), debe usar ACRS o Línea recta. Consulte la Publicación 534.

El MACRS se utiliza generalmente para depreciar propiedades adquiridas para uso personal antes de 1987 pero puestas en servicio después de 1986. Las mejoras realizadas a la propiedad puesta en servicio antes de 1986 se deprecian como una entrada separada utilizando la depreciación MACRS.

Ciertas propiedades adquiridas y puestas en servicio después de 1986 pueden no calificar para el MACRS. El MACRS no se puede utilizar en ninguna de las siguientes situaciones de bienes personales:

- El contribuyente o alguien relacionado con el contribuyente poseía o usaba la propiedad en 1986
- El contribuyente adquirió la propiedad de una persona que la poseía en 1986; y, como parte de la transacción, no cambió el usuario de la propiedad
- El contribuyente arrendó la propiedad a una persona (o alguien relacionado con esa persona) que poseía o usaba la propiedad en 1986

- The taxpayer acquired the property in a transaction in which the following took place:
  - The user of the property did not change
  - The property was not a MACRS property in the hands of the person from whom the taxpayer acquired it due to one of the reasons above

A taxpayer cannot depreciate Section 1250 property using MACRS in any of the following situations:

- The taxpayer or someone related to the taxpayer owned the property in 1986
- The taxpayer leased the property to a person who owned the property or to someone related to that person in 1986
- The taxpayer acquired the property in a like-kind exchange, involuntary conversion, or repossession of property that was owned by the taxpayer, or someone related to the taxpayer in 1986

MACRS only applies to the part of basis in the acquired property that represents cash paid or unlike property exchanged. It does not apply to the carried-over part of the basis.

Exceptions to the above include the following:

- Residential rental property or nonresidential real property
- Any property if, in the first tax year that it is placed in service, the deduction under Accelerated Cost Recovery System (ACRS) is more than the deduction under MACRS using the half year convention. See Publication 534

The following are related persons who cannot depreciate Section 1250 property:

- An individual and a member of their family, including only a spouse, child, parent, brother, sister, half-brother, half-sister, ancestor, and lineal descendant
- A corporation or an individual who directly or indirectly owns more than 10% of the value of the outstanding stock of that corporation
- Two corporations that are members of the same controlled group
- A trust fiduciary and a corporation if more than 10% of the value of the outstanding stock is directly or indirectly owned by or for the trust or grantor of the trust
- The grantor and fiduciary; and the fiduciary and beneficiary of any trust
- The fiduciaries of two different trusts and the fiduciaries and beneficiaries of two different trusts if the same person is the grantor of both trusts
- A tax-exempt educational or charitable organization and any person (or a member of that person's family) who directly or indirectly controls the organization
- Two S corporations, an S corporation and a regular corporation, if the same individual owns more than 10% of the value of the outstanding stock of each corporation
- A corporation and a partnership if the same persons own both of the following:
  - More than 10% of the value of the outstanding stock of the corporation
  - More than 10% of the interest gained from the capital or profits of the partnership
- The executor and beneficiary of any estate
- Two partnerships, if the same person directly or indirectly owns more than 10% of the capital or profits of each
- The related person and a person who is engaged in trades or businesses under common control. See IRC section 52(a) and 52(b)

The buyer should determine the nature of a relationship before the property is acquired.

- El contribuyente adquirió la propiedad en una transacción en la que ocurrió lo siguiente:
  - No cambió el usuario de la propiedad
  - La propiedad no era propiedad del MACRS en manos de la persona de quien el contribuyente la adquirió debido a una de las razones anteriores

No se puede depreciar la propiedad de la Sección 1250 utilizando el MACRS en ninguna de las siguientes situaciones:

- El contribuyente o alguien relacionado con el contribuyente era dueño de la propiedad en 1986
- El contribuyente arrendó la propiedad a una persona que era dueña de la propiedad o a alguien relacionado con esa persona en 1986
- El contribuyente adquirió la propiedad en un intercambio similar, conversión involuntaria o recuperación de la propiedad que pertenecía al contribuyente o alguien relacionado con el contribuyente en 1986

El MACRS solo se aplica a la parte de la base en la propiedad adquirida que representa el efectivo pagado o diferente propiedad intercambiada. No se aplica a la parte transferida de la base.

Las excepciones a las reglas anteriores incluyen lo siguiente:

- Propiedad de alquiler residencial o bienes inmuebles no residenciales
- Cualquier propiedad si, en el primer año fiscal que se pone en servicio, la deducción bajo el Sistema Acelerado de Recuperación de Costos (ACRS) es mayor que la deducción bajo el MACRS usando la convención de medio año. Ver Publicación 534

Los siguientes son ejemplos de personas relacionadas que no pueden depreciar usando la propiedad de la Sección 1250:

- Una persona y un miembro de su familia, incluyendo solo un cónyuge, hijo, padre, hermano, hermana, medio hermano, media hermana, ascendiente y descendiente lineal
- Una sociedad anónima o una persona que directa o indirectamente posee más del 10% del valor de las acciones en circulación de esa sociedad anónima
- Dos sociedades anónimas que son miembros del mismo grupo controlado
- Un fondo fiduciario y una sociedad anónima si más del 10% del valor de las acciones en circulación es propiedad directa o indirecta de o para el fideicomiso o el otorgante del fideicomiso
- El otorgante y fiduciario, y el fiduciario y beneficiario de cualquier fideicomiso
- Los fiduciarios de dos fideicomisos diferentes y los fiduciarios y beneficiarios de dos fideicomisos diferentes si la misma persona es el otorgante de ambos fideicomisos
- Una organización educativa o benéfica exenta de impuestos y cualquier persona (o un miembro de la familia de esa persona) que controle directa o indirectamente la organización
- Dos sociedades anónimas S, una sociedad anónima S y una sociedad anónima regular, si la misma persona posee más del 10% del valor de las acciones en circulación de cada sociedad anónima
- Una sociedad anónima y una sociedad si las mismas personas poseen ambos de los siguientes:
  - Más del 10% del valor de las acciones en circulación de la sociedad anónima
  - Más del 10% del interés obtenido del capital o beneficios de la sociedad
- El albacea y beneficiario de cualquier patrimonio
- Dos sociedades, si la misma persona posee directa o indirectamente más del 10% del capital o ganancias de cada una
- La persona relacionada y una persona que se dedica a actividades o negocios bajo control común. Consulte la sección 52(a) y 52(b) del IRC

El comprador debe determinar el carácter de una relación en el momento en que se adquiere la propiedad.

Intangible Property

Intangible property is anything of value that can be owned that has no corresponding physical object (e.g., a patent, copyright, or partnership interests). These are generally depreciated using the straight-line method. The taxpayer may choose to depreciate intangible property by using the income forecast method, which is not covered in this course. See Publication 946.

Straight Line Method

The straight-line method of depreciation allows the taxpayer to deduct the same amount each year over the useful life of the property. To determine the deduction, first determine the adjusted basis, salvage value, and estimated useful life of the property. Subtract the salvage value, if any, from the adjusted basis. The balance is the depreciation that can be taken for the property. Divide the balance by the number of years in the useful life. This is the yearly depreciation deduction. To use the straight-line method, prorate the depreciation deduction by dividing the value proportionally based on a unit of time or number of months in use.

Example: Francisco purchased a patent in August for $5,100. Tax treatment of patents under the IRC is defined in Section 197. Francisco will depreciate the patent using the straight-line method. The useful life for a patent is 17 years with no salvage value. Francisco would divide the $5,100 basis by 17 years to get the yearly depreciation of $300. In the first year of business, Francisco only used the patent for 9 months so he would have to multiply the $300 x 9/12 to get his deduction of $225 for the first year. Over the next full year, Francisco would claim the $300 depreciation deduction.

Computer software is generally a Section 197 tangible and cannot be depreciated if the taxpayer acquired it in connection with the acquisition of assets constituting a business. However, when it meets the following tests, computer software that is not a Section 197 intangible can be depreciated even if it's acquired in a business acquisition:

- It is readily available for purchase by the general public
- It is subject to a nonexclusive license
- It has not been substantially modified

If the software meets the above test, it may also qualify for Section 179. If computer software can be depreciated, use the straight-line method over a useful life of 36 months.

Part 2 Review

To obtain the maximum benefit from each part go online now and watch the video.

Part 3 Depreciation Basis and Depreciation under MACRS

While depreciation and basis can seem overwhelming to the beginner tax professional, with an understanding of the basic depreciation and basis are not difficult to determine.

Basis of Depreciable Property

To calculate the depreciation deduction, you must know the basis of the property. To determine the basis of the property, you must know the cost of the property.

Propiedad intangible

La propiedad intangible es cualquier cosa de valor que se pueda poseer y que no tenga un objeto físico correspondiente (por ejemplo, una patente, derechos de autor o intereses de asociación). Estas son depreciadas generalmente utilizando el método de línea recta. El contribuyente puede optar por depreciar la propiedad intangible utilizando el método de previsión de ingresos, el cual no está cubierto en este curso. Consulte la Publicación 946.

Método de la línea recta

El método de depreciación de línea recta permite al contribuyente deducir la misma cantidad cada año durante la vida útil de la propiedad. Para determinar la deducción, primero determine la base ajustada, el valor residual y la vida útil estimada de la propiedad. Reste el valor residual, si los hubiera, de la base ajustada. El saldo es la depreciación que se puede tomar por la propiedad. Divida el saldo por el número de años de vida útil. Esta es la deducción anual por depreciación. Para utilizar el método de línea recta, prorratee la deducción por depreciación dividiendo el valor proporcionalmente según una unidad de tiempo o el número de meses en uso.

Ejemplo: Francisco compró una patente en agosto por $5,100. El tratamiento fiscal de las patentes según el IRC se define en la Sección 197. Francisco depreciará la patente utilizando el método de línea recta. La vida útil de una patente es de 17 años sin valor residual. Francisco dividiría la base de $5,100 entre 17 años para obtener la depreciación anual de $300. En el primer año de actividad, Francisco solo usó la patente durante 9 meses, por lo que tendría que multiplicar los $300 x 9/12 para obtener su deducción de $225 para el primer año. Durante el próximo año completo, Francisco reclamaría la deducción por depreciación de $300.

El software de computadora es generalmente un tangible de la sección 197 y no puede depreciarse si el contribuyente lo adquirió en relación con la adquisición de activos que constituyen un negocio. Sin embargo, cuando cumple con las siguientes pruebas, el software de computadora que no es un intangible de la sección 197 puede depreciarse incluso si se adquiere en una adquisición comercial:

- Está disponible para su compra por el público en general
- Está sujeto a una licencia no exclusiva
- No se ha modificado sustancialmente

Si el software cumple con la prueba anterior, también puede calificar para la sección 179. Si el software de computadora se puede depreciar, utilice el método de línea recta durante una vida útil de 36 meses.

Revisión de la Parte 2

Para obtener el máximo beneficio de cada parte, conéctese ahora y mire el video.

Parte 3 Base de depreciación y depreciación según el MACRS

Si bien la depreciación y la base pueden parecer abrumadoras para el profesional de impuestos principiante, una comprensión de la depreciación y la base básicas no es difícil de determinar.

Base de la propiedad depreciable

Para calcular la deducción por depreciación, debe conocer la base de la propiedad. Para determinar la base de la propiedad, debe conocer el costo de la propiedad.

Cost Basis

The basis of property that has been purchased is the cost plus the amounts paid for certain items. The cost includes the amount paid in cash, debt obligations, other property, or services. Some items that might be added to basis are:

- Sales tax
- Freight charges
- Installation fees
- Testing fees
- Settlement costs such as:
    - Legal and recording fees
    - Abstract fees
    - Survey charges
    - Owner's title insurance
    - Amounts the seller owes that the buyer agrees to pay, such as back taxes, interest, recording or mortgage fees, charges for improvements or repairs, and sales commissions.

Other Basis

Other basis refers to the way the owner of the property received the property. Was the property acquired by a like-kind exchange, as payment for services performed, as a gift, inheritance, or some other way? See Publication 551.

Adjusted Basis

Certain events can trigger an increase or decrease to the basis in property. These events occur between the time that the property was acquired and placed into service, and could include any of the following:

- Installing utility lines
- Paying legal fees for perfecting the title
- Setting zoning issues
- Receiving rebates
- Incurring a casualty or theft loss

Reduce the basis of property by the depreciation allowed or allowable, whichever is greater. "Depreciation allowed" is depreciation that the taxpayer was entitled to and has already deducted as a tax benefit. "Depreciation allowable" is depreciation that the taxpayer was entitled to but did not yet deduct. See Publication 551.

Figuring Depreciation Under MACRS

The Modified Accelerated Cost Recovery System (MACRS) is used to recover the basis of most business and investment property placed in service after 1986. MACRS consists of two depreciation systems: the General Depreciation System (GDS) and the Alternative Depreciation System (ADS). These two systems provide different methods and recovery periods to figure deductions. The most common method used is GDS unless the law requires the ADS method to be used, or the taxpayer has elected to use ADS. If the taxpayer is required to use ADS to depreciate the property, no special depreciation allowance can be claimed on the property. Although the property may qualify for GDS, the taxpayer can elect to use ADS. The election must cover all property in the same property class that was placed in service during the same year.

Base de costo

La base de la propiedad que se ha comprado es el costo, más los montos pagados para ciertos artículos. El costo incluye el monto pagado en efectivo, obligaciones de deuda, otros bienes o servicios. Algunos artículos que podrían agregarse a las bases son:

- Impuesto a las ventas
- Gastos de flete
- Cargos de instalación
- Gastos de prueba
- Costos de liquidación como:
  - Honorarios legales y de registro
  - Tarifas abstractas
  - Cargos por encuesta
  - Seguro de título del propietario
  - Cantidades que el vendedor adeuda y que el comprador acepta pagar, como impuestos atrasados, intereses, cuotas de registro o hipotecarias, cargos por mejoras o reparaciones y comisiones de ventas

Otra base

Otra base se refiere a la forma en que el dueño de la propiedad recibió la propiedad. ¿Se adquirió la propiedad mediante un intercambio similar, como pago por servicios prestados, como donación, herencia o de alguna otra manera? Consulte la Publicación 551.

Base ajustada

Ciertos eventos pueden provocar un aumento o disminución de la base de la propiedad. Estos eventos ocurren entre el momento en que la propiedad fue adquirida y puesta en servicio, y podrían incluir cualquiera de los siguientes:

- Instalación de líneas de servicios públicos
- Pagar honorarios legales para perfeccionar el título
- Definición de problemas de zonificación
- Recepción de descuentos
- Incurrir en una pérdida fortuita o por robo

Reducción de la base de la propiedad por la depreciación permitida o permisible, la que sea mayor. La "depreciación permitida" es la depreciación a la que el contribuyente tenía derecho y que ya ha deducido como beneficio fiscal. La "depreciación permisible" es la depreciación a la que el contribuyente tenía derecho pero que aún no ha deducido. Consulte la Publicación 551.

Calcular la depreciación mediante el MACRS

El Sistema Modificado de Recuperación Acelerada de Costos (MACRS) se utiliza para recuperar la base de la mayoría de las propiedades comerciales y de inversión puestas en servicio después de 1986. El MACRS consta de dos métodos de depreciación: el Sistema de Depreciación General (GDS) y el Sistema de Depreciación Alternativo (ADS). Estos dos sistemas proporcionan diferentes métodos y períodos de recuperación para calcular las deducciones. El método más común utilizado es el GDS, a menos que la ley exija el uso del método ADS o que el contribuyente haya elegido utilizar el ADS. Si el contribuyente debe utilizar el ADS para depreciar la propiedad, no se puede reclamar ningún subsidio de depreciación especial sobre la propiedad. Aunque la propiedad puede calificar para el GDS, el contribuyente puede optar por utilizar el ADS. La elección debe cubrir toda la propiedad de la misma clase de propiedad que se puso en servicio durante el mismo año.

GDS Property Classifications

There are nine property classifications under GDS. The classifications are divided by the length of the depreciation period and by the type of property being depreciated. Most of the classifications have the same recovery period as the title of the year. The following are some samples of the type of asset for each classification. See Publication 946.

Classification One, 3-year Property:

- Racehorses that were over two years old when placed in service
- Any other horses that were over 12 years old when placed in service
- Qualified rent-to-own property

Classification Two, 5-year Property:

- Automobiles, taxis, buses, and trucks
- Office machinery such as calculators, copiers, and computers
- Dairy cattle and breeding cattle
- Appliances, carpets, solar, and wind energy property

Classification Three, 7-year Property:

- Office furniture and fixtures such as desks, chairs, and a safe
- Railroad tracks
- Any property that does not have a class life and has not been designated by law as being in any other class
- Certain motorsports entertainment complex property

Classification Four, 10-year Property:

- Any tree or vine bearing fruit or nuts
- Any single-purpose agricultural or horticultural structure
- Vessels, barges, tugs, and similar water transportation equipment
- Qualified small electric meter and qualified grid systems placed in service on or after October 3, 2008

Classification Five, 15-year Property:

- Certain improvements made directly to land or added to land, such as shrubbery, fences, roads, sidewalks, and bridges
- Any municipal wastewater treatment plant
- The initial clearing and grading for land improvements for gas utilities
- Electric transmission section 1245 property, used in the transmission at 69 or more kilovolts of electricity placed in service after April 11, 2005

Classification Six, 20-year property:

- Farm buildings, other than single-purpose agricultural or horticultural structures
- Initial clearing and grading land improvements for electric utility transmission and distribution plants
- Municipal sewers not classified as 25-year-property

Clasificaciones de propiedades GDS

Existen nueve clasificaciones de propiedad bajo el GDS. Las clasificaciones se dividen por la duración del período de depreciación y por el tipo de propiedad que se deprecia. La mayoría de las clasificaciones tienen el mismo período de recuperación que el título del año. A continuación, se presentan algunos ejemplos del tipo de activo para cada clasificación. Consulte la Publicación 946.

Clasificación uno, bien de 3 años:

- Caballos de carreras que tenían más de dos años cuando se pusieron en servicio
- Cualquier otro caballo que tuviera más de 12 años cuando se puso en servicio
- Propiedad calificada de alquiler con opción a compra

Clasificación dos, bien de 5 años:

- Automóviles, taxis, autobuses y camiones
- Maquinaria de oficina como calculadoras, fotocopiadoras y computadoras
- Ganado lechero y ganado de cría
- Electrodomésticos, alfombras, propiedades de energía solar y eólica

Clasificación tres, bien de 7 años:

- Mobiliario y accesorios de oficina como escritorios, sillas y caja fuerte
- Vías de ferrocarril
- Cualquier propiedad que no tenga una vida de clase y que no haya sido designada por ley como no perteneciente a ninguna otra clase
- Ciertas propiedades de complejos de entretenimiento para deportes de motor

Clasificación cuatro, bien de 10 años:

- Cualquier árbol o vid que dé frutos o nueces
- Cualquier estructura agrícola u hortícola de un solo propósito
- Buques, barcazas, remolcadores y equipos similares de transporte acuático
- Pequeños medidores eléctricos calificados y sistemas de red calificados puestos en servicio a partir del 3 de octubre de 2008

Clasificación cinco, bien de 15 años:

- Ciertas mejoras hechas directamente a la tierra o agregadas a la tierra, como arbustos, cercas, caminos, aceras y puentes.
- Cualquier planta municipal de tratamiento de aguas residuales.
- La limpieza y clasificación inicial para mejoras de la tierra para los servicios públicos de gas.
- Propiedad de la sección 1245 de transmisión eléctrica, utilizada en la transmisión a 69 o más kilovoltios de electricidad puesta en servicio después del 11 de abril de 2005.

Clasificación seis, bien de 20 años:

- Edificios agrícolas, que no sean estructuras agrícolas u hortícolas de uso único.
- Mejoras iniciales de limpieza y nivelación de terrenos para plantas de transmisión y distribución de servicios eléctricos.
- Alcantarillas municipales no clasificadas como propiedad de 25 años

Classification Seven, 25-year Property:

- Property that is an integral part of the gathering, treatment, or commercial distribution of water; all other property regarding water would be 20-year property
- Municipal sewers other than property placed in service under a binding contract in effect at all times since June 9, 1996

Classification Eight, Residential Rental Property:

Residential rental property includes any building or structure available for dwelling and rented out for income, which includes single-family homes, townhouses, apartments, condominium units, duplexes, and mobile homes. Motels, hotels, and other similar establishments that use more than 50% of the rooms for transients are not included; for these, the property class-life is 27.5 years.

Classification Nine, Nonresidential Real Property:

This is Section 1250 property, such as an office building, store, or warehouse that is not a residential rental property or a property with a class life of less than 27.5 years. There are always exceptions to the rules. If this is the case, one must do research related to the particular situation. Any other GDS recovery periods not listed above can be found in Appendix B of Publication 946.

Which Convention Applies?

A convention method is established under MACRS to determine the portion of the year to depreciate property both in the year the property was placed in service and in the year of disposition. The convention used determines the number of months for which one can claim depreciation. The three methods are: Mid-month (MM), Mid-quarter (MQ), and Half-year (HY).

Mid-month convention is used for nonresidential real property, residential real property, and any railroad grading or tunnel bore. Under this convention, one-half month of depreciation is allowed for the month the property was placed in service or disposed of.

Example: Josue uses the calendar year accounting method and placed nonresidential real property in service in August. The property is in service for 4 months (September, October, November, and December). Josue's numerator is 4.5 (4 months plus 0.5). Josue would multiply the depreciation for a full year by 4.5/12, or 0.375.

If the taxpayer does not use the asset solely for business, then the asset must be multiplied by the business percentage for the year, and the result is multiplied by the fraction found in the MACRS depreciation tables.

Example: In February 2022, Jennifer purchased office furniture for $2,600. She used the office furniture for her business only 50% of the time. Furniture is a 7-year property. The depreciation percentage is taken from Table A-2 found in Publication 946. Since Jennifer purchased the furniture in the first quarter of the year, she would use the mid-quarter convention placed in service in the first quarter. The amount Jennifer could depreciate her first year would be the cost of the furniture ($2,600) times the percentage of its use for business (50%) times the percentage provided from the depreciation table (25%), which amounts to $325.00.

The Mid-quarter convention is used if the Mid-month convention does not apply, and the total depreciable basis of MACRS property placed in service is in the last three months of the tax year. If the Mid-quarter convention is used for a particular year, each item of depreciable personal property placed in service during that year must be depreciated using the Mid-quarter convention for its entire recovery period.

Clasificación siete, bien de 25 años:

- Propiedad que es una parte integral de la recolección, tratamiento o distribución comercial de agua, todas las demás propiedades relacionadas con el agua serían propiedad de 20 años
- Alcantarillados municipales distintos de los bienes puestos en servicio bajo un contrato vinculante vigente en todo momento desde el 9 de junio de 1996

Clasificación ocho, bien de alquiler residencial:

La propiedad de alquiler residencial incluye cualquier edificio o estructura disponible para vivienda y alquilado para obtener ingresos, lo que incluye viviendas unifamiliares, casas adosadas, apartamentos, unidades de condominio, dúplex y casas móviles. No se incluyen moteles, hoteles y otros establecimientos similares que utilicen más del 50% de las habitaciones para clientes transitorios; para estos, la vida útil de la propiedad es de 27.5 años.

Clasificación nueve, bienes inmuebles no residenciales:

Esta es una propiedad de la Sección 1250, como un edificio de oficinas, una tienda o un almacén que no es una propiedad de alquiler residencial o una propiedad con una vida útil de menos de 27.5 años. Siempre hay excepciones a las reglas. Si este es el caso, se debe realizar una investigación relacionada con la situación particular. Cualquier otro período de recuperación de GDS que no se mencione anteriormente se puede encontrar en el Apéndice B de la Publicación 946.

¿Qué convención se aplica?

Se establece un método de convención bajo el MACRS a fin de determinar la porción del año para depreciar la propiedad tanto en el año en que la propiedad se puso en servicio como en el año de disposición. La convención utilizada determina el número de meses durante los cuales se puede reclamar la depreciación. Los tres métodos son: Mitad de mes (MM), mitad de trimestre (MQ) y semestre (HY).

La convención de mitad de mes se utiliza para bienes inmuebles no residenciales, bienes inmuebles residenciales y cualquier nivelación de ferrocarril o perforación de túneles. Según esta convención, se permite medio mes de depreciación por el mes en que la propiedad se puso en servicio o se enajenó.

Ejemplo: Josué utiliza el método contable del año calendario y puso en servicio bienes inmuebles no residenciales en agosto. La propiedad está en servicio durante 4 meses (septiembre, octubre, noviembre y diciembre). El numerador de Josué es 4.5 (4 meses más 0.5). Josué multiplicaría la depreciación de un año completo por 4.5/12, o 0.375.

Si el contribuyente no utiliza el activo únicamente para el negocio, entonces se debe multiplicar el activo por el porcentaje de negocio del año y luego multiplicar el resultado por la fracción que se encuentra en las tablas de depreciación del MACRS.

Ejemplo: En febrero de 2022, Jennifer compró mobiliario de oficina por un monto de $2,600. Usó los mobiliarios de oficina para su negocio solo el 50% del tiempo. El mobiliario es una propiedad de 7 años. El porcentaje de depreciación se toma de la Tabla A-2 que se encuentra en la Publicación 946. Dado que Jennifer compró el mobiliario en el primer trimestre del año, usaría la convención de mitad de trimestre puesta en servicio en el primer trimestre. La cantidad que Jennifer podría depreciar en su primer año sería el costo del mobiliario ($2,600) multiplicado por el porcentaje de su uso comercial (50%) multiplicado por el porcentaje proporcionado en la tabla de depreciación (25%), que asciende a $325.00.

La convención de mitad de trimestre se utiliza si la convención de mitad de mes no se aplica y la base depreciable total de la propiedad del MACRS puesta en servicio es en los últimos tres meses del año fiscal. Si se usa la convención de mitad de trimestre para un año en particular, cada artículo de propiedad personal depreciable que se ponga en servicio durante ese año debe depreciarse usando la convención de mitad de trimestre durante todo el período de recuperación.

Nonresidential real property, residential rental property, railroad grading or tunnel bore property placed in service and disposed of in the same year, and property that is being depreciated under a method other than MACRS, are all excluded from using the Mid-quarter convention. Under this convention, treat all property placed in service or disposed during any quarter of the tax year as placed in service. This means that 1.5 months of depreciation is allowed for the quarter the property is placed in service or disposed.

The Half-year convention is used if neither the Mid-quarter nor the Mid-month convention applies. Under this convention, treat all property placed in service or disposed of during a tax year as placed in service or disposed of at the midpoint of the year. This means that one-half year of depreciation is allowed for the year the property is placed in service or disposed.

When the taxpayer elects to use the half-year convention, a half-year of depreciation is allowed in the first year their property is placed in service, regardless of when the property is placed in service during the tax year. For each of the remaining years of the recovery period, the taxpayer can claim a full year of depreciation. If the property is held for the entire recovery period, a half-year of depreciation is claimed for the year following the end of the recovery period. If the property is disposed before the recovery period ends, a half-year of depreciation is allowable for the year of disposition.

If the personal property has been placed into a farming business after 1988, and before 2018, the taxpayer must depreciate by using 150% of GDS. The exception to the rule is if the farmer must depreciate real property using the straight-line method. For 3-, 5-, 7-, or 10-year property placed in the farming business after 2017 no longer have to use the 150% declining balance.

Changing Accounting Methods

To change the accounting method used for depreciation, the taxpayer needs to file Form 3115, Application for Change in Accounting Method, to be approved by the IRS.

The following are examples of a change in the method of accounting used for depreciation:

- A change from an impermissible method of determining depreciation for property if it was used in two or more consecutively filed tax returns
- A change in the treatment of an asset from non-depreciable to depreciable, or vice versa
- A change in the depreciation method, period of recovery, or convention of a depreciable asset
- A change from not claiming to claiming the special depreciation allowance if the election was made to not claim the special allowance
- A change from claiming a 50% special depreciation allowance to claiming a 100% special depreciation allowance for qualified property acquired and placed in service after September 27, 2017, if the election was not made under IRC section 168(k)(10) to claim the 50% special allowable depreciation

Changes in depreciation that are not a change in method of accounting are as follows:

- An adjustment in the useful life of a depreciable asset for which depreciation is determined under Section 167
- A change in use of an asset in the hands of the same taxpayer
- Making a late depreciation election or revoking a timely valid depreciation election, including the election not to deduct the special depreciation allowance
- Any change in date of when a depreciable asset was placed in service

Los bienes inmuebles no residenciales, las propiedades residenciales de alquiler, las propiedades de nivelación de ferrocarriles o las perforaciones de túneles que se pongan en servicio y se enajena en el mismo año, y las propiedades que se deprecian con un método diferente al MACRS están excluidas del uso de la convención de mitad de trimestre. En virtud de esta convención, todas las propiedades puestas en servicio o enajenadas durante cualquier trimestre del año fiscal se consideran puestas en servicio. Esto significa que se permite un mes y medio de depreciación por el trimestre en que la propiedad se pone en servicio o se enajena.

La convención de medio año se utiliza si no se aplica la convención de mitad de trimestre ni de mitad de mes. En virtud de esta convención, trate todas las propiedades puestas en servicio o enajenadas durante un año fiscal como puestas en servicio o enajenadas a la mitad del año. Esto significa que se permite medio año de depreciación por el año en que la propiedad se pone en servicio o enajena.

Cuando el contribuyente elige usar la convención de medio año, se permite un medio año de depreciación en el primer año en que su propiedad se pone en servicio, independientemente de cuándo se ponga en servicio la propiedad durante el año fiscal. Para cada uno de los años restantes del período de recuperación, el contribuyente puede reclamar un año completo de depreciación. Si la propiedad se mantiene durante todo el período de recuperación, se reclama medio año de depreciación para el año siguiente al final del período de recuperación. Si la propiedad se enajena antes del final del período de recuperación, se permite medio año de depreciación para el año de enajenación.

Si los bienes personales se han destinado a una empresa agrícola después de 1988 y antes de 2018, el contribuyente debe depreciar utilizando el 150% del GDS. La excepción a la regla es si el agricultor debe depreciar los bienes inmuebles utilizando el método de línea recta. Para propiedades de 3, 5, 7 o 10 años colocadas en el negocio agrícola después de 2017, ya no tienen que utilizar el saldo decreciente del 150%.

Cambio de métodos contables

Para cambiar el método contable utilizado para la depreciación, el contribuyente debe presentar el Formulario 3115, Solicitud de cambio de método de contabilidad para ser aprobado por el IRS.

Los siguientes son ejemplos de un cambio en el método contable utilizado para la depreciación:

- Un cambio de un método inadmisible para determinar la depreciación de la propiedad si se utilizó en dos o más declaraciones de impuestos presentadas consecutivamente
- Un cambio en el tratamiento de un activo de no depreciable a depreciable, o viceversa
- Un cambio en el método de depreciación, período de recuperación o convención de un activo depreciable
- Un cambio de no reclamar a reclamar el subsidio por depreciación especial si se tomó la decisión de no reclamar el subsidio especial
- Un cambio de reclamar una asignación de depreciación especial del 50% a reclamar una asignación de depreciación especial del 100% para la propiedad calificada adquirida y puesta en servicio después del 27 de septiembre de 2017 si la elección no se hizo bajo la sección 168(k)(10) del IRC para reclamar la depreciación especial permitida del 50%

Los cambios en la depreciación que no son un cambio en el método contable son los siguientes:

- Un ajuste en la vida útil de un activo depreciable cuya depreciación se determina según la sección 167
- Un cambio de uso de un activo en manos del mismo contribuyente
- Hacer una elección de depreciación tardía o revocar una elección de depreciación válida oportuna, incluida la elección de no deducir la asignación de depreciación especial
- Cualquier cambio en la fecha de puesta en servicio de un activo depreciable

If the taxpayer does not qualify to use the automatic procedure by filing Form 3115, then they must use the advance consent request procedures. See Instructions Form 3115.

Idle Property

Depreciation can still be claimed on property that is placed in service, even if a property is temporarily idle and not being used. For instance, if Emilio owns a printing press but has not used it for six months of the current tax year because he has no jobs that require the machine, then he can continue claiming depreciation on his printing press.

Cost or Other Basis Fully Recovered

Property can no longer be depreciated once it has fully recovered its cost or other basis.

Retired from Service

When property has been retired from service, depreciation stops. Property is retired from service when it has been permanently withdrawn from use in trade or business; in production of income; or if the property has been sold or exchanged, converted to personal use, abandoned, transferred to a supply, or destroyed. Disposition of an asset includes the sale, exchange, retirement, physical abandonment, or destruction of an asset.

Understanding the Table of Class Lives and Recovery Periods

There are two sections in the *Table of Class Lives and Recovery Periods* for depreciation. Table B-1 is *Specific Depreciable Assets Used in All Business Activities, Except as Noted*; this table lists the assets used in all business activities. Some items included could be office furniture; information systems such as computers; and secondary equipment, like printers or computer screens.

Table B-2 is used for all other activities, such as those involving agriculture, horse racing, farm buildings, and single purpose agricultural or horticultural structures.

Use the tables in numerical order. Look on Table B-1 first; if you do not find the asset you are looking for, then check Table B-2. Once the asset has been located, use the recovery period shown in the table. However, if the activity is specifically listed in Table B-2 under the type of activity in which it is used, then use the recovery period for that activity in that table.

Each table gives the asset class, the class life, and the recovery period in years. Understanding these tables is vital for the new tax professional. A tax professional does not have to memorize the tables – just know where to find the information and how to use it correctly.

If the property is not listed in either table, check the end of Table B-2 to find *Certain Property for Which Recovery Periods Assigned.* Generally, non-listed property has a recovery period of 7 years GDS or 12 years ADS.

Si el contribuyente no califica para usar el procedimiento automático al presentar el Formulario 3115, entonces debe usar los procedimientos de solicitud de consentimiento por adelantado. Consulte las Instrucciones del Formulario 3115.

Propiedad inactiva

La depreciación aún se puede reclamar sobre la propiedad que se pone en servicio, incluso si una propiedad está temporalmente inactiva y no se está utilizando. Por ejemplo, si Emilio es dueño de una imprenta, pero no la ha usado durante seis meses del año fiscal en curso porque no tiene trabajos que requieran la máquina, entonces puede continuar reclamando la depreciación de su imprenta.

Costo u otra base totalmente recuperada

La propiedad ya no puede depreciarse una vez que haya recuperado completamente su costo u otra base.

Retiro del servicio

Cuando la propiedad se retira del servicio, se detiene la depreciación. La propiedad se retira del servicio cuando se ha retirado permanentemente del uso en la actividad o negocio; en la producción de ingresos; o en el caso de que la propiedad haya sido vendida o canjeada, convertida para uso personal, abandonada, transferida a una cuenta de suministros o desechos, o destruida. La disposición incluye la venta, permuta, retiro, abandono físico o destrucción de un activo.

Comprensión de la tabla de vidas de clase y períodos de recuperación

Hay dos secciones en la *Tabla de vidas de clase y períodos de recuperación* para la depreciación. La Tabla B-1 es *Activos depreciables específicos utilizados en todas las actividades comerciales, salvo mención*; esta tabla describe los activos utilizados en todas las actividades comerciales. Algunas partidas incluidas pueden ser mobiliario de oficina, sistemas de información como computadoras y equipos secundarios de los mismos como impresoras o pantallas de computadora.

La Tabla B-2 se utiliza para todas las demás actividades, como aquellos que involucran la agricultura, carreras de caballos, edificios agrícolas y estructuras agrícolas u hortícolas de un solo propósito.

Utilice las tablas en orden numérico. Primero mire la Tabla B-1; si no encuentra el activo que busca, consulte la Tabla B-2. Una vez que se ha localizado el activo, utilice el período de recuperación que se muestra en la tabla. Sin embargo, si la actividad se describe específicamente en la Tabla B-2 bajo el tipo de actividad en la que se utiliza, utilice el período de recuperación para esa actividad en esa tabla.

Cada tabla muestra la clase de activo, la vida de la clase y el período de recuperación en años. Comprender estas tablas es vital para el nuevo profesional de impuestos. Un profesional de impuestos no tiene que memorizar las tablas, solo debe saber dónde encontrar la información y cómo usarla correctamente.

Si la propiedad no aparece en ninguna de las tablas, consulte el final de la Tabla B-2 para encontrar *ciertas propiedades para las que se asignaron períodos de recuperación.* Generalmente, los bienes no cotizados tienen un período de recuperación de 7 años GDS o 12 años ADS.

Example: Peter Martinez owns a retail clothing store. During the year, he purchased a desk and cash register for business use. Peter finds "office furniture" in Table B-1, under asset class 00.11. Cash register is not listed in Table B-1. Peter then looks in Table B-2 and finds the activity "retail store" under asset class 57.0, *Distributive Trades and Services*, which includes assets used in wholesale and retail trade. The asset class does not specifically list office furniture or a cash register. Peter uses asset class 00.11 for the desk. The desk has a 10-year class life and a 7-year recovery period for GDS. Peter elects to use ADS; the recovery period is 10 years. For the cash register, Peter uses asset class 57.0 because a cash register is not listed in Table B-1, but it is an asset used in the retail business. The cash register has a 9-year class life and a 5-year recovery period for GDS. If Peter elects to use the ADS method, the recovery period is 9 years.

Takeaways

Taxpayers are in the business of farming if they cultivate, operate, or manage a farm for profit, either as an owner or tenant. A farm includes livestock, dairy, poultry, fish, fruit, and truck farms. The farm can also include plantations, ranches, ranges, and orchards.

Depreciation is a complex concept that must be understood by the tax professional to prepare accurate business tax returns. Depreciation is used to benefit the taxpayer; the IRS has defined the convention and class type and has figured the percentage amount. All the tax professional needs to do is find the correct class type and percentage to calculate the correct depreciation for the taxpayer. A tax professional should not rely solely on software to do the calculation but should understand depreciation to verify that the software is calculating depreciation correctly.

TEST YOUR KNOWLEDGE!
Go online to take a practice quiz.

Ejemplo: Peter Martínez es dueño de una tienda de ropa al por menor. Durante el año, compró un escritorio y una caja registradora para uso comercial. Peter encuentra "mobiliario de oficina" en la Tabla B-1, bajo la clase de activo 00.11. La caja registradora no figura en la Tabla B-1. Peter luego mira en la Tabla B-2 y encuentra la actividad "tienda minorista" en la clase de activo 57.0, *Distribución comercial y de servicios*, que incluye los activos utilizados en el comercio mayorista y minorista. La clase de activo no incluye específicamente muebles de oficina o cajas registradoras. Peter usa la clase de activo 00.11 para el escritorio. El escritorio tiene una vida útil de 10 años y un período de recuperación de 7 años para GDS. Peter elige usar ADS; el período de recuperación es de 10 años. Para la caja registradora, Peter usa la clase de activo 57.0 porque una caja registradora no está incluida en la Tabla B-1, pero es un activo usado en el negocio minorista. La caja registradora tiene una vida útil de 9 años y un período de recuperación de 5 años para GDS. Si Peter elige utilizar el método ADS, el período de recuperación es de 9 años.

Conclusiones

Los contribuyentes están en el negocio de la agricultura si cultivan, operan o administran una finca con fines de lucro, ya sea como propietario o arrendatario. Una finca incluye fincas de ganado, productos lácteos, aves, peces, frutas y camiones. Las fincas también pueden incluir plantaciones, ranchos, prados y huertos.

La depreciación es un concepto complejo que debe comprender el profesional de impuestos para preparar declaraciones de impuestos comerciales precisas. La depreciación se utiliza para beneficiar al contribuyente; el IRS ha definido el tipo de convención y clase y ha calculado la cantidad porcentual. Todo lo que el profesional de impuestos debe hacer es encontrar el tipo de clase y el porcentaje correctos para calcular la depreciación correcta para el contribuyente. Un profesional de impuestos no debe confiar únicamente en el software para realizar el cálculo, sino que debe comprender la depreciación para verificar que el software esté calculando la depreciación correctamente.

¡PON A PRUEBA TUS CONOCIMIENTOS!
Ve en línea para tomar un examen final.

Chapter 12 Extensions and Amendments

Introduction

If taxpayers are unable to file their federal individual tax returns by the due date, they may be able to qualify for an automatic six-month extension of time to file. The taxpayer can either electronically file or mail Form 4868 to the IRS to file for the extension. If the taxpayer has filed a return and realizes that a mistake was made, they would file an amended return using Form 1040-X.

Objectives

At the end of this lesson, the student will:

- Understand when to use Form 4868
- Know when an amendment must be filed
- Be able to identify when the installment agreement should be used

Resources

Form 1040 Form 1040-X Form 4868 Form 9465 Form 13884	Publication 17 Publication 54 Tax Topic 308	Instructions Form 1040 Instructions Form 1040-X Instructions Form 4868 Instructions Form 9465 Instructions Form 13844

Part 1 Form 4868: Extension of Time to File

File Form 4868, Application for Automatic Extension, to file for an automatic six-month extension for filing a federal return. The extension is for filing the tax return only. If the taxpayer has a balance due, the payment must be paid by April 15 or the due date of the return. There are three ways to request an automatic extension:

- File Form 4868 electronically
- Pay all or part of the estimated income tax due using the Electronic Federal Tax Payment System (EFTPS) or a credit or debit card
- Mail Form 4868 to the IRS and enclose the tax payment

To qualify for the extension for extra time, taxpayers must estimate their tax liability as accurately as possible and enter it on Form 4868, line 4, before filing Form 4868 by the regular due date of the return. If the IRS does not accept the application for extension of time, the taxpayer will receive a letter of denial informing them of when they are required to file. If the application was accepted, the taxpayer can file any time prior to the extension's due date.

If the taxpayer is a U.S. citizen or resident who is out of the country, the extension is valid for four months. Part I of Form 4868 is used to identify the taxpayer. Part II is for information about how the tax return should be filed.

Capítulo 12 Prórrogas y enmiendas

Introducción

Si los contribuyentes no pueden presentar sus declaraciones de impuestos federales para persona individual antes de la fecha de vencimiento, es posible que califique para una prórroga automática de seis meses para presentarla. El contribuyente puede presentar o enviar por correo electrónico el Formulario 4868 al IRS para solicitar la prórroga. Si el contribuyente ha presentado una declaración y se da cuenta de que cometió un error, debe presentar una declaración enmendada utilizando el Formulario 1040X.

Objetivos

Al final de esta lección, el estudiante podrá:

- Reconocer cuándo usar el Formulario 4868.
- Comprender cuándo se debe presentar una enmienda.
- Identificar cuándo se debe utilizar el acuerdo de pago a plazos.

Fuentes

Formulario 1040 Formularios 1040-X Formulario 4868 Formulario 9465 Formulario 13884	Publicación 17 Publicación 54 Tema Tributario 308	Instrucciones del Formulario 1040 Instrucciones del Formulario 1040-X Instrucciones del Formulario 4868 Instrucciones del Formulario 9465 Instrucciones del Formulario 13844

Parte 1 Formulario 4868: Prórroga para presentar la declaración

Presente el Formulario 4868, *Solicitud de prórroga automática,* para solicitar una prórroga automática de seis meses para presentar una declaración federal. La prórroga es solo para presentar la declaración de impuestos. Si el contribuyente tiene un saldo pendiente, el pago debe hacerse antes del 15 de abril o la fecha de vencimiento de la declaración. Existen tres formas de solicitar una prórroga automática:

- Presentar electrónicamente el Formulario 4868.
- Pagar la totalidad o parte del impuesto sobre la renta estimado utilizando el Sistema de Pago Electrónico de Impuestos Federales (EFTPS) o una tarjeta de crédito o débito.
- Enviar el Formulario 4868 al IRS y adjuntar el pago de impuestos.

A fin de calificar para la prórroga por tiempo adicional, los contribuyentes deben estimar su obligación tributaria con la mayor precisión posible e ingresarla en el Formulario 4868, línea 4, antes de presentar el Formulario 4868 previo a la fecha de vencimiento regular de la declaración. Si el IRS no acepta la prórroga, el contribuyente recibirá una carta de denegación en la que se indica la necesidad de presentar su declaración de impuestos y la cantidad de tiempo que tienen para presentarla. Si la solicitud fue aceptada, el contribuyente puede presentarla en cualquier momento antes de la fecha de vencimiento de la prórroga.

Si el contribuyente, que es un ciudadano o residente de los Estados Unidos, está fuera del país, la prórroga es válida por cuatro meses. La Parte I del Formulario 4868 se usa para identificar al contribuyente. La Parte II se usa para obtener información sobre cómo se debe presentar la declaración de impuestos.

Late Payment Penalty

The taxpayer may be charged a late payment penalty of 1/2% (.005) of any tax (except estimated tax) not paid by the regular filing deadline. An additional monthly penalty with a maximum rate of 25% of the unpaid amount is charged on any unpaid tax. If the taxpayer can show reasonable cause for not paying on time, a statement should be attached to the return (not to Form 4868), and the late penalty payment will not be charged. Both of the following requirements must be met to be considered reasonable cause:

- At least 90% of the tax liability was paid before the regular due date of the return via withholding, estimated payments, or payments made with Form 4868
- The remaining balance is paid with tax return on the extended due date

If the taxpayer has a balance due, interest is accrued on the unpaid balance. The penalty is 5% of the amount due for each month or part of a month the return is late. If the return is more than 60 days late, the minimum penalty is $450 or the balance of the tax due on the return, whichever is smaller. The maximum penalty is 25%

Making Extension Payments

For extensions, payments can be made electronically by credit card, debit card, money order, the Electronic Federal Tax Payment System (EFTPS), a direct transfer from a bank account using Direct Pay, or an ACH from the taxpayer's checking or savings account. When making a payment with the extension, remember to include the payment amount on Form 1040, Schedule 3, Part 2, line 13z. EFTPS can also be paid via phone. The taxpayer must write down the confirmation number they received when making an electronic payment. If the electronic payment has been designated as an extension payment, then do not file Form 4868.

Señor 1040 Says: If the taxpayer and spouse filed separate Form 4868s with payments and then chose to file the tax return as married filing jointly, make sure to include both payment amounts on Form 4868, line 5.

When paying by check or cashier's check, Form 4868 should be included and mailed to the address on the form. Make sure the check or money order is made payable to United States Treasury. The taxpayer should include their SSN and write Form 4868 in the memo on the check. Do not send cash. Checks over $100 million or more are not accepted, so any payments exceeding that amount will have to be split into two or more payments. The $100 million limit does not apply to other payment methods (such as electronic payments). As with Form 1040, there are specific mailing addresses to mail extension payments. To find which mailing address should be used, see Instructions Form 4868, page 4. The address is determined by where the taxpayer lives.

Installment Agreement Request (Form 9465)

If a taxpayer owes the federal government more than they can pay at one time, they can file Form 9465, *Installment Agreement Request,* which asks permission to pay the taxes monthly. The IRS charges a late-payment penalty of 25% per month. If the return was not filed in a timely manner, the late payment penalty is 5% per month. The IRS usually notifies the taxpayer within 30 days of approval or denial of the proposed payment plan.

Multa por pago atrasado

Se puede cobrar al contribuyente una multa por pago atrasado del $^1/_2$% o 1% de cualquier impuesto (excepto el impuesto estimado) que no se haya pagado en el plazo de presentación de abril. Se cobra una multa mensual adicional con una tasa máxima del 25% del monto impago sobre cualquier impuesto no pagado. Si el contribuyente puede demostrar una causa razonable para no pagar a tiempo, se puede adjuntar un informe a la declaración (no al Formulario 4868), no se le cobrará la multa por pago atrasado. Los dos requisitos a continuación deben cumplirse para que se considere causa razonable:

- Pagó al menos el 90% de la obligación tributaria antes de la fecha de vencimiento regular de la declaración mediante la retención, pagos estimados o pagos realizados con el Formulario 4868.
- El saldo restante se paga con la declaración de impuestos en la fecha de vencimiento extendida.

Si el contribuyente tiene un saldo adeudado, se acumulan intereses sobre el saldo no pagado. La multa es el 5% del monto adeudado por cada mes o parte del mes en que la declaración se retrasa. Si la declaración tiene más de 60 días de retraso, la multa mínima es de $450 o el saldo del impuesto adeudado en la declaración, el que sea menor. La multa máxima es del 25%.

Hacer pagos de prórroga

Para las prórrogas, los pagos se pueden hacer electrónicamente con tarjeta de crédito, tarjeta de débito, giro bancario, el Sistema Electrónico de Pago de Impuestos Federales (EFTPS), una transferencia directa desde su cuenta bancaria mediante pago directo o un ACH de la cuenta corriente o de ahorro del contribuyente. Al realizar un pago con la prórroga, recuerde incluir el monto del pago en el Formulario 1040, Anexo 3, Parte 2, línea 13z. El EFTPS también se puede pagar a través del teléfono. El contribuyente debe anotar el número de confirmación que recibió al realizar un pago electrónico. Si el pago electrónico ha sido designado como un pago de prórroga, no presente el Formulario 4868.

El Señor 1040 dice: Si el contribuyente y su cónyuge presentaron Formularios 4868 separados con pagos y luego eligieron presentar la declaración de impuestos como casado declarando conjuntamente, asegúrese de incluir ambos montos de pago en el Formulario 4868, línea 5.

Cuando pague con cheque o cheque de caja, el Formulario 4868 debe incluirse y enviarse por correo a la dirección del Formulario 4868. Asegúrese de que el cheque o giro postal se haga pagadero al Departamento del Tesoro de los Estados Unidos. El contribuyente debe incluir su SSN y escribir el Formulario 4868 en la nota del cheque. No envíe dinero en efectivo. No se aceptan cheques de $100 millones o más, por lo que cualquier pago que exceda esa cantidad deberá dividirse en dos o más pagos. El límite de $100 millones no se aplica a otros métodos de pago (como los pagos electrónicos). Al igual que con el Formulario 1040, existen direcciones de correo específicas para los pagos de prórroga por correo. Para saber qué dirección de correo debe usarse, consulte las Instrucciones del Formulario 4868, página 4. La dirección se determina en función del lugar donde vive el contribuyente.

Solicitud de acuerdo de pago a plazos (Formulario 9465)

Si un contribuyente le debe al gobierno federal más de lo que puede pagar en una sola ocasión, el contribuyente puede presentar el Formulario 9465-D, *Solicitud de acuerdo de pago a plazos*, que solicita permiso para pagar los impuestos mensualmente. El IRS cobra una multa por pago atrasado del 25% por mes. Si la declaración no se presentó oportunamente, la multa por pago atrasado es del 5% por mes. El IRS generalmente notifica al contribuyente la aprobación o denegación del plan de pago propuesto dentro de los 30 días.

The user fee for new installment agreements is $225. The taxpayer can also set up a payroll deduction installment agreement, and that fee is $225. If the taxpayer uses an online payment portal, the user fee would be $31.00; if using credit card, check or money order, the payment set-up fee is $149.00. If the taxpayer's income is below a certain level (250% of the annual poverty level), the installment agreement may be reduced to $43. Form 13844 must be completed to qualify. Form 13844, *Application for Reduced User Fee For Installment Agreements.*

Taxpayers can apply for a short-term payment plan (up to 180 days) online, by phone, mail, or in-person with no set-up fees. (Only individuals can apply for this online. Businesses must use the other application methods.) If the taxpayer elects to use the installment agreement, interest and a late-payment penalty will still apply on the unpaid amount by the due date. In agreeing to an installment payment, the taxpayer also agrees to meet all future tax liabilities. If the taxpayer does not have adequate withholding or make estimated payments so their tax liability will be paid in full on a timely filed return, the taxpayer will be considered in default of the agreement, and the IRS can take immediate action to collect for the entire amount. Form 9465 can be filed electronically with the taxpayer's tax return. Penalties and interest can be avoided if the tax bill is paid in full on the due date.

If the taxpayer can make the payment in full in 180 days, to avoid the installment agreement fee, the taxpayer can call the IRS or apply online and ask for a payment agreement. See Instructions Form 9465, *Installment Agreement Request.*

By completing Form 9465 the taxpayer agrees to the following terms. The terms of the installment agreement are:

- The Installment agreement will remain in effect until all liabilities (including penalties and interest) are paid in full
- The taxpayer will make each payment monthly by the due date that was chosen on Form 9465. If unable to make a monthly payment, the taxpayer will notify the IRS immediately.
- The agreement is based on current financial conditions. IRS may modify or terminate the agreement if the taxpayer's information changes. When requested, taxpayer will provide current financial information.
- The taxpayer must file all federal tax returns and pay on time any federal taxes owed
- The IRS will apply federal refunds or overpayments to the entire amount owed, including the shared responsibility payment under the ACA, until paid in full
- If the taxpayer defaults on the installment agreement, they will be charged an additional $89 fee to reinstate the agreement. The IRS has the authority to deduct this fee from the first payment after the agreement is reinstated. Starting January 1, 2019, the fee is $10 if the agreement was restructured through an online payment agreement (OPA).
- The IRS will apply all payments made on this agreement in the best interest of the United States. Generally, the IRS will apply the payment to the oldest collection period.

The IRS can terminate the installment agreement if the taxpayer does not make the monthly payment as agreed. If the agreement is terminated, the IRS could collect the entire amount owed, except the Individual Shared Responsibility Payment under the ACA, by levying the taxpayers' income, bank accounts, or other assets, and even seizing property. If the tax collection is in jeopardy, the IRS may terminate the agreement. The IRS may file a Notice of Federal Tax Lien, if one has not already been filed.

La tarifa de usuario para nuevos acuerdos de pago a plazos es de $225. El contribuyente también puede establecer un acuerdo de pago a plazos de deducción de nómina, y esa tarifa es de $225. Si el contribuyente usa un portal de pago en línea, la tarifa de usuario sería de $31.00, si usa tarjeta de crédito, cheque o giro postal, la tarifa de establecimiento de pago es de $149.00. Si los ingresos del contribuyente están por debajo de cierto nivel (250% del nivel de pobreza anual), el acuerdo de pago a plazos se puede reducir a $43. El formulario 13844 debe completarse para calificar. El Formulario 13844, *Solicitud de tarifa de usuario reducida para acuerdos de pago a plazos.*

Los contribuyentes pueden solicitar un plan de pago a corto plazo (hasta 180 días) en línea, por teléfono, por correo o en persona sin cargos de instalación. (Solo las personas físicas pueden solicitar esto en línea. Las empresas deben utilizar otros métodos de solicitud). Si el contribuyente elige utilizar el acuerdo de pago a plazos, se seguirán aplicando intereses y una multa por pago atrasado sobre el monto impago antes de la fecha de vencimiento. Al aceptar un pago a plazos, el contribuyente también acepta cumplir con todas las obligaciones tributarias futuras. Si el contribuyente no tiene una retención adecuada o no realiza pagos estimados para que su obligación tributaria se pague en su totalidad en una declaración presentada a tiempo, se considerará que el contribuyente incumplió el acuerdo y el IRS puede tomar medidas inmediatas para cobrar la totalidad. cantidad. El formulario 9465 se puede presentar electrónicamente con la declaración de impuestos del contribuyente. Se pueden evitar multas e intereses si la factura de impuestos se paga en su totalidad en la fecha de vencimiento.

Si el contribuyente puede realizar el pago en su totalidad en 120 días, para evitar la cuota del acuerdo de pago a plazos, puede llamar al IRS o solicitar un acuerdo de pago en línea. Consulte las Instrucciones del Formulario 9465, *Solicitud de acuerdo de pago a plazos.*

Al completar el Formulario 9465, el contribuyente acepta los siguientes términos. Los términos del acuerdo de pago a plazos son:

- El acuerdo de pago a plazos permanecerá vigente hasta que se paguen todas las obligaciones (incluyendo las multas e intereses) en su totalidad.
- El contribuyente hará cada pago mensualmente antes de la fecha de vencimiento elegida en el Formulario 9465. Si no puede hacer un pago mensual, el contribuyente notificará al IRS inmediatamente.
- El acuerdo se basa en la situación financiera actual. El IRS puede modificar o rescindir el acuerdo si la información del contribuyente cambia. Cuando se le solicite, el contribuyente proporcionará información financiera actual.
- Debe presentar todas las declaraciones de impuestos federales y pagar a tiempo cualquier impuesto federal adeudado.
- El IRS aplicará reembolsos federales o pagos en exceso a todo el monto adeudado, incluyendo el pago de responsabilidad compartida conforme a la ACA, hasta que se pague por completo.
- Si el contribuyente no cumple con el acuerdo de pago a plazos, se le cobrará una tarifa adicional de $89 para restablecer el acuerdo de pago a plazos. El IRS tiene la autoridad para deducir esta tarifa del primer pago después de que se restableció el acuerdo. Desde el 1 de enero de 2019, la tarifa sería de $10 si el acuerdo se reestructurara mediante un acuerdo de pago en línea (OPA).
- El IRS aplicará todos los pagos realizados en este acuerdo en el mejor interés de los Estados Unidos. En general, el IRS aplicará el pago al período de cobro más antiguo.

El IRS puede rescindir el acuerdo de pago a plazos si el contribuyente no realiza el pago mensual según lo acordado. Si se rescinde el acuerdo, el IRS podría cobrar el monto total adeudado, excepto el Pago de responsabilidad individual compartida en virtud de la ACA, al cobrar los ingresos de los contribuyentes, cuentas bancarias u otros activos, e incluso embargar la propiedad. Si la recaudación de impuestos está en peligro, el IRS puede rescindir el acuerdo. El IRS puede presentar un Aviso de gravamen fiscal federal, si aún no se ha presentado.

Part 2 Amended Returns

Form 1040-X can be e-filed as long as the original return was filed electronically. A tax professional should always double check the IRS website to verify the correct mailing address. This could affect the taxpayer's payment, tax return, or communication with the IRS. Remember, the correct address is determined by the taxpayer's address, not that of the tax professional.

When corrections to an original return will alter the current tax calculations, the taxpayer must file an amended tax return. The taxpayer cannot file an amended return until the original return has been completed and filed. However, once the original return has been filed, the amended return becomes the new tax return for the taxpayer. The taxpayer uses the amended return to adjust items that were previously claimed and now need adjusting because they were originally over- or understated.

For example, if the taxpayer needs to report additional income from a W-2 that arrived after the taxpayer filed the original return or if the taxpayer needs to remove a dependent because they were not eligible to claim the dependent, the taxpayer will file an amended return. Taxpayers who wish to receive a refund from an amended return must file the amendment within three years (including extensions) of the date the original return was filed or within two years of the date the tax was paid, whichever was later.

Example: Isabella filed her original return on March 1 of the current tax year, and her return was due April 15 of the same year. Isabella is considered to have filed her return by April 15. However, if Isabella had filed for an extension until October 15 and filed her return on July 1, her return is considered to be filed on July 1.

Other reasons a taxpayer might need to file an amendment are:

- To add or remove dependents
- To report the proper filing status
- To report additional income from a W-2, Form 1099, or some other income statement
- To make changes in above-the-line deductions, standard deductions, or itemized deductions
- To add or remove tax credits
- To report bad debt or worthless security
- To report foreign tax credit or deduction

Taxpayers can check the status of an amended return using the IRS "Where's My Amended Return?" tool on the IRS website. The tool requires entry of the taxpayer's identification number (SSN, ITIN, etc.), date of birth, and zip code, and is generally not intended for use by tax preparers.

Do not file Form 1040-X in the following situations:

- The taxpayer is requesting a refund of penalties and interest or an addition to tax that has already been paid. Instead, use Form 843, *Claim for Refund and Request for Abatement*
- The taxpayer is requesting a refund for their share of a joint overpayment that was offset against a past-due obligation of the spouse. Instead, file Form 8379, *Injured Spouse Allocation*

Parte 2 Declaraciones enmendadas

El Formulario 1040-X estuvo disponible para su declaración electrónica siempre que la declaración original se presentara electrónicamente. Un profesional de impuestos siempre debe verificar el sitio web del IRS para asegurarse de que la dirección postal sea correcta. Esto podría afectar el pago, la declaración de impuestos o la comunicación del contribuyente con el IRS. Recuerde, la dirección correspondiente la determina la dirección del contribuyente, no el profesional de impuestos.

Cuando necesite corregir la declaración original y las correcciones alteran los cálculos de impuestos actuales, debe presentar una declaración de impuestos enmendada. No puede presentar una declaración enmendada a menos que haya completado la declaración original, pero una vez que haya hecho la declaración, una declaración enmendada se convierte en la nueva declaración de impuestos para el contribuyente. La declaración enmendada se usa para cambiar las partidas que se reclamaron anteriormente y ahora es necesario ajustarlas porque originalmente estaban sobrevalorados o subestimados.

Por ejemplo, si el contribuyente necesita declarar un ingreso adicional de un formulario W-2 que llegó después de que el contribuyente presentó su declaración original o si el contribuyente necesita eliminar a un dependiente porque no era elegible para reclamarlo, el contribuyente presentaría una declaración enmendada. Los contribuyentes que deseen recibir un reembolso de una declaración enmendada deben presentar la enmienda dentro de los tres años (incluidas las prórrogas) a la fecha en que se presentó la declaración original o dentro de los dos años posteriores a la fecha en que se pagó el impuesto, lo que ocurra más tarde.

Ejemplo: Isabella presentó su declaración original el 1 de marzo del año fiscal en curso, y su declaración venció el 15 de abril del mismo año. Se considera que Isabella ha presentado su declaración antes del 15 de abril. Sin embargo, si Isabella solicitó una prórroga hasta el 15 de octubre y presentó su declaración el 1 de julio, se considerará que la declaración se presentó el 1 de julio.

Otras razones por las que un contribuyente podría necesitar presentar una enmienda son las siguientes:

- Para agregar o eliminar dependientes.
- Para informar el estado civil de declaración correspondiente.
- Para declarar ingresos adicionales de un Formulario W-2, Formulario 1099 o alguna otra cuenta de resultados.
- Para realizar cambios en las deducciones por encima de la línea, las deducciones estándar o las deducciones detalladas.
- Para agregar o eliminar créditos fiscales.
- Para informar deudas incobrables o valores inútiles.
- Para declarar crédito o deducción fiscal extranjero.

El estado de una declaración enmendada se puede rastrear utilizando el portal web "¿Dónde está mi declaración enmendada?" en el sitio web del IRS después de proporcionar el número de identificación (SSN, ITIN, etc.), la fecha de nacimiento y el código postal.

No presente el Formulario 1040-X en las siguientes situaciones:

- El contribuyente está solicitando un reembolso de multas e intereses o una adición a los impuestos que ya se ha pagado. En su lugar, use el Formulario 843, *Solicitud de reembolso y solicitud de reducción.*
- El contribuyente está solicitando un reembolso de su parte de un pago en exceso conjunto que fue una compensación contra una obligación vencida del cónyuge. En su lugar, presente el Formulario 8379, *Asignación de cónyuge perjudicado.*

Interest and penalties will also be charged from the due date of the return for failure to file, negligence, fraud, substantial valuation misstatements, substantial understatements of tax, and reportable transaction understatements.

Complete Form 1040-X

Most software will have the preparer add Form 1040-X, save the form to the return, and make changes to the form that was added or removed from the original return. For example, Jimmy received an additional W-2. The tax preparer would enter the W-2 as an additional form, and software will flow the information to Form 1040-X. Filing the form electronically helps since one does not need to mail the return and information.

To make changes that affect lines 1-31 of the original tax return, the taxpayer would use Part 1 of the 1040-X. Part II is where the taxpayer can choose to have $3 go to the Presidential Election Campaign Fund. This must be done within 20.5 months after the original due date of the return. Part III is for the explanation of changes. The IRS wants to know what was changed on the return and why the taxpayer is filing Form 1040-X.

The three columns on Form 1040-X are as follows:

- Column A: The original return amount
- Column B: The Net Change. Enter the change in amount for each line that is altered
- Column C: The correct amount. Add or subtract column B (if there is an entry) from column A and enter amount in column C.

Example: Robert reported $41,000 as his adjusted gross income on Form 1040 for the current year. He received another Form W-2 for $500 after he had already filed his return. He should complete line 1 of Form 1040-X as follows:

On Form 1040-X, input the income, deductions, and credits as originally reported on the return in Column A, input the changes being made in Column B, and place the difference or sum in Column C. Next, figure the tax on the corrected amount of taxable income and calculate the amount owed or to be refunded. If the taxpayer owes taxes, the taxpayer should pay the full amount with Form 1040-X. The tax owed will not be subtracted from any amount credited to estimated tax.

If the taxpayer cannot pay the full amount due on the amended return, the individual can ask to make monthly installment payments using Form 9465. If the taxpayer overpaid taxes, they would receive a refund. The overpayment refunded based on the amended return is different and separate from any refund gained from the original return.

When assembling an amended return to be mailed, make sure that the schedules and forms are behind Form 1040-X and that the taxpayer (and spouse if filing jointly) sign the 1040-X. If the amendment was prepared by a paid tax preparer, the tax preparer must sign as well.

Los intereses y las multas también se cobrarán a partir de la fecha de vencimiento de la declaración por no presentación, negligencia, fraude, declaración con errores sustanciales, subestimaciones sustanciales de impuestos y devaluaciones informativas declarables.

Complete el formulario 1040-X

El siguiente contenido describe la manera de presentar el 1040-X cuando no se usa software. La mayoría de software hará que el preparador agregue el Formulario 1040-X, y luego guarde el formulario en la declaración, luego haga cambios en el formulario que se agregó o eliminó de la declaración original. Por ejemplo, Jimmy recibido un formulario W-2 adicional. El preparador de impuestos ingresaría el W-2 como un formulario adicional, y el software enviará la información al Formulario 1040-X. Presentar el formulario electrónicamente ayuda, ya que no es necesario enviar por correo la declaración y la información.

La parte I del 1040-X es donde el contribuyente haría cambios que afectan las líneas 1 a 31 de la declaración de impuestos original. La Parte II es donde el contribuyente puede elegir que se asignen $3 al Fondo de Campaña de Elección Presidencial. Esto debe hacerse dentro de los 20.5 meses posteriores a la fecha de vencimiento original de la declaración. La parte III es para la explicación de los cambios. El IRS desea saber qué se cambió en la declaración y por qué el contribuyente presenta el Formulario 1040-X.

Las tres columnas en el Formulario 1040-X son las siguientes:

- Columna A: El importe de declaración original.
- Columna B: El cambio neto. Coloque el cambio en la cantidad para cada línea que se modifique.
- Columna C: La cantidad correcta. Agregue o reste la columna B (si hay un registro) de la columna A e ingrese la cantidad en la columna C.

Ejemplo: Robert declaró $41,000 como su ingreso bruto ajustado en su Formulario 1040 del año en curso. Luego recibió otro Formulario W-2 por $500 después de que ya había presentado su declaración. Debe completar la línea 1 del formulario 1040-X de la siguiente manera:

En el Formulario 1040-X coloque los ingresos, las deducciones y los créditos que se informaron originalmente en la declaración en la Columna A, ingrese los cambios que se están realizando en la Columna B y coloque la diferencia o suma en la Columna C. Luego, calcule el impuesto sobre el monto corregido de los ingresos gravables y calcular el importe adeudado o por reembolsar. Si el contribuyente adeuda impuestos, debe pagar el monto total con el Formulario 1040-X. El impuesto adeudado no se restará de ninguna cantidad acreditada al impuesto estimado.

Si el contribuyente no puede pagar el monto total adeudado en la declaración enmendada, puede solicitar el pago de cuotas mensuales utilizando el Formulario 9465. Si el contribuyente pagó impuestos en exceso, recibiría un reembolso. El pago en exceso reembolsado basado en la declaración enmendada es diferente e independiente de cualquier reembolso obtenido de la declaración original.

Al reunir una declaración enmendada para ser enviada por correo postal, asegúrese de que los anexos y formularios estén detrás del Formulario 1040-X y que el contribuyente (y su cónyuge, si declara conjuntamente) firmen el 1040-X. Si la enmienda fue preparada por un preparador de impuestos pagado, el preparador de impuestos también debe firmar.

Señor 1040 Says: Make sure to use the correct form for the year that is being amended. To find the forms you need, go to www.irs.gov, and choose the correct form(s) to amend the tax return.

Attach forms to the front of Form 1040-X that support changes made on the return. Attach to the back of Form 1040-X any Form 8805, *Foreign Partner's Information Statement of Section 1446 Withholding Tax*, that supports the changes made.

When sending a check or money order to the IRS for payments of taxes due, do not attach the check to the return. Instead, enclose it in the envelope and make sure the check is made out to "United States Treasury."

State Tax Liability

If a return is changed for any reason, it may affect the taxpayer's state income tax liability. This includes changes made as a result of an examination of the return by the IRS. The IRS will inform the taxpayer's state if adjustments are made on the federal tax return.

Part 2 Review

To obtain the maximum benefit from each part go online now and watch the video.

Takeaways

This chapter gives a brief understanding of extensions and amendments. The paid tax professional must understand who should file for an extension and when to file an amendment as these are two separate processes.

If more time is needed to file the tax return, the individual should file for an extension. However, an extension of time to file is not an extension of time to pay. Payment is still owed by the April 15 deadline or the taxpayer will pay late payment penalties. An extension of time to file does not change this. Although an extension of time to pay and various payment plans do exist, these should not be confused with extensions of time to file.

TEST YOUR KNOWLEDGE!
Go online to take a practice quiz.

El Señor 1040 dice: Asegúrese de usar el formulario correcto para el año que se está enmendando. Para encontrar los formularios que necesita, vaya a www.irs.gov, y elija los formularios correctos para modificar la declaración de impuestos.

Adjunte estos formularios a la parte frontal del Formulario 1040-X que respalda los cambios realizados en la declaración: Adjunte al reverso del Formulario 1040-X, cualquier Formulario 8805, *Declaración de información del socio extranjero de la Sección 1446 de retención de impuestos*, que respalde los cambios realizados.

Al enviar un cheque o giro bancario al IRS para el pago de los impuestos adeudados, no adjunte el cheque a la declaración. Colóquelo en el sobre y asegúrese de que el cheque sea consignado al "Departamento del Tesoro de los EE. UU".

Obligación tributaria estatal

Si se modifica una declaración por cualquier motivo, puede afectar la obligación tributaria estatal sobre la renta. Esto incluye los cambios realizados como resultado de un examen de la declaración por parte del IRS. El IRS declarará el estado del contribuyente si se realizan ajustes en su declaración de impuestos federales.

Revisión de la Parte 2

Para obtener el máximo beneficio de cada parte, conéctese ahora y mire el video.

Conclusiones

Este capítulo proporciona una breve comprensión de las prórrogas y enmiendas. El profesional de impuestos pagado debe comprender quién debe solicitar una prórroga y cuándo presentar una enmienda, ya que estos son dos procesos separados.

Si necesita más tiempo para presentar la declaración de impuestos, la persona debe solicitar una prórroga. Sin embargo, una prórroga para presentar la solicitud *no es una prórroga para pagar.* El pago aún se adeuda antes de la fecha límite del 15 de abril o el contribuyente pagará las multas posteriores por pago atrasado. Una prórroga para declarar no cambia este hecho. Aunque existen prórrogas para pagar y hay varios planes de pago, no es recomendable y no deben confundirse con prórrogas para pagar.

¡PON A PRUEBA TUS CONOCIMIENTOS!
Ve en línea para tomar un examen final.

Chapter 13 Electronic Filing

Introduction

Electronic filing (also referred to as e-file and e-filing) is the process of submitting tax returns over the internet via approved tax software. The e-file system has made tax preparation significantly easier, and the IRS notifies electronic filers within 24 to 48 hours if their tax return was accepted or rejected. E-filing is not available year-round. It begins in January and ends in October. The IRS determines when e-filing begins and ends each year, and states follow the IRS dates. An individual who originates electronic submission of a tax return is referred to as an electronic return originator (ERO). A tax preparation professional who files returns electronically on behalf of clients must be an Authorized IRS e-file provider.

Objectives

At the end of this lesson, the student will:

- Understand the different e-filing options
- Know which form(s) to use when the taxpayer opts-out of e-filing
- Identify which forms cannot be e-filed

Resources

Form 8453	Publication 17	Instructions Form 8453
Form 8878	Publication 1345	Instructions Form 8878
Form 8878-A	Publication 3112	Instructions Form 8878-A
Form 8879	Publication 4164	Instructions Form 8879
Form 9325	Publication 4557	Instructions Form 9325

Part 1 Electronic Return Originator (ERO)

An electronic return originator (ERO) is an authorized IRS e-file provider that originates submissions of returns they either prepare or collect from taxpayers who want to e-file their returns. An ERO originates the electronic submission of a return after the taxpayer authorizes e-filing. The ERO must have either prepared the return or collected it from a taxpayer. An ERO originates the electronic submission by one of the following methods:

- Electronically sending the return to a transmitter that will transmit the return to the IRS
- Directly transmitting the return to the IRS
- Providing the return to an intermediate service provider to transmit it to the IRS

Obtaining, Handling, and Processing Return Information from Taxpayers

If the return was prepared by a paid preparer, the ERO must always identify the paid preparer in the proper field of the electronic record and include the paid preparer's following information:

- Name

Capítulo 13 Declaración electrónica

Introducción

La declaración electrónica (también conocida como E-File y E-filing) es el proceso para presentar las declaraciones de impuestos a través de Internet mediante un software de impuestos aprobado. El sistema de declaración electrónica ha facilitado considerablemente la declaración de impuestos y el IRS notifica a los contribuyentes electrónicos dentro de las 24 a 48 horas si sus declaraciones de impuestos fueron aceptadas o rechazadas. La declaración electrónica no está disponible todo el año. Comienza en enero y termina en octubre. El IRS determina cuándo comienza y termina la declaración electrónica cada año, y los estados siguen las fechas que establezca el IRS. Una persona que origina la presentación electrónica de una declaración de impuestos se denomina originador de declaraciones electrónicas (ERO). Un profesional de la preparación de impuestos que presenta declaraciones electrónicamente en nombre de sus clientes debe ser un proveedor autorizado de declaración electrónica del IRS.

Objetivos

Al final de esta lección, el estudiante podrá:

- Comprender las diferentes opciones de presentación electrónica.
- Saber qué formulario(s) usar cuando el contribuyente opte por no presentar la declaración electrónica.
- Indicar qué formularios no pueden ser presentados electrónicamente.

Fuentes

Formulario 8453	Publicación 17	Instrucciones del Formulario 8453
Formulario 8878	Publicación 1345	Instrucciones del Formulario 8878
Formulario 8878-A	Publicación 3112	Instrucciones del Formulario 8878-A
Formulario 8879	Publicación 4164	Instrucciones del Formulario 8879
Formulario 9325	Publicación 4557	Instrucciones del Formulario 9325

Parte 1 Originador de declaraciones electrónicas (ERO)

Un originador de declaraciones electrónicas (ERO) es un proveedor autorizado de declaraciones electrónicas del IRS que origina la presentación de las declaraciones que prepara o recopila de los contribuyentes que desean presentar sus declaraciones electrónicamente. Un ERO origina la presentación electrónica de una declaración después de que el contribuyente lo autoriza. El ERO debe haber preparado la declaración o haberla recopilado de un contribuyente. Un ERO origina la presentación electrónica mediante uno de los siguientes métodos:

- Envía electrónicamente la declaración a un transmisor que transmitirá la declaración al IRS
- Transmite directamente la declaración al IRS.
- Proporciona la declaración a un proveedor de servicios intermedio para que la transmita al IRS.

Obtención, manejo y procesamiento de la información de declaración de los contribuyentes

Si la declaración fue preparada por un preparador pagado, el ERO siempre debe identificar al preparador pagado en el campo apropiado del registro electrónico e incluir la siguiente información del preparador pagado:

- Nombre

- Address
- EIN (if a member of a firm)
- PTIN

If while originating an electronic return they did not prepare and was not prepared by their firm an ERO discovers and corrects substantive errors, they become the tax preparer A non-substantive change is a correction limited to a transposition error, a misplaced entry, a spelling error, or an arithmetic correction. The IRS considers all other changes substantive, and the ERO becomes the tax preparer if such corrections are made.

e-File providers

An authorized IRS e-file provider is a business or organization authorized by the IRS to participate in their e-file program. A Provider may be an Electronic Return Originator (ERO), an Intermediate Service Provider, a Transmitter, a Software Developer, a Reporting Agent, or an Affordable Care Act (ACA) Provider. These different roles are not mutually exclusive, and one person or entity can have more than one. For example, a Provider may be an ERO while also being a Transmitter or a tax return preparer. Even though the activities and responsibilities for IRS e-file and return preparation are distinct and different from each other, one person can possess both titles, duties, and responsibilities at the same time.

A Transmitter is the person, entity, or software that literally sends the return data electronically directly to the IRS. A provider is one who has been authorized by the IRS to file tax returns electronically, typically through a third-party transmitter such as a tax software provider; filing a return is not the same thing as sending it.

Becoming an e-File provider

To become an e-file provider, an individual must submit an application to the IRS, a process that usually takes 45 days. To complete the application quickly, the individual should have the following information prepared:

- Know which provider options can be furnished to taxpayers
- Enter identification information for the company
    - Employer Identification Number
    - Name of the company
    - Enter the name, date of birth, Social Security number, current professional information, and citizenship status of the organization's Principal and Responsible Official. Indicate if either or both are an attorney, certified public accountant, enrolled agent, officer of a publicly traded corporation, or a bonded bank official.

Who are Principals and Responsible Officials?

Anyone who is a Principal or Responsible Official must:

1. Be a U.S. citizen or an alien who has permanent residence as covered in 8USC 110(a)(20)(1994)
2. Be at least 18 years old at the time of completing the application
3. Meet applicable state and local licensing and bonding requirements to be able to prepare and collect tax returns

- Dirección
- EIN (si es miembro de una empresa)
- PTIN

Si al originar una declaración electrónica que no han preparado y que no ha sido preparada por su empresa, un ERO descubre y corrige errores sustantivos, se convierte en el preparador fiscal. Un cambio no sustancial es una corrección limitada a un error de transposición, un registro mal colocado, un error de ortografía o una corrección aritmética. El IRS considera que todos los demás cambios son sustanciales, y el ERO se convierte en un preparador de impuestos si se realizan correcciones.

Proveedores de declaraciones electrónicas

Un Proveedor de declaración electrónica autorizado por el IRS es una empresa u organización autorizada por el IRS para participar en su programa de declaración electrónica. Un proveedor puede ser un Originador de Declaraciones Electrónicas (ERO), un Proveedor de servicios intermedios, un Transmisor, un Desarrollador de software, un Agente declarador o un Proveedor de la Ley del Cuidado de la Salud a Bajo Precio (ACA). Estas diferentes funciones no se excluyen mutuamente, y una persona puede ser más de uno a la vez. Por ejemplo, un Proveedor también puede ser un ERO y a la vez un Transmisor o un preparador de declaraciones de impuestos. A pesar de que las actividades y responsabilidades para la declaración electrónica del IRS y la preparación para la declaración son distintas y diferentes entre sí, una persona puede poseer ambos títulos, deberes y responsabilidades al mismo tiempo.

Un transmisor es la persona, entidad o software que literalmente envía los datos de la declaración directamente al IRS por vía electrónica. Un proveedor es aquél que ha sido autorizado por el IRS para presentar declaraciones de impuestos electrónicamente, por lo general a través de un transmisor de terceros, como su proveedor de software de impuestos. Presentar una declaración no es lo mismo que enviarla.

Convertirse en un proveedor de declaración electrónica

Para convertirse en un proveedor de declaración electrónica, una persona debe enviar una solicitud al IRS, un proceso que generalmente toma 45 días. A fin de completar la solicitud rápidamente, la persona debe tener la siguiente información preparada:

- Saber qué opciones de proveedores se pueden proporcionar a los contribuyentes.
- Colocar la información de identificación de la compañía.
    - Número de identificación de empleado
    - Nombre de la compañía
    - Colocar el nombre, la fecha de nacimiento, el número de Seguro Social, información profesional actual y estado de ciudadanía del director y funcionario responsable de la organización. Indicar si uno o ambos son abogados, contadores públicos certificados, agentes inscritos, funcionarios de una sociedad anónima que cotiza en bolsa, o un funcionario bancario afiliado

¿Quiénes son los directores y funcionarios responsables?

Cualquier persona que sea Director o Funcionario Responsable debe:

1. Ser ciudadano de los EE.UU. o extranjero con residencia permanente según lo dispuesto en 8USC 110(a)(20)(1994)
2. Tener al menos 18 años en el momento de cumplimentar la solicitud
3. Cumplir los requisitos estatales y locales aplicables en materia de licencias y fianzas para poder preparar y recaudar declaraciones de impuestos.

The Principal is the individual who is ultimately responsible for anything and everything that occurs regarding e-filing at the firm. Although a firm can have more than one "Responsible Official," there can be only one Principal, and the information for the individual designated as the Principal must be on the application. Any of the following individuals that participate in the e-file operations of the company are eligible to be designated as the Principal:

- A sole proprietor of the business. For sole proprietorships, the sole proprietor must be the Principal.
- A partner who has at least 5% or more interest in the partnership
- The President, Vice-President, Secretary, or Treasurer of a corporation are all eligible to be a principal
- The Principal for an entity that is not any of the above needs to be an individual with the authority within the company to act on behalf of the entity in legal or tax matters

If any of the above individuals are not involved in the e-file operations of the company, then a large firm with multilayered management can substitute a "Key Person" who participates substantially in the firm's electronic filing operations as the principal for the e-file application.

Unlike the Principal, who is the single person responsible for e-file matters across the whole company, Responsible Officials are the people in charge of the day-to-day e-file operations at specific locations such as offices. They are the first point of contact with the IRS and have the authority to sign and revise IRS e-file applications. Responsible Officials must set the revenue procedures for e-filing and for all publications and notices thereof and ensure that employees follow them. Responsible Officials can oversee the operations at more than one office, and though there can be more, each firm must have at least one Responsible Official, although it can always add more later; the Principal can also be the Responsible Official.

Step One: Accessing the Application

Before starting the e-file application process, the individual must create an account with IRS Secure Access. To do this, the individual will register using a two-factor authentication process at irs.gov. After this, they will be asked to provide the following information to create the account:

- Full legal name
- Home address
- Social Security number
- Date of birth
- Phone number
- Email address

Any other individuals that the firm wishes to appoint as either the Principal or as Responsible Officials must also create e-services accounts. Account creators must return to the e-Services site within 28 days of receiving the confirmation code to confirm the registration thus allowing the firm to continue the application process.

El director es la persona que es responsable en última instancia de todo lo que ocurra con respecto a la declaración electrónica en la empresa. Si bien una empresa puede tener más de un "Funcionario responsable", solo puede haber un director, y la información de la persona designada como director debe estar en la solicitud. Cualquiera de las siguientes personas que participan en las operaciones de declaración electrónica de la compañía son elegibles para ser designados como el director:

- Una empresa individual del negocio. Para empresas individuales, la empresa individual debe ser el director.
- Un socio que tenga al menos un 5% o más de interés en la sociedad
- El presidente, vicepresidente, secretario o tesorero de una sociedad anónima son elegibles para ser directores.
- Si el director de una entidad que no es ninguno de los anteriores debe ser una persona natural con la autoridad dentro de la compañía para actuar en nombre de la entidad en asuntos legales o fiscales.

Si alguna de las personas mencionadas anteriormente no participa en las operaciones de declaración electrónica de la compañía, entonces una gran empresa con administración de múltiples niveles puede sustituir a una "Persona clave" que participa sustancialmente en las operaciones de declaración electrónica de la empresa como director para la solicitud de declaración electrónica.

A diferencia del director, que es una sola persona responsable de los asuntos de declaración electrónica en toda la compañía, los funcionarios responsables son las personas que están a cargo de las operaciones diarias de declaración electrónica en ubicaciones específicas, como las oficinas. Son el primer punto de contacto con el IRS y tienen la autoridad para firmar y revisar las solicitudes de declaración electrónica del IRS. Los funcionarios responsables deben establecer los procedimientos de ingresos para la declaración electrónica y para todas las publicaciones y avisos de las mismas, y garantizar que los empleados los sigan. Los funcionarios responsables pueden supervisar las operaciones en más de una oficina, y aunque puede haber más, cada empresa debe tener al menos un funcionario responsable, aunque siempre puede agregar información más adelante. El director también puede ser el funcionario responsable.

Primer paso: Acceder a la Solicitud

Antes de iniciar el proceso de solicitud de declaración electrónica, la persona debe crear una cuenta con los servicios electrónicos en el sitio web del IRS. Para hacer esto, la persona natural se registrará mediante un proceso de autenticación de dos factores en irs.gov. Posteriormente, se le pedirá que proporcione la siguiente información para crear la cuenta:

- Nombre legal completo
- Dirección de residencia
- Número de Seguro Social:
- Fecha de nacimiento
- Número de teléfono
- Dirección de correo electrónico

Cualquier otra persona que la empresa desee nombrar como director o como funcionario responsable también debe crear cuentas de servicios electrónicos. Los creadores de la cuenta deben regresar al sitio de servicios electrónicos dentro de los 28 días posteriores a la recepción del código de confirmación para confirmar el registro y así permitir que la empresa continúe con el proceso de solicitud.

Step Two: Complete and Submit the Application

Once all relevant individuals have confirmed their e-Services accounts, the firm can apply to become an authorized IRS e-file provider. The next steps of the application process are:

1. Log in to e-Services to access the online application to become an IRS e-file provider
2. Select the e-file provider type (Transmitter, ERO, etc.)
3. Enter the identification information of the firm and services provided
4. Enter the name, home address, SSN, DOB, and citizenship status for each principal and responsible party for the firm
5. Enter the Principal and Responsible Official(s) current professional status (attorney, certified public accountant, enrolled agent, etc.) and any other requested information
6. Each Principal and Responsible Official must answer several personal questions and sign the Terms of Agreement (TOA) using the PIN they selected when creating their e-services accounts
7. Each Principal and Responsible Official must declare under penalty of perjury that all the personal information they entered is true

Submit the IRS e-file application and retain the tracking number provided after the successful submission of the application.

Any individuals appointed to become the Principal or a Responsible Official who are not an EA, CPA, or attorney must pass a background check before the application can continue. To do this, first request a fingerprint card from the IRS by calling their toll-free number (1-866-255-0654). Once the IRS has mailed the cards, take them to a trained professional at your local police department or to a company certified to provide fingerprinting services. They will fingerprint each Principal and Responsible Official, who must each sign the card that has their fingerprints.

Suitability Check

Once the IRS has received, processed, and reviewed the application, they will conduct a "suitability check" to determine if the firm qualifies to become an e-file provider. The "suitability check" consists of the following checks on the firm, and on each person listed as a principal or responsible official on the application and on all documents related to the application:

- A credit check
- A tax compliance check
- A criminal background check
- A check for prior noncompliance with IRS e-file requirements

If the firm passes the suitability check they will receive their acceptance letter from the IRS with the electronic filing identification number (EFIN), which should not be confused with the firm's EIN.

Denial to Participate in IRS e-File

If the firm, a Principal, or a Responsible Official fails the suitability check, the IRS will notify the applicant of denial to participate in the program, the date they may reapply, and if they may reapply sooner if the suitability issues are resolved.

Segundo paso: Completar y enviar la solicitud

Una vez que todas las personas relevantes hayan confirmado sus cuentas de servicios electrónicos, la empresa puede solicitar convertirse en un proveedor autorizado de declaración electrónica del IRS. Los siguientes pasos del proceso de solicitud son los siguientes:

1. Inicie sesión en e-Services y acceda a la aplicación en línea para convertirse en un proveedor de declaración electrónica del IRS.
2. Seleccione el tipo de proveedor de declaración electrónica (transmisor, ERO, etc.).
3. Ingrese la información de identificación de la empresa y los servicios prestados.
4. Ingrese el nombre, la dirección de residencia, el SSN, la fecha de nacimiento y el estado de ciudadanía de cada director y parte responsable de la empresa.
5. Coloque el director y funcionario(s) responsable(s) (abogado, contador público certificado, agente inscrito, etc.) y cualquier otra información solicitada.
6. Cada director y funcionario responsable debe responder varias preguntas personales y firmar los Términos del Acuerdo (TOA) utilizando el PIN que seleccionaron al crear sus cuentas de servicios electrónicos.
7. Cada director y funcionario responsable debe declarar, bajo pena de perjurio, que toda la información personal que ingresaron es verdadera.

Envíe la solicitud de declaración electrónica del IRS y conserve el número de seguimiento proporcionado después de que la presentación de la solicitud sea exitosa.

Cualquier persona designada para convertirse en el director o un funcionario responsable que no sea un EA, CPA o abogado debe pasar primero una verificación de antecedentes antes de que la solicitud pueda continuar. Para hacer esto, primero solicite una tarjeta de huellas digitales del IRS llamando a su número gratuito (1-866-255-0654). Una vez que el IRS haya enviado las tarjetas por correo, llévelas a un profesional capacitado en su departamento de policía local o a una compañía certificada para proporcionar ese servicio. Realizarán la captación de huellas dactilares de cada director y funcionario responsable, quienes deberán firmar la tarjeta que contiene sus propias huellas dactilares.

Comprobación de idoneidad

Una vez que el IRS haya recibido, procesado y revisado la solicitud, realizarán una "comprobación de idoneidad" para determinar si la empresa reúne los requisitos para convertirse en un proveedor de declaración electrónica. La "comprobación de idoneidad" consiste en las siguientes comprobaciones en la empresa, en cada persona que figura como director o funcionario responsable en la solicitud, y en todos los documentos relacionados con la solicitud:

- Una verificación de crédito
- Una verificación de cumplimiento de impuestos
- Una verificación de antecedentes penales
- Una verificación de incumplimiento previo con los requisitos de e-file del IRS

Si la empresa aprueba las comprobaciones de idoneidad, recibirá una carta de aceptación del IRS con su número de identificación de declaración electrónica (EFIN), que no debe confundirse con el EIN de la empresa.

Denegación a la participación en la declaración electrónica del IRS

Si la empresa, un director o un funcionario responsable no pasa la comprobación de idoneidad, el IRS notificará al solicitante la denegación a la participación en el programa, la fecha en que se pueden volver a solicitar y si pueden volver a solicitarla antes si se resuelven los problemas de idoneidad.

Acceptance to Participate in IRS e-File

After an applicant passes the suitability check and the IRS completes the processing of the application, the IRS will notify the applicant of their acceptance or rejection to participate in the program. A provider does not have to reapply unless the IRS suspends the provider from participation in the program for a violation. If any of the information on the original application changes, the provider will have 30 days to update the information by resubmitting the application with the required changes.

If the professional status of a Principal or Responsible Official changes, the firm must update its e-file application and resubmit the individual's fingerprints for a new background check. If a Principal or a Responsible Official dies, the provider must remove or replace the deceased within 30 days by resubmitting the application. If this is not done, the IRS will independently remove the deceased individual(s) from the e-file application. This could lead to the rejection of returns due to the lack of coverage for one of the firm's offices. The IRS will also remove providers if they are unable to contact the provider or if mail is returned to the IRS as undeliverable because the provider failed to update their physical mailing address, in which case the IRS will reject all returns submitted by the provider until the provider updates their information

Monitoring

The IRS monitors providers by visiting the locations where IRS e-file activities are performed, and by reviewing the required e-file records. Monitoring may include, but is not limited to, the following:

- Reviewing the quality of e-file submissions for rejections and other defects
- Checking adherence to signature requirements on returns
- Scrutinizing advertising material
- Examining records
- Observing office procedures
- Conducting periodic suitability checks

The IRS monitors the regulations put in place by the providers to ensure they are in compliance with IRC §6695(g).

Revocation

The IRS will revoke participation from an authorized provider, Principal, or Responsible Official if so ordered by a federal court or a federal or state legal action. If the legal action expires or is reversed, the revoked Provider may reapply to participate in IRS e-file after the legal action expires or is reversed.

Aceptar la participación en la presentación electrónica del IRS

Después de que un solicitante pase la comprobación de idoneidad y el IRS complete el procesamiento de la solicitud, el IRS notificará al solicitante de su aceptación para participar en el programa. Un proveedor no tiene que volver a solicitar a menos que el IRS suspenda la participación del proveedor en el programa por una infracción. Si parte de la información en la solicitud original cambia, el proveedor tendrá 30 días para actualizar la información volviendo a enviar la solicitud con los cambios surtidos.

Si el estado profesional de un director o funcionario responsable cambia, la empresa debe actualizar su solicitud de declaración electrónica y volver a enviar las huellas digitales de la persona para una nueva verificación de antecedentes. Si un director o un funcionario responsable fallece, el proveedor debe retirar o reemplazar al fallecido dentro de los treinta días, volviendo a enviar su solicitud. Si esto no se hace, el IRS eliminará independientemente a la(s) persona(s) fallecida(s) de la solicitud de declaración electrónica. Esto podría dar lugar al rechazo de declaraciones por falta de cobertura de una de las oficinas de la empresa. El IRS también eliminará a los proveedores si no pueden comunicarse con el proveedor o si se les devuelve el correo del IRS porque no se pudo entregar debido a que el proveedor no actualizó su dirección de correo postal física, en cuyo caso el IRS rechazará todas las declaraciones enviadas por el proveedor hasta que el Proveedor actualice su información.

Supervisión

El IRS supervisa a los proveedores visitando las ubicaciones donde realizan las actividades de declaración electrónica del IRS y revisando los registros de la declaración electrónica que el IRS les exige que conserven. La supervisión puede incluir, pero no se limita a lo siguiente:

- Revisar la calidad de los envíos de declaración electrónica para los rechazos y otros defectos.
- Comprobar el cumplimiento de los requisitos de la firma en declaraciones
- Hacer escrutinio de material publicitario
- Revisar los registros
- Cumplir los procedimientos internos
- Realizar comprobaciones periódicas de idoneidad.

El IRS puede supervisar las regulaciones establecidas por los proveedores para garantizar que cumplan con la sección §6695(g) del IRC.

Revocación

El IRS revocará la participación de un proveedor, director o funcionario responsable autorizado si así lo ordena un tribunal federal o una acción legal federal o estatal. Si la acción legal vence o se revierte, el proveedor revocado puede volver a solicitar participar en la presentación electrónica del IRS después de que la acción legal caduque o se revierta.

Sanctioning

IRS e-file violations may result in warning or sanctioning an authorized IRS e-file provider, a Principal, or a Responsible Official. Sanctioning may take the form of a written reprimand, suspension, or expulsion from the e-file program. In most circumstances, a sanction is effective 30 days after the date of the letter informing individuals of a sanction against them or the date that the reviewing officers or the Office of Appeals affirm the sanction, whichever is later. If a provider, Principal, or Responsible Official is suspended or expelled from participation in e-filing, every entity that listed the suspended or expelled Principal or Responsible Official on their e-file application may also be suspended or expelled. Although notice must be given eventually, the IRS has full authority to immediately suspend or expel anyone without a prior warning or notice.

Infractions

The IRS categorizes the seriousness of infractions in three different levels.
Level One Infractions are infringements of IRS e-file rules and requirements that have little-to-no harmful effect on the quality of the returns or on the IRS e-file program. This infraction could result in a written reprimand but may not lead to a suspension or expulsion. Level Two Infractions are violations of IRS e-file rules and requirements that have an unfavorable impact upon the quality of the returns or on the IRS e-file program. The continuing occurrence of Level One Infractions after the IRS has notified the person about a violation could cause an increase to Level Two Infraction. Depending on the nature of the infraction, the IRS may limit participation in IRS e-file or suspend the authorized IRS e-file provider from participation in IRS e-file for a period of one year.

Level Three Infractions are violations of IRS e-file rules and requirements that have a significant adverse impact on the quality of tax returns. Level Three Infractions include continued Level Two Infractions after the IRS has brought a Level Two Infraction to the attention of the provider. A Level Three Infraction may result in suspension from IRS e-file for two years or, depending on the severity of the infraction (such as fraud, identity theft, or criminal conduct), in removal without the opportunity for future participation. The IRS reserves the right to suspend or expel a provider prior to administrative review for Level Three Infractions. See Publication 3112.

Safeguarding Taxpayer Information

"Taxpayer information" is any piece of information that has been furnished for or by the taxpayer in any form or manner such as in person, over the phone, by mail, or by fax for the purpose of preparing the taxpayer's tax return. It includes, but is not limited to, the following information:

- Name
- Address
- Identification number
- Income
- Receipts
- Deductions
- Dependents
- Tax liability

Sanción

Las infracciones de declaración electrónica del IRS pueden generar advertencias o sanciones a un proveedor de declaración electrónica autorizado por el IRS, a un director o a un funcionario responsable. La sanción puede tomar la forma de una amonestación por escrito, suspensión o expulsión del programa de declaración electrónica. En la mayoría de los casos, una sanción es efectiva por 30 días después de la fecha de la carta que informa a las personas sobre una sanción en su contra o la fecha en que los oficiales de revisión o la Oficina de Apelaciones Fiscales confirman la sanción, la que sea posterior. Si un proveedor, director o funcionario responsable es suspendido o expulsado de la participación en la presentación electrónica, todas las entidades que incluyeron al director o al funcionario responsable suspendido o expulsado en su solicitud de declaración electrónica también pueden ser suspendidas o expulsadas. Aunque eventualmente se debe dar un aviso, el IRS tiene plena autoridad para suspender o expulsar inmediatamente a cualquier persona sin previo aviso o notificación.

Infracciones

El IRS clasifica la gravedad de las infracciones en tres niveles diferentes.
Las infracciones de nivel uno son infracciones de las reglas y requisitos de la declaración electrónica del IRS que tienen poco o ningún efecto adverso en la calidad de las declaraciones o en el programa de la declaración electrónica del IRS. Una infracción podría resultar en una amonestación por escrito, pero no dará lugar a una suspensión o expulsión. Las infracciones de nivel dos son violaciones de las reglas y requisitos de la declaración electrónica del IRS que tienen un impacto adverso en la calidad de las declaraciones o en el programa de la declaración electrónica del IRS. La ocurrencia continua de Infracciones de Nivel Uno después de que el IRS haya notificado a la persona sobre la infracción actual podría causar un aumento en la infracción de Nivel Dos. Dependiendo de la naturaleza de la infracción, el IRS puede limitar la participación en la declaración electrónica del IRS o suspender la participación del proveedor de declaración electrónica autorizado en el proceso de declaración electrónica del IRS por un período de un año.

Las Infracciones de Nivel Tres son infracciones de las reglas y requisitos de la declaración electrónica del IRS que tienen poco o ningún efecto adverso en la calidad de las declaraciones de impuestos. Las infracciones de Nivel Tres incluyen las infracciones continuas del Nivel Dos después de que el IRS haya llevado la infracción del Nivel Dos a la atención del Proveedor. Una infracción de Nivel Tres puede resultar en la suspensión de la participación en la declaración electrónica del IRS por dos años o, dependiendo de la gravedad de la infracción (como fraude, robo de identidad o conducta criminal), en la expulsión sin la oportunidad de una futura participación. El IRS se reserva el derecho de suspender o expulsar a un Proveedor antes de la revisión administrativa por infracciones del Nivel Tres. Consulte la Publicación 3112.

Salvaguardar la información del contribuyente

La "información del contribuyente" es cualquier información que ha sido proporcionada por o para el contribuyente en cualquier forma o manera bien sea en persona, por teléfono, correo o fax con el propósito de preparar la declaración de impuestos del contribuyente. Incluye, pero no se limita a, los siguientes datos del contribuyente:

- Nombre
- Dirección
- Número de identificación
- Ingresos
- Recibo
- Deducciones
- Dependientes
- Obligación tributaria

Criminal and monetary penalties may be imposed on individuals preparing taxes or providing tax preparation services that knowingly or recklessly make unauthorized disclosures with the preparation of income tax returns. See Title 26 IRC §301.7216.1 and §6713. Some common safeguarding strategies are:

- Lock doors to restrict access to files
- Passwords to access computer files
- Encrypting electronically stored taxpayer data
- Keep a backup of electronic data for recovery purposes. Backup files regularly
- Shred taxpayer information

For more information about safeguarding personal information, go to the official website of the Federal Trade Commission at www.ftc.gov.

Nonstandard Document Awareness

The IRS has identified key indicators of potential abuse and fraud such as altered, forged, or fabricated Forms W-2, W-2G, and 1099-R, especially when prepared by hand. Information on reporting forms should never be altered. If the employer must make changes, the employer should provide the employee with a corrected document, and a corrected reporting form should be sent to the IRS and the SSA. Any time the tax professional has a questionable income document, they should report it to the IRS.

Verifying Taxpayer Identification Numbers (TINs)

To help safeguard taxpayers from fraud and abuse, the tax preparer should confirm the identity and identification number of taxpayers, spouses, and dependents listed on every tax return prepared. Taxpayer Identification These numbers include SSNs, EINs, adopted taxpayer identification numbers (ATINs), and individual taxpayer identification numbers (ITINs). To confirm identities, the paid preparer should request to see both a current government-issued photo ID and the taxpayer's original identification number.

If the identification card does not have the same address as the one on the tax return, the preparer should ask additional questions to verify the taxpayer's identity. Even though the addresses are not required to match, confirmation of the taxpayer's identity is a fundamental part of a tax professional's due diligence. Using an incorrect identification number, the same number on multiple returns, or an incorrect name with the wrong identification number are some of the most common causes for rejection of e-filed returns. To minimize rejections, the preparer should verify the taxpayer's name and identification number prior to submitting the tax return electronically to the IRS.

Client Protection

The IRS has created several basic security guidelines for tax preparers to follow while preparing returns, which will protect clients' data and their businesses:

- Learn to recognize phishing emails, especially those that look like they originated from the IRS. Never open an embedded link or attachment from an email that looks suspicious
- Create a data security plan using the guidelines found in Publication 4557, *Safeguarding Taxpayer Data*

Pueden imponerse sanciones penales y pecuniarias a las personas físicas que preparen impuestos o presten servicios de preparación de impuestos y que, deliberadamente o por imprudencia, realicen revelaciones no autorizadas con la preparación de declaraciones de la renta. Consulte el Título 26 IRC §301.7216.1 y §6713. Algunas estrategias comunes de protección son las siguientes:

- Bloquear las puertas para restringir el acceso a los archivos.
- Contraseñas de acceso a archivos informáticos.
- Cifrar datos de contribuyentes almacenados electrónicamente
- Mantenimiento de copias de seguridad de los datos electrónicos con fines de recuperación. Respaldar regularmente los archivos.
- Triturar la información de los contribuyentes.

Para obtener más información sobre la protección de la información personal, visite el sitio web oficial de la Comisión Federal de Comercio enwww.ftc.gov..

Conocer los documentos no estándar

El IRS ha identificado indicadores clave de posibles abusos y fraudes, como los Formularios W-2, W-2G y 1099-R alterados, falsificados o fabricados, especialmente cuando se preparan a mano. La información en los formularios de declaración nunca debe ser alterada. Si el empleador debe hacer algún cambio, debe proporcionar al empleado un documento corregido y se debe enviar un formulario de informe corregido al IRS y a la SSA. Siempre que el profesional de impuestos tenga un documento de ingresos cuestionable, infórmelo al IRS.

Verificar los números de identificación del contribuyente (NIF)

Para ayudar a proteger a los contribuyentes contra el fraude y el abuso, el preparador de impuestos debe confirmar la identidad y el número de identificación de los contribuyentes, cónyuges y dependientes que figuran en cada declaración que él o ella prepara. Los números de identificación del contribuyente incluyen los SSN, EIN, los números de identificación de contribuyente adoptados (ATIN) y los números de identificación del contribuyente individual (ITIN). Para confirmar las identidades, el preparador pagado debe solicitar ver una identificación con foto emitida por el gobierno actual y el número de identificación original del contribuyente.

Si la tarjeta de identificación no tiene la misma dirección que la declaración de impuestos, el preparador debe hacer preguntas adicionales para verificar su identidad. Si bien no se requiere que las direcciones coincidan, confirmar la identidad del contribuyente es una parte fundamental de la debida diligencia de un profesional de impuestos. El uso de un número de identificación incorrecto o el mismo número en varias declaraciones o un nombre incorrecto con un número de identificación incorrecto son algunas de las causas más comunes de rechazo de las declaraciones presentadas electrónicamente. Para minimizar los rechazos, el preparador debe verificar el nombre y el número de identificación del contribuyente antes de enviar la declaración de impuestos electrónicamente al IRS.

Protección del cliente

El IRS ha creado varias directrices de seguridad básicas que los preparadores de impuestos deben seguir al preparar las declaraciones, lo que permitirá proteger los datos de los clientes y su negocio:

- Aprenda a reconocer los correos electrónicos de suplantación de identidad, especialmente aquellos que parecen haberse originado en el IRS. Nunca abra un enlace o archivo adjunto desde un correo electrónico que parezca sospechoso.
- Cree un plan de seguridad de datos utilizando las directrices que se encuentran en la Publicación 4557, *Protección de los datos del contribuyente.*

- Review internal controls:
  - Install anti-malware and anti-virus security software on all devices (laptops, desktops, routers, tablets, phones, etc.) and keep the software up to date
  - Use strong passwords of eight or more characters with a mixture of upper and lowercase letters, numbers, and special symbols that do not start or end with a space or include common phrases or the names of loved ones or pets
  - Encrypt all sensitive files and emails and use strong password protections
  - Back up sensitive data to a safe and secure external source that is not always connected to a network
  - Wipe, clean, or destroy old hard drives or printers containing sensitive data
  - Limit access to taxpayer data exclusively to individuals who need to know
  - Perform weekly checks on the number of returns filed with the company's EFIN through the eServices account and compare that number with the number of returns the firm has actually prepared to make sure no one is fraudulently using their EFIN to e-file returns without one's knowledge. Individuals can do the same thing via their PTIN account.
- Report any data theft or data loss to the appropriate IRS Stakeholder Liaison
- Sign up on the IRS website to receive email notices from e-News for Tax Professionals, Quick Alerts, and news from IRS social media channels

The Gramm-Leach-Bliley Act

Enacted by Congress in 1999, the Gramm-Leach-Bliley Act implemented a number of safeguard rules along with the financial privacy rule to protect taxpayers' private information. Safeguard rules require tax return preparers, data processors, transmitters (ERO), affiliates, service providers, and others to ensure the security and confidentiality of customer records and information. The financial privacy rule requires the following individuals and financial institutions to provide their customers with privacy notices that explain the financial their information collection and sharing practices:

- Tax return preparers
- Data processors
- Transmitters
- Affiliates
- Service providers
- Anyone significantly engaged in providing financial products or services that include the preparation or filing of tax returns

Reporting Security Incidents

Online providers of individual tax returns shall report any adverse event or threat of an event that could result in an unauthorized disclosure, misuse, modification, or destruction of information. These types of incidents can affect the confidentiality, integrity, and availability of taxpayer information or the ability for a taxpayer to prepare or file a return. Types of incidents include theft of information, loss of information, natural disasters (such as floods, earthquakes, or fires that destroy unrecoverable information), and computer system or network attacks using such tools as malicious code or denials of service. If the tax professional experiences a security incident or is hacked, they should report it to the IRS immediately.

- Revise sus controles internos:
  - Instale un software de seguridad antimalware y antivirus en todos los dispositivos (computadoras portátiles, computadoras de escritorio, enrutadores, tabletas, teléfonos, etc.) y mantenga el software actualizado.
  - Use contraseñas seguras de ocho o más caracteres con una combinación de letras mayúsculas y minúsculas, números y símbolos especiales que no comiencen o terminen con un espacio o incluyan frases comunes o los nombres de seres queridos o mascotas.
  - Cifre todos los archivos y correos electrónicos confidenciales y use protecciones de contraseña seguras.
  - Realice una copia de seguridad de los datos confidenciales en una fuente externa segura y protegida que no esté conectada a una red a tiempo completo.
  - Limpie o destruya discos duros o impresoras que contengan datos confidenciales.
  - Limite el acceso a los datos de los contribuyentes exclusivamente a las personas que necesitan saber.
  - Realice verificaciones semanales del número de declaraciones presentadas con el EFIN de su empresa a través de su cuenta de servicios electrónicos, y compare ese número con el número de declaraciones que su empresa realmente ha preparado para asegurarse de que nadie esté utilizando de manera fraudulenta su EFIN para realizar declaraciones electrónicas sin su conocimiento. Las personas pueden hacer lo mismo a través de su cuenta PTIN.
- Denuncie cualquier robo de datos o pérdida de datos al enlace de partes interesadas del IRS correspondiente.
- Regístrese en el sitio web del IRS para recibir avisos por correo electrónico de e-News para profesionales de impuestos, alertas rápidas y redes sociales.

La Ley Gramm-Leach-Bliley

Promulgada por el Congreso en 1999, la Ley Gramm-Leach-Bliley implementó varias reglas de protección y la regla de privacidad financiera para proteger la información privada de los contribuyentes. Las reglas de protección requieren que los preparadores de declaraciones de impuestos, procesadores de datos, transmisores (ERO), afiliados, proveedores de servicios y otros que garanticen la seguridad y confidencialidad de los registros e información del cliente. La regla de privacidad financiera requiere que las siguientes instituciones financieras proporcionen a sus clientes avisos de privacidad que expliquen las prácticas de recopilación e intercambio de información de la institución financiera:

- Preparadores de declaraciones de impuestos
- Procesadores de datos
- Transmisores
- Afiliados
- Proveedores de servicio.
- Cualquier persona involucrada significativamente en el suministro de productos o servicios financieros que incluyen la preparación o presentación de declaraciones de impuestos.

Denuncia de incidentes de seguridad

Los proveedores en línea de las declaraciones de impuestos de personas naturales deben denunciar cualquier situación adversa o amenaza de un evento que pueda resultar en una divulgación no autorizada, uso indebido, modificación o destrucción de información. Estos tipos de incidentes pueden afectar la confidencialidad, integridad y disponibilidad de la información del contribuyente o la capacidad de un contribuyente para preparar o presentar una declaración. Los tipos de incidentes incluyen robo de información, pérdida de información, desastres naturales (como inundaciones, terremotos o incendios que destruyen información irrecuperable) y ataques informáticos o de red que utilizan herramientas como códigos maliciosos o denegaciones de servicio. Si el profesional de impuestos experimenta un incidente de seguridad o es hackeado, debe informarlo inmediatamente al IRS.

Part 2 Transmitting Returns

The IRS introduced electronic filing in 1986. Opting for electronic filing and choosing to have refunds directly deposited into a bank account is not only the quickest but also the most environmentally friendly method for filing a return. If the taxpayer has a balance due, it could be withdrawn from their bank account as well. Electronic filing and refund processing is considerably faster than USPS mail.

Electronic filing is mandatory for tax preparers who file 11 or more Form 1040 returns during any calendar year. If the firm has more than one preparer, all individual returns prepared by the firm contribute to that number. For example, Javier is the owner of a tax preparation company and does not prepare returns. His employee, Rosemarie, prepares five tax returns that contain a Schedule C. Oscar prepares 10 returns, and Mario prepares 100 individual tax returns. Javier's company needs to file the returns electronically because the firm prepared more than 11 returns.

All authorized IRS e-file providers must ensure that returns are promptly processed on or before the due date of the return (including extensions). An ERO must ensure that stockpiling of returns does not occur at the company. "Stockpiling" is both collecting returns from taxpayers prior to official acceptance in the IRS e-file program and waiting more than three calendar days to submit a return to the IRS once the ERO has all the necessary information for an e-file submission. Tax professionals who are EROs must advise their clients that they cannot transmit returns to the IRS until the IRS begins accepting transmissions. Tax returns held prior to that date are not considered "stockpiled."

Filing the Completed Return

Once the return has been completed and signed by all the necessary parties (taxpayer, preparer, etc.), it is ready to file with the IRS. If the preparer is submitting the return by mail, it should be placed in an envelope with adequate postage and mailed to the address designated by the IRS. Make sure to use the correct address, which is based on the taxpayer's address not the preparer's address.

Submission of Paper Documents

As discussed throughout this course, there are a multitude of forms that may need to be completed and attached to a taxpayer's return for submission to the IRS. Some software companies allow forms to be attached as PDFs to the tax return prior to submission. If the software company does not support this feature, the documents need to be attached to Form 8453 (which does not need to be signed) and mailed to the IRS using the address on page 2 of Form 8453. The following is a list of the supporting documents that will need to be mailed with Form 8453 if the software does not allow PDF attachments to the return:

- Form 1098-C: Contributions of Motor Vehicles, Boats, and Airplanes
- Form 2848: Power of Attorney
- Form 3115: Application of Change in Accounting Method
- Form 3468: Investment Credit, Historical Structure Certificate
- Form 4136: Certificate for Biodiesel and Statement of Biodiesel Reseller

Parte 2 Tramitando declaraciones

El IRS introdujo la declaración electrónica en 1986. Optar por la declaración electrónica y elegir que las declaraciones se ingresen directamente en una cuenta bancaria no solo es el método más rápido, sino también el más respetuoso con el medio ambiente para presentar una declaración. Si el contribuyente tiene un saldo adeudado, también se podría retirar de su cuenta bancaria. La declaración electrónica y la tramitación de las declaraciones son considerablemente más rápidas que el correo postal USPS.

La presentación electrónica es obligatoria para los preparadores de impuestos que presentan 11 o más declaraciones del Formulario 1040 durante cualquier año calendario. Si la empresa tiene más de un preparador, todas las declaraciones individuales preparadas por la empresa contribuyen a ese número. Por ejemplo, Javier es el propietario de una empresa de preparación de impuestos y no prepara declaraciones. Su empleada, Rosemarie, prepara cinco declaraciones de impuestos que contienen un Anexo C. Oscar prepara 10 declaraciones y Mario prepara 100 declaraciones de impuestos para personas naturales. La compañía de Javier necesita presentar las declaraciones electrónicamente porque la empresa preparó más de 11 declaraciones.

Todos los proveedores autorizados de declaración electrónica del IRS deben asegurarse de que las declaraciones se procesen de manera oportuna o antes de la fecha de vencimiento de la declaración (incluidas las prórrogas) Un ERO debe garantizar que no se produzca una acumulación de declaraciones en su compañía. "Acumulación" es tanto la recolección de las declaraciones de los contribuyentes antes de la aceptación oficial en el programa de presentación electrónica del IRS como la espera de más de tres días calendarios para enviar una declaración al IRS una vez que el ERO tiene toda la información necesaria para un envío de la declaración electrónica. Los profesionales de impuestos que son ERO deben informar a sus clientes que no pueden transmitir declaraciones al IRS hasta que el IRS comience a aceptar transmisiones. Las declaraciones de impuestos mantenidas antes de esa fecha no se consideran "acumuladas".

Presentación de la declaración completada

Una vez que la declaración haya sido completada y firmada por todas las partes necesarias (contribuyente, preparador, etc.), es el momento de enviar la declaración al IRS. Si el preparador presenta la declaración enviándola por correo, deberá introducirla en un sobre con franqueo adecuado y enviarla a la dirección designada por el IRS. Asegúrese de utilizar la dirección correcta, que se basa en la dirección del contribuyente y no en la del preparador.

Envío de documentos impresos

Como se ha discutido muchas veces a lo largo de este curso, hay una gran cantidad de formularios que deben completarse y adjuntarse a la declaración del contribuyente para su presentación al IRS. Algunas compañías de software permiten adjuntar formularios como archivos PDF a la declaración de impuestos antes del envío. Si la compañía de software no admite esta función, los documentos deben adjuntarse al Formulario 8453 (que no necesita estar firmado) y enviarse por correo al IRS a la dirección que figura en la página 2 del Formulario 8453. A continuación, se muestra una lista de los documentos de respaldo que deberán enviarse con el Formulario 8453 si el software no permite adjuntar archivos PDF a la declaración:

- Formulario 1098-C: Aportaciones de vehículos de motor, botes y aviones
- Formulario 2848: Poder legal
- Formulario 3115: Solicitud del cambio en el método contable.
- Formulario 3468: Crédito de inversión, certificado de estructura histórica
- Formulario 4136: Certificado de biodiesel y declaración de revendedor de biodiesel

- Form 5713: International Boycott Report
- Form 8283: Noncash Charitable Contributions, Section B Appraisal Summary
- Form 8332: Release of Claim to Exemption for Children of Divorced or Separated Parents
- Form 8858: Information Return of U.S. Persons with Respect to Foreign Disregarded Entities
- Form 8885: Health Coverage Tax Credit
- Form 8864: Certificate for Biodiesel and Statement of Biodiesel Reseller
- Form 8949: Sales and Other Dispositions of Capital Assets, or a statement with the same information

Providing Information to the Taxpayer

The ERO must provide a complete copy of the return to the taxpayer. EROs may provide this copy in any medium—electronic or another form that is acceptable to both the taxpayer and the ERO. The copy does not need the Social Security number of the paid preparer, but the preparer's PTIN is required. A complete copy of a taxpayer's return includes, when applicable, Form 8453 and any other documents that the ERO cannot electronically transmit in addition to the electronic portion of the return.

The electronic portion of the return can be printed onto a copy of an official form or in some unofficial form. However, if the ERO uses an unofficial form, the data entries and relevant line numbers must match the descriptions found on the associated official forms. If the taxpayer provided a completed paper return for electronic filing, and the information on the electronic portion of the return is identical to the information provided by the taxpayer, the ERO does not have to provide a printout of the electronic portion of the return to the taxpayer. The ERO should advise the taxpayer to retain a complete copy of their return and all supporting material. The ERO should also advise taxpayers that amended returns beginning 2019 can be e-filed. All others prior to 2019 must be filed as paper returns and mailed to the IRS submission processing center.

Processing Return Information from Taxpayers

Before an ERO can originate the electronic submission of a return, they must first either prepare the return or collect the already completed return and its various documents from the person who prepared it. If the return was prepared by someone else, the ERO must always identify the paid preparer in the appropriate field. EROs may either transmit the return directly to the IRS or transmit it through another provider. An authorized IRS e-file provider may disclose tax return information to other providers for the purpose of preparing a tax return under Reg. 301.7216. For example, an ERO may pass on return information to an intermediate service provider or a transmitter for the purpose of having an electronic return formatted or transmitted to the IRS.

File Accurate Tax Return to Receive Timely Refund

An electronically filed tax return is the best way for the tax professional to file an accurate tax return. To ensure the tax return is processed quickly, the ERO should take the following steps:

- Formulario 5713: Informe de boicot internacional
- Formulario 8283: Contribuciones benéficas no monetarias, Sección B, Resumen del avalúo
- Formulario 8332: Liberación de la solicitud de exención para hijos de padres divorciados o separados
- Formulario 8858: Declaración de información de personas estadounidenses con respecto a entidades extranjeras excluidas
- Formulario 8885: Cobertura de salud del crédito fiscal
- Formulario 8864 Certificado de biodiesel y declaración de revendedor de biodiesel
- Formulario 8949: Ventas y otras disposiciones de activos de capital, o una declaración con la misma información

Proporcionar información al contribuyente

El ERO debe proporcionar una copia completa de la declaración al contribuyente. Los ERO pueden proporcionar esta copia en cualquier medio, electrónico o de otro modo, que sea aceptable tanto para el contribuyente como para el ERO. La copia no necesita el número de Seguro Social del preparador pagado, pero se requiere el PTIN del preparador. Una copia completa de la declaración del contribuyente incluye, cuando corresponda, el Formulario 8453 y cualquier otro documento que el ERO no pueda transmitir electrónicamente además de la parte electrónica de la declaración.

La parte electrónica de la declaración puede imprimirse en una copia de un formulario oficial o en algún formulario no oficial. Sin embargo, si el ERO utiliza un formulario no oficial, los registros de datos y los números de línea relevantes deben coincidir con las descripciones que se encuentran en los formularios oficiales asociados. Si el contribuyente envió una declaración impresa completa para la presentación electrónica y la información en la parte electrónica de la declaración es idéntica a la información suministrada por el contribuyente, el ERO no tiene que proporcionar una copia impresa de la parte electrónica de la declaración al contribuyente. El ERO debe recomendarle al contribuyente que conserve una copia completa de su declaración y cualquier material de apoyo. El ERO también debe advertir a los contribuyentes que las declaraciones enmendadas a partir del 2019 no pueden presentarse electrónicamente. Todas las declaraciones enmendadas antes de 2019 deben presentarse electrónicamente como declaraciones impresas y enviarse por correo al centro de procesamiento de solicitudes del IRS.

Procesar información de declaración de los contribuyentes

Antes de que un ERO pueda originar el envío electrónico de una declaración, primero debe preparar la declaración o colectar la declaración ya completada y sus diversos documentos de la persona que la preparó. Si la declaración fue preparada por otra persona, el ERO siempre debe identificar al preparador pagado en el campo apropiado. Los ERO pueden transmitir la declaración directamente al IRS o transmitirla a través de otro proveedor. Un proveedor autorizado de presentación electrónica del IRS puede divulgar la información de la declaración de impuestos a otros proveedores con el fin de preparar una declaración de impuestos conforme a Reg. 301.7216. Por ejemplo, un ERO puede transmitir información de declaración a un proveedor de servicios intermedio o a un transmisor con el fin de formatear o transmitir una declaración electrónica al IRS.

Preparar y presentar declaraciones de impuestos precisas.

La presentación electrónica de una declaración de impuestos es la mejor manera para que el profesional de impuestos presente una declaración de impuestos precisa. Para garantizar que la declaración de impuestos se procese rápidamente, el ERO debe seguir los siguientes pasos:

- File electronically
- Submit an accurate, complete, error-free return
- Verify that the Social Security number(s) or Taxpayer Identification Number(s) are accurate for all individuals included on the tax return
- Enter the taxpayer's correct mailing address, which enables the IRS to mail a refund check
- Provide the correct bank account and routing number for a direct deposit

Resubmitting Rejected Tax Returns

If the taxpayer's tax return is rejected by the IRS, the ERO has 24 hours to explain to the taxpayer the reason for the rejection. If the return can be fixed and resubmitted, then the changes can be made and the return can be retransmitted. The taxpayer could decide to mail the tax return instead of retransmitting the return. If the taxpayer chooses to mail the return, they will need a paper copy to send to the IRS. If the taxpayer chooses not to have the electronic portion of the return corrected and transmitted to the IRS or if it cannot be accepted for processing by the IRS, the taxpayer must file a new paper return. This must be filed by the due date of the return or within 10 calendar days after the date the IRS gave notice of the return's rejection, whichever of the two is later. The paper return should include an explanation of why the return is being filed after the due date.

Electronic Postmark

When a tax return is e-filed, a transmitter will electronically postmark it to show when it was filed. The postmark is created at the time the tax return is submitted and includes the date and time of the transmitter's time zone. An e-filed tax return is a timely filed return if the electronic postmark is on or before the filing deadline.

Acknowledgment of Transmitted Returns

The IRS electronically acknowledges the receipt of all transmissions and will either accept or reject the transmitted returns for specific reasons. Accepted returns meet the processing criteria and are considered "filed" as soon as the return is signed electronically or by hand. Rejected returns fail to meet processing criteria and are considered "not filed." See Publication 1345, *Handbook for Authorized IRS e-File Providers of Individual Income Tax Returns.*

The acknowledgment record of accepted returns contains other useful information for originators, informing them if the IRS accepted a PIN, if the taxpayer's refund will be applied to a debt, if an elected electronic funds withdrawal was paid, and if the IRS approved a request for extension on Form 4868. EROs should check the acknowledgment records stored by their tax software regularly to identify returns that require follow-up action and should take reasonable steps to address the issues specified in those records. For example, if the IRS does not accept a PIN on an individual income tax return, the ERO must provide a completed and signed Form 8453 for the return.

- Presente la declaración de forma electrónica
- Presente una declaración precisa, completa y sin errores
- Verificar que el(los) número(s) de Seguro Social o el(los) número(s) de identificación del contribuyente sean correctos para las personas naturales incluida en la declaración de impuestos.
- Anote la dirección de correo postal correcta del contribuyente, que permite al IRS enviar el cheque de reembolso por correo postal.
- Proporcione la cuenta bancaria correcta y el código de identificación bancaria para un depósito directo

Reenvío de declaraciones de impuestos rechazadas

Si el IRS rechaza la declaración de impuestos del contribuyente, la ERO tiene 24 horas para explicarle al contribuyente el motivo del rechazo. Si la declaración se puede arreglar y volver a enviar, entonces se pueden hacer los cambios y se puede volver a transmitir la declaración. El contribuyente podría decidir enviar por correo la declaración de impuestos en lugar de retransmitir la declaración. Si el contribuyente elige enviar la declaración por correo postal, necesitará una copia impresa para enviarla al IRS. Si el contribuyente elige no corregir la parte electrónica de la declaración y la transmite al IRS, o si no puede ser aceptada para el procesamiento por el IRS, el contribuyente debe presentar una declaración impresa. Esto debe presentarse antes de la fecha de vencimiento de la declaración o dentro de los 10 días calendarios posteriores a la fecha en que el IRS notificó el rechazo de la declaración, lo que ocurra más tarde. La declaración impresa debe incluir una explicación de por qué la declaración se presenta después de la fecha de vencimiento.

Matasellos electrónico

Cuando una declaración de impuestos se presenta en forma electrónica, un transmisor la sellará electrónicamente para mostrar cuándo se presentó. El matasellos se crea en el momento en que se envía la declaración de impuestos e incluye la fecha y la hora de la zona horaria del transmisor. Una declaración de impuestos presentada electrónicamente es una declaración presentada de manera oportuna si el matasellos electrónico indica la fecha límite de presentación o una fecha anterior.

Acuse de recibo de declaraciones

El IRS confirma electrónicamente la recepción de todas las transmisiones y aceptará o rechazará las declaraciones transmitidas por razones específicas. Las declaraciones aceptadas cumplen con los criterios de procesamiento y se consideran "presentadas" tan pronto como la declaración se firme electrónicamente o a mano. Las declaraciones rechazadas no cumplen con los criterios de procesamiento y se consideran "no presentadas". Consulte la Publicación 1345, *Manual para proveedores autorizados de declaraciones electrónicas de impuestos del IRS para declaraciones del impuesto sobre la renta de personas naturales.*

El registro de acuse de recibo de las declaraciones aceptadas contiene otra información útil para los originadores, informándoles si el IRS aceptó un PIN, si el reembolso del contribuyente se aplicará a una deuda, si se realizó un retiro electrónico de fondos electo y si el IRS aprobó una solicitud de prórroga en el formulario 4868. Los ERO deben verificar los registros de acuse de recibo almacenados por su software de impuestos con regularidad para identificar las declaraciones que requieren una acción de seguimiento y luego tomar medidas razonables para abordar los problemas especificados en esos registros. Por ejemplo, si el IRS no acepta un PIN en una declaración de impuestos sobre la renta de persona natural, el ERO debe proporcionar un Formulario 8453 completado y firmado para la declaración.

Rejected returns can be corrected and retransmitted without new signatures or authorizations if changes do not differ from the amount in the electronic portion of the electronic return by more than $50 to "total income" or AGI, or more than $14 to "total tax," "federal income tax withheld," "refund," or "amount owed." The taxpayer must be given copies of the new electronic return data if changes are made. If the required changes result in differences greater than the amounts referenced above, new signatures will be required, and the taxpayer must be given copies of the updated forms with their new signatures.

Balance Due Returns

A taxpayer who owes additional tax must pay their balance due by the original due date of the return or be subject to interest and penalties. An extension of time to file may be filed electronically by the original due date of the return, but it is an extension of time to file the return, not an extension of time to pay a balance due. Tax professionals should inform taxpayers of their obligations and options for paying balances due. Taxpayers have several options when paying taxes owed on their returns and making estimated tax payments.

As discussed previously, tax returns with amounts due can still be filed electronically, and the payment can also be made directly to the IRS via ACH withdrawals. The taxpayer can schedule a payment on or before the tax payment deadline. If a return with a balance due was submitted after the due date, the payment date must be the same day the provider transmitted the return. Taxpayers can make payments by Electronic Fund Withdrawal for amounts due from the following forms:

- Current year Form 1040
- Form 1040-ES, *Estimated Tax for Individuals.* When filing the tax return, the taxpayer can select all four dates to electronically make the payment.
- Form 4868, *Application for Automatic Extension of Time to File U.S. Individual Income Tax Return*
- Form 2350, *Application for Extension of Time to File U.S. Income Tax Return for Citizens and Resident Aliens Abroad Who Expect to Qualify for Special Tax Treatment*

The tax professional needs to make sure the client's banking information is accurate and includes the routing transit number (RTN), the bank account number, the account type (checking or savings), the date the payment will be withdrawn (year, month, and day), and the amount of the payment. If the payment is made after the due date, it should include interest and penalties as well.

As discussed previously, there are other ways to pay the balance due, such as IRS Direct Pay, via credit or debit card (though some credit card companies may charge an additional fee called a "cash advance" to use this method), using the Electronic Federal Tax Payment System (EFTPS), by check or money order, or through an installment agreement.

Las declaraciones rechazadas se pueden corregir y retransmitir sin nuevas firmas o autorizaciones si los cambios no difieren de la cantidad en la parte electrónica de la declaración electrónica en más de $50 para "ingresos totales" o AGI o más de $14 para "impuestos totales" "impuesto federal sobre la renta retenido", "reembolso" o "monto que adeuda". El contribuyente debe recibir copias de los nuevos datos de la declaración electrónica si se realizan cambios. Si los cambios requeridos resultan en diferencias mayores que los montos mencionados anteriormente, se requerirán nuevas firmas, y el contribuyente deberá recibir copias de los formularios actualizados con sus nuevas firmas.

Declaraciones con saldo adeudado

Los contribuyentes que adeudan impuestos adicionales deben pagar sus saldos adeudados en la fecha de vencimiento original de la declaración o estarán sujetos a intereses y multas. Se puede solicitar una prórroga en la declaración electrónica antes de la fecha de vencimiento original de la declaración, pero esta es una prórroga de tiempo para presentar la declaración, no una prórroga de tiempo para pagar el saldo adeudado. Los profesionales de impuestos deben informar a los contribuyentes de sus obligaciones y opciones para pagar los saldos adeudados. Los contribuyentes tienen varias opciones al pagar los impuestos adeudados en sus declaraciones, así como al realizar los pagos de impuestos estimados.

Como se mencionó anteriormente, las declaraciones de impuestos con cantidades adeudadas aún pueden presentarse electrónicamente, y el pago también se puede hacer directamente al IRS a través de retiros de ACH. El contribuyente puede programar un pago en la fecha límite de pago de impuestos o antes. Si se envió una declaración de saldo adeudado después de la fecha de vencimiento, la fecha de pago debe ser el mismo día en que el proveedor transmitió la declaración. Los contribuyentes pueden realizar pagos mediante retiro de fondos electrónicos por los montos adeudados de los siguientes formularios:

- Formulario 1040 del año en curso.
- Formulario 1040-ES, *Impuesto estimado para personas naturales.* Al presentar la declaración de impuestos, el contribuyente puede seleccionar las cuatro fechas para realizar el pago electrónicamente.
- El Formulario 4868, *Solicitud de prórroga automática para presentar la declaración de impuestos sobre la renta de los Estados Unidos para personas naturales.*
- El Formulario 2350, *Solicitud de prórroga para presentar la declaración de impuestos sobre la renta de los Estados Unidos para ciudadanos y extranjeros residentes en el extranjero que esperan calificar para un tratamiento fiscal especial.*

El profesional de impuestos debe asegurarse de que la información bancaria del cliente sea precisa e incluya el número de código de ingreso directo en cuenta (RTN), el número de cuenta bancaria, el tipo de cuenta (corriente o ahorros), la fecha en que se retirará el pago (año, mes y día), y el importe del pago. Si el pago se realiza después de la fecha de vencimiento, debe incluir también intereses y multas.

Como se mencionó anteriormente, existen otras formas de pagar el saldo adeudado, como IRS Direct Pay, a través de la tarjeta de crédito o débito (aunque algunas compañías de tarjetas de crédito pueden cobrar una tarifa adicional llamada "adelanto de efectivo" para usar este método), usando el Sistema Electrónico de Pago de Impuestos Federales (EFTPS), mediante cheque o giro bancario o mediante un acuerdo de pago a plazos.

Pay by Check

Taxpayers may still mail their payment due to the IRS, but the payment should be accompanied by Form 1040-V. The paid preparer must supply taxpayers with copies if they mail Form 1040-V with their check or money order. Taxpayers must mail the payment due by the April due date, even if the return was electronically filed earlier.

Form 1040-V is a statement that is sent with a check or money order for any balance due on the taxpayer's current tax year. If the taxpayer files electronically, the voucher and payment are sent together. Most tax preparation software will generate Form 1040-V automatically.

Electronic Funds Withdrawal

Taxpayers can authorize an electronic funds withdrawal (EFW) when they e-file their return if they have a balance due on the return. Taxpayers who choose this option must provide the tax professional with the account number and routing transit number for a savings or checking account. If the financial institution is unable to locate or match the numbers entered in a payment record with account information given on the tax return for the taxpayer, the institution will reject the direct debit request and return the money back to the sender.

Credit or Debit Card Payments

Taxpayers may also pay electronically using a credit or debit card. Taxpayers can make credit or debit card payments when e-filing, by telephone, or the Internet. A third-party provider may charge a service fee to process the payment.

Electronic Federal Tax Payment System (EFTPS)

Individual taxpayers who make more than one payment per year should enroll in EFTPS. After the taxpayer has been enrolled, they will receive two separate mailings. One is the confirmation or update form; the second is a letter that includes the taxpayer's enrollment trace number, PIN, and instructions on how to obtain an Internet password. Payments on EFTPS can be made 24 hours a day, 7 days a week; however, to make a timely payment, it must be submitted before 8:00 p.m. EST at least one calendar day prior to the tax due date. Taxpayers can schedule payments up to 365 days in advance.

Returns Not Eligible for IRS e-File

The following individual income tax returns and related return conditions cannot be processed using IRS e-file and must be paper filed:

- Tax returns with fiscal-year tax periods
- Amended tax returns prior to 2019
- Returns containing forms or schedules that cannot be processed by IRS e-file

Pagar con cheque

Los contribuyentes aún pueden enviar sus pagos adeudados al IRS por correo postal, pero el pago debe ir acompañado del Formulario 1040-V. El preparador pagado debe proporcionar a los contribuyentes copias si tienen que enviar el Formulario 1040-V por correo postal con su cheque o giro bancario. Los contribuyentes deben enviar el pago adeudado por correo postal antes de la fecha de vencimiento de abril, incluso si su declaración se presentó electrónicamente antes.

El Formulario 1040-V es una declaración que se envía con un cheque o giro bancario por cualquier saldo adeudado en el año fiscal en curso del contribuyente. Si el contribuyente presenta una declaración electrónica, el comprobante y el pago se envían juntos. La mayoría de los softwares de preparación de impuestos generará automáticamente el Formulario 1040-V.

Retiro electrónico de fondos

Los contribuyentes pueden autorizar un retiro electrónico de fondos (EFW) cuando envían electrónicamente su declaración si tienen un saldo adeudado en la declaración. Los contribuyentes que elijan esta opción deben proporcionarle al profesional de impuestos el número de cuenta y el número de tránsito de ruta para una cuenta de ahorros o de cheques. Si la institución financiera no puede ubicar o hacer coincidir los números ingresados en un registro de pago con la información de la cuenta que figura en la declaración de impuestos del contribuyente, la institución rechazará la solicitud de débito directo y devolverá el dinero al emisor.

Pagos con tarjeta de crédito o débito

Los contribuyentes también pueden pagar electrónicamente usando una tarjeta de crédito o débito. Los contribuyentes pueden hacer pagos con tarjeta de crédito o débito cuando presentan una declaración electrónica, o por teléfono o por Internet. Un proveedor externo puede cobrar una tarifa de servicio para procesar el pago.

Sistema Electrónico de Pago de Impuestos Federales (EFTPS).

Los contribuyentes que son personas naturales que realizan más de un pago por año deben inscribirse en el EFTPS. Después de que el contribuyente haya sido inscrito, recibirá dos correos por separado. Uno es el formulario de confirmación o actualización; la otra es una carta que incluye el número de rastreo de inscripción del contribuyente, el PIN y las instrucciones sobre cómo obtener una contraseña de Internet. Los pagos en EFTPS se pueden hacer las 24 horas los 7 días de la semana; sin embargo, para realizar un pago puntual, debe enviarse antes de las 8:00 p.m. EST al menos un día calendario antes de la fecha de vencimiento del impuesto. Los contribuyentes pueden programar pagos con hasta 365 días de anticipación.

Declaraciones no elegibles para la presentación electrónica del IRS

Las siguientes declaraciones de impuestos sobre la renta de persona natural y las condiciones de declaración relacionadas no se pueden procesar utilizando la declaración electrónica del IRS:

- Declaraciones de impuestos con periodos fiscales del año fiscal.
- Declaraciones de impuestos modificadas antes del 2019.
- Declaraciones que contienen formularios o anexos que no pueden ser procesados por la presentación electrónica del IRS.

Refund Delays

Before issuing a refund to a taxpayer, the IRS will verify that the taxpayer does not owe any past taxes or other debts such as child support, student loans, unemployment compensation, or any state income tax obligation. If the taxpayer or spouse owes any of these, a portion or all the refund will be applied to the amount owed before the refund is paid to the taxpayer. If the amount owed is greater than the amount of the refund, then the entire amount of that refund and any future refunds will be applied to offset the amount owed until it has been paid in full.

The following are other reasons a refund could be delayed:

- The return has errors, is incomplete, or needs further review
- The return includes a claim for refundable credits and was held until February 15
- The return is impacted by identity theft or fraud
- The tax return includes Form 8379, Injured Spouse Allocation, which can take up to 14 weeks to process and review
- Errors in the direct deposit information that cause the refund to be sent by check
- Financial institution's refusal of direct deposit, which will result in the refund being sent by check
- The estimated tax payments differ from the amounts reported on a tax return
- Bankruptcy
- Inappropriate claims for EITC
- Recertification to claim EITC

When the refund is delayed, the IRS will send a letter to the taxpayer explaining the issue(s) and how to resolve them. The letter or notice includes the telephone number and address the taxpayer can use for further assistance. If there is a delay, the taxpayer can learn more on the "Where's My Refund?" section of the IRS website (See *Where's My Refund?* below.)

Refund Offsets

When a taxpayer owes a prior-year balance, the IRS will offset their current-year refund to pay the balance due on the following items:

- Back taxes
- Child support
- Federal agency non-tax debts such as student loans
- State income tax obligations

If taxpayers owe any of these debts, their refund will be offset until the debt has been paid off or the refund has been spent, whichever occurs first.

Where's My Refund?

"Where's My Refund?" is a portal on the IRS website that provides status information on a taxpayer's refund. This system is updated every 24 hours (usually at night). The taxpayer can begin checking their refund within 24 hours after the IRS has acknowledged receipt of the tax return—not the date that the provider transmitted the tax return.

Retrasos de reembolso

Antes de otorgarle un reembolso al contribuyente, el IRS verificará que el contribuyente no adeude impuestos anteriores o tenga otras deudas, tales como manutención de los hijos, préstamos estudiantiles, indemnización por desempleo o cualquier obligación estatal de impuestos sobre la renta. Si el contribuyente o su cónyuge tiene alguna de estas deudas, una parte o todo el reembolso se aplicará a su monto adeudado antes de que se reembolse cualquier monto al contribuyente. Si el monto adeudado es mayor que el monto del reembolso, entonces se aplicará el monto total de ese reembolso y cualquier reembolso futuro para compensar el monto adeudado hasta que se haya pagado en su totalidad.

Las siguientes son otras razones por las que un reembolso podría retrasarse:

- La declaración tiene errores, está incompleta o necesita otra revisión
- La declaración incluye una reclamación de créditos reembolsables y se mantuvo hasta el 15 de febrero.
- La declaración se ve afectada por el robo de identidad o fraude
- La declaración de impuestos incluye el Formulario 8379, Asignación de cónyuge perjudicado, que puede tardar hasta 14 semanas en procesarse y revisarse.
- Errores en la información del depósito directo que hacen que el reembolso se envíe por cheque.
- Denegación de depósito directo por parte de la institución financiera, que dará lugar a que el reembolso sea enviado por cheque
- Los pagos de impuestos estimados difieren de los montos informados en una declaración de impuestos.
- Bancarrota
- Reclamaciones inapropiadas para el EITC
- Recertificación para solicitar el EITC

Cuando se retrasa un reembolso, el IRS enviará una carta al contribuyente explicando el(los) problema(s) y cómo resolverlos. La carta o el aviso contiene el número de teléfono y la dirección que puede utilizar el contribuyente para obtener más ayuda. Si existe un retraso, el contribuyente puede buscar la información necesaria en la sección "¿Dónde está mi reembolso?" del sitio web del IRS (Consulte la sección *¿Dónde está mi reembolso?* a continuación).

Compensaciones de reembolso

Cuando un contribuyente adeuda un saldo del año anterior, el IRS compensará su reembolso del año en curso para pagar el saldo adeudado en los siguientes apartados:

- Impuestos atrasados o vencidos
- Manutención de los hijos vencida
- Deudas no tributarias de la agencia federal vencidas, tales como préstamos estudiantiles
- Obligaciones de impuestos sobre la renta estatales

Si los contribuyentes tienen alguna de estas deudas, su reembolso se compensará hasta que la deuda haya sido cancelada o el reembolso haya sido gastado, lo que ocurra primero.

¿Dónde está mi reembolso?

"¿Dónde está mi reembolso?" es un portal en el sitio web del IRS que brinda información sobre el estado de reembolso del contribuyente. Este sistema se actualiza cada 24 horas (normalmente por la noche). El contribuyente puede comenzar a verificar su reembolso dentro de las 24 horas posteriores a que el IRS haya acusado el recibo de la declaración de impuestos, no la fecha en que el proveedor transmitió la declaración de la renta.

Taxpayers will need the following information to track their refund:

- SSN
- Filing status
- The full refund amount

To receive assistance from the IRS or a Taxpayer Assistance Center (TAC) over the phone or in person, a return must have been filed electronically and also have a refund. Otherwise, they will not be able to help. IRS personnel can only research tax returns that were filed at least 21 days previously. If the return was mailed, the taxpayer must wait at least six weeks for the return to be processed.

The Protecting Americans from Tax Hikes Act, or PATH Act, of 2015 allowed Congress to hold refunds from tax returns with refundable credits until February 15 to give the IRS more time to process and check those returns, thereby reducing the potential for fraud. Any refunds from tax returns with refundable credits that were held are released after February 15 in the order that they were received and electronically approved. If the taxpayer is claiming a refundable credit, they should only call the IRS when the "Where's My Refund?" portal directs them to call.

Bank Products

Tax-related bank products are another way for a taxpayer to receive their refund and can be offered to clients to simplify payment of tax preparation fees. The most common types of bank products are as follows:

- Bank Cards: When the deposit is loaded on a bank card to be used like a debit card. Additional fees may apply to the taxpayer.
- Cashier's Check: A paper check that the taxpayer can either cash at a check cashing service or deposit into their personal checking or savings account
- Refund Advance Loans: A loan from the bank that is based on the taxpayer's refund or a flat amount

The advantage of using a third-party bank is that the tax preparer's fee can be deducted from the taxpayer's refund. While tax-related bank products are a convenient option for many taxpayers, there are additional fees associated with each bank product, which can vary from bank to bank.

If the tax professional marks a tax return for electronic filing when preparing a tax return using software, he or she will be prompted to choose how they would like to receive their refund. There are additional fees charged by the bank and the provider of the filing software for each type of bank product. The remaining balance will be distributed to the taxpayer by direct deposit, prepaid debit card, or check. Each bank offers different products, so determine which products are best for your clients. The downside to using a bank product is that if the taxpayer owes child support, back taxes, student loans, or other debts, these debts will be paid before the tax professional receives their preparation fees. This could result in additional charges to the taxpayer because the preparer might need to collect their fees directly.

Los contribuyentes necesitarán la siguiente información para rastrear su reembolso:

- NSS
- Estado civil de declaración
- El monto total del reembolso.

Para recibir asistencia del IRS o de un Centro de asistencia al contribuyente (TAC) por teléfono o en persona, una declaración debe haber sido presentada electrónicamente y también debe tener un reembolso. De lo contrario, no podrán ayudar. El personal del IRS solo puede investigar las declaraciones de impuestos que se presentaron al menos 21 días antes. Si la declaración se envió por correo postal, el contribuyente debe esperar al menos seis semanas para que se procese.

La Ley de Protección de los Estadounidenses contra Aumentos de Impuestos, o la Ley PATH de 2015 permitió al Congreso retener los reembolsos de las declaraciones de impuestos con créditos reembolsables hasta el 15 de febrero para dar al IRS más tiempo para procesar y verificar esas declaraciones y por lo tanto reducir el posible fraude. Todos los reembolsos de las declaraciones de impuestos con créditos reembolsables que se retuvieron se publicarán después del 15 de febrero en el orden en que se recibieron y se aprobaron electrónicamente. Si el contribuyente solicita un crédito reembolsable, solo debe llamar al IRS cuando el portal "¿Dónde está mi reembolso?" le indique que lo haga.

Productos bancarios

Los productos bancarios relacionados con los impuestos son otra forma de que un contribuyente reciba su reembolso y se puede ofrecer a los clientes para simplificar el pago de las tasas de preparación de impuestos. Los tipos más comunes de productos bancarios son los siguientes:

- Tarjetas bancarias: Cuando el depósito se carga en una tarjeta bancaria para ser utilizado como una tarjeta de débito. Se pueden aplicar tarifas adicionales al contribuyente.
- Cheque de caja: Es un cheque impreso que el contribuyente puede cobrar en un servicio de cambio de cheques o depositarlo en su cuenta corriente o cuenta de ahorros.
- Préstamos de reembolso anticipado: Es un préstamo del banco que se basa en el reembolso del contribuyente o una cantidad fija.

La ventaja de utilizar un banco externo es que la tarifa del preparador de impuestos se puede deducir del reembolso del contribuyente. Si bien los productos bancarios relacionados con los impuestos son una opción conveniente para muchos contribuyentes, existen tarifas adicionales asociadas con cada producto bancario que pueden variar de un banco a otro.

Si el profesional de impuestos marca una declaración de impuestos para la presentación electrónica cuando prepara una declaración de impuestos utilizando un programa informático, se le pedirá que elija cómo le gustaría recibir su reembolso. Para cada tipo de producto bancario, el banco y el proveedor del software de presentación cobran tasas adicionales. El saldo restante se distribuirá al contribuyente a través de depósito directo, tarjeta de débito prepagada o cheque. Cada banco ofrece diferentes productos, así que determine qué productos son mejores para sus clientes. La desventaja de usar un producto bancario es que si el contribuyente adeuda manutención de los hijos, impuestos atrasados, préstamos estudiantiles u otras deudas, dichas deudas deben pagarse antes de que el profesional de impuestos reciba sus tarifas de preparación. Esto podría dar lugar a gastos adicionales para el contribuyente, ya que el preparador podría tener que cobrar sus honorarios directamente.

E-File Guidelines for Fraud and Abuse

A "fraudulent return" is a return in which an individual is attempting to file using someone else's name or SSN, or in which the taxpayer is presenting documents or information that have no basis in fact. A potentially abusive return is a return that the taxpayer is required to file but which contains inaccurate information that may lead to an understatement of a liability or the overstatement of a credit that could result in a refund to which the taxpayer may not be entitled.

Providers must be on the lookout for fraud and abuse. EROs must be particularly diligent because they are the first point of contact with taxpayers' personal information, and they are the ones who compile their information to prepare and file the returns. An ERO must be diligent in recognizing fraud and abuse, reporting it to the IRS and preventing it whenever possible. Providers must cooperate with IRS investigations by making available to the IRS upon request information and documents related to returns with potential fraud or abuse. An ERO who is also the paid preparer should exercise due diligence in the preparation of all returns involving refundable tax credits, as those credits are a popular target for fraud and abuse. The Internal Revenue Code requires paid preparers to exercise due diligence in determining a taxpayer's eligibility for the credit.

Double Check the Taxpayer's Address

Tax professionals should inform taxpayers that the address on the first page of the return, once processed by the IRS, will be used to update the taxpayer's recorded address. The IRS will use the taxpayer's address of record for notices and refunds.

Avoiding Refund Delays

Tax professionals should make sure that all the information is current when they e-file a tax return to avoid refund delays. The tax professional should also inform clients how to avoid delays by ensuring their information is correct – encouraging them to double-check the info they provide. The tax preparer should be aware of the following to help avoid delays:

- Make sure to see the actual Social Security card and other forms of identification for all taxpayers and dependents
- Double-check the data entry of all information prior to submission for e-file
- Don't allow the taxpayer to insist upon filing erroneous tax returns (if the taxpayer does, return their documents and do not complete the return)
- If the client is new, ask if they filed electronically in the past
- Keep track of the issues that result in a client's refund delays, document the delays, and add the documentation to the client's files

Directrices de la presentación electrónica para el fraude y el abuso

Una "declaración fraudulenta" es una declaración presentada por una persona que utiliza el nombre o el SSN de otra persona o para la que el contribuyente presenta documentos o información que no tienen ninguna base real. Una declaración potencialmente abusiva es una declaración que el contribuyente debe presentar pero que contiene información inexacta que puede llevar a una subestimación de un pasivo o la exageración de un crédito que a su vez podría generar un reembolso al cual el contribuyente no tenga derecho.

Los proveedores deben estar atentos al fraude y los abusos. Los ERO deben ser particularmente diligentes porque son el primer punto de contacto con la información personal de los contribuyentes y porque son quienes compilan su información para preparar y presentar sus declaraciones. Un ERO debe ser diligente en reconocer el fraude y el abuso, denunciarlo al IRS y prevenirlo siempre que sea posible. Los proveedores deben cooperar con las investigaciones del IRS poniendo a disposición del IRS, previa solicitud, información y documentos relacionados con declaraciones con posible fraude o abuso. Un ERO que también sea el preparador pagado debe ejercer la debida diligencia en la preparación de todas las declaraciones que involucren créditos fiscales reembolsables, ya que esos créditos son un objetivo popular de fraude y abuso. El Código de Rentas Internas requiere que los preparadores pagados ejerzan la debida diligencia para determinar la elegibilidad de un contribuyente para el crédito.

Verificar la dirección del contribuyente

Los profesionales de impuestos deben informar a los contribuyentes que la dirección en la primera página de la declaración, una vez procesada por el IRS, se utilizará para actualizar la dirección registrada del contribuyente. El IRS utilizará la dirección registrada del contribuyente para notificaciones y reembolsos.

Evitar retrasos en el reembolso

Los profesionales de impuestos deben asegurarse de que toda la información esté actualizada cuando envíen una declaración de impuestos de forma electrónica para evitar demoras en los reembolsos. El profesional de impuestos también debe informar a sus clientes cómo evitar demoras asegurándose de que su información es correcta, animándoles a comprobar dos veces la información que facilitan. El preparador de impuestos debe tener en cuenta lo siguiente para evitar retrasos:

- Asegúrese de ver la tarjeta de Seguro Social real y otras formas de identificación para todos los contribuyentes y dependientes.
- Verifique dos veces el registro de datos de toda la información antes de enviar la declaración electrónica.
- No permita que el contribuyente insista en presentar declaraciones de impuestos erróneas (si el contribuyente lo hace, devuelva sus documentos y no complete la declaración).
- Si el cliente es nuevo, pregúntele si han presentado declaraciones electrónicamente en el pasado.
- Lleve un registro de los problemas que causan retrasos en el reembolso de un cliente, documente los retrasos y agregue la documentación a los archivos del cliente.

Signing an Electronic Tax Return

As with an income tax return submitted to the IRS in paper form, an electronic income tax return is signed by both the taxpayer and the paid preparer. The taxpayer would sign electronically. The taxpayer must sign and date the "Declaration of Taxpayer" to authorize the origination of the electronic submission of the return to the IRS prior to its transmission. The taxpayer must sign a new declaration if the electronic return data on an individual's income tax return is changed after the taxpayer signed the Declaration of Taxpayer and if the amounts differ by more than $50 to "total income" (or AGI) or $14 to "total tax," "federal income tax withheld," "refund," or "amount owed."

Electronic Signature Methods

Individual income tax returns are signed using a PIN number generated in one of two ways: the taxpayers can pick it themselves, or the paid tax preparer can generate one for them. Both methods allow the taxpayer to use a personal identification number (PIN) to sign the various forms, although self-selecting a PIN requires the taxpayer to provide their prior year adjusted gross income (AGI) amount so the IRS can confirm the taxpayer's identity, link it with the taxpayer's previous returns, and detect any future returns fraudulently filed under the taxpayer's name. Signature documents are not required when the taxpayer signs using the self-select method and enters their PIN directly into the electronic return. This does not apply to the practitioner-generated PIN. In all instances, the taxpayer must sign Form 8879, Signature Authorization Form, even if a practitioner-generated PIN was used.

IRS e-File Signature Authorization

When taxpayers are unable to enter their PINs directly into the electronic return, taxpayers must authorize the ERO to enter their PINs by completing Form 8879, *IRS e-file Signature Authorization.*

The ERO may enter the taxpayer's PIN in the electronic return record before the taxpayer signs Form 8879 or 8878, but the taxpayer must sign and date the appropriate form before the ERO originates the electronic submission of the return. In most instances, the taxpayer must sign and date Form 8879 or Form 8878 after reviewing the return and ensuring that the information on the form matches the information on the return.

A taxpayer who provides a completed tax return to an ERO for electronic filing may complete the IRS e-file signature authorization without reviewing the return originated by the ERO. The line items from the paper return must be entered on the application Form 8879 or Form 8878 prior to the taxpayer's signing and dating of the form. The ERO may use pre-signed authorizations as authority to input the taxpayer's PIN only if the information on the electronic version of the tax return agrees with the entries from the paper return.

Firma de una declaración electrónica de impuestos

Al igual que con una declaración del impuesto sobre la renta presentada al IRS en forma impresa, tanto el contribuyente como el preparador pagado deben firmar una declaración electrónica del impuesto sobre la renta. El contribuyente firmaría electrónicamente. El contribuyente también debe firmar y colocar la fecha en la "Declaración del contribuyente" para autorizar la creación de la presentación electrónica de la declaración al IRS antes de su transmisión. El contribuyente debe firmar una nueva declaración si los datos de la declaración electrónica en la declaración del impuesto sobre la renta de una persona natural se modifican después de que el contribuyente firmó la Declaración del contribuyente y si los montos difieren en más de $50 para "ingresos totales" (o AGI) o $14 para "impuesto total", "impuesto federal sobre la renta retenido", "reembolso" o "monto que adeuda".

Métodos de firma electrónica

Las declaraciones de impuestos sobre la renta de persona natural se firman utilizando el número de PIN generado de una de las dos maneras a continuación: los contribuyentes pueden elegirlo ellos mismos o el preparador de impuestos pagado puede generar uno para ellos. Ambos métodos permiten al contribuyente usar un número de identificación personal (PIN) para firmar los distintos formularios, aunque la selección automática de un PIN requiere que el contribuyente le proporcione el monto de su Ingreso bruto ajustado (AGI) del año anterior para que el IRS pueda confirmar la identidad del contribuyente, vincularlo con declaraciones del contribuyente anteriores y detectar cualquier declaración presentada de manera fraudulenta bajo el nombre del contribuyente en el futuro. No se requieren documentos de firma cuando el contribuyente firma con el método de selección automática e ingresa su PIN directamente en la declaración electrónica. Esto no se aplica al PIN generado por el profesional. En todos los casos, el contribuyente debe firmar el Formulario 8879, Formulario de autorización de firma, incluso si se usó un PIN generado por el profesional.

Autorización de firma de presentación electrónica del IRS

Cuando los contribuyentes no pueden ingresar sus PIN directamente en la declaración electrónica, los contribuyentes deben autorizar al ERO a ingresar sus PIN completando el Formulario 8879, *Autorización de firma de presentación electrónica del IRS*.

El ERO puede ingresar el PIN del contribuyente en el registro de la declaración electrónica antes de que el contribuyente firme el Formulario 8879 o 8878, pero el contribuyente debe firmar y colocar la fecha en el formulario correspondiente antes de que el ERO origine la presentación electrónica de la declaración. En la mayoría de los casos, el contribuyente debe firmar y colocar la fecha en el Formulario 8879 o el Formulario 8878 después de revisar la declaración y asegurarse de que la información del formulario coincida con la información de la declaración.

El contribuyente que proporciona una declaración de impuestos completada para un ERO a fin de realizar una presentación electrónica puede completar la autorización de firma electrónica del IRS sin revisar la declaración originada por el ERO. Las partidas de la línea de la declaración impresa deben ingresarse en la solicitud del Formulario 8879 o el Formulario 8878 antes de que el contribuyente firme y coloque la fecha en el formulario. El ERO puede usar autorizaciones firmadas previamente como autoridad para ingresar el PIN del contribuyente solo si la información en la versión electrónica de la declaración de impuestos está de acuerdo con los registros de la declaración impresa.

The taxpayer and the ERO must always complete and sign Forms 8879 or 8878 for the practitioner PIN method for electronic signatures. The taxpayer may use the practitioner PIN method to electronically sign Form 4868, *Application for Automatic Extension of Time to File U.S. Individual Income Tax Return* if a signature is required. A signature is only required for Form 4868 when an electronic funds withdrawal is also being requested. The ERO must retain Form 8879 and Form 8878 for 3 years from the return's due date or the date received by the IRS, whichever is later. EROs must not send Form 8879 and Form 8878 to the IRS unless the IRS requests that they do so.

Guidance for Electronic Signatures

If the tax professional's software allows electronic signatures for Forms 8878 and 8879, the taxpayer can choose to sign that way instead of using a PIN. Technology has created many different types of e-signatures. The IRS does not require a specific technology for e-signatures. There are a variety of methods approved by the IRS for capturing an acceptable signature:

- A handwritten signature that is inputted on an electronic signature pad
- A handwritten signature, mark, or command inputted on a display screen by means of a stylus device
- A digitized image of a handwritten signature that is attached to an electronic record
- A name typed in by the signer (for example, typed at the end of an electronic record or typed into a signature block on a website form)
- A digital signature
- A mark captured as a scalable graphic
- A secret code, password, or PIN used to sign the electronic record

The software must record the following data for the e-signature to be valid:

- Digital image of the signed form
- Date and time of the signature
- Taxpayer's computer IP address; used for remote transactions only
- Taxpayer's login identification (username); used for remote transactions only
- Method used to sign the record (typed name) or a system log or some other audit trail that reflects the completion of the electronic signature process by the signer
- Identity verification; taxpayer's knowledge-based authentication, past results for in-person transactions and confirmation that government photo identification has been verified

IRS e-File Security and Privacy Standards

The IRS has mandated security, privacy, and business standards to better serve taxpayers and protect the information collected, processed, and stored by Online Providers of individual income tax returns.

1. Extended validation of SSL Certificate and minimum encryption standards
2. Periodic external vulnerability scan
3. Protecting against bulk filing of fraudulent tax returns
4. The ability to isolate and investigate in a timely manner the potential of information being compromised

El contribuyente y el ERO siempre deben completar y firmar los Formularios 8879 o 8878 para el método de PIN del profesional para las firmas electrónicas. El contribuyente puede usar el método de PIN del profesional para firmar electrónicamente el Formulario 4868, *Solicitud de prórroga automática para presentar la declaración de impuestos sobre la renta de los Estados Unidos para personas naturales*, si se requiere una firma. Solo se requiere una firma para el Formulario 4868 cuando también se solicita un retiro electrónico de fondos. El ERO debe conservar el Formulario 8879 y el Formulario 8878 por 3 años a partir de la fecha de vencimiento de la declaración o la fecha recibida por el IRS, la que sea posterior. Los ERO no deben enviar el Formulario 8879 y el Formulario 8878 al IRS a menos que el IRS solicite que lo hagan.

Orientación para firmas electrónicas

Si el software del profesional de impuestos permite firmas electrónicas para los Formularios 8878 y 8879, el contribuyente puede optar por firmar de esa manera en lugar de usar un PIN. La tecnología ha creado muchos tipos diferentes de firmas electrónicas. El IRS no exige una tecnología específica para la firma electrónica. Hay una variedad de métodos aprobados por el IRS para capturar una firma aceptable:

- Una firma autógrafa que se ingresa en un panel de firma electrónica.
- Una firma, marca o comando escritos a mano en una pantalla de visualización por medio de un dispositivo de lápiz.
- Una imagen digitalizada de una firma autógrafa que se adjunta a un registro electrónico.
- Un nombre escrito por el firmante (por ejemplo, escrito al final de un registro electrónico o escrito en un bloque de firma en un formulario de sitio web).
- Una firma digital.
- Una marca capturada como un gráfico escalable.
- Un código secreto, contraseña o PIN utilizado para firmar el registro electrónico.

El software debe registrar los siguientes datos para que la firma electrónica sea válida:

- Imagen digital del formulario firmado.
- Fecha y hora de la firma.
- Dirección IP de la computadora del contribuyente; se utiliza solo para transacciones remotas.
- Identificación de inicio de sesión del contribuyente (nombre de usuario); se utiliza solo para transacciones remotas.
- Método utilizado para firmar el registro (nombre escrito) o un registro del sistema o alguna otra pista de auditoría que refleje la finalización del proceso de firma electrónica por parte del firmante.
- Verificación de identidad; resultados pasados de autenticación basada en el conocimiento del contribuyente para transacciones en persona y confirmación de que se ha verificado la identificación con foto del gobierno.

Normas de seguridad y privacidad de declaración electrónica del IRS

El IRS ha establecido normas de seguridad, privacidad y comerciales para brindar un mejor servicio a los contribuyentes y proteger la información recopilada, procesada y almacenada por los proveedores en línea de las declaraciones de impuestos sobre la renta de personas naturales.

1. Validación extendida del Certificado SSL y estándares mínimos de encriptación.
2. Exploración de vulnerabilidad externa periódica.
3. Protección contra la presentación masiva de declaraciones de impuestos fraudulentas.
4. La capacidad de aislar e investigar a tiempo la posibilidad de que la información se vea comprometida.

Takeaways

Electronic filing, often referred to as e-filing, is a method of submitting tax returns to the Internal Revenue Service (IRS) using electronic means rather than paper forms. It allows taxpayers and tax professionals to transmit tax returns directly to the IRS through authorized electronic filing providers. Here's how electronically filing for the IRS works:

Once the tax return is complete and verified for accuracy, taxpayers electronically sign the return using a Personal Identification Number (PIN) or other authentication method. The tax return is then transmitted securely to the IRS through the electronic filing system.

After successfully submitting the tax return, taxpayers receive from the IRS confirmation or acknowledgment of receipt of the return. This confirmation typically includes a unique tracking number for reference.

The IRS processes electronically filed tax returns much faster than paper returns, typically within a few weeks. If there are any errors or discrepancies, the IRS may contact the taxpayer for clarification or additional information.

If the taxpayer is owed a refund, the IRS issues the refund electronically, usually through direct deposit into the taxpayer's bank account. If the taxpayer owes taxes, they can choose to pay electronically using various payment options, such as electronic funds withdrawal or credit/debit card.

Overall, electronically filing tax returns with the IRS offers several benefits, including faster processing, increased accuracy, and the convenience of submitting tax returns from the comfort of home or office. It's also environmentally friendly, as it reduces paper usage associated with traditional filing methods.

Electronic filing is one of the safest ways to file a tax return, and paid tax preparers are mandated to e-file federal tax returns if they prepare more than 11 returns. Title 26 can impose criminal and monetary penalties on any person who fraudulently engages in preparing or providing services in connection with the tax preparation business. A paid tax professional must guard their clients' information to avoid such penalties. The acceptance of e-filing has saved preparers time and resources. Although there are individuals who still prepare returns by hand, the vast majority use tax preparation and filing software and reap the benefits of all the advantages that come with automation and electronic filing.

Conclusiones

La declaración electrónica, a menudo conocida como e-filing, es un método de presentación de declaraciones de impuestos al Servicio de Rentas Internas (IRS) utilizando medios electrónicos en lugar de formularios impresos. Permite a los contribuyentes y a los profesionales de impuestos transmitir las declaraciones de la renta directamente al IRS a través de los proveedores autorizados de declaración electrónica. A continuación, le explicamos cómo funciona la presentación electrónica de declaraciones del IRS:

Una vez que la declaración de la renta está completa y se ha comprobado su exactitud, los contribuyentes firman electrónicamente la declaración utilizando un número de identificación personal (PIN) u otro método de autenticación. A continuación, la declaración de la renta se transmite de forma segura al IRS a través del sistema de declaración electrónica.

Una vez presentada correctamente la declaración de la renta, los contribuyentes reciben del IRS una confirmación o acuse de recibo de la declaración. Esta confirmación suele incluir un número de seguimiento único como referencia.

El IRS procesa las declaraciones de la renta presentadas electrónicamente mucho más rápido que las presentadas de forma impresa, normalmente en unas pocas semanas. Si hay errores o discrepancias, el IRS puede ponerse en contacto con el contribuyente para pedirle aclaraciones o información adicional.

Si al contribuyente se le debe un reembolso, el IRS lo emite electrónicamente, por lo general a través de un ingreso directo en la cuenta bancaria del contribuyente. Si el contribuyente adeuda impuestos, puede optar por pagar electrónicamente utilizando diversas opciones de pago, como la retirada electrónica de fondos o la tarjeta de crédito/débito.

En general, la presentación electrónica de las declaraciones de la renta ante el IRS ofrece varias ventajas, como una tramitación más rápida, una mayor fiabilidad y la comodidad de presentar las declaraciones de la renta desde la comodidad del hogar o la oficina. También se hace de forma cónsona con el ambiente, ya que reduce el uso de papel asociado a los métodos de archivo tradicionales.

La declaración electrónica es una de las formas más seguras de presentar una declaración de impuestos, y los preparadores de impuestos pagados tienen la obligación de presentar electrónicamente las declaraciones de impuestos federales si preparan más de 11 declaraciones. El Título 26 puede imponer multas criminales y monetarias a cualquier persona que se dedique de manera fraudulenta al negocio de preparar o prestar servicios relacionados con el negocio de preparación de impuestos. Un profesional de impuestos pagado debe proteger la información de sus clientes para evitar tales multas. La adopción de la presentación electrónica ha ahorrado a los preparadores tiempo y recursos. Si bien hay personas que aún preparan declaraciones a mano, la gran mayoría usa software y obtiene los beneficios de todas las ventajas que se obtienen al ser automatizado.

TEST YOUR KNOWLEDGE!
Go online to take a practice quiz.

¡PON A PRUEBA TUS CONOCIMIENTOS!
Ve en línea para tomar un examen final.

The Latino Tax Professionals Association (LTPA) is *the* premier professional educational organization dedicated to empowering tax practitioners serving the Latino community. Whether you are an individual practitioner, an accounting or bookkeeping service, an enrolled agent, a certified public accountant, or an immigration attorney, LTPA is your trusted partner for professional growth and success in serving the dynamic Latino market.

Our mission is to equip tax professionals with exceptional knowledge, professionalism, and a vibrant community of practice, enabling them to deliver exemplary services to Latino taxpayers. We are unwavering in our commitment to helping you expand your practice, boost profitability, and attract a growing Latino client base.

At LTPA, we leverage decades of collective experience and a deep understanding of the unique needs of the Latino community. Our innovative training methodologies, developed and refined by seasoned tax experts, and delivered on the powerful Prendo365 tax education platform, ensure that our members stay ahead of the curve, mastering the latest tax laws, regulations, and best practices.

Latino Tax Professionals Association, LLC
1588 Moffett Street, Suite A
Salinas, California 93905
866-936-2587
www.latinotaxpro.com

For support: edsupport@latinotaxpro.org

La Asociación de Profesionales de Impuestos Latinos (LTPA) es la principal organización educativa profesional dedicada a capacitar a los profesionales de impuestos que sirven a la comunidad latina. Ya sea que seas un profesional individual, un servicio de contabilidad o teneduría de libros, un agente registrado, un contador público certificado o un abogado de inmigración, LTPA es tu socio de confianza para el crecimiento profesional y el éxito en el dinámico mercado latino.

Nuestra misión es equipar a los profesionales de impuestos con conocimientos excepcionales, profesionalismo y una comunidad vibrante de práctica, permitiéndoles ofrecer servicios ejemplares a los contribuyentes latinos. Estamos comprometidos en ayudarte a expandir tu práctica, aumentar la rentabilidad y atraer una creciente base de clientes latinos.

En LTPA, aprovechamos décadas de experiencia colectiva y un profundo entendimiento de las necesidades únicas de la comunidad latina. Nuestras metodologías innovadoras de capacitación, desarrolladas y refinadas por expertos en impuestos experimentados, y entregadas en la poderosa plataforma educativa fiscal Prendo365, aseguran que nuestros miembros se mantengan a la vanguardia, dominando las últimas leyes fiscales, regulaciones y mejores prácticas.

Latino Tax Professionals Association, LLC
1588 Moffett Street, Suite A
Salinas, California 93905
866-936-2587
www.latinotaxpro.com

Para Soporte: edsupport@latinotaxpro.org

Made in the USA
Middletown, DE
26 August 2024